I0817931

בסוד הספירות

איתמר אלדר

בסוד הספירות

שערים לעולם ולנפש

Itamar Eldar
In the Secret of the Sefirot:
Gateways to the World and the Soul

איתמר אלדר
בסוד הספירות: שערים לעולם ולנפש

עורך אחראי: ראובן ציגלר
עורכת ראשית: אוריה מבורך
עורכת משנה: אפרת גרוס
עריכת תוכן: זיו שטיינר
עריכה לשונית: איתן אברמוביץ׳
הגהה: דוד ברוקנר
עימוד: תמי מגר
עיצוב עטיפה: שמואל לעסרי
ייעוץ גרפי: אליהו משגב

ספרי מגיד, הוצאת קורן
ת״ד 4044 ירושלים 9104001
טל׳: 02-6330530 פקס: 02-6330534

office@korenpub.com
www.korenpub.co.il

מסת״ב ISBN 978-965-526-397-8

נדפס בישראל Printed in Israel 2026

לעילוי נשמת

יוסף בנימין הכהן פרידמן ז״ל

נלב״ע בכ״ב בסיוון תשס״ה

אסתר פרידמן ז״ל

נלב״ע בי״א בניסן תשס״ח

זאב יהושע לביא ז״ל

נלב״ע בכ״ג במרחשוון תשע״ב

תוכן העניינים

הקדמה

למה לכתוב ספר על עשר הספירות?

לימוד עשר הספירות משרת שתי מגמות גדולות.

המגמה הראשונה קשורה לכך שהספירות הן התיאור המקיף והמלא של הופעת האלוהות בהוויה; כך על פי תורת הסוד, החסידות, הרב קוק ועוד.[1] לכן התבוננות בעשר הספירות מעניקה פרספקטיבה רחבה ומקיפה להבנה, שעל כל פנים מוגבלת היא, של הקב"ה ובעיקר של מידותיו – תורת האלוהות. הנושא המרכזי במגמה זו הוא ה' יתברך, מידותיו ולבושיו השונים.

המגמה השנייה קשורה להיותן של הספירות 'הקוד הגנטי', תוכנית העבודה, המפתח לעולם, לטבע, להיסטוריה, לנפשו ולגופו של האדם, ולמעשה לכל אורגניזם חי בהוויה. מכך נובע שלימוד עשר הספירות מעניק מפה להתבוננות ולהבנה של כל התופעות המתרחשות במציאות.

נתמקד בזה לרגע. לאורך שנות קיומה של התרבות האנושית נוצרו 'מפות' שונות המבקשות להתבונן על תופעות במציאות ולארגן אותן תחת עקרונות, כללים ותנועות המציירים יחד תופעה שלמה. בחקר ההיסטוריה, לדוגמה, ישנן הצעות שונות כיצד להתבונן בתהליכים היסטוריים ולזהות את העקרונות והנוסחאות שהם נעתרים להם. ביחס לחברה יש תיאוריות

1. ארחיב על כך במבוא. כאן המקום לציין שידיעת עשר הספירות תורמת תרומה משמעותית להבנת הכתבים והדרשות של אדמו"רי החסידות והרב קוק, המרבים להשתמש בספירות גם כתוכן וגם כטרמינולוגיה. זו סיבה נוספת, אומנם משנית אך חשובה, לעיסוק בעשר הספירות.

סוציולוגיות המבקשות לארגן אותה על פי כללים ועקרונות, וכך גם ביחס לאדם – שבו מתבוננים באמצעות תיאוריות פסיכולוגיות למיניהן, תיאוריות ביולוגיות ועוד.

כל תיאוריה כזו היא סוג של שקף שאותו מניחים על המציאות, וכך מפענחים אותה על פי הכללים והעקרונות של התיאוריה. בהשוואה לכך עשר הספירות הן שקף כללי, מעין מפתח 'מאסטר', שאותו יש להניח על כל אורגניזם: הטבע ובריאתו, ההיסטוריה, התרבות, העם, האדם (רוחו, נפשו וגופו), המשפחה והזוגיות, ואפילו הארגון החברתי או העסקי.[2] כמאמינים, השקף הזה שונה בעינינו מכל השקפים האחרים (אם כי הוא לא בהכרח סותר אותם): הן בכך שהוא לא מפענח רק ממד אחד של המציאות אלא את הממדים כולם, הן בהיותו מפתח שנמסר לנו בקבלה כמפענח את המציאות כולה במשקפיים אלוהיים, משקפיים המבטאים את העובדה שהעולם כולו נברא על ידי הקב"ה, השוכן בקרבו ומנהיג אותו. זהו המפתח המתבונן על ההוויה מתוך הפרספקטיבה הזו ובהתאם לאמונה בה.

אם כן, התבוננות בעשר הספירות מעניקה נקודת מבט על המציאות כולה, ובראש בראשונה על עצמנו – ולכך יש השלכות רבות. התבוננות זו מאפשרת לנו להבין את התופעה שלפנינו, לארגן אותה ולמקם אותה בתוך הקשר רחב יותר. היא מאפשרת גם לעשות דיאגנוזה המבררת מה יש בתופעה ומה חסר בה, מה יש בה יותר מדי ומה פחות מדי, לזהות כשלים וממילא גם להתוות דרך לתיקון. הנושאים המרכזיים במגמה זו הם העולם והאדם.

ספר זה, כפי שאסביר להלן, מתמקד בעיקר במגמה השנייה: אבקש לחקור, לדייק ולהבין את עשר הספירות כדי להתבונן בעולם ובאדם. בתוך כך גם נלמד כמובן על תורת האלוהות, שהרי היא מונחת גם בתשתית המגמה השנייה המבקשת לפענח דרכה את המציאות. אך היעד העיקרי יהיה העולם והאדם: הבנתם, תיקונם, והענקת כלים להתנהל בתוכם. להכרעה זו ישנן השלכות מתודולוגיות על אופיו של הספר, כפי שאפרט מייד.

2. גם טענה זו תתבאר ביתר שאת במבוא.

בין האריז"ל לחסידות

ההכרעה להתבונן בספירות כדי להבין דרכן את העולם והאדם משפיעה בראש ובראשונה על מקורות ההשראה שמהם אשאב את הידיעות עליהן.

שני מקובלים הם עמודי תווך לתפיסת הספירות בספר זה: ר' יוסף ג'יקטיליה בספרו 'שערי אורה', ור' משה קורדוברו בספרו 'פרדס רימונים'.

ר' יוסף ג'יקטיליה הוא מגדולי מקובלי ספרד במאה השלוש עשרה. ספרו 'שערי אורה' הוא ביאור לעשר הספירות, המעניק הסבר לכל ספירה ומביא רשימת כינויים שלה.

ר' משה קורדוברו (רמ"ק) הוא מגדולי מקובלי צפת במאה השש עשרה, שהאריז"ל קיבל ממנו את תורתו וראה אותו כמורו, ואף ירש את מקומו בצפת לאחר פטירתו. בספרו המקיף 'פרדס רימונים' פורס רמ"ק את שיטתו בנושאים שונים בקבלה, ובין השאר עוסק גם בעשר הספירות. זהו מעין ספר 'סיכום' שבו הוא מביא שיטות של מקובלים שקדמו לו ומכריע ביניהן, וגם מסביר בהרחבה על כל ספירה ומביא כינויים רבים שלה.

גם הזוהר הקדוש ישמש כמקור השראה בספר זה, אם כי לא באופן שיטתי.

השראה נוספת ועיקרית לבירור וניתוח עשר הספירות אשאב ממגוון הדרשות והתורות של אדמו"רי החסידות על כל ספירה. ר' נחמן מברסלב יתפוס מקום חשוב במקורות ההשראה לבירור הספירות (גם בשל קרבתי לתורתו), ובספירות מלכות וכתר – שבהן הוא עסק רבות – אפילו מקום דומיננטי.

אציין שכמעט לא אביא מדברי האריז"ל, ר' יצחק לוריא, ומדברי תלמידיו (ר' חיים ויטאל, רמח"ל ואחרים). אומנם תורתו של האריז"ל משוקעת בדברי אדמו"רי החסידות, אך לא נפגוש אותה כשלעצמה. הסיבה העיקרית לבחירתי להניח את כובד המשקל בביאור הספירות על תורת החסידות ולא על תורת האריז"ל, נוגעת למגמה המרכזית שביקשתי ללכת לאורה. עיקר כוונתו של האריז"ל, כך נדמה, היא ההבנה של תורת האלוהות. המבנים, הפרצופים, העולמות והספירות הם כלים להבנתה, וזוהי עיקר המגמה גם בכוונות התפילה, המצוות והברכות. החסידות, לעומת זאת, מכוונת בעיקר לתיקון העולם והאדם ולכן מתאימה יותר למגמה שבה בחרתי (אומנם ברור שמגמה זו קיימת גם אצל האריז"ל, אך אצלו היא מכוונת לתיקון העולמות ולייחודים באלוהות). כמובן לא אוותר על הבירור והדיוק

של המאפיינים, הכינויים והמגמות של כל ספירה וספירה; אך אלו ייצבעו בצבעים, דוגמאות, משלים ותנועות נפש, הקשורות לאדם ולעולם – ואת אלו מצאתי בעיקר בדרשות החסידיות.

אל הנפש והחיים

בסוף הפרק על כל ספירה מופיע חלק בשם 'אל הנפש והחיים'. חלק זה מבקש לתרגם את התובנות והרעיונות שנלמדו על הספירה, לא רק באופן כללי אלא בכל סעיף וסעיף של הפרק העוסק בה, לעבודה הקשורה להשקפה, למידות ולהתנהלות במעגלי החיים מתוך מגמה המבקשת את העולם והאדם. אפתח בסיכום תמציתי של התובנות המרכזיות שנלמדו בסעיף הנידון (לעיתים בכמה סעיפים יחדיו), ואז אנסה לברר מתוך כך עבודה עבורנו.

גלוי וידוע שכיווני העבודה המוצעים הם חלקיים ביותר. בכל ספירה וכל תת־ספירה יש כלים מגוונים ורחבים שיכולים להביא לדרכי עבודה רבות, וההצעה שתוצע היא בעיקר טריגר לחיפוש עצמי של כל אחד ואחת אחר הדרכים שהוא או היא למדים מספירה זו.

ההכרעה להביא את הדברים הללו בפני עצמם בסוף העיון בכל ספירה מאפשרת למעוניינים בכך לדלג על נספח זה, ולהישאר על ציר הלימוד וההתבוננות בספירות עצמן. לחלופין, העובדה שיש בנספח זה גם סיכום תמציתי של מה שנלמד על אותה הספירה מאפשרת למעוניין לשוב לחלקים אלו כל אימת שירצה גם אחרי קריאת כל הספר (לדוגמה בספירת העומר), לרענן את זיכרונו בסיכום התמציתי המובא בראשית כל סעיף ולהגיע לדרכי העבודה המוצעות.

נספחים

בסופו של הספר מובאים שני נספחים.

הראשון עוסק בשבת. את השבת אנו פוגשים בספירות מלכות ויסוד, והזיקה אליהן מאירה אותה באור יקרות ובתנועות עמוקות מאוד. כדי לא להאריך בתת־נושא זה בלימוד הספירות עצמן הובא העיסוק בו כנספח בפני עצמו.

הנספח השני עוסק באושפיזין. על פי מסורת הסוד כל אחד משבעת הרועים – אברהם, יצחק, יעקב, משה, אהרן, יוסף ודוד – הוא מרכבה לאחת

משבע הספירות התחתונות. זיהוי זה מקרין על הבנת הספירה, וגם מאיר את דמות הרועה באור חדש ומבורר. גם כאן, בשל הרצון שלא להאריך יתר על המידה בבירור הספירה עצמה, הדברים מובאים כנספח. נספח זה מחולק לשלושה: חלקו הראשון עוסק בדמותם של אברהם, יצחק ויעקב (חסד גבורה ותפארת), השני עוסק בדמותם של משה ואהרן (נצח והוד), והשלישי – בדמותם של יוסף ודוד (יסוד ומלכות). יתרונו של נספח זה שאפשר ללמוד אותו בפני עצמו בימי הסוכות – ימי האושפיזין, או במסגרת עיסוק אחר בדמויות אלו, בלימוד תנ"ך וכדומה.

מפתח

בסופו של הספר מצוי גם מפתח נושאים, שניתן דרכו להתבונן בערך או בנושא מסוים שעסקתי בו במקומות שונים בספר.

מלמטה למעלה

ההשלכה האחרונה שעולה מהבחירה במגמה המתמקדת בעולם ובאדם נוגעת לסדר העיסוק בספירות.

ברוב הספרים העוסקים בספירות סדר הלימוד הוא מלמעלה למטה, מן הכתר אל המלכות.[3] ההיגיון בכך הוא ההליכה לפי סדר ההשתלשלות: הן באלוהות הן באדם השפע האלוהי יורד מלמעלה למטה, ועל כן ראשית מסעו בכתר וסופו במלכות.

לעומת זאת, ר' יוסף ג'יקטיליה בספרו 'שערי אורה' לומד את הספירות מלמטה למעלה – מן המלכות אל הכתר – ובדרך זו אלך גם אני בספר זה. הדבר קשור למגמה המנחה אותי בלימוד עשר הספירות: לימוד הספירות מלמעלה למטה משקף את הרצון לעקוב אחר האלוהות המשתלשלת מהאין־סוף אל העולם והאדם, ואילו הבחירה ללמוד אותן מלמטה למעלה מבקשת לעקוב אחר האדם השואף לטפס אל ה' יתברך ממקומו הנמוך, לעיתים השפל, אל פסגת ההשגה בספירת כתר.

תחילה נדרש האדם להכיר ולחוש את האלוהות השוכנת בקרבו ובעולמו, ומשם הוא מתחיל לטפס אל הנשגב שמעל ומעבר למציאות.

3. גם בספירת העומר אנו מונים מן החסד אל המלכות, ולא להפך.

כך גם ברמה הנפשית: תחילה נדרש האדם להכיר את עצמו בבחינת 'אני' (ספירת מלכות, כפי שנראה להלן), את היותו גילוי אלוהי. משם הוא מטפס אל המגמה להכיר את זולתו ובעיקר את ה' יתברך בבחינת 'אתה' (ספירת תפארת). רק לבסוף הוא יכול לפגוש גם את הנעלם ואת מה שמעבר למפגש, בבחינת 'הוא' (ספירת כתר). על כן המסע הוא מהמלכות ועד הכתר.[4] תובנה זו תתבאר לאורך הספר, ולמעשה רק בסופו, בסיומה של ספירת כתר, נבין באמת מדוע המסע אל ה' מתחיל במלכות ומסתיים בכתר.[5]

בספר זה אבקש ללוות את האדם במסעו במעלה הר ה', כשהתחנות שאותן הוא פוגש בדרכו, תחנות המעניקות לו השראה, כיוון ומצפן – הן עשר הספירות, מן המלכות אל הכתר.

ויהי נעם ה' אלוהינו עלינו, ומעשה ידינו כוננה עלינו ומעשה ידינו כוננהו.

לשם ייחוד קוב"ה ושכינתיה, בדחילו ורחימו.

תודות

תודתי להוצאת מגיד־קורן ולמנכ"ל יהושע מילה, ובמיוחד לרב ראובן ציגלר ולאוריה מבורך, על הדחיפה, הדרבון והליווי לאורך כל שלבי הוצאת הספר. תודה לתלמידי זיו שטיינר על עריכת התוכן, לד"ר איתן אברמוביץ' על העריכה הלשונית שהייתה הרבה מעבר לעריכה לשונית. תודה לאפרת גרוס עורכת המשנה על העבודה המדויקת, לשמואל לעסרי על עיצוב הכריכה, לתמי מגר על העימוד המוקפד ולדוד ברוקנר על ההגהה.

תודה ל־VBM, בית המדרש הווירטואלי ע"ש ישראל קושיצקי של

4. אחרוג מסדר זה בתוך חטיבת הספירות פעמיים. הראשונה, בתוך חטיבת הספירות חסד־גבורה־תפארת־נצח־הוד: היות שספירות נצח והוד הן ענפים של חסד וגבורה, כפי שנראה שם, סדר הלימוד בתוך חטיבה זו יהיה מן החסד ועד ההוד – מלמעלה למטה. השנייה, בלימוד ספירות חכמה ובינה: גם שם אתחיל בחכמה הקודמת לבינה בסדר ההשתלשלות מלמעלה למטה, מטעמים שנראה שם, אך העיקרון של העלייה מלמטה למעלה נשמר במבנה הכללי מן המלכות ועד הכתר.

5. שם גם אסביר שוב את הבחירה ללכת בדרכו של ר' יוסף ג'יקטיליה. הקורא הסקרן וחסר הסבלנות מוזמן לדלג לסוף העיון בספירת כתר, ולאחרית דבר של הפרק העוסק בה.

ישיבת הר עציון, שהיה עבורי אכסניה לכתיבת הבסיס לספר זה - שיעורים על עשר הספירות.

תודתי לתלמידיי בישיבת אורות שאול, שהשיח והדיאלוג עימם סביב הנושאים העולים בספר זה תרם להתגבשותו, ולתלמידי החבורה התל־אביבית שלמדו עימי כחמש שנים מידי שבוע, ועימם גם זכיתי לעסוק בספירות ובמשמעותן. תודתי נתונה גם לשותפיי בהובלת הישיבה, הרב יובל שרלו והרב תמיר גרנות, ולרמי״ם היקרים.

אני מודה לרב אחיה סנדובסקי, שקרא את הספר בעודו משרת בעזה במלחמה, ושהוסיף משלו עצות, הכוונות והדרכות בכמה מפרקי 'אל הנפש והחיים'. אני מודה לו גם על עצותיו הטובות בשלבי לידת הספר ובבחירת שמו. תודה לרב יוסף אביב״י שקרא בטובו את כתב היד ודייק עבורי בחדות את תכלית הספר ומגמתו.

לבסוף, תודתי לאילה, בתי, שערכה עבורי את המפתח לספר זה, בתבונה, בעומק ובדיוק.

אני רוצה להודות לרבקה לביא - חמותי, ולשלמה פרידמן - דודה של אשתי, שתרמו להוצאה לאור של ספר זה, המוקדש לעילוי נשמתם של סבתא אסתר וסבא יוסף פרידמן. סבתא אסתר וסבא יוסף היו ניצולי שואה שבחרו בחיים, וגידלו את ילדיהם היקרים רבקה ושלמה ואת נכדיהם ונכדותיהם (בהם אשתי) באהבה ובשמחה. הם לימדו אותם כיצד מאורעות השואה הפכו את האומה הישראלית בכלל ואותם בפרט לאוהבי אדם ומבקשי טוב, העובדים את בוראם באמת וללא זיוף.

ספר זה גם מוקדש לעילוי נשמת חמי זאב לביא, שנקטף באִבּו ובחטף לפני 14 שנה. אוהב חיים ואדם, מבקש אמת ואוהב תורה.

כששלמה ורבקה פנו אליי לפני כשנתיים והציעו לי להוציא את ספרי לזכרם ולעילוי נשמתם נעניתי ברצון ובשמחה. זוהי הזדמנות עבורי להשיב להם על אהבתם אליי.

במהלך שנות כתיבת הספר נפרדתי מאבי מורי, אהרן שמואל ז״ל. באחת משיחותינו האחרונות הוא שאל אותי על ההתקדמות בספר, ודרבן אותי לחתור להוצאתו. צר לי שלא זכה לראותו.

בעזרת ה', אם יחנון אותי, אוציא את הספר הבא לעילוי נשמתו. אך כאן המקום להודות לו ולאמי תיבדל לחיים ארוכים, נצחיה, על התורה, על האהבה, על השפע ובעיקר על האמון האין־סופי.

תודה גם לחברי־שותפי לאהבת החיים ומקורות, יוני גרוסמן.

את התודות על הסובבים את חיי הקרובים לי – אשתי, ילדיי וחתני האהובים, אמשיך לומר לקב"ה בכל יום בתפילתי – שחרית, מנחה וערבית.

מודה אני לפניך ה' אלוהיי ואלוהי אבותיי, ששמת חלקי מיושבי בית המדרש ומבקשי תורתך.

לולא תורתך שעשועי, אז אבדתי בעוניי.

איתמר אלדר

תל אביב, מרחשוון תשפ"ו

עשר ספירות

מבוא

א. העיסוק בתורת האלוהות ובתאריה

הדיבור על אלוהים ועל האלוהות מחייב זהירות. לכך יש רמזים כבר במקרא: ׳אַל תְּבַהֵל עַל פִּיךָ וְלִבְּךָ אַל יְמַהֵר, לְהוֹצִיא דָבָר לִפְנֵי הָאֱלֹהִים. כִּי הָאֱלֹהִים בַּשָּׁמַיִם וְאַתָּה עַל הָאָרֶץ, עַל כֵּן יִהְיוּ דְבָרֶיךָ מְעַטִּים׳ (קהלת ה, א). לעיתים אף עולה כי השבח הראוי ביותר לקב״ה הוא השתיקה: ׳לְךָ דֻמִיָּה תְהִלָּה אֱלֹהִים בְּצִיּוֹן׳ (תהילים סה, ב). גם חז״ל עסקו במתח שבין הרצון לתאר את הקב״ה ואת מידותיו לבין הסכנה הטמונה בכך:

> ההוא דנחית קמיה דר׳ חנינא [=אותו אחד שעבר לפני התיבה לפני ר׳ חנינא], אמר ׳האל הגדול הגבור והנורא והאדיר והעזוז והיראוי החזק והאמיץ והודאי והנכבד׳. המתין לו עד דסיים. כי סיים אמר ליה ׳סיימתינהו לכולהו שבחי דמרך? למה לי כולי האי? אנן, הני תלת דאמרינן אי לאו דאמרינהו משה רבינו באורייתא ואתו אנשי כנסת הגדולה ותקנינהו בתפלה לא הוינן יכולין למימר להו, ואת אמרת כולי האי ואזלת?!׳ [סיימת את כל שבחי אדונך? למה לי כל זאת? אנו, אלה השלושה שבחים שאנו אומרים, אם לא היה אומרם משה רבנו בתורה והיו באים אנשי כנסת הגדולה ומתקנים אותם בתפילה לא היינו יכולים לומר אותם, ואתה אומר את כל אלה והולך?] משל למלך בשר ודם שהיו לו אלף אלפים דינרי זהב והיו מקלסין אותו בשל כסף, והלא גנאי הוא לו!
>
> (ברכות לג ע״ב)

רבי חנינא נוזף באדם שהוסיף על התארים שקבעו חז"ל בנוסח התפילה, כיוון שלנוכח האינסופיות האלוהית גם התיאור המופלג ביותר הופך לגנאי.

גם ספר יצירה, שהוא המקור הקדום לעשר הספירות, מלווה את העיסוק בהן באזהרה:

> עשר ספירות בלי מה, בלום פיך מלדבר ולבך מלהרהר. ואם רץ לבך שוב למקום, שלכך נאמר 'והחיות רצוא ושוב'. ועל דבר זה נכרת ברית.
>
> (ספר יצירה א, ח)

השתיקה, אם כן, יפה לעיסוק בנושא זה, ואם אנו עוסקים בו בעל כורחנו, עלינו לעשות זאת בבחינת רצוא ושוב, לגעת ולא לגעת, לנסות להבין ומייד לסגת לאחור בהכנעה.

תנועה פנימית זו, והערצת הא־ל ואינסופיותו, הולידו את תורת התארים השליליים. בחלק הראשון של 'מורה הנבוכים' עוסק הרמב"ם בתאריו של הא־ל, ובעיקר בשלילתם או בשלילת הבנתם הפשוטה. השלב הראשון בשיטתו הוא זיהוי התארים שאינם מכוונים אל המהות האלוהית אלא אל פעולותיה: 'כל תואר הנמצא בספרי האלוה יתעלה יהיה אפוא תואר פעולה שלו, לא תואר עצמות שלו' (מורה הנבוכים א, נג). גם י"ג המידות, הנראות כתיאור מהותו של הקב"ה, מוסברות על ידי הרמב"ם כתיאורי פעולות שנמסרו לנו כדי שנלמד מהן:

> הנה חרגנו ממטרת הפרק אך הסברנו מדוע הצטמצם כאן, בהזכירו את מעשיו, באלה [=י"ג מידות], ושצריכין להן בהנהגת המדינות, מכיוון שתכלית מעלת האדם היא להידמות אליו יתעלה במידת היכולת, כלומר שנדמה את מעש
>
> ינו למעשיו, כפי שהסבירו בפירוש לקדשים תהיו, לאמור: מה הוא חנון, אף אתה היה חנון, מה הוא רחום אף אתה היה רחום. כל הכוונה היא שהתארים המיוחסים לו הם תוארי הפעולה שלו ולא שהוא בעל איכות.
>
> (שם א, נד)

בשלב הבא של הדיון, כאשר הרמב"ם עוסק בתארים של המהות האלוהית ולא של פעולותיה, הוא חושף את תורת התארים השליליים. הסיבה לכך

היא שהנטייה לפרש ולהגדיר את האלוהות, ואף לפייט עליה, היא שלילית ובעייתית:

> השבח למי אשר השכלים – בנסותם להתבונן בו – השגתם הופכת לקוצר השגה, ובראותם כיצד מעשיו מתחייבים מרצונו, הופכת ידיעתם לאי־ידיעה; וכאשר מבקשות הלשונות לרוממו בתארים, הופכת כל צחות מליצה לגמגום ואין־אונים.

(שם א, נח)

מכאן מגיע הרמב״ם להגדרת תורת התארים השליליים, שלפיה את אלוהים אי אפשר לתאר ולכן אפשר לדעת אותו רק באמצעות שלילת תארים שאינם מתאימים לו:

> דע שאין לו יתברך תואר עצמי בשום פנים ולא בשום עניין, וכמו שנמנע היותו גשם, כן נמנע היותו בעל תואר עצמי.

(שם א, נ)

> הנה כבר התבאר לך, כי כל אשר התבאר לך במופת שלילית דבר אחד ממנו, תהיה יותר שלם. וכל אשר תחייב לו דבר מוסף – תהיה מדמה, ותרחק מידיעת אמתתו.

(שם א, נט)

אחד הקשיים הגדולים העולים מתורת התארים השליליים הוא ההבחנה בין הבּוּר לחכם: אם אפשר לדעת את אלוהים רק בדרך השלילה, הרי שהן הבּוּר הן החכם יאמרו בסופו של דבר ׳איני יודע כלום על אלוהים׳. כך שאל לדוגמה ר׳ חסדאי קרשקש על דברי הרמב״ם: ׳אם היה חיובו זה אמת, שהתארים המחייבים נמנעים בחוקו... הנה לא נשאר יתרון השגה לשלמים על אחד מהמתחילים בעיון. ומה שחשבו לסלק הספק הזה בריבוי בשוללים, איננו מספיק׳ (אור ה׳, מאמר ראשון ג, ג). על כך השיב הרב יוסף דוב סולובייצ׳יק:

> כל עצמה של ההכרה השלילית אפשרית רק על רקע ההכרה החיובית. הרי אנו שוללים מאת תארי היוצר את זה שחייבנו לַיְצוּר [=לנברא]. ולפיכך כדי לבוא לידי שלילה, עלינו ליצור את החיוב. ומהי ההכרה

החיובית אם לא הכרת ההוויה – תארי הפעולות, שעליהם התפלל משה רבנו ונענה, וכולנו נצטווינו לעסוק בהם, שמתוכם אנו באים לידי אהבה ויראה, כמבואר בהלכות יסודי התורה? ראשית דבר אנו מכירים את עולמו של הקב"ה, הישות הנשגבה והגדולה, ואחר כך אנו שוללים את תארי הפעולה מאת הבורא.

(איש ההלכה, עמ' 21-22)

לפי הרב סולובייצ'יק תוארי השלילה אכן אינם עומדים בפני עצמם; הם מקבלים את משמעותם על הרקע של תוארי הפעולות, הנדרשים כדי לעבוד את ה' ולדעת אותו ביכולת הידיעה האנושית. על כן אל לו לאדם להסתפק בתורת התארים השליליים. מסיבה זו הרב סולובייצ'יק גם לא קיבל את הסתייגותו של הרמב"ם מהפיוטים:

> איש ההלכה לא קיבל את הוראת 'מורה הנבוכים' בנוגע לפיוטים, שירות ותשבחות. צא ולמד: מה ביקש 'מורה הנבוכים' לעשות לפיוטי ישראל! [...] אף על פי כן מתרפקת כנסת ישראל על דודה בשיר הייחוד והכבוד. וכשהשכינה קורצת לנו עין מתוך דמדומי חמה־שוקעת בבת שחוק של סליחה ומחילה, אנו קושרים 'כתר מלכות' לראש עתיק יומין. ובשעת רחמים ועת רצון, ברגעי עליית נשמה והתרוממות הנפש, כשהווייתנו צמאה לא־ל חי וכל ישותנו נכספת ועורגת אליו, אנו מרבים בפיוטים ושירות, ואין אנו משגיחים בהֵדו של המדרש הפילוסופי העוסק בשאלת התארים השליליים. אין ההלכה חוששת למחשבות ספקולטיביות ולהפשטות דקות מן הדקות מצד אחד, ולרגשות סתומים, לחוויות עמומות, להפעלות כהות ולסובייקטיביות מתחמקת מצד אחר. היא קובעת דין ומשפט בישראל.
>
> (איש ההלכה, עמ' 56)

אם כן, מצד אחד נשגבותו של הא־ל איננה ניתנת לערעור, ויש לשמרה בכל מחיר; מצד שני לא ניתן להימלט גם מן הרצון לדעת, להבין, לגעת באלוהות ובעיקר בהנהגתה, ומכאן נובע הצורך לעסוק בהגדרות, במילים.

אחד הפתרונות הוא ההבחנה בין העצם או המהות שעל אודותיהם יש לשתוק ולשוב אחור, לבין הפעולות והתארים המתייחסים אליהן שאותם

נכון וראוי להבין, לחקור ולהגדיר. הבחנה זו תלווה אותנו גם בדיון על תורת הספירות, אם כי בשפה מעט שונה.

ב. הספירות: מהותן ותפקידן

על רקע הזהירות הנדרשת ביחס לתאריו של הא־ל, ניגש להבנת תפקידן ומהותן של עשר הספירות. רמח״ל (ר׳ משה חיים לוצאטו) בספרו ׳קל״ח פתחי חכמה׳ מנסח הגדרה של הספירות, ולאחר מכן מסביר אותה:

> הספירות הם הארות שניתנו ליראות, מה שלא ניתן אור הפשוט אין־סוף ברוך הוא.
>
> ׳הספירות הם הארות׳ – וזה, כי הנה הספירות הם מה שהאלקות מתפשט, אך התפשטות האלקות לא נוכל לקרא אותו כי אם הארה, אם כן גם הספירות נאמר שהם הארות. ואמנם שהאלקות לא נוכל לקרא אותו כי אם הארה – זה יתאמן לך בהכרח, יען פשוט הוא שהאלקות לא תוכל לקרא אותו בשום שם או מלה. אמנם כאשר בלא מלה אי אפשר לדבר, על כן צריך לקרא אותו באיזה שם, אבל נבחר את שיוכל להיות רחוק ממנו פחות מהאחרים. האור הוא הדבר היותר הדק שבגשמים, על כן הוא פחות רחוק ממנו מהאחרים, אם כן לא נקראהו אלא הארה. ותבין שאף על פי כן, אין זאת הארה ממש כמו הארת האור הגשמי, אלא מה שנקראהו הארה לתת לו איזה שם.
>
> (קל״ח פתחי חכמה, פתח ה־ו)

רמח״ל בוחר בביטוי ׳הארות׳ כמושג הקרוב ביותר לתיאור של עשר הספירות. הוא מתנצל על עצם הבחירה במינוח כלשהו, שהרי מחד ׳פשוט הוא שהאלקות לא תוכל לקרא אותו בשום שם או מילה׳, אך מאידך ׳בלא מילה אי אפשר לדבר, על כן צריך לקרא אותו באיזה שם׳. הבחירה בביטוי ׳הארה׳ היא מפני מופשטותו של האור, ש׳הוא הדבר היותר הדק שבגשמים׳. אומנם יש לסייג את השימוש בביטוי זה, שהרי האור עם כל מופשטותו עדיין שייך לממד הגשמי; על כן מדובר בדימוי בלבד, ולא בזיהוי של הספירות עם האור.

רמח״ל מדגיש את ממד ההתפשטות של האלוהות (התואם גם לדימוי של ההארה): האלוהות מתפשטת ומתגלה, ויש צורך לכנות את הגילוי הזה

ואת תנועת ההתפשטות בשם. בהתאם לכך הוא מבאר את המשך ההגדרה שבה פתח:

> 'שניתנו ליראות', שהרי זה כל החילוק בינם ובין אין־סוף ברוך הוא, שניתנו ליראות.
>
> (שם)

הביטוי 'שניתנו ליראות' טעון ביותר, מפני שהוא מדייק את ההבחנה בין 'אין־סוף ברוך הוא' לבין ההתפשטות – הגילוי שלו. את האין־סוף אי אפשר לראות, להגדיר ואולי אף לדבר בו. ניתן לומר ששלילת הדיבור המגשים, המתאר והמצמצם בדבר האלוהות, אותה הדגיש הרמב"ם, נכונה על פי רמח"ל ועל פי מקובלים אחרים ביחס לאין־סוף ברוך הוא. אולם אותו אין־סוף מצטמצם, משתלשל, מתפשט, מתגלה, נאצל (ובספרי הסוד מופיעים עוד דימויים רבים המתארים תנועה זו), והשתלשלות זו ניתנת להבנה, להגדרה ולאחיזה כלשהי. השתלשלות זו היא הספירות.

אם נלך בדרכו של רמח"ל ונשתמש בדימוי האור, נוכל להציע משלים נוספים ליחס בין האין־סוף לספירות. מקרן אור מקרין קרן אור לעברנו, וקרן זו עוברת דרך עשרה מסכים שכל אחד מהם נושא גוון אחר. כשאנו רואים את קרן האור אנו נפגשים עם ריבוי גווניה לאחר שעברה דרך המסכים. היא עצמה נעדרת הבחנה של גוונים, והכול כלול בה ללא הגדרה; אך המעבר דרך המסכים מעניק לה את הגוונים המובחנים המאפשרים לנו להגדיר, לדייק ולכמת. משל אחר שאפשר להציע, המשתמש אף הוא בדימוי האור, הוא פגישת קרן אור עם מנסרה המייצרת גוונים של אור הגלומים בקרן עצמה.

מכאן ממשיך רמח"ל בהגדרת הספירות, ושוב הוא מביא הגדרה ולאחריה הסבר:

> כל ספירה היא מדה אחת מן המדות של אין־סוף ברוך הוא, אשר ברא בם את העולמות, ומנהג אותם. שברצותו שתהיינה נודעות, עשה שכל מדה תראה בסוד הארה אחת, שבראות אותה – מבינים המדה ההיא. ובראות תנועות ההארה ההיא – מבינים מה שנעשה בהנהגה במדה ההיא בזמן ההוא.

'כל ספירה היא מדה' – רוצה לומר כמו חלק מן הרצון, והיינו כח מכחותיו. המשל בזה, הגוף מחובר מכל כך איברים, והרואה אותו יראה

> איבריו. והנשמה – חלקיה אינם איברים, אלא כחות, כגון זכירה, דמיון, הרגש, והרואה אותה יראה כחות. כך הרואה מה שאפשר לראות ברצון העליון – יראה כחות של הרצון. כל ספירה היא מדה.
>
> (שם)

כשם שיש לגוף איברים כך יש גם לנשמה, ואיברים אלו הם כוחותיו של האדם – זכירה, דמיון, רגש ועוד. המפגש עם הנשמה הוא דרך אותם כוחות, וכך גם המפגש עם הרצון האלוהי הפועל בעולם הוא דרך מידותיו – הספירות.

אם כן, הספירות הן אופני הפעולה וההופעה של הרצון האלוהי בעולם. הרצון נעלם, כשם שהאין־סוף נעלם,[1] אך הוא מופיע בעולם (מלשון העלם) דרך פעולתו, ואלו הן הספירות.

בהמשך דבריו מבאר רמח"ל את שני הביטויים הבאים בהגדרה שהביא, המתארים את המרחב שבו פועלות הספירות:

> 'אשר ברא בם את העולמות', רוצה לומר למה יתגלו אלה ולא אחרים, לפי שהם אלה שיש להם שם התחתונים, למה שמהם נבראו.
> 'ומנהג אותם', רוצה לומר אף על פי שכבר כלתה הבריאה, לא כלתה ההשגחה של האורות על ענפיהם, ופעולות כל הספירות תמיד כבתחילה.
>
> (שם)

ראשית, הספירות הן הכלים, העקרונות, המידות שבהן ברא הקב"ה את העולם, ויש קשר בין היותן אבני היסוד והבניין של העולם לבין העובדה שהן אלו המתגלות לנו ונראות לנו. העולם נברא על פי הספירות, ועל כן הן, והן בלבד, מתגלות לנו ו'ניתנות ליראות' לנו. ההתבוננות בספירות היא בעצם התבוננות בעולם וביסודותיו, וכן בעצמנו וביסודותינו, שהרי גם אנו נבראנו מהן. זהו מעין DNA של העולם ושל בני האדם. כך מבאר ר' משה קורדוברו (רמ"ק) את דברי המשנה בספר יצירה 'עשר ספירות בלי מה, במספר עשר אצבעות' (א, ג):

1. על הרצון וספירת כתר, ארחיב בדיוננו בספירת כתר.

וזהו שמצינו בתורה מיוחסים הידים אל הבורא, והוא כנוי אל הספירות כאומרו ׳מקדש ה׳ כוננו ידיך׳, וכן ׳אף ידי יסדה ארץ וימיני טפחה שמים׳, וכן ׳כי אראה שמיך מעשה אצבעותיך׳, וכן ׳אצבע אלהים היא׳, וכיוצא רבים, רמז אל הכלים כענין הידים אל האדם, וכמו שהנשמה מתפשטת בתוך הגוף ובידים לפעול כן המאציל בנאצל. כדפרישית בספר פרדס רימונים בשער עצמות וכלים. השנית, הכרח מספר העשר מהאצבעות. כי כיון שבתורה כנוי מעשה בראשית אל הידים, כאמרו אף ידי יסדה ארץ וימיני וכו׳ מורה שהספירות שבהם נבראו שמים וארץ מספרם כמספר האצבעות בידים.

(פירוש רמ״ק לספר יצירה א)

הספירות הן כביכול ידיו של הקב״ה העוסקות בבריאת העולם (מכאן גם המספר עשר, המקביל לעשרה מאמרות שבהן ברא ה׳ את העולם, על פי חז״ל).

שנית, גם לאחר השלמת הבריאה הקב״ה מנהיג את העולם על פי עשר הספירות. רוצה לומר, דרכי הנהגתו בעולם והשגחתו עליו נעשים על פי הספירות. על כן התבוננות בהן היא לא רק התבוננות ביסודות העולם, אלא גם בדרכי ההנהגה וההשגחה האלוהיות.

להערות אלו ישנן שתי השלכות על תפיסת עשר הספירות וחשיבותן.

ראשית, על פי תפיסה זו קשה להפריז בחשיבותה של רכישת המשקפיים המתבוננים על העולם ועל עצמנו בפריזמה של עשר הספירות. אם הספירות הן אבני הבניין להוויה כולה, לבריאה, לטבע, לאדם – הרי שהדרך הראויה להתבונן בהן היא דרך משקפי עשר הספירות. עלינו לשאול: היכן מתגלה בטבע ספירת חסד או ספירת גבורה? היכן הן מתגלות באדם? היכן בגרמי השמיים? וכן על זו הדרך.

אם הספירות הן גם ׳קוד ההפעלה׳ להנהגת ה׳ בעולם ובהיסטוריה, הרי אי אפשר שלא להתבונן בהשגחה ובהנהגה האלוהית במשקפי עשר הספירות. התבוננות זו מאפשרת להבין כיצד בפעולה אלוהית זו מתגלה החסד ובאחרת הדין, וכיצד ההיסטוריה כולה משקפת את הגילויים השונים של הספירות האלוהיות.

שנית, על פי תפיסה זו, כשם שהאדם שלם פיזית כשכל איבריו במקומם, והם פועלים, בריאים וממלאים את תפקידם; כשם שהנשמה מופיעה בשלמותה כשכל כוחותיה פועלים באופן מלא ומדויק, וכל אחד

מהם יודע את תפקידו ומקומו – כך גם הגילוי האלוהי המלא, באדם, בעולם ובהשגחה מופיע כאשר כל עשר הספירות פועלות באופן שלם וראוי, בהרמוניה ובהתאמה.[2]

מכאן צומחת האפשרות לא רק להתבוננות, אלא גם לתיקון. מושג יסוד מרכזי בזוהר הקדוש הוא ה'מתקלא' – משקל. כך מבארו רמח"ל:

> מציאות התיקון הוא משקל מה שצריכים כל האורות לתקן איש בעד חבירו, בכל כך מיני פתיחות, ובכל כך מיני סתימות, שבין כולם נמצאת ההנהגה מתוקנת בכל הסדרים הגדולים שיש לה לסבב כל הבריאה בסיבוב אחד, שבו כל דבר יסתיים בטוב ושלמות גמור.
>
> 'מציאות התיקון הוא משקל', פירוש – זה סוד המתקלא שהזכירו בסוד דו"ן [=דוכרא ונוקבא (זכר ונקבה)], שהוא תיקון העולמות.
>
> 'מה שצריכים כל האורות לתקן איש בעד חבירו', כי כיון שההנהגה צריך שתצא בהסכמה, לא די שיהיה כל כח לעצמו, אלא צריך שיביט על חבירו, ויוכנו הכנות בכל אחד – מלבד מה שצריך לעניניו – מה שראוי לצורך האחרים, להתחבר עמהם.

(קל"ח פתחי חכמה, פתח סט)

האיזון, ה'בָּלַנְס' – שיווי המשקל, הוא המאפשר קיום הרמוני ומתוקן המביא לידי ביטוי את כלל הכוחות. בלב האיזון מונחים הזכר והנקבה, שהם הביטוי לחיבור הנדרש בין הכוחות השונים בטבע המסודרים כולם בזכריות ונקביות. כשם שבזוגיות טובה כל אחד מביא את עצמו לידי ביטוי באופן מלא תוך התחשבות בשני, וכל אחד מאפשר לרעהו להביא את עצמו – כך גם בספירות: רק כאשר הן נותנות רשות זו לזו להופיע באופן הראוי והמדויק להן, תוך התחשבות ואיזון עם הכוחות האחרים, ישנה הרמוניה במציאות.

מציאות שיש בה צרימה, קלקול, מריבה, סתירה, קונפליקט, מחלה, עצבות וכדומה, היא מציאות שבה ה'מתקלא' הזוהרי איננו מתממש, כלומר אין בה איזון מלא בין הספירות השונות. ממילא הריפוי יחל בזיהוי חסרונה של הספירה שאיננה מתממשת באופן הראוי לה, או לחלופין של הספירה שבהתגברותה מייצרת חוסר איזון ולא מאפשרת לרעותה להופיע. כך ביחס

2. להלן נראה כיצד תורת הסוד מתארת מציאות שקדמה לעולם התיקון, שבה אכן הספירות לא פעלו בהרמוניה והדבר הביא לשבירה שתוצאותיה הרות גורל.

לאדם בכל ממדיו – הפיזי, הנפשי והרוחני: אדם יכול לזהות בעצמו את הספירות, ומתוך כך לבחון היכן יש חסר והיכן עודף, איזו תנועה פנימית המבטאת את אחת הספירות מוזנחת וממילא איפה נוצר בקרבו חוסר איזון. כך גם ביחס לטבע, הנפגע כשנוצר בו חוסר איזון (למשל במשבר האקלים), ביחס לחברה (בה נדרש לדוגמה איזון בין גבולות לחירות), וגם ביחס להיסטוריה ולתנועות תרבותיות ואידיאולוגיות (קפיטליזם מול סוציאליזם, ועוד).

ידיעת הספירות, אם כן, היא מפתח: מפתח להבנה ולהכרה של המציאות, ואם נשוב לדברי רמח"ל – גם להבנת הרצון האלוהי הפועל בעולם דרך הספירות. אולם ידיעה זו היא גם מפתח לתיקון המציאות, באמצעות ההבנה מה חסר בה על מנת שתבטא באופן שלם את המציאות האלוהית והנהגתה – באדם, בחברה, בטבע ובהיסטוריה.

יש שביקרו את תורת עשר הספירות משום חשש הריבוי, כפי שמובא באיגרתו של רבי אברהם אבולעפיה:

> ולפיכך אודיעך שבעלי הקבלה הספירות חשבו לייחד השם ולברוח מאמונת השלוש ועשרוהו, וכמו שהגוים אומרים הוא שלשה והשלשה אחד.
>
> (רבי אברהם אבולעפיה, אגרת 'וזאת ליהודה')

אולם נראה שהכוונה של תורת הספירות היא הפוכה בתכלית, כפי שתיאר זאת רמ"ק:

> אחרי שנתאמתנו בענין מספר הספירות, ראוי שנחקור אם הם מוכרחות מצד החקירה אם לאו. ולזה נאמר כי הם מוכרחות מכמה סבות. הראשונה מפני שאנו המאמינים בהשגחה ואפילו בהשגחה פרטית מוכרחים אנו לומר שהוא משגיח מצד הספירות מפני כי האחד הפשוט סבת כל הסבות ועלת כל העלות מסולק מן השנוי ומן המדות. רצונו לומר חכם צדיק שומע ושאר התוארים אשר סלקו ממנו החוקרים. וכן גדרי הגוף והגשמות כגון 'וירד ה'' וכן 'ומראה כבוד ה' כאש אוכלת' וכו' [...] וכן 'כתובים באצבע אלקים', 'אזני ה'' 'יד ה'' 'עיני ה'' כעניינים אלו אשר באו בכתוב המורים על הגבול ועל הגשמות וכן המורים על התוארים. וזה באחד הפשוט בערך בחינתו אל עצמותו

ופשיטותו אי אפשר לומר עליו כן. אם לא נערוך בחינתו אל מדותיו כאשר נבאר בשער עצמות וכלים ובשער הכנויים בעזרת האל. והנה על ידי המדות יהיו השינויים והדין והרחמים לא בבחינתו כאשר יתבאר בשער הנזכר. והנה מפאת בחינה זו כדי שלא נכחיש עקרי אמונתנו באחד הפשוט במציאות פשיטותו שהוא מסולק מן התוארים המחייבים הגוף והנשמות. ואנו מוכרחים להאמין השגחתו שגם הוא מעיקרי הדת ולכן אנו צריכין להאמין בספירות כדי שלא יהיו עיקרי אמונתנו סותרים אלו לאלו כדפירשתי. וזו הוא סבה או סבות המכריחות אמונת הספירות והם ראיות מוכרחות קצת מפאת התורה על דרך החקירה.
(פרדס רימונים שער א, פרק ח)

תורת הספירות, לשיטת רמ"ק, לא רק שאיננה סותרת את תפיסת האלוהות השוללת תארים וגשמות, אלא אף 'מצילה' אותה. במובן מסוים, הספירות הן 'שכפ"ץ המגן' של 'האחד הפשוט', סיבת הסיבות ועילת העילות, מפני 'שינוי' ו'מידות' וכל שאר מיני ההגשמה שהרמב"ם ושאר הפילוסופים ביקשו לשלול מן האלוהות.

בסופו של דבר אנו פוגשים הנהגה אלוהית מגוונת, עם גבולות, שינויים ותקשורת עם המציאות. ללא הספירות כל אלו היו מאיימים על ה'אחד הפשוט', שאותו מכנה רמח"ל אין־סוף ברוך הוא. הספירות מאפשרות לדבר על הריבוי ללא נגיעה בעצם האלוהי הפשוט והנעלה, ולכן קובע רמ"ק שהעיסוק בהן והניסיון להבין את ההנהגה האלוהית דרכן לא רק שאיננו סותר את תפיסת האלוהות הנאצלת, אלא אף תומך בה ומגן עליה. זו בפני עצמה, קובע רמ"ק, סיבה טובה להאמין בספירות ולראות בחיוב את העיסוק בהן.

ג. שמותיהן של הספירות והמבנה שלהן

הסְפִירות מוזכרות לראשונה בספר יצירה:

[א] בשלשים ושתים נתיבות פליאות חכמה חקק יה ה' צבאות אלהי ישראל אלהים חיים ומלך עולם אל שדי רחום וחנון רם ונשא שוכן עד מרום וקדוש שמו וברא את עולמו בשלשה ספרים בסֵפֶר וסְפָר ספור. [ב] עשר ספירות בלי מה ועשרים ושתים אותיות יסוד שלש

אמות ושבע כפולות ושתים עשרה פשוטות. [ג] עשר ספירות בלימה[3]
מספר עשר אצבעות חמש כנגד חמש וברית יחיד מכוונת באמצע
כמלת הלשון וכמילת מעור.

(ספר יצירה א, א-ג)

העולם נברא, על פי ספר יצירה, בל"ב נתיבות חכמה הכלולות מעשר ספירות ועשרים ושתיים אותיות. לא נעסוק כעת באותיות, אלא נתמקד בספירות. רמ"ק בספרו 'פרדס רימונים' ביאר את משמעות המילה 'ספירות' במשניות אלה:

ולשון הספירות הוא לשון מספר שישפוט בהם המספר ואף אם הם בלי מה. והעד על זה שמם שהם ספירות לשון מספר כדפירשנו. ולהכריח שהם מספר ושמספרם י' אמר מספר י' אצבעות.

(פרדס רימונים שער א, פרק א)

פירוש נוסף למילה 'ספירות' הוא מלשון 'אבן ספיר':

וקראם ספירות להיותם זכים ובהירים כמראה אבן ספיר דמות כסא.

(פירוש הראב"ד לספר יצירה א, ב)

אבן הספיר מהווה מוטיב חוזר ביחס להשגה אנושית ויזואלית של האלוהות, כפי שעולה משני מקומות שבהם מתוארת השגה כזו. הראשון בברית האגנות: 'וַיִּרְאוּ אֵת אֱלֹהֵי יִשְׂרָאֵל וְתַחַת רַגְלָיו **כְּמַעֲשֵׂה לִבְנַת הַסַּפִּיר** וּכְעֶצֶם הַשָּׁמַיִם לָטֹהַר' (שמות כד, י), והשני במרכבת יחזקאל: 'וּמִמַּעַל לָרָקִיעַ אֲשֶׁר עַל רֹאשָׁם **כְּמַרְאֵה אֶבֶן סַפִּיר** דְּמוּת כִּסֵּא וְעַל דְּמוּת הַכִּסֵּא דְּמוּת כְּמַרְאֵה אָדָם עָלָיו מִלְמָעְלָה' (יחזקאל א, כו-כח). על כן מתאים הכינוי 'אבן ספיר' לספירות, המייצגות את הגילוי האלוהי הנראה לעין.

משמעות נוספת לפירוש השם 'ספירות' במובן של אבן ספיר מובאת אצל רמ"ק:

3. המינוח 'עשר ספירות בלימה' מופיע גם במדרשים, כגון: במדבר רבה יד, יב; ילקוט שמעוני, מלכים א' ז, רמז קפה, ועוד.

> אחר שהקדמנו בפרק הקודם ענין הספירות ופירשנו שהם כח הכולל הפכים רבים, נוכל לומר כי זה טעם היותם נקראות ספירות מלשון אבן ספיר. כי כמו שהספיר אין לו גוון מיוחד אלא כולל כל הגוונים הנראים בו כן הספירה כוללת כל ההפכים כאשר בארנו.
>
> (פרדס רימונים שער ח, פרק ב)

לפי רמ"ק אבן הספיר רומזת לאיחוד הגוונים הסותרים המאפיין את הספירות. במקום אחר נדרשת המילה ספירות מלשון סיפור:

> ואמאי קרי ליה ספירות, משום דכתיב (תהילים יט, ב) 'השמים מספרים כבוד אל'.
>
> (ספר הבהיר, קכה)

נראה ששלוש הפרשנויות האלו למילה 'ספירות' – מספר, אבן ספיר או סיפור – מסכמות את כל הנאמר לעיל על מהותן ותפקידן של הספירות.[4]

פרשנות המילה 'ספירות' כאבן ספיר מחד או כמספרות מאידך, מדגישה את ההצצה אל האלוהות המתאפשרת לבני האדם דרכן. הספירות הן הדרך של האלוהות להופיע בעולם – כמו בדימוי של אבן ספיר, והן גם הדרך של האדם לקבל מושג על האלוהות – כמו בדימוי של הסיפור. בשני הדימויים הספירות אינן האלוהות עצמה; הן גילוי לאדם דרך דימוי, 'כמראה אבן ספיר', או דרך סיפור – הן אינן האלוהות עצמה אך הן מספרות עליה.

פרשנות המילה 'ספירות' כ'מספר' נעתרת להדגשה בספר יצירה על מספרן: 'עשר ולא תשע, עשר ולא אחת־עשרה' (ספר יצירה שם, ד). בכך מודגשת העובדה שלא מדובר בתארים מקריים שהאדם חשף או גילה אלא בתיאור שלם, הרמוני ומדויק של דרך ההנהגה האלוהית בבריאה ובהשגחה.[5]

4. יש לציין שאלו אינם הפירושים היחידים: רמ"ק בספרו 'שיעור קומה' מביא שש פרשנויות למילה 'ספירות' (שיעור קומה, ב – ספירות).
5. העובדה שהמספר עשר מבטא שלמות עולה גם משכיחותו במקרא: בעשרה מאמרות נברא העולם, עשרה דורות מאדם הראשון עד נח, עשרה דורות מנח עד אברהם, עשרת הדיברות, ועוד. גם במרחב הכללי למספר עשר ישנה משמעות הרמונית. לדוגמה, השיטה העשרונית מבוססת על עשרה מספרים, והמודל הגאוצנטרי של אריסטו, שאותו אימצו הרמב"ם ורבים מההוגים בימי הביניים, מתאר את הארץ כמוקפת בתשעה

מעבר לכך, המספר הוא גם ביטוי לריבוי העומד מול האחדות. דבר זה מגלה לנו כי במעבר מהאחד אל הספירות מתרחש מעבר מהעצמות האחדותית בסוד האחד, שאין בה פיצול, ריבוי וגיוון, אל המספר – 'אַחַת דִּבֶּר אֱלֹהִים שְׁתַּיִם זוּ שָׁמָעְתִּי' (תהילים סב, יב).

מכאן נעבור למקורות השונים לשמותיהן של הספירות: (כתר),[6] חכמה, בינה, דעת, חסד (גדולה),[7] גבורה, תפארת, נצח, הוד, יסוד, מלכות.

ישנם כמה פסוקים המהווים מקור לשמותיהן של עשר הספירות. המקור לשמותיהן של ספירות חכמה, בינה ודעת הוא בספר משלי: 'ה' בְּחָכְמָה יָסַד אָרֶץ, כּוֹנֵן שָׁמַיִם בִּתְבוּנָה. בְּדַעְתּוֹ תְּהוֹמוֹת נִבְקָעוּ, וּשְׁחָקִים יִרְעֲפוּ טָל' (משלי ג, יט–כ).[8] פסוק אחר, המופיע בספר איוב, הוא מקור לספירת כתר, המכונה גם 'אַיִן', ולספירות חכמה ובינה: 'וְהַחָכְמָה מֵאַיִן תִּמָּצֵא, וְאֵי זֶה מְקוֹם בִּינָה' (איוב כח, יב). המקור לשמותיהן של שאר הספירות הוא בפסוק בדברי הימים: 'לְךָ ה' הַגְּדֻלָּה וְהַגְּבוּרָה וְהַתִּפְאֶרֶת וְהַנֵּצַח וְהַהוֹד כִּי כֹל[9] בַּשָּׁמַיִם וּבָאָרֶץ לְךָ ה' הַמַּמְלָכָה וְהַמִּתְנַשֵּׂא לְכֹל לְרֹאשׁ' (דברי הימים

גלגלים (שבעה כוכבי לכת ועוד שני גלגלים נוספים) – וביחד עימה הם עשר (נעיר שהזיקה של עשר הספירות לגלגלים מובאת אצל רמ"ק בספרו 'שיעור קומה', טו). מכאן גם נובעת הטעות שרבים טועים בה בין המילה 'ספירה' למילה 'סְפֵרָה', שעניינה גלגלים.

6. כשמונים את ספירת כתר אין מונים את ספירת דעת, ולהפך. אעמוד על כך להלן בדיון על שלוש הספירות העליונות.
7. יש מקובלים המכנים ספירה זו בשם 'גדולה' ויש המכנים אותה בשם 'חסד'.
8. נעיר שכבר בבניית המשכן נאמר על בצלאל: 'וַיְמַלֵּא אֹתוֹ רוּחַ אֱלֹהִים בְּחָכְמָה בִּתְבוּנָה וּבְדַעַת וּבְכָל מְלָאכָה' (שמות לה,לא). בספר משלי, השמות: חכמה, בינה ודעת מופיעים מספר פעמים, כגון: 'בְּחָכְמָה יִבָּנֶה בָּיִת וּבִתְבוּנָה יִתְכּוֹנָן. וּבְדַעַת חֲדָרִים יִמָּלְאוּ כָּל הוֹן יָקָר וְנָעִים' (משלי כד, ג–ד).
9. המילה 'כל' היא כינוי לספירת יסוד. ראו על כך בדברי רמ"ק המובאים בהערה הבאה.

א׳ כט, יא).[10] את השמות המדויקים של הספירות ניתן למצוא אף בכמה מקומות בזוהר ובתיקוני זוהר.[11]

לעשר הספירות יש גם מבנה:

בינה	(כתר)	חכמה
	דעת	
גבורה		חסד
	תפארת	
הוד		נצח
	יסוד	
	מלכות	

מבנה זה של הספירות מייצר מספר חלוקות, שעל משמעותן המדויקת נעמוד במהלך העיון בספירות עצמן. נציג חלוקות אלו כעת באופן ראשוני.

10. יש להעיר שגם בתורת הנגלה נדרש פסוק זה כביטוי להנהגת ה׳ בהיסטוריה (בבלי, ברכות נח ע״א).

כך מסכם את הדברים רמ״ק: ׳עוד נתבארו המדות האלה עשרה, סודם ועניינם בכתוב. ג׳ ראשונות נתבארו מתוך דברי איוב לחביריו שאמר ״והחכמה מאין תמצא ואיזה מקום בינה״ (איוב כח, יב). בפסוק זה באר לנו סדר ג׳ ראשונות שהם נקראים אין חכמה בינה. ראשונה אמר החכמה היא נאצלת מהספירה הראשונה הנקרא אין, וזהו ״והחכמה מאין תמצא״. ״ואי״ שהוא א׳ אין י׳ חכמה, ״זה״ הוא ״מקום בינה״ שעל ידיה נאצלת הבינה [...] והנה הז׳ הנמשכות מהם נתבארו בדברי דוד המלך ע״ה בכתוב שנאמר ״לך ה׳ הגדולה והגבורה והתפארת והנצח וההוד כי כל בשמים ובארץ לך ה׳ הממלכה״ (דברי הימים א׳ כט, יא). מלות ״לך ה׳״ הם כנוי אל ג׳ ראשונות והבינה נקרא ״לך״ שעולה נ׳ כמנין חמשים שערי בינה. ולך וכל האותיות זה כאותיות זה. והיסוד כאשר הוא מקבל מבינה מנו״ן השערים הנזכר נקרא ״כל״ והוא כדמות החותם המתהפך מן לך אל כל, והטעם שנרמזו חמשים שערים במלת לך ובמלת כל מפני שהשערים הם נ׳ בסוד הבינה המתפשטת עד הוד שהם ה׳ ספירות וכל אחת כלולה מעשר הרי חמשים והם שלשה׳ (פרדס רימונים שער א, פרק ח).

11. זוהר ח״א יא ע״א; ח״ב קעז ע״ב; תיקוני זוהר קה ע״א ועוד.

חלוקה א – ימין ושמאל ואמצע (חד"ר)

החלוקה הראשונה מחלקת את הספירות לאלו השייכות לצד ימין המבטא את החסד, לצד שמאל המבטא את הדין,[12] ולקו האמצע, שהוא המיזוג השלם ביניהם (המקביל למיזוג שבין זכר לנקבה), המכונה 'רחמים'. על פי חלוקה זו עמוד הימין הוא עמוד החסד, ובו נמצאות ספירות חכמה, חסד, נצח; עמוד השמאל הוא עמוד הדין, ובו נמצאות ספירות בינה, גבורה, הוד; ועמוד האמצע כולל את ספירת דעת הממזגת את חכמה ובינה, ספירת תפארת הממזגת את חסד וגבורה, וספירת יסוד הממזגת את נצח והוד. יש המכנים את שלושת הקווים הללו על פי ראשי התיבות שלהם – הנהגת חד"ר (חסד, דין, רחמים).

במידה רבה, חלוקה זו משתיתה תנועה יסודית בהנהגת המציאות וערכיה. הרעיון הדיאלקטי (דו־קוטבי), שהתפתח בראשית המאה התשע־עשרה לכדי מפתח להתבוננות לא רק על ערכים ואידאות אלא גם על תהליכים היסטוריים, מעצב תבנית קבועה של תזה־אנטיתזה־סינתזה. עמדה זו, שעיצבה גם את התבוננותו ופרשנותו של הראי"ה קוק על תהליכים היסטוריים,[13] קובעת כי במציאות ישנם ניגודים אשר לעיתים ניצבים זה מול זה ונאבקים זה בזה, עד שמתוך המאבק נולדת סינתזה המכילה יסודות משניהם. כך במבנה הספירות החסד והגבורה ניצבים זה מול זה ונאבקים, עד שנולדת התפארת – הרחמים. לצד זאת, הדינמיקה שבין ימין לשמאל יכולה להצטייר לא רק כשני כוחות הניצבים זה מול זה ופועלים זה על זה, אלא גם כתיאור השתלשלות רציף שלפיו תנועת החסד זורמת אל הגבורה ודרך המעבר בה נוצרת יצירה חדשה – תפארת.

קשה להפריז בחשיבותה של תפיסה זו, המתבוננת על העולם כניגודים משלימים. את יסודה אפשר לראות כבר בראשית ההוויה, כדברי רש"י על פי המדרש: 'שבתחילה עלה במחשבה לברואתו במידת הדין, ראה שאין העולם מתקיים, הקדים מידת רחמים ושיתפה למידת הדין'.[14] ארחיב על כך להלן בדיוננו בספירות חסד וגבורה, אך לעת עתה אעיר שחלוקה זו בין ימין לשמאל היא גם חלוקה בין הבחינה הזכרית של המציאות לבחינה הנקבית. חלוקה זו באה לידי ביטוי כבר בספירות חכמה ובינה, המייצגות

12. על משמעות הביטויים חסד ודין אעמוד להלן בדיוננו על ספירות חסד וגבורה.
13. ראו: אורות, למהלך האידיאות בישראל.
14. רש"י, בראשית א, א; בראשית רבה יב, טו.

את הזכר מימין והנקבה משמאל (המכונים אבא ואימא במבנה הפרצופים של האריז"ל). כפי שנראה להלן, חלוקה זו יסודה בתפיסה שלפיה ההוויה כולה – מן האלוהות ועד לחומר הנחות ביותר – בנויה מזכריות ונקביות המשלימות זו את זו. ראשית המפגש בין הזכריות לנקביות הוא בהנגדה ולעיתים אף בהתנגשות, וסופו בזיווג המוליד הוויה חדשה שהיא הסינתזה ביניהן; ממש כשם שאיש ואישה מולידים ילד המורכב משניהם במטען הגנטי שלו, בתכונותיו ובאופיו.

חלוקה ב – שלוש ראשונות ושבע תחתונות (ג"ר וז"ת)

על פי חלוקה זו אילן הספירות מתחלק בין שלוש הספירות העליונות (המכונות ג"ר – ג' ראשונות: כתר, חכמה ובינה, או חכמה, בינה ודעת [חב"ד]) לבין שבע הספירות התחתונות (ז"ת – ז' תחתונות, חסד עד מלכות).

חלוקה זו מדגישה את ההבחנה בין עולם המחשבה (חכמה, בינה, דעת) לעולם המידות והמעשה המגולם בשבע הספירות התחתונות. על חלוקה זו ומשמעותה אעמוד בדיוננו במעבר משבע תחתונות לשלוש עליונות, אך לעת עתה אעיר שפעמים רבות חלוקה זו מגדירה את מרחב הפעולה שבו אנו עוסקים. לא תמיד נדרש תיקון ופעולה ברצון (כתר) או במחשבה, בהשקפה ובדעה (חב"ד); לעיתים התיקון מתמקד בז' תחתונות – במידות ובמעשה (כגון בספירת העומר, שבה התיקון נעשה מספירת חסד ומטה).

לחלוקה העקרונית בין עולם המחשבה לעולם המעשה ישנן נגזרות רבות. לדוגמה, ההתלבטות החינוכית אם הדרך לתיקון המציאות והאדם היא בבחינת 'אחרי המעשים נמשכים הלבבות'[15] – כלומר קודם יש לתקן את המעשה, ואחר כך הלב יתיישר לפיו, או ב'דרך הישרה' של הרב קוק[16] – כלומר להתחיל ביישור המחשבה, ההשקפה והדעה, ועל ידי כך

15. 'כי ידוע הדבר ואמת שכל אדם נפעל כפי פעולותיו, כמו שאמרנו. ועל כן אמרו חכמים זיכרונם לברכה: "רצה המקום לזכות את ישראל, לפיכך הרבה להם תורה ומצוות" (משנה מכות ג, טז), כדי להתפיס בהן כל מחשבותינו ולהיות בהן כל עסקינו, להיטיב לנו באחריתנו. כי מתוך הפעולות הטובות אנחנו נפעלים להיות טובים וזוכים לחיי עד' (ספר החינוך, מצווה טז).

16. 'ההישרה הרוחנית היא העיקר בזה. כשהדיעות מתישרות, מתאמץ הוא המעשה גם כן להתישר, והחיים מרגישים את ערכם הנהדר, ושמחת ישרים ממלאת את הנשמה כולה' (הרב קוק, שמונה קבצים א, שנח).

יתוקנו גם המעשים. מחלוקת זו היא בעצם השאלה אם צריך להתחיל בחב"ד או במלכות.

חלוקה ג – זעיר אנפין ונוקבא (ו"ק ונוקבא)

חלוקה זו מותירה את הג"ר מרחפות מעל, ומחלקת בין שש הספירות (שבליבן נמצאת ספירת תפארת, המכונות על שם מספרן ו"ק – ו' קצוות, וכן חג"ת נה"י – חסד, גבורה, תפארת, נצח, הוד, יסוד),[17] לבין ספירת המלכות. חלוקה זו רואה בו"ק את בחינת הזכר המשפיע, ואת ספירת המלכות כספירת הנקבה המקבלת.

זוהי חלוקה נוספת בין התנועה הזכרית לנקבית, אך בשונה מהמודל של ימין ושמאל (חכמה מול בינה, חסד מול גבורה, נצח מול הוד), במודל זה הזכר והנקבה הם למעלה ולמטה. בדיוננו בספירות חכמה ובינה אעמוד על תפיסת הזוגיות שבין איש ואישה לאור שני מודלים אלו: הזכר והנקבה מימין ומשמאל, לעומת הזכר והנקבה למעלה ולמטה.

ישנן חלוקות נוספות, אך לעת עתה נסתפק בדברים אלו.

ד. מבשרי אחזה אלוה

איוב אומר 'וּמִבְּשָׂרִי אֶחֱזֶה אֱלוֹהַּ' (איוב יט, כו), ובחסידות ובתורת הסוד נדרשות מילים אלו כך: מתוך התבוננות באדם ניתן ללמוד על האלוהות, שהרי האדם נברא בצלם אלוהים.

דברים אלו מקבלים משנה תוקף בתורת הספירות, שהרי לא רק האדם, כי אם המציאות כולה, עשויים בדמותן של עשר הספירות, והן מהוות מעין DNA לכל אורגניזם שלם. מכאן שהלימוד הוא דו־כיווני: מתפיסת הספירות וההתבוננות בהן ניתן ללמוד על האדם והעולם, אך גם מהתבוננות באדם

17. בקבלת האריז"ל, מבנה ההשתלשלות האלוהית מופיע, בין השאר, בצורה של פרצופים. פרצוף הוא הפנים המתגלים אל הזולת, והפרצופים האלוהיים השונים הם הצורות השונות שהאלוהות לובשת בהתגלותה אל המציאות. פרצוף זעיר אנפין, ששמו – כמו שאר הפרצופים – לקוח מן הזוהר הקדוש, בתרגומו הוא 'קטן פנים' או 'פנים קטנות', אל מול פרצוף אריך אנפין – 'ארוך פנים' או 'פנים ארוכות'. פרצוף זה מקביל לשש הספירות מחסד ועד יסוד, המכונות זעיר אנפין – זו הבחינה הזכרית, ומלכות מכונה בשם נוקבא – זו הבחינה הנקבית.

ובעולם ניתן ללמוד על הספירות ועל ההנהגה האלוהית המתגלה דרכן. לכן החלוקות שהזכרנו הן גם כלי ומפתח להתבוננות באדם – בגופו ובנפשו.

הדברים יתבארו בהרחבה בדיוננו בכל ספירה וספירה. כאן רק נקביל את הספירות באופן כללי למבנה גוף האדם:

הכתר – כאשר היא נספרת, היא הרצון המרחף ממעל לאדם, מעל ראשו וסביבו, נוגע לא נוגע – כדרכו של כתר.

חב"ד – חכמה בינה ודעת שייכות לעולם המחשבה, כשמן כן הן. על כן הן ממוקמות במוח ובראש.

חג"ת – חסד גבורה ותפארת הן ספירות הרגש, ועל כן הן ממוקמות בלב.

נצח והוד – הן ספירות החותרות אל המעשה והממשות, ועל כן הן ממוקמות ברגליו של האדם (בדיוננו בספירות אלה נראה איברים נוספים המוצעים כמשכן שלהן).

יסוד – הינו איבר ההולדה, המשמש גם איבר החיבור אל הנקבה.

מלכות – היא הנקבה, שרק בזיווגה עם האיש ישנה קומת אדם שלמה.

לתפיסה כולית זו של האדם והספירות הגלומות בו יש השלכות רבות בתורת הנפש, שבחלקן נתבונן בדיוננו בספירות עצמן. כעת אבקש רק לעורר את תשומת ליבנו לכך שעל פי תפיסה זו האדם עצמו מורכב לא רק ממחשבה, מידות ומעשה, ולא רק מימין ושמאל, אלא גם מזכריות ונקביות. כשם שאדם צריך להיות ער לצדדים הגבוהים והנמוכים שבו – הרצון, המחשבה, הרגש, המעשה – ולקיים ביניהם זיקה מתמדת ואיזון, כך גם ביחס לימין ולשמאל וליסוד הזכרי והנקבי הגלום בו – באשר הוא אדם.[18]

18. על אף אריכותם אביא כאן שני קטעים, האחד מקורו בתחום פסיכולוגי־סוציולוגי שאיננו קשור ליהדות, והשני לקוח מחֵקר הקבלה והסוד בהקשר פסיכולוגי. שניהם מתארים את משמעות קיומם של שני צדדים באדם – ימין ושמאל, זכרי ונקבי – בהיבטים פסיכולוגיים:

'ההתפלגות הראשונה שבה אעסוק קיימת בין הצד הימני והשמאלי של הגופנפש. צדדים אלה, הנראים דומים ביותר זה לזה, לעתים קרובות מכילים ומתפעלים היבטים שונים של האופי והאישיות. אולי כדאי לזכור שחצי הכדור השמאלי של המוח שולט ברוב התפקודים המוטוריים והעצביים־שריריים של הצד הימני, וחצי הכדור הימני של המוח שולט בצדו השמאלי של הגוף. בשנים האחרונות נעשו כמה מחקרים מרתקים בפעילות ימין־שמאל של המוח, שהצביעו על הבדלים מובהקים באופי ובאיכות הפעילות המוחית בהם. ד"ר רוברט אורנשטיין, חלוץ בשטח זה, טוען שחצי הכדור השמאלי "מעורב בעיקרו בחשיבה אנליטית ולוגית, בייחוד בתפקודים מילוליים ומתמטיים". לעומת זאת, חצי הכדור הימני "אחראי בעיקר על התמצאות בשטח, עיסוקים אומנותיים,

מלאכות, דימוי גוף וזיהוי עובדות". בהתאם לכך, הצד הימני של הגופנפש נחשב ברגיל כ"צד הגברי", האחראי על ההיגיון ועל חשיבה רציונאלית ועל היבטי אישיות כמו אסרטיביות, תוקפנות וסמכותיות – בקוסמולוגיה הסינית, היאנג, או כוחות היצירה. צדו השמאלי של הגופנפש נחשב כמתייחס לבחינות הנשיות של האישיות. תכונות כמו רגשיות, סבילות, מחשבה יצירתית, ביטוי הוליסטי והיין, או הכוחות הקולטים שוכנים כביכול ומפעילים את הצד הזה של הגופנפש' (קן דיכטוואלד, גופנפש, עמ' 35).

'כבר המדרש היהודי הקדום משתמש במונח דו־פרצופי על מנת לתאר את בריאת האדם כיצור אחד שלם בעל שני פרצופים, זכר ונקבה, המחוברים ביניהם ועומדים גב אל גב, שעבר פירוק ונסירה והופרד לזכר ולנקבה. המילה "אדם" חלה על זכר ונקבה גם יחד: "זכר ונקבה בראם", "ויקרא את שמם אדם" – שמו של כל אחד מהם הוא אדם ושם שניהם ביחד הוא אדם. ניסוח תמוה ומוקשה זה, מבטא אולי את הרעיון ששניים עשויים להיות אחד, כפי שאחד הוא שניים: כשם שזכר ונקבה עשויים להיות בשלמותם אדם אחד – אדם אחד כולל בתוכו שניים, היבט זכרי והיבט נקבי. עיבוד הדואליות לשלמות משמעו היחלצות מסכנת הבדידות הדיכוטומי בין שני היבטים אלה בנפש פנימה ויצירת ערוץ זרימה בין שתי הישויות בה' (חביבה פדיה, קבלה ופסיכואנליזה, עמ' 231).

ספירת
מלכות

א. 'ועשו לי מקדש ושכנתי בתוכם' ('שכינה', 'מלון', 'אוהל מועד', 'ברכה', 'בריכה', 'ים', 'באר', 'אגן', 'מקווה')

פסוקים רבים בתנ"ך מתארים את זיקתו ונוכחותו של הקב"ה בקרב עמו ונחלתו.

> וְשָׁכַנְתִּי בְּתוֹךְ בְּנֵי יִשְׂרָאֵל וְהָיִיתִי לָהֶם לֵאלֹהִים. וְיָדְעוּ כִּי אֲנִי ה' אֱלֹהֵיהֶם אֲשֶׁר הוֹצֵאתִי אֹתָם מֵאֶרֶץ מִצְרַיִם לְשָׁכְנִי בְתוֹכָם אֲנִי ה' אֱלֹהֵיהֶם.
> (שמות כט, מה-מו)

שם הפועל המבטא קִרבה זו הוא 'לשכון': הקב"ה שוכן בתוך בני ישראל, מלווה אותם ומשגיח על קורותיהם. נוסף על הנאמר במפורש בתורה, הגדילו חז"ל וחידשו מושג המשתמש באותו שורש – שכ"ן, אך לא כפועל אלא כשם עצם – **שכינה**. מושג זה אינו מקראי, אך בספרות חז"ל הוא נזכר אלפי פעמים.

המעבר משם פועל לשם עצם אינו מעבר דקדוקי בלבד, אלא גם מעבר תאולוגי. ההצהרה החוזרת ונשנית בתנ"ך על השראת שכינתו של הקב"ה בישראל יכולה להתפרש כהשגחה או כהקשבה לצורכיהם ולבקשותיהם. נראה שכך מבאר שלמה המלך את נוכחות ה' במקדש, בדברים שאמר מייד עם השלמת בנייתו:

> כִּי הַאֻמְנָם יֵשֵׁב אֱלֹהִים עַל הָאָרֶץ? הִנֵּה הַשָּׁמַיִם וּשְׁמֵי הַשָּׁמַיִם לֹא יְכַלְכְּלוּךָ, אַף כִּי הַבַּיִת הַזֶּה אֲשֶׁר בָּנִיתִי! וּפָנִיתָ אֶל תְּפִלַּת עַבְדְּךָ וְאֶל תְּחִנָּתוֹ ה' אֱלֹהָי לִשְׁמֹעַ אֶל הָרִנָּה וְאֶל הַתְּפִלָּה אֲשֶׁר עַבְדְּךָ מִתְפַּלֵּל לְפָנֶיךָ הַיּוֹם. לִהְיוֹת עֵינֶךָ פְתֻחֹת אֶל הַבַּיִת הַזֶּה לַיְלָה וָיוֹם, אֶל הַמָּקוֹם

אֲשֶׁר אָמַרְתָּ יִהְיֶה שְׁמִי שָׁם, לִשְׁמֹעַ אֶל הַתְּפִלָּה אֲשֶׁר יִתְפַּלֵּל עַבְדְּךָ אֶל הַמָּקוֹם הַזֶּה.

(מלכים א׳ ח, כז-כט)

השראת שכינה פירושה הקשבה ונכונות להיעתר: ׳דִּרְשׁוּ ה׳ בְּהִמָּצְאוֹ קְרָאֻהוּ בִּהְיוֹתוֹ קָרוֹב׳ (ישעיה נה, ו). לא הקִרבה יוצרת את הנכונות להיעתר ולהאזין, אלא הנכונות עצמה מגדירה את הקִרבה – ׳כִּי מִי גוֹי גָּדוֹל אֲשֶׁר לוֹ אֱלֹהִים קְרֹבִים אֵלָיו כַּה׳ אֱלֹהֵינוּ בְּכָל קָרְאֵנוּ אֵלָיו׳ (דברים ה, ז). לעומת זאת, כפי שנראה להלן, המושג ׳שכינה׳ כמעט אינו מאפשר להותיר את משמעותו ברובד ההנהגה וההשגחה. המעבר משם פועל לשם עצם גוזר מעבר מפעולה לעצמות. השכינה, אם כן, אינה רק פעולה כי אם ממשות ועצמות; ואותה ממשות ועצמות שוכנת דרך קבע בישראל.

בכך מבטאים חז״ל את אמונת ישראל, הנוקטת עמדה ברורה ביחס לאחת השאלות התאולוגיות הבסיסיות ביותר, שאלה שעלתה על הפרק מאז החלו בני האדם לברר את תפיסת האלוהות באופן מעמיק, עוד בימי הפילוסופים הראשונים ביוון ובעקיפין אולי אף לפני כן, במיתולוגיה – שאלת הטרנסצנדנטיות והאימננטיות של האלוהות.

הטרנסצנדנטיות האלוהית

תפיסת האלוהות המרכזית, שעוצבה באופן מגובש בעיקר בימי הביניים, מתארת את נבדלותו של הא-ל מן ההוויה האנושית החומרית. תפיסה זו מניחה שיש קוטביות בין המציאות החומרית, המוגבלת, המצומצמת, ובעיקר – הסופית, לבין הא-ל שאינו ניתן להגדרה או לכימות ומאופיין באין סופיותו.

יסודה של תפיסה זו הוא בתפיסות פילוסופיות יווניות, הרואות את תהליך התהוותו של העולם כהשתלשלות המתחילה בסיבה הראשונה הנעלה והאצילה, שממנה נאצלים עצמים ההולכים ולובשים אופי פרטי, מובחן ומצומצם יותר ויותר, עד לעולמנו הגשמי הנגלה. על פי תפיסה זו המרחק בינינו לבין אלוהים הוא כמרחק שבין הסיבה הראשונה בתחילת תהליך ההשתלשלות לבין הנאצל האחרון שבסופו.

תפיסה יסודית זו הביאה את הפילוסופים היווניים – במידה מסוימת של צדק – למסקנה כי נבדלות זו אינה מאפשרת יצירת מגע, דיאלוג או קשר בין אדם לאלוהים. לסופי אין נגיעה באינסופי, וככל שיתפתח לעולם

לא יוכל להגיע אליו; מפרידה ביניהם תהום פעורה שאינה ניתנת לגישור. ייתכן שהֵדו של האינסופי מהדהד באוזננו כיוון שאנו משתלשלים ממנו, אולם שרשרת זו היא חד־כיוונית, והמרחק בינינו לבינו לעולם יישמר. האדם המבקש להיפגש עם האלוהי צריך לטפס מדרגה אחר מדרגה, וגם אז יוכל רק להתקרב קצת, אך מרחק אינסופי ייוותר בינו לבין האלוהות.

ההוגים היהודיים בני ימי הביניים ביקשו מחד לאמץ תפיסה זו ביחסה כלפי הא־ל הנעלה והנשגב, אולם מאידך לא ויתרו על המסורת שיש זיקה מתמדת בין אלוהים לאדם. מסורת זו באה לידי ביטוי כמעט בכל פסוק בתורה: החל במערכת הציוויים, דרך השפה המפותחת של שכר ועונש, וכלה בתיאורי התגלות מוחשיים ביותר. על כן אותם הוגים טרחו רבות בניסיון לגשר בין התפיסה הפילוסופית של האלוהות הנבדלת לבין המסורת היהודית בדבר קרבתה לעולם.

העימות הישיר בין המסורת לתפיסה הפילוסופית מתממש בין השאר בביטוי הטעון ׳שכינה׳. כך למשל מציע הרמב״ם לפרש מושג זה:

> ׳שכן׳. ידוע כי ענין פעל זה החניה, ׳והוא שוכן באלוני ממרא׳, ׳ויהי בשכון ישראל׳, וזהו הידוע המפורסם. וענין השכינה הוא התמדת החונה במקום מסויים באותו המקום... והושאל זה למה שאינו חי, ואף לכל דבר שהתמיד ודבק בדבר, אומרים גם בו לשון שכינה ואפילו לא היה אותו הדבר אשר דבק דבר זה בו – מקום, וגם הדבר לא היה בעל חי. אמר: ׳תשכון עליו עננה׳, ואין ספק כי אין העננה בעל חי, ולא היום גוף כלל אלא הוא חלק של זמן.
>
> ובדרך השאלה זו הושאל לה׳ יתעלה, כלומר להתמדת שכינתו או השגחתו באיזה מקום שהתמידה בו, או לכל דבר שהתמידה בו ההשגחה, ונאמר: ׳וישכון כבוד ה׳׳, ׳ושכנתי בתוך בני ישראל׳, ׳ורצון שכני סנה׳. וכל מה שנאמר מן הפועל הזה מיוחס לה׳ הוא בענין התמדת שכינתו – כלומר האור הנברא – במקום, או התמדת ההשגחה בדבר מסוים, כל מקום כפי ענינו.
>
> (מורה הנבוכים א, כה)

בתחילה קובע הרמב״ם כי שכינה משמעותה התמדה במקום אחד. לאחר מכן, כדי להכשיר את הקרקע לשימוש בביטוי זה ביחס לאלוה, הוא קובע שהשימוש בו אינו מוגבל רק לגוף השוכן במקום פיזי. לבסוף מציע הרמב״ם

שתי פרשנויות למשמעותו של הביטוי 'שכינה' כשהוא מיוחס לקב"ה: האחת – השגחה והנהגה,[1] השנייה – נוכחות של אור שה' ברא.[2]

השימוש בבריאה חדשה, המגשרת על התהום הטרנסצנדנטית המונחת בין אלוהים לאדם, נפוץ מאוד בימי הביניים. כך עושים הוגי ימי הביניים ביחס לדיבור האלוהי: הרי לא יעלה על הדעת דיבור אלוהי כפשוטו, ועל כן הם מציעים כי הדיבור הוא בריאה ממשית שהאלוהים בורא, ובריאה זו היא המקשרת, ובו בזמן גם חוצצת, בין האדם השומע את קול ה' (למשל במעמד הר סיני) לבין האלוהים עצמו. באמצעות הסבר זה הם מקיימים את המפגש בין אלוהים לאדם, בדיבור כמו גם במראות הנבואה, בלי לחתור תחת הנשגבות האלוהית. הרמב"ם מסביר בצורה כזו את הביטוי 'שכינה': הוא מכיר בכך שלא ניתן להסתפק במושגי ההשגחה וההנהגה כדי להסביר את תיאורי שכינתו של הקב"ה במקום מסוים, אך גם לא יעלה על הדעת כי הקב"ה עצמו שוכן בתוך גבולות הזמן והמקום; לכן מסביר הרמב"ם שהשכינה השורה היא אור נברא.[3]

בשולי הדברים נציין כי פתרון זה לסתירה בין נשגבות הא-ל למושגי השכינה מוליד בעיה תאולוגית קשה שבעתיים, שהרי אותה בריאה חדשה שכל דברי הנבואה מכוונים כלפיה – 'כֹּה אָמַר ה'', 'וָאֵרֶא וְהִנֵּה מָלֵא כְבוֹד ה' אֶת בֵּית ה'', וכדומה – איננה הקב"ה עצמו; כיצד אם כן ניתן לפנות אליה ולתארה בזהות מוחלטת עם הקב"ה? הרמב"ן כבר עמד על בעיה זו:

1. '"אלך אשובה אל מקומי" – העניין סילוק השכינה אשר הייתה בינינו מאתנו, אשר בעקבותיה העדר השגחה עלינו, כמו שאמר באיומיו: "והסתרתי פני מהם והיה לאכול", כי אם נעדרה ההשגחה, יופקר ויהיה מטרה לכל מה שעלול לארע ולקרות, ויהיה טובו ורעתו כפי המקרה' (מורה הנבוכים א, כג).
2. מורה הנבוכים א, כח.
3. כך מפרש גם ר' סעדיה גאון, אמונות ודעות ב, י.

ראוי לשים לב שדווקא ריה"ל, הביקורתי יותר מחבריו כלפי הפילוסופיה, נוקט בנושא זה בעמדה קיצונית יותר מזו של הרמב"ם ושל רס"ג, ואינו מוכן לחרוג ממושג ההשגחה וההנהגה גם כשהוא מפרש את שכינת המקום: 'והכונה במצוה זו (=הקורבנות) היא עריכת הסדר הדרוש למען שכון המלך במקדש, **לא שכינת מקום, כי אם שכינת מעלה**' (כוזרי, מאמר שני כו). בהמשך הוא מסביר שכמו שהנפש מנהיגה את הגוף אף שאין מקום מוגדר שבו היא שוכנת, כך גם לגבי השכינה. בשולי הדברים נעיר שגם הדיבור על 'בריאה' בתפיסתם של הרמב"ם והפילוסופים הוא קשה, ואכמ"ל.

ואם יאמר שהוא כבוד נברא כדעתו של הרב בפסוק ׳וכבוד ה׳ מלא את המשכן׳ (שמות מ, לה) וזולתו, איך יקבעו בו ברוך, והמברך והמתפלל לכבוד נברא כעובד אלילים, ובדברי רבותינו דברים רבים יורו על שם השכינה שהוא הא־ל יתברך.

(רמב״ן, בראשית מו, א)[4]

האימיננציה האלוהית

כנגד התפיסה הטרנסצנדנטית, הקובעת קוטביות בין אלוהים לעולם, ניצבת תפיסה מנוגדת לחלוטין שאינה מסתפקת בצמצום המרחק כי אם מבקשת לבטלו לגמרי – התפיסה האימיננטית.[5]

שורשיה של הגרסה היהודית לתפיסה זו נעוצים בתורת הסוד,[6] ומשם היא הצמיחה ענפים גם לתפיסות יסודיות בחסידות ובמקומות אחרים.

העמדה הקבלית הבסיסית מצהירה על היחס בין אלוהים לעולם בקביעה ׳לית אתר פנוי מיניה׳:[7]

אלוהים שוכן בתוך המציאות כולה, מן המדרגה הנעלה ביותר ועד

4. גרשום שלום עמד על כך שכבר בספרות המדרשית המאוחרת (במאה האחת־עשרה) נמצא רמז להפרדה מן הסוג הזה בביטוי ׳סילק עצמו ושכינתו מביניהם׳. אולם לענ״ד הדברים אינם מוכחים. אף א״א אורבך מביא שיטות המנסות להראות במקרא רמזים על הפרדה בין הקב״ה לבין שכינתו, שאינה אלא ׳אור נברא׳ וכדומה, אך הוא דוחה את כולן (חז״ל, אמונות ודעות, עמ׳ 36–38).

שלום אף מזכיר את מבקרי שיטתם של הפילוסופים בעניין זה, כדוגמת הרמב״ן. את דבריו הוא מסיים כך: ׳אמרו אלה שאמרו: עתידים הפילוסופים בישראל, לרבות הרמב״ם, לתת את הדין שקלקלו באמונת היחוד בישראל על ידי ניתוח באזמל, והכניסו את המושגים החריפים והמחודשים, שהוציאו את השכינה מתחום האלוהות׳ (ראשית הקבלה וספר הבהיר, עמ׳ 190).

5. נציין שגם בדברנו על האימיננציה האלוהית אנו נכנסים לספקטרום רחב ביותר של דעות, אולם כאן נסתפק בהבחנה העקרונית בין תפיסה טרנסצנדנטית לתפיסה אימננטית.

6. אומנם ישנם כבר פסוקים שעולה מהם ניחוח אימננטי, לדוגמה: ׳אָנָה אֵלֵךְ מֵרוּחֶךָ וְאָנָה מִפָּנֶיךָ אֶבְרָח. אִם אֶסַּק שָׁמַיִם שָׁם אָתָּה וְאַצִּיעָה שְּׁאוֹל הִנֶּךָּ. אֶשָּׂא כַנְפֵי שָׁחַר אֶשְׁכְּנָה בְּאַחֲרִית יָם. גַּם שָׁם יָדְךָ תַנְחֵנִי וְתֹאחֲזֵנִי יְמִינֶךָ׳ (תהילים קלט, ז־י). גם אצל חז״ל אנו מוצאים מדרשים ברוח זו. אולם תורה יהודית סדורה ובעיקר גלויה בנושא זה נחשפה רק עם התגלותה של תורת הסוד.

7. ראו: תיקוני זוהר קכב ע״ב.

המדרגה התחתונה ביותר של העולם הזה, בחומריותו הגסה והעכורה. אומנם יש מקומות שהאור אלוהי השוכן בהם קלוש ועמום, אך הוא תמיד שם.

תפיסה זו מצמצמת מאוד את המרחק בין אדם לאלוהים. אלוהים אינו נמצא מעבר לשבעת הרקיעים – מבחינת המקום, ובראשית ההיסטורית של התהוות הבריאה – מבחינת הזמן, אלא הוא כאן ועכשיו. השכינה, לפי תפיסות אלו, היא ביטוי לנוכחותו המתמדת של אלוהים בכבודו ובעצמו בהוויה ובעולם. זוהי נוכחות ממשית, וככל שעולים ברמות הקדושה מבחינת הזמן, המקום והאדם היא נעשית אינטנסיבית, קרובה וגלויה יותר.

הפסוק 'וְעָשׂוּ לִי מִקְדָּשׁ וְשָׁכַנְתִּי בְּתוֹכָם' (שמות כה, ח), אם כן, הוא ביטוי לנוכחות כפשוטה של השכינה בעולם ובמציאות. נוכחות זו היא תמצית מהותה של ספירת מלכות.[8]

נוכחות זו גם מחיה את ההוויה כולה, ואין לך דבר בעולם מטוב ועד רע שאין בו מן השכינה המעניקה לו את חיותו. מכאן נובע כינויה של ספירת מלכות 'ברכה': 'ברכה היא המלכות, כי היא הבריכה המקבצת כל השפע מכל המקורות העליונים'.[9] 'ברכה' ו'בריכה' הם כינויים המבטאים מחד את ספירת המלכות, השכינה, כמקור שממנו יונקים את כל השפע והברכות שבעולם; מאידך הבריכה היא גם אגן הניקוז של כל הספירות האלוהיות הנאספות אליה, כפי שנראה להלן.

דימוי נוסף המבטא את אותה התכונה הוא הבאר:[10]

> באר הוא המלכות, והטעם כי הוא באר נובע מים חיים מצד המעיין והמקור אשר בתוכה. אמנם לפעמים המדה הזאת נקראת בור ולפעמים באר. והבור היא בשעה שאין לה מעיין ומקור בתוכה אלא מה שקבלה מים מכונסים והיא בעניות. וכשהיא נקראת באר היא נובעת מים על ידי המעטין והמקור אשר בתוכה.
>
> (פרדס רימונים שער כג, פרק ב)

8. מכאן נובעים גם כינויים נוספים של ספירת המלכות הנוגעים להשראת שכינתו בתוכנו: 'מלון' (פרדס רימונים שער כג, פרק יג); 'אוהל מועד' (שם, פרק א).
9. פרדס רימונים שער כג, פרק ב.
10. לכך שייך גם הכינוי 'מקווה'.

ר׳ משה קורדוברו מצטט את הזוהר[11] המבחין בין כינויה של ספירת מלכות ׳בור׳ לכינויה ׳באר׳: הבור הוא אגן ניקוז,[12] ואילו הבאר היא מקור יניקה ושאיבה לכל חפץ חיים. ספירת מלכות, כפי שנראה להלן, היא אגן ניקוז המאגד בקרבו את השפע האלוהי הנובע מכל הספירות שמעליה, ובו בזמן היא גם מקור השפעה וחיות לכל המציאות הממשית.

ספירת מלכות, אם כן, הספירה התחתונה באילן הספירות המכונה גם ׳שכינה׳, מבטאת הכרעה בתפיסת האלוהות לטובת האימננטיות. הנוכחות האלוהית שורה בכול, וספירת מלכות מגלמת נוכחות זו ומספרת עליה לעולם כולו. טרם גילויו של עולם הסוד ומימושו דרך תורת החסידות מבית מדרשו של הבעל שם טוב לא תורגמה הכרה זו לממשות של חיים, תודעה והוויה גם בקרב המצדדים בה. אך כאשר ההכרה שהקב״ה נמצא בכול מתממשת, אין לך חפץ, תנועה, תודעה וחוויה שאינם מושפעים ממנה.

ספירת מלכות היא נקודת המוצא; לכן בחרתי בדרכו של ר׳ יוסף ג׳יקטיליה העולה מן המלכות אל הכתר, כפי שציינתי בהקדמה – שהרי ההכרה כי ה׳ שוכן בארץ ומלכותו בכול משלה מעצבת את כל נקודת המבט שלנו על העולם והחיים.

ב. ׳בצלם אלוהים ברא אותו – זכר ונקבה ברא אותם׳ (׳נוקבא׳, ׳נשמה׳, ׳כנסת ישראל׳, ׳תורה שבעל פה׳, ׳מלכות׳, ׳מטרוניתא׳)

אחד הדגלים האדומים המתנוססים על העיסוק בתפיסת האלוהות הוא הריבוי או השניות באלוהות. מתוך מודעות להערת אזהרה זו יש להתבונן בדברים הבאים.

בריאת האדם בפרק א׳ של ספר בראשית מתוארת באופן הבא:

וַיִּבְרָא אֱלֹהִים אֶת הָאָדָם בְּצַלְמוֹ, בְּצֶלֶם אֱלֹהִים בָּרָא אֹתוֹ, זָכָר וּנְקֵבָה בָּרָא אֹתָם.

(בראשית א, כז)

11. זוהר ח״א ס ע״א-ע״ב.

12. שני כינויים נוספים לספירת מלכות המבטאים את אותה המשמעות הם ׳ים׳ ו׳אגן׳.

תיאור זה שונה באופיו מתיאור בריאת האדם והאישה בפרק ב׳, וניתן להסיק ממנו שתי מסקנות.

הראשונה, שאדם שלם הוא זכר ונקבה: ׳וַיִּבְרָא אֱלֹהִים אֶת הָאָדָם׳ – ׳זָכָר וּנְקֵבָה בָּרָא אֹתָם׳.

השנייה, שהאדם עשוי בצלם אלוהים ובדמותו – ׳וַיִּבְרָא אֱלֹהִים אֶת הָאָדָם בְּצַלְמוֹ בְּצֶלֶם אֱלֹהִים׳.

נגזרת אפשרית משתי מסקנות אלו היא שכשם שהמאפיין העיקרי של האדם השלם הוא היותו זכר ונקבה, כך גם האלוהות היא בבחינת זכר ונקבה. אם פרשנות זו אפשרית, הרי שזהו המקור הקדום ביותר לקיומן של שתי בחינות באלוהות, בחינה זכרית ובחינה נקבית.[13]

בשפת הסוד שתי בחינות אלו של האלוהות מכונות קודשא בריך הוא ושכינתיה.[14] בדיוננו בספירת יסוד נאריך בביאור מערכת היחסים שבין שתי הבחינות האלו, אולם לעת עתה נסתפק בציון העובדה שהשכינה, האלוהות האימננטית השוכנת בעולם, ספירת מלכות – היא הבחינה הנקבית, ולא בכדי היא מכונה בלשון נקבה – שכינה.

ספירת מלכות, אם כן, היא השכינה, הבחינה הנקבית של האלוהות, שעניינה ייצוג, נוכחות, והענקת חיות להוויה ולמציאות.[15] לייצוג זה יש הופעות שונות, אך המשותף לכולן הוא שהן משמשות כנוכחות האימננטית,

13. רמז לכך אפשר לראות גם במעשה הכרובים בקודש הקודשים שבמשכן, שעל פי חז״ל היו עשויים זכר ונקבה. אומנם הכרובים נדרשו בכמה מקומות כמייצגים את כנסת ישראל והקב״ה, אך כפי שנראה להלן כנסת ישראל עצמה היא ייצוג של בחינת השכינה – הצד הנקבי של האלוהות השוכן בעולם. וראו זוהר ח״ב קמח ע״א.

14. כגון: זוהר ח״א כג ע״א; קנ ע״א, ובעוד עשרות מקומות.

15. המבנה המשפחתי המסורתי הקדום, שבו האיש יוצא לעבודה, מפרנס ומביא טרף לביתו מן החוץ, והאישה נוכחת ושוכנת בבית ומקיימת אותו, ובכך גם מהווה ייצוג של האיש בתוכו – הולם את המבנה הקבלי של קוב״ה ושכינתיה, חוץ ופנים, טרנסצנדנטי ואימננטי. אחד הזיהויים של ספירת מלכות, השכינה, הוא עם הפרק האחרון במשלי (פרק לא) שאותו נוהגים לומר בכל ליל שבת – אשת חיל. תיאור אשת החיל הדואגת ומטפלת בבני ביתה ובעניים משול לשכינה, שהיא הייצוג האלוהי הנמצא במציאות ומחיה אותה. לדוגמה: ׳כְּמָה דְּאִתְּמַר ״אֵשֶׁת חַיִל עֲטֶרֶת בַּעְלָהּ״ (משלי יב, ד), וְאִתְּמַר ״אֵשֶׁת חַיִל מִי יִמְצָא״ וְגוֹ׳ (שם לא, י), וְדָא שְׁכִינְתָּא׳ (זוהר ח״ג קעח ע״ב).

נעיר שבתורת הסוד עצמה נטועים רמזים המתארים שינוי במערכת יחסים זו ובמעמדה של השכינה ביחס לפנים ולחוץ, כחלק מתהליך הגאולה השלם. ייתכן שבכך טמונים גם פשר ומשמעות לשינויים החברתיים בני זמננו במעמדה של האישה ובמערכת היחסים שבינה לבין האיש. אעסוק בנושא זה בדיוננו בספירות חכמה ובינה.

הפנימית, של הקב"ה במציאות. לכן נמצא בממדים שונים את ספירת המלכות כמגלמת את נוכחותה וייצוגה של האלוהות המתגלה בעולם ובאדם.

דוגמה אחת לכך היא נשמתו של האדם, המתוארת במספר מקומות כספירת מלכות.[16] על מלוא משמעותה של קביעה זו נעמוד בהמשך, אך השלכתה העיקרית היא שאומנם הקב"ה יכול להתגלות אל האדם מבחוץ – דרך ניסים, נביאים, תורה וכדומה – אולם ישנה גם התגלות של אלוהים לאדם מפנימיותו, בנוכחות של הנשמה שהיא חלק אלוה ממעל הנמצאת בקרבו. השכינה ששוכנת בקרבו של האדם מחיה ומזינה אותו בכל רגע ורגע. קשה להפריז בחשיבותה של קביעה זו ובהשלכות שלה בכל הנוגע להבנת נפש האדם, לדרכי עבודת האלוהים ועוד, השלכות שעל חלקן נעמוד בהמשך.[17]

ייצוג אחר של ספירת מלכות הוא כנסת ישראל:

> ובראש כל העיקרים שמסרנו בידך יש לנו למסור בידך קבלה, כי בכל מקום שתמצא לרז"ל שמזכירין כנסת ישראל, היא זאת המידה הנקראת אדנ"י, ונקראת שכינ"ה ושאר כל השמות שאמרנו. והיא המחזקת בה כל קהל ישראל, ובה מתכנסים ומתקבצים, ועל ידיה נבדלו ישראל מן האומות, כמו שאמר 'ואבדיל אתכם מן העמים להיות לי'.
>
> (שערי אורה, שער ראשון)

16. לדוגמה: 'כִּי יוֹצֵר הַכֹּל הוּא. הַכֹּל, הוּא שְׁכִינְתֵּיהּ. וְאִתְגְּזָרַת נִשְׁמָתָא קַדִּישָׁא מִינָּהּ, לְמֶהֱוֵי חוּלָקָא דְּיַעֲקֹב. מַאי הוּא, כְּלוֹמַר, הַכֹּל הוּא נִשְׁמָתָא, הוֹאִיל וְאִתְגְּזָרַת מִינָּהּ' (זוהר חדש, בראשית).

17. נעיר כי ההבחנה שבין קוב"ה לשכינתיה, בין התגלות אלוהית המגיעה אל העולם מבחוץ להתגלות מתוכו, באה לידי ביטוי בהגהת נוסח של הרב דוד כהן, הרב הנזיר, תלמידו של הרב קוק, שערך את ספרי אורות הקודש של רבו.

באורות הקודש א, עמ' כג, כתוב כך: 'נבואה ורוח הקודש באים, בדבר ד', **לפנימיותו** של אדם, ומתוכו הם נשפעים לכל מה שנוגע לעולם כולו'. התנסחות זו הינה תיקון של הרב הנזיר מן הנוסח המקורי המצוי בכתב יד קודשו של הרב קוק, שמונה קבצים ה, קכז, שבו כתוב 'נבואה ורוח הקודש באים מפנימיותו של אדם'. בשינוי אות אחת ביקש הרב הנזיר, מסיבותיו שאינן מעניינו כעת, להותיר את הנבואה ורוח הקודש בממד הטרנסצנדנטי, המגיע אל האדם מחוץ לעולם; בעוד במקור הרב קוק ביקש להעבירן אל החוויה האימננטית הבאה לאדם מפנימיותו. נראה שהבחירה של הרב קוק נובעת מן ההכרה כי השכינה, שהיא הכלי לגילוי הנבואה ורוח הקודש, מצויה בקרבו של האדם ושוכנת בו תמיד.

שכינה מלכות נקראת כנסת ישראל.

(פרדס רימונים שער כג, פרק יא)

כשם שהנשמה היא הנוכחות והייצוג של האלוהות באדם, כך כנסת ישראל היא הייצוג והנוכחות האלוהית באומות העולם.[18]

דוגמה נוספת היא זיהויה של ספירת מלכות עם התורה שבעל פה:

ואחר שהודענוך העניין בעניין מילת ויאמר, התבונן תמיד כי המידה הזאת [=ספירת מלכות] נקראת תמיד תורה שבעל פה. והטעם, כי תורת הוי״ה שהוא תורה שבכתב [=ספירת תפארת] בתוך מידה זו שוכנת, ותורה שבעל פה היא כמו אהל וארון לתורה שבכתב.

(שערי אורה, שער ראשון)

התורה שבעל פה, לעומת התורה שבכתב, מייצגת את הגילוי התורני של האלוהות בעולם. התורה שבכתב באה מלמעלה למטה, והיא אלוהית בטהרתה – ׳הַמִּכְתָּב מִכְתַּב אֱלֹהִים׳. לעומת זאת התורה שבעל פה נטועה פנימה בקרב חכמינו ז״ל התנאים והאמוראים, וכך הלאה בהמשך השתלשלותה. היא מהווה גילוי של התורה מלמטה למעלה, כמובא ב׳שפת אמת׳:

כי כתיב ׳נתן לנו תורת אמת וחיי עולם נטע׳, והם תורה שבכתב – תורת אמת, ושבעל פה – נטע בתוכינו, להביא חיות פנימיות לתוך ההעלם על ידי היגיעה, כמו שכתוב ׳דדיה ירווך׳ וכו׳.

(שפת אמת, קדושים תרל״א)

דוגמאות אלו, ורבות אחרות, משקפות וממששות את הרעיון של האימננציה האלוהית, הנוכחות האלוהית בכול, המבוטא היטב במשפט ׳לית אתר פנוי

18. מובא בזוהר הקדוש בכמה מקומות שמספר אותיות התורה הוא שישים ריבוא, כמספר בני ישראל: ׳[...] עַד דְּסָלְקִין אַתְוָון לְשִׁתִּין רִבּוֹא, כְּחוּשְׁבַּן שִׁבְטֵיהוֹן דְּיִשְׂרָאֵל, דְּאִינוּן תְּרֵיסַר וְסָלְקִין לְשִׁתִּין רִבּוֹא, אוּף הָכֵי אַתְוָון, כַּד אִתְמְלוֹ סָלְקִין לְשִׁתִּין. אָלֶף בֵּית גִּימֶל דָּלֶת הֵא וָו זַיִן חֵית טֵית יוּד כָּף לָמֶד מֵם נוּן סָמֶךְ עַיִן פֵּא צַדִּי קוּף רֵישׁ שִׁין תָּו. אִלֵּין אִינוּן סְלִיקוּ דְּאַתְוָון לְשִׁתִּין רִבּוֹא, בְּגִין לְמֶהֱוֵי שְׁלִימוּ בְּרָזָא דְּאַתְוָון, בְּשִׁיפֵי כּוּלְהוּ׳ (זוהר חדש, שיר השירים). כנסת ישראל, אם כן, הינה (וכפי שנראה להלן ביתר דיוק, נושאת את הפוטנציאל להיות) גילוי שלם של התורה ושל הנוכחות האלוהית בעולם.

מיניה׳. השכינה, הנשמה, כנסת ישראל, התורה שבעל פה – הן כולן ביטוי לפעולתו של הקב״ה לא רק מחוץ לעולם כי אם גם מתוכו. תנועה אלוהית זו מתוארת כתנועה נקבית, נשית.

המעבר מן החוץ הטרנסצנדנטי אל הפנימי האימננטי אינו רק שינוי במדיום שבו מתגלה ה׳, אלא גם באיכותו. נראה שניתן לתאר זאת כמעבר מפעולה לנוכחות (ובלעז – מ־doing ל־being). הקב״ה לא רק פועל בעולם, כי אם גם נוכח בו. זהו גם מעבר בתפיסת הזיקה שבין אלוהים לעולם, מזיקה של בורא לזיקה של נוכח. האלוהות בבחינתה הנשית מתממשת בעיקר בנוכחותה ולא בפעולתה, כפי שעולה גם מהלשון ׳שכינה׳. כפי שכבר ציינו,[19] הבחנה זו מקבילה במידה רבה לתפיסה המגדרית המסורתית שבה האבא הזכר הוא הפועל אך הוא גם מי שמבקר ואיננו נוכח באופן מתמיד, ואילו האימא הנקבה נוכחת, שוכנת ומחיה את הבית בכל רגע ורגע.

לתפיסת האלוהות באופן זה ישנן שלוש השלכות.

ראשית, הפניית המבט המבקש אלוהים לא רק אל עבר מה שלמעלה מן המציאות, מהטבע, מהחיים, מהאנושיות, אלא גם אל כל אלו עצמם, מתוך אמון גדול שבתוכם ובהם נמצאת האלוהות.

שנית, ההכרה כי חיותם וקיומם של כל הדברים מותנים בנוכחות האלוהית שבקרבם – ׳כִּי רֶגַע בְּאַפּוֹ, חַיִּים בִּרְצוֹנוֹ׳. רגע אחד של הסתלקות הנשמה מהאדם מביא למוות; רגע שבו כנסת ישראל איננה נמצאת ח״ו – ואין יותר קיום ומשמעות לעולם;[20] רגע שבו תפסיק התורה שבעל פה – קיומה של התורה יחדל והיא תפסיק להחיות את העולם והמציאות.

משתי ההשלכות הללו עולה ההשלכה השלישית – התמדת השכינה בעולם. מעמד הר סיני, שבו ניתנה התורה שבכתב, היה מעמד חד־פעמי; אולם המשך הפעפוע והנביעה של ההתגלות האלוהית דרך התורה שבעל פה לא נפסק לעולם. גם התמדתה של כנסת ישראל בהיסטוריה, על אף כל התלאות והנדודים שאין להם תקדים במשפחות העמים, היא פועל יוצא של הזדקקות העולם אליה, של היותה הלב הפועם האלוהי המחיה את העולם.

ישנו פולמוס סביב השאלה אם הפסוק ׳וְגַם נֵצַח יִשְׂרָאֵל לֹא יְשַׁקֵּר

19. ראו לעיל, הערה 15.

20. בלא מעט מדרשים מתוארת כנסת ישראל כמי שקדמה במחשבה האלוהית לבריאת העולם, וקיומה או קבלת התורה על ידה מהווים תנאי להמשך קיום העולם. ראו לדוגמה בראשית רבה א, ד; שבת פח ע״א.

וְלֹא יִנָּחֵם, כִּי לֹא אָדָם הוּא לְהִנָּחֵם׳ (שמואל א׳ טו, כט) עוסק בעם ישראל ונצחיותו, או בקב״ה ונצחיותו. זיהויה של כנסת ישראל עם ספירת מלכות פותר את ההתלבטות: כנסת ישראל היא הייצוג האלוהי בעולם (לא כשליח אלא כדבר עצמו), ועל כן נצחיותה של כנסת ישראל היא הכרחית כשם שנצחיותו של הקב״ה היא הכרחית. המשמעות של היעדר יכולת העולם להתקיים ללא הקב״ה היא שכנסת ישראל מוכרחה להתקיים.

תפיסה זו היא גם ההבנה המעמיקה של מושג המלכות האולטימטיבי – שמה העיקרי של ספירה זו:

> ומלכותו בכל משלה – שאין שום דבר בעולם שלא יהיה בו בחינת אלוהות המחיה והמקיים את הדבר ההוא, ולכן בכל דבר שעוסק בו אפילו בדברים גשמיים הוא מדבק עצמו לשורשו בחינת אלוהות שיש בו.
>
> (דגל מחנה אפרים, כי תשא)

בדברים אלו של ר׳ אפרים מסדילקוב, נכד הבעש״ט, מתבררת המילה ׳מלכות׳ כמבטאת את נוכחותו המתמדת של הקב״ה בהוויה. מלך היושב בארמון, מחוקק חוקים, שולח את שריו ושוטריו, ואפילו מדי פעם מסייר במדינתו, איננו מלך שעליו ניתן לומר ׳ומלכותו בכל משלה׳. מלכות המושלת בכול היא מלכות הנמצאת ונוכחת בכול. זוהי מלכות אמיתית ומלאה,[21] המתבטאת לא רק בהשגחתה על הכול אלא גם בהחייאתה את הכול.[22]

ספירת מלכות, אם כן, מספרת את נוכחותו של הקב״ה דרך מרחבים שונים. כפי שראינו עד כה, וכפי שעוד נראה להלן, נוכחות זו מהווה ומחיה את הכול, אך גם מאפשרת לאדם נקודת מבט חשובה על העולם, כפי שמעיר בעל ׳דגל מחנה אפרים׳. האדם המתהלך בעולם נדרש לראות בכל דבר את האלוהי, את הגילוי הנעלם – עולם מלשון העלם – שמצוי בקרבו ועטוף בשכבות של חומר ולבושים.

הבעל שם טוב מייסד החסידות, שהיה מגדולי המתרגמים של תובנה

21. כינוי נוסף לספירת מלכות המתקשר לתכונה זו הוא ׳מטרוניתא׳.

22. כפי שציינתי בהקדמה, בדיוננו בספירה זו וכן ביתר הספירות לא אתייחס לשבעת האושפיזין, המזוהים עם שבע הספירות התחתונות. אקדיש לכך דיון עצמאי בנספח שבסוף הספר. כאן רק אזכיר שדוד המלך, כמתבקש, מייצג את ספירת המלכות.

זו לדרך חיים, התהלך בעולם וראה את מלכות ה׳ בכל דבר: מן הקומות הגבוהות ביותר של המציאות, דרך היהודי הכפרי, הגוי המגושם, ועד הסוסים שלו והחציר שהם אוכלים. מבט זה עוקר מן העולם את הסתמיות: אין סתם, אין דבר שאיננו ביטוי של האלוהי, וממילא כל דבר הוא בעל ערך, בעל משמעות, והוא מבקש לומר לי משהו בשם ה׳.

באחד מסיפורי הבעש״ט מתואר כיצד הוא מוציא את חסידיו אל השדה לאחר ששאלוהו לחידושה של החסידות. הם עומדים שעות לצידו בדממה ועוקבים אחר מסעו של עלה הנושר מן העץ, שוכן בנחת על האדמה עד שרוח חרישית נושאת אותו לתלם חרוש, ושם הוא שוב שוכן זמן רב, עד שתולעת זוחלת החוצה ממחילתה ומכרסמת אותו. הבעש״ט אינו מוסיף דבר, ושב עם חסידיו לבית המדרש.[23] כל התרחשות בנלית מקבלת משמעות ומתמלאת בהדרה של שכינה הנמצאת בקרבה. ייתכן שמדובר באחת ההשלכות הגדולות לעובד ה׳ על פי הסוד והחסידות, השלכה הגלומה בקיומה ההכרחי של ספירת המלכות.

ג. 'וידעתם כי אני ה'' ('אני', 'כה')

אחד מכינוייה של ספירת מלכות הוא ׳אני׳.[24]

כפי שנראה להלן כשנעיין בספירות תפארת וכתר, במעלה סולם הספירות נבנית מערכת שלמה הכוללת מלבד ה׳אני׳ גם ׳אתה׳ ו׳הוא׳. ׳אני׳, ׳אתה׳ ו׳הוא׳ הן שלוש צורות הבעה המתארות תהליך של התקדמות – מן המודעות הקיומית, דרך המפגש עם הנוכח, ועד ההכרה במה שמעבר לנו. שלוש דרגות אלו מתארות גם שלוש רמות של קִרבת אלוהים.

הצורה המקובלת והנוחה ביותר במערכת היחסים שבין אדם לאלוהים היא ׳הוא׳: האלוהים מרומם ונשגב מעל ומעבר למציאות, והדיון לגביו מתקיים בין בני אדם, ללא כל זיקה אליו. אפילו ׳אתה׳ לא ניתן לומר לו, שהרי ׳אתה׳ מבטא פנייה ישירה, דיאלוגית ובלתי אמצעית, וכיצד ניתן להעלות על הדעת מגע בין הסופי לאינסופי? ׳הוא׳ מתייחס למשהו שאיננו

23. ישנם סיפורי זן קרובים לסיפור זה, והדבר מתאים לזיקה שניתן למצוא בין חלק מהמגמות הקיימות בתורות המזרחיות לבין תורות חסידיות.

24. ראו לשם שבו ואחלמה, ספר הדע״ה ב, דרוש מיעוט הירח: ׳ולמטה היא מלכות שנקרא אני. והוא אותיות אני מאדני. [...] ואני הוא הוראת הגילוי. אני אני הוא. כי על ידי זה היא מתגלה שהיא המלכות מלך על כל הארץ׳.

כאן, משהו שמעבר, שהזיקה היחידה אליו היא עצם הדיון עליו. עמדה זו רווחת בקרב הפילוסופים היהודים מימי הביניים.

ב'אתה' נפרצת החומה שהצבנו זה עתה ביחס לא-ל. 'אתה' פירושו שהוא מקשיב, שהוא נוכח, ועל כן ניתן לפנות אליו. הנוסח 'ברוך **אתה** ה'', השגור בפינו המברך, מבטא הכרה מהפכנית שיש באפשרותנו לפנות אל הקב"ה פנים בפנים. 'ברוך **הוא** וברוך שמו', עונים המאזינים, המבקשים להזכיר למברך כי המפגש שלו הוא עם הגילוי האחרון של מה שהוא הרבה מעבר, שהוא טרנסצנדנטי ממש כפי שסברו הפילוסופים, ולכן הוא – 'הוא'.[25]

ב'אני' כל חומת ההרחקות בין אלוהים לאדם קורסת, ולולא הייתה התורה חוזרת על כך פעם אחר פעם לא היינו מעלים על דל שפתינו ואף לא על דעתנו אפשרות זו. לא האדם הפונה אל אלוהים אומר 'אני'; ה'אני' מהדהד ממרחקים ונכנס דרך אוזניו של האדם אל ליבו בקול אלוהים חיים המכריז – 'אני ה''.

השכינה אינה רק נוכחת בעולם, היא אינה רק מקשיבה ומאזינה לאדם – היא אף פונה אליו. אלוהים בורא את העולם ואת האדם, והדיבור הראשון שנשמע בבריאה בא מכיוונו אל האדם. כך כבר בפעם הראשונה, בדברו אל האדם הראשון, ובעיקר במפגש הראשון והעיקרי של הקב"ה עִם עַם ישראל במעמד הר סיני – באמירת 'אנכי':

> אנכי של אלוהים היא [...] ההתגלות הממאנת להיתרגם ללשון 'הוא'; 'אני' היא ולעולם עליה להיות 'אני' . רק 'אני', לא 'הוא', יכול לצוות את ציווי האהבה; ציווי זה לעולם יכול לבוא [אלא] רק בלשון אהב אותי.
>
> (כוכב הגאולה, עמ' 210)[26]

25. במידה רבה ניתן לדמות את הפנייה אל ה' בברכת 'ברוך אתה' כיצירת מרחב של מפגש בין המברך לקב"ה. האחרים שמסביב מאזינים או צופים במפגש זה, אך הם אינם נפגשים ולכן תגובתם היא בגוף שלישי – 'ברוך הוא וברוך שמו'. רק המברך כעת נפגש ישירות. ארחיב את הדיון בעמדה הנפשית המרגשת של 'אתה' בדיוננו בספירת תפארת.
26. וראו גם מניטו, מעיינות יהודא, עמ' 6, שעסק בהרחבה בכך.

על פי פרנץ רוזנצוויג, אלוהים הפונה לאדם ואומר לו 'אנכי ה' אלוהיך' מייצר קשר, קִרבה, אינטימיות. כל מה שאתה רואה, שומע, חושף ומגלה במציאות – מספר הקב"ה לאדם – אינני אלא אני – אנכי. לא משהו אחר, לא מישהו אחר, לא רק הד וצל או הדהוד שלי, אלא אני עצמי ממש.[27]

אולם נדמה שהמהפכה בכינויה של ספירת מלכות בשם 'אני' גדולה אף למעלה מזה!

השימוש בלשון 'אתה' ו'הוא' ביחס לאלוהים הוא מובן ואפשרי, היות ששניהם פונים, אומנם באופנים שונים, אל מושא שמחוץ לפונה. אולם הפנייה אל אלוהים בלשון 'אני' היא מבלבלת, שכן היא מטשטשת את הפער שבין הפונה לנמען. כשאדם אומר 'אני' הוא איננו פונה אל הזולת, אלא מבטא את קיומו שלו. כיצד, אם כן, תיתכן פנייה אל ה' בלשון 'אני'? ניתן לומר 'ברוך הוא', 'ברוך אתה', אך מה פשר האמירה 'ברוך אני'? זהו אחד הגילויים הגדולים הנובעים מספירת מלכות ומכינויה 'אני'.

עד עתה תיארנו את השכינה כאובייקט או כנמען שהאדם אמור לגלות ולחשוף בכל מה שהוא פוגש. גם ה'אני' שתיארנו עד עתה משקף את פנייתו של אלוהים אל האדם. כעת נצעד צעד נוסף: כיוון שכפי שראינו השכינה שוכנת גם באדם עצמו, ויש בו חלק אלוה ממעל, הרי הרגשת האני העצמי משקפת בה בעת גם את התודעה העצמית וגם את העצמי כגילוי וביטוי של ה'אני' האלוהי השוכן בו:

> כי הרגשת ה'אני' שבאדם הוא הבית אב והמחולל ומוליד לכל התחושה שבאדם, ה'אני' שבו זוהי הנקודה המרכזית לכל מה שמתרחש בקרבו, והרגשת ה'אני' הלא זוהי הרגשת אלוהות ממש, כי רק 'אני' אחד יש בכל הבריאה כולה, זהו ה'אנכי' ה' אלקיך, והרגשת ה'אני' שלנו, זהו רק פירור מהאני האין סופי של הקב"ה.
>
> (הרב עמיאל, הגיונות אל עמי, עמ' לא)[28]

27. כינוי נוסף לספירת מלכות הוא 'כה' (פרדס רימונים שער כג, פרק יא). המילה 'כה' באה במקרא כמבוא לדבר ה': 'כה אמר ה''. הקב"ה מדבר עם האדם (דרך נביאו) כאן ועכשיו, וכשעם ישראל שומע מפי הנביא את המילה 'כה' הוא שומע אימות ואישוש לכך שהקב"ה נוכח כאן ועכשיו. הוא פוגש את המלכות – השכינה הנוכחת ואומרת 'אני'.

28. ישנה מסורת על הרב צבי יהודה הכוהן קוק זצ"ל, שקבל פעם על תשובת תלמיד שהתדפק על דלתו ונשאל 'מי זה', והשיב 'אני'. כיצד אדם יכול לומר 'אני', הזדעזע

ה'אני', אם כן, הוא נוכחותו של אלוהים לא רק במציאות אלא גם באדם עצמו, וכשם שתפקידו של האדם להאזין ל'אני ה'' הבוקע מן התורה ומן המציאות כולה, כך עליו להאזין ל'אני ה'' הפורץ מתוככי ה'אני' העצמי שלו.[29]

בראש וראשונה, תובנה זו יכולה להפוך את בקשת ה'אני' העצמי של האדם לבקשת אלוהים:

> 'ואני בתוך הגולה', האני הפנימי העצמי, של היחיד ושל הציבור, אינו מתגלה בתוכיותו רק לפי ערך הקדושה והטהרה שלו, לפי ערך הגבורה העליונה, הספוגה מהאורה הטהורה של זיו מעלה, שהיא מתלהבת בקרבו. חטאנו עם אבותינו, חטא האדם הראשון, שנתנכר לעצמיותו, שפנה לדעתו של נחש, ואבד את עצמו, לא ידע להשיב תשובה ברורה על שאלת איך, מפני שלא ידע נפשו, מפני שהאניות האמיתית נאבדה ממנו, בחטא ההשתחואה לאל זר. חטא ישראל, זנה אחרי אלהי נכר, את אניותו העצמית עזב, זנח ישראל טוב. חטאה הארץ, הכחישה את עצמיותה, צמצמה את חילה, הלכה אחרי מגמות ותכליתות, לא נתנה את כל חילה הכמוס להיות טעם עץ כטעם פריו, נשאה עין מחוץ לה, לחשוב על דבר גורלות וקריירות. קטרגה הירח, אבדה סיבוב פנימיותה, שמחת חלקה, חלמה על דבר הדרת מלכים חיצונה.
>
> וכה הולך העולם וצולל באבדן האני של כל אחד, של הפרט ושל הכלל. באים מחנכים מלומדים, מסתכלים בחיצוניות, מסיחים דעה גם הם מן האני, ומוסיפים תבן על המדורה, משקים את הצמאים בחומץ, מפטמים את המוחות ואת הלבבות בכל מה שהוא חוץ מהם, והאני הולך ומשתכח. וכיון שאין אני, אין הוא, וקל וחומר שאין אתה. 'רוח

הרב, והלוא 'אני' יש רק אחד. מדברי הרב עמיאל עולה נימה אחרת, המבקשת לראות ב'אני' של האדם גילוי וניצוץ של ה'אני' האלוהי.

29. כשהפילוסוף הצרפתי דקארט תר אחר הוכחה לקיומו של אלוהים ולאמיתות המציאות בכלל, הוא השעין את כל הוכחותיו, כולל זו לקיומו של אלוהים, על הוודאות היחידה שאליה הגיע – התודעה של החשיבה העצמית: 'אני חושב משמע אני קיים' (הקוגיטו). אין דבר יותר בטוח, בלתי אמצעי, טריוויאלי ויסודי מהרגשת ה'אני' (או המחשבה על אודותיה). מן האמת היסודית הזו ניתן להצמיח אמיתות נוספות. נראה שדקארט תפס באינטואיציה בסיסית של אדם מתבונן שהמקום היסודי ביותר שבו אדם יכול לחוש את נוכחותו של אלוהים בעולם – נוכחות השכינה, המלכות – הוא בקרבו, בהרגשה היסודית ביותר של עצם קיומו העצמי.

אפינו משיח ד׳׳, זהו גבורתו הדר גדלו, איננו מבחוץ לנו, רוח אפינו הוא, את ד׳ אלהינו ודוד מלכנו נבקש, אל ה׳ ואל טובו נפחד, את האני שלנו נבקש, את עצמנו נבקש ונמצא, הסר כל אלהי נכר, הסר כל זר וממזר, ׳וידעתם כי אני ה׳ אלהיכם, המוציא אתכם מארץ מצרים להיות לכם לאלהים, אני ה׳׳.

(שמונה קבצים ג, כד)

הרב קוק מיישם באופן מרחיק לכת ביותר את ההכרה ש׳אני׳ הוא ביטוי של תודעה עצמית והכרה עצמית, אך בו־זמנית גם של הגילוי האלוהי בקרבי המייחד אותי והנמצא דווקא בי. חוויית הגלות שאדם חווה כשהוא מנוכר לעצמו, לעצמיותו, היא בעצם התנכרות לגילוי האלוהי שבקרבו, עד כדי כינויה של התנכרות זו כעבודה זרה – ׳אלהי נכר׳. ההתרחקות מהאני העצמי משמעותה גלות, לא פחות. זוהי האינטרפרטציה שמעניק הרב קוק לדברי יחזקאל הנביא (א, א): ׳וַאֲנִי בְתוֹךְ הַגּוֹלָה׳ – ה׳אני׳ של האדם נמצא בגלות.

גלותו של ה׳אני׳ העצמי מונעת גם את היכולת להגיע אל ה׳אתה׳ ואל ה׳הוא׳. היכולת לגלות את האלוהי בכל פרח ובכל זריחה (׳אתה׳), ואף במה שמעבר למציאות (׳הוא׳), נשענת על היכולת לגלות את האלוהות שבקרבי (׳אני׳). אדם עם מודעות עצמית נמוכה והכרה נמוכה בקיומו העצמי לא יכול באמת להיפתח אל הזולת, להיות קשוב לו ולהזדהות עימו, ובוודאי לא אל הקב״ה. בשפת הסוד נאמר שאי אפשר להגיע לספירת תפארת (׳אתה׳) ולספירת כתר (׳הוא׳) ללא מעבר בספירת מלכות, מעבר שפירושו הוא בראש וראשונה המודעות לאלוהות שבקרבי. האלוהות איננה נטע זר בי, שתל חיצוני; היא העצמיות העמוקה ביותר שלי, אותה עליי לגלות ולחשוף: ׳רוח אפינו משיח ה׳, זהו גבורתו הדר גדלו, איננו מבחוץ לנו, רוח אפינו הוא, את ה׳ אלהינו ודוד מלכנו נבקש׳. את ה׳ נבקש בראש וראשונה בקרבנו – בספירת מלכות, ולא מחוצה לנו.[30] הרב קוק פותח את הפסקה ב׳ואני בתוך הגולה – האני הפנימי העצמי׳, ומסיים אותה ב׳אני ה׳׳.[31]

30. כפי שהזכרנו בהערה 22 לעיל, דוד המלך משיח ה׳ הוא כינוי נוסף (או שמא נאמר גילוי נוסף) של ספירת מלכות, ולא בכדי בוחר הרב קוק במושג זה כדי לתאר את האלוהות שנמצאת בקרבנו. ארחיב את הדיבור על כך בנספח שבסוף הספר העוסק בשבעת האושפיזין.

31. לתובנה זו השלכות רבות, לדוגמה הקביעה המופיעה בקבלה, בחסידות ובתורת הרב קוק ולפיה כשאדם חווה חיסרון בחייו, הן בהיבטים רוחניים הן בהיבטים חומריים

האדם הקשוב לעצמו מבקש לשמוע שם את קול ה':

'לְךָ אָמַר לִבִּי בַּקְּשׁוּ פָנָי' (תהילים כז, ח), פֵּרֵשׁ רַשִׁ"י: 'בִּשְׁלִיחוּתְךָ'. כִּי עִקַּר הָאֱלֹהוּת בַּלֵּב, כְּמוֹ שֶׁכָּתוּב 'צוּר לְבָבִי' (שם עג, כו), כַּמְבֹאָר אֶצְלֵנוּ בְּמָקוֹם אַחֵר (לעיל בסימן מט). וּמִי שֶׁהוּא 'בַּר לֵבָב' (שם כד, ד), בִּבְחִינַת 'וְלִבִּי חָלַל בְּקִרְבִּי' (שם קט, כב), יוּכַל לֵידַע עֲתִידוֹת עַל־יְדֵי מַה שֶּׁהַלֵּב אוֹמֵר לוֹ, שֶׁהוּא דִּבְרֵי ה' מַמָּשׁ. וְזֶהוּ 'לְךָ אָמַר לִבִּי בַּקְּשׁוּ פָנָי', 'לְךָ בִּשְׁלִיחוּתְךָ' כַּנַּ"ל, כִּי מַה שֶּׁהַלֵּב אוֹמֵר הֵם דִּבְרֵי ה' מַמָּשׁ כַּנַּ"ל, וְהָבֵן. (ליקוטי מוהר"ן קמא, קלח)

ר' נחמן, בעקבות רש"י, מבאר כי קריאתו של הקב"ה אל האדם במזמור תהילים זה – 'בַּקְּשׁוּ פָנָי' – לא באה מבחוץ על ידי קול אובייקטיבי, כי אם מתוכו ומפנימיותו. על פי פירושו של רש"י, הלב הוא שליחו של הקב"ה לקרוא אל האדם לבקש את פניו, והתוצאה של קריאה זו, כפי שממשיך דוד המלך, היא 'אֶת פָּנֶיךָ ה' אֲבַקֵּשׁ'.[32]

כשהאדם מבקש את פני ה' אין זאת אלא תוצאת קריאתו של ה' הפועמת בקצב ליבו של האדם, 'כי מה שהלב אומר הם דברי ה' ממש'.

כמו פרנסה או בריאות, עליו לדעת שחיסרון זה הוא ביטוי לחיסרון שקיים בשכינה הנמצאת בעולם: 'הִנֵּה יָדוּעַ, כִּי כָּל מַה שֶּׁחָסֵר לָאָדָם הֵן בְּרוּחָנִי הֵן בְּגַשְׁמִי, הַחִסָּרוֹן הוּא בְּהַשְּׁכִינָה, שֶׁהוּא בְּחִינַת אֱלֹקִים' (ליקוטי מוהר"ן קמא, פט). וראו גם עולת ראי"ה, הדרכת התפילה וחלקיה ד, ועוד.

32. דברים דומים כותב ר' צדוק, וגם הוא עומד על הצורך לזקק את עצמנו על מנת שנוכל לשמוע את קול ה' הקורא בקרבנו: 'השם יתברך קורא לאדם בכל יום... הקריאה הוא הרהורי הלב הבאים מעצמן בתשוקה להש"י, והוא על־ידי קריאת השם יתברך לו "כמים הפנים לפנים כן לב האדם לאדם" (משלי כז, יט)... ולעולם השם יתברך משפיע הרהורי תשובה וחשקות לאהבה ולתורה ולעבודה בלבות בני ישראל. רק שהאדם צריך להכין עצמו לשמוע בקול ה' הקוראו ומשפיע בליבו הרהורי תשובה, להחזיק בם בל ירפה. כי מי שלבבו פונה להבלי עולם אינו שומע ומשיג כלל שפע השם יתברך' (צדקת הצדיק רכב).

כך כתב גם הבעל שם טוב ביחס לנוכחות ה' במחשבתנו: 'וביאר מה הוא עניין קבלת עול מלכות שמים, והעניין כי האדם מחויב להאמין כי מלא כל הארץ כבודו ית', לית אתר פנוי מיניה, וכל המחשבות של האדם יש בו מציאותו ית' וכל מחשבה היא קומה שלימה. וכאשר יעלה במחשבתו של אדם בעת עסקו בתפילה איזה מחשבה רעה וזרה, היא באה אל האדם לתקנה ולהעלותה, ואם אינו מאמין בזה אין זה קבלת עול מלכות שמים שלימה, כי מקצר ח"ו במציאותו ית'' (כתר שם טוב לט).

ההקשבה ללב – אך דווקא כשהוא זך וצלול ונקי מפניות זרות, כפי שמסייג ר׳ נחמן – היא הקשבה לקול ה׳. כשהלב הזך משתוקק להגשמת דבר מסוים, אין זה אלא הרצון האלוהי המתלבש בו – ומה יכול לעמוד כנגד רצון ה׳?![33]

ד. ׳השוכן איתם בתוך טומאתם׳ (׳אימא תחתונה׳, ׳אם הבנים׳, ׳איילה׳)

נוכחותה של השכינה באדם ובכנסת ישראל נוגעת גם לזיקתם אל הקב״ה בשעת חטא.

לא מעט מקורות בחז״ל מתארים כיצד חטאי ישראל גורמים לסילוק השכינה:

> אמר רבי יצחק: כתיב ׳צדיקים יירשו ארץ וישכנו לעד עליה׳ (תהילים לז), הרשעים במה ישכנו, באויר? אלא הרשעים סילקו השכינה מן הארץ, אבל הצדיקים השכינו השכינה בארץ.
>
> (במדבר רבה יג, ב)

> וגעלה נפשי אתכם – זו הגולה, ויש אומרים זה סילוק שכינה.
>
> (ספרא, בחוקותי ו)

אולם כבר בתורה, בתיאור סדר העבודה ביום הכיפורים, מוצגת תמונה אחרת:

> וְכִפֶּר עַל הַקֹּדֶשׁ מִטֻּמְאֹת בְּנֵי יִשְׂרָאֵל וּמִפִּשְׁעֵיהֶם לְכָל חַטֹּאתָם, וְכֵן יַעֲשֶׂה לְאֹהֶל מוֹעֵד הַשֹּׁכֵן אִתָּם בְּתוֹךְ טֻמְאֹתָם.
>
> (ויקרא טז, טז)

33. בדיוננו בספירת כתר נראה כיצד יכולה המלכות להיות כיסא לכתר, או במילים אחרות – מה נדרש מהאדם כדי שה׳אני׳ שלו (מלכות) יהיה מדיום לגילוי הרצון האלוהי (כתר), וממילא יוכל לפעול עם הכוח הזה בעולם ללא הגבלה.
במידה רבה, זוהי דרשת החסידות הקלאסית על הפסוק ׳וְעָשׂוּ לִי מִקְדָּשׁ וְשָׁכַנְתִּי בְּתוֹכָם׳ – בתוכם דייקא, בתוך כל אחד ואחד, שצריך לעשות עצמו מקדש כדי שהשכינה תשרה בתוכו, או כדי שיוכל לגלות את השכינה השורה בתוכו ולתת לה לפעול עליו (ראו לדוגמה: דגל מחנה אפרים, כי תשא ד״ה ׳ולחשוב׳).

הקודש ואוהל מועד, המייצגים את מקום השכינה, נטמאים כתוצאה מחטאי ישראל אך ממשיכים לשכון בקרבם, ואחת בשנה ביום הכיפורים יש לטהרם מחטאי בני ישראל ומטומאתם.

ההכרה שהשכינה היא הביטוי העמוק והפנימי ביותר בנשמת האדם והאומה מלמדת כי אין בכוחם של החטא והטומאה לסלקה. לכל היותר היא מתכסה, אך היא ממשיכה לפעם בקרבו:

> וּבְחִינוֹת שְׁכִינָה גַּם כֵּן, כִּי שׁוֹכֶנֶת אִתָּם תָּמִיד בְּלִי הֶפְסֵק רֶגַע, כְּמוֹ שֶׁכָּתוּב 'הַשּׁוֹכֵן אִתָּם בְּתוֹךְ טֻמְאוֹתָם' (ויקרא טז, טז). וְהוּא בְּחִינַת 'אֵם הַבָּנִים', הַיְנוּ כְּמוֹ שֶׁהָאֵם הוֹלֶכֶת תָּמִיד עִם בָּנֶיהָ וְאֵינָהּ שׁוֹכַחַת אוֹתָם, כֵּן הַדִּבּוּר, שֶׁהוּא בְּחִינַת שְׁכִינָה, הוֹלֶכֶת עִם הָאָדָם תָּמִיד. וְזֶהוּ 'כִּי מִדֵּי דַבְּרִי בּוֹ זָכוֹר אֶזְכְּרֶנּוּ' (ירמיהו לא, כ), הַיְנוּ כְּמוֹ שֶׁאָמַרְנוּ שֶׁהַדִּבּוּר זוֹכֶרֶת אוֹתוֹ תָּמִיד, וְהוֹלֶכֶת עִמּוֹ אֲפִלּוּ בְּמְקוֹם הַטִּנֹּפֶת. וְזֶהוּ בְּחִינַת גָּלוּת הַשְּׁכִינָה, שֶׁהַדִּבּוּר, שֶׁהוּא בְּחִינַת הַשְּׁכִינָה, בַּגָּלוּת.
>
> (ליקוטי מוהר"ן קמא, עח)

ר' נחמן נשען על הפסוק מסדר העבודה, ומתאר את השכינה כאם שאינה נוטשת את בנה אלא הולכת עימו תמיד, גם אם הוא מהלך למקומות שאינם ראויים.[34] גם כאן המעבר מבחינת האלוהות הזכרית לבחינת האלוהות הנקבית הוא בעל משמעות רחבה: גישתו של האב כלפי מעשיו הרעים של בנו היא מותנית – מעשיו יקרבוהו ומעשיו ירחקוהו, בעוד אהבתה של האם לבנה היא ללא תנאי: 'וַיֶּאֱהַב יִצְחָק אֶת עֵשָׂו כִּי צַיִד בְּפִיו, וְרִבְקָה אֹהֶבֶת אֶת יַעֲקֹב' (בראשית כה, כח).[35]

כך גם ביחס לעם ישראל כאומה. לצד תיאורי הסתלקות השכינה

34. יש לציין כי הכינוי 'אימא' ו'אם הבנים' ניתן בדרך כלל לספירת בינה, כפי שנראה בדיוננו בספירה זו. אך בעוד הבינה היא האימא העליונה – אימא עילאה, המלכות היא האימא התחתונה – אימא תתאה. ראו לדוגמה זוהר ח"א כו ע"ב: '"יוֹצֵא מֵעֵדֶן" דָּא אִמָּא עִלָּאָה, "לְהַשְׁקוֹת אֶת הַגָּן" דָּא שְׁכִינְתָּא תַּתָּאָה', וכן את דברי פירוש הסולם על הזוהר, פרשת פינחס, אות תשע: 'ונקראים שנים מצד אמא עליונה, שהיא בינה, ומצד אמא תחתונה, שהיא המלכות, נקראים חודשים'.

35. מכאן נובע כינוי נוסף לספירה זו – 'איילה', שכן בזוהר מתוארת האיילה כמי שדואגת בחירוף נפש לכל החיות (זוהר ח"ג רמט ע"א-ע"ב).

וחזרתה למקומה לאחר החורבן והגלות,[36] ישנם תיאורים של השכינה המלווה את ישראל בכל נדודיהם בגלותם:

> הנגלה נגליתי וגו' בהיותם במצרים. תניא, ר' שמעון בן יוחאי אומר: בא וראה כמה חביבין ישראל על הקב"ה, שבכל מקום שגלו גלתה שכינה עמהם, שנאמר 'הנגלה נגליתי וגו' בהיותם במצרים'. גלו לבבל שכינה עמהם, שנאמר 'למענכם שולחתי בבלה'. גלו לעילם שכינה עמהם, שנאמר 'ושמתי כסאי בעילם'. גלו לאדום שכינה עמהם, שנאמר 'מי זה בא מאדום'. ואף כשהן עתידים להיגאל שכינה עמהם, שנאמר 'ושב ה' אלהיך את שבותך' – ישוב לא נאמר אלא ושב, מלמד שהקב"ה שב עמהם מן הגליות. אין לי אלא צרת צבור, צרת יחיד מניין? תלמוד לומר 'יקראני ואענהו'.
>
> (ילקוט שמעוני, שמואל א' ב, רמז צב)

עומק הביטוי 'גלתה שכינה עמהם' אינו מתמצה במובן של הצטרפותו של הקב"ה אל ישראל בגלותם, כי אם גם במובן האימננטי – הקב"ה איננו עוזב את ישראל כי הוא שוכן בקרבם.

במידה רבה, אפשרות התשובה והעלייה ממעמקי החטא והגלות נשענת על העובדה שה' שוכן בקרב החוטא גם בריחוקו, והוא המעוררו לשוב בתשובה. הקול הפנימי שבאדם, שהוא במקורו אלוהי, איננו מוותר גם אחרי שנים של כיסוי והסתר והעלם. זהו מקור להתעוררות של האדם לתשובה:

> אלמלא היה הקב"ה שרוי בתוך האדם לא הייתה התשובה אפשרית [...] דירתו של הקב"ה היא באדם, בלבו, בנשמתו והוא אינו מסתלק משם גם כשאדם חטא וטימא את היכל הקודש שבקרבו. הקב"ה נשאר לדור במעמקי נפשו של האדם החוטא. 'השוכן אתם בתוך טומאתם' [...]

36. לדוגמה: '"ומשה היה רועה" (שמות ג, א), הדא הוא דכתיב: "ה' בהיכל קדשו ה'" (תהילים יא, ד). אמר רשב"ן: משחרב בית המקדש נסתלקה שכינה לשמים, שנאמר: "ה' בשמים כסאו" (שם)' (שמות רבה ב, ב); 'זבדי בן לוי פתח: "אלהים מושיב יחידים ביתה", אתה מוצא עד שלא נגאלו ישראל ממצרים, היו יושבין בפני עצמן והשכינה בפני עצמה, וכיוון שנגאלו נעשו כולן הומוניא אחת, וכיוון שגלו, חזרה שכינה בפני עצמה וישראל בפני עצמן' (איכה רבה פתיחתא כט).

כשאדם חוזר בתשובה – פירושו שהקב״ה נוכח בקרבו והוא שמעוררו וקוראו לשוב אליו.

(על התשובה, עמ׳ 124–125)

הרב יוסף דוב סולובייצ׳יק איננו מסביר את אפשרות התשובה באמצעות הטעמים המקובלים על היותו של הקב״ה פותח יד לפושעים, או בכך שהוא אינו חפץ במות המת כי אם בשובו מדרכו וחיה. הנמקתו היא תאולוגית – היותו של הקב״ה שוכן בקרבו של האדם. בתפיסת האלוהות הטרנסצנדנטית, הקודמת לרעיון השכינה, משמשת התשובה כגשר מחודש שנבנה על התהום שנפערה בין האדם לבוראו בעקבות החטא. אך בתפיסה אימננטית של ספירת מלכות, הקובעת כי האלוהות שורה בכול ובעיקר באדם, הקִרבה היא הנחת היסוד, נקודת המוצא; לכן התשובה והתחושות המתלוות אליה הן תולדותיה של הקִרבה והנוכחות האלוהית באדם.

ה. מגן אברהם ('אדנ־י', 'אדון')

שמות רבים יש לקב״ה במקרא ובדברי חז״ל. בראש וראשונה שם הוי״ה שאינו נהגה (י־ה־ו־ה, נעסוק בו בדיוננו בספירת תפארת), ולצידו שם אלוהים, א־ל, אדנ־י ועוד. כל שם הוא גילוי והופעה של הקב״ה בעולם, כמו הספירות; לכן כל שם מותאם לאחת הספירות ומזוהה איתה. אחד משמותיה המובהקים של ספירת מלכות הוא שם אדנות:

> דע כי השם הראשון שהוא קרוב לכל הנבראים ובו נכנסים לפני המלך יהו״ה יתברך, ואין דרך בעולם לראות פני המלך יתברך אלא על ידי שם זה, הוא השם הנקרא אדנ״י. כיצד? דע כי השם המיוחד יהו״ה יתברך הוא המורה על מציאות בוראנו יתברך והכול תלוי בו, אבל תחילת השערים והמפתחות שבו נכנסים לשם יתברך הוא השם הנקרא אדנ״י, והוא סוף כל מעלות של ה׳ יתברך מלמעלה למטה.

(שערי אורה, שער ראשון)

> אדני היא המלכות, (ונקראת) כן מפני שהיא בית קיבול לשפע הנשפע אליה. ואדני המשכן שהיו מאת אדנים רומזים עליה, שהיא מקבלת מעשר כל אחת כלולה מי׳ הם מאה, והיינו מאה שערים.

(פרדס רימונים שער כג, פרק א)

התחקות אחר הופעותיו הראשונות של שם זה במקרא תאיר את משמעותו גם בתורת הסוד:

> אַחַר הַדְּבָרִים הָאֵלֶּה הָיָה דְבַר ה׳ אֶל אַבְרָם בַּמַּחֲזֶה לֵאמֹר אַל תִּירָא אַבְרָם אָנֹכִי מָגֵן לָךְ שְׂכָרְךָ הַרְבֵּה מְאֹד. וַיֹּאמֶר אַבְרָם אֲדֹנָי ה׳ מַה תִּתֶּן לִי וְאָנֹכִי הוֹלֵךְ עֲרִירִי וּבֶן מֶשֶׁק בֵּיתִי הוּא דַּמֶּשֶׂק אֱלִיעֶזֶר [...] וַיֹּאמֶר אֵלָיו אֲנִי ה׳ אֲשֶׁר הוֹצֵאתִיךָ מֵאוּר כַּשְׂדִּים לָתֶת לְךָ אֶת הָאָרֶץ הַזֹּאת לְרִשְׁתָּהּ. וַיֹּאמַר אֲדֹנָי ה׳ בַּמָּה אֵדַע כִּי אִירָשֶׁנָּה.

(בראשית טו, א–ח)

הופעתו הראשונה של שם אדנות במקרא היא בפיו של אברהם אבינו. במאורע ברית בין הבתרים פונה אברהם אל הקב״ה בשאלה פעמיים, וקורא לו אדנ־י י־ה־ו־ה.

עובדה זו מפתיעה ואומרת דורשני. ׳י־ה־ו־ה׳ ו׳אלוהים׳, שמותיו המרכזיים של הקב״ה, מופיעים כבר בשני הפרקים הראשונים בתורה; ואילו שם אדנ־י, שהוא מרכזי לא פחות, מופיע לראשונה לאחר חמישה עשר פרקים, והחידוש העיקרי – הוא מופיע מפיו של אדם, ולא מפיו של הכתוב. התורה עצמה לא מספרת על אדנ־י; היא מספרת על אברהם שקרא בשם זה בפנייתו אל אלוהים.

נתון זה מתחזק ומתעצם בפיענוח שם זה. בפשטות, שם אדנ־י כשמו כן הוא – אדנות. כשם שאדם פונה לאיש חשוב וקוראו אדוני (בחיריק תחת הנון), כך לשון אדוני (עם קמץ תחת הנון) היא פנייה לאדונים. המעבר מלשון יחיד ללשון רבים אינו מפתיע כשאנו עוסקים בשמות הבורא, שהרי גם שם אלוהים הוא ריבוי של אלוה. השימוש בלשון רבים הוא דרך כבוד, אולם הוא גם משקף את המתח שאותו מבקשת התורה להכריע בין התפיסה המיתולוגית־אלילית בדבר ריבוי אלילים וכוחות, לאמונת האמת בא־ל אחד. בניגוד למיתולוגיות למיניהן, בשורת התורה היא שכל הכוחות הללו (אל – לשון כוח) מתגלמים באחד, הכולל בתוכו את כל הכוחות. ממילא שם אדנ־י משמעותו פנייה אל הקב״ה כאדון, בלשון רבים.

אין פלא, אפוא, ששם זה יכול להופיע לראשונה רק מפי אדם ולא כעומד בפני עצמו. כך אכן מובא בדברי אגדה:

> אמר רבי יוחנן משום רבי שמעון בן יוחי: מיום שברא הקדוש ברוך הוא את העולם לא היה אדם שקראו להקדוש ברוך הוא אדון, עד שבא אברהם וקראו אדון, שנאמר ׳ויאמר אדני (ה׳) במה אדע כי אירשנה׳. אמר רב: אף דניאל לא נענה אלא בשביל אברהם, שנאמר ׳ועתה שמע אלהינו אל תפלת עבדך ואל תחנוניו והאר פניך על מקדשך השמם למען אדני׳. למענך מבעי ליה? אלא למען אברהם שקראך אדון.
>
> (ברכות ז ע״ב)

המדרש מבהיר את ייחודו של שם אדנות: שם זה איננו יכול להתקיים, להיאמר, ללא אדם שיבחר לקרוא לאלוהים כך.[37] בדומה לכינוי ׳אני׳ שראינו לעיל, גם שם אדנ־י משקף את גילויו של הקב״ה מפרספקטיבת האדם. בכך נחשפת תכונה משמעותית נוספת של ספירת מלכות:

> ראו אותו הבריות ונתיראו, כסבורין שהוא בוראן, ובאו כולם להשתחוות לו. אמר להם: באתם להשתחוות לי? בואו אני ואתם נלך ונלביש גאות ועז ונמליך עלינו מי שבראנו, לפי שהעם ממליכין את המלך, ואין המלך ממליך את עצמו אם אין העם ממליכין אותו. הלך אדם לעצמו והמליך אותו ראשון וכל הבריות אחריו, ואמר ׳ה׳ מלך גאות לבש וגו׳׳ (תהילים צג, א).
>
> (פרקי דרבי אליעזר יא)

המלך איננו ממליך את עצמו, ולכן אם אין עם הממליך אותו הוא איננו מלך.[38] כאן מתגלה בחינתה הפרדוקסלית של המלכות בכלל, וספירת מלכות בפרט. מחד, אין חזק, רב עוצמה וכל־יכול כמו המלך; מאידך, כל מלכותו מראשיתה

37. וכן: ׳אמנם אברהם זכה למעלה יתירה מכל הנביאים שקדמו אליו. כי שם היה נביא כדאיתא במאמרי חז״ל, וכן נח וקין, אבל הם ראו שכבוד השם יתברך מתגלה עליהם מרחוק מאוד, כמשל המלך היושב בעלייה גבוה מאוד ודרך חלון מתראה אליו. ולכך קרא שם את ה׳ אל עליון. אבל אברהם קראו ״אדני״, כמאמר חז״ל לא קרא אדם לו בשם אדנות עד שבא אברהם. וזה מפני ששם זה מורה על התגלותו למטה בארץ [...]׳ (ספר יסוד העבודה ב, ה).

38. בספר ׳הנסיך הקטן׳ של הסופר הצרפתי אנטואן דה סנט־אכזופרי, מסופר על מלך המולך על כוכב חסר נתינים. בכך מוצגת באופן אירוני מחשבת המלכות כשהיא נעדרת נתינים הסרים למשמעתה.

ועד סופה תלויה בקבלתה על ידי נתיניו. בהיעדרם – אין מלכות. במובן זה, הקב"ה כביכול תלוי בבני האדם שיקבלו עול מלכותו עליהם.

ספירת מלכות היא ספירת הגילוי האלוהי בעולם, אולם כדי שתהיה משמעות לגילוי צריך עולם ואדם – צריכה להיות פלטפורמה המאפשרת לשכינה להופיע ולהתגלות:

> כִּי קֹדֶם הַבְּרִיאָה הָיָה אוֹר הַקָּדוֹשׁ בָּרוּךְ הוּא אֵין סוֹף, וְרָצָה הַקָּדוֹשׁ בָּרוּךְ הוּא שֶׁיִּתְגַּלֶּה מַלְכוּתוֹ, וְאֵין מֶלֶךְ בְּלֹא עָם, **וְהֻצְרַךְ** לִבְרֹא בְּנֵי אָדָם, שֶׁיְּקַבְּלוּ עֹל מַלְכוּתוֹ.

(ליקוטי מוהר"ן קמא, מט, א)[39]

זו קריאת תיגר על הקביעה הפילוסופית כי אלוהים נעלה מכדי שיהיה לו קשר כלשהו עם אדם יציר חומר. לא זו בלבד שאלוהים מקיים קשר עם האדם, קובע ר' נחמן, אלא שהוא אף זקוק, כביכול, לאדם. הדרך להגשים את רצונו הקמאי של הקב"ה לגלות את מלכותו היא על ידי הבריאה.

מחבר הפיוט 'אדון עולם' ביקש להכהות קביעה זו באומרו: 'אדון עולם אשר מלך בטרם כל יציר נברא, לעת נעשה בחפצו כול אזי מלך שמו נקרא'. מלכות ה' הייתה קיימת ובעלת משמעות עוד בטרם כל יציר נברא; החידוש שנתחדש מכוח הבריאה והברואים הוא שכעת ה' לא רק קיים כמלך, אלא גם נקרא מלך. ה'כתר' מונח על ראש האלוהות עוד בטרם כל יציר נברא, אך המלכות מתגלה כשהאדם והבריאה קוראים בשמה ומקבלים את עולה. המלכות אינה עומדת על מכונה בטרם ידע כל פעול כי אתה פעלתו, ויבין כל יצור כי אתה יצרתו. השכינה אינה שלמה כל עוד נותר אפילו יהודי אחד, או שמא נאמר יציר כפיים אחד, שאיננו קורא בשם ה' ומכיר במלכותו – 'כי לך תכרע כל ברך, תשבע כל לשון'.

דברים אלו מעניקים משמעות נוספת למדרש שראינו לעיל: 'בכל מקום שגלו ישראל כביכול גלתה שכינה עמהם'.[40] השכינה אינה יכולה לעמוד כשאין מי שנושא אותה, 'אין מלך בלא עם'. בכל מקום שבו יהודי משכים ואומר 'מודה אני לפניך **מלך** חי וקיים', נבנית קומה של השכינה. כשאין איש

39. וראו גם ליקוטי מוהר"ן קמא, עח.
40. מכילתא דר' ישמעאל, מסכתא דפסחא פרק יד. וכן 'כל זמן שישראל משועבדין כביכול שכינה משועבדת עמהם' (שם).

ואין עם הממליכים את הקב"ה, אזי, חס וחלילה, השכינה מסתלקת למעלה והעולם נכנס למסגרת של זמן שאול, שהרי אין החומר יכול להתקיים ללא רוח חיים – 'כִּי רֶגַע בְּאַפּוֹ, חַיִּים בִּרְצוֹנוֹ'.[41]

המלכות, אם כן, עניינה לחשוף את קיומו של המלך, להביאו לידי גילוי והכרה, וספירת מלכות מבטאת את קבלת מלכות ה' ואת המודעות לקיומה. מודעותו של האדם לאלוהים אומנם אינה יוצרת אותו, כפי שרצו הוגים אקזיסטנציאליסטיים לטעון, אך היא חושפת את קיומו. לכן אך מתבקש שאברהם, הראשון שקרא בשם ה', יהיה גם הראשון שיגלה את שם אדנות. ואכן, לא מעט דרשות בדברי חז"ל ובחסידות מתארות כיצד עשה זאת אברהם אבינו:

> רמב"ן הקשה שנאמר לך לך [=לאברהם] בלי שנזכר מקודם חיבתו. ובזוה"ק נראה כי זה עצמו השבח, ששמע זה המאמר לך לך שנאמר מהשם יתברך לכל האנשים תמיד, כמו שכתוב 'וי לאינון דשינתא בחוריהון', ואברהם אבינו עליו השלום שמע וקיבל.
>
> (שפת אמת, לך לך תרל"ב)

קריאתו של הקב"ה אל האדם, על פי ר' יהודה אריה לייב אלתר מגור, מהדהדת בעולם מראשיתו ועד אחריתו. על פי דברים אלו גדולתם של המתקרבים אל ה' אינה מתבטאת בפנייתו של הקב"ה אליהם כי אם ביכולתם לשמוע, להאזין, וממילא לחשוף את אותה אלוהות. על ידי פעולת חשיפה זו הופכים הצדיקים את ה'מלך בלא עם' לבעל ממלכה. הם בונים, בשפת הסוד, את קומת המלכות בעולם. את זה עשה אברהם אבינו עליו השלום.

לקריאה של אברהם בשם אדנות יש גם השלכה נוספת. פרשת ברית בין הבתרים, שבה נחשף שם זה, מתארת את התגלותו של הקב"ה לאברהם לאחר מלחמת ארבעת המלכים בחמישה, שבה מבטיח לו הקב"ה 'אַל תִּירָא אַבְרָם אָנֹכִי מָגֵן לָךְ שְׂכָרְךָ הַרְבֵּה מְאֹד' (בראשית טז, א). כפי שראינו, בעקבות הבטחה זו שואל אברהם פעמיים: 'אֲדֹנָי ה' מַה תִּתֶּן לִי, וְאָנֹכִי

41. השכינה מצויה בכל ההוויה רק מכוח השכינה המיוחדת השורה בישראל: 'כיוצא בדבר אתה אומר "והיו עיני ולבי שם כל הימים", וכי שם בלבד הם? והלא נאמר "עיני ה' המה משוטטים בכל הארץ"? כביכול אין עיני ולבי אלא שם, ובשביל שהם שם הם בכל מקום' (ילקוט שמעוני, עקב, רמז תתס).

הוֹלֵךְ עֲרִירִי וּבֶן מֶשֶׁק בֵּיתִי הוּא דַּמֶּשֶׂק אֱלִיעֶזֶר... וַיֹּאמַר אֲדֹנָי ה׳ בַּמָּה אֵדַע כִּי אִירָשֶׁנָּה׳. אברהם חוזר מהמלחמה מטולטל מסכנת החיים שניצבה בפניו, ומכך שהבטחת הזרע שקיבל מהקב״ה טרם התגשמה. הקב״ה נגלה לאברהם ומגלה לו שכל מה שהוא וזרעו עתידים לעבור, כולל גלות מצרים, הוא חלק ממהלך אלוהי שלם שמובילה ההשגחה. מהותה של ברית בין הבתרים היא ההבטחה כי כל תלאותיו של העם הן מושגחות ומכוונות. סוד ההשגחה מתקשר אף הוא לספירת מלכות – לשם אדנות ולשם הנלווה אליו ׳אדון׳:

> אדון היא המלכות, ונקראת כן בבחינתה התחתונה שהיא כאדון יושבת על הכסא להנהיג העולם עליונים ותחתונים. והרשב״י ע״ה פירש ברעיא מהימנא (משפטים דף קיח) כי התפארת בהיותו במלכות יקרא אדון, כי הוא עצם האדנות ועל שמו נקראת היא אדנ״י, והטעם שבהשגחתו בעולם נקרא אדון.
>
> (פרדס רימונים שער כג, פרק א)

ר׳ משה קורדוברו עומד על כך שהנהגת העולם והשגחתו היא ביטוי לספירת מלכות, ספירת השכינה. גם את זה גילה אברהם אבינו ע״ה:

> ויאמר ה׳ אל אברם לך לך מארצך וגו׳, ר׳ יצחק פתח: ׳שמעי בת וראי והטי אזנך ושכחי עמך ובית אביך׳ (תהילים מה, יא). אמר רבי יצחק: משל לאחד שהיה עובר ממקום למקום וראה בירה אחת דולקת, אמר: תאמר שהבירה זו בלא מנהיג? הציץ עליו בעל הבירה, אמר לו: אני הוא בעל הבירה. כך לפי שהיה אבינו אברהם אומר: תאמר שהעולם הזה בלא מנהיג? הציץ עליו הקב״ה ואמר לו: אני הוא בעל העולם.
>
> (בראשית רבה לט, א)

ההכרה שיש בעל לבירה, לבית, לעיר, רשומה על שמו של אברהם – יש אדון לבירה.

ברכת אבות, הברכה הראשונה של תפילת עמידה, מסתיימת בברכת ׳מגן אברהם׳ המרמזת על הבטחה זו בברית בין הבתרים – ׳אנכי מגן לך׳, או במילים אחרות: ההבטחה שיש השגחה, שיש אדון לבירה. ראשיתה של תפילת עמידה, והחיבור אל האבות בברכה זו, עניינם לייצר את התשתית לבקשות שיבואו בתפילה. יש השגחה! כך לימד ה׳ את אברהם

בברית בין הבתרים, וזהו הגילוי של שם אדנות – יש אדון לעולם. ספירת מלכות מגלה לנו לא רק שאנו ממליכים את ה', אלא גם שיש מלך לעולם המנהיגו – ומלכותו בכל משלה.

ו. 'לית לה מגרמה כלום' ('לבנה' [סיהרא], 'פה', 'דיבור' 'אספקלריא' [מראה], 'היכל', 'יראה')

העיקרון הפרדוקסלי המאפיין את ספירת מלכות – היותה מגלה את מלכותו של הקב"ה בעולם, אך תלויה תלות מוחלטת בעולם על מנת להתממש – בא לידי ביטוי באופן נוסף:

> ה' בַּתְרָאָה, לֵית לָהּ מִגַּרְמָהּ כְּלוּם. וּבְגִין כָּךְ לֵית לָהּ נְקוּדָה מִגַּרְמָהּ, בַּר כַּד עָבְדָא שְׁלִיחוּתָא, דְּאוֹזְפִין לָהּ חַד נְקוּדָה, לְאָעֳלָא וּלְמֶעְבַּד חֵילִין וְתוֹקְפָא. כְּמָה דְאוֹזְפִין לָהּ נְקוּדָה לַאֲעָלָא, אוּף הָכֵי אוֹזְפִין לָהּ אַתְוָון, דְּאִינוּן רָזָא עִילָּאָה לְאַשְׁלָמָא בְּהַהוּא שְׁלִיחוּתָא.
>
> (זוהר חדש, שיר השירים)
>
> [תרגום: הֵ"א הָאַחֲרוֹנָה [=ספירת מלכות] אֵין לָהּ מֵעַצְמָהּ כְּלוּם. וּמִשּׁוּם כָּךְ אֵין לָהּ נְקֻדָּה מֵעַצְמָהּ, רַק כְּשֶׁעוֹשָׂה שְׁלִיחוּת, שֶׁמְּלַוִּים אוֹתָהּ נְקֻדָּה אַחַת לְהִכָּנֵס וְלַעֲשׂוֹת חַיִל וְתֹקֶף. כְּמוֹ שֶׁמְּלַוִּים אוֹתָהּ נְקֻדָּה לְהִכָּנֵס, אַף כָּךְ מְלַוִּים אוֹתָהּ הָאוֹתִיּוֹת, שֶׁהֵם סוֹד עֶלְיוֹן לְהַשְׁלִים אֶת אוֹתָהּ שְׁלִיחוּת].

המלכות אין לה מעצמה כלום, כפי שראינו, מעצם היותה תלויה בהכרת נתיניה בה. אולם משמעותו העיקרית של מושג זה קשורה במקומה של ספירת מלכות בתחתית סולם הספירות.

כפי שנראה להלן, הספירות השונות מייצגות מידות שונות ועמדות שונות של האלוהות המתפשטת ומתגלה. לא כן ספירת מלכות. היא איננה מייצגת צד מסוים של הרצון האלוהי, אלא מבקשת להביא לידי ביטוי כל מידה וספירה אלוהית המבקשת להתממש דרכה. היא המוציאה אל הפועל, המדיום, הכלי המתמלא בהנהגה האלוהית. היא השליחה הנאמנה, כלשון הזוהר לעיל, שתפקידה להביא למציאות את מה שהקב"ה מבקש; וככל שהשליח נאמן יותר לשליחותו, כך מעייניו נתונים יותר לרצון המשלח.

למעלה מזה: ההתבטלות כלפי המשלח היא תנאי הכרחי כדי שהשליח יוכל לעשות שליחותו. אם יש לשליח משהו משלו – אג'נדה, רצון עצמי,

שאיפה עצמית – הוא לא יוכל לממש את רצונו של המשלח במלואו. נבאר זאת באופן הפשוט והמוקצן ביותר: נדמיין אדם פשוט, שאיננו מבין דבר בפיזיקה, אשר נשלח על ידי פרופסור דגול למסור לחברו נוסחה פיזיקלית שזה עתה גילה, נוסחה שאיש מלבדו, ואולי גם מלבד חברו, אינו מסוגל להבין אותה. אותו איש פשוט הולך בדרך עם הנוסחה בפיו; אם ינסה להבינה, לצקת בה משמעות משלו, בוודאי יפגום בה ויקלקלה. רק אם יבטל לגמרי את עצמו ויהיה שליח נאמן, יוכל לשאת בקרבו את הגילוי המפעים שגילה המדען. הנה כי כן, השליח לית לו מגרמיה כלום – אין לו מעצמו כלום, אבל דווקא בשל כך – יש לו הכול! ההתרוקנות היא המאפשרת לו להכיל את מה שלמעלה ממידותיו וגודלו.

ספירת מלכות, אם כן, היא הפלטפורמה האלוהית השוכנת במציאות ומאפשרת גם לאורות גבוהים מאוד לשכון בה, דווקא בגלל שהיא עצמה – המלכות – ריקה ונעדרת כול, ומאפשרת לכול לשרות בקרבה. וכך מתאר זאת ר׳ יוסף ג׳יקטיליה:

ואחר שעוררנוך על אלו העיקרים והיסודות הנכללות במידה זו הנקראת אדנ״י, יש לנו לחתום הענין ביסוד מוסד בכלל גדול, ויהיה שמור בידך. והוא שתדע כי המידה הזאת, לפי שהיא מקבלת כוחות המעלות העליונות אשר עליה, מתהפכת לכמה גוונים, להחיות ולהמית, להעלות ולהוריד, להכות ולרפא, והכל כפי כוח הנמשך לה מן המעלות שעליה. וכפי כוח מה שהיא מקבלת, כך היא פועלת בנבראים כולם, והכל על פי הדין הישר במשפט אמת, אין שם עוולה, ולא שכחה, ולא משוא פנים. ולפי שהמידה הזאת היא מתמלאת שפע מאותן המעלות שעליה, נקראת לפעמים בשם אותה המעלה שממנה מתמלאת לאותו הזמן.

(שערי אורה, שער ראשון)[42]

הדימוי של ספירת מלכות המשקף תובנה זו הוא הלבנה ביחסה לחמה:

42. רמ״ק קושר תכונה זו גם לשם אדנ־י, כפי שראינו לעיל: ׳אדני היא המלכות (ונקראת כן מפני שהיא בית קיבול לשפע הנשפע אליה. ואדני המשכן שהיו מאת אדנים רומזים עליה, שהיא מקבלת מעשר כל אחת כלולה מי׳ הם מאה, והיינו מאה שערים׳ (פרדס רימונים שער כג, פרק א). כשם שאדני המשכן היו התשתית של המשכן, כך המלכות הנקראת בשם אדנ־י היא התשתית לשכינה.

לבנה נקראת המלכות כי היא רמז אליה. והטעם כי כמו שהלבנה אין לה אור מעצמה אלא מה שמקבלת מן השמש, כן המלכות אין לה אור מעצמה אלא מה שמקבלת מן התפארת.

(פרדס רימונים שער כג, פרק יב)[43]

הלבנה נעדרת אור לחלוטין, אולם דווקא בשל כך היא משקפת לעינינו את אור השמש באופן מובהק ומלא;[44] כך גם ספירת מלכות היא שיקוף של האור האלוהי אלינו.[45]

תובנה זו משפיעה גם על האדם המבקש להיות מדיום ופלטפורמה לגילוי האלוהי שבקרבו. באחד מסיפוריו של ר׳ נחמן מברסלב[46] מתוארים שני ציירים שקיבלו משימה ממלך אחד לקשט את ארמונו. הראשון עמל, למד, טרח וחקר את מלאכת אומנות הציור, עד שיצא תחת ידו ציור מתוקן; ואילו השני התעצל, הגיע ליום הצגת התוצרים בלי שעשה דבר, ורק משח

43. המקור לכך הוא בזוה״ק: ׳אֲבָל תָּא חֲזֵי, כַּד בָּרָא קוּדְשָׁא בְּרִיךְ הוּא עַלְמָא, עֲבַד לָהּ לְסִיהֲרָא וְאַזְעַר לָהּ נְהוֹרָהָא, דְּהָא לֵית לָהּ מִגַּרְמָהּ כְּלוּם. וּבְגִין דְּאַזְעִירַת גַּרְמָהּ, אִתְנַהֲרָא בְּגִין שִׁמְשָׁא, וּבְתוּקְפָא דִּנְהוֹרִין עִלָּאִין׳ [תרגום: אֲבָל בֹּא רְאֵה, כְּשֶׁבָּרָא הַקָּדוֹשׁ בָּרוּךְ הוּא אֶת הָעוֹלָם, עָשָׂה אֶת הַלְּבָנָה וְהִקְטִין לָהּ אֶת אוֹרָהּ, שֶׁהֲרֵי אֵין לָהּ מֵעַצְמָהּ כְּלוּם. וּמִשּׁוּם שֶׁהִקְטִינָה אֶת עַצְמָהּ, הֵאִירָה בִּגְלַל הַשֶּׁמֶשׁ וּבְחֹזֶק הָאוֹרוֹת הָעֶלְיוֹנִים] (זוהר ח״א קפא ע״א).

44. השימוש בכינוי הלבנה עולה בקנה אחד גם עם הזיהוי הנשי של ספירת מלכות. הלבנה, כמו גם האישה, סובבות סביב מחזור חודשי של מילוי וריקון. בעוד הבחינה האלוהית הזכרית היא קבועה וסטטית, הרי הבחינה האלוהית הנשית הבאה לידי ביטוי בספירת מלכות היא דינמית, משתנה, עולה ויורדת. החיבור בין סטטיות, קביעות ורציפות, לבין דינמיות, השתנות מתמדת ועלייה וירידה – או במילים אחרות, ייחוד קוב״ה ושכינתיה – יוצר מערך הרמוני שיש בו תנועה ורציפות כאחד. כל מערכת חיים – החל בעבודת ה׳, דרך קשר זוגי, מערכות יחסים ועד החיים הפנימיים של כל אחד ואחת – מכילה בקרבה את היסוד הזכרי הקבוע והסטטי ואת היסוד הנשי הדינמי והמשתנה.

45. דימוי נוסף המשקף תובנה זו הוא הפה או הדיבור. ראו לדוגמה תיקוני זוהר יז ע״א: ׳מַלְכוּת פֶּה תּוֹרָה שֶׁבְּעַל פֶּה קָרֵינָן לֵיהּ׳. וכן פרדס רימונים שער כג, פרק ד: ׳דיבור הוא השכינה מלכות׳. הפה הוא פלטפורמה להוצאה מן הכוח אל הפועל של המחשבות והרגשות. ללא הפה והדיבור, המחשבה והרגש אינם מטבע עובר לסוחר, ולא ניתן להביאם לידי מימוש וביטוי. עם זאת, הפה כל כולו מבטא רק את המחשבה והרגש של האדם, וככזה לית ליה מגרמיה כלום.

46. חיי מוהר״ן צח, יח.

את הקיר שעליו היה מופקד בצבע המייצר אפקט של מראה. כשבא המלך לראות את היצירות ראה את ציורו של הצייר הראשון, וכשהסיר השני את הלוט, השתקף ציורו של הראשון במראתו. בגרסה העממית המקורית של הסיפור המלך הבין את העניין: הוא הניח שק של זהב בחלקו של הצייר הראשון כשכר על עמלו, שק הזהב השתקף במראתו של השני והמלך השיבו כי זהו שכרו. אך ר׳ נחמן משנה את הסוף, ומתאר כיצד לא רק הציור של הראשון השתקף במראתו של השני אלא גם כל היצירות שבארמון ואף כל מה שהמלך עתיד להכניס לארמונו – והוטב הדבר בעיני המלך.

העדפת הצייר השני על פני הראשון בגרסתו הלא־חינוכית של ר׳ נחמן היא לכאורה לא מוסרית ולא הגיונית. נראה שבחירתו של ר׳ נחמן לשנות את הסוף נובעת מרצונו לתאר את יתרונה של המראה השקופה, נעדרת האג׳נדה, שאין בה ביטוי לכישרונו, תובנותיו ונקודת מבטו של הצייר. לכאורה תכונה זו היא חסרונה הגדול, שהרי לית לה מגרמה כלום; אלא שזהו גם יתרונה.[47] הציור של הצייר הראשון הוא סטטי: הוא משקף את המציאות במגבלות ההבנה שלו, מגבלות הנובעות מאישיותו ואופיו, מעצם היותו אדם, ומכך שהציור משקף רגע ומקום מסוימים. המראה שאיננה מבקשת לומר דבר היא הנכונות לוותר על מימוש הכישרון שלי, התובנות שלי, הרעיונות שאותם אני מבקש לומר, ומתוך כך עמדה זו דווקא יוצרת אפשרות להכיל ללא גבול.[48]

כינוי נוסף לספירת מלכות הנוגע לתנועה זו הוא ׳היכל׳. המילה היכל באה מן המילה מֵכל, שכשמה כן היא – מכילה. ההיכל הוא המרחב, המדיום שבקרבו ישכון המלך:

> היכל נקרא המלכות כי היא היכל אל הת״ת [=תפארת] שהוא גנוז בתוכה, וכן עולה שם אדנ״י בחשבון היכל [...] ופירוש היכל הכוונה מקום שבו כולל הכל.

(פרדס רימונים שער כג, פרק ה)

47. ואכן, דימוי נוסף לספירת מלכות הוא המראה (אספקלריה), הנעדרת כל אג׳נדה ואין לה מעצמה כלום, אולם דווקא בשל כך היא מעניקה שיקוף מלא של המציאות שכנגדה.

48. בסוף מסענו, בדיון על ספירת כתר, נראה כיצד עמדה זו של ספירת מלכות מאפשרת את המגע עם האינסופיות שיש בספירה העליונה, ספירת כתר.

תנועה נפשית זו של ויתור על כלי ההבנה הרגילים, על ההגדרות ועל השכל, היא גם תנועה של פינוי מקום המלווה בהקשבה פנימית שאיננה תחומה במילים ובהגדרות.

משמעות קיומית נוספת לתנועה הפנימית של לית ליה מגרמה כלום נוגעת לעולם המידות:

> ואל יהלך בקומה זקופה, דאמר מר: המהלך בקומה זקופה אפילו ארבע אמות כאילו דוחק רגלי שכינה, דכתיב 'מלא כל הארץ כבודו'.

(ברכות מג ע"ב)

אין שני מלכים מושלים בכתר אחד: כשהאדם מלא בעצמו אזי הוא המולך, ואלוהים אינו יכול למלוך.

> כִּי צָרִיךְ כָּל אָדָם לְמַעֵט בִּכְבוֹד עַצְמוֹ וּלְהַרְבּוֹת בִּכְבוֹד הַמָּקוֹם. כִּי מִי שֶׁרוֹדֵף אַחַר הַכָּבוֹד אֵינוֹ זוֹכֶה לִכְבוֹד אֱלֹקִים אֶלָּא לְכָבוֹד שֶׁל מְלָכִים, שֶׁנֶּאֱמַר בּוֹ 'כְּבֹד מְלָכִים חֲקֹר דָּבָר' (משלי כה, ב), וְהַכֹּל חוֹקְרִים אַחֲרָיו וְשׁוֹאֲלִים: מִי הוּא זֶה וְאֵיזֶהוּ שֶׁחוֹלְקִים לוֹ כָּבוֹד הַזֶּה? וְחוֹלְקִים עָלָיו, שֶׁאוֹמְרִים שֶׁאֵינוֹ רָאוּי לַכָּבוֹד הַזֶּה. אֲבָל מִי שֶׁבּוֹרֵחַ מִן הַכָּבוֹד, שֶׁמְּמַעֵט בִּכְבוֹד עַצְמוֹ וּמַרְבֶּה בִּכְבוֹד הַמָּקוֹם אֲזַי הוּא זוֹכֶה לִכְבוֹד אֱלֹהִים, וְאָז אֵין בְּנֵי אָדָם חוֹקְרִים עַל כְּבוֹדוֹ אִם הוּא רָאוּי אִם לָאו, וְעָלָיו נֶאֱמַר: 'כְּבֹד אֱלֹהִים הַסְתֵּר דָּבָר' (שם), כִּי אָסוּר לַחֲקֹר עַל הַכָּבוֹד הַזֶּה.

(ליקוטי מוהר"ן קמא, ו, א)

כשהאדם פועל בעולם לא מתוך תחושת כבוד עצמי אלא מתוך שליחות והכרה עמוקה שהוא רק מדיום וגילוי לקב"ה, הכבוד שאליו הוא זוכה הוא כבוד אלוהי ולא אנושי.

לעמדה זו, כשהיא נעשית באופן עמוק ולא מלאכותי, יש השלכות רבות על האופן שבו אדם מתנהל, פועל, מתווכח. כשאדם מכיר בכך שהוא רק שליח הוא יכול להודות בטעות כשהוא מבין שטעה: הרי כל חפצו הוא להביא את האמת האלוהית לעולם, ולמי הוא יועיל אם ימשיך להחזיק בשקר? אך כשאדם מלא בכבוד עצמי ההודאה בטעות קשה לו שהרי הדבר פוגם בכבודו, ושאלת האמת נדחקת הצידה.

התלמוד[49] מספר על שמעון העמסוני שעבד על פרויקט חיים – דרישת כל אלפי הפעמים שבהם מופיעה המילה 'את' בתורה. בכל אחת מההופעות הוא דרש שה'את' באה לרבות משהו נוסף, אך כשהגיע לפסוק 'אֶת ה' אֱלֹהֶיךָ תִּירָא' לא היה יכול לרבות דבר – ולכן נטש את כל הפרויקט; אם העיקרון הדרשני לא עובד פעם אחת, גם כל הדרשות האחרות אינן הכרחיות. תלמידיו של שמעון סירבו להיכנע: האם כל הפרויקט שלך, רבנו, היה לשווא? והוא השיב להם: כשם שקיבלתי שכר על הדרישה, כך אני מקבל שכר על הפרישה. לא עשיתי זאת בשביל כבוד, בשביל פרס, בשביל להוציא ספר שיהיה על שמי. עשיתי זאת בשביל לגלות את האמת האלוהית בעולם, ואם האמת מורה כעת לנטוש אעשה זאת בחפץ לב. זו עמדת המלכות, שאין בה כבוד עצמי אלא רק בקשה לגילוי הכבוד האלוהי.

כשאדם מכיר בכך שהוא רק נשא של הכבוד האלוהי הוא מתהלך בענווה ובהקשבה לעולם ולזולת. את מקומה של הגאווה תופסת היראה, ואז מתפנה באדם מקום המאפשר לרגלי השכינה למלא את כל הארץ בכבוד ה'. כך נבנית מלכותו של הקב"ה מחדש: 'כִּי הַיִּרְאָה הִיא בְּחִינַת מַלְכוּת' (ליקוטי מוהר"ן קמא, קפה). האדם הירא והעניו הוא קשוב יותר, פנוי יותר, וממילא היכלו ופיו פנויים יותר לקבלת פני שכינה – 'הַרְחֶב פִּיךָ – וַאֲמַלְאֵהוּ'.

במידה רבה, תודעה זו מהותית לתפיסת מנהיגות – מלכות. ראינו כבר שהמלך, בעומק, אין לו מעצמו כלום שהרי אין מלך בלא עם. תודעה זו צריכה ללוות את המלך – המנהיג, שכל מהותו וכל כוחו אינם אלא לשרת את עמו:

וְצָרִיךְ כָּל אֶחָד לִבְלִי לְהִשְׁתַּמֵּשׁ עִם בְּחִינוֹת הַמַּלְכוּת שֶׁיֵּשׁ לוֹ לַהֲנָאָתוֹ וּלְצָרְכּוֹ. שֶׁלֹּא תִּהְיֶה בְּחִינוֹת הַמַּלְכוּת אֶצְלוֹ כְּעֶבֶד לְמַלֹּאת תַּאֲוָתוֹ, רַק שֶׁתִּהְיֶה בְּחִינַת הַמַּלְכוּת בִּבְחִינַת בֶּן חוֹרִין. בִּבְחִינַת: 'אַשְׁרֵיךְ אֶרֶץ שֶׁמַּלְכֵּךְ בֶּן חוֹרִין' (קהלת י, יז), שֶׁהַמַּלְכוּת יִהְיֶה אֶצְלְךָ בֶּן חוֹרִין, לִבְלִי לְהִשְׁתַּמֵּשׁ בּוֹ לַהֲנָאָתְךָ.

(ליקוטי מוהר"ן קמא, נו, ב)

כשאדם חווה את המלכות, את המנהיגות באשר היא – מנכ"ל, מנהל, ראש ישיבה, ראש מחלקה, מדריך, אבא וכדומה – כמשרתת אותו, הוא הופך להיות

49. פסחים כב ע"ב.

עבד של מלכותו, ואין זו בחינת מלכות. מלכות אמיתית, מלך אמיתי, הוא מלך שיודע שאין לו מעצמו כלום, שכל כולו משרת את העם ואת אלוהיו.[50]

המלכות, אם כן, לית לה מגרמה כלום בשני מובנים. ראשית, בהיותה נצרכת לבני האדם שיכוננו אותה. הקב"ה זקוק לבני האדם שיבנו את כסאו כדי שייקרא מלך, המלכות ללא נתיניה איננה דבר. שנית, בכך שהדרך היחידה המאפשרת לשכינה לשכון במציאות היא על ידי תנועה של ויתור, פינוי מקום והקשבה. שתי בחינות אלו של 'לית לה מגרמה כלום' מסוכמות בדבריו הבאים של ר' נחמן:

> וְהָעִנְיָן, שֶׁיִּרְאָה בְּחִינַת מַלְכוּת הוּא בְּחִינַת הַכְנָעָה, וְזֶה שֶׁכָּתוּב: 'מָה ה' אֱלֹקֶיךָ שׁוֹאֵל מֵעִמָּךְ, כִּי אִם לְיִרְאָה' (דברים י, יב) – שֶׁהַשֵּׁם יִתְבָּרַךְ מַקְטִין אֶת עַצְמוֹ כִּבְיָכוֹל וְשׁוֹאֵל מֵהֶם יִרְאָה, כִּי 'שׁוֹאֵל מֵעִמָּךְ' הוּא בְּחִינַת הַכְנָעָה וְשִׁפְלוּת, כְּמוֹ הַשּׁוֹאֵל וּמְבַקֵּשׁ מֵחֲבֵרוֹ. כִּי יִרְאָה הוּא בְּחִינַת מַלְכוּת, כְּמוֹ שֶׁאָמְרוּ (אבות ג, ב): אִלְמָלֵא מוֹרָאָהּ שֶׁל מַלְכוּת (כַּמּוּבָא כְּבָר כַּמָּה פְּעָמִים). וּמַלְכוּת הוּא בְּחִינַת עָנִי וְהַכְנָעָה, כִּי אֵין מֶלֶךְ בְּלֹא עָם, שֶׁזֶּהוּ בְּחִינַת עֲנִיּוּת דְּלֵית לָהּ מִגַּרְמַהּ כְּלוּם (כַּמּוּבָא בְּמָקוֹם אַחֵר), הַיְנוּ שֶׁמִּדַּת הַמַּלְכוּת אֵין לָהּ מִצַּד עַצְמָהּ כְּלוּם, כִּי אִם עַל־יְדֵי הָעוֹלָם נִתְגַּלֶּה מִדַּת הַמַּלְכוּת, כִּי אֵין מֶלֶךְ בְּלֹא עָם, נִמְצָא שֶׁמִּדַּת הַמַּלְכוּת, שֶׁהִיא בְּחִינַת יִרְאָה, הִיא בְּחִינַת עָנִי וְהַכְנָעָה.
>
> (ליקוטי מוהר"ן קמא, ריט)

ספירת מלכות היא מקום המפגש בין אלוהים לאדם, ומקום זה הוא נקודת הוויתור של שניהם. כדי שיתאפשר מפגש צריכים אלוהים ולהבדיל גם האדם להותיר הכול מאחור. המפגש המתקיים ביניהם במלכות הוא מפגש של ענווה, ואין בו מקום לגאווה. גאוותו של אלוהים, כביכול, אינה מאפשרת לאדם להתקרב אל הנשגב והנורא, וגאוותו של האדם איננה מאפשרת לאלוהים להתקרב אל השפל והמוגבל. הענווה מצמצמת את אינסופיותו של הקב"ה כדי

50. המנהיג והמלך האולטימטיבי הוא דוד המלך. בנספח על שבעת האושפיזין נסרטט את אופייה של מנהיגותו, ההופכת אותו למי שמזוהה על פי הסוד עם ספירת מלכות. שם גם נראה כיצד ר' נחמן מברסלב מדייק באחד מסיפוריו את תודעת המלכות הראויה למנהיג.

לאפשר לו לפנות אל האדם, ולצד זאת היא גם מנתצת את כליו המוגבלים של האדם כדי לאפשר לו להאזין לפנייה זו.

המלכות שלית לה מגרמה כלום היא סמל לוויתור ולענווה שעושים האדם ואלוהים המבקשים להיפגש זה עם זה, ומתוך דממת המלכות בוקע ועולה מפגש בלתי אפשרי ובלתי מתקבל על הדעת בין אלוהים לאדם. נסיים סעיף זה בדברי הרב קוק:

> מי שהוא ממדת המלכות לית ליה מגרמיה כלום, והיא מדה שהחסרון והיתרון מתחברים בה בנושא אחד. ראוי הוא אדם זה לספוג לתוכו את הכל, וכשהוא פונה אל הטוב ומכיר איך דלית ליה מגרמיה באמת כלום, הרי הוא מוכן להיות ממולא מכל טוב, של כל המדות, כל התכונות, כל הצדדים, ואין בו שום סתירה. ויש בו עומק העצמיות כל כך עד שהדברים המתקבלים בתוכו הרי הם עצמיותו ממש, כיון שעצמיות מיוחדת גדרית בפני עצמו אין לו כלל.
>
> (שמונה קבצים ו, ריב)

ז. עלמא דפירודא – גלות השכינה ('מיין נוקבין', 'ארץ', 'באר', 'איילה', 'שושנה', 'כלה')

נכונותו של אלוהים להצטמצם וללבוש לבושים כדי לשכון עם בני האדם במקומם הנמוך ולאפשר להם להיפגש עימו, היא החסד הגדול שגמל הקב"ה עם בני האדם; אולם מחירה בצידה:

> אמר רבי לוי: משל לעירוני שהיה נשוי בת מלכים, אף על פי שמאכילה כל מעדני מלך אינו יוצא חובתו. למה? שהיא בת מלכים [...] וביאור ענין זה כי הנפש הזאת שהיא מלמעלה ועומדת בתחתונים, תמיד היא משתוקקת אל התורה ואל המצוות במה שהיא בתחתונים. ודבר זה לחסרון מדרגה נחשב לה שהיא עצם נפש אלהי מלמעלה עומדת בתחתונים, וכל דבר שהוא חסר משתוקק אל השלמה, והתורה והמצווה הם השלמה אל הנפש, ובשביל כך משתוקקת הנפש אל התורה ואל המצוות לצאת אל הפועל ולהיות מושלם [...]
>
> וזה שהוא מדמה אותה אל בת מלך שנשאת לעירוני, ועם שהוא נותן לה כל מעדני עולם אינו יוצא ידי חובתו עמה, מפני שהיא בת מלך

והיא מתחברת אל עירוני הזה, ואם כן תמיד היא חסרה כאשר היא עם העירוני הזה, וכל אשר נותן לה סוף סוף היא עם העירוני שאינו זיווג שלה [...] וכן כאשר הנפש היא מלמעלה, ואף כי המצוות והתורה הם יציאה לה אל השלימות, מכל מקום במה שהיא עומדת בתחתונים בגוף האדם והיא עצם נבדל מן העליונים לא תקבל השלמה, לכך אינה שבעה מן המצוות והיא נחשבת בכוח כל ימי היותה עם הגוף.

(מהר"ל, תפארת ישראל ג)

מחירה של ירידת השכינה וכליאתה בתוככי המציאות החומרית הוא היפרדות וגלות. המונח ׳גלות השכינה׳ בשפה הקבלית מתאר תופעה קמאית וראשונית: היווצרותו של העולם והתגלות אלוהים בתוכו הכילו כבר מראשית ההוויה את היפרדות השכינה ממקורה הנשגב והבלתי מצומצם, והיעלמותה בתוך העולם-העלם.[51]

גלות השכינה מתקשרת לדימוי נוסף של ספירת מלכות – מיין נוקבין, כלומר מים נקביים או מים תחתונים. בפרשת בראשית מתוארת פעולת ההבדלה בין מים עליונים למים תחתונים על ידי הרקיע:

וַיֹּאמֶר אֱלֹהִים יְהִי רָקִיעַ בְּתוֹךְ הַמָּיִם וִיהִי מַבְדִּיל בֵּין מַיִם לָמָיִם: וַיַּעַשׂ אֱלֹהִים אֶת הָרָקִיעַ וַיַּבְדֵּל בֵּין הַמַּיִם אֲשֶׁר מִתַּחַת לָרָקִיעַ וּבֵין הַמַּיִם אֲשֶׁר מֵעַל לָרָקִיעַ וַיְהִי כֵן.

(בראשית א, ו–ז)

בעקבות פסוקים אלו מתאר הזוהר את הרקיע המפריד בין המים הנקביים למים הזכריים: ׳וְאִית רָקִיעַ לְעֵילָּא מֵרָקִיעַ, וְדָא צַדִּיק דְּאַפְרִישׁ בֵּין מַיִין נוּקְבִין לְמַיִין דְּכוּרִין, לְאִשְׁתְּמוֹדְעָא בֵּיהּ׳ [תרגום: וְיֵשׁ רָקִיעַ מֵעַל לָרָקִיעַ, וְזֶה הַצַּדִּיק שֶׁמַּפְרִיד בֵּין מַיִם נְקֵבִיִּים לְמַיִם זְכָרִיִּים לְהִוָּדַע בּוֹ].[52]

ההפרדה בין מים למים, ובמידה רבה בין שמיים לארץ, היא ביטוי ושיקוף בטבע להפרדה בין האלוהות הנשגבת לבין השכינה שניטעה בלב

51. גלות השכינה אינה תוצאה של חטא של האדם הראשון, שהרי היא קדמה לו. כיוון שאין גלות אלא תוצאה של חטא, כנראה שבשורשה של המציאות החומרית מתחבא חטא קדמוני יותר. נרחיב על כך בהמשך.

52. תיקוני זוהר עה ע"א.

המציאות.[53] הניסיון לדלות מים מן האדמה הינו ביטוי לניסיון לחשוף את השכינה החבויה במציאות, להעלות אותה ולחברה מחדש אל המים העליונים.[54] אף שלעיתים האדמה נראית יבשה, במעמקיה חבויים מים חיים המחיים אותה – מים שטרם היפרדותם היו מחוברים אל האין־סוף.

בכייתם של חסידים ואנשי מעשה בכל חצות ליל על גלות השכינה אינה מוסבת רק על גלותם של ישראל, שהיא רק אחת מההשלכות הרבות של גלות השכינה. הבכי והצער הוא על אותה בת מלך המשתוקקת לארמונה, אותה תשוקה של המציאות כולה להתרומם בחזרה אל מקורה האלוהי, הנובעת מהאלוהות המצומצמת החבויה בתוכה. זהו גם בכי על התשוקה שלנו להתרומם מעבר למלכות ולשכינה המתגלה במציאות, ולהגיע אל האלוהות העליונה.

אולם בכי אינו מספיק – דרוש מעשה! האחריות לגאולתה של השכינה ולהשבתה למקורה, על ידי חיבורה המחודש אל הגילוי העליון של המציאות האלוהית, מוטלת על האדם. עיקר המלאכה של תיקון המציאות והרמתה נעשית בתודעה ובכוונה המלוות את מעשיו של האדם; אדם השואף לאחדותה המחודשת של המציאות, לאיחודם המחודש של בת המלך־השכינה עם המלך – קודשא בריך הוא.

בדיוננו בספירת יסוד בפרק הבא נעסוק במגמת האיחוד־ייחוד של קוב"ה ושכינתיה. לעת עתה אעיר כי ישנם מספר כינויים לספירת מלכות הנוגעים למערכת היחסים שבין קוב"ה, המיוצג על ידי ספירת תפארת והספירות שסביבה, לשכינתיה – ספירת מלכות. מערכת יחסים זו רוויה בהשתוקקות, להט וגעגוע, וספרות הסוד מלאה בתיאורים הנוגעים לזיווג הזכר והנקבה ולכל הנלווה אליו.[55]

כבר הזכרתי שספירת מלכות מכונה גם 'איילה'. ראינו שבזוהר הקדוש האיילה מייצגת את האימא הדואגת לכל החיות, אולם בחז"ל ובתורת הסוד האיילה מייצגת גם דבר נוסף:

53. מכאן גם כינויה של ספירת המלכות 'ארץ' או 'אדמה'. ראו לדוגמה: 'אדמה היא במלכות, ונקראת אדמה לרמוז כי היא תחת כל הספירות כמו האדמה שהיא תחת כל בני העולם' (פרדס רימונים שער כג, פרק א).

54. מכאן גם הדימוי 'באר', ועוד סדרה של דימויים הקשורים להעלאת מים ממעמקי האדמה כמו הדימוי 'בריכה' שראינו לעיל, המתארים כולם את העלאת המלכות.

55. ארחיב על כך להלן, בדיון על ספירת יסוד.

אמר רבי שמואל בר נחמני: מאי דכתיב ׳אילת אהבים ויעלת חן׳ וגו׳? למה נמשלו דברי תורה לאילת? לומר לך, מה אילה רחמה צר וחביבה על בועלה כל שעה ושעה כשעה ראשונה, אף דברי תורה חביבין על לומדיהן כל שעה ושעה כשעה ראשונה.

(עירובין נד ע״ב)

האיילה היא סמל להשתוקקות מתמדת שאיננה נשחקת. מחד גיסא, השכינה השורה במציאות מאפשרת לעולם לינוק חיות מהאלוהות. מאידך גיסא, היא גם מייצרת תנועה מתמדת של געגוע, תקווה והשתוקקות להשבת האחדות בין קוב״ה ושכינתיה. גלות השכינה הינה מהות מובנית בעולם הפירוד, וממילא הגעגוע מוטבע בו.

חכמי הסוד ראו בכל האובייקטים בעולם השואפים למעלה – העצים, הצמחים, האד, האש – ביטוי להשתוקקות המתמדת של השכינה לעלות ולשוב למקורה.

ר׳ נחמן מברסלב, בסיפורו ׳מעשה משבעה קבצנים׳, מצייר ציור מרגש של לב המשתוקק להגיע למעיין המחיה אותו, אך לשווא – סגירת הפער ביניהם היא בלתי אפשרית, וכל שנותר ללב הוא לשיר ולזמר שירי געגוע והשתוקקות. יש בתיאור זה מן הטרגיות המאפיינת חלק מדרשותיו וסיפוריו של ר׳ נחמן; אך הוא גם מספר סיפור עמוק על העולם הנמצא באופן מתמיד בהשתוקקות להתאחדות.

הד להשתוקקות זו ניתן לפגוש בכל צעד ושעל בחיינו, בשאיפה הכמוסה בלב כל איש ואישה להתאחדות ולהתעלות. השתוקקות זו אולי אינה מתממשת באופן מלא לעולם, אך היא גם איננה נשחקת – כאותה איילה שרחמה צר.

ביטוי לתנועת ההשתוקקות המתוארת כאן מופיע בתיקוני זוהר, שם ההשתוקקות מוקצנת עד כדי מחלה, ומתוארת באמצעות כינוי נוסף – ׳כלה׳:

׳אֲנִי יְשֵׁנָה וְלִבִּי עֵר׳ (שיר השירים ה, ב), אֲנִי יְשֵׁנָה מֵרְחִימָאִי דְּאִתְרַחַק מִנִּי, וְלִבִּי עֵר כַּד אַתְיָא לְגַבִּי. לְכַלָּה דַּהֲוַת נְשׂוּאָה לְחָתָן, וְאִתְרַחַק מִינָהּ, נָפְלַת בְּבֵי מַרְעָא, וְאִתְכַּנְשׁוּ כָּל אַסְיָין לְגַבָּהּ, וְלָא הֲווֹ יָכְלִין לְמִנְדַּע מַרְעָא דִילָהּ [...] עַד דְּאָתָא אַסְיָא קַרְטְנָא אִסְתַּכַּל בִּדְפִיקוּ דִילָהּ, וְאִיהִי אִשְׁתְּמוֹדְעָא בְּאַסְיָא, וְאָמְרַת ׳קוֹל דּוֹדִי דוֹפֵק׳ (שם), וְאִיהוּ אָמַר ׳פִּתְחִי לִי׳.

(תיקוני זוהר קו ע״א)

[תרגום: ׳אֲנִי יְשֵׁנָה וְלִבִּי עֵר׳, אֲנִי יְשֵׁנָה מֵאֲהוּבִי שֶׁהִתְרַחֵק מִמֶּנִּי, וְלִבִּי עֵר כְּשֶׁבָּא אֵלַי. לְכַלָּה שֶׁהָיְתָה נְשׂוּאָה לְחָתָן וְהִתְרַחֵק מִמֶּנָּה, נָפְלָה בְּבֵית חָלְיָהּ, וְהִתְקַבְּצוּ אֵלֶיהָ כָּל הָרוֹפְאִים, וְלֹא הָיוּ יְכוֹלִים לָדַעַת אֶת הַמַּחֲלָה שֶׁלָּהּ. [...] עַד שֶׁבָּא הָרוֹפֵא הַמֻּמְחֶה וְהִסְתַּכֵּל בַּדֹּפֶק שֶׁלָּהּ, וְהִיא נִכְּרָה לָרוֹפֵא, וְאָמְרָה ׳קוֹל דּוֹדִי דוֹפֵק׳, וְהוּא אָמַר ׳פִּתְחִי לִי׳].

תנועת השתוקקות זו איננה נחלתה של השכינה בלבד, אלא גם של קוב״ה. כינוי נוסף לספירת מלכות הוא ׳שושנה׳, כינוי הנשען על הדימוי הנפלא בשיר השירים: ׳כְּשׁוֹשַׁנָּה בֵּין הַחוֹחִים כֵּן רַעְיָתִי בֵּין הַבָּנוֹת׳ (שיר השירים ב, ב). השושנה הנטועה בין החוחים היא משאת חייו של הדוה, המשתוקק לקטוף אותה וליהנות מיופייה. המלכות, ובווריאציה אחרת – כנסת ישראל, משולות לשושנה עבור הקב״ה, הרואה בהן את מושא השתוקקותו.

אם כן, השכינה הנמצאת בעולם מייצרת בו־זמנית שתי תחושות שהן במידה רבה הפוכות.

מחד גיסא, כפי שראינו אין מנחם יותר מלדעת כי השכינה־האימא נמצאת עמנו, בקרבנו, בכל מעשי ידינו, בכל מקום שאליו נלך, הן כפרט הן כאומה. זו תחושת ביתיות מתמדת, המאפשרת להתבונן על כל מציאות ולהתמלא בחדווה ושמחה לנוכח האלוהות השרויה בה.

מאידך גיסא, הנגיעה בשכינה מזכירה את היפרדותה מהאין־סוף, את הנסירה הכואבת בין קוב״ה לשכינתיה (עליה נדבר בהרחבה בפרק הבא). במידה מסוימת, יש משהו לא טבעי באלוהות השוכנת במעבה המציאות הגשמית. חוסר הטבעיות הזה יוצר געגוע מתמיד, שלעיתים מלווה בכאבים ממשיים; געגוע הנטוע בעומק ההוויה ומבקש להשיב את המציאות לאינסופיותה. תחושת ההיפרדות הזו היא מקור כל הכאבים, כל הנסירות, כל הפירודים שבעולם.

יש מי שעוסק בשכינה ומתמלא מייד בחדווה ושמחה של נוכחות אלוהית (למשל הבעל שם טוב), ויש מי שעוסק בשכינה ומתמלא מייד בגעגוע, כאב וייסורים נוכח הפירוד הכרוך בהופעתה (כמו ר׳ נחמן מברסלב).[56] נראה ששתי התחושות האלו משמשות בערבוביה, ואלו הרגשות הבסיסיים של עובד ה׳ המגלה את הנוכחות האלוהית בעולם.

56. ואכן, ר׳ נחמן משתמש בדברי התיקוני זוהר שהזכרנו לעיל בסיפורו ׳מעשה משבעה קבצנים׳, כשהוא מתאר את הקבצן השישי כמי שיודע לרפא את בת המלך ממחלתה.

ח. היאחזות החיצונים ('קיצוץ בנטיעות', 'עץ הדעת טוב ורע', 'צדק', 'מידת הדין רפה')

היפרדותה של המלכות ממקורה, גלותה ושכינתה במעבה המציאות החומרית, מעניקות חיות, תקווה והשתוקקות מתמדת למציאות כולה. הצימאון התמידי הוא ביטוי של השכינה, האלוהות הכלואה במציאות ומבקשת לשוב למקורה. אולם ככל שהפירוד גדול יותר כך רובצות לפתחו שתי סכנות.

הסכנה האחת היא שהגולם יקום על יוצרו – מצב שבו כוחות החיים שבמציאות לא ייוחסו לקב"ה אלא יתפסו כנפרדים ממנו. זהו קיצוץ בנטיעות, ביטוי שמקורו בסיפור על הארבעה שנכנסו לפרדס:

> תנו רבנן: ארבעה נכנסו בפרדס, ואלו הן: בן עזאי ובן זומא, אחר ורבי עקיבא [...] בן עזאי הציץ ומת [...] בן זומא הציץ ונפגע [...] אחר קיצץ בנטיעות, רבי עקיבא יצא בשלום.

(חגיגה יד ע"ב)

בתורת הסוד, הקיצוץ בנטיעות הוא ניתוק הנטיעה משורשה. כשאדם אוחז בתפיסה מעוותת שלפיה הכוחות, האנרגיה והכישרונות שיש לו מקורם ב'אני' ולא ב'אני ה'' – הוא מקצץ בנטיעות, כלומר סובר שהמלכות והכוחות האלוהיים הנמצאים במציאות הם נפרדים ממקורם.[57] כשאדם או אומה אומרים 'כוחי ועוצם ידי', כשיוצר מייחס את כוח יצירתו לעצמו, הם מקצצים בנטיעות.

הסכנה השנייה היא העובדה שכאשר המלכות מנותקת ממקורה, החיצונים יכולים להיאחז בה ולינוק ממנה. נוכחות השכינה בהוויה היא כוח אנרגטי של חיים, חיות ותנועה. מדובר במשאב שעלול להיות מנוצל על ידי יצרים, תאוות וכוחות אחרים שנמצאים בעולם ומבקשים מקור אנרגטי כדי להוציא את זממם מהכוח אל הפועל. כשרואים לעיתים כוחות של סטרא אחרא, של רשע, שהם מלאי חיות, אנרגיה ועוצמה, נשאלת השאלה מניין נובעת העוצמה שניתנה להם. התשובה היא שהמלכות, האלוהות הכלואה

57. ראו לדוגמה: הראי"ה קוק, אורות, ירושלים תשמ"ה, עמ' קכה-קכז. הראי"ה מבאר כיצד אי-ייחוס של דעות בישראל לחכמה האלוהית הקדומה דומה לקיצוץ בנטיעות.

במציאות, עלולה להישבות בידיים לא טובות, והעוצמה שלה היא שניתנת לאותם כוחות רשע.

ואם חס ושלום גרמו ישראל ונפסק הדין בבית דינו של ה׳ יתברך, ויצא מן הדין שספירת יסוד ראויה להסתלק ממידת המלכות, אז היא עת החורבן והגלות, ונקראת עת רעה. זהו שאמר הכתוב: ׳מפני הרעה נאסף הצדיק׳ (ישעיהו נז, א), ואז נשארת ספירת מלכות הנקראת אדנ־י יבשה מכל טוב עליון, ומתמלאת מכל מיני דין ועונש ומיני משחית. אוי לבריות שפוגעת בהן באותה שעה, שאין מי שימלט מידה, וגומרת הדין באף ובחימה ובקצף גדול.

(שערי אורה, שער עשירי)

מכאן השליחות העליונה שמוטלת על האדם להשיב את השכינה למקורה ולייחדה עם בוראה. על כך נרחיב את הדיבור כשנעסוק בספירה הבאה – ספירת יסוד.

כינוי נוסף לספירת מלכות הקשור לתנועה זו הוא ׳עץ הדעת טוב ורע׳:

וּלְבָתַר סָאטוּ מֵאוֹרְחָא דִּמְהֵימְנוּתָא, וְשָׁבְקוּ אִילָנָא יְחִידָאָה עִלָּאָה מִכָּל אִילָנִין, וְאָתוּ לְאִתְדַּבְּקָא בַּאֲתַר דִּמְשַׁתַּנֵּי וּמִתְהַפֵּךְ מִגַּוְונָא לְגַוְונָא, וּמִטַּב לְבִישׁ, וּמִבִּישׁ לְטָב, וְנַחְתּוּ מֵעֵילָּא לְתַתָּא, וְאִתְדַּבְּקוּ לְתַתָּא בְּשִׁנּוּיִין סַגִּיאִין, וְשָׁבְקוּ עִלָּאָה דְּכֹלָּא, דְּהוּא חַד, וְלָא אִשְׁתַּנֵּי לְעָלְמִין. הֲדָא הוּא דִּכְתִיב ׳אֲשֶׁר עָשָׂה הָאֱלֹהִים אֶת הָאָדָם יָשָׁר וְהֵמָּה בִקְשׁוּ חִשְּׁבֹנוֹת רַבִּים׳ (קהלת ז, כט). ׳וְהֵמָּה בִקְשׁוּ חִשְּׁבֹנוֹת רַבִּים׳ וַדַּאי, כְּדֵין אִתְהַפַּךְ לִבַּיְיהוּ בְּהַהוּא סִטְרָא מַמָּשׁ, זִמְנִין לְטָב זִמְנִין לְבִישׁ, זִמְנִין לְרַחֲמֵי זִמְנִין לְדִינָא. כְּהַהוּא מִלָּה דְּאִתְדְּבָקוּ בָהּ וַדַּאי. ׳וְהֵמָּה בִקְשׁוּ חִשְּׁבֹנוֹת רַבִּים׳ וְאִתְדְּבָקוּ בְהוּ.

(זוהר ח״ג קז ע״ב)

[תרגום: וְאַחַר כָּךְ סָטוּ מִדֶּרֶךְ הָאֱמוּנָה, וְעָזְבוּ אֶת הָעֵץ הַיָּחִיד הָעֶלְיוֹן מִכָּל הָעֵצִים, וּבָאוּ לְהִדָּבֵק בְּמָקוֹם שֶׁמִּשְׁתַּנֶּה וּמִתְהַפֵּךְ מִגָּוֶן לְגָוֶן, וּמִטּוֹב לְרָע, וּמֵרָע לְטוֹב, וְיָרְדוּ מִמַּעְלָה לְמַטָּה, וְנִדְבְּקוּ לְמַטָּה בְּשִׁנּוּיִים רַבִּים, וְעָזְבוּ אֶת הָעֶלְיוֹן שֶׁל הַכֹּל, שֶׁהוּא אֶחָד, וְלֹא מִשְׁתַּנֶּה לְעוֹלָמִים. זֶהוּ שֶׁכָּתוּב ׳אֲשֶׁר עָשָׂה הָאֱלֹהִים אֶת הָאָדָם יָשָׁר וְהֵמָּה בִקְשׁוּ חִשְּׁבֹנוֹת רַבִּים׳. ׳וְהֵמָּה בִקְשׁוּ חִשְּׁבֹנוֹת רַבִּים׳ וַדַּאי, אָז הִתְהַפֵּךְ לִבָּם לְאוֹתוֹ צַד מַמָּשׁ, לִפְעָמִים

> לְטוֹב לִפְעָמִים לְרָע, לִפְעָמִים לְרַחֲמִים לִפְעָמִים לְדִין. כְּמוֹ אוֹתוֹ הַדָּבָר שֶׁנִּדְבְּקוּ בוֹ וַדַּאי. 'וְהֵמָּה בִקְשׁוּ חִשְּׁבֹנוֹת רַבִּים' וְנִדְבְּקוּ בָּהֶם].

המעבר מעץ החיים לעץ הדעת טוב ורע הוא הירידה מהספירות העליונות לספירת מלכות (הזוהר הקדוש תולה זאת בחטאם של האדם והאישה באכילה מעץ הדעת טוב ורע). ירידתה של האלוהות לעולם מאפשרת לכוח האלוהי לשרת את הטוב, או לחלופין את הרע. אם עץ הדעת טוב ורע יידבק בעץ החיים, אזי הכוח האלוהי השורה בעולם יפעל למען טובו; אך אם יקוצצו הנטיעות ייהפך עץ הדעת רק לרע. כששליח מקבל כוח משולחו ומגיע אל המציאות הממשית, ככל שיישאר מחובר לשולחו כך כוחו ישרת את הטוב ואת השליחות שקיבל. משעה שיתנתק השליח משולחו הוא יישאר עם הכוח שניתן לו, אך יוכל להשתמש בו לרעה. עץ הדעת טוב ורע הוא ירידתה של השכינה אל העולם, החשופה ממילא לאפשרות של שימוש לרעה בכוח האלוהי.[58]

ט. אדנ־י שפתי תפתח – בזאת יבוא אהרן אל הקודש ('זאת', 'שער', 'תכלת')

לסיום דיוננו בספירת מלכות, נשוב אל ההכרעה שננקטה בספר זה לצעוד בנתיב הספירות מלמטה למעלה, מהמלכות אל הכתה, כדרכו של ר' יוסף ג'יקטיליה ב'שערי אורה':

> דע כי השם הראשון שהוא קרוב לכל הנבראים, ובו נכנסים לפני המלך הוי"ה יתברך, ואין דרך בעולם לראות פני המלך יתברך אלא על ידי שם זה, הוא השם הנקרא אדנ"י. כיצד, דע כי השם המיוחד יהו"ה יתברך הוא המורה על מציאות בוראנו יתברך והכל תלוי בו,

58. אציין כי לעיתים פעולתה השלילית של המלכות־השכינה בעולם היא פועל יוצא של התלבשות מידת הדין בה כדי לפעול דין וצדק (מכאן גם כינויה של ספירת מלכות 'צדק'). בעולם הספירות העליון התמונה היא הרמונית: כנגד הדין יש את החסד וכנגד הבינה ניצבת החכמה. אולם בעולם התחתון לעיתים מתלבשת מידת הדין כולה במלכות, והנהגת ה' בעולם מלאה בכעס, חמה ודין. עם זאת, הופעתה של מידת הדין במלכות היא באופן רפוי יותר ('מידת הדין רפה'), מפני שספירת המלכות מבקשת לקיים את העולם ולהחיותו, וממילא מידת הדין עוברת בה ריכוך כלשהו.

> אבל תחילת השערים והמפתחות שבו נכנסים לשם יתברך, הוא השם הנקרא אדנ״י, והוא סוף כל מעלות של ה׳ יתברך מלמעלה למטה.
> (שערי אורה, שער ראשון)

השער אל כל המדרגות וכל המעלות הוא בספירת מלכות.[59] ראשית, מפני שספירה זו היא האלוהות המתגלה ומופיעה בעולם, בתוכנו. שנית, מפני שרק מתוך העמדה של ספירת מלכות ניתן לגעת בספירות הגבוהות יותר. פינוי המקום של האדם, וההקשבה אל הקול האלוהי החבוי בתוך המציאות ובתוכו, הם הצעד הראשון במעלה הסולם אל הכתר.

תלמידי הבעש״ט הביאו בשמו דרשה על הפסוק המופיע בסדר העבודה של יום הכיפורים – ׳בְּזֹאת יָבֹא אַהֲרֹן אֶל הַקֹּדֶשׁ׳:

> [...] כוונת ׳בזאת יבא אהרן אל הקודש׳, כי בכל מקום שהוא שם בירידתו, ישכיל וידע שגם שם הוא כבוד שכינתו יתברך, בסוד ׳ומלכותו בכל משלה׳ (תהילים קג, יט), ועל כן מה שירד שמה הוא לחבר אל עצמו אותן המדרגות של ניצוצי השכינה אשר שם, ויעלה עמהן בסוד תשובתו. ואף שהוא תשובה תתאה במלכות הנקרא ׳זאת׳, מכל מקום במדה זאת גם כן יכול לבא אל הקודש פנימה. וזהו שאמר ׳בזאת יבא אהרן אל הקודש׳, עד מעלה מעלה, כשהוא לכוונה זו שהוא מעלה מיין נוקבין למלכות הכלולה מכל עשר ספירות, שתעלה עם כל מדרגותיו וניצוצותיו להזדווג במדות עליונות. ותן לחכם ויחכם עוד ודי בזה.
> (ספר מקור מים חיים, פרשת אחרי מות, ב)

׳זאת׳ הוא כינוי נוסף לספירת מלכות, שמשמעותו היכולת להצביע על משהו ממשי, מוחשי, קרוב ולומר – ׳זה אלוהינו׳. משעה שזכינו לפקוח עינינו

59. ואכן, ספירת מלכות מכונה גם ׳שער׳. כינוי נוסף הנוגע לכך הוא ׳תכלת׳, שבאינטרפרטציה של חז״ל היא שער וסמל אל האלוהות העליונה: ׳תניא היה ר׳ מאיר אומר: מה נשתנה תכלת מכל מיני צבעונין? מפני שהתכלת דומה לים, וים דומה לרקיע, ורקיע לכסא הכבוד, שנאמר ״ותחת רגליו כמעשה לבנת הספיר וכעצם השמים לטהר״, וכתיב ״כמראה אבן ספיר דמות כסא״׳ (מנחות מג ע״ב). קביעתה של התורה ׳וּרְאִיתֶם אֹתוֹ [=את פתיל התכלת] וּזְכַרְתֶּם׳ מבטאת את ההנחה שהתכלת היא תזכורת בעולם הארצי לאלוהות, ושער אליה.

ולהצביע על הנוכחות האלוהית בעולם, ניתן לטפס לכל המדרגות הגבוהות של האלוהות. זהו השער והמבוא – ׳בְּזֹאת יָבֹא אַהֲרֹן אֶל הַקֹּדֶשׁ׳. אברהם אבינו שאמר ׳אדנ־י׳ פתח בפנינו את השער אל כל העולמות.[60]

בכל תפילה, כשהאדם ניגש אל ה׳, הוא פותח במשפט: ׳אֲדֹנָ־י שְׂפָתַי תִּפְתָּח וּפִי יַגִּיד תְּהִלָּתֶךָ׳ (תהילים נא, יז). שם ה׳ המופיע בפסוק זה הוא שם אדנות – לא רק בכינויו אלא גם בכתיבתו, והוא השער הראשון אל המעלות הגבוהות.[61]

זַכָּאָה אִיהוּ מָאן דְּזָכֵי לְאַעֲלָאָה לְהֵיכָלֵיהּ דְּקוּדְשָׁא בְּרִיךְ הוּא, לְמֶחֱזֵי לְמַלְכָּא וּמַטְרוֹנִיתָא, זַכָּאָה פּוּמָא, דְּשַׁרְיָא בֵּיהּ צְלוֹתָא דְּאִיהִי אדנ״י, דְּאָמְרִין לָהּ ׳אדנ״י שְׂפָתַי תִּפְתָּח׳, וְזַכָּאִין שִׂפְוָון דְּאִינּוּן תַּרְעִין דְּהֵיכָלָא, כְּגַוְונָא דְּאִלֵּין דְּאִתְּמַר בְּהוֹן ׳פִּתְחוּ לִי שַׁעֲרֵי צֶדֶק׳ (תהילים קיח, יט), דְּכַד פּוּמֵיהּ פָּתַח בִּצְלוֹתָא בִּשְׁכִינְתָּא, וַיְיָ׳ יַעֲנֶה מִיַּד, הֲדָא הוּא דִכְתִיב ׳אָז תִּקְרָא וַיְיָ׳ יַעֲנֶה׳ (ישעיהו נח, ט).

(תיקוני זוהר לג ע״א)

[תרגום: אַשְׁרֵי הוּא מִי שֶׁזּוֹכֶה לְהִכָּנֵס לְהֵיכָלוֹ שֶׁל הַקָּדוֹשׁ בָּרוּךְ הוּא לִרְאוֹת אֶת הַמֶּלֶךְ וְהַגְּבִירָה, אַשְׁרֵי הַפֶּה שֶׁשּׁוֹרָה בּוֹ תְּפִלָּה שֶׁהִיא אדנ״י, שֶׁאוֹמְרִים לָהּ ׳אדנ״י שְׂפָתַי תִּפְתָּח׳, וְאַשְׁרֵי הַשְּׂפָתַיִם שֶׁהֵן שַׁעֲרֵי הַהֵיכָל, כְּמוֹ אֵלֶּה שֶׁנֶּאֱמַר בָּהֶם פִּתְחוּ לִי שַׁעֲרֵי צֶדֶק, שֶׁכְּשֶׁפִּיו פּוֹתֵחַ בִּתְפִלָּה עִם הַשְּׁכִינָה, וַה׳ יַעֲנֶה מִיָּד, זֶהוּ שֶׁכָּתוּב ׳אָז תִּקְרָא וַיהו״ה יַעֲנֶה׳].

60. בדיון להלן בספירת חסד נראה כיצד אברהם עצמו כגילוי שכינה מבטא ספירה זו.

61. כידוע, חוסר היכולת שלנו לבטא את שם הוי״ה כפי שהוא (לבד מכוהן גדול ביום הכיפורים במקדש), הביאה את חז״ל להכריע שאת שם הוי״ה אנו מבטאים כשם אדנות. אין זה מקרה ששם אדנות נבחר להיות הכינוי שבו אנו יכולים להיפגש עם שם הוי״ה, שהרי זהו השער והביטוי ליכולתנו לבטא את שם הוי״ה מנקודת מבטנו.

אל הנפש והחיים – מלכות

סעיפים א-ב: 'שויתי ה' לנגדי תמיד' – לחוש את הנוכחות האלוהית

הבשורה הגדולה בשני הסעיפים האלו היא פיתוח התודעה המתמדת בדבר נוכחותה של השכינה בעולם וייצוגה בכול: הנשמה שבקרבי, כנסת ישראל, התורה שבעל פה ועוד.

בשורה זו מזמינה אותנו להתהלך בעולם מתוך מודעות לעובדה שבכל דבר שנפגוש נוכחת שכינה, אלוהות – ומלכותו בכל משלה. זוהי בעצם ההדרכה הבסיסית בפסוק 'שִׁוִּיתִי ה' לְנֶגְדִּי תָמִיד' (תהילים טז, ח).

- לכאורה זוהי תודעה בנלית וטריוויאלית, ובכל זאת יש משקל למשך הזמן במהלך היום שבו תודעה זו מקבלת מקום גלוי, וכמובן גם לעוצמה שלה. זוהי הזמנה עבורנו להעצים את תודעת ה'שִׁוִּיתִי'.
- ניתן לעשות זאת בדרכים שונות. דרך אחת היא להשתמש בכוח הדיבור: להכניס פסוק זה לשגרת היום, מספר פעמים ביום. 'שויתי ה' לנגדי תמיד' – בכול; בכל ההוויה, בכל המציאות. דרך אחרת נעזרת בכוח ההתבוננות: לבחור התרחשות 'בנלית', 'סתמית', חסרת משמעות, ולפני שנכנסים אליה לתת את הדעת על כך שהקב"ה נמצא בקרבה, ולכן היא איננה סתמית. מתוך כך לנסות לגשת אליה בסקרנות, בעניין. הדיבור והכוונת המחשבה מעצימים את תודעת הנוכחות.
- גרסה אחרת של הנכחת השכינה בחיים היא תורת הרמזים של ר' נחמן (ליקוטי מוהר"ן קמא, נד, בעיקר פסקה ב). תמצית העניין היא שר' נחמן מזמין אותנו לפענח כל התרחשות כ'רמז' שהקב"ה מבקש לומר לנו משהו דרכו. מהו הרמז? מה מבקש הקב"ה לומר לי בהתרחשות מסוימת, גם אם סתמית היא? נעיר שתוכן הרמז, לפי ר' נחמן, הוא פחות חשוב; העיקר הוא עצם הטרנספורמציה שההתרחשות עוברת כאשר היא הופכת מסתמית ובנלית לחלק מהדיאלוג שלי עם הקב"ה. אם הצלחנו לזהות סיטואציה, אפילו קטנה, להצביע עליה בבהירות ולומר: 'אני יודע שה' כאן' – יש כאן הנכחה של השכינה במציאות.[62]

62. הבעל שם טוב ניסח זאת כך: 'כלל גדול, "גול אל ה' מעשיך ויכונו מחשבותיך". שכל דבר שיזדמן לו יחשוב שהוא מאתו יתברך, ויראה שיבקש מהשי"ת שיזמין לו תמיד

השלכה נוספת של שינוי התודעה המתואר כאן היא המעבר מפעולה להוויה (מ־doing ל־being). האלוהות לא רק פועלת בעולם אלא גם נוכחת בו, שוכנת בקרבו.

רוב חיינו אנו בעשייה, בפעולה, וגם חיינו הדתיים מתבטאים לרוב בפעולות – עשיית מצוות. הדברים שראינו כאן מזמינים אותנו להרחבת הסיטואציות והזמנים שבהם המצב התודעתי שלנו הוא של הוויה, שהייה, ולא של פעולה.[63] תודעה זו מממשת באופן עמוק את מצב הנפש התואם לספירת מלכות.

- כדי לעבור למצב תודעתי של הוויה יש לצמצם את החתירה לפעולה בסיטואציה שבה אנו מבקשים לשהות, את החתירה ליעד כלשהו, לפתרון, להבנה, לסיום. עלינו לפתח את היכולת להתעלם זמן מה מהשעון, לא לנתח, לא לבחון – פשוט להיות. בקבלה, באהבה, בהקשבה.
- תרגילי נשימה ופרקטיקות ממקדות תודעה כגון מיינדפולנס יכולות גם הן לתרום להעצמת חוויית הנוכחות.

סעיף ג: 'אני' – הקב"ה המתגלה לנו ובתוכנו, בקשת ה'אני' העצמי

החידוש בסעיף זה הוא כפול. ראשיתו בהכרה שהקב"ה מדבר עימנו, מתגלה אלינו באופן בלתי אמצעי בפנייתו אלינו במילה 'אני', ואחריתו היא ההכרה שהנוכחות האלוהית היא בקרבי, וה'אני' העצמי שלי בטהרתו הוא גילוי של האלוהות שבי. מכך נובע שהניסיון לשוב לעצמי, לפנימיותי, לאישיותי, הוא הניסיון להקשיב לקול ה' שבקרבי.

ההכרה שה' פונה ומגלה עצמו אליי באופן בלתי אמצעי הן מחוצה לי

מה שהשי"ת יודע שהוא לטובתו ולא מה שנראה לבני אדם טובה על פי שכלו, כי אפשר מה שבעיניו טוב הוא רע לו. רק ישליך הכל כל ענייניו וצרכיו עליו יתברך, כמ"ש "השלך על ה' יהבך" (צוואת הריב"ש ד). בקשת השכינה בכל דבר גם באה לידי ביטוי בדברים הבאים: 'ויתבודד תמיד במחשבתו עם השכינה, שלא יחשוב רק באהבתו אותה תמיד שהיא תדבק בו, ויאמר תמיד במחשבתו מתי אזכה שישכון עמי אור השכינה' (צוואת הריב"ש ח).

63. פרקטיקות רבות בתורות המזרח עוסקות בכך וחותרות למצב תודעתי זה, וספרות רחבה נכתבה על כך.

אך בעיקר דרכי, ולכן עליי להקשיב לו בתוכי ומתוכי – היא מתנה יקרה מפז, המעצבת מערכת יחסים אחרת לגמרי בינינו לבין ה' יתברך.

- הכרה זו יכולה להתפתח דרך מתן מקום ומשקל להופעות של המילה 'אני' בתפילה ובלימוד (לדוגמה בקריאת שמע – 'אֲנִי ה' אֱלֹהֵיכֶם אֲשֶׁר הוֹצֵאתִי אֶתְכֶם מֵאֶרֶץ מִצְרַיִם לִהְיוֹת לָכֶם לֵאלֹהִים'). ככל שנחוש יותר את פנייתו של הקב"ה אלינו, כמי שמתדפק בדלת וכאשר אנו שואלים מי זה עונה הוא 'אני' – כך תגדל חוויית המפגש והדיאלוג.
- ניתן אף להשתמש בצמד המילים הללו במהלך יומנו: כשקורה לנו משהו, או כשאנו פוגשים תופעה מיוחדת, לומר מייד 'אני ה''. צמד מילים אלו במובן הכי פשוט שלו מבטא יותר מכול את הפנייה המרגשת של ה' יתברך אל האדם, ואמירתו בהקשר של אירוע מסוים יכולה להפוך אותו לרגע של מפגש.

מדברים אלו עולה הצורך לברר מה הקב"ה אומר לי דרך מאוויי, תחושותיי ומחשבותיי. בקשת ה'אני' העצמי היא חשיפת הנוכחות האלוהית שבקרבי, והרב קוק תיאר בחריפות כיצד אי־הקשבה עצמית ופנייה אל החוץ משולים לעבודה זרה, שהרי העצמי הטהור הוא הקב"ה המתגלה בקרבי. אך דברים אלו לא מתרחשים מעצמם; אנו נדרשים לצמצם ולהשתיק את הרעשים החיצוניים המסיטים אותנו מההקשבה לפנימיות שלנו. עבודה זו איננה פשוטה כלל ועיקר, כיוון שפעמים רבות קשה להפריד בין הפנימיות לבין השפעות זרות שחדרו וחלחלו פנימה, ונדמות בעינינו כפנימיות. ניתן להיעזר באנשים שאנו סומכים עליהם, כדי שיעניקו מבט 'אובייקטיבי' שיעזור להפריד בין ה'אני' להשפעות הזרות עליו.

- תובנות אלו מזמינות אותנו לעבודה עמוקה של פיתוח ההקשבה ל'אני' העצמי, ובה אפשר להיעזר בתרגילים שונים הלקוחים מעולמות מגוונים.[64] אך לפני הכול נדרש לכך זמן שבו נמצאים לבד ('התבודדות'), זמן נקי מהפרעות וגירויים מבחוץ (ללא פלאפון, ללא אינטראקציה עם סביבה פעילה וכדומה). זמן שבו נחתור לנינוחות, רגיעה ומנוחת המחשבות, המאפשרות למה שבפנים לצוף.

64. גם עבודה זו מפותחת מאוד בתורות המזרח.

- יש לציין שבחיינו ישנם גורמים רבים המסיחים את התודעה מן ה'אני': נורמות חברתיות, מוסכמות וקונספציות שאנו אוחזים בהן, דמויות שהשפעתן עלינו רבה, דעות קדומות, פיתויים, גירויים וכדומה. עצם המודעות לכל אלו מאפשרת לזהות את הגורמים המונעים מאיתנו לתת ביטוי ל'אני'. זהו צעד ראשון בשחרור ה'אני' ובגאולתו מגלותו.
- לכך יש להוסיף את התפילה: בקשה מה' שיאיר את עינינו דרך ליבנו, תחושותינו ומחשבותינו כדי שנדע מה שנכון ורצוי, מה הייעוד שלנו – קודם כול בקטן, ביום ובסיטואציה שלפנינו, ואחר כך גם בגדול – בחיים בכלל.
- כל אלו כמובן חשובים בכל רגע, אך במיוחד ברגעים של קבלת החלטות.

סעיף ד: 'עמו אנכי בצרה' – נוכחותו של ה' בקרבנו גם כשאנו רחוקים

בסעיף זה למדנו על ההכרה שהקב"ה השוכן בקרב ישראל והאדם אינו נוטש אותם גם בחטאיהם, אלא ממשיך לשכון בקרבם. ראינו גם שזהו הכוח המניע אותם להיחלץ מן המצר ולצאת אל התשובה.

בתובנה זו יש ברכה גדולה, שכן היא מאפשרת לנו לחוש בתוך הנפילה, החטא, העצבות, הריחוק והייאוש, את נוכחותו של הקב"ה בקרבנו. זו תחושה של אימא דואגת שלא נוטשת את ילדה גם בהיותו רחוק מאוד, ואפילו חוטא ופושע. יש בתחושה זו הכרת תודה לשכינה השוכנת בקרבנו ולא נוטשת אותנו גם בטומאתנו, וגם תחושת ביטחון בקשר עם הקב"ה, בכך שהוא קשר בל יינתק. מתוך תחושות אלו יכולה לבוא התעוררות לקרבת ה' ולבקשה עמוקה של יציאה מן המצר.

- מדובר על תחושה בסיסית של ילד לאימו. גם בהיותנו נתונים במצב נמוך, רחוק וחשוך – אפשר להיזכר כי ה' נמצא בקרבנו גם ברגע זה, כמו אימא המחבקת את בנה כאשר הוא רץ אליה לחיבוק גם אחרי ש'שבר חלון'.
- בתורה יב תניינא בליקוטי מוהר"ן מתאר ר' נחמן את הזעקה של האדם מתוך נפילתו כמנכיחה את ה' בקרבו במקום זה. כשאדם נמצא בנפילה וריחוק הוא קורא לה': 'היכן אתה', 'אני זקוק לך', 'עזור לי להתעורר' – 'אַיֵּה!'. קריאה זו כשלעצמה, מגלה לנו ר' נחמן, היא ביטוי לנוכחותו של ה' בקרבנו במקום זה, והיא גם יכולה להיות חבל ההצלה משם.

סעיף ה: המלכת ה' בעולם

בסעיף זה פגשנו את ההכרה והתודעה שבמעשינו ובקריאתנו בשם ה' אנו ממליכים את הקב"ה בעולם. בעקבות זאת ניתן להתמסר ולהאמין שלכל אחד מאיתנו יש חלק ממשי בהעצמת מלכות ה', ומכאן שבהיעדר מעשה או הכרה שלי מלכות זו נגרעת. בתובנה זו יש תנועה של אהבה ותנועה של יראה:

- אהבה – כשאנחנו מברכים אנו קוראים את שם הוי"ה אבל אומרים שם אדנות – 'ברוך אתה אדנ־י', המבטא כאמור את קבלת מלכותו של הקב"ה. זוהי הזדמנות לכוון בשם זה לקריאה בשם ה'. כמו אברהם שהתהלך בארץ, בנה מזבחות וקרא בשם ה', כך כשאנו מברכים כעת אנו קוראים בשם ה' ומגדילים את מלכותו. הברכה היא הזדמנות לממש את חוויית הקריאה בשם ה' והמלכתו בעולם, דווקא דרך הכוונה בשם אדנות.
- יראה – המחשבה שבמעשינו אנו מקדשים שם שמיים או ח"ו מחללים מביאה ליראה, והיא גם הזדמנות לחשבון נפש אחת לזמן מה, מדי יום או פעם בשבוע – האם במעשינו קידשנו שם שמיים, העצמנו את מלכותו, קראנו בשמו?

בסעיף זה פגשנו גם את ההכרה המלווה את שם אדנות, והיא האמונה בהשגחת ה' בכל מעשינו – 'מגן אברהם'.

- ברכת מגן אברהם היא הזדמנות להעצמה של תודעת ההשגחה. כשם שהקב"ה הבטיח לאברהם בברית ב;ין הבתרים 'אַל תִּירָא אַבְרָם אָנֹכִי מָגֵן לָךְ' (בראשית טו, א), ותיאר בפניו כיצד כל הקורות את עם ישראל לאורך הדורות הם חלק ממהלך השגחתי, כך ניתן לחוש בברכה זו שהקב"ה משגיח על חיינו, ומתוך מקום זה אנו באים כעת להתפלל ולבקש מאיתו עליהם.
- ברכה נוספת המכוונת אל ההשגחה התמידית באופן מילולי ופשוט היא הברכה הבנלית – 'שהכול נהיה בדברו'. כיוון שמדובר בברכה שכיחה מאוד, זו הזדמנות נפלאה להתמלא בתודעת השגחה אלוהית מספר פעמים ביום. הכוונה הפשוטה במילים 'שהכול נהיה בדברו' – שכל מה שקורה, כל מה שנוצר, כל מה שמתרחש הוא בדברו, שיש בעל לבירה – מכוננת תודעה חזקה מאוד של השגחה.

- כמובן, אתגר ההכרה בהשגחת ה׳ עולה בהגיענו להתרחשויות שאינן מובנות לנו, ואפילו מעוררות שאלות ותהיות. היכולת לחוש בסיטואציה כזו ש׳מלכותו בכל משלה׳, יש בה מעשה של המלכת ה׳ בעולמו.

סעיף ו: ׳לית לה מגרמה כלום׳ – התבטלות

בפסקה זו פגשנו את המושג ׳לית לה מגרמה כלום׳, המבטא את ביטולה של ספירת מלכות כלפי כל השפע שהיא אמורה לקבל ולהכיל. משמעותה הקיומית של חוויית המלכות מנקודת מבט זו היא להיות שליחים נאמנים לקב״ה, לבטל את רצוננו מפני רצונו, להיות בעלי יכולת להתרוקן ממה שאנחנו חושבים, מבינים ומגדירים, ולהפוך לכלי ריק ומקבל, למראָה.

- צעד ראשון בפיתוח תודעה זו הוא ביטול ׳כבוד מלכים׳ שבי לטובת ׳כבוד אלוהים׳, בלשונו של ר׳ נחמן, כלומר לוותר על הכבוד שלי: לא לבקש תהילה על מה שעשיתי; כשמכבדים אותי, לשנן בנחישות שזה לא אני – זה ה׳ ששלח אותי ונתן לי את הכוחות לעשות; כשמבזים אותי, מעליבים אותי או פוגעים בי – לקבל ביזיוני, ולהבין שהתכלית שלו היא לבטל את ׳כבוד המלכים׳ שבקרבי, ולהותיר אותי עם כבוד אלוהים. זו עבודה לא פשוטה עבורנו, אך לפי ר׳ נחמן היא שלב בסיסי ביותר בדרך לתודעת ה׳מלכות׳.
- ר׳ נחמן גם מדריך אותנו להיות פתוחים לשינוי תפיסה, עמדה ואידאולוגיה; לדעת להגיד ׳אולי אני טועה׳, ולדעת שהיום הוא הזדמנות להתחיל מההתחלה ביחס למה שאנחנו חושבים ומאמינים. להיות מחוברים ליסוד הדינמי המשתנה: אם אנחנו נשים – ניתן להקשיב לשינוי הגופני החודשי ולהתחבר אליו, מתוך תנועה של התרוקנות והתמלאות שיש בה התחדשות מתמדת, ותנועה של קבלה מחדש של המציאות. אם אנחנו גברים – אפשר לשים לב אל הלבנה, שהיא אחד מסמלי המלכות, להתבונן בהתמלאותה ובהתרוקנותה ולנסות להתחבר לתנועה זו גם בעצמנו. חלק מתנועת המלכות הוא הדגשת היסוד הדינמי והמשתנה אל מול היסוד הגברי הסטטי.

סעיפים ז-ח: גלות השכינה – לחוות אותה ולהתבונן בסכנות שבפירוד

בסעיפים אלו פגשנו את הצד הכואב של ה׳מלכות׳: פירודה מקוב״ה, מהאין-

סוף, והיותה כלואה בתוך המציאות. חוויית הפירוד מובנית בעולם הזה, הנקרא 'עלמא דפירודא', ומקור כל הכאבים הוא בפירוד קמאי זה.

כפי שראינו, בפירוד יש סכנה כפולה: ראשית, האדם והעולם עלולים לשכוח שמקור כוחם וחיותם הוא בשכינה השוכנת בקרבם, ולייחס את הכוחות ואת ההישגים לעצמם. שנית, הכוחות הקיימים במציאות כתוצאה מהשכינה עלולים להירתם לטובת מגמות שליליות, ואז לא רק שהשכינה בגלות אלא שהיא גם נשבית בידי כוחות שליליים ומשרתת אותם.

נראה שהבעיה ופתרונה נמצאים זה לצד זה. כשאדם מודע לכך שכל הכוחות בעולם הם ביטוי לנוכחות של השכינה, מתמלא בשמחה מנוכחות זו ובו זמנית גם מזדהה עם כאבה וגעגועיה של השכינה – זה עצמו מייצר חיבור בינה לבין מקורה.

נוסף לכך, כשאדם מייחס כל כוח והצלחה שלו ושל אחרים לנוכחות השכינה בקרבם – סכנת השכחה מצטמצמת. כשאדם מבקש להטות את הכוחות המבקשים להוליך אותו ואת העולם למקום רע ולהשתמש בהם לחיוב – הוא מציל את השכינה מן החיצונים.

- מדברים אלו עולה הזמנה לחוות את כאב גלות השכינה. תיקון חצות הוא ביטוי מובהק להשתתפות הזו; אך הכרה זו גם מזמינה אותנו לזהות באופן מודע את גלות השכינה בכאבים, בחסרונות, בכישלונות, בהתרחקויות ובפרֵדות שאנו פוגשים בעולם. לחוש בצערה הגנוז בתוך הצער שפגשנו, לעיתים בצער שלנו ולעיתים בצער של הזולת, ולהבין שצער זה הוא חלק מצער השכינה. בתורה פט בליקוטי מוהר"ן קמא ר' נחמן מתאר את השותפות בצרה שבין הקב"ה לאדם כדרכו של הקב"ה לשתף את האדם בצרתו; זו וריאציה אחרת לזהות שבין צרותיו של האדם לאלו של הקב"ה, כביכול.
- כאמור, היכולת לזהות את השכינה בכול גם דורשת מאיתנו לזקוף הצלחה והישג לנוכחות האלוהית שבקרבנו. לחלופין, כשאנו חשים אנרגיה שלילית בעצמנו או בזולתנו עלינו להבין שזהו כוח אלוהי השרוי בתוכנו ומנותב כעת אל הקליפה, אל החיצונים. כבר במודעות עצמה יש כוח לשנות את המציאות, ועל כך אפשר להוסיף את הניסיון לנתב את הכוח הזה למקום חיובי. להבין שאנו עושים 'שימוש אסור' בכוח שניתן לנו מאת ה', ששוכנת בקרבנו אנרגיה חזקה שיכולה וצריכה לבנות, ולא חלילה להחריב.

סעיף ט: אדנ־י שפתי תפתח ופי יגיד תהלתך

בסעיף סיכום זה חזרנו וראינו כיצד המלכות היא השער אל כל הספירות. הזכרנו את המשפט הפותח את תפילת עמידה בשם אדנות, בספירת מלכות: 'אֲדֹנָ־י שְׂפָתַי תִּפְתָּח וּפִי יַגִּיד תְּהִלָּתֶךָ'.

- פסוק זה אכן יכול להיות מפתח לחוויית הכניסה בשער הספירות. באומרנו פסוק זה ניתן לדמיין היכל, שער, פתח שדרכם אנו באים אל השכינה השוכנת בקרבנו, ומבקשים יחד איתה להתעלות ולקבל את הספירות שמעלינו.

ספירת
יסוד

א. קוב"ה ושכינתיה

במעלה הספירות ניצבת מעל לספירת מלכות ספירת יסוד, הספירה התשיעית מלמעלה.

כפי שראינו בדיוננו בספירת מלכות, בתשתית עולם הספירות מונחת העובדה שגילויה של האלוהות כולל שתי בחינות המשלימות זו את זו – קוב"ה ושכינתיה, הבחינה הזכרית והבחינה הנקבית. ספירת מלכות, השכינה, היא ביטוי לגילוי האלוהי הנקבי השורה במציאות, ומכך עולה שמערכת הספירות שמעליה היא ביטוי לגילוי האלוהי הזכרי. מיצויה של בחינה זכרית זו הוא בספירת יסוד, שבהקבלה שבין עשר הספירות לגוף האדם מסומנת באיבר ההולדה הזכרי.

'ומבשרי אחזה אלוה' – איבר ההולדה הזכרי איננו הזכריות בהתגלמותה, אולם הוא גם סמל וגם מיצוי של הזכריות. דבר זה בא לידי ביטוי בשתי תכונות עיקריות: האחת, איבר זה הוא פתח ההשפעה שדרכו יוצאת ההשפעה הזכרית – הזרע; השנייה, זהו איבר החיבור בין הזכר לנקבה. שתי תכונות אלו הן המפתח להבנת מהותה של ספירת יסוד וכינוייה השונים.[1]

חשוב לציין, כפי שכבר נאמר בספר זה ועוד ייאמר, שהספירות הינן ביטוי לתנועות אלוהיות, וכל התנועות הללו מצויות, או לכל הפחות

1. אעיר, שרבים מן הדיונים שיעלו בספירת יסוד יכולים לעלות גם בספירת תפארת, המסמנת את מהותה של האלוהות הזכרית. רוב תיאורי הייחוד בין קוב"ה ושכינתיה מתארים את הייחוד בין ספירת תפארת לספירת מלכות. בחירתי לעסוק בייחוד ובזיווג בעיקר בספירת יסוד קשורה הן לבחירה לעבור את מסע הספירות מלמטה למעלה, הן לעובדה כי ספירת יסוד קשורה במישרין לאתגר המיניות. אך לאור הערה זו חשוב לזכור לאורך כל דיוננו בספירה זו שיסוד הינה ההתממשות שבקצה של ספירת תפארת.

אמורות להיות מצויות, בכל אורגניזם שלם. מכאן שלא רק מערכת היחסים שבין איש לאישה אמורה לממש את המערך המהותי המתואר בהבחנה שבין יסוד למלכות; גם בכל אדם עצמו, בין אם הוא זכר ובין אם היא נקבה, מצויים שני הכוחות הללו, כפי שיתואר להלן, וכן במערכות יחסים אחרות. לעיתים גם העמדה הזכרית והעמדה הנקבית לא תהיינה בהכרח תואמות למגדרן של הנפשות הפועלות. ייתכן שבקונסטלציה מסוימת או במערכת יחסים מסוימת בין איש לאישה, תפקידה של האישה יהיה הזכרי ותפקיד האיש יהיה הנקבי.

ב. 'בזאת תדעון כי אל חי בקרבכם' – מקור השפע ('סיומא דגופא', 'כל', 'א־ל חי', 'טוב', 'חסד תחתון', 'נהר')

אם ספירת מלכות השורה בעולם יונקת שפע מן הבחינה הזכרית המשפיעה, הרי ספירת יסוד, ספירת איבר ההולדה, היא המנקזת לקרבה את כל מיני השפע שמעליה. היא הקצה של הגוף ופתח ההשפעה, ובלשון תיקוני זוהר – 'סיומא דגופא'.[2]

במובן זה ספירת יסוד דומה לספירת מלכות באופייה הכוללני – הראשונה מצד הנותן והאחרונה מצד המקבל. על כן ספירת יסוד קרויה אף היא 'כל':

> [...] ובמידה הזאת נכללין כל מיני שפע ואצילות הבאים מכל תשע ספירות, נקראת גם כן בלשון כל. והטעם, לפי שהמידה הזאת מושכת מכל הספירות העליונות כל ההמשכות כולם למיניהם, ומביאה אותם בתוך השם הנקרא אדנ"י [=מלכות]. ולפי שהכל תלוי במידה זו נקראת כל, וגם לפעמים נקראת המידה העשירית שהיא אדנ"י בלשון כל, על שם המידה הזאת [...]

(שערי אורה, שער שני)

הספירות מייצגות תנועה אלוהית מסוימת, אג'נדה, אידאה; אך כל התנועות כולן, במיזוג המסוים שנרקם ברגע נתון, עוברות דרך ספירת יסוד, המשפיעה

2. 'חֶסֶד דְּרוֹעָא יְמִינָא [זרוע ימין], גְּבוּרָה דְּרוֹעָא שְׂמָאלָא [זרוע שמאל], תִּפְאֶרֶת גּוּפָא [הגוף], נֶצַח וְהוֹד תְּרֵין שׁוֹקִין [שתי שוקיים], וִיסוֹד סִיּוּמָא דְגוּפָא [סיום הגוף] אוֹת בְּרִית קֹדֶשׁ, מַלְכוּת פֶּה תּוֹרָה שֶׁבְּעַל פֶּה קָרִינָן לֵיהּ' (תיקוני זוהר יז ע"א).

את התרכיב שנוצר אל המלכות ומשם אל המציאות כולה. ההבדל העיקרי בין מלכות לבין יסוד הוא בהיותן משני צידי המתרס של המפגש שבין נתינה והשפעה לבין קבלה והכלה.

תכונתה העיקרית של ספירת יסוד, אם כן, היא תנועת ההשפעה, ההוצאה מן הכוח אל הפועל. ספירה זו היא ההופכת כל מידה, תנועה, השגה וידיעה, הסגורה ואטומה במרחב שבו נוצרה, לחותרת למפגש, להשפעה ולנתינה:

> אלה תולדות נח. נראה דהנה יש שני מיני צדיקים שעובדים את הבורא, צדיק אחד יש שעובד הבורא ברוך הוא בהתלהבות גדול, והוא לעצמו ואינו מקרב הרשעים להיותם גם כן מעובדי הבורא ברוך הוא, רק שהוא בפני עצמו לבדו עובד הבורא. ויש צדיק אחד שעובד הבורא ומחזיר הרשעים להיות גם כן מעובדי הבורא, כמו אברהם אבינו שהיה מגייר גרים. ואיתא בכתבי האר"י ז"ל שעל זה נענש נח על שלא היה מוכיח הרשעים שבדורו והוצרך לגלגל במשה, ומשה היה מתקן שהיה מוכיח תמיד כל ישראל.
>
> (קדושת לוי, נח)

להלן נראה כי הצדיק מזוהה עם ספירת יסוד – 'צַדִּיק יְסוֹד עוֹלָם' (משלי י, כה)'. ממילא על פי השקפת החסידות עיקר עניינו של הצדיק הוא בהיותו משפיע בכל עת את השגותיו אל היהודים הפשוטים, אל המציאות והעולם (ואולי הוא אף מוצב בכך באופן פולמוסי אל מול דמות הרב הלמדן). פניו מכוונים בכל עת להשפעה, וכפי שנראה להלן גם לחיבור. ללא ספירת יסוד הספירות העליונות משולות לסריס שאין לו איבר הולדה: עם כל תשוקתו הוא איננו פורה, שהרי הפריון, הלידה וההתחדשות נולדים מההשפעה של השפע אל המציאות.

ספירת יסוד מסמלת את התנועה הזכרית המשפיעה, וספירת מלכות את התנועה הנשית המקבלת. אולם בפנימיות הדברים תנועת 'יסוד' נדרשת לכל אורגניזם המבקש להוציא את עצמו מן הכוח אל הפועל ולהשפיע מעצמו אל זולתו – ארגון, קהילה, אדם באשר הוא אדם – זכר או נקבה. אדם שאינו חפץ להשפיע, שאינו מבקש ליצור משהו חדש דרך המפגש שלו עם הזולת ועם המציאות, הוא אדם נעדר 'יסוד' ודינו לעקרות, בין אם הוא זכר ובין אם נקבה:

דְּהָא שִׁמְשָׁא אַף עַל גַּב דְּאִתְקָרַב בְּסִיהֲרָא לָא עָבִיד אִיבִּין בַּר הַהוּא דַּרְגָּא דְּאִקְרֵי צַדִּיק, וְיוֹסֵף אִיהוּ דַּרְגָּא דְּיַעֲקֹב לְמֶעְבַּד אִיבִּין וְלְאַפָּקָא תּוֹלָדִין לְעַלְמָא, וּבְגִין כָּךְ כְּתִיב 'אֵלֶּה תּוֹלְדוֹת יַעֲקֹב יוֹסֵף'.

(זוהר ח"א קפ ע"א)

[תרגום: שֶׁהֲרֵי הַשֶּׁמֶשׁ, אַף עַל גַּב שֶׁהִתְקָרֵב לַלְּבָנָה, לֹא עוֹשֶׂה פֵּרוֹת, רַק אוֹתָהּ הַדַּרְגָּה שֶׁנִּקְרֵאת צַדִּיק, וְיוֹסֵף הוּא הַדַּרְגָּה שֶׁל יַעֲקֹב לַעֲשׂוֹת פֵּרוֹת וּלְהוֹצִיא תוֹלָדוֹת לָעוֹלָם, וּמִשּׁוּם כָּךְ כָּתוּב 'אֵלֶּה תֹּלְדוֹת יַעֲקֹב יוֹסֵף'].

השמש היא סמל לספירות העליונות (לעיתים חכמה, לעיתים תפארת), והלבנה, כפי שראינו, היא סמל לספירת השכינה – מלכות. כשספירות אלו מתקרבות זו לזו ללא יסוד קרבה זו איננה פורה; זוהי מעין 'אהבה אפלטונית' שאין בה תשוקה לייחוד ואיחוד, קירוב בשר ללא זיווג מלא. תפקידו של היסוד הוא להביא לאיחוד מלא של קוב"ה ושכינתיה – 'וְהָיוּ לְבָשָׂר אֶחָד', ואז החיבור הוא פורה.

היסוד נקרא גם 'א־ל חי':

השם השני [=הספירה השנייה] משמות הקודש על דרך המעלות [=מלמטה למעלה] הוא הנקרא אל חי. וטעם הנקרא אל חי, לפי שהוא סוף תשע המעלות הנקראות תשע אספקלריאות [=מלמעלה למטה], והוא המושך מכל הספירות מידת החסד והחיים למידת אדנ"י [=ספירת מלכות], כמו שהודענוך. ולפי שמושך ממידת החסד נקרא אל, ולפי שמושך ממידת החיים נקרא חי, וכשיתחבר ביחד החסד והחיים, נקרא אל חי.

(שערי אורה, שער שני)

בזרע היוצא מאיבר ההולדה טמון כוח חיים לכל בריה ולכל דבר. לכן ספירת יסוד מכונה חי, ובהיותה מבקשת בתנועתה הטבעית להשפיע היא נקשרת בטבורה אל מידת החסד, שכפי שנראה בדיוננו בה להלן כינויה הוא א־ל. מכאן נובע הכינוי 'א־ל חי'. כל החיות הנמצאת בעולם נובעת מספירת המלכות, מהשכינה ששורה בו, אולם ספירה זו מקבלת את חיותה מספירת היסוד המשפיעה את כוח החיים.

לכך קשור גם כינוי נוסף של ספירת יסוד:

ודע כי המידה הזאת נקראת בכל התורה טוב, וסימן 'אמרו צדיק כי טוב' (ישעיהו ג, י). ועתה יש לנו לעורר על הדבר. דע כי כל ההמשכות היורדות מלמעלה מאת כל הספירות העליונות, כולם פועלות על דרך הטוב והשלימות. ואפילו ירד דין לעולם במידת הפחד והגבורה, אם בא הדבר על ידי צדיק, הכל בא על דרך הטוב הגמור, ואין רעה פועלת בדבר לעולם, כי אם לטובת אותו הנפגם, לפי שהדבר בא לו על ידי הצדיק, והכל לטובה. וזהו סוד מה שאמרו ז"ל אין דבר רע יורד מן השמים (בראשית נא, ג, ותיקוני זוהר מא ע"ב).
(שערי אורה, שער שני)

בספירות שמעל יסוד יש חסד, דין ורחמים. כפי שנראה להלן, לעיתים ההרכבה של הספירות בזמן מסוים מבקשת להשפיע לעולם חסד, לעיתים דין ולעיתים רחמים. אולם תהיה איכות ההנהגה אשר תהיה, ברור שהיא מבקשת להשפיע ממקור השפע לעולם לשם תיקונו והפרייתו – ממש כמו הורה המחנך את ילדיו, וגם כשפניו להעניש אין זאת אלא כדי להיטיב להם באחריתם. כל השפעת היסוד הינה טובה במהותה, ומכאן כינויה של ספירה זו בשם 'טוב', ולעיתים גם בשם 'חסד תחתון'.[3]

ג. 'ודבק באשתו והיו לבשר אחד' – סוד הנסירה ('שלום')

לצד תנועת ההשפעה המאפיינת את ספירת יסוד, ניצבת תכונתה המרכזית השנייה – תנועת החיבור. כאמור, במשל גוף האדם איבר ההולדה הוא איבר ההשפעה, אך גם האיבר שבו מתממש החיבור בין המשפיע למקבל: בין הספירות העליונות לספירת מלכות, בין קוב"ה לשכינתיה, בין האיש לאישה[4] – וכפי שראינו גם באופן רחב יותר בין אדם לזולתו, ללא קשר למינם.

דרשות רבות ופירושים מגוונים נכתבו בניסיון לפענח את הפער

3. כינוי נוסף לספירה זו הוא 'נהר', אם כי לעיתים משמש כינוי זה גם לספירות אחרות (פרדס רימונים שער כג, פרק יד).
4. כאמור, ספירת יסוד מסומנת בגוף האדם כאיבר הזכרי, וספירת מלכות כאישה והאיבר הנשי.

בתיאור בריאת האיש והאישה בין פרק א׳ לפרק ב׳ בספר בראשית. אחד היסודיים שבהם מובא ברש״י בשם המדרש:

> זכר ונקבה ברא אותם – ולהלן הוא אומר ׳ויקח אחת מצלעותיו׳ וגו׳ (בראשית ב, כא), במדרש אגדה שבראו שני פרצופים בבריאה ראשונה ואחר כך חלקו.

(רש״י, בראשית א, כז)

המדרש קובע כי האדם נברא שני פרצופים, זכר ונקבה, המחוברים זה לזה, גב אל גב. על כן ניתן לומר עליו גם ׳בְּצֶלֶם אֱלֹהִים בָּרָא **אֹתוֹ**׳, וגם ׳זָכָר וּנְקֵבָה בָּרָא **אֹתָם**׳ (בראשית א, כז) – שכן מדובר בישות אחת, אולם היא מורכבת משני צדדיה מזכר ונקבה.

שני צדדים אלו היו בראשיתם מחוברים זה לזה, ובשלב כלשהו ננסרו והופרדו. וכך יש להבין את הפסוק הבא:

> וַיַּפֵּל ה׳ אֱלֹהִים תַּרְדֵּמָה עַל הָאָדָם וַיִּישָׁן וַיִּקַּח אַחַת מִצַּלְעֹתָיו וַיִּסְגֹּר בָּשָׂר תַּחְתֶּנָּה.

(בראשית ב, כא)

צלע, על פי פירוש זה, איננה רק עצם אלא גם צד.[5] הקב״ה חתך וניסר צד אחד מן השני, וסגר בשר תחת כל אחד מן הצדדים שנשאר חשוף.

אולם הנסירה איננה המהלך הסופי שבין האיש והאישה. התורה אינה מותירה את בני הזוג בפירודם; היא מורה לנו על האופן שבו יכולים האיש והאישה לשוב ולהידבק זה בזה:

> וַיֹּאמֶר הָאָדָם זֹאת הַפַּעַם עֶצֶם מֵעֲצָמַי וּבָשָׂר מִבְּשָׂרִי לְזֹאת יִקָּרֵא אִשָּׁה כִּי מֵאִישׁ לֻקֳחָה זֹּאת. עַל כֵּן יַעֲזָב אִישׁ אֶת אָבִיו וְאֶת אִמּוֹ וְדָבַק בְּאִשְׁתּוֹ וְהָיוּ לְבָשָׂר אֶחָד.

(שם, כג-כד)

5. בהוראה זו באה המילה ׳צלע׳ בכל פרשיות המשכן – ׳וּלְצֶלַע הַמִּשְׁכָּן הַשֵּׁנִית׳ וכדומה, וכן שימושה בלשוננו.

רש"י מבאר את הביטוי 'ודבק באשתו והיו לבשר אחד' – בוולד הנולד להם: 'לבשר אחד – הולד נוצר על ידי שניהם ושם נעשה בשרם אחד'. אך הרמב"ן דוחה פירוש זה:

> והנכון בעיני, כי הבהמה והחיה אין להם דבקות בנקבותיהן, אבל יבא הזכר על איזה נקבה שימצא, וילכו להם, ומפני זה אמר הכתוב, בעבור שנקבת האדם היתה עצם מעצמיו ובשר מבשרו, ודבק בה, והיתה בחיקו כבשרו, ויחפוץ בה להיותה תמיד עמו, וכאשר היה זה באדם הושם טבעו בתולדותיו, להיות הזכרים מהם דבקים בנשותיהם, עוזבים את אביהם ואת אמם, ורואים את נשותיהן כאלו הן עמם לבשר אחד, וכן 'כי אחינו בשרנו הוא' (בראשית לז, כז), 'אל כל שאר בשרו' (ויקרא יח, ו), הקרובים במשפחה יקראו 'שאר בשר', והנה יעזוב שאר אביו ואמו וקורבתם, ויראה שאשתו קרובה לו מהם.
>
> (רמב"ן, בראשית ב, כד)

רש"י קובע כי פסגת החיבור בין איש ואישה, המשיבה אותם למצבם הקדום שבו היו בשר אחד, מתממשת בהולדה שהיא פועל יוצא של הזיווג. לעומת זאת הרמב"ן מדגיש את ההתאמה שבין האיש והאישה ואת הזיווג עצמו כביטוי לחזרתם לבשר אחד. מכאן שיש לראות את הזיווג לא רק, ואולי אפילו לא בעיקר, כביטוי לדחף מיני ואמוציה יצרית, אלא כמימוש של שאיפה המוטבעת באיש ובאישה לחזור למצבם הטבעי.

הבנה יסודית זו הינה החותם היהודי התורני על מהות הזוגיות. תפיסת הזיווג ויחסי האישות כסוג של תיקון ושיבה אל האחדות שהייתה מחייבת זהירות, עדינות, התכוונות ועמקות, ובשפה דתית – צניעות, קדושה וטהרה. היא בעיקר מחדדת את החיבור המובהק שבין מיניות לבין קידושין ונישואין עם האישה שעליה אומר האדם 'זֹאת הַפַּעַם עֶצֶם מֵעֲצָמַי וּבָשָׂר מִבְּשָׂרִי' (בראשית ב, כג). כל שימוש ביחסי אישות שלא בהקשר זה חוטא לתפקידם, מהותם, ומהות היווצרותם בעולם, ובמובן זה המושג 'יחסי אישות' הוא המדויק ביותר שהרי לא מדובר ב'מיניות' אלא באישות – שיבת האיש והאישה אחד אל השני.

מאידך גיסא, חשוב להדגיש שנקודת מבט זו מניחה את מוקד הזיווג לא בקיום מצוות פרו ורבו, אלא דווקא בתיקון הנסירה ובשיבת האישה

והאיש אל האחדות הקדומה שביניהם. הזיווג כאמצעי להולדה ופריון – כפי שפירש רש"י את השיבה לבשר אחד – הוא כבר קומה שנייה.

אם כן, הזיווג בין איש ואישה משיב להם את חיבורם הראשון; אולם אינו דומה החיבור הראשון לחיבור השני, וזאת משתי בחינות מרכזיות.

הראשונה נוגעת לאופן החיבור. בחיבור הקמאי היו האיש והאישה מחוברים זה לזה גב אל גב, אחור באחור, בעוד לאחר הנסירה הזיווג משיבם זה לזה פנים בפנים.

השנייה נוגעת למידת הבחירה שיש בחיבור זה. הרי טרם הנסירה היה חיבורם של האיש והאישה עובדה מוגמרת ובלתי ניתנת לערעור – כך הם נולדו, כך התקיימו וככל הנראה, אם לא יתרחש משהו חריג, כך גם ימותו. החיבור הראשון שבין האיש והאישה אינו ביטוי של רצון ושל התקרבות, אלא של חוק טבע שהושם בבריאה. לא כן החיבור שלאחר הנסירה: כעת הזיווג הוא התקשרות הבאה מתוך בחירה, הנושאת בקרבה רצון לחיבור והבעה של התקרבות.

הבחנה זו יכולה להעמיק את הבנתנו בסוד הנסירה: היא אינה תאונה היסטורית או תוצאה של חטא ופספוס כי אם חלק מתהליך טבעי, עמוק ואף הכרחי של התפתחות, התקדמות והתבגרות. בהיותם מחוברים זה לזה בתחילה לא יכלו האיש והאישה להישיר מבט זה אל זה ולהתאחד באחדות גמורה. במצב כזה לעולם יתלווה לחיבורם ולאחדותם סוג של הפניית עורף, בדומה לתאומים סיאמיים הנאלצים לחיות זה עם זה אף שכל אחד ודאי היה חפץ להיפרד ולהגיע לעצמאות מלאה.[6] לא כן החיבור המחודש הנושא בקרבו אחדות גמורה, שבה מישיר כל אחד מבט כלפי בן זוגו ומתוך בחירה ואהבה מבקש את האיחוד המחודש ביניהם.

בתלמוד הירושלמי[7] ישנו דיון בהלכות ערלה, העוסק בין השאר בזמורה שמקורה בגפן הפטורה מערלה, שהורכבה על גבי גפן אחרת שעדיין חייבת בערלה, וגם הוברכה בקרקע. ההלכה קובעת שכל זמן שהשתיל החדש הצומח מהזמורה המוברכת יונק מן הגפן הראשונה הוא פטור מן הערלה, ומשעה שהוא יונק מן הגפן השנייה הוא חייב בערלה. כיצד מבחינים מתי מפסיקה הזמורה לינוק מן הגפן הראשונה? רב ביבי בשם רבי חנינה נותן סימן: כיוונם

6. עם זאת, כפי שנעיר להלן יתרונו של החיבור המוכרח הוא בוודאות שיש בו, בבחינת 'הילכו שנים יחדיו בלתי אם נועדו'.

7. ערלה פ"א ה"ג.

של העלים מראה ממי הם יונקים. אם העלים יונקים מן הגפן הראשונה פניהם אינם מופנים אליה, ואם הם יונקים מן הגפן השנייה פניהם אינם מופנים אליה. כללו של דבר: העלים מפנים עורף למי שהם יונקים ממנו, ובניסוחו של רבי יודן שם – ׳סימנא: דאכל מן חבריה – בהית מסתכלא ביה׳. האוכל מחברו מתבייש להסתכל בו.

הפניית העורף היא שלב במערכת יחסים שיש בה תלות והיעדר עצמאות. מקבל השפע, שבמקרה של האיש והאישה הוא הדדי, חש רגשי נחיתות ובושה מן הנותן. התלות והיעדר הבחירה בהענקה ובקבלה מעוררים בושה, ועל כן האיש והאישה מפנים עורף זה לזה – הם מתביישים להסתכל אחד אל השני. רגשות אלו הכרחיים בשלבים הראשונים של התהוות הקשר, כמו בין ילד קטן להוריו; אך הנסירה מבקשת להעביר את הקשר למצב אחר, מצב של פנים בפנים. זוהי היפרדות שתכליתה אפשרות לשוב לחיבור ממקום גבוה ושלם יותר.[8]

להבחנה בין חיבור של פנים בפנים ואחור באחור (ומצבי הביניים שביניהם) יש משמעויות רבות ומגוונות, שלא כאן המקום להרחיב בהן. אציין רק שהיא מעצבת כל מערכת יחסים, ומשפיעה גם על אופי היחסים. בכל מערכת יחסים יש תנועה בין התרכזות בזוגיות פנימה תוך הפניית עורף לחוץ (במצב של פנים בפנים), לבין הפניית הפנים אל העולם, המציאות והסביבה, שמחירה הוא מידה כלשהי של הפניית העורף אל הפנים והאינטימיות (אחור באחור).

למעלה מזה: שני מצבים אלו, פנים בפנים ואחור באחור, אינם רק שלבים בהתפתחות ובהתבגרות אלא גם שתי עמדות נפשיות המתקיימות זו לצד זו בכל קשר ובכל מערכת יחסים. מידת הבחירה שבקשר מצד אחד וההכרחיות שבו מצד שני מקרינים זה על זה: הבחירה מעניקה לקשר את היסוד הדינמי והמתפתח, בעוד ההכרחיות מעניקה לו את היסוד הקבוע, הבטוח, הוודאי. היכולת להתרחק ולשוב באופן בריא ולא מטלטל בכל פעם מחדש נשענת על הידיעה העמוקה בוודאות ובהכרחיות של הקשר.[9]

8. רעיון זה מהווה עיקרון יסוד בתיאוריות פסיכולוגיות שונות, ובעיקר בתיאוריה של מרגרט מאהלר, המכנה אותו ׳ספרציה־אינדיבידואציה׳ (היפרדות ועצמאות), תהליך שתינוק עובר בשנותיו הראשונות בעיצוב אישיותו ומערכת היחסים שלו עם אימו.

9. את שתי התנועות הללו – היציבות של הקשר אל מול הדינמיות שלו – נראה גם בדיוננו בספירות חכמה ובינה, שם נעמוד על ההבדלים בין שתי מערכות יחסים זוגיות בעולם הספירות: חכמה ובינה מול תפארת ומלכות.

כך גם ביחס לפער שבין החיבור הראשון של קודשא בריך הוא ושכינתיה, שהוא בבחינת 'אחור באחור', לחיבור המחודש ביניהם לאחר הנסירה. ביניקת השכינה ממקורה בבחינת 'אחור באחור' יש סוג של אילוץ, אולי גם רצון לעצמאות. האהבה לא בהכרח ניכרת והשפע איננו זורם בה כדבר ברור מאליו, ועל כן הפירוד מוכרח לבוא.

תורת הסוד קובעת כי כבר בראשית ההוויה ישנה נפילה, מעין תאונה שאינה מאפשרת לתהליך ההיווסדות להמשיך. נפילה זו מתוארת כ'שבירת הכלים': הכלים שבנה אלוהים על מנת לצקת לתוכם את האורות, המשמעויות והתכנים של המציאות, נשברו. בחלק מן התיאורים ישנה בקשה ודרישה של כל אחת מן הספירות וההנהגות האלוהיות לשלטון עצמאי ומוחלט, כל אחת תובעת לעצמה 'אני אמלוך'.[10] הנהגותיו של הקב"ה מבקשות לעמוד כל אחת בפני עצמה, ובקשה זו אינה נובעת מגאווה או שחצנות אלא מבטאת סוג של אמת: כל מידה מבקשת לממש את המוחלטות שבה, את הדרישה והתביעה שכל המציאות תשתעבד אליה, כיוון שרק כך תוכל מידה זו להופיע בצורתה השלמה והאמיתית. אולם צורך אמיתי זה מביא להפניית עורף של מידה אחת לרעותה, וסופה של הפניית עורף זו הוא הפירוד והנסירה. תכליתו של הפירוד היא מתן האפשרות לכל מידה, לכל צד במערכת, להביא את עצמו לידי מימוש ללא הפרעה, להתוודע לעצמיותו המלאה. אולם סופו של תהליך זה הוא בחיבור מחודש ומלא, הפעם מבחירה.

החיבור שבא לאחר הנסירה נושא בקרבו עוצמה שלא הייתה בחיבור הקודם. מדובר במעשה בחירי, בחיבור שבא מתוך תשוקה והתבוננות אחד בשני, וזאת לאחר עמידה של כל אחד על עצמיותו וייחודו.

פגשנו כאן מהלך יסודי: חיבור ראשוני המבטא את הפוטנציאל הקמאי שבתשתית הקשר ואת הכרחיותו, אך אינו מאפשר את מימוש עצמיותו של כל אחד מהצדדים ואת הבחירה בחיבור; היפרדות הבאה לאחריו; וחתירה לחיבור מחודש בייחוד שלם. מהלך זה הוא התנועה האלוהית היסודית ביותר שעליה מושתת העולם, ועל כן ניתן לראותה באה לידי ביטוי במציאות כולה.

10. תורת הסוד מזהה בתיאור שבעת מלכי אדום הקדומים, המכונים 'שבעת מלכין קדמאין', שעליהם נאמר 'וְאֵלֶּה הַמְּלָכִים אֲשֶׁר מָלְכוּ בְּאֶרֶץ אֱדוֹם לִפְנֵי מְלָךְ מֶלֶךְ לִבְנֵי יִשְׂרָאֵל' (בראשית לו, לא), רמז לאותן שבע ספירות תחתונות שביקשו לעצמן את המלכות. שבעת המלכים הקדומים הם כנגד שבע הספירות התחתונות, שכל אחת מהן אומרת 'אני אמלוך' (ראו לדוגמה: רמח"ל, אדיר במרום חלק א).

אם נתבונן בסקירה היסטורית שטחית בתולדות העולם וישראל, נמצא כי דפוס זה מאפיין את מאורעותיהם.

1. הנסירה והחיבור בתולדות העולם וישראל

ראשית הבריאה בגן עדן, עת התהלך האדם לפני האלוהים ושמע את קולו בגן. מציאות זו לא התמידה: האדם והאישה אכלו מעץ הדעת טוב ורע, והחטא הביא לגירושם מגן עדן ולהתרחקותם מאלוהים. נותרנו, אם כן, עם השאיפה, החתירה והציפייה, האישית, הלאומית וגם האוניברסלית, לחזרה לגן עדן.[11] המבול הסיג אומנם את העולם למדרגה נמוכה יותר מזו שבה היה קודם, אך העולם חותר שוב אל תיקונו ועילויו.

במעמד הר סיני מקבלים ישראל לוחות ראשונים, עשויים מעשה אלוהים וכתובים בכתב אלוהים ומבטאים תמימות ושלמות. אולם סופם של לוחות אלו להישבר בעקבות חטא העגל, ובמקומם באים לוחות שניים שיש בהם שותפות אנושית אקטיבית יותר של משה, לוחות שאינם נושאים בקרבם את אותה אידאה.[12] ושוב ישנה חתירה לשוב במערכת היחסים בינינו לבין אלוהים לאותה השלמות שהייתה טרם שבירת הלוחות.

ישראל נכנסים לארץ, ומובטחים כי כל אויביהם יפלו לרגליהם. כך אכן קורה במלחמה הראשונה ביריחו, אך מייד אחר כך מגיעים חטא עכן והתבוסה לעי, שסודקים את פחדם של הגויים מישראל וממילא גם את האמון באותה הבטחה ראשונה. לאחר מכן שבים ישראל לנצח במלחמותיהם, אולם נראה כי הפעם מדובר במסע משותף המשלב השראה ועזרה משמיים עם השתדלות אנושית של עם ישראל.

בית המקדש הראשון נבנה, ומביא עימו רוממות רוח וביטויים המוכרים

11. ניתן להצביע על מגמה זו בתחומים שונים ומגוונים. היחס לבעלי חיים ותורת הצמחונות ההולכת ומתפתחת מלמדים על שאיפה כמוסה, אולי אף בלתי מודעת, לשוב אל העולם שלפני חטא האדם בגן עדן. ההתגברות ההדרגתית על קללותיהם של האיש והאישה – 'בְּעֶצֶב תֵּלְדִי בָנִים' ו'בְּזֵעַת אַפֶּיךָ תֹּאכַל לֶחֶם' (בראשית ג, טז; יט), אולי אף היא מלמדת על תיקונו של העולם ההולך ומתקדם. אולי אף חלק מן המגמות הפמיניסטיות חותרות למעמדה הקדום של האישה טרם נגזרה עליה הגזרה, בהיותה עדיין 'אִשָּׁה – כִּי מֵאִישׁ לֻקְחָה' (בראשית ב, כג)', ולא 'חוה' מלשון יולדת, 'כִּי הִוא הָיְתָה אֵם כָּל חָי' (שם ג, כ). שאיפה כמוסה זו לזוגיות אחרת בין האיש והאישה גנוזה בברכה שאנו מברכים כל זוג שנישא: 'שמח תשמח רעים האהובים כשמחך יצירך בגן עדן מקדם'.

12. חלק מן המפרשים אף טוענים כי הציווי על המשכן הוא תוצאה של התרחקות זו.

לנו רק מחזיונות אחרית הימים של הנביאים: ישיבה תחת גפן ותחת תאנה, כל העמים באים לראות את חוכמת שלמה ואת פאר מקדשו, ונחלת ישראל פורצת ימה וקדמה צפונה ונגבה כפי שלא היה מעולם. אך שוב נקטעת האוטופיה בחטאיו של שלמה, המניעים כדור שלג ההולך וגדל עד התפלגותה של הממלכה, נפילתה המוסרית ולבסוף גם חורבנה. ושוב נושאים אנו עיניים למקדש השני, ולאחר חורבנו לשלישי, שיביא בקרבו מדרגה שאולי תהיה אף גבוהה מזו של הבית הראשון.

מה שנראה במבט רטרוספקטיבי ככרוניקה ידועה מראש, הוא סוד הנסירה. המציאות מתחילה תמיד בחיבור, אולם חיבור זה זוקק תיקון ורוממות. החטא הוא תוצאת החיבור הליקוי; מבט עמוק ונוקב מגלה שהפניית העורף הייתה טמונה כבר בעצם החיבור הראשון. חיבור, נסירה וחתירה לחיבור מחודש גבוה יותר – זהו סודה של האלוהות, זהו סודם של בני האדם, וזהו סודו של העולם – סוד הנסירה.

2. הנסירה בזוגיות

בעולם הפשוט של איש ואישה אפשר לומר שתנועה זו של חיבור, נסירה וחיבור מחדש היא הקצב הפועם של הזוגיות, גם הפיזית וגם הנפשית־רוחנית.

כל חודש ננסרים האיש והאישה זה מזה בעת הנידה, וחווים את הלכות ההרחקות. ההתרחקות תכליתה חיבור מחדש בליל הטבילה, והמחזוריות הזו משמרת את כוח ההתחדשות, הרעננות והפריון שבין בני הזוג. כמו קצב הלב, שבו הדם לא יזרום ולא יהיו חיים ללא התכווצות והתרחבות – כך גם בקשר הפיזי בין האיש והאישה. גם בקשר הנפשי מבטאים עליות ומורדות, קרבה וריחוק, תשוקה והתקררות את הבקשה לחיבור גבוה יותר מן הקודם, ובמערכת יחסים טובה ובריאה אפילו קונפליקט ומריבה הם נסירה שתכליתה לבנות את הקומה הבאה של הקשר, קומה שהיא יותר 'פנים בפנים' מהקודמת – שאף היא הייתה יותר 'פנים בפנים' לעומת קודמתה.

מכאן נובע כינוי נוסף לספירת היסוד – 'שלום':

> והנה המידה הזאת נקראת בכל התורה כולה שלום. והטעם, כבר הודענוך, בהיות ישראל צדיקים וטובים אזי מידת אדנ־י [=כינוי לספירת מלכות] במילוי ובשלימות ובכל מיני שפע וברכה [...] ובהיות צדיק מתעורר בעולם לשוב בתשובה או לתקן הקלקול אזי המידה הזאת, הנקראת שלום, מליץ טוב בין י־ה־ו־ה [=תפארת] ובין אדנ־י

> [=מלכות], והוא המטיל שלום ביניהם ומקרב אותם לשכון ביחד בלי פירוד וקיצוץ בעולם, ונמצא י־ה־ו־ה אחד באותה שעה [...] ודע כי לפי שהשלום הוא סוף תשעה אספקלריאות עליונות [=יסוד היא הספירה התשיעית מלמעלה], והוא המריק ברכה בשם אדנ־י [=במלכות – שהיא העשירית], לפיכך נקבע בסוף ברכת כהנים ובסוף ברכה אחרונה של תפילה [...]
>
> (שערי אורה, שער שני)

השלום הוא תיקון הפירוד שבין קוב"ה ושכינתיה, בין תפארת למלכות. תפקידה של ספירת יסוד לחולל את החיבור ואת השלום. כשם שהדין בעולם הינו תוצאת הפירוד הגמור, כך החסד והשפע בעולם הינו תוצאת האיחוד והשלום הגמור שבין קודשא בריך הוא לשכינתיה – 'לא מצא הקב"ה כלי מחזיק ברכה לישראל אלא השלום, שנאמר "ה' עז לעמו יתן ה' יברך את עמו בשלום"'.[13]

ד. זיווג – לשם ייחוד קוב"ה ושכינתיה ('גאולה')

זיווג בתפילה

הזיווג – יחסי האישות – שבין איש ואישה, הוא סמל, שיקוף וביטוי של השאיפה הנעלה ביותר של ההוויה – לחבר את הנפרדים בכל ממדי הקיום, החל באלוהי וכלה בגשמי, ואף בין האלוהי לגשמי. לא בכדי השורש דב"ק, מופיע במקרא בין השאר בשני תיאורים אלו: הדבקות בין איש ואישה – 'וְדָבַק בְּאִשְׁתּוֹ' (בראשית ב, כד), והדבקות בין ישראל לאביהם שבשמיים – 'וְאַתֶּם הַדְּבֵקִים בַּה' אֱלֹהֵיכֶם חַיִּים כֻּלְּכֶם הַיּוֹם' (דברים ד, ד). זוהי הפעולה היסודית של ייחוד קוב"ה (תפארת) ושכינתיה (מלכות).

מכאן גם השימוש המרכזי במשל הזיווג על כל היבטיו לתיאור כל פסגה רוחנית: עשיית מצווה, תפילה, ניגון, מערכת יחסים בין רב ותלמיד, ועוד. לדוגמה, כך מתוארת פעולת התפילה:

> וצריך אני לעוררך על עיקר גדול, דע כי בהתאחד מידת אל חי במידת אדנ"י, אזי מידת אדנ"י יושבת על כסא המלכות ומושלת על כל

13. עוקצין ג, יב ועוד.

הנבראים, וכשאל חי נבדל ומסתלק ממנה, אזי מידת אדנ״י שנקראת שכינה, הולכת בגלות תחת שאר ממשלות וכוחות נכריות, והסוד, ׳ושפחה כי תירש גבירתה׳ (משלי ל, כג). לפיכך אמרו צריך לסמוך גאולה לתפילה (ברכות ד ע״ב), כי סוד גאולה, אל חי, וסוד תפילה, אדנ״י, ובהיותם שניהם סמוכים זה לזה, אזי הכל ביחוד בשלימות ובברכה, וסימן, ׳סומך ה׳ לכל הנופלים׳ (תהילים קמה, טו), ואומר ׳נפלה לא תוסיף קום׳ (עמוס ה, ב). ולפיכך צריכים ישראל להתכוון בכל יום כוונה גדולה לסמוך גאול״ה לתפיל״ה, כדי שיתחברו ויתאחדו שני שמות הללו. וכשמגיע אדם בברכת אמת ויציב לגאל ישראל, צריך להתכוון בלבו סוד גאולה זו מה היא, והיאך סומך אותה לתפילה כשמתחיל ׳אדנ״י שפתי תפתח׳, כי בכאן הוא העיקר הגדול.

(שערי אורה, שער שני)

ר׳ יוסף ג׳יקטיליה דורש את הוראת חז״ל במסכת ברכות לסמוך גאולה לתפילה, שמשמעותה היא שלא יהיה הפסק בין ברכת גאל ישראל לתחילת תפילת עמידה. סוד הגאולה הוא ספירת יסוד, והתפילה היא ספירת מלכות; ואם כך הרי סמיכת גאולה לתפילה היא זיווג של יסוד ומלכות, שאסור שתהיה בו חציצה (ממש כשם שיחסי אישות בין איש לאשתו צריכים להיות ללא חציצה, הן על פי חז״ל[14] הן על פי הסוד).

מה פשר הזיווג בין גאולה לתפילה? הגאולה היא פעולת השפע שהקב״ה משפיע על עם ישראל בכלל ועל האדם בפרט. זוהי תנועה מלעילא לתתא, שהיא סמל לפעולתו של הקב״ה בעולם בעבר, בהווה ובעתיד. גאולה הוא אחד מכינוייה של ספירת יסוד, וגם האותות, הניסים והנפלאות המתלווים אל הגאולה הם פעולתה של ספירה זו. ספירת יסוד מבטאת את ההנהגה האלוהית לפני שהתממשה ו׳התבייתה׳ בחוקי המציאות והטבע, ולכן היא מקורם של הניסים והאותות שיכולים לפעול באופן חופשי, ולהביא גאולה ניסית ולא טבעית.

התפילה, לעומת זאת, היא בקשה, תקווה, השתוקקות אל אותו השפע – תנועה מלמטה למעלה. המשמעות של סמיכת גאולה לתפילה נוגעת למישור הנפשי־פסיכולוגי: הצמדת ברכת גאולה, המתארת את גאולת מצרים, לבקשת התפילה מנכיחה את האמונה והידיעה שהבקשה שאני עומד

14. כתובות מח ע״א.

לבקש יכולה להתמלא. האדם מנכיח את היותו של הקב"ה גואל – יש תקדים! הדבר כבר נעשה, ואפילו אחרי מאות שנים של המתנה, שיעבוד וקושי. ייתכן אף שהייאוש כבר חלחל בקרב בני ישראל במצרים, והנה הגיעה הגאולה במלוא עוזה ובמלוא עוצמתה. אם זה קרה אז זה יכול לקרות גם לי, האדם העומד לגשת לתפילת עמידה ולחלות את פני בוראו בתפילה ובתחינה. הבקשה נצבעת באור אחר, אור מלא אמונה, תקווה ואופטימיות, כאשר נוכחת לצידה האמונה באפשרות הגאולה ובכך שהיא מחכה מעבר לפינה – ישועת ה׳ כהרף עין.

נוסף לכך, סמיכת גאולה לתפילה נוגעת גם לממד של העולמות והספירות. כשאדם מחבר גאולה לתפילה הוא מייחד קוב"ה ושכינתיה: הוא מחבר בין הבטחת השפע האלוהית לבין השכינה שבמציאות המבקשת שפע זה, השכינה שהמתפלל עכשיו תפילת עמידה עומד לדובב אותה ואת תשוקתה. פעולת הייחוד היא פעולת החיבור בין הגאולה ותנועת השפע לבין המציאות המבקשת אותן. סמיכת גאולה לתפילה היא עצמה מעשה שכבר פועל את התממשותו של השפע, את התגשמות ההבטחה והרצון האלוהי להאיר את המציאות.

גם התפילה עצמה, ובעיקר תפילת עמידה, נתפסת בקבלה ובחסידות כמעשה של זיווג. כך מובא בשם הבעש"ט:

> התפלה היא זיווג עם השכינה וכמו שבתחילת הזיווג ניענוע כן צריך לנענע עצמו בתפלה בהתחלתה, ואח"כ יכול לעמוד כך בלא נענוע ויהיה דבוק להשכינה בדביקות גדול. ומכוח מה שמנענע עצמו יכול לבוא להתעוררות גדול, שיחשוב למה אני מתנענע את עצמי כי מסתמא השכינה בודאי עומדת לנגדי ומכוח זה יבוא להתלהבות גדול.
> (צוואת הריב"ש, הנהגות ישרות סה)

הזיווג המתואר כאן הוא בין האדם המתפלל והשכינה. פעולת התפילה עצמה דומה לפעולת הזיווג גם בסממנים החיצוניים שלה, כגון הנענוע. הבעש"ט מנחה את האדם לחוש כי הוא עומד אל מול השכינה, ובתפילתו הוא בא עימה במגע ממש כמו ביחסי אישות. תודעה זו מעוררת את האדם להתלהבות גדולה.

כמובן יש לדייק את הדברים. אין כאן ח"ו תפיסה ממשית של זיווג,

שהיא תפיסה של כפירה והגשמה העומדת בתשתית האמונה הנוצרית. הבעש"ט עצמו סובר שהאלוהות היא גבוה מעל גבוה, ולית מחשבה תפיסא ביה כלל. אך עמידתו הרוחנית של האדם בתפילת עמידה אל מול הרוח האלוהית הגדולה השורה בעולם היא רגע של מפגש, אולי אף של דבקות רוח ברוח – ולכן היא בחינת זיווג.

זיווג בכל התקשרות בין אנשים

התנועה הפנימית של זיווג מתרחשת לא רק בקודש כי אם גם בחול. כך מביא תלמיד הבעש"ט ר' יעקב יוסף מפולנאה בשם רבו:

> דשמעתי ממורי דבכל דבור יש יחוד קודשא בריך הוא ושכינתיה, ויש ג' סוגי הדבור הנקרא ג' מיני זווג, א' זווג המלך עם מטרוניתא שלו, שהוא ידוע ונראה לעצמו. ב' זווג בן וזוגתו, שאין הזווג נראה לעיני המלך, רק קירוב סיפור דברים הגורמין זווג, ויודע ומתענג מזה. ג' זווג עבד ושפחה, שגם קירוב דברים אינו לפני המלך, רק זירוז עבודתן נגלה למלך וכו'. והנה הדבור בענייני משא ומתן הוא זווג עבד לשפחה. והדבור בין אדם לחברו קירוב דברים הוא זווג בן וזוגתו. והדבור בתורה ותפילה כשהוא מתבודד בינו לקונו מעוטף בטלית ותפילין הוא זווג מלכו של עולם ומטרוניתא, יחוד קודשא בריך הוא ושכינתיה, ודברי פי חכם חן.

(כתונת פסים, בהעלתך)

ישנן שלוש רמות של זיווג המתרחשות בדיבור (הדיבור, כפי שראינו בפרק הקודם, הוא ייצוג של ספירת מלכות). הבעש"ט מתאר אותן באמצעות משל על שלוש רמות של זיווג אצל המלך: המלך והגבירה – זהו זיווג עליון; בן המלך וזוגתו – זיווג ברמה נמוכה יותר; עבדו ושפחתו של המלך – זיווג ברמה הנמוכה ביותר. שלושת הזיווגים האלו כמובן קשורים אל המלך והמלך חפץ בהם, אך זיקתם אליו והאופן שבו הם מבטאים את שלמות הזיווג היא שונה.

בעולם יש אנשים המדברים ביניהם בשוק על משא ומתן, יש חברים המדברים ביניהם דיבור קרוב, ויש אדם העומד ומדבר לפני ה' בתורה ובתפילה. אלו הן רמות שונות של חיבור וזיווג, שכל אחת ממששת בצורה שונה את יכולתו של הדיבור לחבר ולזווג. שני סוחרים שנושאים

ונותנים מקיימים ביניהם סוג של קשר; אומנם ברובד בסיסי ונמוך, אך גם זו התקשרות. שני החברים מקיימים ביניהם קשר גבוה יותר, והקשר העליון מכולם הוא זה של האדם העומד מול בוראו. בכל מרחבי הקיום המציאות שואפת לזיווג ולקשר. שני סוחרים החפצים להתקשר אומנם מבקשים לעשות זאת לשם תכלית חומרית, אך אפילו שאיפה זו להתקשרות הינה ביטוי והד לשאיפה האלוהית לייחוד קוב"ה ושכינתיה. שני חברים המבקשים להיות בדיבוק חברים הם כמובן גם ביטוי לאותה השאיפה, והמימוש המלא שלה כשלעצמה הוא בהתקשרות שבין אדם לבוראו בתורה ובתפילה.

דרשה יסודית זו, המובאת בשם הבעש"ט, מספרת את סיפור הזיווג בעולם בכל קומותיו כתנועה היסודית ביותר של המציאות וההוויה.

זיווג בכל מחשבה דיבור ומעשה

למעשה, בקבלה ובחסידות העיקרון של ייחוד קוב"ה ושכינתיה חובק את כל מרחבי החיים, ובמידה רבה מדובר בדרישה לתודעה מתמדת המלווה את האדם בכל פעולותיו:

[שמעתי] ממורי 'כל אשר תמצא ידך לעשות בכחך עשה, כי אין מעשה וחשבון ודעת וחכמה בשאול אשר אתה הלך שמה' (קהלת ט, י), כי ענין חנוך מט"ט שהיה תופר מנעלים ובכל תפירה אמר בשכמל"ו [=ברוך שם כבוד מלכותו לעולם ועד], כי ראשי תיבות אלו עולה חנוך מט"ט, היה מייחד קודשא בריך הוא ושכינתיה על כל תפירה. כי הדבור והמעשה הוא אדני [=מלכות] [...] והמחשבה והרעותא דלבא הוא הויה, וכאשר מחבר המעשה עם המחשבה ועשה המעשה בהשכלה וביחוד אהבה ויראה, אזי מייחד קב"ה ושכינתיה יאהדונה"י [=שם אדנות שהוא מלכות, ביחד עם שם הוי"ה שהוא תפארת].
וזהו 'כל אשר תמצא ידך' שום עשיה 'בכחך עשה', בכח נשמתך ומחשבתך עשה לייחד קוב"ה ושכינתיה. 'כי אין' – כי אם לא תאמין בזה שיש בכל הדברים מציאות הש"י, ותוכל לייחד יחודים עם כל ההוה שבעולם, עם כל המלאכות ומשא ומתן ואכילה ושתיה, ואתה אינך מאמין ואינך עושה כך ואתה מהבל זה ובורח מזה, אזי בהכרח 'מעשה וחשבון ודעת וחכמה' שלך 'בשאול אשר אתה הולך'.
(היכל הברכה, ויצא)

ר' יצחק אייזיק ספרין מביא מרבותיו תלמידי הבעש"ט דרשה על חנוך, הדמות התנ"כית המסתורית מספר בראשית שמסופר עליה כך: 'וַיִּתְהַלֵּךְ חֲנוֹךְ אֶת הָאֱלֹהִים וְאֵינֶנּוּ כִּי לָקַח אֹתוֹ אֱלֹהִים' (בראשית ה, כד). בקבלה ובחסידות חנוך מהווה השראה לחיבור המובהק שבין המציאות הממשית לאלוהות. חיבור זה בא לידי ביטוי בכך שחנוך היה סנדלר התופר מנעלים, אך בכל תפירה ותפירה אמר 'ברוך שם כבוד מלכותו לעולם ועד', משפט הנאמר לאחר אמירת שם ה' או מפגש עימו. במילים אחרות – בכל תפירה ראה חנוך את שם ה', ואף חשף אותו.

עולם המעשה והדיבור הם מרחבים ממשיים שהשכינה שורה בהם, אך בהעלם. כשהאדם יוצק לתוך הדיבור והמעשה את מחשבתו העסוקה בקב"ה, הוא קושר בין השכינה לבין קוב"ה. זהו גילוי וחשיפה של האלוהות החבויה בעולם, וקשירתה עם מקורה. במאכל שאדם אוכל יש כמובן אלוהות – בחינת מלכות, כפי שראינו – אולם היא חבויה ונאלמת. אכילה ללא ברכה וללא כוונה אינה מגלה את האלוהות שבמאכל, והייחוד לא מתרחש; אך כשאדם מברך ומתכוון הוא מנכיח את האלוהות שבמאכל, ומעניק לו משמעות, כיוון ופשר. כך הוא מחבר בין המאכל ופעולת האכילה לבין האלוהות העליונה.

מקובלים וחסידים אומרים 'לשם ייחוד קוב"ה ושכינתיה' לפני כל מצווה, אולם למעשה כוונה זו נדרשת בכל מעשה, דיבור ומחשבה – גם בדברי רשות וחולין. כשאדם מתבונן על תופעה וקושר אותה אל ה' יתברך, אפילו רק במחשבתו, הוא מחבר אותה למקורה, מגלה את האלוהות החבויה בה ועושה מעשה של זיווג וייחוד. לראות שקיעה ולומר 'מָה רַבּוּ מַעֲשֶׂיךָ ה''; להתבונן על אירוע שקרה לי ולומר 'מֵאֵת ה' הָיְתָה זֹּאת'; אפילו להתבונן על אדם חוטא ופושע ולהבין שגם הוא ביטוי מסוים של גילוי ה' בעולם – כל אלו יוצרים ייחוד בין קוב"ה ושכינתיה. פעולתו של האדם מתרחשת כאמור במחשבתו, בדיבורו ובמעשיו – כל אלו הם כלים בידיו ליצירת הייחוד ולגאולת השכינה מגלותה.[15]

15. כבר העירו חוקרי החסידות כי המשיחיות החסידית התרחבה מהממד ההיסטורי-לאומי לממד האישי-רוחני. כל אדם יכול להיות משיח, בכל פעולה שיש בה בחינה של ייחוד קוב"ה ושכינתיה נגאל חלק מסוים מן השכינה שבגלות, והאדם עצמו מתפקד כמשיח שמחלץ את השכינה ממסגר. מכאן גם כינויה של ספירת יסוד 'גאולה' – כיוון שהיא עוסקת בייחוד ובגאולת השכינה.

הזיווג הגשמי

הקביעה כי האדם נברא בצלם אלוהים, וכי המבנה הזוגי של בן האנוש – זכר ונקבה – עשוי בדמותה של האלוהות, מאפשרת לא רק להבין את פעולת האלוהות בעזרת משל הזיווג, אלא גם להשפיע עליה דרכו.

הזיווג הגשמי שאותו אנו מכירים מעולמנו איננו אלא שיקוף לזיווג העליון, וממילא כל מה שנקשר למעשה הזיווג הגשמי חייב להיות מואר באור הזיווג העליון ולהיתפס מנקודת מבט זו:

> וְדַע, שֶׁיֵּשׁ יִחוּדָא תַּתָּאָה שֶׁבְּזֶה הָעוֹלָם, שֶׁהוּא בְּכַשְׁרוּת גָּדוֹל בִּקְדֻשָּׁה וּבְטָהֳרָה כָּל־כָּךְ, עַד שֶׁבּוֹ תָּלוּי יִחוּדָא עִלָּאָה. שֶׁהַזּוּג, דְּהַיְנוּ הָאִישׁ וְהָאִשָּׁה, כְּשֵׁרִים כָּל־כָּךְ, שֶׁהִיא כְּשֵׁרָה מְאֹד וְאֵין בָּהּ שׁוּם שֶׁמֶץ פְּסוּל. וְגַם הוּא כָּשֵׁר מְאֹד, וְזִוּוּגָם בְּכַשְׁרוּת וּבִקְדֻשָּׁה כָּל־כָּךְ, שֶׁבּוֹ תָּלוּי יִחוּדָא עִלָּאָה. כִּי 'אִישׁ וְאִשָּׁה, זָכוּ שְׁכִינָה שְׁרוּיָה בֵּינֵיהֶם' (כְּמוֹ שֶׁדָּרְשׁוּ רַבּוֹתֵינוּ, זִכְרוֹנָם לִבְרָכָה, סוֹטָה יז ע"א), כִּי יֵשׁ בּוֹ יוּ"ד וּבָהּ הֵ"א, שֶׁזֶּהוּ יִחוּדָא עִלָּאָה. וְזֶה הַזִּוּוּג וְהַיִּחוּדָא תַּתָּאָה הוּא יָקָר מְאֹד מְאֹד, מֵאַחַר שֶׁבְּזֶה הָעוֹלָם נַעֲשֶׂה יִחוּדָא תַּתָּאָה בִּקְדֻשָּׁה כָּזוֹ, שֶׁבּוֹ תָּלוּי יִחוּדָא עִלָּאָה.
> (ליקוטי מוהר"ן תנינא, לב)

ר' נחמן מברסלב משרטט זיקה ישירה בין 'זיווג תתאה' ל'זיווג עילאה' [=זיווג תחתון וזיווג עליון].[16] ההתבוננות על מעשה הזיווג, היחס אליו, ההלכות הסובבות אותו והכוונות הצריכות להתלוות אליו על פי תורת הסוד, ניזונות מן ההכרה כי במעשה הזיווג התחתון אנו מכוונים ואף משפיעים על מעשה הזיווג העליון.

יישום עיקרון זה נמצא, לדוגמה, בהלכה הקובעת כי אסור לשמש את מיטתו כשיש רעבון או צרה:

> וטעם איסור תשמיש בעת צרה על דרך הסוד הוא כי אז כביכול השכינה אינה במקומה בסוד הזיווג העליון, על כן זיווג תחתון אסור.
> (של"ה, שער האותיות, קדושת הזיווג)

16. אעיר שלעיתים הביטוי 'זיווג תתאה' אצל ר' נחמן אינו בא לציין את הזיווג הגשמי, אלא רובד נמוך יותר של הזיווג באלוהות. אולם כאן ר' נחמן משתמש במושג זה כתיאור לזיווג הגשמי כפשוטו.

ר׳ ישעיה הלוי הורביץ, השל״ה הקדוש, מבאר איסור זה בכך שהאדם צריך להזדהות עם בוראו שברא אותו בצלמו. כשם שקוב״ה נמצא בעת צרה בפירוד מן השכינה, כך האדם צריך להיפרד מאשתו בשעה קשה כזו.[17]

לאור תפיסה זו קדושתו של הזיווג מרקיעה שחקים, ובעצם הזיווג הוא יסוד היסודות לכל המציאות האלוהית בעולם; בו הכול תלוי, ותיקונו הוא תיקונו של עולם. ספירת יסוד, המייצגת את נקודת החיבור בזיווג, היא אכן יסוד היסודות המהווה תשתית לקיומו של העולם ולייניקת חיותו המתמדת מן האלוהות.

ה. ׳ואני זאת בריתי אותם׳ – שמירת הברית (׳אות׳, ׳סוד׳, ׳מלח׳, ׳שבועה׳, ׳זיכרון׳, ׳א־ל שד־י׳, ׳חוק׳)

שניים מכינוייה של ספירת יסוד הם ׳ברית׳ ו׳אות׳:

> בכל מקום אות וכן אותו הוא ביסוד, כי הוא אות הברית. וכן נתבאר במקומות רבים בזוהר ובתקונים (תקונא ח״י, לד ע״ב). ובפרשת וירא (קיב ע״ב) וזה לשונו: מאי ואותו, דא את ברית קדישא אות לעלמין.
>
> (פרדס רימונים שער כג, פרק א)

האות והברית מופיעים בכמה מקומות בתורה, אולם נדמה כי מקומם האולטימטיבי הוא בפרשיית ברית המילה:

> זֹאת בְּרִיתִי אֲשֶׁר תִּשְׁמְרוּ בֵּינִי וּבֵינֵיכֶם וּבֵין זַרְעֲךָ אַחֲרֶיךָ הִמּוֹל לָכֶם כָּל זָכָר. וּנְמַלְתֶּם אֵת בְּשַׂר עָרְלַתְכֶם וְהָיָה לְאוֹת בְּרִית בֵּינִי וּבֵינֵיכֶם.
>
> (בראשית יז, י)

האות בין הקב״ה לישראל נמצא גם בפרשיות שמע המצוות על התפילין: ׳וּקְשַׁרְתָּם לְאוֹת עַל יָדֶךָ וְהָיוּ לְטֹטָפֹת בֵּין עֵינֶיךָ׳ (דברים ו, ח). הנחת האות על היד מול הלב, או בין העיניים מול המוח, היא מתבקשת; אך מה פשר

17. כבר הנביאים דימו את ההתרחקות של הקב״ה מכנסת ישראל כהתרחקות של איש מאשתו בשעת נידתה, לדוגמה: ׳בֶּן אָדָם בֵּית יִשְׂרָאֵל יֹשְׁבִים עַל אַדְמָתָם וַיְטַמְּאוּ אוֹתָהּ בְּדַרְכָּם וּבַעֲלִילוֹתָם כְּטֻמְאַת הַנִּדָּה הָיְתָה דַרְכָּם לְפָנָי׳ (יחזקאל לו, יז).

סימן האות שניתן באיבר ההולדה, המייצג לכאורה את המקום הנמוך והשפל שבאדם – מקום היצרים והתאוות? ולמעלה מזה – דווקא האות באיבר ההולדה הוא הברית האולטימטיבית.[18]

ניתן להציע שחקיקת הברית באיבר זה היא שעבודם של היצרים והתאוות לאותה ברית שבין אלוהים לאדם. בכל עת שיצרו של אדם תוקפו ייזכר נא בברית החקוקה בבשרו, האמורה לנתב את רצונותיו, שאיפותיו ואף את תאוותיו:

> ואמרו בטעם המילה, ששם זכרון באבר התאוה רב המהומה והחטא לבל ישתמשו בו רק במצוה ובמותר.
>
> (רמב״ן, בראשית יז, ט)[19]

הצעתו של הרמב״ן מבארת את הצורך לסמן את הברית **גם** באיבר זה, אולם היא איננה מפענחת את ההכרעה להניח את הברית המרכזית, המשמעותית והבסיסית ביותר דווקא שם. הרי דווקא ברית זו – ברית המילה – היא התשתית לזיקתו של האדם ליהדות בפרט ולקב״ה בכלל.

הסבר נוסף מתבסס על העובדה שאיבר המין, המגלם בקרבו את תאוותיו של האדם, הוא גם האיבר האחראי על המשכת הזרע והמשך קיומו של העם היהודי. ככזה עליו לשאת בקרבו את האות והסמל ההופכים את עניין ההולדה וההפריה מעניין טבעי לעניין יהודי־אלוהי. ברית המילה מעניקה משמעות רוחנית־דתית להולדה, והופכת את מעשה הזיווג לשליחות ולאידאל רוחניים.

אולם נדמה כי על פי תורת הסוד מדובר אף ביותר מזה. כפי שראינו, איברי המין והיצרים שהם מגלמים הם הכלים שבהם נוצר החיבור השלם והמתוקן בין הזכר והנקבה שנפרדו.

18. ראוי לציין שעל פי הסוד ישנן כמה בריתות, והן מיוחסות לכמה ספירות: ׳ברית – התיבה הזאת בהיותה סתם מתייחסת אל ג׳ מקומות, אל המלכות ואל היסוד ואל התפארת, ושלשתם נמצאים הרבה בדברי הזהר׳ (פרדס רימונים שער כג, פרק ב).
19. ראו גם מורה הנבוכים ג, ט: ׳וכן המילה אצלי אחד מטעמיה – למעט המשגל ולהחליש זה האבר כפי היכולת, עד שימעט במעשה הזה׳.

ועוד נוסף על כל זה איך אפשר שיתיחדו איש ואשתו שלא על ידי אבר ברית הקודש, והרי היסוד הוא ברית הקודש אל היחוד העליון, ואם לא יתיחדו על ידו איך אפשר שיתיחדו.

(פרדס רימונים שער טז, פרק ה)

ספירת יסוד מכנסת לקרבה את כל השפע האלוהי ההולך ומתגדל ומתגלה, ומזרימה אותו, על ידי התחברותה אל ספירת מלכות, אל העולם והמציאות. היסוד הוא איבר החיבור, והחיבור הוא הברית שבין שני הצדדים. לכן השמירה על קדושת הברית אינה רק כדי להרחיק אדם מן העבירה, אלא היא חלק מהפעולה האנושית האמורה לזכך את ספירת יסוד כדי שתהווה צינור שלם וכללי לכל השפע ולכל האור.

כשם שמעשה הזיווג הינו יסוד הקיום, כך שמירת הברית היא הפעולה ההכרחית והקריטית ביותר לקיומו של העולם:

ודע והבן כי קיום העולם שמירת הברית, וזהו סוד ברית עולם. והשחתת הברית הוא השחתת העולם, על כן נשחתו במבול כולם ׳כי השחית כל בשר׳.

(של״ה, הגהות לפרשת נח, תורה אור א)[20]

על משמעותה של שמירת הברית ניתן ללמוד גם מן הדברים הבאים:

עשר ספירות בלימה מספר עשר אצבעות, חמש כנגד חמש, וברית יחיד מכוונת באמצע כמלת הלשון וכמילת מעור.

(ספר יצירה א, ג)

ספר יצירה מתאר שתי בריתות הממוקמות במרכז אילן הספירות – ברית הלשון וברית המעור. בפשטות, ברית הלשון היא הברית המכוונת אל הפה – הדיבור, וברית המעור מכוונת אל איבר ההולדה – יחסי האישות.

הדיבור והזיווג הם שתי פעולות שדרכן האדם משפיע, פועל, ובעיקר

20. כך גם מובא בשם ר׳ נחמן: ׳ועיקר התקרבות ישראל לאביהם שבשמים הוא על ידי שמירת הברית׳ (ליקוטי עצות, ברית פגמו ותיקונו).

יוצר התקשרות עם הזולת. דווקא במקום שבו ישנה פעולה והשפעה נדרשת שמירת ברית.

תפקידה של שמירת הברית, הממוקמת בצומת ההשפעה וההתקשרות, הוא להגן מפני שתי סכנות האורבות לבקשה ולהשתוקקות להשפעת שפע – סכנת הפיזור וסכנת עודף החסד.

1. סכנת הפיזור

לתנועה המבקשת להשפיע ולהרעיף שפע מתלווה לעיתים פיזור. המשפיע, השופע טוב וחסד, אינו בורר את מושא השפעתו אלא שופע משפעו לכל החפץ לקבל. כך השפע, שבדרך כלל מיועד לכתובת מדויקת, מגיע למקומות שאינם שייכים לו. יש לכך מחיר כפול: ראשית, מי שאמור לקבל את השפע לא מקבלו באופן המלא והנכון; שנית, השפע מגיע לכתובת לא נכונה ולא ראויה לו.

תקלה כזו יכולה להתרחש בשני ממדי היסוד שעליהם דיברנו – הדיבור והזיווג.

הדיבור הוא שפע שהאדם חפץ להשפיעו – לחלוק עם זולתו את מילותיו, תובנותיו, מחמאותיו ושאר המידות והרעיונות שהמילים נושאות על גביהן. השתוקקות זו עלולה להביא את האדם לדיבורים לא מדויקים: בחשיפת עולמו הפנימי למי שאינו ראוי לשיתוף כזה; בשיתוף רעיונות גדולים או נועזים עם מי שאינו מבין אותם או שעלול לפרשם באופן שגוי; בדיבור מיותר, חסר פשר וסתמי; בדיבור שאיננו אמת – מילים שאינן משקפות את המחשבה והרגש האמיתיים שהן אמורות לבטא; או בדיבור שאיננו צנוע ומדויק. הביטוי של ספירת יסוד במרחב זה הוא בשמירת הלשון: יכולתו של האדם לשמור את דיבורו, לדייק אותו, לרסן ולסנן את המילים והדיבורים.

כך גם במרחב הזיווג, וליתר דיוק בשפע מעניק החיים המתממש דרכו – הזרע; הן בממשותו הן כמטפורה. בעולם המודרני המתירנות המינית מאפשרת לאיש ואישה לממש בקלות את האופציה המינית ביניהם. כפי שראינו, פעולת הזיווג היא המימוש האולטימטיבי של חיבור ספירת יסוד עם ספירת מלכות; אך כשחיבור זה נעשה במתירנות ובפריצות הוא מתממש במקומות מזדמנים, חולפים, שאינם ברי קיימא, במקום להתממש באופן הנכון והמדויק, כפי שמורה לנו התורה – בין בני זוג שכורתים ביניהם

ברית עולם, וממששים זאת בחיבור בעל העוצמה הגדולה ביותר – החיבור של יחסי האישות.

הרצון לממש את התשוקה המינית הוא ביטוי לתנועה הטבעית של ספירת יסוד המבקשת להשפיע ולהתאחד, גם במובן הנפשי וגם במובן הפיזי. אך אם הוא אינו נשמר למרחב שאליו הוא מיועד יתרחש חיבור בין יסוד ומלכות ללא שמירת הברית, שתפקידה לרסן, לדייק ולשמר את ההשתוקקות המינית הממששת את תנועתה של ספירת יסוד במקום שאליו היא מכוונת.[21]

תופעה זו באה לידי ביטוי לא רק בהקשר המיני, אלא בכל מרחבי ההשפעה ובקשת השפע. איש או אישה המבקשים להעניק מטובם לזולת עלולים לחטוא ב'אי שמירת הברית' אם הטוב שהם מעניקים אינו מדויק, מרוסן ומכוון.

נציין שהשפעה ללא גבול גם מחלישה את הכוח המשפיע (נעמוד על כך גם כשנעסוק בספירות חסד וגבורה).[22] הדבר נכון גם ביחס לדיבור וגם ביחס לזיווג. אדם שדיבורו 'פרוץ', ומפיו יוצאים בקלות לכל עבר סופרלטיבים כמו 'אני אוהב אותך', 'זה הדבר הכי מדהים שקרה לי בחיים', 'מטורף' וכדומה – מוזיל את ערכן של מילותיו; עוצמת הסופרלטיבים נחלשת, והם הופכים לבלתי אמינים. אדם שמשתף בקלות ובתדירות את סודותיו עם הזולת (לעיתים בתקשורת, לעיתים בפוסטים ברשתות חברתיות וכדומה), מאבד את האינטימיות ואת הקסם שיש בסוד – כי הוא משתף

21. ביטוי מינורי יותר של אותה תופעה הוא בהוצאת זרע לבטלה, הנתפסת בעיקר על פי תורת הסוד כפיזור של ניצוצות הקדושה (שהזרע הוא הביטוי שלהם) בעולם הקליפות. כך במקום להיות כוח מפרה ומרווה הופך הזרע לכוח המזין את העולם החיצוני של תאוות ותשוקות מזדמנות.

מספר אדמו"רים דורשים את הפסוק 'אִם יִהְיֶה נִדַּחֲךָ בִּקְצֵה הַשָּׁמָיִם מִשָּׁם יְקַבֶּצְךָ ה' אֱלֹהֶיךָ וּמִשָּׁם יִקָּחֶךָ' (דברים ל, ד) על פגם הברית: 'קצה השמים הוא ספירת יסוד, נדחך – הפיזור, יקבצך – התיקון והאיסוף של הניצוצות שנתפזרו' (ראו: אמרי יוסף ויחי, ד"ה 'משם רעה אבן ישראל'; אור לשמים, חקת).

22. מחקר שנעשה באוניברסיטה העברית ופורסם בסוף 2022 בכתב העת המדעי המוביל לענייני פוריות Human Reproduction Update, מגלה כי איכות הזרע הכלל עולמית נחלשה בעשרות אחוזים בחמישים השנים האחרונות. אומנם ישנן סיבות נוספות שניתן לתלות בהן תופעה זו, כדוגמת קרינה, מזון לא בריא ועוד, אך ייתכן שהדבר קשור גם למתירנות המביאה לפיזורו באופן בלתי מרוסן. ישנן תיאוריות, בעיקר בתורות המזרח, הקובעות כי אדם המבקש לשמר את כוח זרעו צריך לרסן את השימוש בו. אין זה אלא ביטוי עמוק של תנועת שמירת הברית המבקשת לשמר את כוח ההשפעה.

בסודותיו את כולם.[23] לעומת זאת, אדם שדיבורו מדוד, ולעיתים נדירות נשמע מפיו סופרלטיב – כאשר הוא ישתמש בביטוי כזה הוא יהיה מלא עוצמה, התרגשות והתפעמות – 'מילה בסלע'.

כך גם כמובן ביחס למרחב הזיווג. כש'יחסי אישות' הופכים ל'יחסי מין', והתנסותו של האדם הופכת לשכיחה ומרובה – העוצמה, הקסם, העומק, ההתרגשות והחד־פעמיות המלווים את המעשה המפעים של חיבור נפשי וגופני בין שני אנשים – נשחקים ולעיתים אף נעלמים. גם כאן תפקידה של שמירת הברית הוא לשמר את העוצמה, הרעננות, הטריות וההתחדשות שיש במימוש הזיווג. עולם שאין בו שמירת ברית מאבד את הקסם, ההתרגשות והעדינות שיש בכל חיבור ובכל התקשרות נפשית ופיזית, בדיבור ובזיווג.

רבי נחמן מברסלב מתאר בסיפורו 'מעשה משבעה קבצנים' (בדברי הקבצן החירש) כיצד חברה שהיה בה ניבול פה, שקר וניאוף איבדה את הריח, הטעם והמראה של כל דבר. ניבול הפה, השקר והניאוף הם שימושים מופרזים ולא מדויקים של שני ממדי ההשפעה – הדיבור והזיווג. במציאות כזו העולם הופך להיות תפל. העדינות, השמירה והריסון של התשוקות משמרים את הרגישות לטעמים ולריחות שיש בעולם.[24]

למעלה מזה: היכולת להימנע מ'חיבורים' ומהשפעה שאינם במקום מחזקת את האפשרות לייצר נאמנות מוחלטת במקום שבו נעשה החיבור. זהו סוד הקידושין שהתחדשו בתורה. נשוב אל הפסוקים שראינו לעיל בדבר הזוגיות: 'וַיֹּאמֶר הָאָדָם זֹאת הַפַּעַם עֶצֶם מֵעֲצָמַי וּבָשָׂר מִבְּשָׂרִי לְזֹאת יִקָּרֵא אִשָּׁה כִּי מֵאִישׁ לֻקֳחָה זֹּאת. עַל כֵּן יַעֲזָב אִישׁ אֶת אָבִיו וְאֶת אִמּוֹ וְדָבַק בְּאִשְׁתּוֹ וְהָיוּ לְבָשָׂר אֶחָד' (בראשית ב, כג-כד). ברית המילה היא הנאמנות לקב"ה, ושמירת הברית יוצרת נאמנות בין אישה לאיש. ברית מתאפשרת במקום שבו יש שמירה היוצרת נאמנות, וכפי שראינו לעיל במקום כזה מתאפשרת גם התמדה של הקשר – ברית עולם.

עולם שיש בו בריתות הוא עולם שבו החיבורים אינם ברורים מאליהם ואינם טריוויאליים. בכל ברית ישנה שלילה של כל שאר העולם ביחס

23. לא בכדי אחד מכינוייה של ספירת יסוד הוא 'סוד' (פרדס רימונים שער כג, פרק טו).
24. כינוי נוסף לספירת יסוד הוא 'מלח' (פרדס רימונים שער כג, פרק יג). תפקידו של המלח הוא לשמר את המזון, למנוע את הירקבותו. במקרא אנו פוגשים את המלח כסמל המצטרף לטקסי כריתת ברית – ברית מלח (ויקרא ב, יג; במדבר יח, יט).

למה שנוצר כאן, במקום הברית, ולצידה גם נכונות להתמסר אל החיבור המדויק הזה לאורך זמן ולעיתים אף לנצח. מכאן גם כינויה של ספירת יסוד 'שבועה': השבועה היא המחויבות והנאמנות לדבר, ויש בה חיבור ודיוק. על כן בכל שבועה שאדם נשבע עבור דבר כלשהו יש מן התנועה הזו של שמירת הברית.[25]

מכאן גם כינויה של ספירת יסוד 'אות'. האות הוא הסימן המאמת ומאשש את כריתת הברית. כשיהודי חתום באות ברית קודש הוא מצהיר שחיבורו הראשוני המוחלט הוא אל הקב"ה ואל עמו. האות היא ביטויה של הברית והנאמנות; בכוחה של הברית להפוך חיבור ארעי למוחלט, ועל כן האות היא הסימן לחיבור עמוק, לנאמנות ולהתמסרות, ובמידה רבה גם לסוד ולאינטימיות.

משמעות נוספת של הכינוי 'אות' היא חריגה מהטבע ועשיית נס:

> ולפעמים נקראת בתורה בלשון אות, לפי שבמידה זו תלויים האותות והמופתים, בסוד אל חי בהתחברו לשם אדנ"י, אזי מתחדשים אותות ומופתים בעולם. וכשנסמך גאולה לתפילה ביציאת מצרים, נתחדשו כמה אותות וכמה ניסים ונפלאות, בסוד 'וירא אלהים את בני ישראל וידע אלהי"ם' (שמות ב, כג), ובסוד 'ואזכור את בריתי'.
>
> (שערי אורה, שער שני)

האות במובן של ניסים היא גאולת ישראל, המנכיחה את בריתו ונאמנותו של הקב"ה לעם ישראל. האות הניסי המלווה את ישראל ביציאת מצרים הוא סמל לשפע האלוהי שפועל במציאות ללא גבולות וללא חוקים, אך גם עדות וסימן לברית שיש לה' עם ישראל.

מכאן גם כינויה של ספירת היסוד 'זיכרון'.[26] הזיכרון מרחיב את התודעה מעבר לכאן ולעכשיו. ספירת מלכות לימדה אותנו כי האלוהות היא כאן ועכשיו; זוהי הכרה המאפשרת לחוש את נוכחותו של הקב"ה בכל מקום, זמן וחפץ, נוכחות המעניקה לכל דבר את חיותו וכוחו. אולם כוח זה

25. ראו שערי אורה, שער שני: 'ודע כי על יסוד הספירה הזאת נתייסדה בתורה לשון שבועה. והנני מפרש, דע כי כל שבועה שאדם נשבע, תלויה במידה זאת הנקראת א"ל ח"י. והטעם, לפי שכל לשון שבוע"ה היא מלשון שבעה'.

26. ראו פרדס רימונים שער כג, פרק ז.

עלול להתנתק ממקורו כגולם הקם על יוצרו (זהו הקיצוץ בנטיעות). במשל השליח והמשלח – השליח עלול לשכוח את משלחו ולהשתמש בכוח הניתן לו כדי להאדיר את עצמו, או להגשים פנטזיות הנובעות ממקומות אפלים באדם ובעולם. חיבורה של מלכות ליסוד הוא הדרך להימנע מתרחיש זה. הזיכרון מזכיר לאדם את משלחו, את התכלית שלשמה הוא יצא אל המסע, את החזון המונח בתשתית ההתרחשות שבקרבה הוא נמצא.

הזיכרון מחבר את האדם מחדש אל המקור – אל שורש הספירות, שורש המציאות. חיבורה של מלכות – כלומר של ההוויה, של המציאות כאן ועכשיו – אל ספירת יסוד הוא בעצם פתיחת הצינור המוביל אל המלכות, צינור שמקורו במעלה הספירות עד הכתר.

הזיכרון מגן על האדם מפני שלוש תופעות של 'קיצוץ בנטיעות', שכפי שראינו בפרק על ספירת מלכות פירושו הבדלת המלכות, כלומר הכוח שבמציאות, ממקורה.

א. **'כוחי ועוצם ידי עשו לי את החיל הזה'** – כשעם ישראל נכנס לארץ אחרי ארבעים שנות מדבר הוא עובר מהנהגה ניסית שבמרכזה דמות צדיק – משה רבנו, להנהגה ארצית טבעית שבה הוא פוגש את הקב"ה דרך ארץ ישראל, אדמתה, יבולה וגשמיה. במידה רבה זהו מעבר מספירת יסוד (וכל הספירות שמעליה) לספירת מלכות. עתה נוכחותו של הקב"ה הינה בכל רגב אדמה, בכל תלם, בכל מעשה ארצי. לא עוד חוויית תלות מוחלטת דרך ניסים על טבעיים, כי אם עצמאות וכישרון מעשה שהקב"ה נמצא בקרבם.

אולם סכנת הקיצוץ בנטיעות רובצת לפתחה של מציאות זו. בלשונו של משה רבנו בנאומו לעם ישראל זוהי סכנת השכחה – 'כֹּחִי וְעֹצֶם יָדִי עָשָׂה לִי אֶת הַחַיִל הַזֶּה' (דברים ח, יז): שימוש בכוח, בחיות שהשכינה השוכנת בקרבנו נותנת לנו, בלי לייחס אותם לקב"ה. הזיכרון הוא המפתח להינצל מסכנה זו, ובשפת הסוד הוא יוצר חיבור מחודש אל היסוד – 'וְזָכַרְתָּ אֶת כָּל הַדֶּרֶךְ' (שם פסוק ב).

ב. **התכחשות למסורת ולסיפור היהודי** – בזמננו נפוצה תפיסת עולם המכירה בקיומו של אלוהים ואף בנוכחותו בכל דבר, פעולה, מעשה ומקום, אך מתכחשת לאלוהים פרסונלי כלשהו. תפיסה זו טוענת שאין צורך לצמצם את אלוהים להנהגה היסטורית, המלווה בהתגלות שיש בה ציוויים, מסורת, סיפור, מקום וזמן. זוהי תפיסת אלוהות ספיריטואלית־אוניברסלית, אולם גם לפתחה רובצת סכנה גדולה: ראשית, ניתוק מזיקה ומהקשר, שכן תודעה כזו נעדרת ביתיות, שייכות והיסטוריה של עבר ועתיד. שנית, אם יש אלוהות

בכל דבר אין אסור ומותר, אין רע וטוב; גם בפעולות ומעשים המזיקים לי ואולי גם לעולם אוכל למצוא אלוהות, שלא רק תאפשר לי לעשות אותם אלא גם תעניק להם חיות ומוטיבציה.

כדי להתמודד עם סכנות אלו נדרש זיכרון, ובלשוננו – חיבור המלכות ליסוד. נוכחותה של האלוהות בכול היא אכן מידתה של ספירת מלכות, אך לנוכחות זו יש וקטור גם על ציר הזמן – יש לה עבר ויש לה עתיד, וגם על הציר האתי – מידת נוכחותה בכל דבר וההשלכה של נוכחות זו משתנות, ולכן נדרשות הכוונה ופרשנות כדי לגלותן. לעיתים נוכחות זו דורשת התמסרות, לעיתים הימנעות; לעיתים היא מחייבת את מיגור הדבר ולעיתים את העצמתו. לשם כך נדרש הזיכרון, היסוד, שפותח את האדם אל הממד הטרנסצנדנטי המצַווה, ממד המורה ומכוון כיצד לנהוג בנוכחות האלוהית שבכל דבר.

נמחיש זאת בדימוי מגדרי. בבית שיש בו רק אימא מכילה ומאפשרת, המעניקה לילדיה את התחושה כי בכל אשר יפנו ויעשו היא תהיה עימהם (כפי שראינו ביחס לספירת מלכות), עלולים להיווצר אנרכיה והיעדר ריסון של תאוות וחולשות. לשם כך נדרש אבא – יסוד, נדרש זיכרון: 'וְהָיָה לָכֶם לְצִיצִת וּרְאִיתֶם אֹתוֹ וּזְכַרְתֶּם אֶת כָּל מִצְוֹת ה' וַעֲשִׂיתֶם אֹתָם, וְלֹא תָתוּרוּ אַחֲרֵי לְבַבְכֶם וְאַחֲרֵי עֵינֵיכֶם אֲשֶׁר אַתֶּם זֹנִים אַחֲרֵיהֶם. לְמַעַן תִּזְכְּרוּ וַעֲשִׂיתֶם אֶת כָּל מִצְוֹתָי וִהְיִיתֶם קְדֹשִׁים לֵאלֹהֵיכֶם' (במדבר טו, לט-מ). המדרש המספר על ניסיונו של יוסף עם אשת פוטיפר מלמד שברגע האמת נזכר יוסף בדמות דיוקנו של אביו. בשפת הסוד – הזיווג הפסול עם אשת פוטיפר נמנע בזכות הזיכרון של יוסף,[27] שהוא בחינת ספירת יסוד, זיכרון שחיבר אותו לאביו יעקב – שהוא בחינת ספירת תפארת, וכך הצליח יוסף לשמור את בריתו.[28]

ג. 'בְּאֵין חָזוֹן יִפָּרַע עָם' (משלי כט, יח) – משמעות הזיכרון נוגעת גם לפער שבין מציאות לחזון. המלכות שולחת אותנו אל מרחבי המציאות, העשייה.[29] העיסוק בעולם המעשה הינו התכלית, אולם השקיעה בו עלולה

27. על זיקתו של יוסף לספירת יסוד נרחיב בנספח על שבעת האושפיזין.
28. בהמשך נראה כיצד ספירת יסוד מתקשרת לשבת, שנאמר בה 'זָכוֹר אֶת יוֹם הַשַּׁבָּת לְקַדְּשׁוֹ' (שמות כ, ז), דרך ממד הזיכרון, הברית והאות. ככל הנראה הדברים קשורים גם לזיקה הלשונית שבין זיכרון לזכר, המזוהה עם ספירת היסוד, אל מול המלכות שהיא הנקבה.
29. ספירת מלכות היא כנגד עולם העשייה.

להביא לשחיקה ולשכחה של החזון. נדגים זאת במשל: מנהל בית ספר הקים מוסד ייחודי עם חזון מקורי, אך עם השנים ההתעסקות ביום יום, במשמעת ובמבחנים הביאה אותו ואת עובדיו לחיות רק בכאן ובעכשיו ולשכוח את החזון ואת התכלית. לחלופין, אדם בוחר להצטרף לפרויקט, מוסד או חברה מתוך רצון גדול והזדהות עם מטרותיו, אך עם הזמן השחיקה היום יומית מחלישה את הרצון ואת הזיכרון לשם מה הוא בא. זהו 'קיצוץ בנטיעות' שיביא בסופו של דבר להתייבשותה של הנטיעה, של המלכות, ולהיעדר חיות, להט ותשוקה. לשם כך יש לחדש את הזיכרון, את ההתקשרות של המלכות עם הרצון (הכתר) והחזון, וספירת יסוד מאפשרת חיבור מחודש זה.[30]

בשולי הדברים נעיר כי הפיזור הנובע מהיעדר היסוד קשור גם לממד המחשבה – הריכוז. בעולמנו רב־הגירויים, הפרעות קשב וריכוז כמעט אינן פוסחות על איש. ראינו לעיל כיצד גם שיח ודיאלוג בין שני אנשים, ואפילו יהיו אלה שני סוחרים בשוק, הוא על פי הבעש"ט בחינת זיווג. כשם שבזיווג תפקידו של היסוד הוא לשמר ולדייק את המכוונות אל החיבור הנוכחי, כך גם בכל שיח ודיאלוג. הפרעות קשב וריכוז לא מתבטאות רק בלמידה, כי אם גם במפגשים בין בני אדם. היכולת להתרכז לגמרי במפגש, באדם הניצב מולך, בדבריו וברגשותיו, ללא הסחות, ללא פלאפון ביד או אפילו רטט בכיס, ללא הסתכלות על השעון לנוכח המשימה הבאה – היא חלק משמירת הברית. שמירת הברית היא הריכוז, היכולת להביא לידי מימוש מלא עוצמה את הרגע הזה ואת המפגש המתרחש בו – הזיווג המתרחש בו – בין אם זה עם הספר הניצב מולך, הנוף שבו אתה צופה, המורה, המרצה, בן הזוג או החבר המשוחח עימך.[31]

30. הזיכרון גם מתקשר אל הברית והשבועה שראינו לעיל. החיבור אל הברית, ההבטחה והשבועה נעשה באמצעות הזיכרון – 'וַיִּזְכֹּר אֱלֹהִים אֶת בְּרִיתוֹ' (שמות ב, כד). הבקשה מריבונו של עולם שיזכור היא הניסיון להתרומם מעל המציאות שיש בה חטא ועונש וחרון אף, ולהיזכר בברית הקדומה.

31. נציין שדרישה זו לריכוז המחשבה קיימת גם ביחס לזיווג הגשמי, גם כשהוא נעשה בהיתר: 'ולא תתורו אחרי לבבכם – מכאן אמר רבי: אל ישתה אדם בכוס זה ויתן עיניו בכוס אחר. אמר רבינא: לא נצרכא אלא דאפילו ב' נשיו'. ומפרש רש"י: 'אל ישתה אדם בכוס זה – שבשעה שנזקק עם אשתו לא יתן עיניו באשה אחרת אפילו היא אשתו' (נדרים כ ע"ב).

2. סכנת עודף החסד

הכוח המשפיע הוא ללא גבול, על כן גם כשהשפע פועל במקום הנכון והראוי יש להגבילו ולמתנו – כפי מידת המקבל, וכפי מידת הזמן והמצב. מכאן גם הכינוי הבא של ספירת יסוד:

> ואחר שהודענוך עיקר זה, דע כי מידת אל חי נקראת לפעמים **אל שדי**. והטעם, לפי שממנו נמשך הכוח והשלמות והשפע והאצילות בשם הנקרא אדנ"י עד שיאמר די. ולפיכך אמרו רז"ל במסכת חגיגה (יב ע"א) שדי, שבו אמר לעולמו די. ואף על פי שמשמע כמו שאמרו שם, שהיה העולם מרחיב עצמו והולך עד שאמר לו די, העיקר הפנימי הוא כי במידת אל שדי הוא נותן מזון לכל בריה ובריה ומשלח ברכותיו לאדנ"י, עד שיבלו שפתותיהם מלומר די.
>
> (שערי אורה, שער שני)

בדברים אלו חושף ר' יוסף ג'יקטיליה את שני המאפיינים העיקריים של ספירת יסוד, הבאים לידי ביטוי בפרשנות לשם 'א־ל שד־י'.

הראשון הוא הענקת השפע ללא גבול – עד שיבלו שפתותיהם מלומר די. סקירה של הופעת שם 'שד־י' במקרא מלמדת שהוא בדרך כלל קשור לפריון.[32] גם השימוש בשם זה לתיאור דדי אישה בוודאי קשור לאותה מגמה: 'מֵאֵל אָבִיךָ וְיַעְזְרֶךָּ וְאֵת שַׁדַּי וִיבָרְכֶךָּ, בִּרְכֹת שָׁמַיִם מֵעָל בִּרְכֹת תְּהוֹם רֹבֶצֶת תָּחַת בִּרְכֹת שָׁדַיִם וָרָחַם' (בראשית מט, כה).[33] ספירת יסוד, אם כן, מתקשרת על פי כינוי זה לפריון, להשפעה ולהענקת חיים. אולם ישנו מאפיין נוסף, העולה מפרשנותה של הגמרא במסכת חגיגה לשם א־ל שד־י:

> ואמר רב יהודה אמר רב: בשעה שברא הקדוש ברוך הוא את העולם היה מרחיב והולך כשתי פקעיות של שתי עד שגער בו הקדוש ברוך הוא והעמידו, שנאמר 'עמודי שמים ירופפו ויתמהו מגערתו'. והיינו דאמר ריש לקיש: מאי דכתיב 'אני אל שדי', אני הוא שאמרתי לעולם

32. הבטחת הזרע והציווי על ברית מילה לאברהם אבינו (בראשית יז); ברכת הפריון ליעקב אבינו (בראשית לה, יא).

33. וכן רש"י שם: 'ברכות שדים ורחם – ברכתא דאבא ודאמא. כלומר יתברכו המולידים והיולדות שיהיו הזכרים מזריעין טיפה הראויה להריון והנקבות לא ישכלו את רחם שלהן להפיל עובריהן'.

די. אמר ריש לקיש: בשעה שברא הקדוש ברוך הוא את הים היה מרחיב והולך עד שגער בו הקדוש ברוך הוא ויבשו, שנאמר 'גוער בים וַיַּבְּשֵׁהוּ וכל הנהרות החריב'.

(חגיגה יב ע"א)

בריאת העולם הינה השפעה, הענקה ויצירה, אך השפעה זו הייתה עלולה להביא בעצמה לחורבנה – עד שגער הקב"ה בעולם הנברא מכוחו ואמר לו 'די'. שם א־ל שד־י, אם כן, הינו ביטוי לתנועה האלוהית שאומרת לשפע די. ללא גבול, ללא בלימה, כל שפע יכול להחריב את המציאות. שיוכה של מידת א־ל שד־י לספירת יסוד מבטא את תכונתה של ספירה זו כשהיא ממלאת את תפקידה כראוי: לבלום, להגביל ולסייג את השפע.

אם כן, שם זה מבטא את התנועה הכפולה שיש בה מחד השפעה ופריון, ומאידך בלימה של השפע וסיוגו. מכאן נובע גם כינוי נוסף המבטא את אותה תנועה:

והמידה הזאת נקראת בתורה בלשון חוק, ועתה יש לי להאיר עיניך בדבר זה. דע כי ה' יתברך ויתעלה חקק כל היצורים ותלה גבולם ושיעורם בשמו הגדול, ונתן קץ וגבול לכל הנבראים שבעולם, ולכל הנבראים עליונים ותחתונים יש קץ וגבול, ולשמו הגדול אין לו קץ וגבול, באמרו 'קץ שם לחשך ולכל תכלית הוא חוקר אבן אפל וצלמות' (איוב כח, ג). ואומר 'לכל תכלה ראיתי קץ רחבה מצותך מאד' (תהילים קיט, צב). ופירוש הפסוק הזה כן הוא, כל דבר ודבר מכל הנבראים יש לו גבול ותכלית [...]

(שערי אורה, שער שני)

המילה חוק מבטאת את הסדר והגבול שיש לכל בריה: 'וַיַּעֲמִידֵם לָעַד לְעוֹלָם חָק נָתַן וְלֹא יַעֲבוֹר' (תהילים קמח, ו). נוכחותו של הקב"ה המחיה את המציאות איננה פרועה, חופשית וחסרת גבולות. העולם מדויק, מכוון ועקבי, והוא פועל על פי חוקים. שקיעת החמה יכולה להיות מאורע מרטיט ומלא נוכחות אלוהית – אולם היא קצובה, ולאחר כמה דקות היא תחלוף. הזמן, הסדר והגבול הם נחלת הבריאה, ויסודם בספירת יסוד.

החוק נוגע גם למרחב נוסף מעבר לחוקי הבריאה:

לזה אמרו במדרש (תנחומא, שמות ד) בזכות יעקב נגאלו ממצרים שנאמר ׳ויעמידה ליעקב לחק׳ (תהילים קה, י), היינו כי יעקב הוא בחינת תורה, כמבואר בזוה״ק (ח״א קמו ע״ב) על המשנה (אבות א, ב) על שלושה דברים העולם עומד על התורה ועל העבודה ועל גמילות חסדים, התורה דא יעקב העבודה דא יצחק גמילות חסדים דא אברהם. ובכוח תורה ומצוות יכול האדם לזכות לשלימות האמונה ולבוא מזה להיות מקודש בקדושת היסוד כמו שנתבאר. וזהו ׳ויעמידה ליעקב לחק׳, חוק הוא בחינת יסוד, אות ברית קודש, כמו שאנו אומרים (בברכת המילה) וחוק בשארו שם, רצונו לומר על ידי בחינת יעקב המורה על תורה ומצוות, בזה יכולים לזכות לקדושת הברית שהיא בבחינת חוק.

(אמרי מנחם, שמות)

החוק הוא הגילוי של אידיאת התורה והמצוות (שהיא בחינת יעקב, בחינת תפארת – כפי שנראה בדיוננו בספירה זו). כפי שראינו לעיל, נוכחות השכינה בכול מוליכה לתנועת חופש המאמינה שכל פעולה וכל תנועה מאפשרות גילוי אלוהי. החוק, לעומת זאת, מגביל ומצמצם את מרחב הפעולה והתנועה. כפי שראינו בסעיף זה לכל אורכו, ההגבלה, הצמצום והגבול הם הדרך היחידה לשמר את הקדושה, את המתח, את הלהט והתשוקה. באופן פרדוקסלי דווקא החוק המגביל והמצמצם את התשוקה הוא המאפשר את פריצתה ואת דיוקה. יש בתובנה זו עומק רב ובשורה רבת משמעות בעולם המבקש להתנער מחוק ומגבול בשם החופש והחירות – גם אלו הרוחניים. רוחניות ללא גבולות, ללא מגבלות, היא מלכות המנותקת מן היסוד שסופה להתייבש או להתמוסס, לשרת מניעים של תאוות ויצרים, לאבד כיוון ומשמעות, או להיהפך לתודעה תלושה המנותקת מכל הקשר – היסטורי, תרבותי או חברתי.[34]

ספירת יסוד, אם כן, קושרת בין הרוחניות הממשית המבקשת את החופש שלה (המתגלמת במלכות), לבין העולם של תורה ומצוות (שמקורו בתפארת); עולם המגביל את הרוחניות על מנת לתת לה את הכלים, את הווקטור, את הדיוק ואת ההתמדה.

34. אציין שתנועה דומה נפגוש גם במתח שבין ספירת חסד לגבורה.

ו. 'והבאתי עליכם חרב נוקמת נקם ברית' ('איש', 'ברית שלום')

התנועה של שמירת הברית נוגעת גם לשני כינויים נוספים של ספירת יסוד – 'איש' ו'ברית שלום':

> והוא כי היסוד נקרא איש, בהיות השכינה מתלבשת בתוקף הדין בהיותה חרב מלחמה, ומשפיע בה היסוד ומשים דמי מלחמה בשלום אז נקרא איש. וזה שכתוב ברית שלום, פירוש היסוד נקרא ברית שלום.

(פרדס רימונים שער ז, פרק ג)

ברית השלום שעליה מדבר רמ"ק נוגעת לפינחס ולסיפור הזנות של ישראל בשיטים:

> וַיֵּשֶׁב יִשְׂרָאֵל בַּשִּׁטִּים וַיָּחֶל הָעָם לִזְנוֹת אֶל בְּנוֹת מוֹאָב. וַתִּקְרֶאןָ לָעָם לְזִבְחֵי אֱלֹהֵיהֶן וַיֹּאכַל הָעָם וַיִּשְׁתַּחֲווּ לֵאלֹהֵיהֶן. וַיִּצָּמֶד יִשְׂרָאֵל לְבַעַל פְּעוֹר וַיִּחַר אַף ה' בְּיִשְׂרָאֵל.

(במדבר כה, א–ג)

הברית המופרת בשיטים הינה ברית המעור – שמירת הברית. הזנות אל בנות מואב מעכירה את ספירת יסוד, מסאבת את נקיותו של צינור השפע, יוצרת פירוד בין ישראל לבין אביהם שבשמיים – וממילא גם בין קוב"ה לשכינתיה.

פינחס בן אלעזר הכוהן המקנא לה' בולם את ההיסחפות ואת הזנות. בהריגת זמרי בן סלוא וכזבי בת צור מביע פינחס את נאמנותו לברית ה'. להט התאווה שזרם באוויר המחושמל באוהליהם מלאי הזנות של ישראל התחלף בלהט הקנאה, הבוער אף הוא באש אל אלוהים. ברגע קט מנותבות העוצמות היצריות כולן לשם ייחוד קוב"ה ושכינתיה.

פינחס לא היה מצליח ליטול את הרומח בידו אם הייתה זו שעה של מתירנות רציונלית המערערת על עיקרי אמונה; ממש כשם שאות ברית התפילין, המונחות על מצחנו כנגד מוחנו ועל ידינו כנגד ליבנו, אינו יכול לאחד את העולמות באותו אופן שאות ברית המילה יכול. איבר ההולדה, המבטא את השורש היסודי ביותר של עוצמת הקיום ואת התשוקה הבסיסית ביותר של הרצון לאיחוד ולחיבור מחודש של כל מה שנפרד ומתפרד

בעולמנו, הוא האינסטינקט של העולם ושל ההוויה האלוהית שממנו צומח התיקון ומתחיל האיחוד המחודש.

פִּינְחָס בֶּן אֶלְעָזָר בֶּן אַהֲרֹן הַכֹּהֵן הֵשִׁיב אֶת חֲמָתִי מֵעַל בְּנֵי יִשְׂרָאֵל בְּקַנְאוֹ אֶת קִנְאָתִי בְּתוֹכָם, וְלֹא כִלִּיתִי אֶת בְּנֵי יִשְׂרָאֵל בְּקִנְאָתִי. לָכֵן אֱמֹר הִנְנִי נֹתֵן לוֹ אֶת בְּרִיתִי שָׁלוֹם. וְהָיְתָה לּוֹ וּלְזַרְעוֹ אַחֲרָיו בְּרִית כְּהֻנַּת עוֹלָם, תַּחַת אֲשֶׁר קִנֵּא לֵאלֹהָיו וַיְכַפֵּר עַל בְּנֵי יִשְׂרָאֵל.

(במדבר כה, יא-יג)

כבר ראינו שגם הברית וגם השלום הם חלק מהכינויים לספירת יסוד; שני אלו מתאחדים אצל פינחס, הזוכה לברית שלום. פינחס חידש את שמירת הברית – הוא הגן בחירוף נפש על טהרת היסוד, שהיא טהרת הברית. מכוח זה זכה פינחס להשכין שלום בין קוב"ה לשכינתיה, ועל כן זכה בברית שלום.[35] פינחס היה 'איש' שהגן על הברית, ולכן הברית שיש בה יסוד של דין וקנאה הביאה שלום.

אל מול עמדתה המכילה של 'אם הבנים' – המלכות, שכפי שראינו בפרק הקודם מאפשרת לאדם השקוע בחטא לחוש כי גם בשעה זו שכינה עימו, ניצבת עמדתו של ה'איש' – כינוי נוסף לספירת יסוד – המקנא ונוקם וקוטע את ההיסחפות אחר התשוקה והלהט, ומחליף אותם בתשוקה ולהט לקדושה.

לאורך כל מסענו בבניין הספירות נראה כיצד האיזון והמשקל נדרשים על מנת למנוע בחינה של 'אנא אמלוך': בחינה שבה ספירה אחת, תנועה פנימית אחת, מבקשת להשתלט על המציאות כולה, ואיננה מקבלת את העובדה שיש לה מקום מוגבל, ושעליה לעבור תהליך של ריסון והגבלה באינטראקציה שלה עם ספירות אחרות.

כך גם בשתי הספירות שראינו זה עתה – יסוד ומלכות: מחד גיסא, ספירת יסוד מבקשת לרסן את החופש, האמון וההכלה שספירת מלכות מייצרת, על מנת למנוע פרעות, התמכרות לתאוות והשתלטות של כוחות אפלים על השכינה. מאידך גיסא, ספירת מלכות מבקשת לרסן את התנועה שתוארה זה עתה של ספירת יסוד. זכריות, אבא, ללא אימא מאזנת, היא תופעה מסוכנת ולא בריאה. ספירת מלכות מרכבת, מאזנת, מגבילה את

35. לא בכדי יוסף, שכם וספירת יסוד מהווים השראה לקנאות שיש בה להט.

ספירת יסוד ומבקשת להאיר לה נקודת מבט נוספת שעל פיה אכן יש אלוהות בכל דבר, גם במה שהיא מבקשת כעת לכלות בקנאתה.

שכן כשם שמלכות ללא יסוד יכולה לשרת את הסטרא אחרא, כך יסוד ללא מלכות יכול להיהפך לאש זרה.

ז. צדיק יסוד עולם ('צדיק', 'יסוד', 'אבן השתיה', 'אוֹמן', 'כפורת', 'שושבין', 'סרסור')

שמה המרכזי של ספירה זו הוא יסוד, ואליו מחובר פעמים רבות הכינוי 'צדיק':

> והמידה הזאת נקראת צדיק בכל התורה כולה, ולפי שנקרא יסוד ונושא כל הדברים אשר תחתיו בכל הנמצאות, נקרא 'צדיק יסוד עולם'. וענין שנקרא צדיק, הוא סוד השפע שמשפיע כל טוב וברכה ונותן במידת אדנ"י, כענין שנאמר 'וצדיק חונן ונותן' (תהילים לז, כא).
>
> והמידה הזאת נקראת יסוד, כלומר כמו שהבית נשען על היסודות, כך מידת אדנ"י נשענת על מידת יסוד, לפי שאין למידת אדנ"י שפע וקיום, זולתי על מידת יסו"ד הנקרא א"ל ח"י. ובגמרא דחגיגה (יב ע"ב) אמרו העולם על מה הוא עומד, על עמוד אחד שהוא צדי"ק, שנאמר 'וצדיק יסוד עולם'.
>
> (שערי אורה, שער שני)

החיבור שבין יסוד לצדיק[36] בא מן הפסוק בספר משלי 'כַּעֲבוֹר סוּפָה וְאֵין רָשָׁע וְצַדִּיק יְסוֹד עוֹלָם' (משלי י, כה). במסכת חגיגה נדרש פסוק זה כך:

> הארץ על מה עומדת, על העמודים, שנאמר 'המרגיז ארץ ממקומה ועמודיה יתפלצון' (איוב ט, ו) [...] וחכמים אומרים על י"ב עמודים עומדת שנאמר 'יצב גבולות עמים למספר בני ישראל' (דברים לב, ח), ויש אומרים ז' עמודים שנאמר 'חצבה עמודיה שבעה' (משלי ט, א).

36. יוסף, שכפי שכבר הזכרנו מזוהה עם ספירת יסוד, מכונה 'יוסף הצדיק'. ארחיב את הדיבור עליו ועל חיבורו לספירה זו בנספח על האושפיזין שבסוף הספר.

רבי אלעזר בן שמוע אומר על עמוד אחד וצדיק שמו שנאמר 'וצדיק יסוד עולם'.

(חגיגה יב ע"ב)

הצדיק מתואר כיסודו של העולם.[37] חיבורו של הצדיק לספירת יסוד באילן הספירות ממקם אותו כמקשר בין השכינה שבעולם לבין קוב"ה, ולכך יש השלכות רבות על תורת הצדיק, בעיקר בחסידות:

ומדת יסוד ידוע שהוא ההתקשרות והתחברות שבין ישראל לאביהם שבשמים, שזהו יסוד הבריאה והעולם כולו, כמו כל בנין שיש לו יסוד בתחתיתו שעליו עומד כל הבנין. וגם כל בנין הבריאה יש לו יסוד שעליו נתכונן, וכמו שנאמר 'צדיק יסוד עולם', שעליו העולם עומד, ולולי כן היה העולם חוזר לתוהו ובוהו.

(תקנת השבין, ו)

פַּעַם אַחַת דִּבֵּר עִמִּי מֵעִנְיָן שֶׁאִי אֶפְשָׁר לִהְיוֹת אִישׁ כָּשֵׁר בֶּאֱמֶת כִּי־אִם כְּשֶׁמִּתְקָרְבִין לְהַצַּדִּיק הָאֱמֶת שֶׁבַּדּוֹר. עָנָה וְאָמַר קֹדֶם שֶׁנִּמְצָא הַצַּדִּיק הָאֱמֶת בָּעוֹלָם יְכוֹלִים לְהִתְקָרֵב לְהַשֵּׁם יִתְבָּרַךְ מֵעַצְמוֹ. אֲבָל אַחַר שֶׁכְּבָר נִמְצָא הַצַּדִּיק הָאֱמֶת בָּעוֹלָם אִי אֶפְשָׁר לְהִתְקָרֵב לְהַשֵּׁם יִתְבָּרַךְ בֶּאֱמֶת בְּשׁוּם אֹפֶן כִּי־אִם כְּשֶׁזּוֹכִין לְהִתְקָרֵב אֵלָיו.

(חיי מוהר"ן, מעלת המתקרבים אליו ט, רצט)[38]

על פי ר' צדוק ספירת יסוד ממוקמת בחיבור שבין מלכות למה שמעליה, ולכן היא ספירת החיבור בין עם ישראל (ספירת מלכות) לקב"ה. מיקומו של הצדיק בספירת יסוד חושף את תפקידיו בעולם, כפי שאומר ר' נחמן וכפי שנראה להלן.

37. כינוי נוסף לספירת יסוד הנושא את אותה משמעות הוא 'אבן השתיה' (פרדס רימונים שער כג, פרק א).

38. לכך קשור גם כינוי נוסף לספירת יסוד – 'אוֹמֵן': 'היסוד נקרא אומן על שם שהוא אומן את הדסה היא השכינה, ומשפיע לה רב טוב מהספירות העליונות אשר למעלה ממנו' (פרדס רימונים שער כג, פרק א).

ספירת יסוד

1. סֻלָּם מֻצָּב אַרְצָה וְרֹאשׁוֹ מַגִּיעַ הַשָּׁמָיְמָה (בראשית כח, יב)

תנא: עמוד אחד מן הארץ לרקיע וצדיק שמו על שם הצדיקים, וכשיש צדיקים בעולם מתגבר ואם לאו מתחלש, והוא סובל כל העולם דכתיב 'צדיק יסוד עולם', ואם חלש לא יוכל להתקיים העולם, הלכך אפילו אין בעולם אלא צדיק אחד מעמיד העולם שנאמר 'וצדיק יסוד עולם'.
(ספר הבהיר קב)

הצדיק מתואר כאן כמי שנמתח בין הארץ לרקיע ומקשר ביניהם, בדומה לסולם יעקב או לאילן.[39] דימוי האילן נושא משמעות רחבה: האילן צמרתו בשמיים ושורשיו נטועים עמוק בארץ; הוא שתול באדמה, אך בו בזמן גם מרקיע שחקים ומחבר בין שמיים וארץ.

הצדיק, על פי תורת הסוד והחסידות, אינו בן עלייה מנותק ומובדל מבני עמו. בתוך עמו הוא יושב, שהרי לשם כך הוא קיים. חידושה של החסידות, המיישמת את רעיון הצדיק שבתורת הסוד, הוא בהחלפת החכמים הגדולים היושבים בבית המדרש והוגים במושכלות, רחוקים מכל בריה ונקיים מכל בדל ענייני העולם הזה, בצדיקים שהשגותיהם גדולות אולם הם אינם בוחלים בעיסוק בשפיר ושליה:

בְּעִנְיַן הַנְהָגַת הַפְּשִׁיטוּת שֶׁל הַצַּדִּיק הָאֱמֶת. הַיְנוּ, כִּי לִפְעָמִים הַצַּדִּיק הָאֱמֶת הוּא אִישׁ פָּשׁוּט מַמָּשׁ (שֶׁקּוֹרִין פְּרַאסְטִיק), שֶׁמִּתְנַהֵג עַצְמוֹ בְּדַרְכֵי הַפְּשִׁיטוּת, וְאֵינוֹ מְגַלֶּה שׁוּם תּוֹרָה, וְעוֹסֵק בְּשִׂיחַת חֻלִּין וְכַיּוֹצֵא, וְהוּא אָז בִּבְחִינַת אִישׁ פָּשׁוּט מַמָּשׁ.
(ליקוטי מוהר"ן תנינא, עח)

ר' נתן מתאר את רבו, רבי נחמן, כמי שיישם את דבריו אלו:

וַאֲפִלּוּ הָרְשָׁעִים שֶׁבִּקְהִלַּת קֹדֶשׁ אוּמַן כֻּלָּם הָיוּ כְּרוּכִים אַחֲרָיו וְנִתְעוֹרְרוּ קְצָת עַד שֶׁהָיוּ לָהֶם כַּמָּה וְכַמָּה הִרְהוּרֵי תְּשׁוּבָה, מַה שֶּׁלֹּא עָלָה עַל

39. במקומות רבים הצדיק משול לאילן, לדוגמה בסיפורו של ר' נחמן על בת המלך שאבדה. כך העיד ר' נחמן על עצמו: 'אֲנִי אִילָן נָאֶה וְנִפְלָא מְאוֹד עִם עֲנָפִים נִפְלָאִים מְאוֹד, וּלְמַטָּה אֲנִי מֻנָּח בָּאָרֶץ מַמָּשׁ' (חיי מוהר"ן, גדולת השגתו ה, רמה).

לָכֶם מֵעוֹלָם. כַּאֲשֶׁר סִפְּרוּ בְּפִיהֶם בְּפֵרוּשׁ, שֶׁכְּבָר הִתְיָאֲשׁוּ עַצְמָן, וְהָיוּ כִּמְשֻׁקָּעִים וְעוֹמְדִים שֶׁבְּוַדַּאי לֹא יִהְיֶה לָהֶם שׁוּם הִרְהוּר תְּשׁוּבָה, וְהָיוּ רְחוֹקִים לְגַמְרֵי מִשּׁוּם צַד הִרְהוּר תְּשׁוּבָה כַּמְפֻרְסָם לְכָל מִי שֶׁהָיָה מַכִּיר אוֹתָם. וְעַל־יְדֵי דִבּוּרָיו הַקְּדוֹשִׁים הִגִּיעַ אֲלֵיהֶם גַּם־כֵּן הִרְהוּר תְּשׁוּבָה, אַף־עַל־פִּי שֶׁמֵּעוֹלָם לֹא דִבֵּר עִמָּהֶם מֵעִנְיְנֵי תְשׁוּבָה וּמֵעִנְיְנֵי קְדֻשָּׁה, כְּלָל כְּלָל לֹא, רַק אַדְּרַבָּא תָּמִיד הָיָה מְדַבֵּר עִמָּהֶם שִׂיחַת חֻלִּין וְסִפּוּרִים בְּעָלְמָא, אַף־עַל־פִּי־כֵן נִמְשְׁכוּ אַחֲרֵי הַקְּדֻשָּׁה מִדִּבּוּרִים שֶׁלּוֹ לְבַד, עַד שֶׁהָיוּ סְמוּכִים מְאֹד לָשׁוּב אֵלָיו יִתְבָּרַךְ.

(חיי מוהר"ן, עבודת ה׳ ו, תריד)

הצדיק נפגש עם העולם ומקיים עימו דיאלוג. ראשו בשמיים, אולם רגליו טבולות בבוץ החומרי של המציאות שבתוכה נמצאים חסידיו, ומכוח זה הוא מסוגל לעורר ישנים ולהקיץ נרדמים. מעבר לכך: תפקידו של הצדיק הוא לשאת את תפילותיהם של חסידיו אל על. הוא הצינור שדרכו זורם השפע לשני הכיוונים.

על הצדיק מוטל לרדת עד לקצה הארץ ואף על פי כן להישאר אחוז בעולמות עליונים, כדי לאפשר לאותם השקועים למטה לינוק ממקור הקדושה. שליחות זו תובעת מדרגה גבוהה אף יותר ממדרגתם של החכמים יושבי בתי המדרש שאינם צריכים להתמודד עם העולם החומרי כלל ועיקר. בספרות החסידית ניתן למצוא לעיתים ציטוטים של אדמו"רים המלינים, בסתר או בגלוי, על אילוצם להתעסק בענייני העולם הזה; אך כולם עושים את מלאכתם נאמנה מתוך שליחות ומסירות, ובעיקר מתוך הכרה כי הם האילן המשלח את שורשיו לכל הטועים והתועים.

כפי שראינו, איבר המילה, האיבר שבו ניתנת ברית היסוד, מאפשר לרתום את המציאות כולה אל הבורא יתברך דווקא בגלל שראשיתו במקומות הנמוכים ביותר המוכרים לאדם – מקום התאוות, אולם סופו במעשה של קדושה המכוון כולו לייחד קוב"ה ושכינתיה. כבר ראינו כי אות ברית החקוקה במוחו של אדם לא הייתה יכולה לרומם את כולו אל על, ממש כשם שתלמידי החכמים יושבי בתי המדרש לא יוכלו לרומם את כנסת ישראל כולה אל ה׳.

הצדיק יסוד העולם, איבר הברית, הוא הנושא בקרבו את הכוחות לרדת למעמקי תהום, אל שפל התאוות ושאול התחתיות, ומשם לדלות ולרומם את כולם, על תאוותיהם ועל השתקעותם בהבלי העולם הזה, אל ה׳ יתברך.

כל שנותר לכל מי שמתמסר אל הצדיק הוא לטפס ולעלות אל ה׳ יתברך הניצב בראש הסולם.[40]

2. כִּי כֹל בַּשָּׁמַיִם וּבָאָרֶץ (דברי הימים א׳ כט, יא)

ספירת יסוד, כאמור, מכונה ׳כֹּל׳ כיוון שהיא מכנסת לתוכה את כל השפע ואת כל ההזרמה האלוהית אל המציאות, ומשפיעה אותו אל ספירת מלכות. ככל שתזוכך ספירת יסוד, ככל שיזוכך איבר היסוד, כך יהיו כלי מזוקק יותר לחיבור העמוק שבין הדוכרא (זכר) לבין הנוקבא (נקבה), בין קוב״ה לשכינתיה – ׳שליחים נאמנים׳ להעביר את כל השפע אל המציאות, ולאפשר מפגש בלתי אמצעי ונעדר מסכים בין קוב״ה לבין שכינתו המתגלה בעולם.

הכלה זו, המאפיינת את ספירת יסוד, היא גם התכונה המאפיינת את הצדיק יסוד עולם, שהוא נקודת הקישור בין אלוהים לבין כנסת ישראל. תכונה זו צריכה להיות דו־סטרית – כלפי ההנהגה האלוהית מצד אחד, וכלפי כנסת ישראל מצד שני. את ההכלה כלפי מעלה מתאר ר׳ יעקב יוסף מפולנאה כך:

> העולה מזה, מי שהוא צדיק הגורם יחוד וזווג זו״נ [=זעיר אנפין ונוקבא][41] צריך שיהיה שלם בכל המדות מלמעלה עד מדרגות יסוד. וכבר נודע שהמדות מתחילין מחכמה שנאמר ׳ראשית חכמה׳ (תהילים קיא, י), כי כתר בו נכללו כולם וגם במלכות חוזר. ונכללו בסוד כלל ופרט וכלל, הרי מן חכמה עד יסוד הוא ח׳ מדות ח״ב חג״ת נה״י [=חכמה, בינה, חסד, גבורה, תפארת, נצח, הוד, יסוד], ואם כן מבואר טעם הנ״ל שהוא לח׳ ימים, ימים דווקא, שלהסיר הערלה ויתגלה המילה שהוא גימטריה הוי׳ אדני שיהיה במדרגות צדיק יסוד שיגרום ייחוד הוי״ה ואדני צריך שיהיה כ״ל בו מן ראשית חכמה עד יסוד ח׳ מדות הרמוז בח׳ ימים בסוד ׳ומדת ימי׳ וגו׳, ואז יכול לייחד ח׳ אותיות הוי׳ אדני גי׳ המלה והבן.
>
> (תולדות יעקב יוסף, לך לך ד)

40. כינוי נוסף לספירת יסוד המשקף תנועה זו הוא ׳כפורת׳. הארון מסמל את נוכחות השכינה בקרב ישראל, והכפורת היא מקור ההשראה של הקול המדבר מבין שני הכרובים, ומחבר בין ההשראה האלוהית לבין השכינה השורה במציאות – בארון.
41. על פי מבנה הפרצופים של האריז״ל, זעיר אנפין הוא כינויה של האלוהות הזכרית – קוב״ה, ונוקבא הוא כינויה של האלוהות הנקבית – שכינתיה.

תפקידו של הצדיק הוא לגרום לייחוד ולזיווג שבין קוב"ה לשכינתיה, והתנאי הראשון לכך הוא שעליו לשאת בקרבו את כל המידות האלוהיות של קוב"ה. ר' יעקב יוסף מפולנאה מעיר שברית המילה, שהיא בחינת יסוד, נעשית ביום השמיני מפני שיסוד היא הספירה השמינית מחכמה.[42] בכל אחד מן הימים הקודמים לברית מצטרפת ספירה נוספת, והיום השמיני הוא יומו של היסוד – הצדיק הנושא בקרבו את כל הספירות הקודמות לו. זוהי בחינת ה'כל' של הצדיק.

במובן הפרסונלי, הצדיק נדרש להיות מסוגל להכיל בביטול גמור את כל המידות האלוהיות – חסד ודין, אהבה ויראה – ולשקף את כולן נאמנה, בביטול גמור.

> בפסוק 'ואברהם זקן כו' וה' ברך את אברהם בכל'. במדרש זקן שקנה חכמה זקן זה קנה ב' עולמים. כי כשהאדם בא אל החכמה אמיתיות ויודע ומבין לבטל עצמו אל השי"ת, וכל מה שפורש עצמו מן העולם ומבטל עצמו אל השורש על ידי זה מקיים העולם.

(שפת אמת, חיי שרה תרמ"ז)

המדרש עומד על כך שהביטוי 'זקן בא בימים' הנאמר באברהם מעיד על חכמה ומדרגה גבוהה שאליה הגיע. על פי ר' יהודה אריה לייב בעל ה'שפת אמת', מדרגה זו הינה הביטול המוחלט אל ה' יתברך, שהוא המביא לברכת ה' את אברהם 'בכל'. רוצה לומר, היכולת לשאת בקרבו את כל הנהגותיו של הקב"ה ולהיות מרכבה עבורן נשענת על הביטול הגמור שלו כלפי ה'.

3. שליח ציבור

הצד השני של תכונת ה'כל' של הצדיק מופנה כלפי מטה: כשם שעליו להתבטל כלפי שמיא על מנת להיות שליח נאמן וצינור שלם עבור כל השפע המושפע דרכו, כך גם עליו להתבטל כלפי עם ישראל:

> והתעוררות התשובה צריך הגדול שבדור להתעורר תחלה בתשובה, כי הוא כולל בעצמו כל בני דורו, וכמ"ש בש"ס תמה אני אם יש בדור הזה וכו' [שיודע להוכיח] (ערכין טז ע"ב) יעו"ש (עיין פרשת קדושים).

42. בתוך הדברים הוא גם מסביר מדוע צריך למנות את הספירות מחכמה ולא מכתר.

ולכך נקרא צדיק שהוא יסוד הנקרא כ"ל הכולל בתוכו הכל, ולכך אי רישא דעמא טוב וכו' (זוהר ח"ב לו ע"ב).

(תולדות יעקב יוסף, ויקהל א)

כשם ש'כוליות' הצדיק מלמדת כי הצדיק כלול מן הספירות והמידות האלוהיות כולן, כך היא גם מלמדת על כך שהצדיק כלול מנשמות כנסת ישראל כולן. זיקה זו מגיעה עד כדי כך שפעולותיו של הצדיק, גם כשהן נעשות בצנעה, מניעות את בני דורו כולם. כשהוא מתחיל מהלך של תשובה הדבר ייתן את אותותיו על כל בני דורו, כי הוא כלול מהם.

אולם לא מדובר רק במצב נתון אלא גם בתודעה מתמדת של הצדיק, ובעיקר בשאיפותיו:

'וה' ברך את אברהם בכל', כי יש צדיק אשר כל מבוקשו בשביל הכלל ויש צדיק אשר מבוקשו על עצמו, ואברהם היה מבוקשו על הכלל. וזהו 'וה' ברך את אברהם', כלומר עם אברהם.

(קדושת לוי, חיי שרה)

על פי ר' לוי יצחק מברדיטשב ברכת ה' לאברהם 'בכל' משמעותה היא ההכרה כי כל מבוקשו של הצדיק הוא כלפי הכלל, ולא כלפי עצמו. הצדיק זוכה להכרות ולהשגות גדולות מאוד, הוא רואה מראות אלוהים, אולם אם חפץ הוא להיות צדיק ולא רק 'בעל השגה' הוא מוכרח לחוש בכל עת ובכל שעה כי לא לעצמו הוא דורש אלא כלפי כלל ישראל.

צדיק האמת איננו שומר דבר לעצמו. חייו הינם התמסרות גמורה עבור חסידיו שומעי לקחו ועבור קהילתו. הצלחתם היא הצלחתו וכישלונם, חס ושלום, הוא כישלונו.

וְדַע שֶׁמִּי שֶׁיָּכוֹל לַעֲשׂוֹת אֵלּוּ הַנִּגּוּנִים, דְּהַיְנוּ לְלַקֵּט הַנְּקֻדּוֹת טוֹבוֹת שֶׁנִּמְצָא בְּכָל אֶחָד מִיִּשְׂרָאֵל, אֲפִלּוּ בְּהַפּוֹשְׁעֵי יִשְׂרָאֵל כַּנַּ"ל, הוּא יָכוֹל לְהִתְפַּלֵּל לִפְנֵי הָעַמּוּד. כִּי הַמִּתְפַּלֵּל לִפְנֵי הָעַמּוּד הוּא נִקְרָא שְׁלִיחַ צִבּוּר, וְצָרִיךְ שֶׁיִּהְיֶה נִשְׁלָח מִכָּל הַצִּבּוּר, דְּהַיְנוּ שֶׁצָּרִיךְ שֶׁיְּקַבֵּץ כָּל נְקֻדָּה טוֹבָה שֶׁנִּמְצָא בְּכָל אֶחָד מֵהַמִּתְפַּלְּלִין, וְכָל הַנְּקֻדּוֹת טוֹבוֹת יִהְיוּ נִכְלָלִין בּוֹ, וְהוּא יַעֲמֹד וְיִתְפַּלֵּל עִם כָּל הַטּוֹב הַזֶּה, וְזֶהוּ שְׁלִיחַ צִבּוּר. וְצָרִיךְ שֶׁיִּהְיֶה בּוֹ בְּחִינָה גָּבוֹהַּ כָּזוֹ, שֶׁעַל יְדֵי זֶה יִהְיוּ כָּל הַנְּקֻדּוֹת תְּאֵבִים אֵלָיו וְיִהְיוּ

נִכְלָלִין בּוֹ. וּמִי שֶׁיָּכוֹל לַעֲשׂוֹת נִגּוּנִים הַנַּ"ל, דְּהַיְנוּ שֶׁיָּכוֹל לָדוּן אֶת כָּל אָדָם לְכַף זְכוּת, אֲפִלּוּ אֶת הַקַּלִּים וְהָרְשָׁעִים, כִּי מִשְׁתַּדֵּל לְחַפֵּשׂ וּלְבַקֵּשׁ לִמְצֹא בְּכֻלָּם נְקֻדּוֹת טוֹבוֹת כַּנַּ"ל, שֶׁעַל יְדֵי זֶה נַעֲשִׂין נִגּוּנִים כַּנַּ"ל, זֶה הַצַּדִּיק שֶׁאוֹחֵז בְּמַדְרֵגָה זֹאת הוּא יָכוֹל לִהְיוֹת חַזָּן וּשְׁלִיחַ צִבּוּר, דְּהַיְנוּ לְהִתְפַּלֵּל לִפְנֵי הָעַמּוּד.

(ליקוטי מוהר"ן קמא, רפב)

שליח הציבור – הצדיק – הוא מי שמסוגל להכיל בקרבו את כל נשמות כנסת ישראל, ללא יוצאים מן הכלל. הצדיק צריך להיות שליח ציבור, שליח של כל הציבור. ר' נחמן מתרגם תודעה זו למציאת נקודת הזכות שבכל אחד, הכלת נקודות אלו בקרבו ויצירת ניגונים מהן. ניגונים אלו הם מכלול התווים שהתפזרו בנשמותיהם של כלל ישראל והוסתרו בקרבם; ניצוצות שהתפרדו מן השפע האלוהי, מן השכינה האלוהית שגלתה והתפזרה. הצדיק המלמד זכות על כל אחד, המצליח להכיל בקרבו גם את הפחותים ואת הרשעים, לשמוע את הצליל שלהם בתוך ההרמוניה השלמה של השכינה – מצליח לקבץ ולאסוף את ניצוצות השכינה, את שברי המנגינה, את התווים האבודים, ולעשות מכולם ניגון של שכינה.

תכונת ה'כל' של הצדיק, כשהיא מופנית כלפי העולם, היא היכולת שלו להכיל ולקבל את כולם ולתת להם מקום בקרבו. על ידי כך, מוסיף ר' נחמן, 'יהיו כל הנקודות הטובות תאבים אליו': כשאדם רשע ניצב בפני צדיק המתבונן בו בעיניים אוהבות ומצליח למצוא בו את נקודות הזכות, נקודות אלו תאבות אליו, ולפתע מצליח הרשע לדלות אותן מקרבו.

בכמה מקומות מתאר ר' נחמן את הצדיק כגנן המשקה את כל הצמחים, כל אחד לפי צרכיו ולפי תנאי סיפוקו. הצדיק מהלך בגן ויודע למה כל אחד זקוק, הוא יודע את מי צריך ללטף ובמי צריך לגעור, מי זקוק ליד אוהבת ומי לשבט ברזל. זוהי יכולת ה'כל' של הצדיק כשהיא מופנית כלפי ישראל.

אם כן, הצדיק נמצא בעמדת חיבור בין עליונים לתחתונים. ה'אוהב ישראל' מאפטא תיאר אותו כ'סרסור ושושבין המקרב הבאר, הוא הכנסת ישראל, אל חיות הקודש הבא מהשגחת הבורא ית"ש, ומקשר אותם ונעשה ייחוד גמור'.[43] הכינויים 'שושבין' ו'סרסור' (במשמעות של תיווך) מבטאים

43. אוהב ישראל, חיי שרה.

היטב את כפל התודעה של הצדיק: האחד בשייכותו לעליונים – הוא איננו מביא דבר בשם עצמו; לא מכוחו, לא מתכונותיו, לא מתוקף אישיותו. הוא רק צינור שכל חפצו להביא את השפע האלוהי דרכו. השני בשייכותו לתחתונים – הוא איננו מבקש דבר לעצמו; כל בקשותיו ושאיפותיו הם כלפי עם ישראל, כלפי תלמידיו. זוהי תודעת המתווך, השושבין: הוא איננו מוקד הסיפור. החתן והכלה שאותם הוא מבקש לחבר הם משאת נפשו.

> הצדיקים נקראין שושבינא דמטרוניתא, ובעומק השגתם בהכניסם את הדעת אל כל עניני עובדותיהם, אפילו הגשמיות, גם שם רואין את התלבשות אלהות. הגם שהוא בהסתרה ומגושם, עם כל זה מקרבין גם משם תקונים לשכינה.

(אור המאיר, נח)

ירידתו של הצדיק אל העולם הגשמי גם היא חלק ממשימתו לחבר עליונים ותחתונים. עליו מוטל התפקיד להשיב את השכינה האבודה במקומות המוסתרים והמגושמים ביותר למקורה, ולא ניתן לעשות זאת אלא על ידי ירידה אל אותם המחוזות כדי להכניס שם דעת, בלשונו של ר׳ זאב וולף מז׳יטומיר.

נסיים בדבריו של ר׳ יוסף ג׳יקטיליה:

> ועתה בא וראה כמה הוא כוחן של צדיקים המחזיקים בתורה ובמצוות, שיש להם כוח לחבר כל הספירות ולהטיל שלום בעליונים ובתחתונים, בהיות האדם הישר והטהור מחבר מידת צדיק למידת צדק, ואז נקרא יהו״ה אחד, ונמצא מטיל שלום בפמליא של מעלה ובפמליא של מטה, נמצאו שמים וארץ אחדים על ידי אדם זה, אשרי חלקו ואשרי יולדתו, ועליו נאמר ׳ישמח אביך ואמך׳ וגו׳ (משלי כג, כה). ואומר ׳ישמח י״י במעשיו׳ (תהילים קד, לא).

(שערי אורה, שער שני)

בזאת סיימנו את דיוננו בשתי הספירות התחתונות – יסוד ומלכות, המקיימות ביניהן זיקה מהותית. עם זאת, לא ניתן לסיים את הדיון בספירות אלו ללא עיסוק בשבת, הקשורה במישרין לשתיהן. נשלים זאת בנספח המצורף בסופו של הספר, העוסק בשבת מתוך הפרספקטיבה של שתי הספירות האלו.

אל הנפש והחיים – יסוד

סעיפים א-ב: הרצון והיכולת להשפיע ולהתקשר

בסעיפים אלו פגשנו את ספירת היסוד כמשפיעה. ראינו כי כל אורגניזם שלם שאין לו את תכונת היסוד, היינו שאינו חותר למפגש, להשפעה ולאינטראקציה עם הזולת, סובל מסוג של עקרות שתוצאתה היעדר פוריות.

- ההזמנה בסעיפים אלו היא לבדוק את תכונת היסוד אצלנו – לבחון האם קיים בנו הרצון להשפיע, להתקשר, להוציא מן הכוח אל הפועל; לזהות מערכות יחסים או מציאויות בחיינו שתכונת היסוד איננה פועלת בהם. חיסרון זה יכול לבוא לידי ביטוי ברעיונות, חלומות, מחשבות, תחושות ורגשות שאיננו מרשים לעצמנו להביע, לחלוק ולשתף, ובוודאי לנסות להוציאן לפועל; או לחלופין במערכות יחסים שנותרות 'עקרות', שאינן מתקדמות לעבר חיבור והשפעה המאפשרים הפריה הדדית. במידה שמצאנו, אפשר לנסות לחשוב כיצד ניתן לייצר במערכות אלו תנועה של השפעה, הבעה, הוצאה מן הכוח אל הפועל וחתירה למגע ולהתקשרות.[44]

סעיף ג: חיבורים ופירודים ברוח (מערכות יחסים) ובגוף (יחסי אישות)

סעיף זה, מן החשובים בפרק על ספירת יסוד, נוגע ביסוד היסודות של החיים – **סוד הנסירה.** למדנו שכל מערכת יחסים בנויה מחיבור ופירוד – נסירה שתכליתה לייצר חיבור גבוה יותר. למדנו, שיש חיבור אחור באחור, המבטא הכרחיות של קשר והיעדר בחירה, היעדר עצמאות ונבדלות, והיעדר היישרת מבט. מאידך גיסא, החיבור פנים בפנים מאפשר נבדלות ובחירה, דינמיות והיישרת מבט.

למדנו גם שיחסי האישות, על פי הסוד, תכליתם להביא לחיבור מחודש בין האיש לאישה שהיו יחדיו ארבעים יום קודם יצירת הוולד, ושבים כעת מבחירה אחד אל השני. בקומה הראשונה עניינם של יחסי האישות הוא

44. אעיר, שבסעיפים הבאים נבחן גם מצב הפוך שבו הרצון להשפיע, להתקשר, לבטא ולהוציא מן הכוח אל הפועל מופיע מהר מדי או במרחב לא מתאים, ונראה כיצד יש להתמודד עם תופעה זו.

להביא לחיבור הנכסף (כפי שראינו בדברי הרמב"ן), ובקומה השנייה להביא אל הפריון (כפי שפירש רש"י).

לכך ישנן השלכות מרחיקות לכת על תפיסת המיניות על פי היהדות, שלפיה היא מכוונת אל הזוגיות האולטימטיבית בין איש ואישה ששבו אל אחדותם הנצחית, ולכן כל שימוש בה במרחב אחר הינו פסול וחוטא למטרתה העיקרית ('יחסי אישות' לעומת 'יחסי מין').

כאמור, עקרונות אלו רלוונטיים בראש וראשונה בזוגיות של איש ואישה, אולם הם נכונים לכל מערכת יחסים – גם בין אדם לאלוהיו ובין אדם לזולתו.

- תובנות אלו הן הזמנה עבורנו לבחון אם מערכות יחסים שבהן אנו נתונים – עם בן/בת זוג, עם הורים, ילדים, חבר/חברה, מעביד או עובד שלנו, תלמיד או מורה וכדומה – הן מערכות יחסים של 'פנים בפנים' או של 'אחור באחור' (הפרמטרים הם היחס בין פנים לחוץ – מה העיקר, עצמאות ונבדלות מול סימביוטיות, בחירה והכרח בקשר, יכולת להיישיר מבט אל מול הפניית עורף, וכן תחושת הבושה אחד מהשני). התבוננות זו מאפשרת לנו לבחון מחדש אם היינו רוצים להעביר את מערכת היחסים הזו ממצב אחד לשני, ואם כן כיצד לעשות זאת.
- נתבונן במבט זה גם על קונפליקטים במערכות היחסים שיש לנו. נבחן על פי סוד הנסירה כיצד קונפליקטים אלו נועדו לשחרר אותנו ממאפיינים של 'אחור באחור' שיש בקשר, וכיצד אפשר להיבנות מהם לקשר מתוקן יותר, כזה שיש בו יותר 'פנים בפנים'. הדברים נכונים, כאמור, גם בזוגיות אך גם במערכות יחסים אחרות, ובכלל זה כמובן גם בין אדם לקב"ה. זו הזדמנות עבורנו לבחון כיצד מערכות יחסים אלו מאפשרות גם נבדלות וגם חיבור, גם ודאות של קשר (בעיקר בזוגיות) וגם דינמיות של בחירה והתחדשות.[45] כמובן, בכל מערכת יחסים נדרש איזון אחר בין שני הקטבים הללו.
- לדברים אלו ישנה משמעות מיידית גם במרחב יחסי האישות. את התשוקה לחיבור יש לנתב אל תכליתה האולטימטיבית. בימי הרווקות יש לנתבה אל השאיפה למצוא את החלק השני שלנו, שנפרד מאיתנו ארבעים יום קודם יצירת הוולד, וכעת אנו מחפשים אותו בשביל להביא

45. נראה את שתי התנועות הללו באופן משמעותי בדיוננו בספירות חכמה ובינה.

אל החיבור הנכסף. הענקת משמעות זו תעזור לנו במידה רבה לנתב את התשוקה ולרסן אותה למקומה הראוי בעיתה ובזמנה. בימי הנישואין ניתן להקשיב בהקשר זה לקצב הפועם של הזוגיות, קצב שיש בו חיבור ונסירה. 'ימי הנסירה' הם הזדמנות להתעצם מן הפירוד והנבדלות, להרוויח את הפניות והחלל שנוצר לעוד דברים במרחב, ובעיקר להתכוון ולהתכונן אל החיבור המחודש שמפעם לפעם מתעלה ומשתדרג.

סעיף ד: הזיווג כתנועת נפש

בסעיף זה עמדנו על התנועה המכוננת של ייחוד, חיבור וזיווג ביסוד העולם ועל הופעתה בממדים שונים של המציאות, ובחנו כמה דוגמאות שלה: במפגש בינינו לבין הקב"ה בתפילה, בדיאלוג בין אנשים, וביחסי האישות עצמם. תנועה זו הינה הזמנה להעצים את החיבורים במרחבי החיים השונים שיש לנו.

- בתפילה – ננסה להנכיח את 'חוויית הזיווג' בשעת התפילה. נעיר שהתפילה מלווה במחוות שיש בהן כדי להעצים את חוויית החיבור: לדוגמה, שלושת הצעדים קדימה לאחר ברכת 'גאל ישראל' אל עבר 'ברוך אתה ה'' של תחילת עמידה הם הזדמנות להציף בתודעה את ההכרה שברגע זה הולך להתממש החיבור בינינו לקב"ה, בין קוב"ה לשכינתיה, בין השפע האלוהי המונח למעלה לבין החיסרון והצורך שאותם אנו מבקשים להביע כעת. ברמות גבוהות יותר ניתן לצקת לתפילה תחושות ממרחב הזיווג: תשוקה, עונג, תחושת אחדות. ניתן לחוש זאת בגוף, בתנועות, ברגשות ובמחשבות (נעיר שפעולה זו משרתת גם את ההפניה של תשוקה זו למרחבים נוספים, רוחניים ולא רק פיזיים, בעיקר בזמן שהמרחבים הפיזיים אסורים).
- בדיאלוג בין אנשים – בעת קיום דיאלוג עם הזולת ננסה לחוש את החיבור שאותו אנו מבקשים כעת. גם בקשה אינטרסנטית פרגמטית לטובת מימוש צורך כלשהו היא חיבור, ובוודאי בקשה לדיאלוג עם חבר או חברה, בן זוג, ומעל הכול בין אדם לבוראו. ננסה לחוש שאין זה רק דיבור או העברת אינפורמציה אלא אקט של חיבור, של מפגש, של זיווג (בהמשך נראה כיצד מיטיבים ומשפרים את איכות המפגשים הללו. כעת רק נסתפק בעצם התודעה שמתרחש עכשיו חיבור וזיווג – בכל רמה שהיא).

סעיפים ה-ו: שמירת הברית – ריסון ודיוק הרצון להשפיע ולהתחבר

אם בסעיפים הקודמים פגשנו דרך ספירת יסוד את הרצון וההשתוקקות להשפיע, להפרות ולהתחבר בשני הממדים של הדיבור והזרע, ואף עמדנו על בעיית העקרות הקיימת בהיעדר תכונה זו, הרי בסעיפים אלו אנו פוגשים את הסכנה ההפוכה: היעדר ריסון ודיוק בשני הממדים הללו.

ראינו את חשיבות הברית דווקא בצמתים אלו (בעיקר באיבר ההולדה), כצמתי השפעה וחיבור.

עמדנו על שתי סכנות משמעותיות הקיימות במרחב ההשפעה והחיבור כשהוא מתקיים ללא שמירת הברית: סכנת הפיזור וסכנת עודף החסד, הנובעות מרצון אובססיבי להשפיע, ללא בחירת נמען מדויק וללא התאמה בין השפע למקבל.

בדיבור – סכנות אלו יבואו לידי ביטוי בדיבורים לא מדויקים; בחשיפה לא מותאמת של העולם הפנימי (גילוי סודות); בשיתוף רעיונות גדולים למי שאינו מבין; בדיבור מיותר, חסר פשר וסתמי; בדיבור שאיננו אמת; בדיבור שאיננו צנוע ומדויק. בזרע ובמיניות – הן יתבטאו במתירנות מינית, בשימוש מופרז, ובהקשר הגברי – בהוצאת זרע לבטלה.

ראינו ששתי תופעות אלו הן ביטוי לתנועה כללית של רצון להתחבר ולהשפיע במקום הלא נכון.

עמדנו על כך שכל התופעות האלו גורמות להחלשת כוח החיים, לשחיקת הרגשות, להעלאה מתמדת של סף הריגוש, לאיבוד האינטימיות ולהיעדר יכולת ריכוז.

׳שמירת הברית׳ בלשון, באיבר ההולדה ובכל מרחבי החיים העוסקים בהשפעה מבקשת לרסן, לדייק ולנתב את התשוקה להשפעה, להתבטאות ולחיבור אל האחר למקום, אופן ומינון מדויקים. תנועה זו שוללת ׳כתובות לא נכונות׳, ׳דיבורים לא מדויקים׳, ׳חיבורים לא מותאמים׳ ועוד. יש בה גם הכנסה של התשוקה והרוח לתוך עולם של גבול, חוק וסדר, שבו נפגוש את הנאמנות, ההתמדה, הזיכרון והברית. זהו המקום שבו אנו מרחיבים את ׳הכאן והעכשיו׳ (שעניינו במלכות) לעבר ולעתיד. הזיכרון מאפשר לקשור את ההשפעה העכשווית אל התודעה שזו כתובת ראויה עבורי, גם מפני שאני שייך למקום הזה וגם מפני שאני מבקש לייצר ברית שתתמיד בעתיד.

תנועה חשובה ויסודית זו של שמירת הברית יכולה להתממש בארבעה

ממדים: בדיבור, במרחב המיני, במרחבים כלליים של חיבור והשפעה, ובמקומו של הזיכרון.

בדיבור

- ננסה לבחון את אוצר המילים שלנו: באיזו קלות אנו משתמשים בסופרלטיבים (׳קרה לי משהו מטורף׳, ׳אני אוהב אותך׳, ׳חשבתי שאני מת׳ ועוד). ננסה לשמור את המילים הגדולות לדברים גדולים באמת. נבחר היטב את המילים שבהן אנו מתארים הרגשה, אירוע, תחושה.
- נשים לב שרמת החשיפה שלנו לזולת מותאמת לטיבה ולאיכותה של מערכת היחסים. אם אנו חשים שאנו מספרים ומשתפים פחות ממה שמערכת יחסים זו יכולה להכיל – סימן שחסרה לנו במערכת זו ספירת יסוד. אם אנו חשים שאנו מספרים ומשתפים יותר ממה שמערכת יחסים זו יכולה להכיל – סימן שחסרה לנו בה שמירת הברית. ננסה לדייק.
- נטה את ליבנו לסודותינו – בפני מי ראוי שייחשפו, ובפני מי ראוי שנסתיר אותם.
- שמירת הלשון – לשון הרע, רכילות, דיבור גס או סתמי – שמירת הברית מתבטאת גם בצורך לדייק את הדיבור.

במרחב המיני

- מדובר באתגר גדול ביותר, בייחוד בדורנו שבו תקופת הרווקות מתארכת. היכולת לשמור את התשוקה והבקשה לחיבור והשפעה למערכת היחסים האולטימטיבית, זו שיהיו בה עבר, הווה ועתיד, וכן זיכרון וברית – איננה פשוטה כלל ועיקר. יכולת זו מתבטאת בשמירת העיניים, הלב, המגע ובוודאי מה שמעבר לו; בהימנעות מיצירת מערכת יחסים קרובה מדי, אינטימית מדי, חשופה מדי במקום שאין בו כוונה לחיבור האולטימטיבי של הזוגיות – ברית הנישואין. מימוש התשוקה המינית ללא זוגיות, אדם אצל עצמו, הוא אומנם במובן מסוים פחות חמור ממימושה עם הזולת, אך גם בו יש פספוס והחטאה של שמירת התחושות הללו למרחב שאליו הן מכוונות מלכתחילה. כל אלו הם אתגרים גדולים במרחב היסוד.
- הדבר גם נוגע לחשיפה וגילוי מול כיסוי, וכן לשמירת סוד במה שנוגע לצניעות הפיזית – בלבוש ובהתנהלות. המלכות מבקשת לגלות, להופיע ולממש, ואילו היסוד מבקש לרסן, להגביל, להסתיר, לכסות ולהמתיק סוד. האיזון ביניהם צריך להתממש גם ביחס ללבוש ולהתנהגות: שיהיה

בהם ביטוי יפה, אסתטי וראוי לגילוי הפנימיות, אך בו־זמנית גם שיכסו וישמרו את מה שראוי לו להתגלות רק באינטימיות ולעיני מי שנכרתה עימו ברית. באופן כללי, השמירה על מרחב ציבורי נקי מגילויים אינטימיים היא במובן זה משאת נפש של ספירת יסוד, ולוואי ונזכה.

- גם בין בני זוג שמירת הברית תופסת מקום, קודם כול בתחומים שלעיל, אך גם בתוך המרחב הזוגי: שימור התשוקה לחיבור והכוונתה לזמן הנכון, משמירה על ההרחקות בתקופת הנידה ועד הימנעות מגילויי חיבה פיזיים מוגזמים במרחב ציבורי שאיננו אינטימי או מול אנשים, כאלו שיש בהם 'פיזור' וגילוי של 'סוד' שנכון לשמור אותו במלוא עוצמתו למרחב האינטימי; דיבור נקי ועדין; מינון ותדירות מימוש האינטימיות, ואפילו הקצב, התהליכיות וההשתהות בשעת מעשה. באופן כללי, שמירה ועיצוב של מרחב אינטימי, רוחני, נפשי ופיזי בין בני הזוג היא המפתח והערובה לקשר בר־קיימא.

במרחבים כלליים של חיבור והשפעה

- זוהי הזמנה עבורנו לבחון שוב את מערכות היחסים שלנו: האם אנחנו מחוברים לאנשים שאנו באמת רוצים להיות מחוברים אליהם? אם נגלה שזמן ואנרגיה רבים מדי מושקעים במערכות יחסים שאיננו רוצים בהם, נשתדל לפעול לצמצמן או לחתור לסיומן (כמובן בהתחשב בגורמים משמעותיים אחרים – הימנעות מפגיעה בזולת, עשיית חסד ועוד).
- ננסה לבחון את הקצב והדינמיקה המתרחשים בקשר שאנו יוצרים, או במקום שבו אנו מבקשים להשפיע. האם הקשר נוצר מהר או לאט מדי? האם תהליך זה מתרחש בשליטה ובבקרה, או שנקרית הזדמנות ואנחנו מתנפלים עליה ללא מחשבה מדויקת? האם זה נכון כאן ועכשיו? אפשר לבדוק זאת מול חברות וחברים, מול ילדים, מול עובדים, או מול כל מרחב שבו אנו מבקשים להשפיע ולהתקשר.

זיכרון

- נבדוק עד כמה אנו פועלים רק מתוך מפגש עם המציאות, וכמה אנו פועלים מתוך חיבור אל חזון, אמונה או רצון.[46] מקומות שבהם נעדרים הרצון, החזון, הבחירה והאמונה – סופם להתייבש, להישחק ולהפוך

46. נבחן זאת שוב להלן בדיוננו ביחס שבין הספירות העליונות לתחתונות.

לעול גדול. אם יש כאלו, ננסה להשיבם אל החזון הנמצא בתשתיתם, ואם אין זה אפשרי כדאי לחשוב אם לא הגיעה השעה להיפרד מהם.

- הזיכרון הוא גם היכולת לעצב בתודעתנו את הזיקה ההיסטורית-לאומית שבקרבה אנו חיים. איננו חיים רק כאן ועכשיו, אנו שייכים לברית גדולה, לזיכרון גדול. מדובר במתנה גדולה, בייחוד בימים לא פשוטים מבחינה אישית ולאומית.
- כפי שכבר ציינו, הדרך להתמודד עם סכנת 'כוחי ועוצם ידי', שהיא פעולת המלכות כשהיא מנותקת מהיסוד, היא להתחבר אל הזיכרון, אל ההכרה כי המלכות יונקת את כוחה מן היסוד המחובר לספירות העליונות, למקור השפע. להיזכר שה' נמצא בקרבנו בכל עת.

סעיף ז: צדיק יסוד עולם – עבודה עם הצדיק

בסעיף זה פגשנו את הזיהוי בין הצדיק לספירת יסוד. מהותו של הצדיק על פי ספירת יסוד היא החיבור בין שמיים לארץ, בין המדרגות הנמוכות ביותר במציאות – בני אדם פשוטים או חוטאים, העולם החומרי וצרכיו הממשיים – לבין המדרגות הגבוהות ביותר של דבקות וקדושה. חיבור זה מתאפשר כיוון שהצדיק הוא בעל יכולת לרדת למטה עד לתחתית המציאות ולעלות למעלה, וכן בהיותו מסוגל להתבטל בפני האלוהות ולהיות עבורה שליח נאמן ונקי, ובו זמנית להתבטל בפני כלל ישראל ולהיות עבורם שליח נאמן לרומם ולהעלות אותם ואת תפילתם ובקשתם אל על.

העיסוק בצדיק ובתפקידו דורש הרחבה והתבוננות שאין כאן המקום לעשותה. אנסה להציע שני נתיבי עבודה סביב העיסוק בצדיק ובדמותו.

הנתיב הראשון הוא התייחסות לצדיק ממשי כפשוטו, חי או נפטר.

- נבחר אדם, חי או שכבר נפטר, שאנו חשים שעונה על ההגדרה של 'צדיק יסוד עולם' – שיש בו יכולת הבנה והכרה במציאות הנמוכה והבסיסית ביותר, ובו זמנית ראשו בשמיים. נדגיש (וכאן אגע לרגע במורכבות) שאדם זה איננו אמור להחליף את העבודה שלנו ואת הקשר הישיר של כל אחד ואחת אל ה' יתברך; אך הוא יכול להוות עבורנו השראה וברכה למשימה המורכבת של קשירת המקומות הנמוכים והבסיסיים ביותר של המציאות אל השמיים. אם הוא חי – נפנה אליו, ואם הוא נפטר – ננסה להעלותו בדמיוננו, נעצום עיניים וננסה לראותו עומד לנגדנו. נתמסר אל הדמיון ונראה עצמנו נכנסים אליו ל'יחידות' – למפגש. כמובן,

מוטב לבחור באדם שיש לנו היכרות כלשהי עימו – דרך כתביו, שיעוריו והסיפורים עליו, וככל שההיכרות מעמיקה יותר כך המפגש הוא משמעותי יותר.

- ניתן לנסות להביא בפני דמות זו שאלות, בקשות והתלבטויות שאנו מבקשים לקשור אותן אל השמיים, אל רצון ה׳, לקבלת עצה מלמעלה. אם הוא חי נעשה זאת לפניו, ללא כחל ושרק, בכנות ובהתמסרות גמורה. ואם הוא נפטר – נעשה זאת בתהליך של דמיון: נספר לו את אשר על ליבנו וננסה לשמוע דרך פנימיותנו מה הוא עונה, מה הוא מציע, כיצד הוא מתפלל עבורנו.
- ניתן לעשות זאת סביב קונפליקט או דילמה, שאלה או התלבטות שאנו מצויים בקרבה. לפני שאנו מגיבים נעצור, נעלה את דמותו של אותו אדם, וננסה לבחון כיצד הוא היה נוהג או לכל הפחות כיצד היה מציע לנו לנהוג.
- ניתן גם לבקש מאותו אדם שיתפלל עבורנו על בקשתנו (נדגיש: לא להתפלל אליו, אלא לבקש שיתפלל עבורנו), מתוך תחושה ששותפותו בתפילתנו מרוממת את התפילה למקום גבוה יותר מכפי שהיינו מצליחים לבד.

הנתיב השני הוא התייחסות לכל אחד ואחת מאיתנו כ׳בחינת׳ צדיק. במילים אחרות, סביר שלכל אחד מאיתנו יש דמות שעבורה אנו מהווים השראה וחיבור אל משהו גבוה יותר שתכליתו הוא ה׳ יתברך. התובנות שלהלן פונות אל כל אחד ואחת מאיתנו בבחינת צדיק:

- ננקה את עצמנו! נבדוק שכמתווכים אנו נקיים, שכוונתנו לגמרי לשם שמיים.
- ננסה לבטל עצמנו בפני ה׳מושפע׳ שעליו אנו משפיעים: להיות לגמרי איתו, עם הצורך שלו. להיות לגמרי עבורו, להזדהות, להקשיב, לרצות בשבילו.
- בו זמנית ננסה לבטל עצמנו כלפי התורה, כלפי ה׳, כלפי הרוח שאותה אנו מבקשים להביא לאותו אדם. נזכור שאנחנו רק צינור, שלא אותנו הוא מעריך ומכבד אלא את מה שיש ביכולתנו להביא עבורו.
- נזכור תמיד שעלינו להחזיק בשני קצוות – במקום הגבוה שאותו אנו מבקשים לייצג ולהביא, ובנכונות וביכולת שלנו לרדת למקום נמוך,

יסודי ובסיסי של המציאות, ללא החשש שירידה זו – אם היא נעשית מתוך תכלית ראויה – תנתק אותנו מהחיבור אל המקום הגבוה.

ספירות
חסד וגבורה

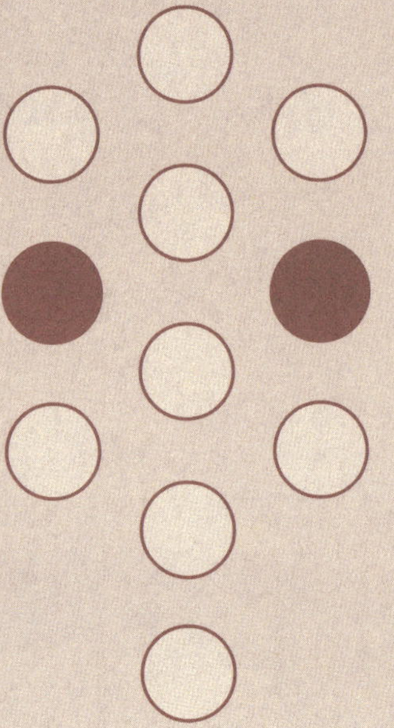

א. חד"ר – הנהגות חסד, דין ורחמים

על פי סדר הספירות מלמטה למעלה, מעל ספירת יסוד נמצאות ספירות נצח והוד. אולם לא ניתן להבין ספירות אלו ללא התבוננות במקורן – ספירות חסד וגבורה. על כן את חטיבת הספירות הבאה – חסד, גבורה, תפארת, נצח והוד – נלמד מלמעלה למטה. כשנשלים לימוד זה נמשיך לטפס במעלה הספירות אל שלוש העליונות – כתר (או דעת), חכמה ובינה.

כפי שראינו במבוא, החלוקה היסודית של אילן הספירות היא החלוקה לימין, שמאל ואמצע: קו הימין, המבטא את הנהגת החסד, כולל את ספירות חכמה, חסד ונצח. קו השמאל מבטא את הנהגת הדין, וכולל את הספירות בינה, גבורה והוד. קו האמצע הוא קו הרחמים, והוא כולל את ספירת דעת הממזגת את החכמה והבינה, ספירת תפארת הממזגת את החסד והגבורה, וספירת יסוד הממזגת את הנצח וההוד.

הנהגות החסד והדין, אם כן, מורכבות משלוש פעימות כל אחת: עליונה, אמצעית ותחתונה. שלוש מדרגות אלו הן שלושה שלבים של תהליך המתחיל בשורש, עובר דרך הביטוי המהותי של אותו שורש, ומסתיים בשלב הביצוע. על כן את הבירור של הנהגות החסד והדין ראוי לעשות בשורשים שלהן, כלומר בחכמה ובבינה, או לחלופין בביטוי המהותי שלהן – בחסד ובגבורה, ולא ביישום שלהן בנצח ובהוד.

יש המכנים את שלושת הקווים הללו על פי ראשי התיבות שלהם – הנהגת חד"ר (חסד, דין, רחמים). כפי שכתבנו במבוא, חלוקה זו משתיתה את התנועה היסודית של המציאות, ואת הרעיון הדיאלקטי של תזה, אנטיתזה וסינתזה.

בפרקים הקודמים עמדנו על כך שספירות יסוד ומלכות הן ביטוי להנהגה האלוהית הזכרית והנקבית – קוב"ה ושכינתיה. אך גם בבואנו לבחון

את הנהגת הימין מול הנהגת השמאל, במידה רבה מתקיימת בהן ההבחנה בין ההנהגה הזכרית של צד ימין – ספירת חסד (שמעליה חכמה ומתחתיה נצח), לבין ההנהגה הנקבית של צד שמאל – ספירת גבורה (שמעליה בינה ומתחתיה הוד). אולם כאן הדגש בהבחנה זו איננו על הנתינה והקבלה, המשפיע והמושפע, אלא על שתי צורות של הנהגה אלוהית. אומנם גם כאן ניתן לאפיין את האחת כמשפיעה ובמידה רבה את השנייה כמקבלת, אך לא זה המוקד – כפי שנראה להלן.

ב. 'אחת דבר אלהים שתים זו שמעתי' – פירוד וריבוי

פיצולה של ההנהגה האלוהית לימין ולשמאל מנכיח את הריבוי ואולי אף את הסתירה שבה – 'אַחַת דִּבֶּר אֱלֹהִים שְׁתַּיִם זוּ שָׁמָעְתִּי' (תהילים סב, יב). הקביעה כי לגילוי האלוהי המבטא את מהותו יש שני צדדים היא התשתית לעולם הריבוי, ויש לה השלכות רבות.

ימין ושמאל הם שני צדדיו של אותו מטבע. לא מדובר בפירוד גמור ובמלחמה חזיתית בין שני כוחות נעדרי כל בסיס משותף, אלא באחדות המתפצלת לשניים. עיקרון זה מונח בשורשה של ההנהגה האלוהית, ובא לידי ביטוי ביישומים שונים.

כלי המשכן, מקום משכנו והתגלותו של אלוהים, מבטאים את סוד האחדות והריבוי. ישנם כלים המבטאים זאת אף יותר מן האחרים: האחד בקודש הקודשים – הכפורת והכרובים אשר עליה:

> וְנוֹעַדְתִּי לְךָ שָׁם וְדִבַּרְתִּי אִתְּךָ מֵעַל הַכַּפֹּרֶת מִבֵּין שְׁנֵי הַכְּרֻבִים אֲשֶׁר עַל אֲרוֹן הָעֵדֻת אֵת כָּל אֲשֶׁר אֲצַוֶּה אוֹתְךָ אֶל בְּנֵי יִשְׂרָאֵל.
>
> (שמות כה, כב)

כבר הזכרתי ברמז כי הכרובים הינם ביטוי לשני הפנים – הזכרי והנקבי – של האלוהות, אך בראש וראשונה הם ביטוי לריבוי שבמציאות, ריבוי הקיים אף בהנהגה האלוהית: 'וַעֲשֵׂה כְּרוּב אֶחָד מִקָּצָה מִזֶּה וּכְרוּב אֶחָד מִקָּצָה מִזֶּה' (שמות כה, יט). יש קודש קודשים אחד, ארון אחד, תורה אחת – אבל שני כרובים!

דואליות זו קיימת לא רק בכלי ההיוועדות בקודש הקודשים, אלא גם

בכלי המבטא את גילוי השכינה בקודש – המנורה,[1] שקניה מחולקים לשני צדדים: 'וְשִׁשָּׁה קָנִים יֹצְאִים מִצִּדֶּיהָ, שְׁלֹשָׁה קְנֵי מְנֹרָה מִצִּדָּהּ הָאֶחָד וּשְׁלֹשָׁה קְנֵי מְנֹרָה מִצִּדָּהּ הַשֵּׁנִי' (שם פסוק לב).

> והם ו' קני מנורה, הג' הימינים הם גדולה[2] נצח יסוד, והנר האמצעי הוא הת"ת [=תפארת] העומד באמצע, והג' שמאליים הם גבורה הוד מלכות וכולם פונים באמצעי.
>
> (ספר הפליאה ד"ה 'פרט וכלל פרט')

ההבחנה בין חסד לדין באה לידי ביטוי במבנה הדו־צדדי של המנורה: שלושה קני המנורה הימניים מבטאים את הנהגת החסד, הבאה לידי ביטוי בספירות חסד, נצח ויסוד; שלושת הקנים השמאליים מבטאים את הנהגת הדין, הבאה לידי ביטוי בספירות גבורה, הוד ומלכות. הנר האמצעי הוא ספירת תפארת המבטאת את הנהגת הרחמים,[3] הממזגת את שני הצדדים – 'וְעָשִׂיתָ אֶת נֵרֹתֶיהָ שִׁבְעָה וְהֶעֱלָה אֶת נֵרֹתֶיהָ וְהֵאִיר עַל עֵבֶר פָּנֶיהָ' (שמות כה, לז).[4]

על פי עיקרון זה גם בכרובים ניתן למצוא את הנהגת הרחמים: הנהגה זו באה לידי ביטוי במרכז שבין שניהם, אליו מופנים הפנים. מעתה נאמר כי הפנייה של הכרובים איש אל רעהו היא ביטוי לא רק לקרבה ולהשתוקקות

1. המנורה והנר המערבי אשר בה הם עדות לכך שהשכינה שורה בישראל: 'מתיב רב ששת: "מחוץ לפרוכת העדות יערוך", וכי לאורה הוא צריך, והלא כל ארבעים שנה שהלכו בני ישראל במדבר לא הלכו אלא לאורו?! אלא עדות היא לבאי עולם שהשכינה שורה בישראל. מאי עדות? אמר רב: זו נר מערבי' (שבת כב ע"ב).
2. 'גדולה' הוא הכינוי המרכזי של ספירת חסד, על פי הפסוק המניח את המבנה של שבע הספירות התחתונות: 'לְךָ ה' הַגְּדֻלָּה וְהַגְּבוּרָה וְהַתִּפְאֶרֶת וְהַנֵּצַח וְהַהוֹד כִּי כֹל [=יסוד] בַּשָּׁמַיִם וּבָאָרֶץ, לְךָ ה' הַמַּמְלָכָה [=מלכות]'. ראו לדוגמה פרדס רימונים שער כג, פרק ג.
3. זוהי דוגמה לחלוקה נוספת בין שלוש ההנהגות, המתייחסת רק לשבע הספירות התחתונות: חסד, נצח ויסוד הן ספירות הימין – ספירות החסד; גבורה, הוד ומלכות הן ספירות השמאל – ספירות הדין; תפארת היא ספירת האמצע – ספירת הרחמים.
   את זיקתה של ספירת יסוד לימין ולחסד וספירת מלכות לשמאל ולדין ניתן לקשר לבחינה הזכרית המשפיעה של ספירת יסוד, הקשורה לחסד, ולבחינה הנקבית המקבלת של ספירת מלכות, הקשורה לדין, ואכמ"ל.
4. וכן במדבר ח, ב: 'אֶל מוּל פְּנֵי הַמְּנוֹרָה יָאִירוּ שִׁבְעַת הַנֵּרוֹת'.

שביניהם, כי אם גם לנקודת המרכז שמבטיהם יוצרים – נקודת הרחמים המשלבת את שני הצדדים.

הדואליות שבהנהגה האלוהית עלולה לתת פתחון פה לטוענים לריבוי באלוהות: שמא נאמר ח"ו שיש אלוהי חסד ואלוהי דין? נראה שתשובה לשאלה זו מצויה כבר במבנה הארכיטקטוני של שני הכלים האלו, שכאמור מבטאים את גילוי השכינה: המשותף לשניהם הוא שבניגוד לכל שאר כלי המשכן, כלים אלו עשויים מקשה אחת.

רבים עמדו על הפלא שבעשיית שני כלים כה מורכבים – פרצופים וכנפיים, כפתורים ופרחים – ממקשה אחת, עד כדי כך שהדבר חייב התערבות אלוהית ניסית.[5] פלא זה הוא הפלא של הריבוי בתוך האחדות: דווקא כלים אלו, המבטאים את המורכבות שבהנהגה האלוהית, צריכים לבטא גם את האחדות שבה – להראות ששני הצדדים משקפים את האחדות, ולא סותרים אותה.

את הפשר של פלא זה איננו יודעים. אולם כשם שכלי השכינה הגשמיים מבטאים את הריבוי והאחדות באופן פלאי ובשלמות כה רבה, כך אחדותה של ההנהגה האלוהית עצמה, המורכבת מימין ושמאל, חסד ודין, איננה נפגמת ממורכבות זו.

ספירת חסד

א. 'עולם חסד יבנה' ('חסד', 'אהבה')

מקורו של החסד במציאות הוא בתנועה הראשיתית של הבריאה:

> דע כי לשון חסד הוא, כל העושה דבר שאינו מוכרח לעשותו מצד הדין, אלא שעושה אותו בחפצו וברצונו מאין מכריח, ועושה אותו הדבר בטובתו, זה נקרא חסד, הוא היפך הדבר הנעשה בהכרח. ולפי שמידת אל [=כינויה של ספירת החסד] קדמה לעולם, והשם יתברך ברא את העולם בחסד, ולא מצד שהיה חסר כלום, אלא ברא את העולם

5. מדרש תנחומא, בהעלותך ג.

מצד החסד הגמור, להיטיב עם ברואיו, ולתת להם חלק ונחלה כרוב רחמיו וחסדיו, ועל זה נאמר, ׳אמרתי עולם חסד יבנה׳ (תהילים פט, ג).
(שערי אורה, שער שביעי)

ר׳ יוסף ג׳יקטיליה עומד על יסודותיה של תנועת החסד. הראשון – ׳כל העושה דבר שאינו מוכרח לעשותו מצד הדין, אלא שעושה אותו בחפצו וברצונו מאין מכריח׳; השני – ׳ועושה אותו הדבר בטובתו׳. שני עקרונות אלו הם אבני היסוד של ספירת חסד: ספירה זו מתבטאת בפעולה שאינה נובעת מהכרח אלא מחופש גמור, ושתכליתה להיטיב.[6]

מימושם המוחלט של יסודות אלו התרחש בבריאת העולם. ההכרעה האלוהית לברוא עולם לא הייתה נתונה בשום סד של אילוץ, צורך או חיסרון; היא ביטאה חירות מוחלטת, רצון חופשי לחלוטין להשפיע טוב. עניין זה היה נתון במחלוקת במהלך הדורות, כפי שעולה מדברי ר׳ נחמן מברסלב בדרשה הבאה:

כִּי יֵשׁ אֶפִּיקוֹרְסִים שֶׁאוֹמְרִים שֶׁהָעוֹלָם הוּא מְחֻיַּב הַמְּצִיאוּת. וּלְפִי דַּעְתָּם הָרָעָה הַמְשֻׁבֶּשֶׁת, נִדְמֶה לָהֶם, שֶׁיֵּשׁ עַל־זֶה רְאָיוֹת וּמוֹפְתִים, חַס וְשָׁלוֹם, מִמִּנְהַג הָעוֹלָם. אֲבָל בֶּאֱמֶת הֶבֶל יִפְצֶה פִּיהֶם, כִּי בֶּאֱמֶת הָעוֹלָם וּמְלוֹאוֹ הוּא אֶפְשָׁרִי הַמְּצִיאוּת. כִּי רַק הַשֵּׁם יִתְבָּרַךְ לְבַד הוּא מְחֻיַּב הַמְּצִיאוּת, אֲבָל כָּל הָעוֹלָמוֹת עִם כָּל אֲשֶׁר בָּהֶם הֵם אֶפְשָׁרִי הַמְּצִיאוּת. כִּי הוּא יִתְבָּרַךְ בְּרָאָם יֵשׁ מֵאַיִן, וּבִיכָלְתּוֹ וְכֹחוֹ וְאֶפְשָׁרוּתוֹ יִתְבָּרַךְ הָיָה לְבָרְאָם אוֹ שֶׁלֹּא לְבָרְאָם, עַל־כֵּן בְּוַדַּאי כָּל הָעוֹלָם וּמְלוֹאוֹ הוּא אֶפְשָׁרִי הַמְּצִיאוּת.
(ליקוטי מוהר״ן קמא, נב)

כפי שנראה להלן, הגבורה והדין מתקשרים אל החוק והחיוב. כשאדם נדרש לעשות דבר על פי חוק, זהו דין. אך כשאדם מכריע בעצמו וברצונו החופשי לעשות את אותו הדבר זהו חסד – חירות מוחלטת. על פי ר׳ נחמן מברסלב, העיקרון שלפיו ה׳ יתברך ברא את העולם בחירותו וברצונו החופשי הוא שורש האמונה, והוא משתקף במידת החסד – ׳עוֹלָם חֶסֶד יִבָּנֶה׳.

6. נעיר ששתי תנועות אלו של ספירת חסד – החופש המוחלט והרצון להיטיב – יכולות להיות תנועות יסוד לכל אדם המאפשר לספירת חסד שבקרבו להנחותו ולהובילו.

גם המטרה של בריאת העולם, כאמור, הינה ביטוי של תכונת החסד, כפי שגם עולה מדברי ר׳ נחמן במקורות רבים אחרים:

כִּי הַשֵּׁם יִתְבָּרַךְ מֵחֲמַת רַחֲמָנוּתוֹ בָּרָא אֶת הָעוֹלָם, כִּי רָצָה לְגַלּוֹת רַחֲמָנוּתוֹ, וְאִם לֹא הָיָה בְּרִיאַת הָעוֹלָם עַל מִי הָיָה מַרְאֶה רַחֲמָנוּתוֹ. וְעַל כֵּן בָּרָא אֶת כָּל הַבְּרִיאָה.

(ליקוטי מוהר״ן קמא, סד, א)

מטרת הבריאה הייתה להיטיב לנבראים ולגלות את רחמי ה׳ עליהם. זוהי תנועה יסודית ושורשית של רצון להשפיע טוב ולגלות טוב. עולם המצטייר מנקודת מבט זו הוא עולם מלא אופטימיות ותקווה, כיוון שההנחה היא שהוא נברא ברצון האלוהי החופשי, ותכלית בריאתו הייתה הטבה לנבראים. זהו עומק דברי הפסוק ׳עולם חסד יבנה׳.

תודעה זו משליכה גם על המשך קיומו של העולם ועל הנהגת ה׳ בקרבו. ראשית, היא מקנה אמון בהנהגת ה׳, עיקרון החוזר בווריאציות שונות בדברי חז״ל:

אמר רב הונא אמר רב משום רבי מאיר, וכן תנא משמיה דרבי עקיבא: לעולם יהא אדם רגיל לומר כל דעביד רחמנא לטב עביד [=כל שעושה הקב״ה, לטוב עושה].

(ברכות ס ע״ב)

ואמאי קרו ליה נחום איש גם זו? דכל מילתא דהוה סלקא ליה אמר גם זו לטובה [=ולמה קראו לו נחום איש גם זו? שכל דבר שהיה בא לו, אמר גם זו לטובה].

(תענית כא ע״א)

ההנחיה להתבונן על כל מאורעותיו של אדם מתוך אמון שהם לטובה נשענת על ההכרה שבתשתית הבריאה מונח חסד, וגם הדין שיבוא אחריו נובע מחסד גמור, כפי שנראה להלן. כך תיאר זאת ה׳תפארת שלמה׳:

אפשר יש לומר על פי המשנה בשלהי ברכות, חייב אדם לברך על הרעה כשם שמברך על הטובה, והיינו כי חוב קדוש הוא על כל איש

ישראל להאמין באמונה שלימה, שאין שום דבר בכלל ובפרט שלא יהא בהשגחה פרטית מהבורא ב"ה [...] וכל מה דעביד רחמנא לטב עביד, ומאתו לא תצא הרעות, ושורש הדין הוא חסד, ובאמונה הזאת הוא ממתיק הדינים בשרשם ונעשו רחמים וחסדים. ולזאת, בעת המר הזאת שהצרות והדינים מתגברים בכל יום, ואין לך יום שאין קללתו מרובה מחבירו, צריך כל אחד ואחד להתחזק בה' אלקיו, ובל יפול מאמונתו, וידע נאמנה שהכל הוא בהשגחת הבורא ב"ה בעל העולם, ושכן צריך להיות, ואמנם התכלית הוא לטובה אך טוב וחסד, ועת צרה היא ליעקב וממנה יושע.

(תפארת שלמה, ויצא ד)

ר' שלמה מראדומסק חי במציאות שבה אין לך יום שאין קללתו מרובה מחברו, ואף על פי כן הידיעה היסודית שהקב"ה ברא את העולם כדי להיטיב לברואיו מעניקה צבע אחר לכל הצרות ולכל הדינים. במציאות בריאה ילד יודע בידיעה פנימית שאביו ואמו חפצים בטובתו, בהצלחתו ובצמיחתו, וידיעה זו מעדנת ומכהה את הנזיפה, העונש והכעס שהוא עלול לספוג מהם. כשאדם זר כועס, מעניש ופוגע ניתן לחוש בדין המוחלט, בפגיעות ובערעור של הקיום העצמי. לא כן בן אצל אביו, ואנו אצל אבינו שבשמיים – 'כי לא תחפוץ במות המת'. ידיעה זו ממתקת את הדינים ומאפשרת לצלוח את הכאב.

שנית, התפיסה של ספירת חסד כחופש מוחלט וכביטוי לרצונו החופשי של הקב"ה לברוא את העולם, ללא שום אילוץ של חוק או סדר, מאפשרת גם את האמונה בנס וברצון החופשי האלוהי המלווה את ההיסטוריה כולה. כפי שנראה להלן, גם על נושא זה התנהל פולמוס בהגות היהודית לדורותיה.

החופש המוחלט של ספירת חסד גם מאפשר לה להשפיע טוב ללא אילוץ של מידת הדין. כך מסביר רמ"ק את דברי ר' יוסף ג'יקטיליה שהבאנו:

חסד זו מדת הגדולה. ולשון חסד פירש בספר האורה זה לשונו: דע כי לשון חסד הוא כל העושה דבר שאינו מוכרח לעשות מצד הדין אלא שעושה אותו בחפצו ורצונו מאין מכריח ועושה אותו הדבר בטובתו זה נקרא חסד. שכמו שמדת חסד הוא הפך מדת הדין כך לשון חסד הוא הפך הדבר העשוי בהכרח עד כאן לשונו. ועיקר כוונתו כי נקרא

> חסד מטעם כי המדה הזו פעולתו הפך הדין, אף על פי שמן הדין חייב הוא מזכה אותו.
>
> (פרדס רימונים שער כג, פרק ח)

מידת הדין פועלת תחת האילוץ של הנאמנות למשפט ולצדק; לא כן ספירת חסד, שיכולה לפעול טוב ללא שום אילוץ והגבלה.

החופש המוחלט והרצון להיטיב מעצבים את הרגש היסודי והבסיסי ביותר בעולמנו, הן מצד הקב"ה הן מצד האדם – האהבה:

> אהבה הוא בחסד ולכן נקרא 'אברהם אוהבי' (ישעיהו מא, ח) כי המשיך עליו כוח האהבה. וכן השכינה כשהיא יונקת מצד החסד נקראת אהבה, וכן הוא בתיקונים (תקונא כט) ונקראת אהבה כשהיא יונקת חוט של חסד להזדווג עם בעלה.
>
> (פרדס רימונים שער כג, פרק א)

זיקתה של האהבה אל החסד, שהוא הרצון להיטיב והחופש המוחלט, מקנה לנו שתי תובנות עמוקות על האהבה ומשמעותה.

הראשונה קשורה לרצון להיטיב. האהבה המודרנית משקפת לעיתים את הצורך של האדם בסיפוק צרכיו. אני אוהב אותו או אותה כי הם עונים לי על צרכים רוחניים, נפשיים או פיזיים, כי הם משלימים את שחסר לי, ועוד. זוהי איננה אהבה בטהרתה, אהבה שמקורה בספירת חסד. אהבה ששורשה בחסד היא הרצון הטהור והזך להיטיב לזולת ולהעניק לו. טובתו היא הנמצאת לנגד עיניי, והיא המולידה את אהבתי אליו. כך אוהב הקב"ה את עולמו, ואת בני האדם.

השנייה קשורה לחופש המוחלט של האהבה, לידיעה העמוקה כי אהבתנו לעולם, לזולת ולעצמנו איננה תלויה בדבר, וכי הרצון להיטיב איננו זקוק להסבר או סיבה. אהבתנו היא תנועה יסודית הטמונה בעומק נפשנו, בכך שאנו נושאים בקרבנו חלק אלוה ממעל. חופש זה מאפשר להתגבר על דינים, כעסים, גבולות, סיבות והסברים, ולהניח לאהבה היסודית ולחפץ להיטיב להניע אותנו – גם כשאנחנו פועלים פעולה של דין וגבול.

זוהי תנועת החסד, ובכלל תנועת הצד הימני של אילן הספירות. כפי שנראה להלן, תנועה זו צריכה כבר בראשיתה – בבריאת העולם – להתמתן

ולהתאזן עם התנועה הנגדית שלה – תנועת הגבול; אולם לעת עתה נתמסר לתנועת החסד.

ב. 'ה' אל עולם' – החסד כשורש הספירות כולן ('א־ל', 'גדולה', 'טוב')

השם השביעי משמות הקודש הוא שם הנקרא אל. וצריכין אנו להודיעך סוד השם הזה על דרך העיקר, וכשתבין העיקר אז תבין כל מקום שאתה מוצא בו לשון אל. כבר הודענוך בשערים הקודמים כי שם אל ממונה על החסד והרחמים, והוא סוד המידה אשר ירש אברהם אבינו ע"ה, כאמרו 'ויקרא שם בשם ה' אל עולם' (בראשית כא, לג).
(שערי אורה, שער שביעי)

השם 'א־ל', שהוא אחד משמותיו של הקב"ה, הוא כינויה של ספירת חסד, כפי שדורשים המקובלים את הפסוק מתהילים: 'מַה תִּתְהַלֵּל בְּרָעָה הַגִּבּוֹר **חֶסֶד אֵל** כָּל הַיּוֹם' (תהילים נב, ג).

משמעותה המקראית הפשוטה של המילה 'אל' היא 'כוח', כפי שאומר לבן ליעקב: 'יֶשׁ לְאֵל יָדִי לַעֲשׂוֹת עִמָּכֶם רָע' (בראשית לא, כט), ומפרש שם ראב"ע (וכן אחרים): 'יש לאל – כח, כמו "כגבור אין איל"'. 'אלוה', אם כן, הוא הכוח, ו'אלוהים' הוא בעל הכוחות כולם. ספירת חסד היא מקור כל השפע, כל הכוחות, והביטוי 'אל' מבטא את התנועה היסודית של אלוהים כמשפיע.

במובנים רבים, הבנת החסד ככוח, כאל, הופכת את הספירה הזו למונחת בשורשן של הספירות כולן – שהרי בתשתיתה של כל ספירה והנהגה יש כוח, ולא סתם כוח כי אם כוח להיטיב.[7]

וכבר נתבאר שעיקר עבודת הבורא על ידי יראה ואהבה, והכל שהבורא יהא לו נחת רוח ממנו וישמח במעשיו. ועל ידי זה נעשה האדם כסא להבורא, ואז בא להסתכלות שמסתכל בעולמות העליונים ובעולם הכסא. והכסא מסובב בארבעה מלאכים מיכאל גבריאל רפאל אוריאל.

7. כינוי נוסף לספירת חסד הוא 'טוב' (פרדס רימונים שער כג, פרק ט).

מיכאל הוא מידת האהבה, גבריאל הוא מידת היראה, רפאל הוא מידת הרחמים, שהיא נגד יסוד אויר, והוא מידת יעקב – תפארת. ואוריאל הוא בחינות ואותיות ראיה והסתכלות, שעל ידי שלשה, יראה ואהבה ותפארת של עבודות האדם, בא לידי שרואה ומסתכל כנ"ל. ובכל אחד משמות המלאכים יש אותיות אל – חסד הבורא, שהוא עוזר להאדם לכל מידה ומידה, שאלולי ח"ו ה' עוזרו, לא היה האדם יכול לעמוד בעבודה.

(תולדות אהרן, וירא)

ר' אהרן מז'יטומיר, מתלמידי ר' לוי יצחק מברדיטשב, עומד על כך שארבעת המלאכים המסובבים את כיסא ה', המייצגים את המידות האלוהיות השונות – אהבה, יראה ורחמים – נושאים את השם א־ל בקרבם כיוון שחסד הבורא הוא העוזר לאדם בכל מידה ומידה.

במילים אחרות, הרצון להשפיע טוב הוא שורש השורשים של כל ההנהגות האלוהיות, גם אלו המייצגות את מידת הדין. לכן השם א־ל הוא הבסיסי שבשמות, בהיותו מבטא את התנועה האלוהית המלווה את כל ההנהגות האלוהיות מימין ומשמאל.

תובנה זו מעניקה נקודת מבט השואפת לחשוף את חסד הא־ל המצוי בכל דבר, גם בדבר שהוא דין וגבול. גם כשהאדם פועל בעולם עליו לפעול מתוך הכרה יסודית שבבסיסה ניצב החסד – החפץ להיטיב, לתקן ולקדם.

מכאן נובע גם כינוי נוסף של ספירת חסד – 'גדולה':

גדולה נקרא החסד, והטעם נתבאר מן המפרשים וזה לשונם, נקרא גדולה מפני כי כל הספירות והכוחות כלם מתגדלים מזאת הספירה ואפילו המקטרגים. וזה שאמר הכתוב 'הכפירים שואגים לטרף ולבקש מאל אכלם' (תהילים קד, כא). 'הכפירים' הם המקטרגים, 'שואגים' רצונו לומר להוציא דיבה ולקטרג על עולם השפל, ואף על פי שהם נאצלים מצד שמאל הם 'מבקשים מאל אכלם', כי אל מדת חסד ומבקשים השפעה, ולכן נקרא גדולה.

(פרדס רימונים, שער כג, פרק ג)

הגדלות האמיתית היא תכונת ההענקה האינסופית. גדלות זו מצויה לא אצל מי שמקבל ודורש אלא דווקא אצל מי שנותן: הקב"ה נקרא גדול כיוון שהוא

המעניק האינסופי, לא רק במה שנראה כחסד כי אם גם במה שנראה כדין. העובדה שהקב"ה ניצב מאחורי כל פעולה במציאות מתוך רצון להעניק, היא תכונת הגדולה. כך גם האדם המבקש לעצמו גדולה צריך להיות בעל תכונת הענקה והשפעה מתמדת.

ג. 'אל מלך יושב על כסא רחמים' – המתקת הדינים ('א־ל עליון')

עד כה ראינו שספירת חסד מעניקה פשר מיטיב גם לפעולות ולתנועות של דין; אך יש בכוחה לחולל אף יותר. תכונת החסד – שם א־ל – הנמצאת בשורש המציאות כולה, היא גם הכוח האלוהי היכול להמתיק את כל הדינים:

> ודע כי למעלה מכל אלו המחנות, ולמעלה מבית דין הגדול הנקרא אלהי"ם, יושבת מידת הרחמים הגמורה שאין בה תערובת דין בעולם, אלא כולה רחמים וחסד וחמלה וחנינה, מבלי צד דין שבעולם. והמידה הזאת מרחמת, אף על פי שאין הבריות ראויות לרחמים, ונותנת מתנת חינם. ועל זה הדרך היו הצדיקים והחסידים יודעים דרך המידה הזאת, ובעת הצרה היו מתכוונים אליה והיו מצילין את העולם מכמה מיני צרות.
>
> (שערי אורה, שער שביעי)

מידת החסד בשורשה משוחררת מכל כללי המשחק, מכל מערכות החוקים, בבחינת 'לית דין ולית דיין'. הצירוף של הרצון החופשי עם השאיפה המתמדת להיטיב מאפשר להפוך כל דין על פניו וכל פורענות לחסד. מידת החסד היא ביטוי לתנועה הראשונית, התמימה, הנאיבית, טרם ההתנגשות עם המציאות, עם הבחירה השגויה, עם החטא, הטעות והאילוצים, ועל כן היא איננה מתחשבת בהם. היא מבטאת שיבה אל הראשית, כמו אימא הניצבת אל מול בנה החוטא, ולפתע מביטה בפניו ורואה את הפנים של התינוק הטהור והזך, טרם כל חטא, ומיד צף הרצון הקמאי שלה להיטיב לו, להגן עליו, להעניק לו את כל השפע שבעולם, להעצים ולהגדיל אותו.

בקבלה ובחסידות מידת החסד, מידת א־ל, היא ההנהגה שצדיקים יודעים לחשוף ולגלות בשעת דין כדי להעביר את ה' מכיסא דין לכיסא רחמים (חסד). כשהעולם משתלשל אל המציאות הריאלית של הדין הוא

מצמיח דינים, חוקים וגזרות. הצדיקים יודעים לרומם את המציאות אל אותה הנהגה קמאית של חסד אינסופי המתבונן על המציאות בראשוניותה ומבקש להיטיב לה, וכך כל הדינים מתמתקים.[8]

לאחר חטא העגל ומחילתו של ה׳, משה רבנו נחשף לי״ג מידות הרחמים של ה׳, שבהן ישתמשו הוא ועם ישראל לדורותיו ברגעי דין וחרון אף. ראשיתן של מידות אלו בקביעה כי ה׳ הוא א־ל – רחום וחנון.

׳ויעבר ה׳ על פניו ויקרא׳, אמר רבי יוחנן: אלמלא מקרא כתוב אי אפשר לאומרו, מלמד שנתעטף הקדוש ברוך הוא כשליח צבור, והראה לו למשה סדר תפילה.

(ראש השנה יז ע״ב)

בכל פעם שמידת הדין מתוחה, י״ג המידות שיהודים אומרים הן סוג של מפתח שפותח את אוצר מידת החסד הממתיקה את הדין באשר הוא.

תניא אמר רבי ישמעאל בן אלישע: פעם אחת נכנסתי להקטיר קטורת לפני ולפנים, וראיתי אכתריאל יה ה׳ צבאות שהוא יושב על כסא רם ונשא, ואמר לי: ישמעאל בני ברכני. אמרתי לו: יהי רצון מלפניך שיכבשו רחמיך את כעסך, ויגולו רחמיך על מדותיך, ותתנהג עם בניך במדת הרחמים, ותכנס להם לפנים משורת הדין. ונענע לי בראשו. וקא משמע לן שלא תהא ברכת הדיוט קלה בעיניך.

(ברכות ז ע״א)

תפילתו של ר׳ ישמעאל כוהן גדול נועדה להביא להנהגת החסד: ׳יכבשו רחמיך את כעסך׳, ׳יגולו רחמיך על מדותיך׳, ׳תתנהג עם בניך במדת הרחמים׳, ׳תכנס להם לפנים משורת הדין׳. הקב״ה כביכול זקוק לאדם על מנת להעבירו מכיסא דין לכיסא רחמים. זאת מפני שהאדם בכלל, וישראל בפרט, מנכיחים

8. ראו לדוגמה: ׳דאלקים עליון הוא עולם העליון אשר משם התחלת הדינים. והצדיק הממתיק אותם צריך להמתיקם שם בשורשם. ואמר דוד המלך עליו השלום ״אקרא לאלהים עליון״, רוצה לומר שאני ממתיק הדינים שם בשורשם הנקרא אלהים עליון. ״לאל״, רוצה לומר וממילא נעשים רחמים וחסד, כמ״ש ״חסד אל כל היום״. ״גומר עלי״, רוצה לומר ואז ממילא בא החסד אלי למטה ונגמר אלי הרחמים והחסד, והבן וק״ל׳ (נועם אלימלך, תרומה ד״ה ׳ווזהו׳).

מול מידת הדין הנוקבת את התכלית הראשונה, המחשבה הראשונה, הרצון הקמאי שבגינם נברא העולם – ואלו אפופים בחסד וברחמים. לא מדובר רק בניצחון של מידה אחת על מידה אחרת אלא בחזרה אל הראשית, ועל כן יש בכוחה לא רק להעניק צבע רך יותר לדין, אלא גם להמתיקו ואף לבטלו.

כזו הייתה גם מידתו של אברהם אבינו, המזוהה עם ספירת החסד:

> ונקראת גם כן אל עליון. והנה אברהם אבינו ע"ה השתדל כל ימיו אחרי המידה הזאת שכולה חסד ורחמים וחנינה, וקיבל עליו כמה מיני יסורים וכמה מיני צער כדי שיהיה זוכה לה, וברוב השתדלותו ואהבתו אותה, זכה שהיתה לו ירושת עולם. וזהו סוד 'ברוך אברם לאל עליון' (בראשית יד, יט), ואמר 'ויטע אשל בבאר שבע ויקרא שם בשם ה' אל עולם' (שם כא, לג). והנה אברהם אבינו ע"ה ירש המידה הזאת, ולפיכך נתברך 'בכל', שלא היה לו למעלה מקטרג ומערער, אלא היו מזומנין לחפצו, לפי שמידת אל היתה מתגלית עליו תמיד, ואז היו כל בעלי דינין בורחין מפניו, וזהו סוד 'חסד לאברהם'. ולפי שמידת אל היא המזומנת לרחמים הגדולים, התקינו רז"ל לומר 'אל מלך יושב על כסא רחמים'.
>
> (שערי אורה, שער שביעי)

הכינוי 'א־ל עליון' מבטא את עליונותה של מידת החסד, שיש בכוחה להפוך את הספירות כולן מכוח הקמאיות שבה – לבקשה להיטיב ולהעניק, לתנועה שיש בה רק אהבה.

אברהם אבינו הוא ביטוי לספירת החסד – 'תִּתֵּן אֱמֶת לְיַעֲקֹב חֶסֶד לְאַבְרָהָם' (מיכה ז, כ). הוא מוליך את התנועה הראשונה להיווצרות העם היהודי, מתהלך בארץ וקורא בשם ה', וגם מבקש להגן בחירוף נפש על סדום. אך אברהם מייצג את ספירת החסד לא רק בשל תכונותיו אלא גם בשל היותו ראשון. כשהקב"ה מצווה עליו ללכת מארצו וממולדתו, הוא בעצם מממש את הסיבה והתכלית לבריאת העולם. לרגע הזה, כביכול, ייחל הקב"ה, זאת המציאות שעלתה במחשבתו כשהניע את ההוויה אל הבריאה. על כן אברהם מסמן את הראשית, את התנועה הראשיתית של החסד. ההיזכרות באברהם בשעת דין דומה לבני זוג שנישואיהם עלו על שרטון, והם יושבים ונזכרים בחסד הנעורים של רגע המפגש הראשיתי, באהבה ממבט ראשון שהייתה בו. רגעי החסד הללו מבטלים את הדינים וממתיקים אותם, והופכים

אותם לאפיזודה שאין בכוחה לערער את האהבה והחסד – 'אַבְרָהָם אֹהֲבִי' (ישעיהו מא, ח).[9]

ספירת גבורה – דין

א. 'אתה גיבור לעולם אדנ־י' ('גבורה')

עד כה עמדנו על כך שראשיתה של בריאת העולם היא בתנועת החסד. אולם גם תנועת הדין, המכונה גבורה, יסודה בראשית הבריאה:

> אבל בכדי להבין הענין דרך כלל נאמר לחזור אל הראשונות, כי אין סוף ב"ה דיו באלהותו ואינו צריך לשום נברא, שהרי הכל מאיתו ולא רצה בבריאת העולם כי אם מגודל חסדו וטבעו להטיב כמאמר 'עולם חסד יבנה' (תהילים פט, ג) בכדי שיהיה למי להיטיב. ולהיות החסד הנשפע מאין סוף ברוך הוא גם כן אין סוף לרעים ולטובים, 'ולא ניכר שוע לפני דל' (איוב לד, יט), שהוא בלי גבול, ודבר שהוא בלתי מוגבל אינו ניכר ויחזור העולם לפשיטותו הראשון בהיותו באין סוף, ולכן הוצרך להיות הגבלת התורה עד פה תבא, שהוא ענין הצמצום והחכמה הקדומה בכל דבר ודבר להתגלות אלהותו, שהוא קיום העולם ובריאתו מתחילה על ידי חוק קצוב ושקול בפלס מאזני משפט התורה והמצווה, כמאמר 'ודל לא תהדר' (שמות כג, ג) שלא לרחם בדין.
>
> (פרי הארץ, משפטים)

ר' מנחם מנדל מוויטבסק, מתלמידי המגיד ממזריטש, פותח ברצון האלוהי החופשי והמשוחרר להיטיב כתשתית הבריאה. אולם הוא מצביע על תכונות נוספות של תנועת החסד, המבטאות את נקודות התורפה שבה: ראשית, החסד אינו מבחין בין רעים לטובים, כיוון שהוא מבטא את תכונת נפשו של הנותן ולא של המקבל – ולכן הוא עלול להביא קלקול לעולם. שנית, החסד במהותו הוא ללא גבול, ועולם ללא גבול – ללא חוקי טבע, סדר, תיחום ומידות – אינו יכול להתקיים; עולם כזה ישוב לתוהו. מכאן הדרישה לתנועת

9. בנוספה על האושפיזין בסוף הספר ארחיב את היריעה על אברהם, יצחק ויעקב כמייצגים את ספירות חסד, גבורה ותפארת.

הגבורה – לדין. תכליתה של תנועה זו היא להבחין בין טובים לרעים, להציב גבולות, לאפשר צדק ומשפט.

נשוב אל ראשיתה של המציאות. על פי תורת הסוד ראשית ההוויה היא באין־סוף השורה בכול. מקיומו של האין־סוף האלוהי נגזרים שני דברים: האחד הוא שלילת כל דבר חוץ ממנו, שכן האין־סוף לא מותיר מקום וחלל החותרים תחת אינסופיותו. אם נאמר כי האין־סוף הוא האלוהים, אזי ההוויה כולה היא אלוהים ואין בלתו. השני הוא שלילת קיומו של דבר נבדל בתוך האין־סוף. האפשרות לדבר על הגדרה, גבול או עצם נפרד אינה קיימת באין־סוף: כל נקודה בו היא אינסופית ונעדרת גבול בפני עצמה, ועל כן היא מתבטלת ונכללת בו. לכן כל התייחסות למידותיו של הקב"ה, להנהגותיו ולצדדיו השונים נשללת לחלוטין ברובד זה. קיומו של דבר נבדל במקום, בזמן ובאדם[10] אינו אפשרי.

שתי מניעות אלו – שלילת קיומו של דבר חוץ מאלוהים, ושלילת ההגדרה והגבול בתוכו – מונעות את אפשרות הבריאה. כדי לאפשר התפתחות של יש חוץ לאלוהים, של דבר בעל מידות והגדרות, חייב האין־סוף לפנות מקום, ליצור חלל פנוי שבתוכו תתקיים אפשרות לבריאה. ראשית תהליך הבריאה, אם כן, הוא בצמצום שבו סילק האין־סוף את עצמו לצדדים ויצר חלל פנוי – כך על פי תורת האריז"ל. בקרב החלל הפנוי נוצר עולם שאינו זהה לאלוהות, אך הוא יונק ממנה דרך צינור מקשר שפרץ דרך מן החלל הפנוי אל האין־סוף המקיפו, ומאפשר השפעה ויצירה על העולם. עם זאת, האור המגיע דרך צינור הוא מוגבל, מצומצם ומבוקר.

תיאור זה של הבריאה מכיל בתוכו שתי תנועות הפוכות, אולם שתיהן חותרות לאותה מטרה. החסד הוא הרצון להשפיע, להתגלות ולהאיר; אולם כדי לאפשר הארה והשפעה צריך ליצור פער וריחוק, לאפשר מקום. החסד האינסופי נעדר גבול, ובהיעדר גבול אין הבחנה ואין פרטיקולריות. החסד האלוהי הראשוני, שאינו עובר דרך כלים וקטגוריות, מאיים לשטוף את ההוויה במציאותו האינסופית שאינה מותירה מקום לשום ברייה.

על מנת לאפשר את החסד באה תנועת צמצום כפולה, תנועה של התרחקות והגבלה. ראשית כ'פינוי מקום' כביכול, המאפשר למציאות להתרחש; תנועה של הסתלקות והתרחקות, שלכאורה סותרת ומתנגשת עם

10. אלו שלושת הממדים המכונים עש"ן – עולם שנה נפש.

הרצון הראשון להאיר ולהיטיב. שנית, כשהחסד האלוהי מושפע ומוזרם אל העולם הוא מופיע באופן מוגבל, מובחן, תחום וגדור.

מדובר באקט של התגברות; לכן אחד מכינוייה המרכזיים של מידת הדין הניצבת מול החסד הוא גבורה. הכישרון לעצור את השפע ולבלום את הרצון להשפעה ולהטבה, אף אם הוא עצמו נובע מאותו רצון להיטיב, מחייב גבורה עילאית של כיבוש ובלימה.

ב. 'בראשית ברא אלהים' ('אלוהים', 'טבע')

על פי הסוד, כינויה של ספירת הגבורה הוא שם אלוהים.

כאמור, תנועת הגבורה באה מייד לאחר רצון האין־סוף להשפיע ולהיטיב – זוהי תנועת הצמצום המאפשרת את הגבולות והמידות. מקורה של תנועה זו הוא בתהליך הבריאה הראשיתי המתואר בפרק א' של ספר בראשית, שבו מופיע לכל אורכו רק שם אלוהים:

> וצריכין אנו להודיעך עיקרים גדולים שעליהן העולם עומד, והוא סוד מעשה בראשית, ולהאיר עיניך בסוד מה טעם הזכיר בכל מעשה בראשית שם אלהי"ם. והוא הסוד לפי שכל הנבראים כולן, עליונים ותחתונים, כולן נבראו בקו הדין והמשפט, ואין לך בריה מכל הבריות שלא נסתכם עליה בית דין הנקרא אלהי"ם קודם שנבראה, ויצא מן הדין, בריה זו כך ראויה להיות כשיעורה, בגובהה, בצורת אבריה, וחייה ומזונותיה, ומן הדין יצא שתהיה בריה זו משועבדת לבריה פלונית, בין לשעבוד הגוף בין לשעבוד מזון. [...] וזהו סוד 'בראשית ברא אלהי"ם', אלהי"ם בוודאי. כי כל בני העולם עליונים ותחתונים, בקו הדין ובמשפט ישר נבראו, ולא קיבל דבר מכל הבריות עלבון וחמס, וזהו שהתורה מכרזת ואומרת 'הצור תמים פעלו' וגו' (דברים לב, ד). ומהו 'כי כל דרכיו משפט' (שם), כלומר, במשפט נברא העולם.
>
> (שערי אורה, שער שישי)

פרק א' של סיפור הבריאה מתאר בסדר מופתי ובקצב מוכתב את בריאת העולם. כל דבר נברא בזמנו, במידתו ובאופן מובדל מחברו, וכל דבר מקבל את שמו, תפקידו וייעודו. על הכול מנצח שם אלוהים – מידת הגבורה

הקוצבת, מגדירה וחותכת. אם החפץ האלוהי לברוא עולם מתחיל בחסד, הרי יישומו של הרצון מתחולל בגבורה, בחקיקה של חוקים – חוקי הטבע.

כבר עמדו על כך ששם 'א־להים' בגימטרייה הוא 'הטבע'. הטבע הוא ביטוי לחוק, לסדר, לגבול, למשפט. בטבע אין הנחות ואין חריגות; חוקיו הם מוחלטים, ואינם משתנים אף לא לרגע קט.

אם החסד עיוור לרע ולטוב הרי הגבורה עיוורת לרחמים, להסברים ולתירוצים. אדם הקופץ מראש מגדל יכול להתחרט ולבקש סליחה, אך הוא לא יינצל מחוקי הטבע הנוקשים שתוצאתם ידועה ומוכתבת, ולרוב קבועה.

לפי הרמב"ם, הרצון האלוהי מתגלה בחוכמת הטבע ובחוקיו. כשאדם משליך כוס על הרצפה היא תתנפץ ברצון הא־ל, כי כך חקק הקב"ה את חוקי הטבע בששת ימי בראשית:

> [...] והוא שישיבת האדם וקימתו וכל תנועותיו ברצון השם יתברך וחפצו, הוא מאמר אמתי על צד אחד, והוא כמו שהשליך אבן אל האויר וירדה למטה, שאמרנו בה שברצון השם יתברך ירדה למטה, והוא מאמר אמתי שהשם יתברך רצה שתהיה הארץ כולה במרכז, ומפני זה בכל עת שישליכו חלק ממנה למעלה יתנועע אל המרכז. וכן כל חלק מחלקי האש מתנועע למעלה ברצון שקדם להיות מתנועע למעלה, לא שהשם יתברך רצה בעת שהתנועע זה החלק מן הארץ שיתנועע למטה. ובזה חולקים המדברים, כי שמעתי אומרים, שהרצון בכל דבר, עת אחר עת תמיד, ולא כן נאמין אנחנו, אך הרצון היה בששת ימי בראשית שימשכו הדברים כולם על טבעם תמיד, כמו שאמר 'מה שהיה הוא שיהיה ומה שנעשה הוא שיעשה ואין כל חדש תחת השמש' (קהלת א, ט).
> ומפני זה הוצרכו החכמים לומר כי כל המופתים היוצאים חוץ לטבע, אשר היו וגם אשר עתידים להיות מאשר יעד בהם הכתוב, כולם קדם בהם הרצון בששת ימי בראשית, והושם בטבע הדברים אז שיתחדש בהם מה שיתחדש. וכאשר יתחדש הדבר בעת הצורך יחשבו הרואים בו שעתה נתחדש, ואין הדבר כן.
>
> (רמב"ם, שמונה פרקים ח)

בשפת הסוד היינו אומרים שהקב"ה מנהיג את עולמו בשם אלוהים – במידת הגבורה, המתגלה בטבע, בחוכמתו ובחוקיו. גם אם תנועת החסד המיטיב

קדמה למעשה הבריאה, משעה שהקב"ה ברא את העולם הוא נברא במידת הגבורה, והטבע הוא המנגנון שדרכו ה' פועל בעולם. ממילא אפילו הניסים המתרחשים מעת לעת חקוקים כבר משׁשת ימי בראשית והם בעצם חלק מחוקי הטבע – כך על פי הרמב"ם.

רצון ה' החופשי מכל גבול וסדר הופיע בראשית הבריאה, אך משעה שהעולם נחקק בחוקי הטבע של מידת הגבורה רצונו של ה' מתגלה דרך החוקים והסדר. הרמב"ם מצמצם במידה מסוימת את הרצון החופשי נעדר החוק והסדר, מוציא אותו מההוויה היום־יומית ומותיר אותו בראשוניותו.[11] בכך הוא יוצא נגד כת הכלאם ('המדברים') מימי הביניים, שלדבריו מתארים את הרצון החופשי כמתגלה בכל רגע ובכל מעשה.[12]

כמה מאות שנים לאחר מכן ביקש ר' נחמן מברסלב להדגיש ולשמר את הרצון החופשי, ולהעניק גם לכל מציאות טבעית הוויה ניסית של חסד חינם – 'המחדש בטובו בכל יום תמיד מעשה בראשית'. דבר זה בא לידי ביטוי לא רק ביחס לחוקי הטבע אלא אפילו ביחס לחוקי ההיגיון: בכמה מקומות הרמב"ם עומד על כך שגם הקב"ה בעצמו כפוף לחוקי ההיגיון, ולכן איננו יכול לדוגמה לברוא מרובע שצלעותיו ואלכסונו שווים. לדעת הרמב"ם, אין בקביעה זו כדי לחסר ביכולתו של הקב"ה.[13] נראה שר' נחמן מתפלמס עם קביעה זו:

> מָה שֶׁכָּתוּב שָׁם בְּסִפְרֵיהֶם 'וְכִי אֶפְשָׁר שֶׁיִּהְיֶה נַעֲשֶׂה מֵהַמְשֻׁלָּשׁ מְרֻבָּע?',
> אָמַר רַבֵּנוּ זַ"ל: 'אֲנִי מַאֲמִין שֶׁהַשֵּׁם יִתְבָּרַךְ יָכוֹל לַעֲשׂוֹת מֵהַמְשֻׁלָּשׁ מְרֻבָּע.
> כִּי דַּרְכֵי ה' נֶעֱלָמוֹת מֵאִתָּנוּ, וְהֵן כָּל יָכוֹל לֹא יִבָּצֵר מִמֶּנּוּ מְזִמָּה. וְאָסוּר
> לְהִכָּנֵס בַּחֲקִירוֹת כְּלָל רַק לְהַאֲמִין בֶּאֱמוּנָה שְׁלֵמָה'.
>
> (חיי מוהר"ן, מעלת תורתו וספריו הקדושים מז, שפה)

כך גם ביחס לתפיסת הנס והטבע. בעוד הרמב"ם מצמצם את מקומו של הנס ומבכר את חוקי הטבע כמייצגים את רצונו של הא־ל,[14] ר' נחמן רואה גם בחוקים אלו את החסד והנס, את הרצון החופשי שמכוחו מה שנראה כחוק

11. ראו מורה הנבוכים ב, יג.
12. ראו שם א, עא-עו.
13. ראו שם א, עא; ב, יג; ג, טו.
14. ראו שם ב, כט.

וסדר יכול ברגע אחד להשתנות. ר׳ נחמן מתעקש להשיב אותנו בכל עת אל החסד האלוהי שקדם לעולם הגבורה והדין, ולהעניק לו משמעות אקטואלית המשליכה על האופן שבו אני תופס את המציאות – את הטבע והנס, את האפשרי והבלתי־אפשרי, ובעיקר את דרך פעולתו של ה׳ בעולם.

הדבר נכון גם ביחס לאדם ולתפיסתו העצמית. האמונה בחופש הגמור של האדם, ביכולתו לשנות ולהשתנות, להתגבר על חוקי הטבע ועל תכונות אופי – היא התשתית של ספירת חסד. לכן ספירה זו יכולה להמתיק את הדין ולשנותו, ולאפשר לאדם להתנהל מתוך חוויה שיש לו חופש מוחלט לשנות ולהשתנות, על אף חוקי הטבע.

ג. רצה הקב״ה לברוא את העולם במידת הדין (׳דין׳)

המושג ׳דין׳ הוא כינוי לספירת גבורה, וכפי שראינו גם לכל הצד השמאלי של אילן הספירות.

הדין איננו פרץ של זעם וכעס, כפי שהיינו עלולים לחשוב מתוך שלל ביטויים בתורה המתארים את מידת הדין. הקב״ה איננו כועס מתוך התפרצות ומתוך זעם; ההפך הוא הנכון! מידת הדין היא מידה של גבורה שיש בה כיבוש ובלימה, הסתרה של הפנים המאירות המבקשות להאיר ולהיטיב. מידת הגבורה בולמת וקוצבת בעת הצורך את החסד, ומונעת ממנו את ההשפעה וההטבה ללא גבול ומידה.

העולם עצמו נברא כשהוא שקול בפלס במאזני המשפט, אולם הדבר נכון לא רק לעצם ברייתו:

> זַכָּאִין אִינּוּן כָּל אִינּוּן דְּמִשְׁתַּדְּלֵי בְּאוֹרַיְיתָא. וּבְגִין דְּכַד בָּרָא קוּדְשָׁא בְּרִיךְ הוּא עָלְמָא, אִסְתָּכַּל בָּהּ בְּאוֹרַיְיתָא וּבָרָא עָלְמָא, וּבְאוֹרַיְיתָא אִתְבְּרֵי עָלְמָא.
>
> (זוהר ח״ב קסא ע״א)
>
> [תרגום: אַשְׁרֵיהֶם כָּל אֵלּוּ שֶׁמִּשְׁתַּדְּלִים בַּתּוֹרָה, וּבִגְלַל שֶׁכְּשֶׁבָּרָא הַקָּדוֹשׁ בָּרוּךְ הוּא אֶת הָעוֹלָם, הִתְבּוֹנֵן בַּתּוֹרָה וּבָרָא אֶת הָעוֹלָם, וּבַתּוֹרָה נִבְרָא הָעוֹלָם].

הקב״ה הביט בתורה וברא עולם; התורה היא התשתית לבריאת העולם ולהנהגתו, ולכן גם היא עצמה מכילה את שתי התנועות – החסד והדין. כשם

שעצם בריאתו של העולם אינה אפשרית ללא חסד מצד אחד וצמצום ודין מצד שני, כך גם קיומו אינו אפשרי ללא שתי מידות אלו: ׳אלמלא מוראה של מלכות איש את רעהו חיים בלעו׳ (משנה, אבות ג, ב). מידת הרחמים ללא גבול תביא לאנרכיה ולהיעדר גבולות. אך הדין אינו נחוץ רק ביחס לרשעים ולאכזרים, אלא גם עבור הטובים; חסד ללא גבול אינו נכון, ועלול להביא להקצנת המידות ולגאוּתָן.

התורה גומלת חסדים ומחנכת להענקת חסד לחלש ולדל, אולם בד בבד היא גם קובעת ׳לֹא תִשָּׂא פְנֵי דָל׳ (ויקרא יט, טו); שהרי גם את החסד צריך לקצוב, ואל לו לבטל את מידת הדין. עמדת ההענקה כרוכה בעמדת הדין הקוצבת, השופטת והמענישה בעת הצורך, והדיאלוג המתקיים ביניהן במסגרת ההנהגה הוא המקיים את העולם.

המשמעות של רעיון זה מרחיקת לכת, שהרי הוא מעניק גם למידת הדין וגם למידת החסד משמעות חיובית. העולם צריך לדין כשם שהוא צריך לחסד, ושתיהן מידות אלוהיות הקיימות בעולם.

ד. ׳בקרב אלהים ישפט׳ (׳משפט׳, ׳פחד׳, ׳יראה׳)

כאמור, ספירת הגבורה מכונה בשם אלוהים. כידוע שם אלוהים מושאל במקרא גם לשופטים:[15]

> ועתה דע וראה כי הצד המכונה לפניו צד שמאל כינויו בתורה אלהי״ם, לפי שאותו הצד הוא מקום הדין, ובו דנין כל באי העולם כל הדינין הראויין, בין לטוב בין לרע, בין לחיים בין למוות, ובו כמה בתי דינין קבועין, וכל אחד גומר מלאכתו ומשפטיו באמת ובאמונה, והכל בדין ישר. וזהו הנקרא בית דין של מעלה, שם דנין את הבריות לשלום או לחרב, או לרעב או לשובע, לחיים או למות, זהו השם הנקרא אלהי״ם, והכל נידון בבית דינו [...] ויש לך להתבונן כי בכל מקום שאתה מוצא בתורה אלהי״ם, היא המידה המזומנת לשפוט ולדון את כל העולם.
>
> (שערי אורה, שער שישי)

15. ׳אִם לֹא יִמָּצֵא הַגַּנָּב וְנִקְרַב בַּעַל הַבַּיִת אֶל הָאֱלֹהִים אִם לֹא שָׁלַח יָדוֹ בִּמְלֶאכֶת רֵעֵהוּ [...] עַד הָאֱלֹהִים יָבֹא דְּבַר שְׁנֵיהֶם אֲשֶׁר יַרְשִׁיעֻן אֱלֹהִים יְשַׁלֵּם שְׁנַיִם לְרֵעֵהוּ׳ (שמות כב, ז-ח); ׳אֱלֹהִים לֹא תְקַלֵּל וְנָשִׂיא בְעַמְּךָ לֹא תָאֹר׳ (שם פסוק כז), ועוד.

זיקתה של מידת הגבורה לטבע מחד ולמשפט מאידך היא מתבקשת, שכן המשפט אף הוא ביטוי לחקיקה, לגבול ולסדר שהעולם פועל בו. המשפט מציב תבניות והגדרות נוקשות, שכל סטייה מהן לימין או לשמאל תגרור מחיר מתבקש וידוע מראש.

על פי ר׳ יוסף ג׳יקטיליה, זהו גם מקורו של הכינוי ׳גבורה׳ לספירה זו:

> דע שהמידה הזאת הנקראת אלהי״ם נקראת לפעמים גבורה. והטעם, לפי שהיא מתגברת לעשות דין בפושעים ובחוטאים, והיא הנוקמת מיד הרשעים והמתקוממים אל ה׳ יתברך. ולפי שהיא בית דין של מעלה והיא המשלמת גמול לכל הראויין לגמול, נקראת גבור״ה על כוחה וממשלתה שיש לה יכולת לדון ולהתפרע ולהתגבר על הכל.
> (שערי אורה, שער שישי)

מכאן גם כינויה של ספירה זו בשם ׳פחד׳ (׳פחד יצחק׳): מידת הדין התובעת את הדין והאמת מעוררת פחד ויראה.[16]

להלן נראה שיכולה להיות השפעה חיובית גם בתוך מידת הגבורה, שהרי החוק כולל בתוכו גם את השכר להולך בדרך הישר. שכר זה לא ניתן מתוך חסד, מחילה או רצון מוחלט להשפעה, אלא דווקא מתוך דיוק של משפט הקובע שכך ראוי ומגיע לאדם.

נוסף לכך, לצד המשפט של מידת הגבורה יש גם משפט אחר. המשפט מתואר בסוד ובחסידות פעמים רבות כקו האמצע,[17] ולא כביטוי למידת הדין. על כן ראוי לחדד כי המשפט שמיוצג בשם אלוהים, בעמוד השמאלי של ספירת גבורה, הינו משפט שאין בו שקלול של הדין והחסד, אלא הוא רק ביטוי עיוור ומובהק של מידת הדין. לעומת זאת, משפט האמצע של מידת הרחמים הוא משפט שכבר מכיל בתוכו את החוק העיוור מחד, ואת החסד האינסופי מאידך.

16. פרדס רימונים שער כג, פרק י.
17. ראו לדוגמה: ׳עַל יְדֵי אֱמוּנַת חֲכָמִים, יְכוֹלִין לְהוֹצִיא מִשְׁפָּטֵנוּ לָאוֹר. כִּי מִשְׁפָּט הוּא עַמּוּדָא דְּאֶמְצָעִיתָא, הַיְנוּ בְּחִינַת דֶּרֶךְ הַמְּמֻצָּע, שֶׁאֵינוֹ נוֹטֶה לְיָמִין וְלִשְׂמֹאל. וְזֶה זוֹכִין עַל יְדֵי אֱמוּנַת חֲכָמִים, שֶׁהוּא בְּחִינַת ״לֹא תָסוּר מִן הַדָּבָר אֲשֶׁר יַגִּידוּ לְךָ יָמִין וּשְׂמֹאל״ (דברים יז, יא). וְעַל כֵּן, עַל יְדֵי זֶה יוֹצֵא הַמִּשְׁפָּט בָּרוּר כַּנַּ״ל, בִּבְחִינַת: ״מִשְׁפְּטֵי אֱמֶת״ (ליקוטי מוהר״ן קמא סא, א).

חסד וגבורה באדם

שתי התנועות האלוהיות של החסד והגבורה מצויות בעולמות ובבריאתם, אך כמו כל הספירות הן מתגלות גם באדם. האדם הפונה לאלוהים – וגם למציאות כולה – מצויד בשתי תנועות יסוד אלו, המשרטטות את האופנים שבהם הוא צריך לעמוד בפני בוראו ובפני ההוויה. בסעיפים הבאים נבחן כמה ממדים שבהם נדרשת תנועת המלקחיים הזו של חסד וגבורה.

א. התקרבות מול הגבלה (גבורה – 'אש אוכלה')

החסד והגבורה ניכרים היטב בכל מקום שבו ישנה חתירה למפגש. נתבונן תחילה במפגש היסודי של כנסת ישראל עם הקב"ה – מעמד הר סיני.

הקב"ה יורד להר סיני כשקולו מהדהד מקצה עולם ועד קצהו – 'מֹשֶׁה יְדַבֵּר וְהָאֱלֹהִים יַעֲנֶנּוּ בְקוֹל' (שמות יט, יט). לעומתו, עם ישראל מתקרבים עד לקצה ההר, ומשה נציגם עולה אל האלוהים. התפתחותו של מעמד זה היא במחזה המרהיב של 'אֵשׁ אֹכֶלֶת בְּרֹאשׁ הָהָר' לעיני כל בני ישראל (שם כד, יז), ו'כְּמַעֲשֵׂה לִבְנַת הַסַּפִּיר וּכְעֶצֶם הַשָּׁמַיִם לָטֹהַר' (שם פסוק י) לעיני אצילי בני ישראל, שאף על פי שהם חוזים את האלוהים הוא לא שולח בהם את ידו, כפי שהיה מצופה – שהרי 'לֹא יִרְאַנִי הָאָדָם וָחָי'. זהו החסד הגמור שאין בו גבול ואין בו צמצום, רק אהבה אינסופית ואור וחום עוטפים וכובשים.

אלא שלצד האופוריה באות הגבלות: 'רֵד הָעֵד בָּעָם פֶּן יֶהֶרְסוּ אֶל ה' לִרְאוֹת וְנָפַל מִמֶּנּוּ רָב' (שם יט, כא), 'וְגַם הַכֹּהֲנִים הַנִּגָּשִׁים אֶל ה' יִתְקַדָּשׁוּ פֶּן יִפְרֹץ בָּהֶם ה'' (שם פסוק כב). גם מי שרואה וגם מי שניגש צריך להיזהר, להגביל את עצמו ולבלום את תשוקתו להיטמע ולהיעלם באין־סוף.

כך גם ברגע אחר שיש בו קרבה והתגלות. לאחר השלמת בניית המשכן ושבעת ימי המילואים מגיע היום השמיני, שבו זוכים ישראל להשראת שכינה – 'כִּי הַיּוֹם ה' נִרְאָה אֲלֵיכֶם' (ויקרא ט, ד):

> וַיָּבֹא מֹשֶׁה וְאַהֲרֹן אֶל אֹהֶל מוֹעֵד וַיֵּצְאוּ וַיְבָרְכוּ אֶת הָעָם וַיֵּרָא כְבוֹד ה' אֶל כָּל הָעָם. וַתֵּצֵא אֵשׁ מִלִּפְנֵי ה' וַתֹּאכַל עַל הַמִּזְבֵּחַ אֶת הָעֹלָה וְאֶת הַחֲלָבִים וַיַּרְא כָּל הָעָם וַיָּרֹנּוּ וַיִּפְּלוּ עַל פְּנֵיהֶם.
>
> (ויקרא ט, כג–כד)

זהו רגע נשגב של קִרבה ושל חסד ללא גבול: אש יוצאת מן השמיים ומקבלת באהבה וברצון את עבודתם של ישראל, וכבוד ה׳ מופיע לעיני כל העם, גברים נשים וטף.

אלא שאז נדב ואביהוא צועדים צעד נוסף, צעד אחד יותר מדי. הם מבקשים לעצמם התקרבות נוספת, נכנסים לקודש הקודשים ומחפשים מגע עם האין־סוף.[18] מייד ׳וַתֵּצֵא אֵשׁ מִלִּפְנֵי ה׳ וַתֹּאכַל אוֹתָם וַיָּמֻתוּ לִפְנֵי ה״ (שם י, ב). אותה אש שרגע קט לפני כן הייתה אש של חסד, לובשת עתה עוז וגבורה ושורפת את המתקרבים: ׳כִּי ה׳ אֱלֹהֶיךָ אֵשׁ אֹכְלָה הוּא׳ (דברים ד, כד).[19]

נדב ואביהוא ביקשו לבטל את המרחק בין הקב״ה לאדם; כביכול לבטל את שם אלוהים המשמר את הריחוק ואת הפער הנצחי בין בורא לנברא, בין שליט לנתין, בין מנהיג לצאנו. ניסיונם נתקל במידת הדין המכלה. גם רגעים נשגבים ומלאי חסד והתקרבות כמו היום השמיני ומעמד הר סיני מלווים במידת הדין, הדורשת להרחיק ולשמר את הפער האינסופי שרגעים אלו מבקשים לבטל.

על המתח שבין ידו המושטת של הקב״ה לכל המבקש את קרבתו (הימין המקרבת), לבין היד המרחיקה המבקשת להעמיד את האדם על הפרופורציות הנכונות בינו לבין אלוהים (השמאל הדוחה), כתב ר׳ נחמן דווקא ביחס לאותה סיטואציה המעמתת בין שתי הידיים האלו – מעמד הר סיני:

> ׳וַיַּעֲמֹד הָעָם מֵרָחֹק וּמֹשֶׁה נִגַּשׁ אֶל הָעֲרָפֶל אֲשֶׁר שָׁם הָאֱלֹקִים׳ (שמות כ, יז). כִּי מִי שֶׁהוּא הוֹלֵךְ בְּגַשְׁמִיּוּת כָּל יָמָיו, וְאַחַר כָּךְ נִתְלַהֵב וְרוֹצֶה לֵילֵךְ בְּדַרְכֵי הַשֵּׁם יִתְבָּרַךְ, אֲזַי מִדַּת הַדִּין מְקַטְרֵג עָלָיו, וְאֵינוֹ מַנִּיחַ אוֹתוֹ לֵילֵךְ בְּדַרְכֵי הַשֵּׁם יִתְבָּרַךְ, וּמַזְמִין לוֹ מְנִיעָה. וְהַשֵּׁם יִתְבָּרַךְ חָפֵץ חֶסֶד הוּא, וּמַסְתִּיר אֶת עַצְמוֹ, כִּבְיָכוֹל, בְּהַמְּנִיעָה הַזֹּאת.
>
> (ליקוטי מוהר״ן קמא, קטו)

18. כך על פי חלק מן הפרשנים, אך יש גם פירושים אחרים. ראו: ויקרא רבה כ, ו ואילך.
19. זהו גם אחד מכינויי ספירת גבורה: ׳ודע שנקראת אש אוכלה, מפני שהיא אוכלת כל שאר מיני אש שבעולם׳ (שערי אורה, שער שישי). לפי דברינו, מידה זו נקראת כך מפני שהיא ביטוי לחוסר היכולת להתקרב יתר על המידה אל ה׳ יתברך מצד היותו אש אוכלה. זוהי מידת הדין שאינה מאפשרת לאדם להתקרב באופן שאינו ראוי לו.

ר׳ נחמן מזהה בהתלהבותו של האדם לילך בדרכי ה׳ יתברך, לצד הרצון הכן להתקרב ולהידבק, גם נועזות ואולי אף מעט חוצפה. על חוצפה זו מצביעה מידת הדין, המבקשת לתבוע את כבודו של אלוהים: אדם ההולך בגשמיות כל חייו, ושהוא עצמו גשמי, כיצד יבקש את קרבתו של האין־סוף? היעלה על הדעת לטשטש את החיץ ולסדוק את המחיצה המבדילה בין אלוהים לבין אדם?

שאלות אלו מתגשמות ומתלבשות בדמותן של מניעות המזדמנות בפני האדם המבקש להתקרב. זוהי מידת הדין החוצצת בינו לבין אלוהים, כמו שומרי ראש של מנהיג דגול שאינם מאפשרים לפשוטי העם להתקרב אליו ולגעת בו. זה לא ראוי, זה אפילו מסוכן – ׳כִּי ה׳ אֱלֹהֶיךָ אֵשׁ אֹכְלָה הוּא׳!

אולם ׳השם יתברך חפץ חסד הוא׳, אומר ר׳ נחמן, ועל כן הוא אינו מותיר את המציאות לידיה הנוקשות של מידת הדין. הוא אינו יכול, כביכול, לסלק את המניעות, אולם הוא יכול להסתתר בתוכן ולהושיט דרכן את ידו אל האדם המבקש את קרבתו. האדם המבקש לטפס במעלה הר ה׳ נתקל בקשיים, אולם בתוכם, בתוך הנפילות, המעידות והמכשולים, שכולם גילוי של שם אלוהים, ניצב החסד האלוהי; לכן כבר בהם יכול האדם לראות את ידו המושטת.

את המתח בין המחויבות של הקב״ה למידת הדין לביו היותו חפץ חסד מתאר ר׳ נחמן כך:

[...] כִּי הַשֵּׁם יִתְבָּרַךְ אוֹהֵב מִשְׁפָּט, וְגַם הוּא אוֹהֵב יִשְׂרָאֵל. אַךְ אַהֲבָתוֹ שֶׁהוּא אוֹהֵב אֶת יִשְׂרָאֵל הִיא גְּדוֹלָה יוֹתֵר מֵהָאַהֲבָה שֶׁהוּא אוֹהֵב אֶת הַמִּשְׁפָּט, וְעַל כֵּן כְּשֶׁמִּדַּת הַדִּין מְקַטְרֵג עַל מִי שֶׁאֵינוֹ רָאוּי לְהִתְקָרֵב לְהַשֵּׁם יִתְבָּרַךְ, לִבְלִי לְהַנִּיחוֹ לִכְנֹס לְדֶרֶךְ הַחַיִּים לְהִתְקָרֵב לְצַדִּיק הָאֱמֶת וּלְדֶרֶךְ הָאֱמֶת, וְהַשֵּׁם יִתְבָּרַךְ הוּא אוֹהֵב מִשְׁפָּט, עַל כֵּן הוּא יִתְבָּרַךְ מֻכְרָח, כִּבְיָכוֹל, לְהַסְכִּים לְהַזְמִין לוֹ מְנִיעוֹת לְמָנְעוֹ מִדֶּרֶךְ הַחַיִּים, כְּפִי הָרָאוּי לוֹ לְפִי מַעֲשָׂיו הָרָעִים, עַל פִּי הַדִּין וְהַמִּשְׁפָּט, כִּי הוּא יִתְבָּרַךְ אֵינוֹ יָכוֹל לִדְחוֹת אֶת הַדִּין, כִּי הוּא יִתְבָּרַךְ אוֹהֵב מִשְׁפָּט כַּנַּ״ל.

אַךְ מֵאַחַר שֶׁבֶּאֱמֶת הוּא יִתְבָּרַךְ אוֹהֵב יִשְׂרָאֵל, וְאוֹתָהּ הָאַהֲבָה שֶׁל יִשְׂרָאֵל הִיא גְּדוֹלָה יוֹתֵר מֵהָאַהֲבָה שֶׁל הַמִּשְׁפָּט כַּנַּ״ל, מָה עוֹשֶׂה הַשֵּׁם יִתְבָּרַךְ? כִּי הוּא מֻכְרָח, כִּבְיָכוֹל, לְהַסְכִּים עַל הַמְּנִיעוֹת לְמָנְעוֹ מִן הָאֱמֶת, מֵחֲמַת הַדִּין וְהַמִּשְׁפָּט שֶׁעָלָיו, כִּי הוּא אוֹהֵב מִשְׁפָּט כַּנַּ״ל. אֲבָל אַף עַל פִּי כֵן בֶּאֱמֶת לַאֲמִתּוֹ רְצוֹנוֹ וְחֶפְצוֹ יִתְבָּרַךְ, שֶׁאַף עַל פִּי כֵן יִתְקָרֵב הָאָדָם אֵלָיו

> יִתְבָּרַךְ, כִּי הוּא אוֹהֵב יִשְׂרָאֵל יוֹתֵר מֵהַמִּשְׁפָּט כַּנַּ"ל. עַל כֵּן, הַשֵּׁם יִתְבָּרַךְ נוֹתֵן רְשׁוּת לְהַזְמִין לוֹ מְנִיעוֹת, אֲבָל הוּא יִתְבָּרַךְ בְּעַצְמוֹ מַסְתִּיר אֶת עַצְמוֹ, כִּבְיָכוֹל, בְּתוֹךְ הַמְּנִיעוֹת.
>
> (שם)

מידת הדין היא מידת המשפט, ואלוהים אוהב מידה זו. זו האמת, ואלוהים אוהב אמת. על פי האידאה של מידת הדין ראוי לדחות את האדם החוטא המבקש את קרבתו של אלוהים, ומידה זו היא חלק משמותיו של הקב"ה והוא מחויב אליה. זהו הטבע, הדין והמשפט שה׳ יתברך חקק בעולמו, והוא כביכול מחויב לחוקים אלו בעצמו, כפי שאומר הרמב"ם. אך לצידה של מידה זו ישנה אהבה, והאהבה מקלקלת את השורה; השורה היא היושר והאמת, הסדר והדין, והאהבה מקלקלת את סדרי הדין.

שופט בבית משפט המעורב רגשית באירוע שבו הוא מטפל מוכרח לפסול את עצמו, שהרי נדרש משפט צדק ודין אמת. לא כן הקב"ה, שאהבתו לישראל גדולה מאהבתו למשפט ועל כן הוא מבקש לקלקל את הדין, ואינו מסיר את עצמו מלדון.

הסתתרותו של ה׳ בתוך המניעות דומה להשלכת האמת ארצה כשהתאווה אלוהים לברוא אדם.[20] האדם מיסודו, זועקת מידת האמת, איננו ראוי לקרבת אלוהים. הקב"ה הוא אומנם אוהב אמת, ומידת הדין היא מידתו של אלוהים שבעזרתה ברא את העולם, אולם אהבתו לאדם, לישראל ולקוראיו גדולה מאהבתו לאמת וקודמת לה, ועל כן הוא משליך את האמת ארצה.

אמת זו המושלכת לארץ תצמח מחדש – ׳אֱמֶת מֵאֶרֶץ תִּצְמָח׳ (תהילים פה, יב), ואז היא תכיל בתוכה מהות חדשה. היא תגלם גם את מידת הדין שבשמה היא דיברה, וגם את מידת החסד שהשליכה אותה לארץ על מנת שתצמח שוב. האמת, על פי הסוד, היא מידתה של ספירת תפארת[21] המכילה בתוכה את החסד והדין. זוהי האמת השלמה, כפי שהיא משתקפת בעולם שיש בו מניעות אולם בתוכן ניצב אלוהים.

עולם שאין בו חסד, שאין בו אהבת אלוהים, הוא עולם שבו פנייתו

20. בראשית רבה ח, ה.

21. בפרק הבא, בדיוננו בספירת תפארת, אעסוק בהרחבה במשמעות האמת המושלכת ארצה.

של אלוהים אל האדם מזה, והתקרבותו של האדם אל אלוהים מזה, אינן אפשריות כלל ועיקר. הדין האלוהי מרחיק ומשתק. נכחו ניצב האדם בפרופורציה הנכונה, ומכיר במרחק האינסופי שמצד האמת מפריד בינו לבין אלוהים.

אך החסד האלוהי מתעלם מן הדין ומן האמת ומבקש קרבה של נס. זוהי תנועה שאינה אפשרית על פי הטבע, נהפוך הוא! היא פורצת את כל גבולות הטבע ומבקשת לעשות את הבלתי אפשרי. אהבה אינסופית זו מקלקלת את השורה ומרעידה את כל יסודות הטבע המוצקים והנוקשים, עד כדי כך שלרגע נדמה לאדם החווה אותה שרק הוא והקב"ה קיימים בעולם.

חסד גמור הוא התקרבות לקב"ה ללא גבול, כזו שמפניה הוזהרו ישראל במעמד הר סיני ובה נכשלו נדב ואביהוא. דין גמור הוא מרחק נצחי מפניו, כפי שהיה נגזר עלינו לולא חסדו של ה׳. חסד ללא גבורה או גבורה ללא חסד אינם מאפשרים את מערכת היחסים שבינינו לבין ה׳ יתברך; האיזון בין התקרבות לריחוק הוא הדרך היחידה.

ב. דבקות מול שמירת הלכה (גבורה – 'הלכה')

יישום נוסף של מידת הגבורה הוא עולם ההלכה:

> וברעיא מהימנא פירוש כי מצד הגבורה נקראת הלכה.
>
> (פרדס רימונים שער כג, פרק ה)

כשם שהטבע הוא עולם של גבולות והגדרות שהמבקש להתהלך בו חייב לאמצם, כך ההלכה היא ביטוי לסדר האלוהי שהאדם נדרש לאמץ כדי לזכות בדין – במשפט. המשותף לאלו הוא החוק, הסדר, הגבול וההבחנה.

בתיאור אישי מיוחד נוגע הרב קוק במתח שבין הבקשה של קרבת ה׳ לעיסוק בפרטי ההלכה:

> כמה גדולה היא מלחמתי הפנימית, לבבי מלא עריגה רוחנית גבוהה ורחבה, חפץ אני שהנועם האלהי יתפשט תמיד בכל קרבי [...] והנני תמיד הומה, שואג בעצמיותי הפנימית, בקול גדול, אור אלהים הבו לי, תענוג אל חי ושעשועו, גודל יפעת בקרת מלך עולם, אל אלהי אבי, אשר בכל לבי הנני נתון לאהבתו. אשר פחדו ירוממני. ונשמתי

הולכת היא ומתנשאת, מתעלה היא על כל השפלות, הקטנות והגבולים, שחיי הטבע, הגוִיה, הסביבה, וההסכמה מגבילים אותה, לוחצים אותה בצבתים, משימים אותה כולה בסד. והנה שטף חיובים בא, לימודים ודקדוקים לאין תכלית, סיבוכי רעיונות, והוצאת פלפולים מדייקנות של אותיות ותיבות, באה וסובבת את נשמתי הצחה, החפשית, הקלה ככרוב, הטהורה כעצם השמים, השוטפת כים של אור. ואני עוד לא באתי לזאת המדרגה, לסכות מראשית עד אחרית, להבין נועם שמועה, להרגיש מתק כל דקדוק, להיות צופה באור שבמחשכי עולם.

(שמונה קבצים ג, רצ)

בדברים אלו מתבטא המתח המתמיד בין השאיפה לחוויה ולקִרבה רוחנית ללא מְצָרים וללא גבולות, לבין עולם ההלכה והעיון התלמודי הנשען על הצבת גבולות, חילוקים, הגדרות ודיוקים, ובלשונו של הרב קוק – 'שטף חיובים'. הרב קוק מבטא חוסר יכולת להרגיש את המתק והאור המסתתר בתוככי עולם 'חשוך' זה של צמצום וגבולות. המתח שבין עולם ההלכה ועולם האגדה והאמונה הוא מתח שבין התחום והגדור לבין המרחב האינסופי שהמחשבה הדתית האמונית מטיילת בו.

לא בכדי מכונות ההלכות 'דינים'. עולמו של הדין הוא עולם ההלכה, והתנועה הנפשית של הדין מיושמת באורח חיים המעוצב על פי ההלכה. אסור ומותר, טמא וטהור, פטור וחייב – זוהי שפתו של הדין המגביל והשופט.

והנה כל יסודי תורה הקדושה, בכל האזהרות והמצות כולם, עשה ולא תעשה, כולם הולכים על פי זאת הבחינה. שמצד השגתנו שודאי יש חילוק ושינוי מקומות, שבמקומות הטהורים מותרים וגם חייבים אנחנו לדבר או להרהר דברי תורה, ובמקומות המטונפים נאסרנו בהם אף ההרהור דברי תורה. וכן כל עניני וסדרי חיוב הנהגותינו שנצטוינו מפיו בתורה הקדושה, ובלתי זאת הבחינה שמצדנו אין מקום לתורה ומצוות כלל.

ואף שבאמת מצדו יתברך המשיג עצמותו, הוא מלא את כל בהשוואה גמורה, בלא שום חציצה ולא שום חילוק ושינוי מקומות כלל, רק הכל אחדות פשוט כקודם הבריאה ממש. אבל אין אנחנו יכולים, וגם לא הורשינו, ליכנס כלל להתבונן בינה בזה הענין הנורא, לידע ולהשיג

> איך אדון יחיד ברוך הוא מלא את כל וכל המקומות באחדות פשוט ושיווי גמור חלילה וחלילה [...] ואנחנו אין רשאין להתבונן אלא במה שהורשינו ׳והנגלות לנו׳ להשגתינו, והוא בהבחינה שמצדנו, שנקרא הוא יתברך שמו בבחינת ׳סובב כל עלמין׳ מחמת שעם כל זה צמצם ברצונו הפשוט כבודו יתברך, שיתראה לעין ההשגה מציאות עולמות וכוחות ובריות נבראים מחודשים. ולזאת חייבים אנחנו לידע ולקבוע בלבנו אמונת אומן בל תמוט, שמצדנו ודאי שיש חילוק מקומות וענינים שונים לענין דינא והלכתי רבתי, כמו שכתבתי לעיל, כי היא פינת יסוד האמונה ועיקר שורש התורה והמצות כולם.
>
> (נפש החיים שער ג, ו)

ר׳ חיים מוולוז׳ין נוגע בתפיסת עולם ההלכה והדינים גם ברובד התאולוגי. ההנחה כי יש קודש וחול, טמא וטהור, והאמירה כי ישנו מעשה המקרב אל האלוה ויש המרחיק, חותרות תחת האין־סוף האלוהי המבקש להתפשט בחסדו ולמלא את כל ההוויה בבחינת ׳ממלא כל עלמין׳.

התודעה של ׳לית אתר פנוי מיניה׳ ו׳מלוא כל הארץ כבודו׳ איננה מכירה באסור ומותר, ובוודאי שלא בקודש וחול – מבחינתה הכול קודש. עולם ההבחנות וההבדלות, שהוא יסוד מוסד בעצם הבריאה של העולם ושל ההלכה, זר לתפיסה של ׳ממלא כל עלמין׳ שלפיה כל העולמות מלאים וגדושים בנוכחות אלוהית.

ההלכה, על פי ר׳ חיים מוולוז׳ין, מייצגת את האנטיתזה לתפיסה זו. ר׳ חיים בוחר באיסור הלכתי שלכאורה נדמה כשולי יחסית – האיסור להרהר בדברי תורה במקומות המטונפים – כמייצג את כל המהות של עולם ההלכה, ודרכו הוא לומד על התפיסה הרוחנית העמוקה שעומדת מאחורי עולם הגבולות. האיסור לדבר דברי תורה במקומות מטונפים משקף את העובדה כי המציאות שבתוכה אנו חיים מורכבת מטוב ורע, מאסור ומותר, ובעיקר – מקודש וחול. לכאורה, לפי תפיסת ׳מלוא כל הארץ כבודו׳ ו׳לית אתר פנוי מיניה׳, אין מקום ואין זמן שאסור לדבר בהם דברי תורה; למעלה מזה – אין מקום ואין זמן שאין בהם חובה לדבר דברי תורה ולהיפגש דרכם עם הקב״ה. כיצד הבנה זו מתיישבת עם הקביעה ההלכתית שלפיה ישנם מקומות שבהם אסור לדבר דברי תורה – מקומות מטונפים? היש מקום שממנו נעדרת האלוהות? ואם אין מקום כזה, כיצד נכנה מקום כלשהו בעולם בשם ׳מטונף׳?

שאלה זו חותרת תחת בסיסו של כל עולם ההלכה. מהות ההלכה, כפי שראינו, היא ההבחנה והגבול. ההלכה הקובעת כי עד כאן קודש ומכאן חול, כאן ייתכן המפגש וכאן מתרחקים ממנו. ניתן לומר שלא פחות ממה שמאתגרת ההלכה את אלו המתקשים לכבוש את יצרם ולבלום את תשוקתם אל האסור, היא מאתגרת את המבקשים להידבק באור ה' דרך הכול (כפי שראינו לעיל בדברי הרב קוק על עצמו). אותם קדושים רמי מעלה זועקים 'איה מקום כבודו', ומבקשים לחשוף מקום זה בכל פינה, בכל הוויה ובכל מעשה.[22]

ר' חיים עצמו מודע גם הוא לבעיה זו, וקובע כי המציאות שבה תיתכן ההלכה והדין היא מציאות של 'סובב כל עלמין' הנולדת מתוך צמצום והגבלה. שורשו של הדין האלוהי, שהוא התגלמות הצמצום והריחוק, מונח כבר בצמצום הראשון באין־סוף האלוהי. צמצום זה יצר חלל פנוי שבתוכו ישנה מציאות נבדלת מן האלוהים, ומציאות זו היא יסוד ההגבלה והריחוק. משעה שהקב"ה הרחיק עצמו מן ההוויה אפשר לדבר על מקום קרוב או רחוק, על שער המביא את האדם אל האין־סוף מול שער שהוא מבוי סתום שישליך אותו אל החלל הפנוי נעדר האלוהות.

העריגה אל האין־סוף האלוהי קיימת באדם מפעם לפעם, אולם עריגה זו איננה יכולה להתממש במציאות זו שהיא 'מצידנו', מציאות המשקפת את נקודת המבט ה'שקרית' של האדם שבה אלוהים רחוק ממנו. זו הפריזמה שדרכה מתבונן האדם על המציאות, ועליה מבוססת הקונספציה ההלכתית הנותנת לו לממש את מאווייו רק באופן חלקי.

22. לעיתים ניתן למצוא בדרשות חסידיות פרשנות המנכיחה עיקרון זה. כך ביחס לקרח, האומר 'כִּי כָל הָעֵדָה כֻּלָּם קְדֹשִׁים' (במדבר טז, ג) וממילא יש לבטל את ההירכיה. המדרש מפענח את שאלתו כחותרת תחת עולם המצוות: טלית שכולה תכלת לכאורה אינה צריכה פתיל תכלת, כלומר מציאות שכולה קדושה, שכולה תזכורת לנוכחות ה', אינה צריכה מקום, זמן וחפץ המוגדרים כקדושים יותר; אדרבה – יש בכך משום צמצום. טלית שכולה תכלת היא חסד מוחלט, נעדר הבחנות, בלי צמצום.

באופן דומה מפענח ר' לוי יצחק מברדיטשב את שאלת החכם ממדרש ארבעת הבנים בהגדה של פסח: 'מָה הָעֵדֹת וְהַחֻקִּים וְהַמִּשְׁפָּטִים אֲשֶׁר צִוָּה ה' אֱלֹהֵינוּ אֶתְכֶם' (דברים ו, כ). ר' לוי יצחק מבאר שמי שראה וחזה בנוכחות ה' במציאות דרך עשר המכות וקריעת ים סוף לכאורה איננו זקוק למצוות שיזכירו לו כי יש ה' בעולם. הרי כל ההוויה כולה אומרת 'יש אלוהים' (קדושת לוי, דרוש לפסח). ראוי לציין שלאורך ההיסטוריה ההגותית, היו הוגי דעות, מחוץ ליהדות ובתוכה, שתפיסת 'הכול אלוהות' (=פנתאיזם) הביאה אותם לשלילת עולם המצוות.

את הקושי שמבטא הרב קוק בלימודה של ההלכה ביטא גם רבי מרדכי יוסף מאיזביצא, בעל ׳מי השילוח׳. כך הוא מסביר את חטאם של נדב ואביהוא:

> ועניין קטורת הוא כדאיתא בזוה״ק (ח״ג קנא ע״ב) מאי קטורת קטירא דכולא, היינו שהשם יתברך הוא תוך כל המעשים שנעשו מבריאת העולם ועד סופו, ובלתי רצונו לא יעשה שום דבר, ועל זה מורה עניין קטורת כמו שנתבאר בפרשת תצוה (ד״ה ועשית). ובאמת כפי מה שהאדם מקרב עצמו לה׳, כן זוכה להתגלות אור ה׳ מבלי לבושים שהם גדרים וסייגים, כי באור הברור, שם לא נמצא שום סייג ואיסור, ושם כל מעשה האדם מבוררים שהם לה׳.
>
> (מי השילוח, שמיני)

הקביעה שככל שהאדם קרוב יותר לאלוהים כך מתברר שכל מעשיו הם לה׳ היא קביעה מורכבת ובמידה רבה מסוכנת, גם אם אינה מיושמת הלכה למעשה בשל הסייגים הרבים המוטלים על האפשרות להגיע למדרגה זו; אולם יש בה ביטוי להכרה בנוכחות ה׳ המבטלת את כל הגבולות והסייגים.[23]

זו התפיסה שר׳ חיים מוולוז׳ין דחה, מתוך חשש גדול מהקלקול שהיא עלולה להביא. אומנם הוא מכיר באמת שיש בנקודת מבט זו, אולם אמת זו היא ׳מבחינתו׳ של אלוהים ולא ׳מבחינתנו׳. זוהי נקודת מבט שקודמת לצמצום ולדין, חסד אלוהי שהעולם אינו יכול להתקיים על פיו.

לדעתו כשם שאי אפשר לברוא את העולם ללא דין וצמצום, כך גם אי אפשר לקיימו בלעדיו. קיומו של העולם הוא הראיה הטובה ביותר לכך שישנו צמצום, שהרי לולא הצמצום אין מקום לעולם. הנחה זו ניצבת בתשתיתו של העולם, ולכן היא גם התשתית של עבודת ה׳.

עצם הדיבור על נקודת המבט של ׳מבחינתו׳, נקודת המבט של ׳ממלא כל עלמין׳, כפי שעושה ׳מי השילוח׳, היא לפי ר׳ חיים השבת העולם לתוהו. החסד האינסופי נתחם בגבולות הדין והצמצום כדי לאפשר את בריאת העולם, ולכן בני האדם מחויבים – גם כשכוונתם זכה וברה

23. וראו עוד: מי השילוח א עמ׳ כה, א עמ׳ קנט, ב עמ׳ קלה, ובמקומות רבים אחרים שבהם הוא מביא כמעט למעשה תפיסה זו. תלמידו ר׳ צדוק הכוהן מלובלין עידן את תפיסת רבו והגביל הרבה יותר כיוון מחשבה זה, עיינו לדוגמה צדקת הצדיק אות לב.

כרצונם של נדב ואביהוא – לבלום את החסד בגבולות הדין. גם כשאדם חפץ לדבר דברי תורה לשם שמיים ולשם קדושה, הוא מוכרח לוודא כי לא במקום טומאה עומדות רגליו. אכן מדובר בבלימה ובעצירה, אולם עצירה זו הכרחית לבני האדם החיים בעולם של תיקון ופירוד. זהו סוד הגבורה הפועלת על החסד.

על המתח שבין שתי תנועות אלו ביחס להלכה כתב הרב יוסף דוב סולובייצ׳יק:

> מהי גבורה בהלכה? על איזו דרך ממליצה בפנינו ההלכה להשגת שיעור־הקומה ההירואי? התשובה היא: עלינו לנוע בתנועה הדיאלקטית. הצירוף ההלכתי משתקף בתנועה פרדוקסאלית בשני כיוונים מנוגדים – התפרצות נועזת לפנים ונסיגה נכנעת לאחור: התנסותו ההירואית של האדם הינה התנסות קוטבית וסותרת עצמה. האדם חותר קדימה רק כדי לסגת ולשוב לאחוריו לאחר מכן. התורה רוצה באדם שיהיה נועז והרפתקן בבקשתו אחר שעת הכושר לפעולה של גבורה, אולם ברגע האחרון, כשהניצחון נראה כבהישג ידו, יעצור, יפנה לאחוריו וייסוג. ברגעים המרוממים ביותר של ניצחון והגשמה חייב אדם לוותר על שיכרון הניצחון ולכבוש את עצמו. כך פעל יעקב. הוא לא השלים את ניצחונו. במקום זאת שילח את יריבו המובס. על ידי שיחרורו של אויב שנחל מפלה, ניצח יעקב את עצמו. הוא נסוג מעמדה שכבש לעצמו באומץ ובעוז־רוח. פרש ונירתע לאחוריו. ההלכה מורה כי בכל מישור של התנסותנו הקיומית הכוללת – האסתטי־תענוגי, הריגשי, העיוני, המוסרי־דתי – חייב אדם להכניס עצמו בתנועה דיאלקטית של התקדמות ונסיגה מתחלפות.
>
> (דברי הגות והערכה, צירוף)

החתירה קדימה בכל תחומי החיים היא תנועה שהאדם מצווה עליה. בלשוננו היינו אומרים שזו תנועת החסד המבקשת לקבל ולתת בעולם. אך תנועה זו חייבת להיפגש בתנועת הנסיגה, המבקשת לבלום את התשוקה לכיבוש המציאות. הרב סולובייצ׳יק מתאר מתח זה כתנועה דיאלקטית־קוטבית בין שתי תנועות הסותרות זו את זו. את ההיעתרות לכוח הבלימה הוא מתאר כתנועה של גבורה, ואכן תנועה זו נובעת מספירת גבורה הדורשת עוז ותעצומות על מנת לבלום את החסד ולמתנו. גם עמדותיהם של ׳מי השילוח׳

ושל ר' חיים מוולוז'ין מנכיחות את הקוטביות שבין שתי התנועות – החסד והדין.

תחום מרכזי בחיים שבו ניתן לחוש מתח זה הוא תחום העריות. התשוקה המינית היא אחת התנועות בעלות העוצמה הגדולה ביותר בחיינו: לעיתים רבות היא מנהלת את האדם, החברה והמרחב, והיא נמצאת בלב ליבה של ההתרחשות האנושית. מקורה של תנועה זו, מלמדת אותנו התורה, הוא בחסד, באהבה. היא איננה רעה ואיננה שלילית; אדרבה – היא חלק מתנועת היסוד של העולם להשפיע ולהיות מושפע, להתחבר ולאהוב. אולם גם כאן, כשתנועה זו נעדרת גבול היא יכולה להחריב את העולם. על מיניות ללא גבול שיש בה גילוי עריות התורה אומרת 'חֶסֶד הוּא' (ויקרא כ,יז).

תיחומה של התשוקה המינית למקום, לזמן ולאופן הראוי והנכון מאפשר את מימושה באופן המדויק אך רב העוצמה ביותר.[24] כך התשוקה איננה מתפזרת, ואיננה מגיעה למקומות שאינם ראויים לה. התיחום מאפשר הבחנות בין קרוב לרחוק, בין מי שבאו בברית יחד למי שלא, בין מי שהקשר עימו עובר במרחב אחר – כגון בני משפחה – למי שהקשר עימו עובר במרחב הזוגיות, ועוד. כל חיי האישות והמיניות היהודיים מושתתים על המפגש שבין חסד לגבורה; לא רק כבלימה של יצרים ותאוות אלא גם כדרך לבנות את הכלים המדויקים לאור החסד הגדול שנטע הקב"ה באדם בתשוקתו.[25]

24. כפי שראינו בדיוננו בספירת יסוד.
25. ראו לדוגמה: הרב סולובייצ'יק, רעיונות על התפילה, עמ' 261: 'חז"ל כבר תיארו את האידיאה של קורבן כנסיגה פתאומית ממילוי חמדת היצר בשעה שהוא מגיע לשיא מתיחות. כשרק פסיעה אחת מפרידה בין הגישום המלא ובין האכזבה המרה, בין אושר משכר ובין סבל האכזבה – באה ההסתייגות. צו ההקרבה האמיתית פולח את הווייתו של החומד והלה הופך פתאום את פניו לצד אחר ומרסן את החרג הכביר של גוף שדמו רותח. הקורבן הנעלה ביותר הוקרב. אש התאווה הוקדשה לאש מזבח. הרטט הארוטי של נפש הנתונה באהבה יוקדת יצרים – טוהר והועלה למוקד המוקדש לאלוהים: "חתן נכנס עם כלתו לחופה, לבו מתגעגע על אהבת חיתוניו, בא להזדקק אליה, אומרת לו; טיפת דם כחרדל ראיתי, הופך פניו לאחוריו ולא עקרב עוקצהו ולא נחש נושכו – הווי אומר: סוגה בשושנים" [...] גישום הצו המוסרי אינו זקוק לסנקציות ולאלימות; אינו צריך לגדר חסונה העומדת נגד פריצה. דומה הוא לערוגת שושנים שאינה נדרסת אלא ברגל גאווה. רגישות יתירה ליופי ולעדינות נטועה באישיותו הרוחנית של האדם והוא המעכב את היצר מלדרוס ערוגת פרחים, פרחי חן, אף־על־פי שמעבר לערוגה נשקפת החמדה ומושכת בחבלי קסם, והעין והלב זונים אחריה.

בהשוואה לקוטביות ולדיכוטומיה שראינו אצל הרב סולובייצ׳יק, נראה שהרב קוק מסיים את דבריו ביחס למתח זה בנימה של פיוס והתרצות, בקובעו כי עולם הדין אינו מייצג רק את הצורך לבלום: ׳ואני עוד לא באתי לזאת המדרגה, לסכות מראשית עד אחרית, להבין נועם שמועה, להרגיש מתק כל דקדוק, להיות צופה באור שבמחשכי עולם׳. ממילא השאלה אינה רק אם צריך לעיתים להתעלם מהדין ולהימנע מבלימת החסד, או שמא להשלים עימו כי אין ברירה. לדעת הראי״ה עולם הדין עצמו מגלם את האור האלוהי, ורק אם נתמיד במאמצינו נרכוש את היכולת להתבונן דרך הדין ולראות את החסד. תפיסתו של הרב קוק מובילה אותו לחתירה להרמוניה מלאה עם הדין:

> והנני מלא מכאובים, ומצפה אני לישועה ואורה, לרוממות עליונה, להופעת דעה ונהרה ולהזלת טל של חיים, גם בתוך אלה הצנורות הצרים, אשר מהם אינק ואשבע. אתענג בנועם ד׳. אכיר טוהר הרצון האידיאלי, רום חביון עז עליון, הממלא כל אות וקוץ, כל הויה ופלפול, ׳ואשתעשע במצותיך אשר אהבתי, ואשיחה בחקיך׳.
>
> (שמונה קבצים ג, רצ)

גם מידת הדין מידה אלוהית היא, המשקפת התגלות מצד שמאל. כשאדם מכיר בכך גם הגבולות הופכים להיות מפגש.

ג. ימין ושמאל – זכר ונקבה (חסד – ׳ימין׳, ׳דרום׳, גבורה – ׳יד כהה׳, ׳צפון׳)

כפי שראינו במבוא, החלוקה בין קו החסד לקו הדין היא גם חלוקה בין הצד הזכרי והצד הנקבי;[26] על פי חלוקה זו הצד הזכרי הוא החסד והנקבי הוא הגבורה. הבעש״ט מפרש זאת כך:

ערוגה זו חונכה למזבח והחתן העומד ביצרו הוא הכוהן המקריב וגם הקורבן והמוקד. ובכל מקום שיש קורבן כזה הרי האדם עובד את האלוהים. מה נאה ההלכה של: ״בועל בעילת מצווה ופורש״׳.

26. כאמור שם, ישנה גם חלוקה אחרת בין הצד הזכרי והנקבי – בין שש הספירות חג״ת נה״י לבין המלכות.

המשפיע הוא מצד החסד והמקבל הוא מצד הדין, וכלל זה הוא בכל דבר שבעולם, למשל כששופכים מכלי גדול משקה לצלוחית, הנה הצלוחית אינה מקבלת לתוכה רק כמדתה, אבל הכלי ששופכים ממנה היה יכול להשפיע יותר, אך הצלוחית שהוא המקבל יש לה מדה וגבול, זהו מצד הדין, גם האשה משקבלה העובר שבמעיה שוב אינה יכולה לקבל עיבור אחר, אבל הזכר יכול להשפיע תמיד.

(מקור מים חיים על הבעש"ט, פינחס א)

בבואנו לברר את היחס בין ספירת יסוד הזכרית לספירת מלכות הנקבית עמדנו על מערכת היחסים שבין משפיע למקבל. גם בבואנו לברר את מערכת היחסים שבין ספירת חסד וגבורה בהקשר של איש ואישה מוטיב ההשפעה והקבלה הוא דומיננטי, אולם הדגש בהבחנה שבין ימין לשמאל הוא על ההבחנה בין שפע ללא גבול לשפע מוגבל. הדימוי שמובא כאן הוא תהליך ההפריה, המתרחש בנתינת הזרע על ידי האיש וקבלתו על ידי האישה. אך מעבר לעניין הנתינה והקבלה, עולות מדימוי זה עוד שתי הבחנות.

הזרע הוא גולמי, והחיים הגלומים בו הם בגדר פוטנציאל בלבד. ללא מפגש עם ביצית ובית גידול לעובר הזרע לעולם לא יוכל להפוך לפרי בטן. הביצית ממתינה לזרע יחד עם כל הסובב אותה, ומשעה שהזרע פגש והפרה אותה מתחיל תהליך של פירוק והרכבה, עיבוד, הענקת חיות, עיצוב ובנייה – תהליך המתרחש כולו ברחמה של האישה. פירוש הדבר לענייננו הוא שספירת חסד יכולה להשפיע, אך אנו רואים שוב שאין פריון ואין התממשות ללא תהליך של הגבלה, הגדרה, הבדלה והבחנה, הנעשה אצל האישה – הגבורה.

ההבחנה השנייה עולה מכך שזמן קצר לאחר שהאיש נתן את זרעו באישה הוא יכול לשלח את זרעו שנית, פעם אחר פעם. אף על פי שזרעו כבר פועל כעת את פעולתו ומתחיל לקרום עור וגידים ברחמה של האישה, יכול האיש במקביל להמשיך ולהשפיע. האישה, לעומת זאת, מרגע שהופרתה אינה יכולה לקלוט זרע נוסף ולהתחיל עימו תהליך מקביל של הפריה. יחסי אישות בין איש לאישה בהיריון אינם מביאים להיריון נוסף לא מפני שזרע האיש איננו מסוגל להפרות, אלא מפני שגוף האישה לא מאפשר זאת. זהו הגבול שמונע את המשך השפע יותר ממה שהכלי מסוגל להכיל, ומאפשר תהליך עיבוד יסודי, עמוק ופורה.

שתי תנועות אלו מצויות לא רק בהבחנה שבין איש ואישה אלא גם

באדם עצמו. גם האדם עצמו, כפי שראינו, מורכב מימין ושמאל, מהמוח ועד כפות הרגליים. באדם יש תנועה הרוצה להשפיע, לאהוב, להעניק, ליצור ולחדש. אך תנועה זו חייבת לעבור תהליך נוקב של עיבוד, יצירת כלי ובירור, תהליך שיש בו הבחנות, הגדרות, ויתור על העודף ותביעה למה שחסר. לכן אחרי רגע של יצירה והתלהבות צריך שתבוא השתהות והגבלה.[27]

נעיר שבתורה צד ימין מתואר כחזק וכמשפיע – 'יְמִין ה' רוֹמֵמָה, יְמִין ה' עֹשָׂה חָיִל' (תהילים קיח, טז), ועיקר הברכה מגיע ביד ימין, כפי שעולה מהסיפור על ברכת יעקב לאפרים ומנשה. יד שמאל חזקה מתוארת כחיסרון – 'אִטֵּר יַד יְמִינוֹ (שופטים ג, טו)'.[28]

> ימין סתם מיוחד אל החסד. וג' ימינים הם כמו שבארנו בשערים הקודמים והם חכמה חסד נצח. ואין הכונה שיהיה שם ימין ושמאל ח"ו. אמנם הדברים הטובים המתוקנים בטובה על תקונם נקראים ימיניים וכן דרז"ל (במדרש רבה שה"ש פ"א בפסוק לסוסתי כו') מיימינים לזכות משמאילים לחוב. הנה כל ענייני החובה וכיוצא בה יקרא שמאל וכל ענייני הזכות וכיוצא בו יקרא ימין. וכל הענין לדין או לרחמים דהיינו חובה וזכות.

(פרדס רימונים שער כג, פרק י)

לסיום ההבחנה בין ימין לשמאל נציין שבמפה המקראית הכיוון הקדמי הוא המזרח (המכונה קדם מלשון קדימה) ולא הצפון, על כן ימין הוא דרום ושמאל הוא צפון.[29] בספר 'שערי אורה' מוסברת הזיקה של הדין לצפון כך:

> ודע כי המידה הזאת נקראת צפון, וצריך אתה לדעת העיקר, כבר הודענוך כי מידת החסד שהיא בימין, תמיד פתוחה ומזומנת להפיק

27. נבחן את הדברים במקורם בדיון שלנו על ספירות חכמה ובינה. למעשה, שם מופיעה ההתפרטות הראשונה בין ימין ושמאל, ורבים מהדברים הכתובים כאן יתאימו גם לשם.

28. 'ודע כי המידה הזאת הנקראת אלהי"ם העומדת לשמאל, נקראת לפעמים יד כהה. וטעם שנקראת יד כהה, לפי שהיא השמאל והיא מונעת ומעכבת את הימין להשפיע בעולם' (שערי אורה, שער שישי).

29. כשאברהם מציע ללוט לחלק את הארץ בין ימין לשמאל – 'הִפָּרֶד נָא מֵעָלָי, אִם הַשְּׂמֹאל וְאֵימִנָה וְאִם הַיָּמִין וְאַשְׂמְאִילָה' (בראשית יג, ט) – הוא בעצם מציע לו חלוקה בין צפון לדרום ולא בין מזרח למערב, כפי שמתבקש מהטופוגרפיה של ארץ ישראל.

לכל שואל, וכשהאדם שואל חפציו מאת ה׳, אזי מתעוררת מידת החסד ומושכת ממקור הרצון כל מיני העושר וכל מיני טובות לתת לשואל די מחסורו. וכשמגיעין אותן המתנות והטובות מצד מידת שמאל, אזי עומדת מידת הדין שהיא מצד צפון, ומעכבת אל הימין לגמור חפצי השואל, ואומרת, נשב לדין ונראה אם זה השואל ראוי לתת לו שאלה זו ששאל או לאו [...] ואם אינו ראוי, מונעים ממנו כל אותו העושר וכל אותו הטוב שהמשיכה מידת החסד, ואז מקבלת מידת הדין ההיא בצפון כל אותו העושר וכל אותו הטוב, ומכנסת אותו באוצרותיה ובבתי גנזיה אשר בצפון, ונשאר כל אותו העושר וכל אותו הטוב באוצרות צפון [...] ולפיכך נקראת צפון, לפי ששם צפונים כל מיני עושר וכל הגנזים וכל המצפונים וכל הזהב [...] אמרו רז״ל ׳הרוצה להעשיר יצפין׳. כלומר, יכוין למידת צפון להשלים עם מידת הדין העומדת בצפון, שלא תעכב שאלתו כששואל מאת ה׳ יתברך עושר ונכסים [...].

דע כי בצד הצפון יש מקומות וחדרים גדולים, אשר המה מלאים כמה מלאכי חבלה, וכמה מיני פורעניות [...] ושם כמה מיני נחשים ועקרבים, ושאר כל מיני חיות רעות, וכל אלה שזכרנו כולם עומדים וצופים מתי יצא מן הדין אשר בצפון, לחרוב ארצות, ולעקור מלכויות, ולהכות בני אדם בכל מיני מכה ובכל מיני משחית [...] ולפי שהשם יתברך נתן תורה ומצוות לפי רוב חמלתו על ישראל, ציוה להקריב לפניו קרבנות לכפר על העוונות, כדי לסתום אלו המקטריגים בצפון ולכל בעלי משחית. וציוה בתורה כי כל קרבן שהוא בא על חטא, יהיה אותו קרבן נשחט בצפון, וכן הוא אומר ׳ושחט אותו על ירך המזבח צפונה׳ (ויקרא א, יא).

(שערי אורה, שער שישי)

ר׳ יוסף ג׳יקטיליה מתאר באופן ציורי כיצד ה׳צפון׳, שהוא מקום הדין והמשפט, מלא בשפע שנעצר ונאצר אצלו כיוון שלא היה ראוי להעבירו אל העולם – מעין מחסני הוצאה לפועל המלאים כל טוב. משמעותו של ציור זה היא שיש שפע הבא דרך ספירת החסד, דרך הימין, שמי שמקבל אותו יודע שאינו ראוי לו. זוהי מתנת חינם, צדקה, שיש בה חיסרון של לחם מסכנות – ׳לְךָ ה׳ הַצְּדָקָה וְלָנוּ בֹּשֶׁת הַפָּנִים׳ (דניאל ט, ז). לעומת זאת, השפע הבא מספירת גבורה, מהשמאל, הוא שפע המגיע בדין ובמשפט. מי שמקבל שפע משם יודע שהוא ראוי לו, שהשפע הזה הוא כמידתו וכמשפטו. זוהי הקבלה

המושלמת, ומכאן נובעת הנחיית חז"ל 'הרוצה שיחכים ידרים ושיעשיר יצפין' (בבא בתרא כה ע"ב) – כיוון שבצפון מצויה הברכה האופטימלית לאדם. עושר הבא משמאל הוא עושר יציב, קיים וראוי.

קבלת השפע האופטימלית היא דווקא זו העוברת דרך ספירת גבורה, ורק בהיעדר יכולת כזו, באין מליץ יושר, אנו פונים ישירות למידת החסד ומבקשים שפע.

הנקודה השנייה שעולה מדברי ה'שערי אורה' מתייחסת לציווי לשחוט חלק ניכר מן הקורבנות בצפון המשכן. הפרשנות הניתנת כאן היא הניסיון להמתיק את הדין שנמצא בצד צפון, שהוא צד שמאל (שכן קודש הקודשים הוא במערב). המתקת הדין צריכה להיות במקומו, והצפון הוא מקום הדין והמשפט.[30]

אל מול העושר המצוי על פי הסבר זה בצפון, החכמה מצויה בדרום – 'הרוצה שיחכים ידרים', כלומר במקום החסד:

> דרום הוא החסד, וכן ארז"ל 'הרוצה שיחכים ידרים'. ופירוש ידרים יכוין אל הדרום שהוא החסד ששם המשכת החכמה לחסד כנודע.
>
> (פרדס רימונים שער כג, פרק ד)

החכמה נמצאת בספירת החסד. ואכן, על פי אילן הספירות החכמה נמצאת מעל ספירת החסד, ובהשפעה של הענף הימני של הספירות החכמה משפיעה ישירות אל החסד, ומשם אל הנצח ואל המלכות. אם כן ייתכן שהזיהוי של הימין כמקור החכמה ולא העושר מצוי דווקא בצד הימני העליון של הספירות – בספירת החכמה.[31]

30. כלשון הפסוק 'מִצָּפוֹן תִּפָּתַח הָרָעָה' (ירמיהו א, יד).
31. כשם שר' יוסף ג'יקטיליה התמודד עם הייחוס של העושר דווקא לדין, כך מעלה רמ"ק את הקושי בכך שדווקא הדרום הגיאוגרפי – הנגב – הוא יבש, וכיצד זה מסתדר עם ספירת החסד: 'אמנם למה הדרום נגוב ויבש, והיה ראוי שיהיה להפך, נבאר בערך נגבה בעזה"ו'. לעיון בהסברו ראו פרדס רימונים שער כג, פרק יג.

ד. גולמי ומעובד (חסד וגבורה: 'מים' ו'יין', 'קול' ו'חמשת מוצאות הפה', 'ניגון')

בכמה מקומות בספרות הסוד ספירת חסד מזוהה עם מים וספירת גבורה עם יין:

> יין – סתם יין הוא בגבורה, אמנם הלבן הוא בהיות נוטה אל החסד והאדום הוא כח הגבורה. ואמנם נקרא טוב כשנמזג במים מצד מימי החסד ששם הטוב, כדפירשנו בערך טוב.
>
> מים – לפי דעת הרשב"י ע"ה המים הם בחסד.
>
> (פרדס רמונים שער כג, פרק י')

המים הם אנרגיית החסד המעניקה חיים לעולם. אדם, אדמה, ולמעשה כל דבר חי – לא יוכל לחיות ללא מים. לא בכדי המים נמצאים בתשתית הבריאה: 'וְרוּחַ אֱלֹהִים מְרַחֶפֶת עַל פְּנֵי הַמָּיִם' (בראשית א, ב).

היין, לעומת זאת, מסמן את הגבורה. ייתכן שהדבר קשור לצבעו – צבע אדום המסמן דם. אולם נראה שהדברים קשורים לעיקרון נוסף.

היין מסמן את יכולתו של האדם לקחת את חומרי הגלם שבמציאות, לעבד אותם וליצור מהם דבר גבוה יותר. התבוננות על עולם הברכות מלמדת כי היין (ועימו גם הלחם) חריגים בברכותיהם. כשאדם לוקח פרי או ירק ומעבדו, למשל כשהוא סוחט תפוז למיץ תפוזים, פעולה זו 'מורידה' את הברכה ברמתה: מברכת 'פרי העץ' המשקפת את היותו של התפוז פרי נותרת ברכת 'שהכול נהיה בדברו' – הברכה הגנרית. היין והלחם חריגים מבחינה זו, שהרי סחיטת ענבים 'מעלה' את ברכתם מ'בורא פרי העץ' ל'בורא פרי הגפן': לא עוד ברכה כללית על פרי הענבים ככל הפירות, אלא ברכה מיוחדת לענבים שיש להם את הפוטנציאל להפוך ליין – פרי הגפן.

היין משקף את יכולתו של האדם לרומם את הטבע ממדרגתו. כשאדם הופך תפוז למיץ תפוזים לא ניכרת בכך תבונתו ויכולתו לרומם את הטבע; אך כשאדם הופך ענב ליין המשמח לבב אנוש הוא מממש את כישרונו להעלות את הטבע למדרגה גבוהה יותר. ייתכן שלכך קשורה גם הכרעתם של חז"ל, שהיא כה טריוויאלית עבורנו, שכל פעולה של קידוש תלווה בברכת היין (קידוש במועדים ובשבתות, ברית מילה, קידושי אישה ועוד):

הרי יכולתו של האדם לקדש את הטבע קשורה לאותו כישרון תבוני שניתן בו לרומם אותו.

מכאן שהיין הוא ביטוי לעיבוד של חומר הגלם שבמציאות. כאמור, זו אחת מתכונות הגבורה – לקחת שפע ולעבדו, תהליך שמלווה בבלימה, הגדרה, חיתוך ודיוק.

ההבחנה בין הגולמי למעובד קשורה לעוד שתי תופעות המיוחסות לספירת הגבורה. האחת קשורה למרחב הדיבור, והשנייה לניגון.

המילים היוצאות מפינו הן סופו של תהליך תלת־שלבי. השלב הראשון הוא רוח המנשבת מחלל הבטן והריאות; השני הוא פגישתה של הרוח עם מיתרי הקול, ההופכים אותה לקול; והשלישי הוא פגישתו של הקול בחמשת מוצאות הפה, ההופכים אותו לאותיות. אותיות אלו מחולקות לחמש קבוצות, לפי המקום שבו הרוח נעצרת: הגרוניות, החיכיות, הלשוניות, השיניות והשפתיות. לא בכדי תהליך ההיווצרות של האותיות בחמשת המיקומים הנ"ל נקרא 'עיצורים'.

האוויר ההופך לקול במפגש עם מיתרי הקול הוא חסד גמור, שפע; אך הוא נעצר ונבלם באחד מחמשת מוצאות הפה, ובלימה זו מעבדת אותו ומעניקה לו גוון משלו. כך מוגדר העיצור בויקיפדיה:

> העיצור הוא הגה, שביצועו כולל חסימה מלאה או חלקית של מעבר האוויר במערכת הקול. זאת בניגוד לתנועה, שהיא הגה שביצועו כמעט אינו כולל הפרעה למעבר האוויר.

החסימה המלאה או החלקית היא תנועה של בלימה, של גבורה. כך כותב האדמו"ר הזקן:

> והכלים הן הן האותיות ששרשן ה' אותיות מנצפ"ך, שהן ה' גבורות המחלקות ומפרידות ההבל והקול בה' מוצאות הפה להתהוות כ"ב אותיות. ושרש הה' גבורות הוא בוצינא דקרדוניתא[32] שהיא גבורה עילאה דעתיק יומין.
>
> (שער היחוד והאמונה ד)

32. ביטוי מהזוהר הקדוש, שעניינו הוא קו המדידה שמבקש למדוד ולהגביל את אור אינסוף – כלומר הוא מקור ההגבלה והצמצום, מקורה של הגבורה.

היווצרותן של האותיות הוא בחמשת מוצאות הפה, שהן חמש גבורות על פי הסוד. כל עיצור נוצר מהקול שהוא חסד, הנבלם בעיצור שהוא הגבורה. כשם שהעולם לא יכול היה להיווצר ללא גבורה, כך גם הדיבור לא יכול להיווצר בלעדיה.[33]

מכאן נעבור לביטוי נוסף ומפתיע של ספירת הגבורה במציאות:

> כל נגון הוא מצד הגבורה, וכן ביאר הרשב"י ע"ה בתקונים (בתקונא יג כו ע"א) כשבא לבאר י' מיני הילולים שבספר תהילים אמר חמישאה בנגון, ושם מונה הספירות ממעלה למטה ושם מתבאר כי הנגון מצד הגבורה. ובתיקונים (בתקונא נב פד ע"ב) בפסוק 'למנצח בנגינותי' (חבקוק ג, יט) אמר אמה ותרין שוקין. ובהכרח הדין שוקין הם למנצח כדפירש בערכו, ובנגינותי הוא הבינה, נראה שנגון הוא בבינה. ונוכל לומר כי הכל ענין אחד, כי כן דרך הלוי מצד הגבורה היה מנגן הניגון, והוא מצד הבינה.
>
> (פרדס רימונים שער כג, פרק יד)

רמ"ק עומד על כך שהניגון שייך לצד שמאל (בינה או גבורה). לכאורה מתבקש לומר שהניגון שייך לחסד בהיותו שופע רגש והשראה, אלא שבדומה לדיבור גם התהוות הניגון הוא בחסימה ובבלימה של הקול. הגיוון של התווים והצלילים נובע מאופנים שונים של חסימה המשפיעה על גובה הצליל – אם על ידי סתימת חורים בכלי נשיפה, הגורמים לאוויר לצאת רק בנתיב מסוים, ואם בקיצור והארכת המיתרים על ידי לחיצה עליהם בכלי מיתר, המשפיעים אף הם על גובה הצליל. גם בכלי הקשה הצליל משתנה בהתאם למתיחת המשטח שעליו מקישים.[34] הנה כי כן, ספירת הגבורה פועלת גם

33. הדברים קשורים כיוון שעל פי ספר יצירה בכ"ב אותיות נברא העולם, ובעצם זוהי עוד וריאציה המתארת כיצד החסד האלוהי שהוא קול ה' המרחף מעל פני המים צריך להיפגש עם הגבורות כדי שיהיו אותיות שייצרו מילים שיבראו את העולם הנברא בדיבור.

34. שמעתי פעם תובנה ממוזיקאי ידוע, פסנתרן מחונן, שלפיה ככל שהתנגדות של הקליד בפסנתר ללחיצה היא גדולה יותר כך גדלה האפשרות של המנגן לייצר מנעד רגשי עשיר בלחיצה על הקלידים. בשפת הסוד, ככל שהגבורה תפעל יותר על החסד כך הגיוון וההתפרטות גדולים יותר.

בעולם היצירה (במקרה זה הניגון), ומאפשרת הרחבה של מנעד הרגישות, המורכבות והעדינות של היצירה.

פעמים רבות עולה התחושה שהגבורה, הבלימה, הצמצום וההגבלה מסרסים את היצירה. כך נטען כלפי הניסיון לפתח 'יצירה יהודית כשרה': היצירה צריכה חופש גמור, וכל ניסיון להציב גבול, צמצום או הכוונה פוגם ביצירה, שלא לומר מחלל אותה, ומסרס את היוצר. יש אמת בטענה כי אי אפשר ליצור ללא חופש; כפי שראינו בתחילת פרק זה, החופש הוא תנאי בסיסי לפעולתה של החסד. היצירה אף היא מוכרחה להתחיל ברצון ובחופש, כפי שראינו גם ביחס ליצירה הראשונה – בריאת העולם. אולם כשם שהקב"ה היה זקוק, כביכול, לגבורה ובלימה על מנת להביא לידי ביטוי את יצירתו – בריאת העולם – בעומק ובמורכבות, כך גם ביחס ליצירה האנושית. בלמים מוסריים, ערכיים, רוחניים, אנושיים וגם מקצועיים, המוטלים על היצירה לאחר תנועת החופש והרצון המולידה אותה – לא בהכרח פוגמים בה, ואולי אף לגמרי להפך – הם מאפשרים לה להתממש באופן עמוק, מורכב, מגוון, עדין ורגיש.

ה. אהבה ויראה – מי קודם? (חסד – 'בוקר')

עד כה ראינו שספירת חסד היא ספירת האהבה, התשוקה והעריגה להשפיע, הן מצד הקב"ה לעולם – בבריאה ובהנהגה, הן מצידנו כלפי הקב"ה – בעבודתנו. גם עמדנו על כך שלצד תנועת החסד, שיש בה עריגה והשתוקקות, קִרבה וקשר, נדרשת תנועה של דין וגבורה שיש בה כיבוש, קבלת עול, בלימה ונסיגה.

בסדר האלוהי, החפץ לברוא את העולם מתחיל בתנועה של אהבה, של רצון להשפיע ולהיטיב, ומייד אחריה באה תנועת היראה, הגבול והצמצום המאפשרת לברוא את העולם ולקיימו. מהו הסדר הנכון מצד האדם? האם גם אצלו האהבה קודמת ליראה, או אולי להפך – היראה לאהבה?

והיאך היא הדרך לאהבתו ויראתו? בשעה שיתבונן האדם במעשיו וברואיו הנפלאים הגדולים ויראה מהן חכמתו שאין לה ערך ולא קץ מיד הוא אוהב ומשבח ומפאר ומתאוה תאוה גדולה לידע השם הגדול, כמו שאמר דוד 'צמאה נפשי לאלהים לאל חי'. וכשמחשב בדברים האלו עצמן מיד הוא נרתע לאחוריו ויפחד ויודע שהוא בריה קטנה

> שפלה אפלה עומדת בדעת קלה מעוטה לפני תמים דעות, כמו שאמר דוד ׳כי אראה שמיך מעשה אצבעותיך, מה אנוש כי תזכרנו׳.
>
> (רמב״ם, הלכות יסודי התורה ב, ב)

בתיאור של הרמב״ם ההתבוננות בעולם מולידה בראשיתה אהבה והערצה לבוראו, מסדרו ומנהיגו. אהבה זו מעוררת, בלשון הרמב״ם, ׳תאוה גדולה לידע את השם הגדול׳. הפסוק שבו הרמב״ם בוחר לתאר אהבה זו הוא פסוק של עריגה והשתוקקות: ׳צָמְאָה נַפְשִׁי לֵאלֹהִים׳ (תהילים מב, ג). בקשת ההתקרבות היא ההשתוקקות לעלות במעלות הידיעה האלוהית וההשגה התבונית. אולם מייד בעודו ׳מחשב בדברים האלו עצמן׳, נולד לפי הרמב״ם הפחד, ו׳מיד הוא נרתע לאחוריו׳. כשם שפלאי המציאות מולידים אהבה והערצה ליוצרה, כך הם מולידים גם יראה והכרה באפסותנו נוכח החכמה האלוהית: ׳כִּי אֶרְאֶה שָׁמֶיךָ מַעֲשֵׂה אֶצְבְּעֹתֶיךָ... מָה אֱנוֹשׁ כִּי תִזְכְּרֶנּוּ׳ (שם ח, ד-ה).

הרגש הראשון על פי הרמב״ם הוא השאיפה להיפגש עם הדבר הגדול והנשגב ולהתקרב אליו; זהו רגש של חסד, אהבה. הרגש השני הוא ההבנה שיש בינינו פער בלתי ניתן לגישור – רגש של גבורה, יראה.

כעת נבחן את דברי האדמו״ר הזקן, ר׳ שניאור זלמן מלאדי, הדומים להפליא לדברי הרמב״ם:

> כי השכל שבנפש המשכלת כשמתבונן ומעמיק מאד בגדולת ה׳ איך הוא ממלא כל עלמין וסובב כל עלמין וכולא קמיה כלא חשיב, נולדה ונתעוררה מדת יראת הרוממות במוחו ומחשבתו לירא ולהתבושש מגדולתו יתברך שאין לה סוף ותכלית, ופחד ה׳ בלבו. ושוב יתלהב לבו באהבה עזה כרשפי אש בחשיקה וחפיצה ותשוקה ונפש שוקקה לגדולת אין סוף ברוך הוא, והיא כלות הנפש כדכתיב ׳נכספה וגם כלתה נפשי׳ וגו׳, וכתיב ׳צמאה נפשי לאלהים׳ וגו׳, וכתיב ׳צמאה לך נפשי׳ וגו׳ [...] ועל כן הדעת הוא קיום המדות וחיותן והוא כולל חסד וגבורה, פירוש אהבה וענפיה ויראה וענפיה.
>
> (תניא, ליקוטי אמרים ג)

גם בדברים אלו הטריגר להתעוררות האהבה והיראה הוא ההתבוננות השכלית. גם הרמב״ם וגם האדמו״ר הזקן סוברים כי התבונה מולידה את

היראה והאהבה, שהן השם הכולל לכל המידות כולן (בלשון הספירות, חכמה בינה ודעת מולידות את חסד וגבורה). אך בעוד אצל הרמב״ם מגיעה תחילה האהבה ואחריה היראה, אצל האדמו״ר הזקן הסדר הוא הפוך – קודם יראה ואחר כך אהבה.

נראה שההבדל ביניהם קשור למושא ההתבוננות. הרמב״ם מתבונן בחכמת ה׳, כפי שהיא עולה ממדעי הטבע בכללותם (פסקה זו מופיעה כמבוא לתיאור של מעשה בראשית ומעשה מרכבה – הפיזיקה והמטפיזיקה – בהלכות יסודי התורה). ההתבוננות בחוכמת ה׳ המשתקפת מהעולם הנברא מעוררת התפעלות והערצה לבורא. בתפיסה זו נשמרת ההבדלה בין קודקודי המשולש בורא – בריאה – אדם: האדם המתבונן בבריאה מעריץ את הבורא, ואחר כך מגיעה התובנה שמדובר בחכמה פלאית שאינה ניתנת להשגה מלאה ובוודאי לא לחיקוי. כאן נולדת היראה, שהיא יראת הרוממות מפני השגב של חוכמת הבורא.

ההתבוננות שמתאר האדמו״ר הזקן היא אחרת. הוא מתבונן ברעיון הקבלי־פילוסופי שלפיו ה׳ הוא ממלא כל עלמין וסובב כל עלמין, תפיסות שהשילוב ביניהן מביא את האדם לחיקה של תפיסת האלוהות שעל פיה לית אתר פנוי מיניה [=אין מקום פנוי ממנו]. תפיסה זו שוללת במובן מסוים את הקיום הנבדל של הבריאה, והאדמו״ר הזקן עוסק בכך בהרחבה. אם הנבדלות נשמרת מנקודת מבטו של הרמב״ם, הרי מנקודת מבטו של האדמו״ר הזקן הגבול בין הבורא, הבריאה והאדם מיטשטש עד כדי ביטול. מנקודת מבט זו התחושה הראשונה שנולדת היא יראה.[35] תחושה זו איננה פועל יוצא של התפעלות מהחכמה האדירה והאינסופית, אלא היא נובעת מההכרה של האדם שעצם קיומו כנבדל, כיצור חי, נשלל במובן מסוים – ואף על פי כן הוא יצור קיים. תודעה זו יוצרת יראה גדולה. ההכרה באין־סוף מביאה את האדם לחוש אי־נוחות בעצם קיומו, אך בכל זאת הוא הרי קיים – וחוויה פרדוקסלית זו מייצרת יראת רוממות קיומית. האדמו״ר הזקן לא נפגש עם חכמת הבורא, כפי שקורה בהתבוננותו של הרמב״ם, אלא עם הנוכחות עצמה – המאפסת הכול ומייד מולידה יראה.

35. בדיוננו בספירת חכמה נראה כי מידת היראה הגבוהה, יראת הרוממות, נובעת מספירה זו. על זיקתה של ספירת חכמה, הנמצאת בצד ימין, דווקא עם היראה שמצד שמאל ארחיב את הדיבור שם. לעת עתה אציין שככל הנראה היראה שבה עוסק האדמו״ר הזקן כאן נובעת מספירת חכמה ולא מספירת גבורה, ובכך גם מובן מדוע היא קודמת לאהבה – שהרי ספירת חכמה היא ספירת הגילוי הראשונה, כפי שנרחיב להלן.

אלא שאז מתאושש האדם, ומבקש להתבטל באין־סוף האלוהי. גם האדמו"ר הזקן משתמש בביטוי 'צמאה נפשי', אולם הוא מוסיף גם את 'כלות הנפש' ו'נכספה וגם כלתה'.[36] אין זו שאיפה לדעת, ללמוד ולהתקרב, אלא שאיפה להיעלם. לשיטת האדמו"ר הזקן, אם הרגש מתעורר מכוח ההכרה שאין עוד מלבדו והכול אלוהות, הרי האהבה הנולדת מכך תתממש בשאיפה להיטמע באין־סוף האלוהי. זהו מצב של כלות הנפש שבו מיטשטש הגבול שבין הבורא, העולם והאדם והכול שואף אל האחד – בשונה מהרמב"ם.

נראה שהאדמו"ר הזקן, תלמיד המגיד ממזריטש, הולך בעקבותיו בדבר הסדר שבין אהבה ויראה:

> ואלה שמות בני ישראל הבאים וגו' איש וביתו באו. הנה תכלית הכל הוא היראה, כי אם אין יראה אין חכמה ספונה וחשובה כלל. ותכלית חכמה הוא יראה. הגם שצריך לעבוד הש"י באהבה ויראה אין צריך לתפוס רק [=אלא] יראה, וממילא תשרה עליו אהבת הבורא ית', כי דרכו של איש לחזור אחר אשה.
>
> (מגיד דבריו ליעקב סא)

גם המגיד ר' דוב בער ממזריטש קובע כי צריך קודם לאחוז ביראה, ולאחריה תבוא האהבה. אך המגיד מתייחס בדבריו לא רק לסדר של המידות אלא גם לאיכותן: היראה היא תוצאת העבודה של האדם, בעוד האהבה היא השראה הניתנת לאדם כפרי העמל של יראתו. בשפת הסוד ניתן לומר כי היראה היא יצירת הכלי על ידי האדם, והאהבה היא השפע שניצק לתוכו.

אם נתבונן בדברי המגיד מנקודת מבט קיומית, נשים לב שהמגיד משתמש במשל של 'דרכו של איש לחזר אחר אישה'. האיש הוא סמל לאהבה (צד ימין – חסד) והאישה ליראה (צד שמאל – דין). האמירה שדרכו של איש לחזר אחר האישה משמעותה שהחסד – האהבה – מחפש מקום לשכון בו, הוא זקוק לגבורה כדי להתממש. כשם שהאיש זקוק לאישה

36. נעיר כי האדמו"ר הזקן מחלק בין אהבה שהיא מצד החסד, לעומת אהבה שהיא מצד גבורות העליונות (תניא, ליקוטי אמרים נ), לשיטתו העובדה שהאהבה המתוארת כאן היא אהבה של כלות הנפש המבקשת 'ליפרד מהפתילה והעצים שנאחזת בהן' (שם), קשורה לכך שמדובר באהבה שצומחת מתוך יראת הרוממות. על כן ייתכן שהאהבה הבאה מעולם החסד, על פי האדמו"ר הזקן, היא הדומה יותר לאהבה שעליה גם מדבר הרמב"ם.

כך האהבה זקוקה ליראה. אך המגיד מרחיק לכת אף יותר: אהבת ה׳ היא תנועה אינסטינקטיבית המתרחשת מאליה, אולם היא איננה יכולה לצאת מן הכוח אל הפועל בהיעדר יראה. האהבה מחזרת אחר היראה ומבקשת ממנה להיבנות, כדי שהאהבה תוכל להופיע. נדמה כי המגיד מניח שנפש האדם נמשכת באהבתה אל ה׳, אולם אהבה זו לא תוכל להתממש אם האדם לא יבנה את היראה, שהיא הכלי.

אולי ניתן להסיק מדברים אלו שהאהבה בחסידות היא התנועה היסודית של הנפש, ממש כשם שה׳ יתברך הִתאווה בתנועה הראשונית והלא מוסברת להיטיב ולהשפיע. כפי שראינו החסד נעדר חוקיות וסיבתיות, הוא נולד יש מאין בחופש גמור. על התנועה הזו לא צריך לעבוד; היא טמונה בעומק הנפש האלוהית של האדם, בעריגה הטבעית של חלק אלוה שנמצא בקרבו. אך היראה אינה טריוויאלית, והיא זקוקה לפיתוח.

גם הנפש זקוקה לכלים, לגבולות ולהבחנות כדי שהאהבה תהפוך מאמורפית לממשית. היראה שבה עסקנו כאן – יראת הרוממות – מייצרת נבדלות בין האדם לבין הקב״ה, אך גם פרקטיקות של קרבה וריחוק, לכן היא מאפשרת לאהבה להתממש.

אם נחבר דברים אלו למה שנאמר לעיל, נבין כי אהבת ה׳ איננה יכולה להתממש באופן עמוק ושלם ללא עולם ההלכה והגבולות, ממש כשם שקידושין שבהם מביע החתן את אהבתו ונאמנותו לאישה – באמירה ׳הרי את מקודשת לי׳ – לא הופכים לנישואין, כלומר לחיי אישות מלאים, ללא כתובה המגדירה את המחויבויות והגבולות.[37]

אסיים את דיוננו בחסד וגבורה בסיפור. כשר׳ חיים מוולוז׳ין בא לפני רבו הגאון מווילנה ושטח בפניו בהתלהבות את תוכניותיו בדבר הקמת ישיבת וולוז׳ין, נשאר הגר״א מאופק ומסויג. לפני שר׳ חיים נפרד ממנו במפח נפש, עודד אותו לפתע הגר״א להגשים את תוכניותיו. כששאלו ר׳ חיים מה השתנה כעת, השיבו הגר״א שלפני כן, כשראהו מדבר במלוא

37. ייתכן שניתן לקשור את המחלוקת בין הרמב״ם לאדמו״ר הזקן למתח הקיים ביחס למבנה היום על פי סיפור הבריאה – אם היום הולך אחר הלילה (׳וַיְהִי עֶרֶב וַיְהִי בֹקֶר׳) או הלילה אחר היום (ראו את פירושו של הרשב״ם לפרק א׳ של בראשית). הבוקר הוא ספירת חסד (פרדס רימונים שער כג, פרק ב: ׳לְהַגִּיד בַּבֹּקֶר חַסְדֶּךָ׳; ׳וַיַּשְׁכֵּם אַבְרָהָם בַּבֹּקֶר׳). בתפיסת הזמן שראשיתה בבוקר יום חדש מתחיל בהנץ החמה, והחסד הוא הראשית. בתפיסת זמן שלפיה ראשיתו של היום היא בלילה שקדם לו – הגבורה היא התנועה הראשונה.

ההתלהבות, אמר לעצמו שהרעיון מגיע מהתלהבות, וההתלהבות היא 'אש זרה'. רק כששככה ההתלהבות יכול היה הגר"א לעודדו להקים את הישיבה מתוך שום שכל והתבוננות.

אהבה שלא באה מתוך כלים ומתוך גבולות עלולה להיהפך לאש זרה, כפי שקרה אולי לנדב ואביהוא, לעוזה בהעלאה הראשונה של ארון הברית לירושלים, ובעוד דוגמאות. זלדה תיארה זאת היטב בשירה:

לֹא אֲרַחֵף בֶּחָלָל
מִשְׁלַּהַת רֶסֶן
פֶּן יִבְלַע עָנָן
אֶת הַפַּס הַדַּקִּיק שֶׁבְּלִבִּי
שֶׁמַּפְרִיד בֵּין טוֹב לְרַע
אֵין לִי קִיּוּם
בְּלִי הַבְּרָקִים וְהַקּוֹלוֹת
שֶׁשָּׁמַעְתִּי בְּסִינַי.

אל הנפש והחיים
חסד

סעיפים א-ג: האהבה הטהורה והנכחת החסד האלוהי בעולם

בסעיף זה למדנו על שתי התנועות היסודיות של ספירת חסד, שהן אבני היסוד לבריאת העולם: הבריאה מתוך רצון חופשי מוחלט של הקב"ה, ומתוך חפץ מוחלט להיטיב לנבראים.

המודעות לשתי תנועות אלו מעצבת את נקודת מבטנו על העולם. אופטימיות היא לא אשליה! היא הכרה עמוקה המאמינה בטוב שבמציאות כולה ובמה שמתרחש בה, ובחופש המוחלט של הקב"ה להיטיב ללא שום מגבלה. לכן גם אם חס ושלום משהו רע מתרחש לנגד עינינו, בעומק אנו יודעים שהדבר קרה לא בשל אילוץ – שהרי החופש הגמור נתון בידו של ה', וגם לא מתוך חפץ להרע חס ושלום – שהרי החפץ להיטיב הוא יסוד היסודות.

ראינו גם שהכינוי א־ל משמעותו שבתשתית של כל פעולה ניצבים

מידת החסד והכוח האלוהי להיטיב, ואם רק נעמיק נצליח לראותם בכל הקורה לנו.

- ההזמנה הפשוטה שעולה מדברים אלו היא קודם כול ההכרה המתמדת כי עיקר תכלית הבריאה הוא החפץ להיטיב, ולקב"ה יש חופש מוחלט לעשות כרצונו. כשאנו עומדים מול מציאות קשה נוכל לשנן לעצמנו תובנות אלו, ומתוך כך נאמין ברצונו החופשי של ה' לשנות את המציאות לטובה. נזכור שאין בידו שום מגבלה, וכך נוכל לקוות ולהתפלל לטוב.
- ברובד עמוק יותר נוכל לנסות לגלות את בחינת ה'א־ל' שנמצאת בכל גילוי אלוהי אלינו, בכל הנהגה ומציאות – גם זו הקשה והדינית. להבין כיצד גם בשורש מציאות זו מצוי החפץ להיטיב.
- התפיסה של מהות החסד היא גם הזמנה עבורנו, בעומדנו כמשפיעים טוב וגומלי חסד, לנסות לעשות זאת מתוך עמדה פשוטה של חפץ להיטיב, בלי הסברים, ומתוך הכרה כי אם רק נרצה להיטיב – החופש בידינו לעשות זאת. מתוך הבנה שהתמורה האמיתית המצויה בתנועת החסד היא ההענקה עצמה, ננסה להרחיב את המקומות בחיינו שבהם אנו נותנים ומעניקים.

פגשנו גם את האהבה כתנועת חסד, ואת דיוקה וזיקוקה לאור התכונות שראינו בספירה זו. אהבה כזו היא טהורה ברצונה להיטיב, ללא שיקולים ואינטרסים כפי שפעמים רבות קורה ב'אהבה' בת זמננו. הנכחנו את החופש המוחלט לאהוב.

- זו הזמנה להתבונן במקומות שבהם אנו 'אוהבים' (בן או בת זוג, ילד, הורה, חבר וכדומה), ולשאול: האם שורשה של אהבה זו בחסד? האם היא באמת למען הזולת ולא למען עצמנו? האם היא באמת אהבה שאינה תלויה בדבר, והיא בת חורין לגמרי? אם לא, ננסה לבחור את המרחבים שבהם אנו יכולים לזקק את האהבה, ולטעום מטעמו של החסד הצרוף.
- זו גם הזדמנות לבחון אינטראקציות שיש לנו ביומיום. לנסות להפתיע את זולתנו בהתנהגות, תנועה, אמירה, או בהיעתרות להם – לא מתוך התבנית הרגילה שכובלת ומכריחה לנהוג לפי הכללים. לפעול ולהגיב ממקום שאין בו הכרח.

ראינו גם שבכוחה של עמדה זו, המנכיחה את החסד הגמור שניצב בתשתית כל ההוויה, להמתיק את הדינים לא רק במרחב התודעה, כי אם גם במציאות האובייקטיבית. זהו מעשה הצדיקים, שבכוחם להעביר את ה׳ יתברך מכיסא דין לכיסא רחמים. על ידי חשיפת החסד היסודי הם מבטלים את הדין, ומשיבים את ההנהגה האלוהית לראשוניותה. ה׳ יתברך זקוק לנו, כביכול, שנעורר המתקה זו (וגם זו כמובן עצת ה׳ – שיזדקק לנו כביכול).

- זוהי הזמנה עבור כולנו שלא להתרשל במשימה זו. גם אם איננו צדיקים, נירתם למלאכת העברת ה׳ יתברך מכיסא דין לכיסא רחמים. ניתן לעשות זאת בקריאת י״ג מידות – להתכוון להמתקת הדינים, לעורר את מידת החסד הקמאית שחפצה רק להיטיב (בהמשך נראה שי״ג מידות מתקשרות גם לספירת כתר). תפילה ובקשת הרחמים היא אמירה לה׳: אנו יודעים שאתה חפץ רק להיטיב, אנו גם יודעים שיש בידך את החופש הגמור ללא שום מגבלה, ומתוך כך אנו מבקשים ממך את ההמתקה. זו תפילה יסודית שאמורה ללוות כל מתפלל בבקשו חסד.
- לתובנה זו יש השלכה גם ביחס לעצמנו כמשפיעים. בשעת כעס, זעם, ביקורת או שיפוטיות אפשר לנסות לעורר את מידת החסד שבנו, את הרצון הקמאי להיטיב שבוודאי גלום בנו – במיוחד כשמדובר ביקרים לנו. ברגע של רוגז נזכור כי עיקר שאיפתנו היא להיטיב לזולתנו בכלל ולקרובים לנו בפרט, וננסה לעבור מכיסא דין לכיסא רחמים, מעמדה שיפוטית, ביקורתית, כועסת ודנה – לעמדה החפצה להיטיב. נזכור שיש לנו את החירות הגמורה לעשות זאת, ללא כל מעצור; הכול בראשנו ובליבנו.
- ניתן גם לבקש מהקרובים לנו שיעוררו בנו את מידת החסד כשאנו בזעם, ממש כשם שהקב״ה מבקש זאת מידינו. לזהות בעצמנו את י״ג המידות שלנו כביכול, ולומר לקרובים לנו מהן המילים שהן מפתח המעורר את החסד הקמאי. ייתכן שבמערכות יחסים שונות יהיו אלו מילים שונות; אך אנו או קרובינו נזהה אותן ונשתמש בהן, כדי לעורר את החסד ולעבור מכיסא דין לכיסא רחמים.

גבורה

סעיפים א-ב: ערכם של הצמצום והגבול וביטוים בטבע

בסעיפים אלו נחשפנו לתנועת הגבול והצמצום – הן בראשית הבריאה הן בקיומו הטבעי של העולם. ראינו שכדי לקיים מציאות תנועת החסד וההתפשטות חייבת להגביל את עצמה, לפנות מקום ולהציב גבול שיאפשר בניית כלים שבתוכם ישכון השפע – הצמצום. חוויית הצמצום במציאות מייצרת חלל, לעיתים אף ריחוק; אך אלו מאפשרים יצירת מערכת יחסים וצמיחה של דברים חדשים.

דברים אלו הם הזמנה עבורנו להתמסר לחוויית הצמצום בממדיה השונים: גם כמי שפוגשים את הדו של הצמצום בחיינו, וגם כמי שנדרשים ללכת בדרכי ה׳ ולצמצם את עצמנו.

- אפשר לנסות לאתר בחיינו אירועים, סיטואציות ומקרים שבהם חווינו (או שאנו חווים כעת) גבול והגבלה, שבהם לא הבנו מדוע החסד וההענקה נמנעים מאיתנו. ננסה לבחון אם בחלל שנוצר בעקבות הגבלה זו יש הזדמנות לבריאה חדשה. אם המרחב שנוצר במקום שבו השפע לא ניתן, יכול להפוך מחוויה של ריחוק להסדרה מחודשת של מערכת היחסים עם המשפיע שכעת הגביל את השפעתו אלינו (בראש וראשונה ה׳ יתברך, אך אפשר לבחון זאת גם ביחס למיטיב אחר). ננסה להבין כיצד הגבלה זו יכולה לייצר כלים חדשים, שיאפשרו למערכת יחסים זו ולהטבה שיש בה להתקיים באופן נכון ולאורך זמן.
- זו גם אפשרות לבחון מקומות שבהם נוכחותנו ממלאת את מערכת היחסים ואולי לא מאפשרת לזולת להיברא, להיוולד ולצמוח. לראות היכן עלינו לצמצם את עצמנו, להגביל את נוכחותנו, לא מתוך התרסה או כעס אלא מתוך רצון לאפשר, לתת מקום. דבר זה יכול להיות בזוגיות, מול הילדים, מול עובד, מול תלמיד, ועוד.

אנו חווים את חוקי הטבע כמגבילים, כמסרסים את החלומות והשאיפות שלנו: אנו רוצים לעוף (מטפורית ואולי גם מעשית), אך הטבע לא מאפשר לנו. אם בספירת חסד ישנה תנועה המבקשת להתרומם מעל הטבע, כפי שגם נראה להלן, הרי בגבורה אנו מבקשים להתמסר לחוקיות ולראות כיצד היא עצמה סוג של חסד עבורנו, כיצד הגבולות שלנו מאפשרים לנו לבנות מערך

חיים נכון. ראינו שזו מחלוקת בין הרמב"ם לר' נחמן; נדמה שיש כאן הזמנה להתמסר לשתי התנועות גם יחד.

- ביחס לעולם – אפשר לתת את הדעת על חוקי הטבע המגבילים אותנו בסוגיות שונות (פרנסה, בריאות, חלומות ועוד). לראות כיצד גבולות אלו הם בעצם מתנה עבורנו: מתנה המאפשרת לנו לבנות בניין בר־קיימא, ולהתנהל באופן מדויק יותר עם הכוחות והחלומות שלנו; מתנה המותירה מקום לדברים נוספים לצמוח; מתנה המונעת את השתלטותו של חלום ספציפי על המציאות כולה. זוהי הגבורה!
- מצד שני, ננסה לרגעים ללכת גם עם ר' נחמן: להאמין שאין גבול וכוח שאי אפשר לפרוץ; שאם נתפלל לה' גם מה שנדמה בעינינו כנס יכול לקרות. נאמין בזה ממש, ואולי אפילו, בזהירות, נפעל לפי אמונה זו. זהו החסד!
- ביחס לעצמנו – ניתן לבחון את ה'טבע' שלנו, את מה שנדמה בעינינו כ'טבע' ו'חוק' בבשרנו ובנפשנו שאינו ניתן לשינוי. ככה אני! זה האופי שלי! כדאי לנסות להתמסר לזה. לקבל באהבה את הטבע שלנו. להבין שזו המתנה שלנו, המאפשרת לנו להיוולד כל פעם מחדש. ועם זאת, ננסה לרגעים להתמסר לאמונה ש'אין טבע', שאפשר לפרוץ כל גבול, שאנו יכולים להשתנות לגמרי. נאמין בזה, נתמסר לזה, נחתור לזה.

סעיפים ג-ד: מידת הדין – התמסרות לתנועתה הפנימית

בסעיפים אלו פגשנו את הכינויים של ספירת גבורה: דין, משפט, פחד, יראה. התנועה שכינויים אלו מבטאים היא חלק מתנועת הצמצום, ומטבע הדברים, כיוון שבשורשם של המציאות והאדם ניצב החסד, ההרגשה העולה מכינויים אלו היא בדרך כלל קשה.

כאן נפגוש את העולם דרך המשקפיים של החוק העיוור – לטוב ולמוטב. אנו מקבלים כשמגיע לנו, ולא מקבלים כשלא מגיע לנו. אולם בתנועה זו יש גם עוצמה של דיוק, של נוקבות ושל אמת (אם כי אמת מסוג מסוים; את מושג האמת בצורתו המורכבת נפגוש להלן כשנעיין בספירת תפארת).

- בסעיפים אלו מצויה הזמנה להתבונן על מצבים של גבול, צמצום, קושי והסתרה בחיים שלנו מתוך מבט של צידוק הדין. זו מידת האמת.

- כשאנו עומדים בפני חוק וכלל עיוור שאינו מתחשב ואינו מקשיב למצוקה, במקום להתמלא כעס ותסכול אפשר לנסות לראות בו הד וגילוי של מידת הדין שיש בעולם. להודות לרגע על כך שמידה זו מאפשרת לעולם להתקיים מתוך כללים והיגיון, ולא מתוך אימפולסיביות.
- זו הזדמנות גם לחזק לפרקים את מידת הדין שלנו – היכולת להיות מסורים ונאמנים עד הסוף, ללא כחל ושרק רגשיים, אל החוק, הסדר והכללים שאותם קבענו או קיבלנו ושלאורם אנו הולכים.

חסד וגבורה באדם

סעיפים א-ב: אהבה ויראה, חסד ודין – בעבודת ה' שלנו

בסעיפים אלו פגשנו את התנועות של החסד והגבורה בשני ממדים שבין האדם לקב"ה. הראשון נוגע למתח של ריחוק וקִרבה: לעיתים חש האדם קרבת אלוהים ושאיפה לדבקות, שאיפה שנולדה מכוח דלת שהקב"ה פותח, ולעיתים הדלת נסגרת והאדם נתבע לריחוק, לדיסטנס. קרבת יתר שורפת ומכלה, ואילו ריחוק יתר מותיר את האדם ללא חיות.

ביטוי נוסף לתנועות החסד והגבורה בעבודת ה' נוגע ליחס שבין בקשת הדבקות וחוויית החיים של 'לית אתר פנוי מיניה' לבין העולם ההלכתי התובע מן האדם לעצור, לבלום ולנתב את עבודת ה' לתוך כלים, גבולות, חוקים והבחנות, הבאים לידי ביטוי בהלכה ובפרטיה המרובים. ההלכה מזככת, מרסנת ומדייקת את ההתלהבות ואת האש הבוערת בעבודת ה'. מנקודת מבט גבוהה אפשר לראות את אורה של הדבקות בה' גם בתוך המרחב ההלכתי המוגבל והמצומצם, כשם שאפשר לראות את החסד בתוך הדין של המציאות.

בסעיפים אלו ישנה הזמנה לבחון את מערכת היחסים שלנו מול הקב"ה בממדים של אהבה ויראה – התלהבות וגבולות.

- ראשית, נאפשר לעצמנו לשבת ולהתבונן: האם אנו מסוגלים לחוש את אהבת הא־ל כלפינו ללא כל הכרח?
- זו גם הזדמנות לאתר בעבודת ה' שלנו מקומות שבהם 'הדלת נפתחת' ואנו חשים הזמנה מצד הקב"ה לקרבה ולדבקות, ולעומת זאת מקומות שבהם אנו חשים ש'הדלת נסגרת', שיש מניעות, קשיים וסימנים מרחיקים. ננסה לראות כיצד שני המצבים הללו משלימים זה את זה:

הדלת הפתוחה מלמדת שגם הדלת הסגורה היא חלק מהנהגת ה׳ אותנו, והדלת הסגורה מלמדת שהדלת הפתוחה צריכה דיוק וזיכוך.

- דרך פריזמה זו כדאי לבחון את רגעי ההתלהבות ולנסות לדייקם. לבדוק שהם מכוונים לשמה, שהם לא רגעים של קפריזה בלבד, שעומדת מאחוריהם בקשה לקשר עמוק ומתמיד. לצד זאת כדאי גם לבחון את רגעי המניעות שיש לנו בעבודת ה׳, לקבלם באהבה ולהבין שהם מבטאים את מידת הדין הדורשת שצדק ואמת ילוו את בקשת ההתקרבות. לבסוף, זו גם הזדמנות לאתר כיצד ה׳ יתברך מונח בתוך המניעות, בתוך הגבול.
- ביחס להלכה – יש כאן הזמנה להתמסר אל חוויית הגבול שההלכה מציבה בפנינו. להביא אל סף ההכרה את התובנה שעל אף האמונה כי ׳לית אתר פנוי מיניה׳, בעולם הגלוי והמכוסה יש קליפות, חול ואולי אפילו רע. לשם כך נועדה ההלכה – להציב גבול ולדייק את מרחב הקדושה בחיינו. זו הזדמנות לקבל באהבה את הגבולות שההלכה מציבה, תוך אמונה עמוקה שהם מכוונים אותנו אל מרחבי הקודש שבהם נכון וראוי לגלות את ה׳ יתברך, ולדבוק בו שם.
- זו גם הזמנה לייצר ׳ריקוד׳ בין בקשת הדבקות המתפשטת לבין הגבולות שההלכה מציבה, בין התנועה קדימה לכיבוש ולגילוי לבין הנסיגה המגבילה והמרסנת; ריקוד שמייצר דופק חי ופועם של ׳רצוא ושוב׳.

סעיפים ג-ד: חסד וגבורה בנפש האדם, בגופו ובעולם האומנות

בסעיפים אלו עמדנו על ההבחנה בין צד ימין לצד שמאל בספירות ובאדם, ועל תשומת הלב לתפקודים השונים של שני הצדדים. הימין מסמל את הצד הזכרי – הצד המשפיע והזורם, והשמאל את הצד הנקבי – המקבל, המעבד, המדייק והצר את הצורה של השפע (תהליך דומה לזה שמתרחש בין חכמה ובינה – כפי שנראה להלן).

זוהי הזמנה עבורנו לנסות לחוש בגופנו את צד ימין וצד שמאל שבנו, את התפקודים השונים. לרכז את מחשבתנו בצד ימין שלנו, ואחר כך בצד שמאל. לנסות לחוש אילו תחושות צפות בכל אחד מהצדדים: מה אנו עושים עם ימין ומה עם שמאל – יד, רגל, עין, אוזן? האם אנו חשים בהם אנרגיה שונה? (כל זאת ללא קשר לשאלה אם אנחנו ימניים או שמאליים).

ננסה כעת לבחון את איכות הגבורה המשפיעה על החסד בהיבטים שראינו בסעיפים אלו.

- זו הזדמנות לזהות את המקומות שבהם ה'גבורה' שלנו היא חלשה יותר בהיבטים שראינו. מקומות שבהם אנחנו לא מאפשרים לעצמנו 'לעבד', 'לנתח' ו'לדייק', אלא מעדיפים להישאר עם החסד המעט אמורפי שאיננו נתבע לדין וחשבון (נבחן זאת שוב כשנעסוק במערכת היחסים שבין חכמה לבינה). אם אכן יש מקומות כאלו, אפשר לבדוק כיצד נכון להפעיל את הגבורה עליהם – בעצמנו או בעזרת מישהו אחר היודע להפעיל את הגבורה באופן המותאם אלינו.
- במרחב היצירתי, או בכל מרחב שבו אנו מבקשים לצאת מן הכוח אל הפועל, ננסה לתת מקום לגבורה המציבה גבולות – גבולות מוסריים, דתיים או פרגמטיים. ננסה לראות כיצד הצבת הגבולות לא מסרסת את הבקשה להשפיע אלא אדרבה – מעצבת אותה, מגוונת אותה ומדייקת אותה.
- בעולם הניגון – ננסה להקשיב למוזיקה כ'ריקוד' שבין תנועה של השפעה ורוח לבין גבול ועצירה.

סעיף ה: אהבה ויראה – מה קודם למה?

בסעיף זה פגשנו מחלוקת לגבי סדר העבודה של האדם: אהבה (חסד) ויראה (גבורה) – מה קודם למה? שאלה זו אקטואלית תמיד, אך היא מקבלת משנה תוקף בדורנו – דור של אהבה ו'התחברות'.

- זו הזמנה עבורנו לנסות לבחון את דפוס הפעולה שלנו ביחס שבין 'מחויבות' ל'התחברות' בחיים בכלל, בזוגיות, בעבודה, בלימודים, בכיבוד הורים, במצוות, בלימוד תורה או בהורות. מה קודם למה? האם יש דפוס קבוע? האם דפוס זה משתנה ממערכת אחת לאחרת? האם יש מרחבים שבהם יש רק 'אהבה' וכאלה שיש בהם רק 'יראה'?
- לאחר מכן ניתן לעבוד עם נתונים אלו: לבחור זירה ומרחב שהעבודה בהם תהיה בעיקר מצד ה'יראה', ורק אחר כך ניתן מקום ל'אהבה' להגיע, וכן להפך.
- תובנות אלו אפשר לבחון גם בפרספקטיבה של זמן: כיצד נראית מערכת יחסים המושתתת בראשיתה על 'יראה', וכיצד נראית כזו המושתתת על 'אהבה'? מה חסר בכל אחת מהן? מה ייחודי לכל אחת מהן?
- לבסוף, האתגר הגדול הוא לנסות להבין מה נדרש מאיתנו כדי לעורר את ה'אהבה' – החסד, ומה נדרש כדי לעורר את ה'יראה' – הגבורה.

ספירת
תפארת

א. גוף הספירות ('גוף', 'רחמים')

מתחת לספירות חסד וגבורה ממוקמת ספירת תפארת. ספירה זו היא שורשו ויסודו של קו האמצע – קו הרחמים; ואכן, אחד מכינוייה הוא 'רחמים'.

עם זאת, ההגדרה של ספירת תפארת כממצעת בין חסד לגבורה וכמפשרת ביניהן היא אומנם נכונה, אך גם לוקה בחסר. שכן הגדרה זו מתארת את ספירת תפארת כאמת יחסית, כפשרה הממוקמת באמצע, כהכרעה ונקיטת עמדה בדינמיקה המתחוללת בין קוטבי החסד והדין. מנקודת מבט זו אין לספירת תפארת מהות משלה, והיא איננה עומדת בזכות עצמה. אולם כפי שנראה להלן, על פי המקובלים ספירת תפארת דווקא נושאת את המהות העצמית הגדולה ביותר:

> וזו היא הספירה הנקראת גם היא תפארת, וצריך אתה לדעת מה עניין תפארת. כבר הודענוך כי שם יהו"ה יתברך הוא גוף האילן, ובו העיקר ובו הכל מתייחד, והענפים מכאן ומכאן מתאחזים בו, והוא יתברך פועל בכל ומושל בכל [...] ועל דרך זה פקח עיניך וראה למה נקראת ו', קו האמצעי שהוא שם יהו"ה יתברך, תפארת: לפי שהוא כלל הכל, והוא המושל בכל, והוא המתלבש בכל השמות כפי שרואה שהשעה ראויה, ואותם המלבושים נקראים תפארת, מה שאין אחת משאר הספירות יכולה להיקרא כן, לפי שאין לך ספירה מתלבשת בכל השמות ובכל הכינויין כמו שם יהו"ה יתברך.
>
> (שערי אורה, שער חמישי)

ר' יוסף ג'יקטיליה מזהה את ספירת תפארת עם שם הוי"ה, וזיהוי זה הוא עיקרו של הדיון. ספירת תפארת היא 'גוף האילן, ובו העיקר ובו הכל מתייחד' – היא הגוף והשורש לכול והיא גם המאחדת בתוכה את הכול,

היא מקור ההתפצלות ומקור האחדות המחודשת. כך עולה מתיאורו של ר' משה קורדוברו:

גוף נקרא הת"ת [=תפארת]. והטעם כי כמו שהגוף ממנו מתפשט הידים והרגלים לד' צדדים. כן הת"ת יש לו שתי זרועות והם גדולה וגבורה זו אל הימין וזו אל השמאל ושתי שוקים נצח והוד, והוא משך הגוף באמצע. וכמו שהגוף נמשך ממנו האבר לבין השוקים כן הת"ת נמשך ממנו היסוד. וכמו שהגוף יש למעלה ממנו הראש כן הת"ת למעלה ממנו ג' ראשונות. וכמו שהגוף יש לו בטן כן השכינה בטן לת"ת. וכן פי' הרשב"י ע"ה (בתיקונא ח"י לה ע"א) שכינה בטן וגוף דילה עמודא דאמצעיתא.

(פרדס רימונים שער כג, פרק ג)

יכולתה של ספירת תפארת לאחד את החסד והגבורה ואת הספירות כולן, ולהיות מקור לקו האמצע שמהותו היא חיבור ואיחוד הקטבים, איננה מקרית; היא נובעת מהיותה השורש והגוף של כל הספירות. היכולת של יד ימין ויד שמאל לפעול יחד נשענת על הגוף שממנו שתיהן יוצאות.

ב. שם הוי"ה – שם פרטי ('י־ה־ו־ה', 'קול')

שם פרטי

אחד הכינויים של ספירת תפארת הוא שם הוי"ה, כלומר השם המפורש: י־ה־ו־ה.

שם הוי"ה, כפי שנוהגים לכנותו, שונה מכל השמות שפגשנו עד כה; במידה רבה זהו 'השם', בה"א הידיעה. כך כותב ר' יהודה הלוי על שם זה:

ואין שם מדויק יותר וחשוב יותר מן השם הנכתב באותיות יוד הא ואו הא – יתברך ויתרומם. זה הוא שם פרטי בו רומזים לאלוה לא בתואר המקום, כדרך שרומזים לכל מתואר בלתי ידוע, ולא בתארים (נוספים על עצמותו), ולא בהכללה כבשם הכללי אלוהים, כי אם בשם המיוחד לו, שכן הוא נקרא ה' על דרך היחוד. כאילו שאל שואל: מי הוא אלוהים שיש לעבדו: השמש, או הירח, או השמים, או המזלות, או אחד הכוכבים, או האש, או הרוח, או המלאכים, הרוחניים או זולתם,

כי הלא לכל אחד מאלה פעולה משלו ושלטון משלו, וכל אחד מהם סיבה להתהוות דברים ולהאפסם? ועל זה באה התשובה – ה'! כאילו אמרת: פלוני! וקראת לו בשם פרטי, ראובן ושמעון למשל, בתנאי שעל ידי השמות ראובן ושמעון תיוודע אמיתת עצמותם.

(כוזרי, מאמר רביעי א)

על פי ריה"ל השמות כולם הם שמות תואר, בעוד שם הוי"ה הוא שם פרטי. שם התואר נועד לתאר את הכוח, התפקיד או הפונקציה שממלא מי שנושא אותו. שם פרטי, לעומת זאת, מיועד בראש ובראשונה להפגישנו עם האדם עצמו, עם 'אמיתת עצמותו'.[1]

שם אלוהים, כך מסביר ריה"ל, פירושו הוא 'בעל הכוחות כולם' – זה ששולט בטבע וניצב מאחורי פעולתו השגרתית, כפי שראינו בדיוננו בספירות חסד וגבורה. כשאנו אומרים 'אלוהים' איננו נפגשים עם הווייתו של ה' כי אם עם פעולתו, עם אחד מן התפקידים שהוא ממלא בהתגלותו. אך כשאנו אומרים את שם הוי"ה, הרינו כביכול פונים אל ה' יתברך בשמו הפרטי, וכפי שנראה להלן יש לכך השלכות רבות.[2]

הוי"ה – נוכחות

על פי הסוד, השם הפרטי משקף את מהותו ועצמותו של נושאו. על כן התבוננות בשם הוי"ה יכולה ללמד דבר על המהות הראשונית, כביכול, של הקב"ה.

1. ישנן שתי ראיות מתחום הלשון המאששות את שיטת ריה"ל שלפיה שם הוי"ה הוא שם פרטי ושאר השמות הם שמות תואר: ראשית, לשם הוי"ה לא ניתן להוסיף את ה"א היידוע, כמו כל שם פרטי (ריה"ל עצמו מביא ראיה זו בהמשך דבריו שם). לעומת זאת לשם אלוהים, וגם לשאר שמות התואר של הקב"ה, ניתן להוסיף את ה"א היידוע כמו לכל שם תואר (=האלוהים). שנית, שם הוי"ה לא ניתן להטיה, וגם בכך הוא דומה לשם פרטי; ואילו את שם אלוהים לדוגמה ניתן להטות, כמו כל שם תואר (=אלוהינו, אלוהיכם וכדומה).
2. הבחנה זו מזכירה את ההבחנה הדומה שעושה הרמב"ם, כפי שראינו לעיל, בין תוארי העצמות לתוארי הפעולות של הבורא (מורה הנבוכים א, נג). את פעולותיו של הבורא ניתן לתאר באופן פוזיטיבי־חיובי, אולם את עצמותו אפשר, לפי הרמב"ם, לתאר רק בתארי שלילה. תוארי השלילה שאיתם מתאר הרמב"ם את עצמות הבורא לובשים אצל ריה"ל לבוש אחר – לבוש של שם הוי"ה.

וַיֹּאמֶר מֹשֶׁה אֶל הָאֱלֹהִים הִנֵּה אָנֹכִי בָא אֶל בְּנֵי יִשְׂרָאֵל וְאָמַרְתִּי לָהֶם אֱלֹהֵי אֲבוֹתֵיכֶם שְׁלָחַנִי אֲלֵיכֶם וְאָמְרוּ לִי מַה שְּׁמוֹ מָה אֹמַר אֲלֵהֶם. וַיֹּאמֶר אֱלֹהִים אֶל מֹשֶׁה אֶהְיֶה אֲשֶׁר אֶהְיֶה וַיֹּאמֶר כֹּה תֹאמַר לִבְנֵי יִשְׂרָאֵל אֶהְיֶה שְׁלָחַנִי אֲלֵיכֶם.

(שמות ג, יג-יד)

על פסוקים אלו מעיר החזקוני:

זה שמי – אהיה האמור בפסוק ראשון הוא שמי לעלם, שכן אנו כותבים השם המיוחד במצפ״ץ.[3] שהקב״ה קורא לעצמו תצמ״ץ ואנו קוראים לו מצפ״ץ, כלומר יהיה עכשיו ואחרי כן בלי תכלה. והוי״ו שבמצפ״ץ במקום יו״ד, כמו וי״ו של ׳הֱוֵה גביר׳ שהוא במקום יו״ד והוא כמו הֱיֵה. ולפי שאין נכון להיות תיבה זו של הוית קדש כשאר תיבות של הוית חול משונה היא משאר תיבות של הוית חול.

(חזקוני, שמות ג, טו)

ר׳ חזקיה בן מנוח עומד על היחס שבין שם אהי־ה לשם הוי״ה. כאשר הקב״ה משיב על שאלתו של משה ׳מה שמו׳ בשם ׳אהי־ה׳, הוא חושף את שם הוי״ה מנקודת מבטו. אנו אומרים י־ה־ו־ה, שמשמעותו היא שה׳ יהיה;[4] בהתאם לכך, כששואל משה את הקב״ה ׳מה שמך׳, הוא משיב על עצמו ׳אהי־ה׳, כלומר אני אהיה. שני שמות אלו אחוזים זה בזה ומבטאים יחדיו את אותו הרעיון – נוכחותו המתמדת של הבורא – מנקודת מבטו ומנקודת מבטנו.

באופן מעט אחר ניתן לומר כי שם הוי״ה הוא בעצם תרכובת של שלוש מילים: ׳היה׳, ׳יהיה׳ ו׳הוה׳[5] – נוכחות בעבר, עכשיו ובעתיד. שם

3. החזקוני משתמש בטכניקת אתב״ש כדי לא להגות את השמות המפורשים: מצפ״ץ הוא שם הוי״ה – מ=י, צ=ה, פ=ו, צ=ה; ותצמ״ץ הוא שם אהי־ה: ת=א, צ=ה, מ=י, צ=ה.

4. האותיות יו״ד ו־וא״ו מתחלפות במקרא; החזקוני מביא כדוגמה לכך את הפסוק ׳הֱוֵה גְבִיר לְאַחֶיךָ׳, שמשמעותו הֱיֵה גביר לאחיך. על כך אפשר להוסיף את חוה שנקראת כך כיוון שהיא אם כל חי, כלומר חיה – יולדת, וגם כאן היו״ד הופכת לוא״ו. על פי החזקוני, הסיבה להחלפת היו״ד בוא״ו בשם הוי״ה היא כדי להבחין בין מילת החול ׳יהיה׳ למילת הקודש של שם ה׳ – י־ה־ו־ה.

5. כפי שהראה החזקוני, המילה ׳הוה׳ משמעותה ׳הֱיֵה׳.

הוי"ה, אם כן, כשמו הפרטי של הקב"ה, מלמד על מהותו העצמית העיקרית שהיא הווייתו – נוכחותו המתמדת בעולם ובמציאות. מכאן גם הכינוי 'שם הוי"ה', מלשון הווה – נוכח.[6]

ג. 'לכבוד ולתפארת' – שורש הספירות כולן ('אלוהי האלוהים', 'עץ החיים', 'וא"ו', 'תפארת', 'מקום', 'רוח')

שתי תובנות אלו על שם הוי"ה – היותו שמו הפרטי, כביכול, של ה', וגם הביטוי של מהותו העצמית כחי ונוכח בהווה ובעתיד – מובילות אל הדברים הבאים:

> ואחר שהודענוך אלו העיקרים, יש לנו למסור בידיך כלל גדול והוא זה, דע כי השם המיוחד הנקרא יהו"ה יתברך הוא השורש והעיקר לכל שמותיו יתברך, וכל השמות כולן בו נאחזין, וכל הספירות העליונות כולן סדורות בו, וכל מעלות העולם למיניהם וכל המרכבות עליונות ותחתונות כולן נשואות בו, והאותיות והנקודות גם הם בשם זה תלויין, וכל היצור והדיבור הכל עומד בו יתברך ויתעלה לעדי עד ולנצח נצחים. ואל יעלה בדעתך כי אלו הדברים שאמרנו לך עתה בעיקר זה, הם דברים שראוי לקבל ולהאמינם ואין להם טעם, אבל אלו הדברים קבלה ומסורת וידיעה יש לנו בהם, ויכולת בידינו לתת לכל אחד מהם טעם וראיה מצד תורתנו התמימה בדמיון מופת נראה לעין.
>
> (שערי אורה, שער חמישי)

שם הוי"ה הוא הנוכחות כשלעצמה והתמדתה, וכל שאר השמות הם כינויי תואר של דרכי הנהגתו ופעולתו; לכן בכל אחד מהם מונח שם הוי"ה.[7]

דרך משל, ראובן נושא תפקידים רבים: מנהל בית ספר, ראש ועד הבית שבו הוא גר, גבאי בית הכנסת ומתנדב ב'יד שרה'. בכל אחד מהתפקידים הוא נושא תואר אחר וממלא תפקיד אחר. ייתכן שהוא אף מתלבש באופן

6. כינוי נוסף לספירת תפארת הוא 'קול' (פרדס רימונים שער כג, פרק יט). קול ה' הינו נוכחותו המתמדת – 'וַיֹּאמֶר אֶת קֹלְךָ שָׁמַעְתִּי בַּגָּן וָאִירָא' (בראשית ג, י).
7. כינוי נוסף של ספירת תפארת הוא 'אלוהי האלוהים', כלומר מקור כל השמות (פרדס רימונים שער כג, פרק א).

שונה – באחד הוא לובש חליפה ועניבה, בשני חולצה לבנה ובשלישי בגדי ספורט. אולם מאחורי כל התפקידים, כל הלבושים וכל התארים תמיד ניצב לו ראובן, האיש הנוכח בכל אחד מהם. אולי הוא מופיע בלבושים שונים ובגילויים שונים, אך עדיין הוא זה שמממש את התפקיד שאותו הוא ממלא.

לא בכדי אחד מכינוייה של ספירה זו הוא 'עץ החיים', שהרי שם הוי"ה הוא המעניק חיים לכל הבריאה, ואף לכל השמות האחרים.[8] מכאן גם מובן מדוע ספירת תפארת עצמה, ששם הוי"ה חקוק בה, היא מעין תמונה פנימית של עץ הספירות כולו, כך שכל אות מאותיות השם המיוחד מרמזת לספירה:

י – היו"ד מורכבת משני חלקים: קוצו של יו"ד, שהוא נעדר מרחב וממשות, מרמז לספירת כתר המייצגת את האין ואת מה שמעבר, כפי שנראה בדיוננו בספירה זו; והיו"ד עצמה מרמזת על ספירת חכמה.

ה – הה"א הראשונה מרמזת על ספירת בינה.

ו – הוא"ו מרמזת על שש הספירות (כגימטריית אות זו): חסד, גבורה, תפארת, נצח, הוד, יסוד.[9]

ה – הה"א השנייה מרמזת על ספירת מלכות.

ואם כן נמצא שם יהו"ה יתברך כולל עשר הספירות בסדר נכון.
(שערי אורה, שער חמישי)

זיהוין של אותיות שם הוי"ה עם כל עשר הספירות משקף את העובדה ששם זה מהווה אותן ומתלבש בהן. מכאן גם שמה המרכזי של הספירה המייצגת את שם הוי"ה – תפארת, כפי שראינו בדבריו של רבי יוסף ג'יקטיליה שהבאנו בראשית הפרק: 'לפי שהוא כלל הכל והוא המושל בכל, והוא המתלבש בכל השמות כפי שרואה שהשעה ראויה... לפי שאין לך ספירה מתלבשת בכל השמות ובכל הכינויין כמו שם יהו"ה יתברך'. הגדרה זו מבטאת את סודה העמוק של ספירת תפארת, את סודו של שם הוי"ה.

הכינוי תפארת מרמז על מלבוש: 'וְעָשִׂיתָ בִגְדֵי קֹדֶשׁ לְאַהֲרֹן אָחִיךָ לְכָבוֹד וּלְתִפְאָרֶת' (שמות כח, ב). מהותה של ספירת תפארת, כייצוג של שם הוי"ה, הוא שהיא מתלבשת. לעובדה זו שני פנים: כל הספירות אינן

8. וכן 'עץ' סתם, או 'עושה פרי' (פרדס רימונים שער כג, פרק טז).
9. כיוון שספירת תפארת עצמה מייצגת גם את חמש הספירות שסביבה – ויחד עימה הן שש – אחד מכינוייה הוא האות וא"ו (פרדס רימונים שער כג, פרק ו).

אלא לבוש לספירת תפארת, וספירת תפארת היא הגוף, החיות וההוויה של כל הספירות המלבישות אותה.

בראשית היד החזקה כותב הרמב"ם כך:

> יסוד היסודות ועמוד החכמות לידע שיש שם מצוי ראשון, והוא ממציא כל נמצא, וכל הנמצאים משמים וארץ ומה שביניהם לא נמצאו אלא מאמתת המצאו. ואם יעלה על הדעת שהוא אינו מצוי אין דבר אחר יכול להמצאות.

(הלכות יסודי התורה א, א-ב)

בשפת הסוד אפשר להחליף את המילה 'מצוי' ב'הוה', ואת 'אמתת המצאו' ב'הוויתו'. יסוד היסודות של הרמב"ם כמוהו כיסוד היסודות של תורת הספירות – שם הוי"ה.[10] כל הוויה, כל הימצאות בעולם, כל נוכחות בלתי אמצעית ובלתי תלויה – אינן אלא מכוח הווייתו. 'לית אתר פנוי מיניה' משמעותו שנוכחות ה' היא המהווה את כל המציאות והיא השוכנת בקרבה, כפי שראינו בדיוננו בספירת מלכות.[11]

שם הוי"ה שוכן במציאות כשהוא מתלבש בספירת מלכות ונמצא עימה בזיווג. זו המשמעות העמוקה של 'שִׁויתי ה' לנגדי תמיד' – ההתבוננות המתמדת בשם הוי"ה משמעותה חשיפת האלוהות הניצבת מאחורי ההוויה כולה.

כפי שראינו, ספירת מלכות ללא זיווג עם ספירת תפארת היא הנוכחות האלוהית שבגלות, שח"ו מתייבשת, נעלמת ונאלמת. החיות העולמית נותרת ללא מקור, ללא זיהוי ומקור השפעה – ללא שם הוי"ה.

10. ניתן להוסיף שהלכה זו עצמה נפתחת בראשי תיבות של שם הוי"ה.

11. כינוי נוסף לספירת תפארת הוא 'מקום': 'והכוונה כי הוא מקומו של עולם, פירוש הוא הסובל כל העולם דהיינו שש קצוות והוא סבה לכלם כי כלם מסתעפים ממנו. ואין העולם מקומו, פירוש אין השש קצוות סבה אליו כדפירשנו כי הוא המשפיע והוא באמצעות כמלך בתוך שריו ובבחינה זו נקרא מקום' (פרדס רימונים שער כג, פרק יג); כינוי נוסף לתפארת הוא 'רוח' (שם, פרק כ), שגם הוא מרמז על כך שספירת תפארת מעניקה חיות לכל היש. הכינויים 'מקום' ו'רוח' משתלבים עם הסימון של ספירת תפארת באות וא"ו שמספרה שש: אנו מנענעים את הלולב לשישה כיוונים – לארבע רוחות השמיים, למעלה ולמטה – כשם שהתפארת מחיה את כל רוחות השמיים וכל המקומות כולם. כל הממדים שבמציאות מקבלים חיות מספירה זו.

ד. תפארת בסוד הזכר ('חתן', 'חמה', 'שמיים')

זיהויו של שם הוי"ה כמלביש את עשר הספירות מאפשר גם להתבונן ולהעמיק במבנה ובדינמיקה שביניהן, לאור היותן נובעות משם הוי"ה. לדוגמה: שם הוי"ה מורכב משני חלקים שבכל אחד מהם שתי תנועות: י־ה, ו־ה. ראשיתה של כל אחת מתנועות אלו היא באות קווית: בראשונה קצרה – יו"ד, ובשנייה ארוכה – וא"ו; וסופה של כל אחת מהן באות ה"א, החוזרת פעמיים. האותיות יו"ד ו־וא"ו מבטאות תנועה זכרית קווית, ואותיות הה"א מבטאות תנועה נקבית שיש בה הכלה ובית קיבול, כמראה הגרפי של הה"א. נבחן כעת כמה השלכות של הבחנה זו.

ספירת תפארת מייצגת את הפן הזכרי של האלוהות, שבו עסקנו בדיוננו בספירות מלכות ויסוד. הזיווג שבין קוב"ה ושכינתיה, שגם על משמעותו הרחבנו שם, מיוצג כזיווג שבין ספירת תפארת לספירת מלכות: ספירת יסוד היא 'קצה הגוף' – איבר ההולדה של הפן הזכרי, וספירת תפארת היא הגוף עצמו, ולכן עיקר הזיווג והחיבור מצוין בחיבור שלה עם מלכות. הדבר גם עולה מכמה כינויים נוספים של ספירת תפארת:

> חמה הוא התפארת [...] וזהו מוציא חמה מנרתיקה. כי הנרתק של התפארת הוא המלכות.
>
> חתן נקרא הת"ת [=תפארת] [...] ואמנם נקרא חתן בהתייחדו עם כלתו המלכות והם מתעטרים בסוד עטרות חתנים.

(פרדס רימונים שער כג, פרק ח)

'חמה' (שמש) ו'חתן' הם כינויים שההשלמה שלהם היא המלכות – ה'לבנה' וה'כלה'.[12] התפארת, אם כן, היא בסוד הזכר המשפיע, כפי שראינו לעיל. מכאן גם כינויה 'שמיים', אל מול ספירת מלכות המקבלת שנקראת 'ארץ'.

נשוב אל שני הזוגות הנוכחים בשם הוי"ה: י־ה ו־ו־ה. כפי שציינו לעיל כשתיארנו את שם הוי"ה כמסמל את אילן הספירות כולו, תפארת היא הפן הזכרי של הזוג השני, האות וא"ו בזוג ו־ה. מבנה זה מייצר גם זיקה והקבלה בין שתי אותיות הה"א – הבינה והמלכות:

12. הזיקה שבין כלה ללבנה עולה כבר משיר השירים: 'מִי זֹאת הַנִּשְׁקָפָה כְּמוֹ שָׁחַר יָפָה כַלְּבָנָה בָּרָה כַּחַמָּה אֲיֻמָּה כַּנִּדְגָּלוֹת' (שיר השירים ו, י).

וזו היא הספירה הנקראת עץ החיים, כלומר העץ שספירת הבינה הנקראת חיים מתאחדת בו, כי זהו סוד היחוד העליון בשלש הספירות העליונות. ולפיכך הוא עומד ׳בתוך הגן׳, ותרגם אונקלוס ע״ה ׳במציעות גינתא׳, שהוא קו אמצעי, כמו שביארנו. ועל ידי העץ הזה מתאחדת הבינה עם מלכות, כי שתי ההי״ן של שם המיוחד מתאחדות בקו.

(שערי אורה, שער חמישי)

הה״א העליונה, היא הבינה, כוללת בתוכה את שתי הספירות שמעליה: כתר וחכמה. הה״א התחתונה, היא המלכות, כוללת בתוכה את שש הספירות שמעליה: חסד, גבורה, תפארת,[13] נצח, הוד ויסוד. אם כן, שם הוי״ה השלם מממש את האיחוד שבין ספירת בינה לספירת מלכות, שהוא בעצם איחודן של כל עשר הספירות יחדיו.

נשים לב להבחנה נוספת העולה מהתבוננות בשני הזוגות של שם הוי״ה. באילן הספירות, שתי הספירות שבזוג הראשון (י־ה) – חכמה ובינה – ממוקמות אחת לצד השנייה, וכפי שעולה מהזוהר הקדוש הזיווג ביניהן הוא זיווג תמידי.[14] לעומת זאת, בזוג השני (ו־ה) – תפארת ומלכות – ממוקמות הספירות אחת מעל השנייה, והזיווג ביניהן נושא אופי אחר, כזה שיש בו חיבור ופירוד, רצוא ושוב.[15] על המשמעויות הגדולות של חלוקה זו במישור הקיומי אעמוד בדיוננו בספירות חכמה ובינה.[16]

13. הכוונה כאן היא לתפארת במובנה הפרטי כספירה הנושאת תפקיד ספציפי, ולא כספירת השורש לכל הספירות.
14. ארחיב על כך בדיוננו בספירות חכמה ובינה.
15. לעת עתה רק אעיר כי הזוג יו״ד וה״א נקרא על פי הזוהר ועל פי האריז״ל ׳אבא ואימא׳ (אבא – חכמה, אימא – בינה), והזוג וא״ו וה״א נקרא זעיר אנפין ונוקבא (זעיר אנפין – תפארת; נוקבא – מלכות). כאמור, ארחיב את היריעה בדיוננו בספירת בינה.
16. לידעי נגן אעיר כי רבים מן הניגונים החסידיים בנויים על פי המודל של י־ה־ו־ה. רוצה לומר, בניגוד למודל השכיח של הלחן המודרני שבו יש שני חלקים – בית ופזמון, בניגון החסידי ישנם שלושה חלקים: בית א׳ – פזמון – בית ב׳ הדומה לבית א׳ אך מבחינה מלודית הוא פיתוח שלו והתקדמות על גביו – ושוב חזרה לפזמון. בית א׳ = יו״ד, בית ב׳ = וא״ו, והפזמון החוזר אחרי שני הבתים הוא הה״א הכפולה (דוגמאות לניגונים מוכרים במודל זה: ׳כי הנה כחומר׳ של חב״ד, ניגון הבעל שם טוב, ועוד). מעבר לסידור הבתים והלחן יש למבנה זה משמעות מבחינת ניתוח הניגונים,

ה. 'ושמי ה' לא נודעתי להם' – שם הוי"ה כשם ייחודי ואינטימי ('יעקב', 'ישראל', 'אתה', 'אספקלריא מאירה')

לתובנות אלו על שם הוי"ה ישנן השלכות רבות. כדי לעמוד עליהן נביא במלואו את המשל הצבעוני של ר' יוסף ג'יקטיליה, שעל אף אריכותו הוא מלא חן ומעניק נקודת מבט חשובה:

ואחר שהודענוך כל אלו העיקרים, יש לנו לרמוז ולהודיעך כיצד השם הגדול והקדוש יהו"ה יתברך הוא המנהיג את כל העולם בכוחו הגדול, והיאך כל השמות הקדושים מתאחזין בו, והיאך שאר הכינויין אשר בתורה, כגון רחום וחנון ודומיהן, הן כדמיון מלבושים שהמלך מתלבש בהן, ואותן המלבושים אינן חלק מעצם המלך ממש, אבל הם כדמיון כלים ומלבושים שהמלך מתלבש ומזדיין בהם. פעם מתלבש בגדי פאר ומלכות, בהיות המלך בנחת בהשקט ובבטחה, וכל ארצות מלכותו בשלום, אין שטן ואין פגע רע, אז המלך שמח עם עבדיו, ולובש בגדים נאים, ומזדיין במיני תכשיטים, ולובש בגדי עדי. ולפעמים המלך יש לו צער מלחמות מכמה צרין ושודדין ובוזזין ארצו שבאין להשחית מלכותו, אז המלך לובש בגדים אחרים, שריונות וכובעים מגינים חרבות וקשתות, וכל עבדיו בחפזון עד יעבור זעם, או עד שיקח המלך נקם מצורריו ואויביו, ויגמור חפצו בהן. ולפעמים המלך יושב בביתו ואין עִמו מכל חילו ופרשיו כי אם אנשי ביתו לבד, אחיו ובניו ואשתו הקרובים אליו, ואז המלך מסיר מעליו קצת המלבושים שהיה לובש בעוד שהיו שריו ועבדיו עמו, ונשאר המלך עם בני ביתו וכולן רואים אותו, וצורתו יותר מגולה ממה שהיתה עם רוב המלבושים, וכמה עניינים הוא עושה עמהם, ואינו מסתתר בפניהם כמו שהיה מתכסה במלבושיו בפני ההמון, לפי שבני ביתו חשובים עליו כאיבר מאיבריו, ואינו חושש להסיר בפניהם קצת מלבושיו וכליו. ולפעמים המלך מתייחד מכל בני הבית, ולא נשאר עמו מכל אנשי ביתו, כי אם

אך לא כאן המקום להרחיב בזה. בעזרת ה' נמצא מקום אחר ומסגרת אחרת לכתוב על כך.

המלכה לבד, ואין המלך מתבייש להסיר בגדיו בפני המלכה כמו שהיה עושה בפני שאר בני ביתו.

(שערי אורה, שער חמישי)

משל המלך והלבושים מעורר השראה. שם הוי"ה נמשל למלך שמתוקף תפקידיו המגוונים מחליף את בגדיו, מבגדי מלכות ועד בגדי מלחמה; אולם בשבתו בביתו, עם בני ביתו 'החשובים עליו כאיבר מאבריו', הוא מסיר מקצת לבושיו וכליו בפניהם – המלך בנעלי בית ופיג'מה. למעלה מזה, בשבתו עם המלכה, אשתו כגופו, המלך אינו בוש להסיר בפניה את בגדיו ולהישאר ללא לבושים כלל. למשל זה משמעויות רבות, שאותן נתאר כעת.

1. 'ובמה יִוָּדַע [...] הלוא בלכתך עִמנו ונפלינו אני ועמך' – שם הוי"ה רק לישראל

המשמעות הראשונה נוגעת לגילוי שם הוי"ה דווקא לעם ישראל:

[...] צריכים אנו להודיעך כי השם הגדול שם יהו"ה יתברך הוא השם המיוחד. ולמה נקרא שמו 'מיוחד', שהוא מיוחד לישראל לבד, ואין לשאר האומות חלק בו. אבל השרים של שאר האומות דביקים בשאר שמות הקודש ובכינויים שהן כדמיון כנפים וכדמיון מלבוש לשם יהו"ה יתברך, ובאותן הכינויין והמלבושים מתאחזים שרי האומות ומהם ניזונים שבעים שרים [...] וזהו סוד 'ובך בחר יהו"ה להיות לו לעם סגולה מכל העמים אשר על פני האדמה' (דברים יד, ב) [...] וזהו יהו"ה נקרא על שם ישראל לבד ואין לעובדי גילולים חלק בו, וזהו שאמר 'כי כל העמים ילכו איש בשם אלוהיו ואנחנו נלך בשם יהו"ה אלהינו לעולם ועד' (מיכה ד, ה).

(שערי אורה, שער חמישי)

על פי הסוד והמדרש לכל אומה יש שר של מעלה המשמש כחוליה מקשרת בינה לבין הקב"ה.[17] לכל אומה יש תפקיד בעולם, ובמובן פנימי, מודע או לא מודע, היא משרתת את התוכנית האלוהית הרחבה – כגון 'אַשּׁוּר שֵׁבֶט אַפִּי', ועוד. הקב"ה מנווט את אומות העולם דרך השרים שלהן, אך שרים אלו

17. כפי שעולה מחזיונו של דניאל בספרו.

יונקים ובאים במגע עם כינויי ה׳ בלבד, ולא עם שם הוי״ה. זוהי הנהגה עקיפה ולא ישירה. עם ישראל, לעומת זאת, הם בני ביתו של המלך שזוכים לחזות בו כמעט ללא לבושים, בהנהגה ישירה.[18] נבחן היבטים שונים של תובנה זו.

בעקבות חטא העגל, לאחר שה׳ יתברך מחל לישראל, הוא מורה למשה על שינוי ההנהגה:

> וַיְדַבֵּר ה׳ אֶל מֹשֶׁה לֵךְ עֲלֵה מִזֶּה אַתָּה וְהָעָם אֲשֶׁר הֶעֱלִיתָ מֵאֶרֶץ מִצְרָיִם אֶל הָאָרֶץ אֲשֶׁר נִשְׁבַּעְתִּי לְאַבְרָהָם לְיִצְחָק וּלְיַעֲקֹב לֵאמֹר לְזַרְעֲךָ אֶתְּנֶנָּה. וְשָׁלַחְתִּי לְפָנֶיךָ מַלְאָךְ וְגֵרַשְׁתִּי אֶת הַכְּנַעֲנִי הָאֱמֹרִי וְהַחִתִּי וְהַפְּרִזִּי הַחִוִּי וְהַיְבוּסִי. אֶל אֶרֶץ זָבַת חָלָב וּדְבָשׁ כִּי לֹא אֶעֱלֶה בְּקִרְבְּךָ כִּי עַם קְשֵׁה עֹרֶף אַתָּה פֶּן אֲכֶלְךָ בַּדָּרֶךְ.

(שמות לג, א–ג)

החשש שישראל יחטאו שוב, וחרון אפו של ה׳ יאיים להשמידם ח״ו, מביא את הקב״ה לתפוס מרחק כביכול – להנהיג את ישראל על ידי מלאך ולא ישירות על ידו. קרבת ה׳ ונוכחותו בקרב ישראל מייצרת רף גבוה של תביעה, שאי עמידה בו מובילה לחרון אף; התרחקות של ה׳ מנמיכה את הרף ויוצרת דרישה נמוכה יותר מישראל. לכאורה זהו פתרון טוב, אלא שמשה רבנו מסרב לקבלו:

> וַיֹּאמֶר אֵלָיו אִם אֵין פָּנֶיךָ הֹלְכִים אַל תַּעֲלֵנוּ מִזֶּה. וּבַמֶּה יִוָּדַע אֵפוֹא כִּי מָצָאתִי חֵן בְּעֵינֶיךָ אֲנִי וְעַמֶּךָ הֲלוֹא בְּלֶכְתְּךָ עִמָּנוּ וְנִפְלֵינוּ אֲנִי וְעַמְּךָ מִכָּל הָעָם אֲשֶׁר עַל פְּנֵי הָאֲדָמָה.

(שם, פסוקים טו–טז)

משה לא מוותר על התהלכותו של הקב״ה בקרב מחנה ישראל, ואף מנמק את התעקשותו בכך שבזה נבדלים ישראל מכל העם אשר על פני האדמה – ׳הלוא בלכתך עמנו׳. הנהגה ישירה של ה׳ את עם ישראל, לא דרך מלאך ולא דרך כינויים אחרים, היא משמעות הבחירה בעם ישראל והיותם, כביכול, בני בית – משפחתו של ה׳.

18. פרקים רבים בתנ״ך, ובעיקר מזמורי תהילים, נעתרים להבחנה זו ששם אלוהים מיועד לאומות העולם ושם הוי״ה לישראל, לדוגמה: מזמור מז, מזמור צה ועוד.

2. אספקלריה מאירה – נבואת משה רבנו בשם הוי"ה

משמעות נוספת של משל זה נוגעת לנבואתו של משה רבנו. בראשית גאולת ישראל ממצרים נאמר למשה 'וָאֵרָא אֶל אַבְרָהָם אֶל יִצְחָק וְאֶל יַעֲקֹב בְּאֵל שַׁדָּי וּשְׁמִי ה' לֹא נוֹדַעְתִּי לָהֶם' (שמות ו, ג). רבו הפירושים לאמירה זו, אולם נראה שהיסוד העיקרי הוא ששם הוי"ה הוא ביטוי לקִרבה ואינטימיות המייחדת את מערכת היחסים שבין הקב"ה לישראל. כך מסביר ר' יוסף ג'יקטיליה:

> ומשה רבינו עליו השלום נכנס באהל מועד ומדבר עם יהו"ה, שהיא אספקלריאה מצוחצחת, פנים בפנים. ושאר הנביאים מדברים עם יהו"ה על ידי אדנ"י, שהיא אספקלריאה שאינה מצוחצחת. וזהו סוד 'וארא אל אברהם אל יצחק ואל יעקב באל שדי ושמי יהו"ה לא נודעתי להם'. כלומר, לא נתגליתי אליהם בשם יהו"ה שיראו אותי באספקלריאה מצוחצחת, אלא באל שדי. וכבר ידעת כי שדי הוא סוד אדנ"י, כמו שהודענוך כבר בסוף שער ראשון. נמצאת למד כי הנבואה של כל הנביאים היתה בדיבוק ובדיבור יהו"ה יתברך, ואין נבואה על ידי מלאך אלא כל הנביאים על ידי יהו"ה יתברך. וההפרש בין נבואת משה רבינו לנבואת שאר הנביאים היא שנבואת משה רבינו על ידי יהו"ה יתברך בלי אמצעות ארבע ספירות תחתונות, ושאר כל הנביאים על ידי אמצעות ד' ספירות תחתונות.
>
> (שערי אורה, שער שלישי ורביעי)[19]

ר' יוסף ג'יקטיליה מחלק בין נבואתו של משה לנבואת שאר הנביאים, ובכללם האבות: רק אצל משה הנבואה הייתה בבחינת שם הוי"ה ללא לבושים, כלומר באספקלריה מאירה, בעוד שאצל כל שאר הנביאים שם הוי"ה התלבש בדמותן של הספירות התחתונות עד שהגיע למלכות.

3. 'ושמי ה' לא נודעתי להם' – שם הוי"ה בציבור ולא ביחיד

מדוע נבואת משה שונה מההתגלות לאבות ולכל הנביאים כולם? נדמה כי שורש העניין נעוץ לא במשה אלא בבני ישראל. משה הוא שליחם של ישראל, הוא אינו ניצב מול אלוהים כאיש פרטי אלא בשבילם ולמענם. כל נבואותיו

19. וכן בפרדס רימונים שער כג, פרק א.

אינן השגות אישיות והתעלות הנפש, אלא חלק משליחות ומשימה עבור עם ישראל. כל דברי ה' למשה נושאים נמען וכתובת – עם ישראל.

המבחן, אם כן, אינו בהעמדת משה מול האבות כי אם בהעמדת עם ישראל מולם. האבות הם השורשים, המייסדים, וניתן לומר אף מקור ההשראה לקיומו ההיסטורי והתרבותי של עם ישראל – אולם הם יחידים. כל אחד מהם נושא אופי פרטיקולרי, כל אחד הוא אישיות השמה דגש על פן מסוים, על מידה מסוימת המיוצגת על ידה. לכן התגלותו של אלוהים לאבות מוכרחה להיות חלקית: אברהם מייצג מידה אלוהית וההתגלות אליו היא במידה זו, וכן יצחק ויעקב.[20] הגילוי אליהם הוא הופעה של מידה אלוהית מסוימת, וכשמדובר על מידה ועל גילוי חלקי כי כבר עברנו מן העצמות אל הלבוש.

רק עם ישראל, כעם ולא כיחידים, מסוגל להתייצב מול העצמות עצמה. כפי שנראה להלן דברים אלו קשורים גם לזיהויה של ספירת תפארת עם התורה, הניתנת אף היא במדיום נבואי, בשם הוי"ה. ההתגלות לעם ישראל איננה צריכה ללבוש לבוש פרטיקולרי. היכולת להכיל הכול מאפשרת לכנסת ישראל, שהיא בחינת מלכות, להתייצב מול שם הוי"ה שהוא בחינת תפארת. האחדות שבין מלכות לבין תפארת היא הופעתו של אלוהים לעם ישראל בבחינת שם הוי"ה. זו האספקלריה המאירה שאינה צריכה לבוש, המגלמת את המפגש האחדותי והבלתי אמצעי שבין כנסת ישראל לאלוהיה. המקום היחיד שבו ספירת תפארת יכולה להתממש ולהתקבל במלואה הוא בספירת מלכות 'דלית לה מגרמא כלום', וכיוון שכך 'אית בה כולא'. זו משמעותה של העובדה ששם הוי"ה יכול להתגלות רק אצל כנסת ישראל.

20. אומנם יעקב מזוהה עם ספירת תפארת, כפי שנראה בנספח על האושפיזין שבסוף הספר, אולם יש ליישב את הדבר באופן הבא. ליעקב ישנם שני תפקידים הבאים לידי ביטוי בשני שמותיו: הוא האב השלישי הבא אחרי אברהם ויצחק, ובמידה רבה מהווה פשרה וגשר ביניהם. במובן זה יעקב הוא גילוי של הפן הפרטיקולרי של ספירת תפארת המגשרת בין ימין ושמאל, וכפי שנראה להלן הדבר בא לידי ביטוי בשמו – יעקב. אך יעקב הוא גם אביהם של שנים עשר שבטי ישראל, כלומר הוא נושא בקרבו את כלל ישראל, והדבר בא לידי ביטוי בשמו השני – ישראל; ככזה הוא משתייך לפן הכולל של ספירת תפארת (אומנם ר' משה קורדוברו מציע הבחנה אחרת בין יעקב וישראל, ראו פרדס רימונים שער כג, פרק י').

4. 'אין מזל לישראל' – השגחה מיוחדת ועל טבעית לישראל

גילויו של שם הוי"ה לעם ישראל בייחוד משליך גם על עניין ההשגחה. רבי אברהם אבן עזרא (ראב"ע) מסביר בכמה מקומות[21] את ייחודו של שם הוי"ה בכך שהוא מבטא הנהגה אלוהית שלמעלה מחוקי הטבע והמזלות. בימי הביניים היו רבים מחכמינו שאימצו את תפיסת הגלגלים והמזלות, אולם רבים מהם הדגישו, כפי שמדגיש ראב"ע על פי המימרה 'אין מזל לישראל',[22] שישראל הזוכים להתגלות שם הוי"ה זוכים להנהגה 'עוקפת מזל':

> כי השם ברא העולם האמצעי, והוא מושל על העולם השפל כפי מה שיש במערכת מזל כל עם מטוב או רע כן יקרנו כי כן חלק להם השם. והנה היתה במערכת ישראל כפי כוכבי מזלם להיות עוד עבדים. והשם בכחו למען אהבת האבות חידש אותות בעולם השפל שלא היה בממשלת העולם האמצעי. והוציא ישראל מרשות המזלות להיותם לו לעם נחלה. ובעבור זה אמרו קדמונינו אין מזל לישראל.

(ראב"ע, הפירוש הארוך, שמות כ, א)

כל הפעולות המתרחשות בעולם נתונות בסד של מערכת חוקים נוקשה, שכל מערכת קיימת כפופה לה; אולם הפגישה עם העצמות – עם שם הוי"ה – היא נגיעה במקור החוקים, במי שמייצר אותם ועל כן איננו משועבד להם. פעולתו של הקב"ה בעולם הפעולות וההנהגות מעידה על אימוץ של מערכת חוקים שבקרבה הוא פועל, אולם ההגעה למקור הפעולות וההנהגות מאפשרת לחולל את החוקים מחדש, או לחלופין לעקוף אותם. במשל של ר' יוסף ג'יקטיליה, כשהמלך נמצא על כס מלכותו והשרים סביבו הוא נוהג על פי הדין; אולם כשהוא בביתו, בפיג'מה, ללא הלבושים והמחויבות שהם יוצרים עבורו, הוא יכול לנהוג כרצונו.

5. 'כשהיו שומעים את השם המפורש' – איסור הגיית שם הוי"ה

העובדה ששם הוי"ה הוא הקדוש והעצמי שבשמות הקב"ה מולידה את האיסור הגדול להגותו במפורש, למעט הכוהן הגדול במקדש ביום הכיפורים:

21. ראו בפירושו על התורה שמות ו, ג; לג, כא ועוד.
22. ראו שבת קנו ע"ב.

שתדע לך כי בשעה שאדם מזכיר יהו"ה יתברך ומניע אותיותיו בתנועת הלשון, אז הוא מרעיש את העולמות למעלה למעלה, ומתקוממים כל צבאות מלאכי מעלה ושואלים אלו לאלו ואומרים למה העולם מרעיש, ואומרים לפי שפלוני הרשע מזכיר את השם המפורש והניעו בשפתיו, וכפי התנועה שהניע אותו, כך מתנועעים כל השמות והכינויין התלויים עליו, ולפיכך נתרעשו שמים וארץ. ואז אומרים, מי הוא זה הרשע שהרעיש את העולם בזכרו את השם הגדול לריק, הלא הוא זה הרשע שעבר עבירה פלונית ביום פלוני, וחטא כך וכך ביום פלוני, ואז הוא סיבה להזכיר כל עוונותיו כולן. תדע לך, כמו שתראה אילן כשאתה מניע הנוף האמצעי, הלא יתרעשו כל הענפים וכל העלין אשר באילן, כך כשאדם מזכיר יהו"ה יתברך, יתרעשו כל צבאות מעלה ומטה, לפי שכולן תלויין עליו, וכל זה שלא במקדש, אבל כהן גדול היה מזכירו בבית המקדש, ואז היו כל צבאות עולם שמחים ומקבלים שפע, לפי שהיה מסדר הצינורות ומריק ברכה לכל בני העולם.

(שערי אורה, שער חמישי)

כמו אדם המנענע את גזע העץ, והעץ על כל ענפיו, עליו ופירותיו נע – כך המזכיר את שם הוי"ה. שם זה מרעיש את כל העולמות ומניען, על כן השימוש בו בידי מי שאינו ראוי מביא עליו קטרוג גדול.

מכאן נולד המנהג לכנות את שם הוי"ה בשם מלכות (אדנ־י). כשאדם המתפלל או לומד קורא בסידור או בחומש את שם הוי"ה, הוא רואה לנגד עיניו את אותיות י־ה־ו־ה אך הוגה את שם אדנות. 'לא כל הרוצה ליטול את השם יטול' (ברכות טז ע"ב); תלמיד שייגש אל רבו ויכנה אותו בשמו הפרטי ינהג מנהג זילות. הקריאה בשם הוי"ה מחייבת קִרבה, אינטימיות וקשר בלתי אמצעי. על האדם לעמול רבות כדי לגשר על הפער התהומי בינו לבין ה', עד שיוכל להגיע לאינטימיות המאפשרת לו לכנות את ה' בשם הוי"ה – בשמו הפרטי כביכול. שם אדנות, כפי שראינו, הוא ספירת מלכות המלבישה את ספירת תפארת. הדרך להיפגש עם ההוי"ה והעצמות היא דרך לבוש מלכות, בבחינת 'וַתִּלְבַּשׁ אֶסְתֵּר מַלְכוּת' בבואה אל המלך (אסתר ה, א).[23]

23. אומנם לצד האיסור למחוק את שם הוי"ה ישנו גם איסור למחוק את שאר שמות הקודש, אך כפי שהעיר ר' יוסף ג'יקטיליה איסור זה הוא מכוחו של שם הוי"ה: 'דע כי שמות הקודש שאינם נמחקים, כגון אהי"ה, אלהי"ם, א"ל, אלו"ה, שד"י וכיוצא

למדרגה זו מגיע הכוהן הגדול ביום המקודש – יום הכיפורים. בווידויו השונים הוא מזכיר את השם המפורש, פעולה של הנעת השפע למציאות כולה, והכוהנים שהיו שומעים את השם המפורש היו נופלים על פניהם בהשתחוויה מלאה. בשומעם את הכוהן הגדול קורא בשם הוי"ה הם נחשפו לרגע של ייחוד, אינטימיות ומגע בלתי אמצעי, כביכול, באלוהות.

אומנם ייתכן שלעתיד לבוא גם שם הוי"ה יפשוט את לבושיו, כדברי ר' יוסף ג'יקטיליה:

> כל זה בגלות, אבל לעתיד לבוא, בהיות השכינה חוזרת למקומה, יפשוט השם כל אותן המלבושין והכינויין והכנפים, ואז יראו ישראל את השם לעין [...] וזהו סוד 'כי עין בעין יראו בשוב ה' ציון' (ישעיהו נב, ח), וכתיב 'ואמר ביום ההוא הנה אלהינו זה קוינו לו ויושיענו זה יהו"ה קוינו לו' (שם כה, ט), אימתי, בזמן שיפשיט יהו"ה המלבושים והכינויים ויסיר הכנפים, וזהו פירוש 'ולא יכנף עוד מוריך' (שם ל, כ) [...] אם כן דע והבן כי השם יתברך עתיד להסיר כל הכינויין, בבואו לקבל את כנסת ישראל בהיותו מתאחד עמה, אז יהיו כל הכינויים משמשים את השם, והאומות מבחוץ, ושם יהו"ה יתברך וכנסת ישראל עומדים מבפנים שמחים ושקטים, ואז ישפיעו שבע צינורות משבע ספירות בכנסת ישראל. וזהו סוד 'והיה אור הלבנה כאור החמה ואור החמה יהיה שבעתים כאור שבעת הימים ביום חבוש יהו"ה את שבר עמו ומחץ מכתו ירפא' (שם ל, כו).
>
> (שערי אורה, שער חמישי)

הסרת הלבושים והכינויים משם הוי"ה משמעותה חשיפת הנוכחות לעם ישראל באופן בלתי אמצעי. זהו סוד 'וְהָיָה אוֹר הַלְּבָנָה כְּאוֹר הַחַמָּה, וְאוֹר הַחַמָּה יִהְיֶה שִׁבְעָתַיִם כְּאוֹר שִׁבְעַת הַיָּמִים': הלבנה, כפי שראינו, היא כינוי לספירת מלכות, והחמה היא כינוי לספירת תפארת. הייחוד שבין קוב"ה לשכינתיה, או בין הקב"ה לכנסת ישראל, משמעותו הסרת הלבוש וחשיפה עמוקה של שם הוי"ה לעם ישראל. המלך ללא לבושים. אור החמה נגלה

בהם, הם אדוקים בשם יתברך, והם קרובים לו אותם השמות, כדמיון שלשלת שהשרים העליונים אדוקים בהם' (שערי אורה, שער חמישי).

לעינינו כעת דרך אור הלבנה, אולם לעתיד לבוא אור הלבנה יהיה כאור החמה, ואנו נוכל לראות בלי להתעוור.

פסוקים רבים בנבואה מתארים את התפשטות הנבואה ואת קרבת ה׳ שתתפשט לכול: ׳וְהָיָה אַחֲרֵי כֵן אֶשְׁפּוֹךְ אֶת רוּחִי עַל כָּל בָּשָׂר וְנִבְּאוּ בְּנֵיכֶם וּבְנוֹתֵיכֶם, זִקְנֵיכֶם חֲלֹמוֹת יַחֲלֹמוּן בַּחוּרֵיכֶם חֶזְיֹנוֹת יִרְאוּ. וְגַם עַל הָעֲבָדִים וְעַל הַשְּׁפָחוֹת בַּיָּמִים הָהֵמָּה אֶשְׁפּוֹךְ אֶת רוּחִי. וְנָתַתִּי מוֹפְתִים בַּשָּׁמַיִם וּבָאָרֶץ דָּם וָאֵשׁ וְתִימֲרוֹת עָשָׁן׳ (יואל ג, א-ג); ׳לֹא יָרֵעוּ וְלֹא יַשְׁחִיתוּ בְּכָל הַר קָדְשִׁי, כִּי מָלְאָה הָאָרֶץ דֵּעָה אֶת ה׳ כַּמַּיִם לַיָּם מְכַסִּים׳ (ישעיהו יא, ט); ׳וְלֹא יְלַמְּדוּ עוֹד אִישׁ אֶת רֵעֵהוּ וְאִישׁ אֶת אָחִיו לֵאמֹר דְּעוּ אֶת ה׳, כִּי כוּלָּם יֵדְעוּ אוֹתִי לְמִקְּטַנָּם וְעַד גְּדוֹלָם נְאֻם ה׳, כִּי אֶסְלַח לַעֲוֹנָם וּלְחַטָּאתָם לֹא אֶזְכָּר עוֹד׳ (ירמיהו לא, לג), ועוד.

בשפתו של ר׳ יוסף ג׳יקטיליה, כל אלו מבטאים את השינוי של ההנהגה האלוהית במציאות משפה של כינויים לשפה פומבית של עצמות, נוכחות, אינטימיות ודבקות. עד אז, בבואנו לשאת את שם ה׳ בברכה, בתפילה ובלימוד ניתן לחוות את האמביוולנטיות: ההבטה בשם הוי״ה היא הצצה לשמו הפרטי של הקב״ה, המבטאת חשיפה ויצירת אינטימיות, אולם מייד בבואנו לשאת את שם הוי״ה אנו מרחיקים את עצמנו ואומרים אדנ־י. יש כאן שילוב של קִרבה וריחוק, המשמרים את המתח של אהבה ויראה. אנו מכירים במעמדנו המיוחד כיהודים אצל ה׳ יתברך, אולם גם בכך שכיחידים עדיין אין אנו רשאים לגשת אל המלך באופן בלתי אמצעי.

6. ׳כי לה׳ יתעלה משתוקקים בני אדם שהשיגוהו בחוש ועל יסוד עדות ראייה׳ – מפגש ישיר

כינויו של הקב״ה בשם אלוהים או בשם אדנות קשור להכרה שיש בעל לבירה ושהוא בעל הכוחות כולם (כפי שראינו בדיוננו בספירות מלכות וחסד וגבורה). מדובר על הכרה שכלית והגיונית הניתנת להבנה לכל בר דעת, כמו שאדם העובר ליד מפעל יכול לומר בוודאות גבוהה כי בראש המפעל ניצב ׳מנהל המפעל׳, אף על פי שמעולם לא פגש אותו ולא שמע על אודותיו.

עם זאת, מי שחפץ לכנות את מנהל המפעל בשמו צריך להכירו, או לכל הפחות לשמוע על אודותיו. עובר אורח אינו יכול ליטול חלק בשם זה, כיוון שהכרה רציונלית אינה מספיקה לכך; הקריאה בשם הפרטי מחייבת סוג של מפגש. היכולת לכנות את הקב״ה בשם הוי״ה תלויה במפגש עימו, בהתגלותו אל האדם, שבה חושף אלוהים את שמו הפרטי.

תיאור כזה מצוי אצל ר׳ יהודה הלוי, כהמשך לתפיסתו את שם הוי״ה שאותה ראינו לעיל:

> אמר הכוזרי: הנה נתבאר לי ההפרש בין השמות אלוהים וה׳ והבינותי מה רב המרחק בין אלוהי אברהם ואלוהי אריסטו: כי לה׳ יתעלה משתוקקים בני אדם שהשיגוהו בחוש ועל יסוד עדות ראיה, ואלו לאלוהים נוטים על פי הקש הגיוני...
>
> (כוזרי, מאמר רביעי טז)

כך גם ביחס להופעת שמות אלו בסיפור הבריאה. פרק א׳ בספר בראשית, הכתוב כולו בשם אלוהים,[24] מתאר את הבריאה מנקודת מבטו של הבורא, בעל הכוחות כולם. מנקודת מבט זו המפגש בין אלוהים לאדם נעדר לגמרי: אין בפרק א׳ דו־שיח בין אלוהים לאדם. אף ברכת פרו ורבו הניתנת לאדם אינה פנייה אליו כי אם קביעה הנאמרת לחלל האוויר, כהטבעת חוק נוסף בבריאה, כשם שתשעת המאמרות האחרים בבריאה אינם אלא יצירה והטבעת חוקים.

זוהי פריזמה שבה האדם נפגש עם אלוהים דרך מערכות הטבע וחוקיו. מנקודת מבט זו אף השבת עצמה היא ביטוי למפגש עם אלוהים הבורא ועם הטבע: ביום השבת האדם מתבונן בטבע ויודע כי שביתת אלוהים ביום השביעי מעידה על נוכחותו מאחורי הבריאה.

לעומת זאת, פרק ב׳ בספר בראשית כתוב בשם הוי״ה (בצירוף שם אלוהים). פריזמה זו מתארת את הבריאה מנקודת מבטו של הקב״ה הפונה ומתגלה אל האדם. כל הבריאה בפרק זה הינה חלק מדו־שיח שבין אלוהים לאדם: היעדר הצמחייה הוא פועל יוצא של ׳וְאָדָם אַיִן לַעֲבֹד אֶת הָאֲדָמָה׳ (ב, ה), גן העדן ניטע על ידי אלוהים כדי להניח בו את האדם, ובעלי החיים נבראים במסגרת חיפוש ׳עזר כנגדו׳. כל הבריאה כולה אינה אלא ביטוי לרצונו של הקב״ה להעניק לאדם את המציאות האופטימלית לעובדו. בפרק זה מצווה הקב״ה על האדם מה אסור ומה מותר. בגן שניטע מתהלך הקב״ה

24. ליתר דיוק סדר א׳ המסתיים בסוף תיאור השבת, בשונה מהחלוקה הנוצרית שעל פיה פרק א׳ מסתיים בתום היום השישי. העובדה ששם אלוהים ממשיך גם בתיאור היום השביעי מאששת את אמיתותה של המסורה על פני החלוקה הנוצרית.

לרוח היום (שם ג, ח), והאדם פוגשו לא דרך חוקי הטבע שיצר כי אם דרך נוכחותו הבלתי אמצעית והדיבור הישיר ביניהם.

הקב"ה של פרק א' הוא א־ל מרוחק ומסתתר המתגלה רק דרך הטבע וחוקיו, ועבור האדם הוא אינו אלא שליט ומושל שיש לקבל את מרותו ואדנותו המוחלטת. הקב"ה של פרק ב' הוא קרוב, מספק צרכים, קשוב למצוקות ('לֹא טוֹב הֱיוֹת הָאָדָם לְבַדּוֹ'), וניתן לחלות את פניו ולעורר את רחמיו.

שתי מידות אלו הן שני אופנים שבהם פונה הקב"ה אל העולם והאדם, המשקפות זיקה שונה של הבורא כלפי בריאתו. ישנה זיקה פונקציונלית (שם תואר), כמעט טכנית, המגלמת את היותו של הקב"ה בורא, יוצר, שולט ומנהיג; וישנה זיקה מהותית (שם פרטי) המגלמת את היותו של הקב"ה מתגלה, פונה, מקשיב ונוכח בהתנהלותו של העולם ובחייו של האדם – זהו שם הוי"ה. מכאן ניתן להבין את הכינוי הנוסף של ספירת תפארת – 'אתה':

ודע כי המידה הנקראת קו האמצעי, שהיא סוד שם יהו"ה יתברך, נקראת בתורה בלשון 'אתה' [...] דע כי שלשה שמות הם מלמטה למעלה, התחתון אדנ"י, וכינויו בתורה 'אני', כגון 'אני יהו"ה אלהיכם' (במדבר טו, מא) [...] וכן כיוצא בזה. והאמצעי יהו"ה, וכינויו בתורה 'אתה', והסוד 'אתה נורא אתה' (תהלים עו, ח), וכבר ידעת כי 'נורא' קו האמצעי. והשם העליון, אהי"ה, וכינויו בתורה 'הוא', כמו 'והוא רחום יכפר עון ולא ישחית' (שם עח, לח), 'כי חפץ חסד הוא' (מיכה ז, יח), וכן כיוצא בזה. ומדוע שם אדנ"י מכונה בלשון 'אני', ושם יהו"ה בלשון 'אתה', ושם אהי"ה בלשון 'הוא'? [...] אבל מה שיהו"ה יתברך מכונה בלשון 'אתה', לפי שהוא מבפנים ואינו נמצא לבריות כמו מידת אדנ"י, לפי שהשם הגדול יהו"ה יתברך שוכן בשם אדנ"י כמלך בהיכלו, ואינו נמצא עד שמבקשים אותו [...] וזהו סוד כל התפילות שאדם צריך לסדר שבחיו של יהו"ה יתברך, ואחר כך יבקש צרכיו [...] ולפי שהשם הנקרא יהו"ה הוא מצוי לנבראים בפעולותיו ובנוראותיו, אנו קורין לו בלשון 'אתה', כמו שעומד לנוכח ומדבר עמו. אבל הכתר העליון, הנקרא 'אין סוף' הנקרא אהי"ה, איננו מושג לא לשר ולא למלאך ולא לנביא בעולם, כי אפילו משה רבינו

ע״ה אדון כל הנביאים לא דיבר כי אם עם שם יהו״ה יתברך שהוא קו האמצעי.

(שערי אורה, שער חמישי)

על פי ר׳ יוסף ג׳יקטיליה, הספירות מלכות, תפארת וכתר מייצגות שלוש רמות של גילוי וזיקה בין הקב״ה לעולם: קשר של ׳אני׳ בספירת מלכות, ׳אתה׳ בספירת תפארת ו׳הוא׳ בספירת כתר. על משמעות ה׳אני׳ ביחס לספירת מלכות הרחבתי בדיוננו בספירה זו, ולכשנגיע לספירת כתר אעמוד על המשמעות הנעלמת של ׳הוא׳. לעת עתה נעסוק בספירת תפארת, ובפנייה אל ה׳ דרך ספירה זו בלשון ׳אתה׳.

לאור הנאמר לעיל ניתן להבין מדוע ספירת תפארת, הנושאת בקרבה את שם הוי״ה, השם הפרטי, הגילויי, מבטאת קרבה, אינטימיות ובלתי אמצעיות ומאפשרת את הפנייה אל ה׳ בלשון ׳אתה׳.

גם בשגרת לשוננו הפנייה בגוף שלישי היא דרך כבוד, והפנייה בגוף שני – ׳אתה׳ – מבטאת קרבה וישירות. יש גם הנהגה אלוהית שהיא בחינת ׳הוא׳, והיחס אליה חייב להיות בהתאם לכך; אולם ספירת תפארת ושם הוי״ה מאפשרים את המפגש הבלתי אמצעי, וכפי שראינו במפגש זה מונח עיקר החידוש והייחוד של הקשר של ישראל עם הקב״ה.

ר׳ יוסף ג׳יקטיליה מחבר בין תכונת ה׳אתה׳ לבין שם הוי״ה באומרו שגם מילת ׳אתה׳ עצמה רומזת לא רק על נוכחותו של הקב״ה, כי אם גם על המציאות כולה המלבישה נוכחות זו. הוא עומד על כך שהמילה ׳אתה׳ מורכבת מן האותיות אל״ף ת״ו וה״א, ודורש כי אל״ף עד ת״ו אלו כל האותיות, וה״א היא כנגד חמשת מוצאות הפה. כיוון שהעולם כולו נברא בכ״ב אותיות נמצא שמילה זו היא היסוד והשורש לבריאה כולה, ממש כמו שם הוי״ה.

כפי שראינו, אחד הפסוקים המהווים מקור לעשר הספירות הוא דברי דוד המלך: ׳לְךָ ה׳ הַגְּדֻלָּה וְהַגְּבוּרָה וְהַתִּפְאֶרֶת וְהַנֵּצַח וְהַהוֹד כִּי כֹל בַּשָּׁמַיִם וּבָאָרֶץ לְךָ ה׳ הַמַּמְלָכָה׳ (דברי הימים א׳ כט, יא).

שבע הספירות התחתונות מופיעות כאן בסדרן ובפירוטן, אולם אם נמשיך בדברי דוד משפט אחד נוסף, אומר ר׳ יוסף ג׳יקטיליה, נמצא בהמשך הפסוק את המילים ׳וְאַתָּה מוֹשֵׁל בַּכֹּל׳ – ׳אתה׳ דייקא. אכן ישנה התפרטות של הספירות, אולם ספירת ה׳אתה׳, ספירת תפארת, היא המושלת

בכול – בכל הספירות כולן. מכאן שספירה זו היא הפנימיות של כל הספירות, והיא גזע האילן שכל הספירות הן ענפיו.

ו. 'ברוך אתה י־ה־ו־ה' – מטבע שטבעו חכמים

נתבונן במטבע הברכה שטבעו חכמים: 'ברוך אתה י־ה־ו־ה'. לשון זו היא מימוש תדיר של העמידה המיוחדת לפני הקב"ה שתוארה לעיל: 'ברוך אתה י־ה־ו־ה!' שלוש מילים אלו הן שגרת לשון עבורנו, אך אין דרך טובה מהן לבטא את החידוש המופלא, המרגש ומלא החסד – ה' מאפשר לנו לעמוד כך מולו, בפשטות ובישירות, ולדבר עימו כדבר איש עם רעהו. זוהי פנייה מרגשת ומפעימה אל אלוהים, שאיננה מלווה בטקסיות מרחיקה ומצננת. אני מוּלְךָ, ללא אמצעים, ללא מתווכים – אני ואתה.[25]

לאור דברינו ברורה הזיקה שבין 'ברוך אתה' לבין שם הוי"ה הבא בעקבות שתי מילים אלו – שכן זהו השם הנוכח, כפי שמעיר ר' צדוק הכוהן מלובלין:

> ואז יהיה נקרא גם כן בהוי"ה המורה הנוכח האמיתי, כמו שאומרים ברוך אתה ה' בתחילת הברכה, שם הוי"ה שמורה שמהווה.

(דובר צדק ח)

ספירת תפארת היא שורשן של כל הספירות מפני ששם הוי"ה הוא שורשה של כל המציאות; קיומה של ההוויה מותנה בנוכחותו של הקב"ה בקרבה. אין לך דבר, מעשה או תנועה ששם הוי"ה איננו שוכן בקרבם ומחיה אותם, או בלשונו של ר' צדוק – 'מהווה אותו'.

מכאן נובע החיבור המתבקש בין היכולת לפנות אל הקב"ה בלשון נוכח לבין הברכה, כפי שכותב רבו של ר' צדוק, ר' מרדכי יוסף ליינר מאיזביצא:

25. אימי סיפרה לי על תלמיד שובב שלמד בכיתתה בילדותה, שהמורה העיר לו על כך שאיננו פונה אליו בגוף שלישי ואומר 'הרב אמר', אלא 'אתה אמרת'. התלמיד חמד לצון, והשיב כי גם לקב"ה פונים בגוף שני בלשון 'ברוך אתה'. ואכן צדק הילד, ובמקום שאתה מוצא גדולתו שם אתה מוצא ענוותנותו: דווקא גדולתו ונשגבותו של אלוהים היא המתבטאת באפשרות לפנות אליו ללא גינוני כבוד – ברוך אתה!

כתיב 'לה' הארץ ומלואה' וכו' וכתיב 'והארץ נתן לבני אדם', כאן קודם ברכה כאן לאחר ברכה. כי ענין ברכה מורה שמכיר שיש לו אדון ומאיתו בא לו ההשפעה, ואם אתה מכיר זאת אז תוכל לומר ברוך אתה לנוכח השם יתברך.
(מי השילוח, תרומה)

היכולת לאחוז בפרי ולומר 'בורא פרי העץ', להתבונן בברק ולומר 'עושה מעשה בראשית', ללבוש בגד חדש ולומר 'שהחיינו וקיימנו', ואף לחזות ביופיו של מלך ולומר 'שחלק מכבודו ליראיו' – זוהי היכולת לחוש בכל עת כי 'שויתי ה' לנגדי תמיד', לראות כיצד תחת כל הלבושים הללו ניצב ועומד במלוא עוזו וגבורתו שם הוי"ה. הברכה נועדה להפשיט שם זה מלבושיו, ולהציב את האדם מולו באופן בלתי אמצעי – ברוך אתה י־ה־ו־ה.[26]

זו התודעה הבסיסית ביותר בעבודת השם, ראשית עמידתו של אדם מול אלוהיו; לכן מתחיל התלמוד במסכת ברכות, כפי שכותב ר' צדוק:

'ברכות לראש צדיק' (משלי י, ו). לכך מסכת ברכות ההתחלה מש"ס, שעיקר הכל 'דע את אלהי אביך' (דברי הימים א' כח, ט) ואחר כך 'עבדהו', שצריך לידע למי עובד. וזהו הברכה לפני כל מעשה ליחד כל מעשיו לה', כמו שנאמר (משלי ג, ו) 'בכל דרכיך דעהו'.
(צדקת הצדיק ב)

ראשיתה של עבודת ה', על פי ר' צדוק, היא ההכרה בנוכח – 'צריך לידע למי עובד'. ה'אתה', כאמור, הוא הנוכח המבטא את האלוהות המהווה את הכול ולכן גם מונחת בכול, ומכאן היכולת לעמוד מול כל מציאות וכל לבוש ולהכיר דרכם את ה'אתה'. לא מדובר רק בכוהן הגדול, במקדש וביום הכיפורים; מנקודת מבט זו בכל שעה, מקום ומעשה האדם ניצב מול הקב"ה, ואם רק ישכיל יֵדע לפנות אל ה'אתה' ולזכות לחוויה המכוננת והבלתי

26. אומנם, גם בשעה זו, כזכור, אין אנו מבטאים בפשטות את השם המפורש אלא מכנים אותו בכינוי אדנות, אך עדיין לשון 'אתה' והצבת שם הוי"ה עומדת לנגד עינינו, גם אם לא בשפתנו. לשון זו מבטאת את רעיון הקִרבה המופיע בשלמותו רק אצל הכוהן הגדול במקדש ביום הכיפורים – האדם המקודש ביותר, ברגע המקודש ביותר ובמקום המקודש ביותר.

נתפסת שבה נזרקים לצד כל הלבושים, הגינונים והטקסים, והאדם ניצב מול אלוהיו – ׳פֶּה אֶל פֶּה אֲדַבֶּר בּוֹ [...] וּתְמֻנַת ה׳ יַבִּיט׳.

הברכה, אם כן, הינה צוהר אל העמידה הבלתי אמצעית מול נוכחותו של אלוהים; הביטוי ׳אתה י־ה־ו־ה׳ משדרג את התודעה של העמידה לפני ה׳ בסיטואציה המבורכת. דבר זה מתרחש בכל סוגי הברכות:

בברכת המצוות, האדם המרוכז בשם הוי״ה וב׳אתה׳ לא רק מקיים את מצוות הבורא כפי שציווה עליה בתורתו המשתלשלת בפסיקת הדורות עד אליו; הוא גם חש שה׳ יתברך מצווה אותו כעת. הוא עומד נכחו, ואת רצונו המונכח כעת הוא מבקש לקיים.

בברכת השבח הוא לא רק מתפעל מהבריאה כפי שתייר במוזיאון מתפעל מציורו של אומן ידוע, אלא גם חש שה׳ פועל כעת דרך אותו אובייקט שעליו הוא משבח. ה׳ הוא הניצב מאחורי האובייקט, ואותו רואה האדם כשהוא מברך כעת; לא את הברק, הרעם, הים הגדול – אלא את ה׳ הניצב מאחוריו, ללא לבושיו.

בברכת הנהנין הוא לא רק מודה לה׳ על התפוח כמי שמכיר תודה לבעלים של החברה שמשירותיה הוא נהנה. הוא גם חש שמאחורי התפוח ניצב הקב״ה, והתפוח הוא רק מסך המסתיר מאחוריו את הגילוי של ה׳ יתברך.

אולם המסע בלשון הברכה איננו מסתיים כאן. לכאורה, הברכה הפותחת בביטוי ׳ברוך אתה י־ה־ו־ה׳ נסוגה בהמשך לאחור: בכל הברכות על ענפיהן השונים עובר המברך מלשון נוכח ללשון נסתר. כך בברכת המצוות – ׳אשר קדשנו במצוותיו׳, ולא ׳אשר קדשתנו במצוותיך׳; כך בברכות הנהנין – ׳שהכול נהיה בדברו׳ ולא ׳שהכול נהיה בדברך׳; וכך גם בברכות השבח – ׳שכוחו וגבורתו מלא עולם׳ ולא ׳שכוחך וגבורתך׳.

גדולי החסידות עמדו על תופעה זו, וכל אחד מהם נתן בה טעם. אלו דברי ר׳ אלימלך מליז׳נסק:

> [...] דהנה אנו אומרים ברוך אתה – הוא נגלה. אשר קדשנו – הוא נסתר. מחמת שבהתחלת האדם לעבוד הבורא נראה ונדמה לו שהוא כבר קרוב לה׳ מאד, אבל בהתמדתו בעבודתו יתברך בתמידות אז מבין ורואה שהוא רחוק מאד מהבורא ברוך הוא ועדיין לא התחיל בעבודה כלל. וזה שנאמר באברהם ׳וירא את המקום מרחוק ויאמר אל נעריו שבו לכם פה׳. דמתחילה היה סובר אברהם שהם כולם קרובים

להשם יתברך ברוך הוא כמוהו כמוהם, אבל אחר כך 'וירא את המקום מרחוק', רוצה לומר שהשם יתברך ברוך הוא הנקרא 'מקום' הוא רחוק ממנו, והם לא הבינו זאת. ואמר להם 'שבו לכם פה', שאין לנו שייכות והתחברות יחד. ונמצא שמי שנראה לו השם יתברך רחוק מאוד הוא באמת שהשם יתברך קרוב לו, ולהיפך מי שנראה לו שהשם יתברך קרוב לו בודאי הוא להיפך, וזהו 'שלום לרחוק ולקרוב'.
(נעם אלימלך, בחקותי)

ר' אלימלך מציג כאן עמדה פרדוקסלית שלפיה בראשית דרכו של האדם בעבודת ה' תחושתו תמיד בוגדת בו. נקודת המוצא שלו היא שהוא קרוב לה', ואכן כך הוא חש בראשית המסע; אולם כשהוא מתמיד בעבודה הוא מגלה כי הוא רחוק מאוד, ועדיין לא התחיל בעבודה כלל. לעומת זאת, מי שנראה בעיני עצמו כרחוק מאוד מה' יתברך הוא באמת קרוב אליו ביותר. רעיון פרדוקסלי זה משתקף במטבע הברכה: ברוך אתה ה' – האדם חש קִרבה; 'אלוהינו מלך העולם' וגו' – מייד מתברר לו כי רחוק הוא.

הטענה שהריחוק האובייקטיבי מאלוהים הוא פועל יוצא של עמדתו הסובייקטיבית של האדם היא רעיון חסידי נפוץ, המודגש מאוד בתורותיהם של ר' נחמן מברסלב, ר' מרדכי יוסף ליינר בעל 'מי השילוח' וגם ר' צדוק הכוהן מלובלין תלמידו. אולם, לפי ר' אלימלך, הזיקה בין העמדה הסובייקטיבית לקרבה האובייקטיבית היא הפוכה: ככל שאדם חש קרוב יותר הוא בעצם רחוק יותר. בעקדת יצחק אברהם אבינו יוצא בשליחותו של אלוהים אל 'הַמָּקוֹם אֲשֶׁר אָמַר לוֹ הָאֱלֹהִים' (בראשית כב, ט), ולוקח עימו את נעריו ואת החמור. ר' אלימלך רואה בלקיחה זו ביטוי לעמדה נפשית הסוברת כי המקום שאותו צריך אברהם לראות ואליו הוא שואף להגיע הוא גם מקומם של הנערים והחמור.[27] אך ככל שאברהם מתקרב, כך מסביר ר' אלימלך, הוא מבין יותר ויותר כי ה'מקום' רחוק.[28] ניתן לדמות זאת לתופעה הוויזואלית שבה כשאדם מסתכל על הר מרחוק הוא נראה לו קטן ביותר, וככל שהוא מתקרב גודלו האמיתי של ההר הולך וניכר, ומלאכת הטיפוס

27. יצוין כי תכונה זו של אברהם, הנושא עימו במעלותיו את כל סביבתו, היא תכונה יסודית הצומחת הן מפשוטו של מקרא הן ממדרשי חז"ל.

28. בלשון פילוסופית – 'ככל שאני יודע יותר, אני יודע שאני לא יודע'. ובלשונו של ר' נחמן – 'תַּכְלִית הַיְּדִיעָה הִיא שֶׁלֹּא נֵדַע'.

הולכת ומתגלה כבלתי אפשרית. ככל שאברהם מפנים את גודל התביעה ממנו, את המדרגה שאליה הוא צריך להגיע כדי למלא את הצו שקיבל, הוא מבין שהוא אינו יכול לקחת עימו את הנערים והחמור.

יתרה מכך, לקיחת הנערים בתחילה ועזיבתם לנפשם בהמשך איננה רק אינדיקציה לעמדתו של אברהם ביחס לריחוק ולקִרבה; היא עצמה יוצרת ומחוללת אותה. כשנטל אברהם את נעריו בחושבו כי ה'מקום' קרוב הוא העמיס על כתפיו מטען כבד, המקשה על יכולתו להתעלות. המחשבה שהקב"ה קרוב עלולה להביא את האדם שלא לנטוש את הנערים והחמור המושכים אותו כלפי מטה. אחת הסכנות הגדולות בתפיסה החסידית, רומז ר' אלימלך מליז'נסק, תפיסה המדגישה את קרבתו של הקב"ה אל האדם והימצאותו נכחו ובקרבו, היא המחשבה שכדי להיפגש עם בוראו האדם אינו צריך לוותר על דבר. אל אלוהים אפשר להביא גם את החמור, גם את הנערים – כלומר את הנערוּת. לעומת זאת, דווקא תחושות היראה והריחוק יכולות להביא את האדם להכרה כי הדרך העולה השמימה 'אֶל הַמָּקוֹם אֲשֶׁר יִבְחַר ה'' (דברים יב, ה) היא קשה, והיא מחייבת לנטוש דברים שהם חיץ ומחסום בין האדם לאלוהים.

תנועות הרצוא והשוב הן אימננטיות בעבודת ה', והן נחלתם של כל המתקרבים והמתרחקים. ייתכן שבמטבע הברכה נרמזת ההבנה שה'אתה' איננו סוף הדרך, שאפשר לטפס עוד למעלה מספירת תפארת ולהגיע אל הנסתר והנעלם. תחילתה של העמידה מול הקב"ה היא ב'קרוב', ב'אתה', ב'תפארת'; אך מי שנעצר שם עלול לאבד את האפשרות לעלות במעלה ההר אל המקום הרחוק. ראשיתה של הברכה היא בהתקרבות אך סופה בריחוק, בהבנה שישנה עוד דרך ארוכה, שרב הנעלם על הגלוי.

אם כן, סיומה של הברכה מציב את היעד הגבוה והנעלם; אולם במידה רבה ניתן גם לומר את ההפך. היכולת להגיד 'אתה' היא הצצה לרגע קט אל הגלוי שמאחורי הנסתר: לרגע אדם מסיר את הלבושים ורואה את הקב"ה, כביכול, בכבודו ובעצמו. אולם מדובר בהצצה של רגע, ומייד לאחריה הקב"ה שב ומסתתר, ולשון הנסתר חוזרת. למעלה מזה: כשקוראים לקב"ה בשמו פוגשים אותו בנוכחות של גוף שני – 'אתה'. אולם מייד לאחר מכן הברכה ממשיכה אל פעולותיו ומעשיו: הן בברכות המצוות – היותו מצווה, הן בברכות הנהנין והשבח – היותו יוצר ובורא הכול. פעולותיו ומעשיו של הקב"ה מסתירים את נוכחותו הגלויה; הראיה לכך היא שאדם יכול לראות ברק ולא לחוש בו נוכחות אלוהית. זהו ההעלם שעל שמו קרוי העולם,

ההסתרה המאפשרת לחיות את החיים גם באופן טבעי. מי שחי כל הזמן את 'ברוך אתה' הוא ככוהן גדול במקדש, ומנקודת מבט זו אין זה משנה לכאורה אם הוא פוגש את ה'אתה' דרך לימוד דף גמרא, שמיעת רעם או אכילת תפוח – בכל אלו ניצב האדם בסופו של דבר מול ה'אתה', מול העצמות טרם התלבשותה במציאות ממשית פרטיקולרית. דווקא ההלבשה וההסתרה מאפשרות לאדם לחוות את גוני המציאות, את האופנים השונים שבהם ה' מתגלה בה. 'ברוך אתה י־ה־ו־ה' הוא מטבע קבוע לכל הברכות, אך בחלק השני חל שינוי, המבחין בין ברכת המצוות, השבח או הנהנין; בין תפוח, לחם או יין; בין רעם, הים הגדול או מלך מכובד. התלבשותו של שם הוי"ה בפעולות ובמעשים היא פעולה של הסתתרות הבאה לידי ביטוי בלשון הנסתר בברכה, אך דווקא היא מאפשרת לאחר חוויית הנוכח המשווה את כל המציאות – 'שִׁוִּיתִי יְהוָה לְנֶגְדִּי תָמִיד' (תהילים טז, ח) – להתרכז לא בה' עצמו אלא במלבושיו ובגילויים השונים שלו, ולשבח אותו על כל אחד מהם באופן מיוחד.[29] רק ההסתרה של ה' מאפשרת לחוות את המציאות המגוונת של העולם.

ז. 'כי אם בתורת י־ה־ו־ה חפצו' ('תורה שבכתב', 'משה', 'ענווה')

כאמור, ספירת תפארת ושם הוי"ה מתקשרים לחידוש תוכן נבואתו של משה בהתגלות הקב"ה לעם ישראל ביציאת מצרים.[30] מכאן נובעת זיקתה של ספירה זו לתורה שבכתב:

> ודע כי הספירה הזאת נקראת תורה שבכתב, לפי שמשה רבינו ע"ה לבדו זכה להתקרב לשם הגדול הנקרא יהו"ה, וזהו סוד 'ונגש משה לבדו אל יהו"ה' (שמות כד, ב), וזהו 'ולא קם נביא עוד בישראל כמשה

29. הסבר אחר למעבר מלשון נוכח ללשון נסתר בברכות מובא אצל ר' צדוק במקום אחר: הוא מציע שמאז סילוק הנבואה מישראל ההנהגה הישירה של הקב"ה את האדם נעשית רק בדרך כלל (תורה ומצוות והלכה), ולא בדרך פרט בכל מעשה ומעשה. לכן הכלל הוא בלשון נוכח – ברוך אתה, אולם הפרטים הם בלשון נסתר, כי בהם כבר אין הנחיה והדרכה פרטית לאדם (רסיסי לילה, יג).

30. בדיוננו על ספירות נצח והוד נשוב ונעסוק בעניין הנבואה. שם נבחין בין נבואותיהם של כלל הנביאים, היונקות מספירות נצח והוד, לנבואת משה היונקת מספירת תפארת – שם הוי"ה.

אשר ידעו יהו"ה פנים אל פנים׳ (דברים לד, י), ולפיכך נאמר בו ׳פה אל פה אדבר בו ומראה ולא בחידות׳ (במדבר יב, ח). ולפי שמשה רבינו ע"ה נסתכל באספקלריאה המאירה, שנכנס לפנים מן ה׳ אחרונה להשיג קו האמצעי, וזהו ׳ומראה ולא בחידות׳.

(שערי אורה, שער חמישי)

לעומת נבואת שאר הנביאים נבואת משה היא שקופה, ללא ׳נגיעה אישית׳, ללא לבושים. ככזאת היא מהווה מדיום לגילוי אלוהי מקורי ועצמותי – התורה. ההבחנה בין איכות נבואתו של משה לזו של שאר הנביאים מכוננת את ההבדל שבין התורה שבכתב לבין שאר ספרי הנבואה:

נבואה ורוח הקודש באים, בדבר ד׳, לפנימיותו של אדם ומתוכו הם נשפעים לכל מה שנוגע לעולם כולו. ומעין דוגמתם האגדה, הרי היא נובעת מהנפשיות של האדם, ומסדרת את עניניה גם כן ביחש החיצוני של העולם. אבל התורה, היא באה מתוך הארת האמת העליונה, שאין בה שום הבדל בין פנימיותו של אדם להעולמיות כולה ומקורה. מלמעלה למטה הכל נסקר ונודע. ׳פה אל פה אדבר בו, ומראה ולא בחידות, ותמונת ד׳ יביט׳. רק נבואה זו יכולה לתן תורה. ומתוך כך נעלה היא התורה מכל נבואה, וחכמי תורה עדיפי מנביאים, מצד התוכן העליון, שממנו הם יונקים את החיים הרוחניים שלהם.

(שמונה קבצים ה, קכז)

הנבואה ורוח הקודש, מקור ההשראה של הנ"ך – ספרי הנבואה והכתובים, עוברות דרך פנימיותו של האדם. לכן על אף היותן דבר ה׳ הן מתלבשות במלבושיו ונצבעות בצבעיו של האדם שדרכו הן מופיעות.

לא כן התורה שבכתב. אין זה מקרה שהתורה מעידה דווקא על משה רבנו שהוא העניו מכל האדם. ענוותנותו של משה מאפשרת לו להיות אספקלריה מאירה, שקופה; צינור חלול שדרכו התורה האלוהית יכולה לרדת מלמעלה למטה בלי להתגשם.[31]

התבטלותו של משה מאפשרת לו להיות כה שקוף עד שהוא יכול

31. ׳ענוה פירוש ת"ת [=תפארת] בסוד הדעת המתעלם שהוא מרכבתו של משה רבנו ע"ה, ועליו נאמר "והאיש משה עניו מאד"׳ (פרדס רימונים שער כג, פרק טז).

לכתוב בדבר ה׳ ׳וַיְדַבֵּר ה׳ אֶל מֹשֶׁה לֵּאמֹר׳, בגוף שלישי. יותר מזה – הוא יכול לכתוב בדבר ה׳ ׳וְהָאִישׁ מֹשֶׁה עָנָו מְאֹד מִכֹּל הָאָדָם אֲשֶׁר עַל פְּנֵי הָאֲדָמָה׳ (במדבר יב, ג) בלי להניד עפעף, כי ברגעים אלו של נתינת התורה משה כבד הפה נתון לגמרי למי ששם פה לאדם – הקב״ה.

חמישה חומשי תורה אינם תורת משה, בשונה מספר ירמיהו שהוא דבר ה׳, אך נקרא על שם ירמיהו. חמישה חומשי תורה הם תורת ה׳, ומשה הוא מדיום שקוף שדרכו דבר ה׳ מופיע. רק אל מול התורה שבכתב ניתן לומר בפשטות – ׳אתה׳; היא הגילוי המלא של שם הוי״ה.[32]

בדברים הבאים נבחן שלוש תפיסות הנובעות מהזיהוי של התורה עם ספירת תפארת, עם גילוי עצמותו של הקב״ה דרך שם הוי״ה. שלוש תפיסות אלו מעצבות שלושה אופנים שונים של לימוד תורה, ובעיקר של התודעה המלווה אותו.

1. התורה כענפים וסנסנים מגוף האילן – ר׳ יוסף ג׳יקטיליה

> דע כי כל שמותיו הקדושים הנזכרים בתורה כולם תלויים בשם בן ד׳ אותיות שהוא י־ה־ו־ה [...] ושאר כל שמות הקודש כולם בדמיון ענפים וסנסנים נמשכים מגוף האילן, וכל אחד מן הענפים עושה פרי למינהו. ומלבד שמות הקודש הידועים שאסור למוחקן, יש כמה כינויים אחרים תלויים בכל שם ושם, כגון שתאמר כינויין של יהו״ה מי הם: נורא,

32. אומנם על פי חלוקת האושפיזין משה ממוקם בספירות נצח והוד (כפי שנראה בנספח בסוף הספר), אולם הופעתו שם היא כנביא, ואילו הופעתו בתפארת היא כנותן התורה וכצינור לה. כך מסביר ר׳ משה קורדוברו את שייכותו של משה לספירת תפארת, לצד שייכותו של יעקב: ׳כמו שיעקב מרכבה לת״ת [=תפארת] כן משה רבנו ע״ה מרכבה לת״ת. ויש חילוק גדול ביניהם. כי משה רבנו ע״ה מרכבה לת״ת בסוד הדעת הנעלם בחינת הת״ת מצד החכמה. והנה הדעת הזה הוא מציאות דק אשר לת״ת והוא כולל שש קצוות בדקות והוא נשמה למציאות הת״ת המתגלה ומתעלם בתוכו. ומשה רבנו ע״ה מרכבה לדעת הנעלם הזה. ויעקב לתפארת. וזהו שנמצא בתקונים (תקונא סט, קא ע״א) דא בגופא ודא בנשמתא, פירוש יעקב בגוף שהיא הת״ת ומשה בנשמה שהוא הדעת. וזהו שאמר גם כן במקום אחר (תיקונא יג, כט ע״א) דא מלגאו ודא מלבר, פירוש משה רבנו ע״ה מבפנים בסוד הדעת הנעלם, ויעקב מבחוץ בסוד הת״ת. ומפני היות הדעת הנעלם כלל שש קצוות נאמר בתקונים (נ״א קיג ע״ב) במשה בלחודוי מה דהוה באדם ותלת אבהן׳ (פרדס רימונים שער כג, פרק יג).

נושא עוון, עובר על פשע. כינויין של אל מי הם: כגון גדול, רחום, וחנון. כינויין של אלהים מי הם:
כגון אדיר, שופט, דיין. ולכל אחד מאלו הכינויים יש כינויין אחרים תלויים בכל כינוי וכינוי מאלו, והם שאר כל מלות התורה. עד שנמצא כל התורה כולה נארגת על הכינויין, והכינויין על השמות, והשמות הקדושים כולם תלויים על שם יהו״ה וכולם מתאחדים בו. נמצאת כל התורה כולה נארגת על שם יהו״ה, ולפיכך נקראת תורת י״י תמימה (תהילים יט, ח). נמצאת למד כשתבין כוונת שמות הקודש למשפחותיהם ותשיג הכינויים המיוחדים לכל אחד מהם, אז תראה שהכול תלוי בשמו הגדול יתברך ותכסוף ותשתוקק להידבק בו ותירא ותפחד ממנו.

(שערי אורה, הקדמה)

ר׳ יוסף ג׳יקטיליה מצייר ציור שלפיו התורה כולה על כל מילותיה הינה השתלשלות של כינויים לשם הגדול – י־ה־ו־ה; אילן המתפצל ומשתרג לענפים ולענפי ענפים.

השמות כולם הם לבושים לשם הוי״ה, כפי שראינו לעיל, ולכל שם יש כינויים, ולכל אחד מן הכינויים יש פעלים, שמות עצם, ושאר מילים הקשורים לאותו כינוי. מכך יוצא שלכל מילה ומילה שבתורה יש ׳משפחה׳ של כינוי שאליו היא משתייכת, וכל אחד מהכינויים הללו שייך למשפחת אחד השמות, והשמות כולם הם לבושים לשם הוי״ה. מכאן שהיחידה האטומית של כל מילות התורה היא שם הוי״ה, וממנו נשתרגה התורה כולה.

ר׳ יוסף ג׳יקטיליה מוסיף כי הלומד את כוונת השמות כולם למשפחותיהם, והמשיג את סדר הכינויים ושייכותם, יחוש תמיד בכל מילה ומילה שבתורה כי היא חותרת ומכוונת לשם הוי״ה. זהו לימוד תורה המציב את האדם באופן בלתי אמצעי מול שמו הגדול של הקב״ה. תיבות התורה כולן הן לבוש ועוד לבוש, שכשנפשיט אותן (או נשייך אותן אל האב שלהן, ואת אביהן לאבי אביהן) נגיע אל השם הגדול. על פי ר׳ יוסף ג׳יקטיליה, המפגש הבלתי אמצעי בלימוד התורה נעשה ברובד הרציונלי, כשהאדם לומד לפענח את מילות התורה ולקשור אותן לחוליה הקודמת להן, עד הגיעו לשם הגדול. כשם שספירת תפארת היא הגוף לכל הספירות כולן, והן לבושים לה, כך שם הוי״ה הוא הגוף לכל פסוקיה ומילותיה של התורה.

2. התורה כשמותיו של הקב"ה – הרמב"ן

תיאור מעט שונה אנו מוצאים בדברי הרמב"ן בהקדמתו לתורה:

> עוד יש בידינו קבלה של אמת, כי כל התורה כולה שמותיו של הקב"ה, שהתיבות מתחלקות לשמות בענין אחר, כאילו תחשוב על דרך משל, כי פסוק בראשית יתחלק לתיבות אחרות, כגון בראש יתברא אלהים, וכל התורה כן, מלבד צירופיהן וגימטריותיהן של שמות. וכבר כתב רבינו שלמה בפירושיו בתלמוד ענין השם הגדול של ע"ב, באי זה ענין הוא יוצא משלשה פסוקים ויסע, ויבא, ויט. ומפני זה ספר תורה שטעה בו באות אחת במלא או בחסר פסול, כי זה הענין יחייב אותנו לפסול ספר תורה שיחסר בו ו"ו אחד ממלת אותם, שבאו מהם ל"ט מלאים בתורה, או שיכתוב הו"ו באחד משאר החסרים, וכן כיוצא בזה, אף על פי שאינו מעלה ולא מוריד, כפי העולה במחשבה. וזהו הענין שהביא גדולי המקרא למנות כל מלא וכל חסר בכל התורה והמקרא, ולחבר ספרים במסורת, עד עזרא הסופר הנביא שנשתדל בזה, כמו שדרשו מפסוק 'ויקראו בספר בתורת האלהים מפורש ושום שכל ויבינו במקרא'. ונראה שהתורה הכתובה באש שחורה על גבי אש לבנה, בענין הזה שהזכרנו היה, שהיתה הכתיבה רצופה, בלי הפסק תיבות, והיה אפשר קריאתה שתקרא על דרך השמות, ותקרא על דרך קריאתנו, בענין התורה והמצוה, ונתנה למשה רבינו על דרך חלוק קריאת המצוה, ונמסר לו על פה קריאתה בשמות. וכן יכתבו השם הגדול שהזכרתי כולו רצוף, ויתחלק לתיבות של שלש שלש אותיות לחלוקים אחרים רבים, כפי השמוש לבעלי הקבלה.
>
> (רמב"ן, בראשית א, א)

אף שגם הוא רואה בתורה כולה כינויים ושמות לשם הגדול, הרמב"ן מצייר ציור מעט שונה מר' יוסף ג'יקטיליה. לפי הרמב"ן, יש לתורה שני רבדים של קריאה:

הרובד האחד הוא סדר התורה כפי שהיא מופיעה לעינינו, בחלוקת התיבות, הפסוקים והפרשיות. את הסדר הזה יוצר מיקום הרווחים שבין האותיות: ההכרעה לשים רווח אחר אותיות ב־ר־א־ש־י־ת יוצרת את המילה בראשית, אך לו היו שמים את הרווח אחר האות ש' הייתה המילה הראשונה

'בראש'. הרווחים יוצרים את התיבות, המשפטים, הפסוקים והפרשיות ואת התוכן שהם נושאים – הסיפורים, החוקים והמצוות.

הרובד השני הוא סדר אחר שניתן למשה בעל פה. בסדר זה סדר האותיות נשמר אולם הרווחים שביניהן ממוקמים באופן אחר כך שנוצרות תיבות אחרות, וכל תיבה ותיבה מביעה שם אחר משמותיו של הקב"ה. חלוקה זו אינה ידועה לנו, אולם ישנן מסורות החושפות אותנו אליה בכמה פסוקים, כגון המסורת על שם ע"ב העולה מאותיות הפסוקים יט-כא בפרק יד שבספר שמות, המתארים את מלאך ה' הניצב בין מחנה מצרים למחנה ישראל. מסורת זו, מגלה לנו הרמב"ן, המובאת ברש"י, היא הד לחלוקה הנסתרת שמייצרת רצף של שמות ה' מראשית התורה ועד סופה.

בשונה מר' יוסף ג'יקטיליה, הרמב"ן אינו רואה את השמות הקדושים בתיבות שלנגד עינינו. הוא רואה אותם בחלוקה אחרת נסתרת, שאינה משנה את סדר האותיות אך משנה את המרווח ביניהן. על פי חלוקה זו התורה איננה אומרת 'בְּרֵאשִׁית בָּרָא אֱלֹהִים' אלא ה' ה' ה' ה', בשמות שונים, מתחילתה ועד סופה. זו חלוקה נסתרת, והיא בחינה של תורה שבעל פה הזוקקת רגישות פנימית ורוחנית כדי לגלותה. מי שזוכה לזה רואה לנגד עיניו את התיבות המחולקות כפי שהן, אך חש בעיני רוחו את החלוקה האחרת הזועקת ללא הפסק את שמותיו של אלוהים.

במקום אחר בכתבי הרמב"ן ישנו ניסיון לקשור בין שתי חלוקות אלו – זו הגלויה הניכרת לנגד עינינו במילות התורה, וזו הנסתרת היוצרת רצף של שמות ה':

> עוד התורה מאירת עינים בדברים גדולים מכל אלו, היא החכמה הנעלמת מעיני כל חי ורחבה מני ים, והוא שכל התורה כולה שמותיו של הקב"ה, ובכל פרשה ופרשה יש בה שם שבו נוצר הדבר או שנעשה בו או שנתקיים אותו ענין.
>
> (רמב"ן, דרשת תורת ה' תמימה)

בדברים אלו מבקש הרמב"ן לראות בכל עניין ותוכן המוזכר בחלוקה הגלויה של הפסוקים יצירה ועשייה של אותו השם הניצב מאחוריהם בחלוקה הנסתרת. דברים אלו קרובים לדברי ר' יוסף ג'יקטיליה, הרואה בכל מילה ומילה ביטוי וכינוי של שם מסוים. אולם על אף הדמיון עדיין לא ניתן להתעלם מקביעתו הנועזת של הרמב"ן, המבוססת על מסורת שקיבל, כי

השמות אינם מתגלים במילים עצמן אלא ניצבים מאחוריהן, בחלוקה אחרת של אותיות התורה. זאת בשונה מר׳ יוסף ג׳יקטיליה, שאצלו התורה עצמה כפי שהיא על כל מילותיה הינה השתלשלות משם אחד לשם אחר וממנו לכינוי ומהכינוי לשאר המילים.[33]

המכנה המשותף של שתי גישות אלו הוא שהתורה איננה רק אוסף של סיפורים, עקרונות וציוויים, אלא גם גילום שמותיו השונים של הקב״ה – אם בדרך השתלשלות שבה הסיפור, הצו והעיקרון נגזרים ומבטאים שם מסוים, ואם בדרך של לבוש והסתרה שבה החוק, המצווה או הסיפור הם כצוהר אל שם מסוים.

בשולי הדברים נעיר כי גם הרמב״ן וגם ר׳ יוסף ג׳יקטיליה מסבירים על פי דברים אלו את ההלכה הקובעת כי חיסרון אות אחת מספר התורה פוסלתו, ואף אם תהיה זו אות שהיעדרה איננו משפיע על המשמעות ואפילו על ההגייה, כגון כתיב מלא או חסר. על פי הרמב״ן הדברים מקבלים אף יתר תוקף, שהרי חסרונה של האות אולי אינו פוגם במשמעות החלוקה שניתנה למשה בכתב – ׳ציפור׳ היא ׳צפור׳ בין בכתיב מלא ובין בכתיב חסר – אולם השמטת היו״ד או הוספתה הן אקוטיות לגבי החלוקה העליונה, שבה כל אות נוטלת חלק באחד משמותיו הקדושים של הקב״ה.

צירופן של כל האותיות הוא הצירוף של כל השמות הקדושים יחד, והופעתם כחטיבה אחת מ׳בראשית ברא׳ ועד ׳לעיני כל ישראל׳ מגלמת את שלמותו של שם הוי״ה, המשמש שורש לכל השמות הללו וממנו משתרגים השמות כולם.

> אמר רבי יהודה אמר שמואל משום רבי מאיר: כשהייתי למד תורה אצל רבי עקיבא הייתי מטיל קנקנתום לתוך הדיו ולא אמר לי דבר. כשבאתי אצל רבי ישמעאל אמר לי: בני מה מלאכתך? אמרתי לו:

33. להבחנה זו השלכות רבות ומרחיקות לכת על לימוד התורה ופרשנותה. אין זה הכרחי, אך ניתן לטעון שגישתו של ר׳ יוסף ג׳יקטיליה, הרואה את היחס שבין המילה הגלויה לשם הנסתר כרצף משתלשל, תבקש לפרש את המילה הגלויה בזיקה לשם ולכינוי שמהם השתלשלה, והפירוש שתציע יהיה רדוקציוני ויחתור להבנה המיסטית־קבלית של מילות התורה. דרכו של הרמב״ן, לעומת זאת, המקיימת שני רבדים מקבילים שהאחד מהם גלוי והשני נסתר, תאפשר לקיים שני רבדים של קריאה ופרשנות – האחד ברובד הפשט והשני ברובד הסוד – כפי שאכן נוהג הרמב״ן בפירושו לתורה.

לבלר אני. אמר לי: בני הוי זהיר שמלאכתך מלאכת שמים היא, שמא תחסיר אות אחת או תתיר אות אחת נמצאת אתה מחריב את כל העולם.
(סוטה כ ע"א)

3. התורה כ'שמאלו תחת ראשי וימינו תחבקני' – ר' שניאור זלמן מלאדי

דרך נוספת להבנת הזיקה שבין התורה לבין העצמות המתגלמת בשם הוי"ה – תפארת, מובאת בדבריו של ר' שניאור זלמן מלאדי, בעל התניא:

דאורייתא היא חכמתו ורצונו של הקב"ה, והקב"ה בכבודו ובעצמו כולא חד, כי הוא היודע והוא המדע וכו' כמ"ש לעיל בשם הרמב"ם. ואף דהקב"ה נקרא אין סוף ולגדולתו אין חקר ולית מחשבה תפיסא ביה כלל, וכן ברצונו וחכמתו כדכתיב 'אין חקר לתבונתו', וכתיב 'החקר אלוה תמצא', וכתיב 'כי לא מחשבותי מחשבותיכם'. הנה על זה אמרו במקום שאתה מוצא גדולתו של הקב"ה שם אתה מוצא ענותנותו, וצמצם הקב"ה רצונו וחכמתו בתרי"ג מצות התורה ובהלכותיהן ובצרופי אותיות תנ"ך ודרשותיהן שבאגדות ומדרשי חכמינו ז"ל, בכדי שכל הנשמה או רוח ונפש שבגוף האדם תוכל להשיגן בדעתה ולקיימן כל מה שאפשר לקיים מהן במעשה דבור ומחשבה, ועל ידי זה תתלבש בכל עשר בחינותיה בשלשה לבושים אלו.
ולכן נמשלה התורה למים, מה מים יורדים ממקום גבוה למקום נמוך כך התורה ירדה ממקום כבודה שהיא רצונו וחכמתו יתברך ואורייתא וקודשא בריך הוא כולא חד ולית מחשבה תפיסא ביה כלל [...] אבל הקב"ה בכבודו ובעצמו – לית מחשבה תפיסא ביה כלל, כי אם כאשר תפיסא ומתלבשת בתורה ומצותיה אזי היא תפיסא בהן ומתלבשת בהקב"ה ממש, דאורייתא וקב"ה כולא חד. ואף שהתורה נתלבשה בדברים תחתונים גשמיים הרי זה כמחבק את המלך ד"מ [=דרך משל], שאין הפרש במעלת התקרבותו ודביקותו במלך בין מחבקו כשהוא לבוש לבוש אחד בין שהוא לבוש כמה לבושים, מאחר שגוף המלך בתוכם. וכן אם המלך מחבקו בזרועו גם שהיא מלובשת תוך מלבושיו, כמו שכתוב 'וימינו תחבקני' שהיא התורה שנתנה מימין שהיא בחינת חסד ומים.

(תניא, ליקוטי אמרים ד)

האדמו״ר הזקן חותר למפגש בלתי אמצעי עם הקב״ה, אולם לכאורה הדבר בלתי אפשרי שהרי ׳לא מחשבותי מחשבותיכם׳ ו׳לית מחשבה תפיסא ביה כלל׳. הפתרון לכך הוא התורה, שהיא גשר בין המחשבה האנושית האחוזה במציאות החומרית הממשית לבין האין־סוף האלוהי שהוא מחשבת אלוה ממעל, וזאת בזכות שני עקרונות.

העיקרון הראשון הוא שקוב״ה ואורייתא חד הם.[34] עיקרון זה מוסבר באופן עמוק ובהיר על ידי האדמו״ר הזקן: התורה היא צמצום של הרצון והמחשבה האלוהיים והתלבשותם בדבר ממשי. הרצון הנעלה, הגבוה והמופשט יכול להתממש בגילוי המעשי והבנלי ביותר של המציאות. כך מנסח זאת האדמו״ר הזקן:

> והנה הלכה זו היא חכמתו ורצונו של הקב״ה, שעלה ברצונו שכשיטעון ראובן כך וכך, דרך משל, ושמעון כך וכך, יהיה הפסק ביניהם כך וכך, ואף אם לא היה ולא יהיה הדבר הזה לעולם, לבא למשפט על טענות ותביעות אלו, מכל מקום מאחר שכך עלה ברצונו וחכמתו של הקב״ה, שאם יטעון זה כך וזה כך יהיה הפסק כך, הרי כשאדם יודע ומשיג בשכלו פסק זה כהלכה הערוכה במשנה או גמרא או פוסקים, הרי זה משיג ותופס ומקיף בשכלו רצונו וחכמתו של הקב״ה דלית מחשבה תפיסא ביה.
>
> (תניא, ליקוטי אמרים ה)

כל הלכה פשוטה ומעשית היא ביטוי – אומנם חלקי, אך מקורי – של הרצון האלוהי.[35] לימוד התורה ובירורה, אף טרם הגיעה למעשה, וגם אם המעשה לעולם לא יגיע, הוא האפשרות לגעת ברצון האלוהי המקורי. האדמו״ר הזקן מדמה זאת למלך המחבק את נתינו כשהוא לבוש בכמה לבושים, ועם זאת החיבוק הוא עדיין מידו של המלך. הדין בשור שנגח את הפרה הוא לבוש לתפיסה האלוהית האידאית של עולם הנזיקין, ליחס שבין האדם לרכושו,

34. ראו זוהר, ח״ג עג ע״א: ׳ג׳ דַּרְגִּין אִינּוּן מִתְקַשְּׁרָן דָּא בְּדָא, קב״ה אוֹרַיְיתָא וְיִשְׂרָאֵל׳.
35. אין זה המקום לדון ביחס שבין התורה שבכתב לתורה שבעל פה, אולם כהנחת מוצא ניתן לומר שהאדמו״ר הזקן רואה בתורה שבעל פה פרשנות וגילוי של הרצון האלוהי המשתקף בתורה שבכתב.

לחובותיו וזכויותיו של האדם, לאחריות שלו ועוד. כל אלו מתלבשים בדין יבש ולקוני, אך מאחורי דין זה מסתתר הרצון האלוהי האידאי.

העיקרון השני הוא העובדה שהתורה עוסקת דווקא ב'עובדין דחול' ובעולם החומרי והגשמי.

יכולתה של התורה לגעת באדם ולעטוף אותו נובעת גם מן התכנים שבהם היא עוסקת, הנוגעים לחיי האדם ולעולמו הממשי והמעשי, וגם מן הממדים שבהם היא מופיעה: ניתן לעיין בנושאיה – במחשבה, לשוח ולדבר בה – בדיבור, ולקיים את הנאמר בה – במעשה. המחשבה, הדיבור והמעשה הם מרחבי הפעולה של האדם; התורה מאפשרת לאדם להיפגש עימה ולהיות מושפע ממנה בשלושת המרחבים שלו. לכן לימוד התורה, העיסוק בה וקיומה הם בעצם התלבשותו של האדם בלבושי הרצון האלוהי, וכך נוצר דרך התורה חיבור של דבקות בין האדם לבין הרצון האלוהי המקורי.

במספר מקומות האדמו"ר הזקן מפתיע ואומר כי הדבקות האמיתית והגבוהה ביותר אינה מתחוללת בתפילה, בחוויה המיסטית או בריטואל דתי כלשהו, שכן כל אלו נגועים בנקודת המבט הסובייקטיבית האנושית שאיננה מאפשרת לדלג על הפער האינסופי שבין האדם לאלוהים; הדבקות האמיתית מתחוללת דווקא בהתרחשות הלימודית של תלמוד תורה.[36] סגולתה של התורה היא ביכולתה לשקף באופן שלם ואובייקטיבי את הרצון האלוהי מחד גיסא, ומאידך גיסא לאפשר לאדם לגעת בה בממדי הפעולה שלו – המחשבה, הדיבור והמעשה. סגולה זו היא ההופכת את התורה לגשר ישיר בין האדם לאלוהים, והיא המאפשרת יצירת 'מגע ממשי' ובלתי אמצעי (אומנם דרך לבושים) בין קוב"ה לבין לומד התורה.

האדמו"ר הזקן, כמו ר' יוסף ג'יקטיליה והרמב"ן, רואה בתורה את האפשרות למפגש בלתי אמצעי עם שם הוי"ה, עם המקור האלוהי. אולם בעוד הם זיהו סגולה זו בהתבוננות במה שמעבר לפשט ולתוכן הגלוי – אם בהבנה שהתוכן הגלוי הוא תולדה של כינוי ושל שם כר' יוסף ג'יקטיליה, ואם בהבנה שחלוקה אחרת של אותיות התורה חושפת את שמות ה' כרמב"ן – הרי האדמו"ר הזקן מזהה את הגילוי האלוהי הגבוה בתוכן עצמו ובמשמעות הגלויה של התורה ומצוותיה. אולי זו הסיבה שהאדמו"ר הזקן מדבר בכל זאת על לבושים, אך מסרב להתייחס אליהם כחוצצים.

לא מדובר בהבחנה תאורטית אלא בהנחיה מעשית – כיצד עלינו

36. ראו: תניא, ליקוטי אמרים כג; ליקוטי תורה, סוכות פא, ג.

לגלות בתורה את האור האלוהי של ספירת תפארת, של שם הוי"ה: האם גילוי זה מתרחש באופנים שונים מעבר למילים ולפשט, כשיטת ר' יוסף ג'יקטיליה והרמב"ן, או שהוא מתרחש בניסיון להבין את הפשט ואת תכניו – כשיטת האדמו"ר הזקן.[37] על פי שלוש השיטות התורה היא הדבר הממשי היחיד בעולם שניתן לזהותו עם קודשא בריך הוא, ועל כן היא הדרך היחידה להתייצב באופן בלתי אמצעי מול גופא דמלכא – תפארת, שם הוי"ה, 'אתה!'. לכן התורה מזוהה עם ספירת תפארת.

ר' יוסף ג'יקטיליה, הרמב"ן והאדמו"ר הזקן מציבים את לומד התורה בעמדה רוחנית פנימית החורגת מן ההבנה הפשוטה והשגרתית. אצל שלושתם מדובר בחוויה של מפגש עם העצמות: על ידי הבנה רציונלית של האופן שבו הפסוק, הדין או ההלכה הם ביטוי לשם מסוים, שאף הוא לבוש לשם הגדול המבטא את העצמות (ר' יוסף ג'יקטיליה); על ידי הכרה פנימית ותודעתית שמאחורי התיבות של הפסוק, הדין או ההלכה ניצבים שמות הזועקים ה' ה' (רמב"ן); או על ידי בירור הפסוק, הדין או ההלכה כביטוי של רצון ה' שהוא־הוא עצמותו וייחודו (האדמו"ר הזקן).

זכותם של ישראל היא שהם זכו לגילויו המלא של שם הוי"ה על ידי התורה שניתנה להם בהר סיני, אך גם חובתם של לומדי התורה לדורותיהם היא להעמיק את המפגש ה'טקסטואלי' לכדי מפגש חווייתי בלתי אמצעי עם הקב"ה, כדי להגיע אל המפגש עם ה'אתה' דרך לימוד התורה, שהיא הדרך האולטימטיבית להשגת הדבקות בעצמות.

ח. 'הוה מסתכל באורייתא וברא עלמא' – אורייתא, קוב"ה וישראל חד הם

ראינו כי שם הוי"ה המתגלם בספירת תפארת הוא שורש הקיום והחיות של העולם כולו, אך הוא מתגלה באופן מלא ושלם בתורה הקדושה. החיבור בין שני המאפיינים האלו מוסבר בדברים הבאים:

37. האדמו"ר הזקן עצמו עסק בפרשנות של סוד לתורה, כפי שעולה באופן מובהק מחידושיו על התורה בתורה אור ובליקוטי תורה. אולם בדבריו בתניא הוא מבקש לזהות דווקא את לימוד הנגלה, שגם בו הוא עסק בהרחבה, כמקום המפגש הבלתי אמצעי עם רצון ה'.

תָּא חֲזֵי, כַּד בָּעָא קוּדְשָׁא בְּרִיךְ הוּא וְסָלִיק בִּרְעוּתָא קַמֵּיהּ לְמִבְרֵי עָלְמָא, הֲוָה מִסְתַּכֵּל בְּאוֹרַיְיתָא וּבְרָא לֵיהּ, וּבְכָל עוֹבָדָא וְעוֹבָדָא דְּבָרָא קוּדְשָׁא בְּרִיךְ הוּא בְּעָלְמָא הֲוָה מִסְתַּכֵּל בְּאוֹרַיְיתָא וּבְרָא לֵיהּ.

(זוהר ח"א קלד ע"א).

[תרגום: בּוֹא וּרְאֵה, כַּאֲשֶׁר רָצָה הקב"ה וְעָלָה בִּרְצוֹנוֹ לְפָנָיו לִבְרֹא עוֹלָם, הָיָה מִסְתַּכֵּל בַּתּוֹרָה וּבוֹרֵא לוֹ, וּבְכָל מַעֲשֶׂה וּמַעֲשֶׂה שֶׁבָּרָא הקב"ה בָּעוֹלָם הָיָה מִסְתַּכֵּל בַּתּוֹרָה וּבוֹרֵא לוֹ].

התורה, בהיותה הביטוי המובהק לגילוי ה' וכללות שמותיו, היא בעצם הקוד הגנטי לבריאת העולם ולכל המתקיים בו.[38] האידאות המשתקפות בה, נקודת המבט על האלוהות ועל המציאות שהיא מציגה, מבטאות את ההופעה האלוהית בכל ברייה וברייה. על כן לימוד תורה לא מעניק לאדם מושג רק על הרצון האלוהי אלא גם על החוקיות הפנימית המקורית שהעולם פועל לפיה, שכן העולם נברא על פי עקרונות התורה.[39]

אף שהעולם נברא מראש על פי התורה, הוא המתין כ"ו דורות לגילוי שלה: 'אמר רבי יהושע בן לוי: הני עשרים ושִשה הודו כנגד מי, כנגד עשרים וששה דורות שברא הקדוש ברוך הוא בעולמו ולא נתן להם תורה וזן אותם בחסדו'.[40] עד לגילויה של התורה ההנהגה הייתה נסתרת ועטופה בלבושים שונים ובהנהגות שונות; רק לאחר מתן תורה היא נחשפה והתגלתה. מה פשר הפער בין בריאת העולם להופעת התורה?

אָמַר רַבִּי אֶלְעָזָר: כַּד בְּרָא קוּדְשָׁא בְּרִיךְ הוּא עָלְמָא עַל תְּנַאי הֲוָה, דְּכַד יֵיתוּן יִשְׂרָאֵל אִם יְקַבְּלוּן אוֹרַיְיתָא יָאוֹת, וְאִם לָאו הֲרֵי אֲנָא אַהֲדַר לְכוּ

38. כפי שראינו, כינוי נוסף לספירה זו הוא 'עץ החיים', בשונה מספירת מלכות שהיא 'עץ הדעת טוב ורע'. שורש החיים הוא בתפארת, והביטוי שלהם בטוב וברע הוא במלכות.

39. בדרך זו תפס את התורה גם המהר"ל, שראה אותה כ'סדר המציאות' וכתשתית העולם. ראו לדוגמה תפארת ישראל פרק סב, וכן נתיב התורה בספרו נתיבות עולם. אציין שיש הטוענים שחיבורו על התורה נקרא 'תפארת ישראל' בשל זיקתה של התורה על פי הסוד לספירת תפארת.

40. פסחים קיח ע"א.

לְתֹהוּ וָבֹהוּ, וְעָלְמָא לָא אִתְקַיַּים עַד דְּקָיְימוּ יִשְׂרָאֵל עַל טוּרָא דְסִינַי וְקַבִּילוּ אוֹרַיְיתָא.

(זוהר ח״א פט ע״א)

[תרגום: כַּאֲשֶׁר בָּרָא הקב״ה עוֹלָם, עַל תְּנַאי הָיָה, שֶׁכַּאֲשֶׁר יָבוֹאוּ יִשְׂרָאֵל, אִם יְקַבְּלוּ תּוֹרָה מוּטָב, וְאִם לֹא הֲרֵי אֲנִי מַחֲזִיר אֶתְכֶם לְתֹהוּ וָבֹהוּ, וְהָעוֹלָם לֹא עָמַד עַד שֶׁעָמְדוּ יִשְׂרָאֵל עַל הַר סִינַי וְקִבְּלוּ תּוֹרָה].

לפי הזוהר הקדוש התורה המתינה כ״ו דורות עד להופעתם של ישראל כעם על בימת ההיסטוריה. הזוהר גם טבע את האמירה הידועה והמשמעותית: ׳אורייתא, קודשא בריך הוא וישראל חד הם׳.[41] מה מבטאת אמירה זו? ראשית, גילויו המלא של הקב״ה בעולם אינו יכול להיעשות ללא התורה, שהרי רק היא משקפת את שם הוי״ה העצמי והכולל־כול. התורה היא ביטוי לשלמות ההרמונית של האלוהות, והיא מבטאת אותה על כל צדדיה. האובייקטיביות המוחלטת והכוללנות המקיפה, שתי התכונות המרכזיות של התורה, הן המשייכות אותה לספירת תפארת.

שנית, התורה לא יכולה להתגלות בעולם ללא ישראל, היכולים להכיל אותה כיוון שגם הם גילוי מלא של האלוהות בעולם, וגם להם יש אופי כולל. כנסת ישראל היא כלי קיבול נאה לתורה, ובשפת הספירות – המלכות היא כלי קיבול נאה לתפארת.

החיבור שבין ספירת מלכות לספירת תפארת, שהוא ייחוד קוב״ה ושכינתיה, מתרחש במציאות במפגש שבין כנסת ישראל לבין התורה – התפארת: ׳וַיֹּאמֶר לִי עַבְדִּי אָתָּה יִשְׂרָאֵל אֲשֶׁר בְּךָ אֶתְפָּאָר׳ (ישעיהו מט, ג). מכאן הקביעה שמתן תורה היה מעמד של ייחוד קוב״ה ושכינתיה. זהו הרגע שבו נוצר כלי הקיבול – כנסת ישראל, ספירת מלכות – שאִפשר לתורה – בחינת תפארת – להתגלות ולהופיע במציאות.

ראוי לאדם הלומד תורה שיכיר בכך שבלימודו הוא לא רק זוכה לאפשרות לגעת בעצמות ולהתייצב מול ה׳אתה׳, אלא הוא גם נפתח אל החיבור שבין כנסת ישראל לבין קוב״ה, והוא בעצמו משמש כפלטפורמה להופעתה של התורה בעולם ולחשיפת הסוד שניצב מאחוריו. כשאדם

41. ראוי לציין שישנה שאלה לגבי מקורו המדויק של ביטוי מפורסם זה. יש הסוברים שמקורו בדברי הרמח״ל, אולם נראה כי הזוהר הקדוש הוא המקור הקרוב ביותר לביטוי, בציטוט שהובא לעיל הערה 34 מהזוהר ח״ג עג ע״א.

מברך – הוא מגלה את שם הוי״ה הגנוז במציאות, שהיא עצמה גילוי של התורה. כשאדם לומד תורה – הוא מגלה את שם הוי״ה הגנוז בתורה, שהיא עצמה גילוי שלו. וכשכנסת ישראל כאומה משמרת את לימוד התורה – היא מקיימת את המשולש 'אורייתא קוב״ה וישראל חד הם'.

ט. 'שב ועירב מידת הרחמים' – תפארת כקו האמצע – 'תתן אמת ליעקב' ('קו האמצעי', 'רחמים', 'אמת', 'משפט', 'דעת')

עד כה עסקנו בספירת תפארת מבחינת היותה הגוף של אילן הספירות, הלב של הגילוי האלוהי ומהותו הפנימית.

אך כפי שציינתי בראשית פרק זה, תפארת מתפקדת במקומה באילן הספירות גם כספירה הממצעת בין חסד וגבורה, וכמי שנמצאת במרכז שבין ימין ושמאל. כפי שנראה להלן, הדברים קשורים זה בזה.

> ואחר שהודענוך זה בשתי אלו המידות, יש לנו להודיעך סוד מידת שם יהו״ה יתברך המכריע באמצע, והיאך מנהיג את עולמו. כינויים של יהו״ה יתברך העומדים באמצע השורה, מימינם חסד ומשמאלם דין, והם כלולים באמצע מן החסד והדין. ואלו הכינויים אשר באמצע, נקראים כינויי הרחמים, ועליהם נאמר, 'ליהו״ה אלהינו הרחמים והסליחות' (דניאל ט, ט).

(שערי אורה, שער חמישי)

כפי שראינו בדיון על ספירות חסד וגבורה, שתי מידות אלו, הממוקמות מימין ומשמאל, מביאות עד הקצה את שתי התנועות הקוטביות – מצד אחד הענקה, השפעה והטבה, ומצד שני הגבלה, שפיטה וצמצום. ספירת תפארת, הממוקמת באמצע הספירות (ומכונה גם 'קו האמצעי', כפי שנראה להלן), מביאה את האפשרות לאיזון ולפשרה בין הקטבים. אל מול החסד והדין, כינויה של ספירת תפארת ושל קו האמצע בכלל הוא 'רחמים'.[42]

מתברר שספירת תפארת, שכפי שראינו עד כה היא השורש של המציאות כולה, היא גם זו שמכילה בקרבה ואוספת לחיקה את המציאות על כל ניגודיה, ומאחדת אותה.

42. פרדס רימונים שער כג, אות כ.

ספירת תפארת

> קו האמצעי התפארת נקרא כן מפני שהוא אמצעי, עולה ויורד מתחלת האצילות ועד סופו. עולה עד למעלה ונוקב ויורד עד למטה. בסוד הפשיטות קודם אחיזתו בקצוות.
>
> (פרדס רימונים שער כג, פרק יט)

ראוי להדגיש כי ספירת תפארת אינה מכילה בקרבה את הערכים הקוטביים במלוא עוזם ובשיא עוצמתם. הפשרה שהיא מבטאת מבוססת על נגיסה מן הערך המוחלט, ונגיסה זו היא נפילתה הראשונה של המציאות, עוד בטרם חטא האדם.

> בראשית ברא אלהים, 'למשפטיך עמדו היום' וגו' (תהילים קיט, צא), במשפט בראת הכל שנאמר 'בראשית ברא אלהים', כשברא הקדוש ברוך הוא את עולמו בראו במדת הדין, שנאמר 'בראשית ברא אלהים', ולא עמד עד ששתף עמו מדת רחמים, שנאמר 'ביום עשות ה' אלהים ארץ ושמים' (בראשית ב, ד), ואף המטר לא ירד עד שמזגו במדת הרחמים, שנאמר 'כי לא המטיר ה' אלהים על הארץ', ואף אדם הראשון לא עמד עד שמזגו במדת הרחמים, שנאמר 'ויצר ה' אלהים את האדם'.
>
> (בתי מדרשות ח"א, מדרש ילמדנו בראשית א)

המדרש עומד על הפער שבין תיאור הבריאה בפרק א' לזה שבפרק ב'. המאפיין העיקרי שמבדיל בין שני התיאורים, כפי שציינו לעיל, הוא השם של הקב"ה המלווה כל אחד מהם: בפרק א' השם המלווה הוא שם אלוהים, בעוד בפרק ב' מצטרף אליו גם שם הוי"ה.[43] המדרש רואה הצטרפות זו כמעבר ממידת דין מובהקת לשיתוף של מידת הרחמים.

ניתן לראות את המעבר שמתאר המדרש ממידת הדין למידת הרחמים (או ליתר דיוק – לשיתוף של מידת הרחמים) כמעבר מספירות חסד וגבורה הקוטביות לספירת תפארת.[44] החסד והדין, כפי שראינו לעיל, הם שני ערכים

43. כאמור לעיל, החלוקה המדויקת יותר היא סדר א' וסדר ב', ולא פרק א' ופרק ב'.

44. שם הוי"ה ומידת הרחמים אכן מזוהים עם ספירת תפארת, אך לכאורה מידת הדין מזוהה דווקא עם ספירת הגבורה, ולא עם החסד. אולם נראה שאפשר להבין שמידת הדין היא התכונה הקוטבית והלא מאוזנת, שיכולה להתאפיין בחסד גמור או בדין גמור. בשתי המידות הקוטביות האלו העולם אינו יכול להתקיים; מידת הרחמים היא המיזוג והמיצוע שביניהן.

קוטביים הבאים לידי ביטוי גם בפנייתו של אלוהים אל האדם וגם בפנייתו של האדם לאלוהיו. העולם, האדם וההשגחה האלוהית, כפי שאומר המדרש, אינם יכולים להתקיים באף אחד מן הערכים הקיצוניים של חסד ודין, על כן צריך פשרה. שם הוי"ה, מנקודת מבט זו, הוא פשרה בין הקטבים.

יש כמה תיאורים מדרשיים של 'התפשרות' המציאות מקוטביותה הראשונית אל דרך האמצע. האחד הוא חטא הארץ – האדמה סירבה ליצור עץ פרי שטעמו כטעם פריו, ובמקום זאת הסתפקה בעץ עושה פרי שבו אין טעם העץ כטעם הפרי. תיאור אחר הוא חטא הלבנה, שסירבה לשכון תחת כתר אחד עם החמה, ומשום כך נתמעט אורה עד לעתיד לבוא. מדרש אחר, שלולא אמרוהו חז"ל היינו נמנעים מלאומרו, מתאר אף את חטאו של הקב"ה כביכול:

> אמר רבי פנחס: בכל הקרבנות כתיב 'שעיר עזים אחד חטאת' ובראש חדש כתיב 'שעיר עזים אחד חטאת לה'', אמר הקב"ה הביאו כפרה עלי שמיעטתי את הירח, שאני הוא שגרמתי לו להכנס בתחומו של חבירו.
>
> (בראשית רבה ו, ג)

צירופם של כל החטאים הללו, המתרחשים עוד בטרם היות אדם בארץ, מלמד שהחטא הוא 'בלתי נמנע' – הוא מובנה בבריאה המבקשת לתחום, להגדיר ולהציב גבול לרצון האינסופי של האלוהות, שעל ידי הצמצום לובש לבוש קונקרטי.

כינוי נוסף לספירת תפארת הוא 'אמת':

> אמת – כל המפרשים הסכימו היות התיבה הזו רומז אל הת"ת [=התפארת], ופסוק מלא הוא 'תתן אמת ליעקב' (מיכה ז, כ), ויעקב מרכבה לת"ת.
>
> (פרדס רימונים שער כג, פרק א)

במבט ראשון נראה שכינוי זה מתאים לתיאורה של ספירת תפארת כלב הספירות, כעצמות והשורש,[45] אך פחות הולם את התיאור שלה כפשרה בין

45. וגם לזיהויה עם התורה – המתוארת כ'תורת אמת'.

החסד והדין. האם הפשרה, הצמצום והנפילה ממציאות אידאית למציאות של בדיעבד הם אמת?

יש שיאמרו על הפשרה כי אינה דין אמת,[46] והשימוש במילה 'אמת' ביחס אליה הוא סתירה מיניה וביה. אולי צריך להתפשר, אך לכנות פשרה זו בשם אמת זה ניסיון לאכול מן העוגה ולהותירה שלמה. אך אפשר גם לטעון אחרת. נראה שהמפתח להבנת מושג האמת גם בהיבט הפשרה והמיצוע שמגלמת ספירת תפארת טמון במדרש הבא:

> אמר רבי סימון: בשעה שבא הקב"ה לבראות את אדם הראשון נעשו מלאכי השרת כיתים כיתים וחבורות חבורות, מהם אומרים אל יברא ומהם אומרים יברא, הדא הוא דכתיב 'חסד ואמת נפגשו צדק ושלום נשקו' (תהילים פה, יא). חסד אומר יברא שהוא גומל חסדים, ואמת אומר אל יברא שכולו שקרים, צדק אומר יברא שהוא עושה צדקות, שלום אומר אל יברא דכוליה קטטה. מה עשה הקב"ה, נטל אמת והשליכו לארץ, הדא הוא דכתיב 'ותשלך אמת ארצה' (דניאל ח, יב). אמרו מלאכי השרת לפני הקב"ה: רבון העולמים מה אתה מבזה תכסיס אלטיכסייה שלך, תעלה אמת מן הארץ, הדא הוא דכתיב 'אמת מארץ תצמח' (תהילים פה, יב).
>
> (בראשית רבה ח, ה)

המדרש מתאר שיח שמֵימי בקרב מלאכי השרת, הניצבים חבורות חבורות ומתדיינים בדבר בריאתו של האדם: מן הצד האחד החסד והצדק תומכים בבריאתו, אך מן העבר השני האמת והשלום מתנגדים לה. הדיון נקלע למבוי סתום, שכן יש שוויון בין התומכים למתנגדים. כאשר הקב"ה רואה זאת הוא משליך את האמת ארצה, כדי שיסתמן רוב התומך בבריאת האדם.[47] בהשלכה זו לכאורה ויתר הקב"ה על ערך האמת והוציאו מן העולם. עם זה לא יכלו

46. על כך יש דיונים הלכתיים רחבים בתחילת מסכת בבא מציעא.
47. ידועים דברי ר' מנחם מנדל מקוצק ששאל מדוע השליך הקב"ה דווקא את האמת, הרי היה יכול להשליך גם את השלום כדי ליצור את הרוב הנדרש. הרבי מקוצק השיב על כך בדרכו האופיינית: אם הקב"ה היה משליך את השלום האמת הייתה נותרת אומנם לבדה מול הרוב התומך בבריאת האדם, אולם מול האמת גם רוב אינו מועיל, על כן הקב"ה נאלץ להשליך דווקא את האמת.

מלאכי השרת להשלים, והפשרה שהסתמנה בין המלאכים דורשי האמת לבין פעולת ההשלכה היא צמיחתה של האמת מחדש מן הארץ.

האמת, אם כן, הולכת ונבנית במציאות. האמת בעולמנו – עולם של בשר ודם – אינה ניצבת כערך עליון מוחלט וטוטלי המחייב את המציאות להתיישר על פיו. מדובר בתנועה מתמדת ודינמית של צמיחה, התפתחות, מפגש רצוף עם העולם וסתירותיו, ומתוך כל אלו צומחת בהדרגה האמת. אמת זו הצומחת מן הארץ אינה האמת המוכתבת מן השמיים; לא מדובר רק בעיתוי של הופעתה, אלא גם בשינוי אופייה. הפירוש של 'לא תצמח' הוא שמתוך ה'ארץ', שהיא כינוי לספירת מלכות המבטאת את האלוהות המתגלה בעולם, צומחת ה'אמת' שהיא ספירת תפארת.

אמת הצומחת מן הארץ אינה משקפת עוד ערך טוטלי ואובייקטיבי שאינו מושפע ואינו נבנה מן המציאות. מדובר באמת שהיא סוג של פשרה. היא צמחה מן המקום שבו החליט הקב"ה לוותר עליה לטובת בריאת האדם. אמת של פשרה היא אמת שבה חסד ואמת נפגשים, וצדק ושלום נושקים.

המדרש מעמת בין ערכים אלו לא רק מפני שהאדם הוא גומל חסדים אך אינו איש אמת, דובר צדק אך לא שלום. כשהערכים הללו ניצבים אחד מול השני הם מבטאים ניגודיות, גם בלי קשר לאדם. מעתה נאמר שהתמסרות מוחלטת אל החסד לבדו לא רק שאיננה מאפשרת את קיומו של העולם, כפי שראינו בפרק על ספירות חסד וגבורה, אלא שהיא גם איננה אמת, מפני שהיא מתכחשת לגמרי לערך הניגודי הניצב מול החסד – הגבורה. כך גם ההתמסרות לספירת גבורה, המתכחשת לגמרי לערך הניגודי הניצב מולה – החסד.

במבט ראשון נראה שהפשרה, המיזוג והמיצוע של החסד והגבורה, היא ויתור על האמת, על הטוטליות של המידות האלו, מפני שהדרך היחידה להשכין את שתיהן יחדיו היא לנגוס בכל אחת מהן – זהו 'וְתַשְׁלֵךְ אֱמֶת אַרְצָה'. אולם במבט שני מתברר שפשרה זו לא רק הכרחית כדי לאפשר את קיומו של העולם, אלא גם מבטאת אמת עמוקה יותר, מורכבת יותר, מעודנת יותר; אמת הנאמרת בלחישה, כיוון שהיא מכילה בתוכה הן מהחסד הן מהגבורה.

עומקה של האמת הצומחת מן הארץ אמור לבוא לידי ביטוי גם במשפט:

ודע כי הספירה הזאת נקראת בכל התורה אמת. ופירוש הדבר כי כמו שהשם המיוחד יהו"ה יתברך הוא מכוון באמצע, וכל הצדדים פונים

> לו, ובו כולם מתאחדים מלמעלה ומלמטה ומן הצדדין, כך מידת אמת כלולה מכל האותיות כולן, ראשן וסופן ואמצעיתן. ולפיכך אמרו ז״ל (שבת נה ע״א) כי אמת חותמו של הקב״ה. ומה טעם אמרו כי אמת הוא. כבר ידעת כי שם יהו״ה הוא באמצע, ושם א״ל מימין, ושם אלהי״ם משמאל, וכשהשם יתברך דן את בריותיו, כיתות הימין מלמדים זכות, וכיתות השמאל מלמדים חובה, כמו שהודענוך, וכשנגמר הדין, נגמר בשלשתן, של ימין ושל שמאל טוענים, והוא יתברך פוסק הדין והוא באמצע, ולפיכך כתוב בחותמו אמ״ת, להודיעך כי כל צבאות האותיות שהם מאל״ף ועד מ״ם, שהוא באמצע, הפכו לזכותו בימין, וכיתות האותיות שהן מן המ״ם ועד התי״ו הפכו לחובתו מן השמאל, וכשגמרו אלו ואלו ללמד עליו זכות או חובה, נגמר הדין בתכלית הדקדוק והשלימות.
>
> (שערי אורה, שער חמישי)

במשפט, יש צד (ימין) של אמת ללימוד הזכות על הנאשם, ויש צד (שמאל) של אמת ללימוד החובה עליו. התמסרותו של השופט לצד אחד היא אמת מנקודת המבט של אותו צד, אולם היא חוטאת בשקר אל הצד השני. לכן דווקא הפשרה הנותנת מקום (גם אם חלקי) לשני הצדדים – יש בה אף יותר אמת מהאמת הטוטלית, החד־צדדית.

באופן עמוק מלמדנו ר׳ יוסף ג׳יקטיליה שהמשפט איננו דין אלא דווקא איזון בין החסד והדין, ומכאן כינוי נוסף של ספירת תפארת – ׳משפט׳.[48] כך אנו מוצאים גם בדברים הבאים של ר׳ מרדכי יוסף ליינר מאיז׳ביצא:

> וכמו כן הדן דין אמת לאמיתו אינו אלא ברחמים, כי על פי שֵׂכֶל אי אפשר לכוון ההלכה לאמיתה, כי אף שדן דין אמת יוכל להיות שהדין מרומה.
>
> (מי השילוח, ראש השנה)

כפי שראינו לעיל, הרחמים במובן הקבלי אינם חסד, ולכך יש משמעות תאולוגית. הרחמים אינם הנטייה לצד אחד אלא דווקא ההכרה הבוגרת

48. כפי שראינו בדיוננו בספירת גבורה, המשפט יכול להיות כינוי גם לספירה זו; אך אז הכוונה היא לא למשפט שלם אלא לחוק ומשפט המבטאים את הטוטליות של הדין.

בקיומם של שני צדדים גם יחד, ובחוסר היכולת של האדם להגיע לאמת אבסולוטית בדין. בעל 'מי השילוח' מבקש לשנות את אמות המידה שלנו למושגים אמת ושקר.

לשם המחשה, נתייחס לשני פסקי דין המופיעים לפנינו. בראשון אומר השופט לסנגור שדבריו הם אמת גמורה, ולקטגור שדבריו הם שקר מוחלט; ואילו בשני אומר השופט: מן הסתם יש אמת כלשהי בדברי הסנגור ואמת כלשהי בדברי הקטגור, ועל כן פסק הדין יהיה סוג של פשרה. באינסטינקט ראשוני נחוש בפסק הדין הראשון ודאות של אמת, ובשני ספקנות של פשרה. אך לא כך אומר ר' מרדכי יוסף ליינר, שהרי השופט הראשון חטא בחטא הגאווה בחושבו כי יש באפשרותו לעשות 'דין אמת'. האמת בעולמנו המורכב, שרק חלקים בודדים ממנו מוכרים לנו, היא היכולת להכיל את שני הצדדים ולקבוע באופן מבוקר את האיזון שביניהם. אלו הם הרחמים, שמנקודת מבט עמוקה יותר המכירה בתנאים שבהם אנו חיים מתברר שהם האמת הגדולה יותר. זהו האופן שבו צריך להתקיים 'משפט' במציאות אנושית.[49]

הסבר נוסף ועמוק לכך שדווקא הפשרה היא האמת מובא בדברי ר' משה טייטלבוים מאיהל, מגדולי תלמידי החוזה מלובלין:

> והנה אמרתי הטעם על מה שידוע ליודעי חכמי האמת כי חסד נקרא חסד סתם, ומדת הדין נקרא גבורה, והשיתוף דין ורחמים נקרא אמת, 'תתן אמת ליעקב' (מיכה ז, כ), וכי הראשונים לאו אמת הן? וגם על מה שנקרא תפארת. ואמרתי שעל פי המבואר לעיל יתבאר בפשוטות, כי חסד לבדו הוא ויתור גמור, אם כן הוא נהמא דכיסופא אינו של אמת כביכול, וגבורה דין לבדו אינו יכול לקיים, אם כן איך יקרא אמת כיון שאין לו קיום ומציאות, אבל השיתוף דין ורחמים הוא אמת מאמת לשניהם הקיום והטוב באמת בלי שום חסרון, ולכך נקרא תפארת, כיון שנסתלק הכיסופא הרי מתפאר, דבמה שיש בושת אינו מתפאר, וגם הש"י אינו מתפאר ראו בריה שבראתי אם אינו כדאי לכך, ולכך מדת יעקב וישראל אמת ותפארת, "ישראל אשר בך אתפאר" (ישעיהו מט,

49. ייתכן שמכאן גם כינויה של ספירת תפארת על פי חלק מהדעות 'ארך אפים' (ראו פרדס רימונים שער כג, פרק א). אריכות אפיים היא מניעת מימושה של מידת הדין, ודווקא בכך יש אמת עמוקה.

ג), כי יעקב מטתו שלמה בלי שום חסרון (ויקרא רבה לו, ה), ולכך ממדת תפארת ימשך נצח, כי החסד לבד הוא לפי שעה, וכן הגבורה לבד, אבל המזג לא יחסר, והבן זה כי הם דברים נפלאים.
(ישמח משה, חיי שרה נד ע"ב)

בעל ה'ישמח משה' מברר מדוע חסד וגבורה אינם נקראים אמת מצד עצמם, ובמה זכתה תפארת שתקרא היא לבדה אמת.

החסד הוא 'ויתור גמור', בחינת 'נהמא דכיסופא' (לחם של בושה). לחם של בושה הוא לחם עוני שאדם מקבל ממיטיבו בחסד גמור, וממילא הוא מתמלא בושה ואינו מעז אף להביט בו.[50] זיקה המושתתת על חסד גמור איננה מאפשרת הישרת מבט, ואין בה חיבור של פנים בפנים. מערכת יחסים בין אלוהים לאדם המושתתת על חסד גמור, הן מצד פנייתו של אלוהים לאדם במתן חסד חינם הן מצד פנייתו של האדם לאלוהים בבקשת חסד גמור, אינה יוצרת חיבור גבוה של פנים בפנים שבו מתפאר האדם באלוהיו ואלוהים באדם. על כן החסד לבדו איננו אמת; הוא אולי מוחלט וטוטלי, אולם האמת אינה משתקפת בו.

גם הדין הגמור איננו מאפשר זיקה של פנים בפנים, שהרי אין כל ברייה יכולה לעמוד במבחן שהוא מציב. מי לא חוטא, מצטמצם, מוותר, נלכד בפער שבין הרצוי למצוי? מידת הדין מתעלמת התעלמות גמורה מן החומר ומן היש, ושואפת להתנהלותם השלמה של העולם והאדם, ללא כל סטייה מן החוק והסדר האלוהי. זוהי ציפייה גבוהה שאינה מכירה בחיץ המונח בין האידיאל העליון לבין המציאות, פער שאפילו התממש בבריאה עצמה, עוד טרם היות אדם בארץ. במכניזם מהסוג שתובעת מידת הדין לא ניתן לדבר על מערכת יחסים תקנית בין אלוהים לאדם, כיוון שהוא אינו מכיר במגבלות של מערכת יחסים זו, ובפער המובנה המונח בקרבה. אומנם ההשתוקקות בין אלוהים לאדם קיימת, אולם היא צריכה לגשר על פני אלפי שנות 'חומר'. לכן מלמדנו ר' משה טייטלבוים שגם זה איננו אמת: איזו אמת היא זו שאיננה מאפשרת היישרת מבט, או לחלופין איננה מאפשרת קיום כלל?

מכאן שצריך לשנות את השפה וההבנה, ולקבוע כי הפשרה היא האמת ולא ההקצנה. 'לשקר אין רגליים', וממילא השאלה אם העמדה הקיצונית

50. ראו ירושלמי, ערלה פ"ג ה"א: 'מאן דאכיל דלאו דיליה בהית לאסתכולי באפיה'.

יכולה לעמוד במבחן המציאות או לא היא שאלה אקוטית בדיון על האמת. המידות הקוטביות מבטאות אולי אמת נשגבה, אולם אמת זו אינה כוללת ואינה מתייחסת למציאות.

לעומת זאת, ספירת תפארת מתאימה את האידאלים העליונים למציאות, ובכך תרומתה כפולה: היא מאפשרת להם לחיות אחד לצד השני, וכתוצאה מכך גם להתקיים בעולם שאינו מסוגל להכיל את הקוטביות.

המתח בין הדין לפשרה עולה ממחלוקת ידועה בין בית שמאי לבית הלל:

> תנו רבנן: כיצד מרקדין לפני הכלה? בית שמאי אומרים: כלה כמות שהיא, ובית הלל אומרים: כלה נאה וחסודה. אמרו להן בית שמאי לבית הלל: הרי שהיתה חיגרת או סומא, אומרים לה כלה נאה וחסודה? והתורה אמרה 'מדבר שקר תרחק'. אמרו להם בית הלל לבית שמאי: לדבריכם מי שלקח מקח רע מן השוק, ישבחנו בעיניו או יגננו בעיניו? הוי אומר ישבחנו בעיניו. מכאן אמרו חכמים: לעולם תהא דעתו של אדם מעורבת עם הבריות.
>
> (כתובות טז ע"ב)

בית הלל אומרים 'כלה נאה וחסודה' – גם אם זו לא האמת, ואילו בית שמאי אומרים 'כלה כמות שהיא', ואינם משנים מן האמת. בית שמאי מקשים כיצד ניתן לומר על כלה חיגרת או סומא שהיא כלה נאה וחסודה, והלוא התורה אמרה 'מִדְּבַר שֶׁקֶר תִּרְחָק'? משיבים להם בית הלל שאם אדם לוקח מקח רע מן השוק על חברו לשבחנו בעיניו גם אם אין זה נכון, כיוון שאל מול האמת ניצב העיקרון של 'לעולם תהא דעתו של אדם מעורבת עם הבריות'.

האם מדובר כאן במלחמה בין האמת לבין השלום? בכמה מקומות חז"ל משבחים את בחירת השלום על פני האמת: 'גדול השלום, שהקב"ה שינה בדבר מפני השלום', 'אלא אמרו הכתובים דברי בדאי מפני דרכי שלום'.[51] אולם ספירת תפארת, שעליה נאמר (מיכה ז, כ) 'תתן אמת ליעקב', מלמדת אותנו שהפשרה והשלום אינם בחירה בשקר על פני האמת למען השלום. האם לומר לכלה ביום חתונתה 'את מכוערת' זו דבקות באמת? האם לומר לאדם שקנה חולצה 'קנית חולצה מכוערת' זו אמת? החידוש של ספירת

51. במדבר רבה יא, ז; דברים רבה ה, יד.

התפארת הוא שישנה אמת עמוקה יותר, המכילה בקרבה ערכים נוספים ומורכבים. זוהי אמת הצומחת מן הארץ, מן ההכרה בחיים, במציאות, ברגשות ואף בחולשות, ומתוך כך היא נבנית בעומק ובמורכבות.

נדמה שכאן נפגשות שתי תכונותיה של התפארת, שהיא לב כל הספירות מחד גיסא, והפשרה שביניהן מאידך גיסא. הספירות כולן יוצאות מן התפארת, ועובדה זו מאפשרת לכולן לשוב אליה ולהתכנס בה יחדיו.

כפי שנראה בנספח על האושפיזין בסוף הספר, יעקב אבינו מזוהה עם ספירת תפארת. ייחודו של יעקב, כפי שהעיר לעיל ר' משה טייטלבוים, הוא בכך שמיטתו שלמה, בשונה מאברהם ויצחק. יעקב הוא השורש והמקור לכל שבטי ישראל, על הגוונים והתנועות השונים ולעיתים גם הקוטביים שלהם. יעקב מכיל בקרבו את התנועות כולן, גם אלו הסותרות, וממנו הן נולדות; ממילא טמונה בו גם האפשרות להשיב את האחדות המתפצלת, ולהכיל את הסתירה והקוטביות. לכן בעומק הדברים העובדה שספירת תפארת כוללת את הספירות כולן, והיא הגוף והשורש שלהן, לא רק שאינה סותרת את תכונתה הספציפית כראש וראשונה לקו האמצע שנועד לאחד בין הקטבים, אלא שתכונה זו נובעת מכך. ממש כשם שיעקב יכול לפשר בין אבותיו אברהם ויצחק כיוון שבניו כוללים ביחד את המידות כולן – כנסת ישראל.[52]

י. 'וחי בהם ולא שימות בהם' – התורה כפשרה

דיברה תורה בלשון בני אדם

'דיברה תורה בלשון בני אדם' הוא אחד העקרונות החשובים הנוגעים ללימוד התורה. עיקרון זה נוגע בראש וראשונה ללשונה של התורה,[53] אך נראה שהוא נוגע גם לתכניה ולציוויים המופיעים בה.

52. אף שספירת דעת היא ספירה בפני עצמה, להלן נראה שניתן למצוא את ה'דעת' גם ככינויה של ספירת תפארת. הסיבה לכך היא שהדעת היא ליבו של קו האמצע, המתחיל בדעת, עובר דרך תפארת ומגיע עד היסוד (פרדס רימונים שער כג, פרק ד).

53. משמעותו של עיקרון זה במובנו הלשוני באה לידי ביטוי בשני אופנים. הראשון הוא דרכה של התורה להאניש את הנהגתו של הקב"ה באמצעות ביטויים כמו 'ויחר אפו', 'וינחם', 'ארדה נא ואראה' וכדומה (ראב"ע למשל מרבה להשתמש במשפט זה בפירושו לתורה, ראו בראשית ו, ו; שמות ד, ח; שמות י, ב; שמות יג, יז; שמות לב, יד; הושע יא, ח ועוד). השני נוגע לאפשרות לדרוש כל מילה, כפילות והטיה בתורה, כפי שחז"ל עושים פעמים רבות: ככל שנאמץ ביותר שאת את העיקרון של 'דיברה

על פרשיית 'אשת יפת תואר' אומר רש"י בעקבות חז"ל כך:

ולקחת לך לאשה – לא דברה תורה אלא כנגד יצר הרע, שאם אין הקב"ה מתירה ישאנה באיסור, אבל אם נשאה סופו להיות שונאה, שנאמר אחריו 'כי תהיינן לאיש' וגו', וסופו להוליד ממנה בן סורר ומורה, לכך נסמכו פרשיות הללו.

(רש"י, דברים כא, יא)[54]

רש"י קובע שמצוות אשת יפת תואר ניתנה מתוך הכרה בחולשתו של האדם, והיא משמשת עבורו כ'גלגל הצלה' מטביעה בים היצרים והתאוות – 'שאם אין הקב"ה מתירה ישאנה באיסור'.

האם מצווה הנובעת ממציאות שבדיעבד, מצווה שעניינה למזער נזקים ותו לא, מבטאת ויתור על האמת? האם העובדה שמצווה זו אינה אוסרת על האדם לקחת אשת יפת תואר, אלא מאפשרת לו בלית ברירה, אם הוא לא יכול לעמוד בפיתוי, לשאתה לכל הפחות בדרך ראויה יותר – פוגמת באמת הגלומה בה?

נדמה כי על פי העיקרון של 'דיברה תורה בלשון בני אדם', התשובה לשאלה זו אינה צריכה להתחיל במצוות אשת יפת תואר. אומנם הפרשנים אינם עושים שימוש גורף בעיקרון זה בנוגע לתוכני התורה וציווייה, אולם בעומקם של דברים, על פי תורת הסוד, התורה כולה בעצם נתינתה 'דיברה בלשון בני אדם'.

העובדה שרוב מצוותיה של התורה והעניינים המופיעים בה נוגעים לעולם החומר – דיני משא ומתן, דיני עריות וכדומה, ואף השכר המובטח על קיום המצוות הוא לרוב שכר גשמי, מלמדת כי התורה מכירה בכך שהאדם הוא – אדם.[55] התורה איננה תובעת מן האדם להתנתק מן החומר, כפי שאנו מוצאים לעיתים בניסוחים קבליים שונים; לבטל באופן מוחלט את תאוותיו ויצריו, כפי שמצאנו רבות בספרות המוסר; או לשאוף באופן

תורה בלשון בני אדם' כך תקטן המוטיבציה והלגיטימציה לדרוש כל מילה ומשפט (ראו בין השאר נדרים ג ע"א; גיטין מא ע"ב; בבא מציעא צד ע"ב; מכות יב ע"א; ובעיקר חולין צ ע"ב).

54. על כך ראו גם קידושין כא ע"ב.

55. להרחבה בנושא זה ראו בנספח על האושפיזין בסוף הספר, בדיון על דמויותיהם של אברהם יצחק ויעקב.

בלעדי ומתמיד רק לעולם הבא ולגן עדן תוך התעלמות מן העולם הזה, כפי שניתן למצוא לעיתים בדתות ספיריטואליות אחרות.[56] היא גם איננה תובעת מן האדם את ביטולו העצמי המוחלט, כפי שניתן למצוא בתורות חסידיות רבות.

תנועה זו, המוותרת על הערך המוחלט התובעני לטובת 'התפשרות' עם טבעו של האדם, היא השלכת האמת ארצה שראינו לעיל; ואולי ניתן לראות בשבירת הלוחות שיקוף של תהליך זה.

פיקוח נפש דוחה את כל המצוות שבתורה

נראה כי תפיסה זו מולידה גם את העיקרון ההלכתי הקובע כי 'אין לך דבר שעומד בפני פיקוח נפש, אלא עבודת כוכבים וגלוי עריות ושפיכות דמים בלבד'.[57] העיקרון הגורף שלפיו פיקוח נפש דוחה את רוב רובן של מצוות התורה נשען על הכלל העולה מהפסוק הבא: 'וּשְׁמַרְתֶּם אֶת חֻקֹּתַי וְאֶת מִשְׁפָּטַי אֲשֶׁר יַעֲשֶׂה אֹתָם הָאָדָם וָחַי בָּהֶם אֲנִי ה'' (ויקרא יח, ה). מלשונו של פסוק זה מדייקים חז"ל שמטרתה של התורה היא 'וחי בהם, ולא שימות בהם'.

יש כאן הד של המדרש על כך שהקב"ה רצה לברוא את העולם במידת הדין, וראה שאינו יכול להתקיים. ישנם ערכים תורניים ורוחניים שההתמסרות הטוטלית אליהם מביאה לאיבוד החיים;[58] התורה מקדשת את החיים גם על חשבון הערכים הטוטליים הללו (למעט שלוש עבירות שהמעבר עליהן מותיר את החיים חסרי משמעות, ועל כן באלו הדין הוא ייהרג ואל יעבור).

הנחת האדם במרכז, עם הכרה בחולשותיו והבנה שעל מנת לשמור על החיים צריך לעיתים לוותר על ערכים מסוימים או למתנם, היא מנת חלקן של ספירת תפארת ושל התורה. עמדה זו איננה הופכת את התורה לשקר או לאמת חלקית חס ושלום, אלא אדרבה – היא חושפת עומק של אמת שאיננו קיים בהופעתו של הערך הקוטבי, המתעלם מן החיים ומן החפץ לקיימם. גם בתחום זה של 'וחי בהם' התורה היא אמיתית יותר מכל התורות האחרות המבקשות להביא את האדם אל הקוטביות.

56. ובניסוחים עדינים וערכיים יותר גם בתורותיהם של הוגי דעות יהודים. לדוגמה: ר' בחיי אבן פקודה, חובות הלבבות, שער הפרישות.
57. כתובות יט ע"א.
58. כאמור, ארחיב על כך בנספח על האושפיזין, בפרק על אברהם יצחק ויעקב.

היכולת לעצב אורח חיים 'מאוזן', המשלב ומרכיב בתוכו גורמים שונים שאף אחד מהם לא בא לידי ביטוי במלאותו, נובעת מתכונה נוספת של התורה:

> ויש לי לעוררך עוד, שהתורה כלולה בימין ושמאל, כמו ששם יהו"ה יתברך שהוא באמצע, וכל צבא השמים עומדים עליו מימינו ומשמאלו, כך התורה כולה כלולה מימין ומשמאל. וזהו סוד מצוות עשה ומצוות לא תעשה, שאלו לימין ואלו לשמאל, והתורה באמצע. ולפי שהתורה כלולה מכל שבע הספירות, אמרו ז"ל (תנחומא, שמות כה) שניתנה בשבעה קולות.

(שערי אורה, שער חמישי)

התורה, שבה נברא העולם על כל צדדיו, מכילה את כל הצדדים האלו ויכולה לכנוס אותם בקרבה. אחד הביטויים של מורכבות זו מופיע בדמות הכפילות של מצוות עשה מצד אחד, ומצוות לא תעשה מצד שני.[59]

על התורה נאמר שהיא עץ חיים למחזיקים בה. ואכן התורה, המזוהה עם ספירת תפארת הנושאת את הכינוי 'עץ חיים', מהווה את הכול בהיותה המקור לכל חי, ודווקא בשל כך היא גם מאפשרת לעולם ולמציאות להתקיים בפשרה ובאחדות.

אל הנפש והחיים – תפארת

סעיפים א-ד: שם הוי"ה כשם פרטי הנוכח בכול

בסעיפים אלו התוודענו לתובנה ששם הוי"ה השייך לספירת תפארת הינו שמו הפרטי כביכול של הקב"ה, ומהותו של שם זה היא נוכחות והוויה הנמצאת

59. נדמה כי אין ערך בתורה שלא תמצא במקום אחר את ניגודו, המאזן אותו ומסייגו: כך בערכי מוסר, המקדשים את חיי האדם במקום אחד ('שֹׁפֵךְ דַּם הָאָדָם בָּאָדָם דָּמוֹ יִשָּׁפֵךְ', בראשית ט, ו, 'לֹא תִּרְצָח', שמות כ, יב, וכו'), ומאפשרים את נטילתם במקומות אחרים (גאולת דם לרוצח במזיד, עונשי מוות, מחיית עמלק וכדומה); דרך ערכי צדקה, המדרבנים את האדם לעמדה של חסד מחד (איסור ריבית, נתינת צדקה, מניעת שעבוד נכסים בסיסיים וכדומה), ומאידך מאפשרים לבעלי ההון לגבות את חובותיהם (מוסד העבדות העברית, התרת נשייה בתנאים מסוימים וכו'); ועד היחס לתאוות המין, לבעלי חיים ועוד.

בכול ומחיה את הכול. זהו מקור החיות והיניקה (תפארת – זכר) של האלוהות הנמצאת בכול (מלכות – נקבה). תובנה זו משפיעה על מרחבים רבים בחיינו, אך ראשית היא יוצרת תחושה כללית שראוי שתציף את תודעתנו בכל עת.

- ההכרה כי בכל הוויה, בכל מציאות, בכל נוכחות נמצא הקב"ה בשמו הפרטי: י־ה־ו־ה, צובעת את חיינו במשמעות חדשה. זוהי ראשיתה של ההנחיה החסידית העולה מהפסוק 'שִׁוִּיתִי ה' לְנֶגְדִּי תָמִיד'. פגשנו בה בספירת מלכות, הממשת תובנה זו, אך כעת מתווספת לתודעה זו גם ההכרה כי הגילוי הנוכח של הקב"ה בכל הוויה הוא דווקא גילויו בשמו הפרטי. כדי להעצים תודעה זו ניתן לדמיין פעם או פעמיים ביום את שם הוי"ה כשם פרטי מבעד למציאות הגלויה שנפגוש.

סעיפים ה-ו: ברוך אתה י־ה־ו־ה – התבוננות בשם הוי"ה

בסעיפים אלו פגשנו בהשלכותיה של הכרת שם הוי"ה כשם פרטי, נוכח, מהווה וקרוב. עמדנו על כך שהכרה זו מייצרת ומגלה מערכת יחסים אינטימית ובלתי אמצעית.

הדבר בא לידי ביטוי בגילוי האלוהי המיוחד לעם ישראל, שיש בו גם אינטימיות וגם 'עקיפה' של אמצעים וסיבות, ובאופייה המיוחד של נבואת משה וכלליותה. תודעה זו גם מייצרת יראה כלפי שם זה, שהוא כניסה לחדרי חדריה החשופים של האלוהות; יראה זו באה לידי ביטוי באיסור הגייתו, המתקיים במקביל לחוויה הבלתי אמצעית של קרבה ומפגש.

המימוש האולטימטיבי של אפשרות המפגש עם שם זה הוא במטבע שקבעו חכמים בברכות – ברוך אתה ה'. תודעה והרגשה זו מלוות אותנו גם בהיותנו חלק מהאומה הישראלית אך גם בעמידתנו הפרטית מול ה', בחוויית חיים כללית ובשעת אמירת הברכות בפרט.

- זו הזדמנות להתבונן בהנהגת ה' את עמנו – בהיסטוריה בכלל, ובימינו אלה בפרט. לנסות לזהות כיצד הנהגה זו מאופיינת באינטימיות, בהמתקת סוד בין האומה הישראלית לבוראה, בעקיפה של חוקי הטבע והיעדר תלות בחוקי ההיסטוריה המלווים את האומות כולן. בשעת בקשה על כלל ישראל בתפילה, עת אנו מזכירים את שם הוי"ה, אפשר גם להנכיח בפני ה' את העובדה שהוא מנהיג את עמו בהנהגה אינטימית, קרובה וחשופה.

נשוב אל 'שִׁוִּיתִי ה' לְנֶגְדִּי תָמִיד' – דרך העבודה עם שם הוי"ה:

- מדי פעם במהלך היום אפשר להתבונן על המציאות – אם באמצעות חפץ, תופעה, אדם או התרחשות – ולראות בה את שם הוי"ה, כפשוטו. לדמיין את ארבע אותיותיו של שם זה, לנסות לחוות את נוכחותו הבלתי אמצעית, החשופה, ללא לבושים, המהווה את אותה המציאות שלפניה אנו עומדים.
- בשעת שימוש בשם זה בתפילה או בברכה, אף שאנו הוגים את שם אדנות, ננסה לשים לב ולמקד את מבט העין או הדמיון באותיות שם הוי"ה; אם באמצעות היישרת מבט לשם זה בסידור, ואם באמצעות הדמיון. הפער בין השפה לבין מבט העין הוא עצמו אפשרות לייחוד קוב"ה (תפארת – שם הוי"ה) ושכינתיה (מלכות – שם אדנות). בל נתעצב על הפער. נראה בו הזדמנות לייחוד, להנכחה של שם הוי"ה בתוך המציאות הממשית של שם אדנות.
- אפשר גם להנכיח את תחושת הקִרבה הבלתי אמצעית ששם זה מאפשר. לדמיין את המלך ללא לבושים, כמשל ר' יוסף ג'יקטיליה. לדמיין שאנו בחדרו, באינטימיות, במפגש בלתי אמצעי, כמובן עם ההסתייגות הנדרשת ביחס להגשמה.
- עבודה מרכזית עם שם הוי"ה מתרחשת במטבע הברכה השגור על פינו – ברוך אתה ה'. ננסה להנכיח את מילת 'אתה' שלפני שם הוי"ה כדי לחוש את העמידה בגוף שני, נוכח. אם מדובר בברכה בשעת התפילה שיש בה השתחוויה (בתפילת עמידה, בתחילה וסוף של ברכת אבות ובברכת הודאה), ניתן לחוש כיצד אנו משתחווים לפני המלך הנוכח כאן. לא נמהר לזקוף קומה, נשהה ב'אתה' ונחוש שאנו משתחווים לפני ה' הניצב כאן לפנינו. כשנזקוף קומה ונאמר 'י־ה־ו־ה', נחוש שכעת נגלה לפנינו המראה הנהדר והקדוש של מלך מלכי המלכים – כביכול ככוהן גדול שהוגה את השם המפורש (שוב נדגיש שאנו לא הוגים את השם אלא מכנים אותו בשם אדנות, אך כפי שראינו גם בכל הזכרה של שם הוי"ה בכינוי אדנות יש מעט מן המפגש הבלתי אמצעי המלא של הכוהן הגדול ביום הכיפורים, ההוגה את השם המפורש).
- בעת הגיית שם הוי"ה (בכינוי אדנות) בברכות השבח, הנהנין והמצוות, ניתן לשהות לזמן מה לפני המשך הברכה, להביא את נוכחותו של הקב"ה לברכה זו. אם זו ברכת המצוות – במחשבה שהקב"ה מצווה אותנו כעת

ממש לקיים מצווה זו, כאב האומר לבנו ׳לך הבא לי את החפץ ההוא׳, והבן מקיים את דברי אביו כאן ועכשיו. אם זו ברכת השבח – במחשבה שהקב״ה ניצב כעת מאחורי התופעה שאותה אנו משבחים, לא כבורא קדמון אלא כמי שמחיה את המציאות הזו ברגע זה, וכשאנו אומרים ׳ברוך אתה ה׳׳ אנו מסירים את לבושי התופעה ומתייצבים מול מחוללה באופן בלתי אמצעי. כך גם בברכת הנהנין – כשאנו אומרים ׳ברוך אתה ה׳׳ לא התפוח הוא הנושא, אלא מי שיוצרו ומעניק אותו לנו. קיבלנו כעת מתנה מידו של הקב״ה, וזו החוויה הקיומית של ברכת הנהנין – המפגש בין הנותן והמקבל, ולא החפץ עצמו המועבר ביניהם.

- קשה להפריז בהשלכותיו של ההרגל לחוש את נוכחות ה׳ באופן בלתי אמצעי במטבע הברכה ׳ברוך אתה ה׳׳, אפילו רק במחצית מן הפעמים שאדם מברך ביום. משמעות הדבר היא שעשרות פעמים ביום אדם מנכיח את ה׳ אל מול עיניו באופן בלתי אמצעי; זהו שינוי תודעה המקרין על חייו של האדם לאורך כל היממה.
- בהמשך הברכה ניתן לשים לב ל׳התרחקות׳ הבאה לידי ביטוי במעבר לגוף שלישי (׳אשר קידשנו׳, ׳אשר יצר את האדם׳, ׳שהכול נהיה בדברו׳). לקבל באהבה את ההתרחקות, לראות בה הסתתרות מחודשת של הקב״ה אחר שהציץ, על מנת שנוכל כעת להתמסר אל הלבוש – התפוח, הברק, המצווה. לטעום את טעמו המיוחד של הלבוש ששם הוי״ה בחר להתלבש בו דווקא ברגע זה – עבורי.
- ננסה להניח כאן עבודת התבוננות מאתגרת וגבוהה, המומלצת עבור מי שחש שהוא ראוי לה (כולל טבילה וטהרה). עבודה זו נוגעת בשם הוי״ה עצמו. ראשיתה בהנכחה אל מול העיניים של שם הוי״ה עצמו (ניתן להדפיסו בגדול – ראוי לשים לב שהדף חייב גניזה!). נקדיש זמן להתבוננות בו. ננסה לחוש את חוויית הגילוי והחשיפה של שמו הפרטי של הקב״ה המעיד על משהו מעצמותו. נחוש כמי שזכה להיכנס לחדרי חדריו של המלך ולראותו ללא לבושיו. עבודה כזו יכולה להביא להתרגשות, להרהורי תשובה, לגילוי חדש של פנימיות החיים. ראוי לעשות זאת ביראה, בזהירות, ובציפייה לגילוי של אהבה וקִרבה.

סעיפים ז-ח: התורה ותלמודה כמפגש בלתי אמצעי עם י־ה־ו־ה

בסעיפים אלו עסקנו בזיהוי של התורה עם ספירת תפארת ושם הוי״ה. זיהוי זה הופך את המפגש עם התורה למפגש בלתי אמצעי עם הקב״ה: לימוד

התורה אינו רק 'רכישת ידע' או קבלת מסרים כמו כל לימוד טקסטואלי אחר אלא מפגש חי עם נותן התורה, ואף עם משהו מעצמותו. כשאדם עוסק בתורה הוא חש 'אתה'. ראינו כמה אופנים שבהם לימוד התורה הוא מפגש עם שם הוי"ה, כלומר עם הקב"ה בהתפשטותו, אופנים שבהם מתרחשת 'הפשטה' של הלבושים וחשיפה של מפגש אינטימי עם שם הוי"ה (ר' יוסף ג'יקטיליה, הרמב"ן והאדמו"ר הזקן). ראינו גם כיצד התורה היא הקוד הגנטי המלא של המציאות, והעיסוק בה הוא גם היחשפות לחכמה האלוהית שיצרה את העולם על כל מה שיש בו.

בדברים אלו יש הנחיה לתודעה של מפגש גלוי בשעת לימוד התורה וההקשבה לקריאת התורה. כיוון שאלו פעולות בנליות ושגרתיות, נדרשת פעולה יזומה כדי להנכיח תודעה זו.

- ניתן לייחד לכך חמש דקות לפני תחילת לימוד או חברותא, בלי להתבייש או להתייחס לזה כבזבוז זמן או 'ביטול תורה'. זהו זמן של התכוננות ללימוד, כפי שמתכוננים לדייט. חז"ל אומרים שהתורה משולה לאיילה שרחמה צר, ולכן היא חביבה על בעלה כל שעה ושעה כשעה ראשונה; כך גם לימוד התורה דומה תמיד לפעם ראשונה (יומא כט ע"א). אם כן לא מדובר רק בדייט, אלא אף בדייט ראשון! דייט שבו אנו הולכים לפגוש את נותן התורה. מצד שני, זה לא דייט ראשון כי אם מפגש אינטימי ומתקדם שבו הוא מגלה לנו את סודו, חושף את עצמו בפנינו. התורה מספרת את סודו של הקב"ה באופנים שונים, אם דרך הסוד הניצב מאחורי המילים ואם בהבנת רצון ה' המתממש דרך סיפוריה וחוקיה.
- זוהי הזמנה להחזיק בראש בשעת הלימוד או ההקשבה לקריאה בתורה את ההכרה שהמילים הגלויות הן צוהר לעוד ועוד חלונות החושפים בפנינו את סודותיו של הקב"ה, סודותיה של הבריאה שיצר. דבר זה נכון גם ביחס לצד הנגלה של התורה, אולם זו הזמנה לאפשר גם לתודעה פנימית יותר להיות פתוחה לנסתר הניצב מאחורי כל פסוק, כל מאמר תלמודי, כל דבר הלכה.
- תודעה כזו יכולה להביא לתחושה ולהרגשה כי מילות התורה עוטפות אותנו, בבחינת 'שְׂמֹאלוֹ תַּחַת רֹאשִׁי וִימִינוֹ תְּחַבְּקֵנִי'. ננסה להשיב חיבוק באהבה, בתשוקה לדעת, בהקשבה עמוקה ופנימית.
- תודעה זו יכולה להתממש מדי פעם גם בדיבור בעת הלימוד: 'אני מבקש/ת לדעת את רצון ה''. היא יכולה גם להתממש כשאנו מנשקים

ספר תורה או חומש, לחוש ממש שמדובר בנשיקה בבחינת 'יִשָּׁקֵנִי מִנְּשִׁיקוֹת פִּיהוּ'. זה לא ספר, זה לא טקסט – זו הוויה של נוכחות אלוהית חשופה, שאנו זוכים לגעת בה בנשיקה, במגע, בדיבור, במחשבה וברעיון.

סעיפים ט-י: הפשרה והמורכבות כאמת

בסעיפים אלו נחשפנו לספירת תפארת כמפשרת בין הקצוות ובין הקטבים, בכך שלצד היותה מידת האמת היא גם מידת הרחמים – מידת האמצע. ראינו כיצד הפשרה איננה בהכרח ויתור על האמת, אלא היא עשויה להיות גילוי של אמת הצומחת מן הארץ; אמת שאיננה מוכנה לוותר על שום צד, המכירה במגבלת המציאות הסופית, ומבקשת להביא את אור אין־סוף תוך הכרה בכך שהדרך לגלותו במציאות בת קיימא היא בצמצומו. זו עצמה אמת גדולה מאוד.

העבודה הנדרשת מאיתנו בסעיף זה היא עבודת איזון ופשרה, אך כזו שאיננה מלווה בתחושה של החמצת האמת אלא להפך – בתחושה של מפגש עם אמת גבוהה.

- זו הזמנה עבורנו לזהות בחיינו מצבים שבהם אנו ניצבים בפני קונפליקט של התנגשות בין ערכים שאינו ניתן לפתרון. ראשית העבודה היא בבירור מעמיק ומחודד של הערכים המתנגשים: עלינו לזקק אותם ולנסות לברר כיצד היינו מתנהלים לו כל אחד מהם היה היחיד ואין זולתו. כדאי להתמסר בדמיון לכל אחת מהאפשרויות. תנועה כזו מאפשרת להכיר באמת העמוקה שבעולמנו ערכים מתנגשים אינם ניתנים לאיחוי, ונדרשת פשרה – ויתור. נכיר בכך שהפשרה איננה 'שקר' אלא הדרך היחידה לקיים את שני הערכים, ולו באופן חלקי. נתמסר אל הפשרה מתוך תחושה של הצמחת אמת עמוקה וגדולה.
- זו הזמנה גם לזהות אנשים במרחב חיינו שהם אנשי 'תפארת', אנשים המצליחים להחזיק בחייהם ערכים מנוגדים וסותרים. ייתכן שהם אינם בורקים ונוצצים כמו אנשי הקצה, ובכל זאת ננסה לקבל מהם השראה לאופן שבו אנו מתנהלים בחיינו.
- זו גם אפשרות לזהות בקרבנו תכונות סותרות של ימין ושמאל: בקשה להתמסרות לצד רצון לחופש מוחלט, שאיפה להתפשט מול רצון להתכנס, רצון לאמת מול רצון לשלום. ננסה למזג את התכונות הללו, מיזוג שראשיתו ב'השלכת האמת ארצה' אך סופו בהצמחה של יצירה חדשה ומורכבת.

- ככלל יש לציין ש'מורכבות' היא מילת המפתח בספירת המיזוג. על כן כדאי לבדוק היכן נמצאת מורכבות בחיינו והיכן לא. ננסה להבין מדוע במרחבים מסוימים אנו מאמצים את המורכבות, ובאחרים אנו מוותרים עליה והולכים עם אחד הקצוות.

ספירות
נצח והוד

א. חסד וגבורה, נצח והוד – אבות ותולדות

בסדר השתלשלות אילן הספירות, לאחר שלוש הספירות חסד – גבורה – תפארת באות ספירות נצח והוד. כך כותב ר׳ צבי אלימלך שפירא מדינוב, בעל ה׳בני יששכר׳, תלמידו של החוזה מלובלין:

> כי נצח הוד יסוד הם תולדות לחסד גבורה תפארת, האבות שלהם היו האבות אברהם יצחק ויעקב המרכבה כנודע.
>
> (אגרא דכלה ל ע״א)

באילן הספירות, נצח והוד מקבילות לחסד וגבורה: ספירת נצח ממוקמת בצד ימין תחת ספירת חסד, וספירת הוד ממוקמת בצד שמאל תחת ספירת גבורה.

על פי תיאור זה, ספירות אלו אינן מביאות בחיקן בשורה חדשה ואינן מחדשות מגמה, שכן מדובר בתולדותיהן של חסד וגבורה. לשם מה צריכה ההנהגה האלוהית המתגלה בחסד וגבורה תולדות? על כך משיב ר׳ שניאור זלמן מלאדי:

> והנה על זה אמרו רז״ל בתחלה עלה במחשבה לברוא את העולם במדת הדין, ראה שאין העולם מתקיים שתף בו מדת רחמים, דהיינו התגלות אלהות על ידי צדיקים ואותות ומופתים שבתורה. והנה על זה אמרו בזהר דלעילא בסטרא דקדושה עילאה אית ימינא ואית שמאלא, דהיינו חסד וגבורה. פירוש דשתיהן הן מדות אלהות למעלה משכל הנבראים והשגתם, דאיהו וגרמוהי חד בעולם האצילות. ואף השגת משה רבינו עליו השלום בנבואתו לא היתה בעולם האצילות אלא על ידי התלבשותו בעולם הבריאה, ואף גם זאת לא בשתי מדות אלו חו״ג

[=חסד וגבורה] אלא על ידי התלבשותן במדות שלמטה מהן במדרגה, שהן מדות נצח הוד.

(תניא, שער היחוד והאמונה ה)

לפי האדמו"ר הזקן יש פער בלתי ניתן לגישור בין הנהגת החסד והדין, הבאה לידי ביטוי בספירות חסד וגבורה, לבין העולם ובני האדם שבו – 'דשתיהן הן מדות אלהות למעלה משכל הנבראים והשגתם'. חסד וגבורה בראשוניותן מוכרחות לעבור סוג של 'הפרטה' וקונקרטיזציה כדי שהאדם יוכל להשיגן ולהבינן; תפקידן של נצח והוד הוא לשמש ביטוי ותולדה של חסד וגבורה.

נבאר תחילה את שמותיהן. הוראתו של השורש נצ"ח במקרא היא בעיקר תיאור זמן תמידי, אולם כבר בלשון המקרא ניתן למצוא נצח במובן של שליטה והנהגה. בספר מלכים נאמר 'שְׁלֹשֶׁת אֲלָפִים וּשְׁלֹשׁ מֵאוֹת הָרֹדִים בָּעָם הָעֹשִׂים בַּמְּלָאכָה' (מלכים א' ה, ל), ובפסוק המקביל בדברי הימים מופיעה המילה 'מנצחים' במקום 'רודים' (דברי הימים ב' ב, יז); אם כן ניצוח משמעותו רדייה, הנהגה ושליטה. כך גם עולה מפסוקים נוספים בדברי הימים ובספר עזרא: '**לְנַצֵּחַ** עַל מְלֶאכֶת בֵּית ה'' (עזרא ג, ח), '**לְנַצֵּחַ** עַל עֹשֵׂה הַמְּלָאכָה' (עזרא ג, ט), 'וְהָאֲנָשִׁים עֹשִׂים בֶּאֱמוּנָה בַּמְּלָאכָה, וַעֲלֵיהֶם מֻפְקָדִים יַחַת וְעֹבַדְיָהוּ הַלְוִיִּם מִן בְּנֵי מְרָרִי וּזְכַרְיָה וּמְשֻׁלָּם מִן בְּנֵי הַקְּהָתִים **לְנַצֵּחַ**, וְהַלְוִיִּם כָּל מֵבִין בִּכְלֵי שִׁיר' (דברי הימים ב' לד, יב). ייתכן שמכאן נובע גם הפירוש של הביטוי 'למנצח' המופיע ברבים ממזמורי התהילים כמכוון למי שמנהיג את הנגינה (מכאן גם הכינוי המודרני של מנהיג התזמורת כ'מנצח').

בלשון חז"ל הביטוי ניצחון מתאר התגברות על יריב, והוא נפוץ מאוד. ניתן לומר כי המכנה המשותף להוראותיו של השורש נצ"ח במקרא ובספרות חז"ל הוא התפשטות והשתלטות: לאורך זמן – נצח, בהנהגה – לנצח, ובהתגברות על יריב – ניצחון. לאור זאת יש להבין את משמעותה של ספירת נצח: כשהחסד מופיע במציאות הוא מבקש בעיקר להתפשט, והתפשטות זו באה לידי ביטוי בזמן, במנהיגות ובהשתלטות. הרצון והבקשה האנושיים לנצח, להנהיג, להישאר תמיד – אלו הן תכונות החסד המופיע במלוא עוצמתו במציאות דרך ספירת נצח.

הוראתה של המילה 'הוד', במקרא משמעותה כבוד, הדר ופאר, המלווים פעמים רבות בפחד ואימה: 'וְהִשְׁמִיעַ ה' אֶת **הוֹד** קוֹלוֹ וְנַחַת זְרוֹעוֹ יַרְאֶה בְּזַעַף אַף וְלַהַב אֵשׁ אוֹכֵלָה נֶפֶץ וָזֶרֶם וְאֶבֶן בָּרָד' (ישעיהו ל, ל), '**הוד**

וְהָדָר לְפָנָיו עֹז וְתִפְאֶרֶת בְּמִקְדָּשׁוֹ' (תהילים צו, ו), 'מִצָּפוֹן זָהָב יֶאֱתֶה עַל אֱלוֹהַּ נוֹרָא **הוֹד**' (איוב לז, כב), 'וַיְגַדֵּל ה' אֶת שְׁלֹמֹה לְמַעְלָה לְעֵינֵי כָּל יִשְׂרָאֵל וַיִּתֵּן עָלָיו **הוֹד** מַלְכוּת אֲשֶׁר לֹא הָיָה עַל כָּל מֶלֶךְ לְפָנָיו עַל יִשְׂרָאֵל' (דברי הימים א' כט, כה). ההוד מעורר כבוד, אימה ופחד. הוא אינוו מבקש להשתלט, לכבוש ולנצח, אך מעצם מהותו הוא מטיל יראה – יראת רוממות או יראה של פחד. כאשר הגבורה מתממשת במציאות דרך ספירת הוד היא מייצרת ריחוק שיש בו הדר וכבוד.

אנו רואים אם כן כיצד נצח והוד הן הלבוש הריאלי והניתן למימוש של אבותיהן החסד והגבורה, כלשונו של האדמו"ר הזקן.

ב. 'השמים כסאי והארץ הדום רגלי' ('רגליים', 'צינורות')

כבר עמדנו מספר פעמים על כך שלפי הפסוק 'מִבְּשָׂרִי אֶחֱזֶה אֱלוֹהַּ' גוף האדם בנוי במבנה של אילן הספירות, ומשמש פריזמה טובה וקרובה להבנתן.

> וְאִלֵּין עֶשֶׂר סְפִירָן אִינוּן אַזְלִין כְּסִדְרָן [...] וְאִתְקְרִיאוּ בְּתִקּוּנָא דָא: חֶסֶד דְּרוֹעָא יְמִינָא, גְּבוּרָה דְּרוֹעָא שְׂמָאלָא, תִּפְאֶרֶת גּוּפָא, נֶצַח וְהוֹד תְּרֵין שׁוֹקִין, וִיסוֹד סִיּוּמָא דְּגוּפָא אוֹת בְּרִית קֹדֶשׁ. מַלְכוּת פֶּה תּוֹרָה שֶׁבְּעַל פֶּה קָרֵינָן לָהּ.
>
> (תיקוני זוהר יז ע"א)

> [תרגום: וְאֵלּוּ עֶשֶׂר הַסְּפִירוֹת מִשְׁתַּלְשְׁלוֹת כְּסִדְרָן [...] וְנִקְרָאוֹת בְּתִקּוּנָן כָּךְ: חֶסֶד – זְרוֹעַ יָמִין, גְּבוּרָה – זְרוֹעַ שְׂמֹאל, תִּפְאֶרֶת – הַגּוּף. נֶצַח וְהוֹד – שְׁתֵּי שׁוֹקַיִם. יְסוֹד – סִיּוּם הַגּוּף, אוֹת בְּרִית קֹדֶשׁ. מַלְכוּת – פֶּה, תּוֹרָה שֶׁבְּעַל פֶּה הִיא נִקְרֵאת.]

על פי הזוהר הקדוש החסד והגבורה הן הזרועות – ימין ושמאל, התפארת היא הגוף, והנצח וההוד הן הרגליים.[1] הרגליים הן נקודת המגע והחיבור שבין הגוף, שבשיאו מוצב הראש, לבין הארץ – בבחינת 'סֻלָּם מֻצָּב אַרְצָה וְרֹאשׁוֹ מַגִּיעַ הַשָּׁמָיְמָה' (בראשית כח, יב). רגלי השכינה הן ביטוי ליצירת הזיקה בין העצמות לבין הגשמיות. זהו הגשר על פני הפער שבין החסד

1. היסוד הוא מקום אות הברית, והמלכות היא פה.

והגבורה האלוהיים לבין המציאות, בבחינת 'הַשָּׁמַיִם כִּסְאִי וְהָאָרֶץ הֲדֹם רַגְלָי' (ישעיהו סו, א).

> וּכְשֶׁאָדָם עוֹשֶׂה אֵיזֶה מִצְוָה, יֵשׁ כֹּחַ בְּהַמִּצְוָה לֵילֵךְ וּלְעוֹרֵר כָּל הָעוֹלָמוֹת לַעֲבוֹדַת הַשֵּׁם יִתְבָּרַךְ, בִּבְחִינַת 'בִּנְעָרֵינוּ וּבִזְקֵנֵינוּ נֵלֵךְ, בְּצֹאנֵנוּ וּבִבְקָרֵנוּ נֵלֵךְ' (שמות י, ט). וְזֶה בְּחִינַת 'מַלְכוּת מַלְבִּישׁ נֶצַח הוֹד יְסוֹד', שֶׁהֵם כְּלֵי הַהֲלִיכָה. וְזֶה בְּחִינַת 'תּוֹרַת אֱלֹקָיו בְּלִבּוֹ לֹא תִמְעַד אֲשֻׁרָיו' (תהילים לז, לא), שֶׁהִיא הוֹלֶכֶת לְעוֹרֵר. וְזֶה בְּחִינַת 'הֲלִיכוֹת אֵלִי מַלְכִּי בַקֹּדֶשׁ' (שם סח, כה), כְּשֶׁמַּעֲלִין מַלְכוּת לְתוֹךְ הַקְּדֻשָּׁה, הִיא מַלְבֶּשֶׁת אֶת 'הֲלִיכוֹת אֵלִי', אֶת נֶצַח הוֹד יְסוֹד, לֵילֵךְ וּלְעוֹרֵר כָּל הַדְּבָרִים לַעֲבוֹדַת הַשֵּׁם יִתְבָּרַךְ.
>
> (ליקוטי מוהר"ן קמא, כד, ג)

אם הנצח וההוד (יחד עם היסוד המצטרף אליהן[2]) הן רגלי השכינה, הרי פעמי השכינה בעולם נעשים על ידן. הדרך לעורר את רוח ה' המרחפת על פני הארץ, על מנת שתיתן פעמיה בעולם בבחינת 'מַה יָּפוּ פְעָמַיִךְ בַּנְּעָלִים בַּת נָדִיב' (שיר השירים ז, ב), היא על ידי עשיית רגליים. ר' נחמן מחדש כי המצוות בונות את הרגליים: הן מעצבות את הנעליים, ומחברות בין היושב בשמיים לבין הארץ.

כינוי אחר הדומה לדימוי הרגליים של הזוהר הקדוש מופיע בדברי ר' יוסף ג'יקטיליה:

> ושני אלו השמות הנקראים אלהי"ם צבאות, יהו"ה צבאות, שניהם נכונים להריק בדרך הצינורות כל המשכות שפע הספירות העליונות ולהביאם במידת אל חי, ושניהם פועלים לפי הדין הישר בכל צבאות העולם, האחד פועל מצד החסד, והשני פועל מצד הדין, ושניהם מושכים דין וחסד ורחמים במידת אל חי.
>
> (שערי אורה, שער שלישי ורביעי)

2. כפי שראינו בדיוננו בספירת יסוד, ספירה זו היא צינור ניקוז לכל הספירות כולן בדרך אל המלכות, אולם היא גם קשורה באופן ספציפי לספירות נצח והוד כמגשרת ביניהן, כשם שתפארת מגשרת בין חסד וגבורה.

הנצח וההוד הן 'דרך הצינורות' שמזרימה את השפע האלוהי המתהווה בספירות חסד וגבורה לעולם.

בדברים הבאים נבחן את האופנים השונים שבהם באה לידי ביטוי ההתלבשות וההתממשות של חסד וגבורה בנצח והוד – בלשונו של האדמו"ר הזקן, או כיצד מהוות ספירות אלו רגליים לשכינה – בלשון הזוהר הקדוש.

ג. חילות ה' ('צבאו־ת')

> ודע כי שתי מידות הללו הנקראות יהו"ה אלהי"ם צבאו"ת, מהם נמשכין כל צבאות העולם עליונים ותחתונים למיניהם, ומהם נמשכין כל מלחמות העולם. ובמקום זה הוא סוד הקנאה, וזהו סוד 'קנאת יהו"ה צבאות תעשה זאת' (ישעיהו לז, לב), ואומר, 'ויקנא יהו"ה לארצו' (יואל ב, יח).
>
> (שערי אורה, שער שלישי ורביעי)

ר' יוסף ג'יקטיליה עומד על כך שספירות נצח והוד נושאות את אותו שם משפחה – צבאו־ת, ואל שם זה מתלווה השם הפרטי של כל אחת מהן: י־ה־ו־ה צבאו־ת לנצח, ואלוהים צבאו־ת להוד.

הצבא הוא הזרוע המוציאה לפועל את מדיניות ההנהגה; לכן גם נצח והוד, המוציאות לפועל את הנהגת החסד והדין, נקראות צבאו־ת. כשההנהגה הצריכה להופיע היא של חסד, מתלבש שם י־ה־ו־ה המבטא את הנהגת החסד[3] בנצח, וזהו 'ה' צבאו־ת', וכשהנהגת הדין צריכה להופיע, שם אלוהים המבטא הנהגה זו מתלבש בהוד, וזהו 'אלוהים צבאו־ת'.

הנצח וההוד, אם כן, הן חילותיו של הקב"ה, ובהן הוא משתמש כדי להוציא אל הפועל את רצונו להיטיב, או חס וחלילה לעשות דין. חידושן של ספירות אלו איננו במגמה, בתנועה או בתוכן; אלו כבר התעצבו באבות – חסד וגבורה. חידושן הוא ביכולת לתרגם תנועה ומגמה לכדי כוח הנושא ממשות קונקרטית, ויכול לבוא במגע עם העולם. על פי ר'

3. אומנם ראינו ששם י־ה־ו־ה במהותו העצמית הוא כינוי לספירת תפארת, אולם כשמציבים אותו אל מול שם אלוהים הרי הראשון מבטא את צד ימין – החסד, והשני את צד שמאל – הדין.

יוסף ג׳יקטיליה ספירות אלו הן שורשם של כל צבאות העולם – עליונים ותחתונים. שהרי תפקידו של צבא המלך אינו לחדש מגמה, אלא להצליח לתרגם מגמה, שאיפה וכיוון לכדי פעולה.

משורר תהילים פונה אל העולם ומבקש: ׳שְׂאוּ שְׁעָרִים רָאשֵׁיכֶם וְהִנָּשְׂאוּ פִּתְחֵי עוֹלָם וְיָבוֹא מֶלֶךְ הַכָּבוֹד׳ (תהילים כד, ז–י). על כך משיב לו העולם בשאלה: ׳מִי זֶה מֶלֶךְ הַכָּבוֹד׳? זו איננה שאלה אינפורמטיבית, אלא שאלה המבטאת חיפוש. מהו האופן שבו מופיע מלך הכבוד בעולמנו? כיצד ניתן לזהותו? על כך משיב המשורר: ׳ה׳ עִזּוּז וְגִבּוֹר, ה׳ גִּבּוֹר מִלְחָמָה׳. המשורר לא בוחר בתארים פילוסופיים כמו בורא, כול יכול, גומל חסדים וכדומה, כי אם בתואר המפוקפק כביכול ׳גיבור מלחמה׳.

הבחירה בגבורת המלחמה היא בחירה במעלה המבטאת נוכחות אולטימטיבית של המלך במציאות. מלך שהוא גיבור מלחמה הניצב בראש צבאו הוא מלך שנוכחותו מורגשת והנהגתו מתמדת. המשכו של המזמור הוא פנייה נוספת של המשורר לעולם: ׳שְׂאוּ שְׁעָרִים רָאשֵׁיכֶם וּשְׂאוּ פִּתְחֵי עוֹלָם וְיָבוֹא מֶלֶךְ הַכָּבוֹד׳. ושוב משיב העולם בשאלה, שטרם באה על סיפוקה: ׳מִי הוּא זֶה מֶלֶךְ הַכָּבוֹד׳? הפעם משיב המשורר: ׳ה׳ צְבָאוֹ־ת הוּא מֶלֶךְ הַכָּבוֹד סֶלָה׳. כל מלחמה, עוצמה וכוח הקיימים בעולם הם ביטוי לנוכחותו של אלוהים, שהוא אבי הכוחות כולם – ה׳ צבאו־ת.

כפי שראינו, היכולת לתרגם את התנועה האלוהית לכדי ממשות ולהביאה לידי נוכחות בעולם באה לידי ביטוי בחריצת גזר הדין. לכן ניתן אולי לדמות את היחס שבין חסד וגבורה לבין נצח והוד לשני שלבים במהלך משפט פלילי: השלב הראשון במהלך המשפט הוא הבירור אם האדם חייב או זכאי, וממילא אם יש לחייבו בדין או לזכותו; השלב השני הוא הטיעונים לעונש כאשר הייתה אשמה, או הזכאות לפיצוי ולגמול במקרה של זיכוי. שלבים אלו קשורים זה לזה, והשלב השני הוא תולדת הראשון; אולם הוא מעניק לראשון את הממשות והביטוי המעשי הנעדרים ממנו.

ד. ׳אברך את ה׳ אשר יעצני אף לילות יסרוני כליותי׳ – האינטואיציה והמצוות (׳כליות׳, ׳שני לוחות הברית׳, ׳עצות׳)

ראינו כי על פי הזוהר הקדוש נצח והוד מזוהות עם רגליו של האדם. אולם אין זה זיהוין היחיד:

כליות הם נצח והוד. ונראה לי כי על מציאותם הנעלם המייעצים, נקראים כליות.

(פרדס רימונים שער כג, פרק יא)

הכליות נתפסות כיועצות, ובכך ניתן לדייק את תפקידן המיוחד של ספירות נצח והוד.

ואחר כך בבוא ההשפעה לידי מעשה, דהיינו בשעת ההשפעה ממש, צריך להתיעץ איך להשפיע בדרך שיוכל המקבל לקבל ההשפעה. כגון שרוצה להשפיע דבר חכמה ללמדה לבנו, אם יאמרנה לו כולה כמו שהיא בשכלו לא יוכל הבן להבין ולקבל, רק שצריך לסדר לו בסדר וענין אחר, דבר דבור על אופניו מעט מעט. ובחינת עצה זו נקראת נצח והוד, שהן כליות יועצות.

(חסד לאברהם, ביאור עשר ספירות על דרך העבודה)

ר' אברהם אזולאי[4] ממקם את תפקידן של נצח והוד 'בבוא ההשפעה לידי מעשה', ומשתמש במילה 'עצה'. המעבר ממגמת ההשפעה עצמה אל המעשה איננו זוקק רק תרגום מעשי־פרגמטי של התנועה – לתת רגליים למחשבה (חב"ד) ולהרגשה (חג"ת), כפי שראינו לעיל – צריך גם לעבד את מגמת ההשפעה ולדייק את אופני פעולתה. המשל של ר' אברהם אזולאי הוא הרצון של האב ללמד את בנו דבר, לחדש לו ולהשפיע עליו. רצון זה עצמו אינו מספיק; עדיין נצרכת עצה כיצד לעשות זאת, באילו מילים לבחור, באיזה סדר לחשוף את השפע המיועד, מה יש לסנן, ועוד. זהו תפקידן של הספירות היועצות.

מקורו של הדימוי 'כליות יועצות' הוא בדברי חז"ל:

מאי קרא 'מי שת בטוחות חכמה או מי נתן לשכוי בינה' (איוב לח, לו), מי שת בטוחות חכמה – אלו כליות, או מי נתן לשכוי בינה – זה תרנגול.

(ראש השנה כו ע"א)

4. מקובל מן המאה השבע־עשרה, סב סבו של החיד"א.

תנו רבנן: שתי כליות יש בו באדם, אחת יועצתו לטובה ואחת יועצתו לרעה. ומסתברא דטובה לימינו ורעה לשמאלו, דכתיב 'לב חכם לימינו ולב כסיל לשמאלו' (קהלת י, ב).

(ברכות סא ע"א)

חז"ל ייחסו לכליות את תכונת החכמה והעצה המנתבת את האדם לטוב או למוטב. מקור נוסף לכך שהכליות הן יועצות מופיע בספר תהילים:

אֲבָרֵךְ אֶת ה' אֲשֶׁר יְעָצָנִי, אַף לֵילוֹת יִסְּרוּנִי כִלְיוֹתָי.

(תהילים טז, ז)

למתן עצה יש מעמד מיוחד. העצה ניתנת על פי רוב על ידי גורם מומחה המכיר את המציאות, אך בדרך כלל מדובר בגורם חיצוני שאיננו מעורב בעניין בעצמו, והוא מגשר בין מבקש העצה, שהוא המשפיע, לבין הנמען או המציאות שעליהם ואליהם הוא מעוניין לפעול.

הכליות היועצות הן המרחב המברר האחרון לפני הפעולה במציאות. ספירות נצח והוד הן הספירות המבררות האחרונות בטרם יושפע השפע דרך היסוד אל המלכות – אל העולם. כשחז"ל אומרים ששתי כליותיו של האדם יועצות לו לטוב או לרע, הם מבקשים לומר שאחרי כל האידאולוגיה מחד, או הרגשות, היצרים והתאוות מאידך, רגע לפני שהאדם פועל, התנועה הזו חולפת בכליותיו. תפקידן של הכליות הוא לייעץ לו אם לעשות או לא לעשות, איך למנן את הפעולה באופן מסוים, אם להתעכב או לממש אותה עכשיו, ושאר עצות שמכריעות בסופו של דבר כיצד יפעל האדם.

לעיתים הכליות היועצות מתוארות כאינטואיציה, שהרי שלב הבירור האינטלקטואלי או הרגשי נעשה כבר בספירות הגבוהות – חב"ד וחג"ת. מה שנותר כעת הוא האינטואיציה שמכירה את האדם, את העולם ואת מה שביניהם, ויכולה לנתב את ההכרעה למקום מדויק יותר – לעיתים אף ללא יכולת להסביר מדוע דווקא כך.

מכאן בא המושג 'מוסר כליות', שהוא ביטוי למוסר טבעי שאיננו מוקנה לאדם באמצעות המגע עם הסביבה, אלא מתעורר בו באופן אינטואיטיבי ואף בלתי מוסבר. לעיתים אדם מגיע בהשקפתו (חב"ד) או ברגשותיו (חג"ת) להכרעה אבסורדית, אולי אף לא מוסרית, שהיא תוצאה של התפלפלות רגשית או שכלית; מה שעוצר אותו הוא מוסר הכליות, שמתוך אינטואיציה

שאינה מוסברת ומנומקת לא מאפשר לו להוציא לפועל את ההכרעה ההרסנית. זאת כמובן רק כל עוד לא התקלקל אצלו גם המוסר הזה.

הזוהר הקדוש מכנה את המצוות בשם עצות,[5] ור׳ נתן תלמידו של ר׳ נחמן מברסלב מחבר את העיקרון הזה אל מקום הכליות, נצח והוד:

> כִּי קֹדֶם שֶׁזָּכִינוּ לְהַמְשִׁיךְ טִפֵּי מֹחַ הַנִּמְשָׁכִין מֵחָכְמָה לְמַטָּה בִּמְקוֹם הַכְּלָיוֹת יוֹעֲצוֹת, שֶׁשָּׁם נַעֲשִׂין עֵצוֹת הַקְּדוֹשׁוֹת בִּבְחִינַת תַּרְיַ"ג עֵטִין דְּאוֹרָיְתָא. שֶׁתָּמִיד אִי אֶפְשָׁר לְקַבֵּל שׁוּם מֹחַ שֶׁהוּא בִּבְחִינַת אֱמֶת כַּנַּ"ל כִּי אִם עַל יְדֵי אֵלּוּ הָעֵצוֹת כַּנַּ"ל.
>
> (ליקוטי הלכות אורח חיים, פסח ז)

החכמה האלוהית יונקת מהמקומות הגבוהים ביותר, ונתינת התורה נעשית, כפי שראינו, בספירת תפארת; אולם התרגום של החכמה האלוהית לעולם נעשה דרך המצוות. המצוות הן העצות המבקשות לחבר בין החכמה האלוהית לבין האדם, וזאת באופן דו־כיווני: הן גם מייעצות לחכמה האלוהית כיצד להתפרט ולהתממש בלבוש שניתן להיתפס לאדם, וגם מייעצות לאדם המבקש לקלוט את החכמה האלוהית. ר׳ נתן קובע כי ׳אי אפשר לקבל שום מוח [...] כי אם על ידי אלו העצות׳, כלומר המצוות.[6] המצוות הן האינטואיציה האלוהית המבקשת לתרגם את החכמה למציאות, לעולם, למפגש.

> ועד עכשיו לא נִתנה תורה, וכתיב באברהם ׳וישמור משמרתי׳, ומהיכן למד אברהם את התורה? רבן שמעון אומר: נעשו שתי כליותיו כשתי כדים של מים והיו נובעות תורה. ומנין שכן הוא, שנאמר ׳אף לילות יסרוני כליותי׳.
>
> (בראשית רבה צה, ג)

5. ראו זוהר, ח"ב פב ע"ב.
6. בתיקוני זוהר יש דימוי נוסף לנצח והוד – ׳שני לוחות הברית׳: ׳וּבְיוֹמָא תְּלִיתָאָה נְחִיתַת לְעַמּוּדָא דְאֶמְצָעִיתָא עַל יְדֵי דְמֹשֶׁה, הֲדָא הוּא דִכְתִיב "וַיְהִי בַיּוֹם הַשְּׁלִישִׁי בִּהְיוֹת הַבֹּקֶר" (שמות יט, טז), בִּתְרֵי לוּחֵי אַבְנִין, נֶצַח וָהוֹד, הֲדָא הוּא דִכְתִיב "כְּתוּבִים מִשְּׁנֵי עֶבְרֵיהֶם" (שם לב, טו), וְאִינוּן תְּרֵין נְבִיאֵי קְשׁוֹט, וּמִסִּטְרָא דְעַמּוּדָא דְאֶמְצָעִיתָא אִתְקְרִיאוּ נְבִיאֵי הָאֱמֶת, וּשְׁכִינְתָּא תּוֹרַת אֱמֶת, הֲדָא הוּא דִכְתִיב "תּוֹרַת אֱמֶת הָיְתָה" (מלאכי ב, ו)׳ (תיקוני זוהר יא ע"ב).

כשחז"ל מבקשים לומר שאברהם למד את כל התורה מכליותיו הם מזדהים עם הרעיון שהמצוות הן עצות. במובן מסוים המצוות שייכות לעולם האינטואיציה, וממילא מי שניחן במכוונות, נקיות והיעדר פניות, מסוגל לאחד את האינטואיציה שלו עם האינטואיציה האלוהית ולגלות את המצוות־עצות בעצמו – מכליותיו.

ה. השהִייה, ההבשלה וההתגשמות ('תרי ביעין', 'אשמורת', 'שחקים', 'רחיים')

זיהוי נוסף של ספירות נצח והוד בגוף האדם הוא שני האשכים המקיפים את איבר ההולדה, ממש כשם שנצח והוד מקיפים את ספירת היסוד:

> וגם [נוסח אחר: והן] תרין ביעין [=שני ביצים] המבשלים הזרע, שהיא הטיפה הנמשכת מהמוח, דהיינו דבר חכמה ושכל הנמשך משכל האב, שלא יומשך כמו שהוא שכל דק מאד במוחו ושכלו רק ישתנה קצת מדקות שכלו ויתהווה שכל שאינו דק כל כך כדי שיכול הבן לקבל במוחו והבנתו, והוא ממש על דרך משל כטיפה היורדת מהמוח שהיא דקה מאד [מאד], ונעשית גסה וחומרית ממש בכליות ותרין ביעין.
>
> (חסד לאברהם, ביאור עשר ספירות על דרך העבודה)

תיאור דומה מובא בדבריו של ר' אליעזר צבי ספרין, האדמו"ר מקומרנה:

> בֵיצִים – נצח והוד הם ב' ביצים דדכורא [=של הזכר] שבהם מתבשל הזרע, של זכר בימין ושל נוקבא בשמאל. וזהו שאמר בזהר (תקוני זוהר לד ע"ב) 'איהו בנצח ואיהי בהוד'.
>
> (אור עינים, חלק ראשון, מערכת אות ב)

הזיהוי של נצח והוד עם האשכים קשור להבנה הימי־ביניימית את תהליך התהוות הזרע. על פי הבנה זו טיפת הזרע מתחילה את מסלולה במוחו של האב, המקביל לספירות העליונות המכונות מוחין.[7] טיפה זו משתלשלת בהדרגה בגופו של האב עד הגיעה סמוך לאיבר ההולדה, והשתלשלות זו

7. יש המחלקים בין רצונו של האב, שקדם להיווצרות הטיפה, למוחו של האב שבו

היא דרך חסד גבורה ותפארת (חג"ת). בהגיעה סמוך לאיבר ההולדה משתהה הטיפה ומתבשלת, ובעיקר מתגשמת מצורתה הרוחנית. שלב זה מתרחש בנצח והוד הסמוכות ליסוד.

התגשמותה של הטיפה הרוחנית עד שהיא נעשית 'גסה וחומרית', כלשונו של ר' אברהם אזולאי, היא ההכנה ליציאתה והשפעתה. הטיפה בראשוניותה, בהיותה 'שכל דק מאוד', איננה יכולה לקרום עור וגידים ולהשפיע. לשם כך נדרשות נצח והוד, המלבישות אותה בלבוש גשמי.

מכאן גם הכינוי 'ארמונות', כפי שמביא רמ"ק:

> ארמנות – פירש בזוהר פרשת ויקרא (דף ה) בפסוק 'אלהים בארמנותיה' (תהילים מח, ד) כי נצח והוד הם ארמנות המלכות. מטעם כי בשעת הזווג מתקבץ בהם השפע, כדמיון הביצים שבזכר שבהם קבוץ הזרע, ועל ידי הברית נשפע למעי הנקבה, כן השפע מתקבץ בנצח והוד דאינון תרין ביעין דדכורא, ונפיק על ידא דצדיק [=יסוד]. וכאשר הם מלאים ומזומנים לזאת נקראים ארמנות מלאות שפע.
>
> (פרדס רימונים שער כג, פרק א)[8]

מה שעושות הכליות לרעיון עושות ה'תרי ביעין' לטיפה. בשני המקרים המהות המופשטת זקוקה להתעבות חומרית כדי להעניק לה יכולת השפעה, ולצייד אותה בלבוש שיאפשר לה להיראות ולהתהלך ברגליים בטוחות על פני קרקע העולם, היא המלכות.

נדמה שלצד עקרון ההתגשמות וההתלבשות, תהליך התבשלות הזרע בנצח ובהוד יכול ללמדנו גם על תנועה פנימית נוספת הטמונה בספירות אלו – ההשתהות.

המסע של טיפת הזרע מן המוח ועד היסוד לקראת צאתה אל המלכות הוא מסע רציף וקצבי. והנה לפתע, רגע לפני היציאה, הוא מגיע לתחנה שבו הוא שוהה, מתבשל, מתגשם, מתברר. אם הזרע לא ישהה בתרי ביעין הוא לא יגיע לידי בשלות פורה, ממש כשם שאם רעיון יצא לעולם באופן

נוצרה הטיפה, הבחנה התואמת את ההבחנה שבין כתר, חכמה ובינה. ארחיב על כך בדיוננו בספירות אלו.

8. גם הכינוי 'אשמורת', מלשון אשמורת הבוקר, הרגע שלפני עלות השחר, מתקשר לאותה התנועה (פרדס רימונים שער כג, פרק א).

בוסרי, לפני שהתבשל, התברר ועבר דיוק, הוא יתמוסס וייעלם ללא יכולת הפריה.[9]

הנצח וההוד משהות בקרבן את ההשפעות השונות, ומאפשרות דיוק והתבררות. תנועת ההשתהות היא מהחשובות שבתנועות הקיימות בספירות: ללא תנועה זו, המתגלמת בנצח ובהוד, לא תוכל אף השפעה – עמוקה, רחבה וגבוהה ככל שתהיה – להפרות את העולם ולהשפיע עליו (והיא אף עלולה להיות הרסנית).

כשאדם מתמלא ברגשות אהבה שהוא מבקש להביע לזולתו, אם לא ישהה לרגע את הרגש בטרם יביע אותו, ויאפשר לו לעבור תהליך של דיוק והבשלה, הוא עלול לצאת באופן לא ראוי, לעיתים מביך ולעיתים לא מותאם. כך גם כשאדם מתמלא כעס על הזולת: אם לא ישהה לרגע לפני שהוא מתפרץ על האדם שעליו הוא כועס או אל מול מקלדת המחשב והפלאפון, אם לא ייתן לרגש הזה לעבור עיבוד ודיוק, התגובה שלו תהיה לא מידתית; סביר גם שהיא לא תפעל את פעולתה ואף תחולל נזק, והאדם יצטער עליה.[10]

לסיכום חלק זה נביא קטע מדרשה של ר' נחמן המאגד בתוכו את כל הנ"ל:

וְלָמָּה נִקְרָא עֵצָה בִּבְחִינַת נִשּׂוּאִין? כִּי הַכְּלָיוֹת יוֹעֲצוֹת (ברכות סא ע"א), וּכְלָיוֹת הֵם כְּלֵי הַהוֹלָדָה, כְּלֵי הַזֶּרַע. נִמְצָא כְּשֶׁמְּקַבְּלִין עֵצָה מֵאָדָם כְּאִלּוּ מְקַבְּלִין מִמֶּנּוּ זֶרַע; וְהַכֹּל לְפִי אָדָם, אִם רָשָׁע אוֹ צַדִּיק. וּבִשְׁבִיל זֶה הַתּוֹרָה מַתִּישׁ כֹּחַ (סנהדרין כו ע"ב) וְנִקְרֵאת 'תּוּשִׁיָּה', כִּי

9. בהמשך דבריו מביא ר' אברהם אזולאי שני כינויים נוספים לספירות נצח והוד הממשיכים את אותה המגמה: 'וגם נו"ה [=נצח והוד] נקרא 'שחקים' ו'רחיים' ששוחקים מן לצדיקים. כמו הטוחן [חטים] ברחיים על דרך משל, שמפרר החטים לחלקים דקים מאד, כך צריך האב להקטין השכל [...]' (חסד לאברהם שם). השחקים מקבלים מן השמיים את המן במצבו הגולמי ושוחקים אותו כדי שיהיה בר־אכילה, כשם שהרחיים מקבלים לחיקן את החיטה וטוחנים אותה. גם כאן ישנו תהליך של שהִייה ועיבוד המאפשרים להפוך את הדבר הבוסרי לבר־קליטה.

10. כך גם ביחס לזיווג. עקרון השהִייה טרם החיבור וההשפעה בזיווג הוא עיקרון חשוב ומהותי במערכת היחסים הזוגית, המעצים את חוויית האיחוד והחיבור בזיווג.

הֵם תַּרְיַ"ג עֵטִין, כְּמוֹ שֶׁכָּתוּב 'לִי עֵצָה וְתוּשִׁיָּה' (משלי ח, יד). וְעֵצוֹת הֵם בִּמְקוֹם נְשׂוּאִין, בְּחִינַת זִוּוּג הַמַּתִּישׁ כֹּחַ. וַעֲצַת הַצַּדִּיק הוּא כֻּלּוֹ זֶרַע אֱמֶת.

(ליקוטי מוהר"ן קמא, ז, ג)

ו. מקור יניקת הנביאים ('המראות הצובאות', 'כיור וכנו', 'אשכולות', 'יכין ובעז')

לדברים אלו מצטרפת תכונה נוספת המאפיינת את ספירות נצח והוד:

ודע כי שני שמות הללו שהם נצח והוד הם מקום יניקת הנביאים, ומן המקום הזה שואבים הנביאים כל מיני הנבואות, כל אחד מהם כפי כוחו וכפי השגתו, מלבד משה רבינו עליו השלום שעלה לקבל תורה ממעל למקום זה, כי נבואתו במראה ולא בחידות. ולפיכך תמצא הנביאים רומזים בנבואתם 'כה אמר י"י צבאות', אבל בנבואת משה רבינו עליו השלום אינו מזכיר י"י צבאות, לפי שנבואתו עלתה למעלה ממקום זה. ותמצא הנביאים רומזים בנבואתם ד' ספירות תחתונות, שהם אדנ"י, אל חי, י"י צבאות, אלהים צבאות, וכולן נכללות בסוד 'כה אמר י"י צבאות'. ומה שאתה צריך לדעת ולהאמין כי נבואת כל הנביאים, בין נבואת משה רבינו עליו השלום בין נבואת שאר כל הנביאים, היתה מאת שם יהו"ה יתברך; לא שתאמר שנבואת משה רבינו עליו השלום על ידי יהו"ה יתברך ונבואת שאר כל הנביאים על ידי מלאך, אל תאמן זה. ואם כן מה הפרש יש בין נבואת משה רבינו עליו השלום לנבואת שאר כל הנביאים עליהם השלום, דע כי נבואת משה רבינו עליו השלום נתאחדה בתפאר"ת שהיא אספקלריאה מאירה, ומשם נתדבק בספירות עליונות, ושאר כל הנביאים לא נתאחדו בתפארת שהוא סוד יהו"ה, אלא על ידי אמצעות הספירות התחתונות, שם אדנ"י ואל ח"י ויהו"ה אלהים צבאות. ולא השיגו הנביאים דיבוק יהו"ה אלא באמצעות מלכו"ת ויסו"ד נצ"ח והו"ד, וזהו סו"ד 'כה אמר י"י צבאות'.

(שערי אורה, שער שלישי ורביעי)

בתחילה קובע ר׳ יוסף ג׳יקטיליה שמקור יניקתם של הנביאים כולם הוא מספירות נצח והוד. אך לאחר מכן הוא מבחין בין נבואת משה לנבואת שאר הנביאים, כפי שמקובל להבחין על בסיס הכתוב:

> וַיֹּאמֶר שִׁמְעוּ נָא דְבָרָי אִם יִהְיֶה נְבִיאֲכֶם ה׳ בַּמַּרְאָה אֵלָיו אֶתְוַדָּע בַּחֲלוֹם אֲדַבֶּר בּוֹ. לֹא כֵן עַבְדִּי מֹשֶׁה בְּכָל בֵּיתִי נֶאֱמָן הוּא. פֶּה אֶל פֶּה אֲדַבֶּר בּוֹ וּמַרְאֶה וְלֹא בְחִידֹת וּתְמֻנַת ה׳ יַבִּיט.

(במדבר יב, ו-ח)

על כך אמרו חז״ל:

> כל הנביאים נסתכלו באספקלריא שאינה מאירה, משה רבינו נסתכל באספקלריא המאירה.

(יבמות מט ע״ב)

ר׳ יוסף ג׳יקטיליה קובע כי הבחנה זו אינה מתייחסת רק לחדות המראה כי אם גם למקורו. נבואת משה היא נבואה שעל ידה ניתנה התורה, שהיא ספירת תפארת,[11] והיא ביטוי למפגש בלתי אמצעי ונעדר מסכים ולבושים עם עצמותו של הקב״ה. זו האספקלריה המאירה שלה זכה משה רבנו. שאר הנביאים זוכים להתגלות אלוהית בלבושים, וזאת משום שמקור נבואתם הוא בספירות נצח והוד.

נדמה כי הבחנה זו מוסברת היטב על פי היסודות שראינו לעיל. לנבואה המופיעה בעולם יש שני צדדים. האחד הוא שהנבואה היא הופעה אלוהית וביטוי לשכינתו של הקב״ה בקרבנו. נביאי ישראל, כפי שאומר ר׳ יהודה הלוי, הם האות כי העניין האלוהי חל על ישראל ולא עזבם. כך אומר אור החיים הקדוש על הפסוקים: ׳וְנָתַתִּי מִשְׁכָּנִי בְּתוֹכְכֶם וְלֹא תִגְעַל נַפְשִׁי אֶתְכֶם. וְהִתְהַלַּכְתִּי בְּתוֹכְכֶם וְהָיִיתִי לָכֶם לֵאלֹהִים וְאַתֶּם תִּהְיוּ לִי לְעָם׳ (ויקרא כו, יא-יב):

11. על מקורה של נבואת משה הרחבתי בדיוננו על ספירת תפארת וזיקתה לנתינת התורה על ידי משה.

ואומרו 'והתהלכתי בתוככם' על דרך אומרו 'ונבאו בניכם ובנותיכם' (יואל ג, א), שיהיה אורו יתברך מתהלך בתוכם, והוא רוח המנבא, על דרך אומרו 'עם ה' נביאים כי יתן ה' את רוחו עליהם' (במדבר יא, כט).
(אור החיים שם)

הרוח המנבא הוא רגלי ה' המתהלכות בקרב מחנה ישראל; אלו הנצח וההוד שהן פירוט והתגשמות של ההשפעה האלוהית במציאות, כפי שראינו לעיל.

לצד זאת, הנבואה היא גם ה'עצה' של החכמה והתורה האלוהית, כשהיא צריכה לפגוש מציאות קונקרטית בפרק זמן מסוים בהיסטוריה. הנבואה היא התרגום של התורה לפרקטיקה, למתן מענה קונקרטי למציאות אקטואלית, וככזו היא התלבשות והתגשמות של התורה האלוהית. הנצח וההוד הן הספירות המגשימות ו'מבשלות' את המאמר האלוהי לכדי שפה נשמעת, מקובלת ומדוברת. פעולה זו מעניקה לאמת האלוהית מהלכים בעולם, בכך שהיא מצמיחה רגליים לדבר ה'. בזכות הנצח וההוד דבר ה' לא יהיה ניצב רק בשמיים, בבחינת 'לְעוֹלָם ה' דְּבָרְךָ נִצָּב בַּשָּׁמָיִם', אלא גם בארץ – בבחינת 'סֻלָּם מֻצָּב אַרְצָה'. הנבואה היא המימוש האקטואלי של האידאה האלוהית בהיסטוריה, במציאות, בבני האדם – ברגע נתון. ישעיהו, ירמיהו, יחזקאל ושאר הנביאים מתרגמים בדבר ה' את האידאה האלוהית לכדי אמירות הרלוונטיות לכאן ולעכשיו של תקופתם.

זה כוחן של הנצח וההוד והנבואה הנולדת מהן. אולם חסרונה של פעולה זו הוא בכך שהיא מצמצמת, מגשימה, ולעיתים אף מעניקה ממד יחסי לאמת האלוהית. כך כותב ר' צדוק הכוהן מלובלין:

ונקרא גם כן צבאות כמו שמובא (זוהר ח"ג יא ריש ע"א) דהוראת שם זה על צבאי צבאות שברא וכמו שאמרו בפרק אין עומדין (ברכות לא ע"ב), ומקום גילוי זה הוא מצד אלו המצמצמים ומעלימים התפשטות האור בריבוי כעד שלא נברא העולם. ומשם הוא השגת הנביאים המסתכלים בכבוד הוי"ה על ידי מלבושיו שהם נצח והוד.
(קומץ המנחה ב, אות עט)

הגילוי האלוהי בנבואה, על פי ר' צדוק, הוא בלבושים. כששם הוי"ה – תפארת – מתלבש בלבוש הנצח וההוד, שהן האספקלריה שאינה מאירה, מתאפשרת הנבואה לכל הנביאים. ספירות נצח והוד מגלמות במהותן את

השאיפה להביא אל העולם את החסד והגבורה האלוהיים, אולם שאיפה זו נושאת בקרבה את המחיר הכבד של אובדן הדקות והמופשטות לטובת התגשמות והתעבות.

בדיוננו בספירת תפארת הזכרנו את דברי הרב קוק המבחין בין תורה לנבואה, כלומר בין נבואת משה לנבואת שאר הנביאים. כעת נבחן את הדברים שוב לאור הבנת ספירות נצח והוד:

> נבואה ורוח הקדש באים, בדבר ד׳, לפנימיותו של אדם, ומתוכו הם נשפעים לכל מה שנוגע לעולם כולו. ומעין דוגמתם האגדה, הרי היא נובעת מהנפשיות של האדם, ומסדרת את עניניה גם כן ביחש החיצוני של העולם. אבל התורה היא באה מתוך הארת האמת העליונה, שאין בה שום הבדל בין פנימיותו של אדם להעולמיות כולה ומקורה. מלמעלה למטה הכל נסקר ונודע. ׳פה אל פה אדבר בו, ומראה ולא בחידות, ותמונת ד׳ יביט׳. רק נבואה זו יכולה לתן תורה. ומתוך כך נעלה היא התורה מכל נבואה, וחכמי תורה עדיפי מנביאים, מצד התוכן העליון, שממנו הם יונקים את החיים הרוחניים שלהם.
>
> (אורות הקדש א, עמ׳ כג)

היחס שבין הנבואה לתורה הוא היחס שבין משה לשאר הנביאים. הנבואה באה באספקלריה שאינה מאירה מפני שהאמת האלוהית מתלבשת בלשונם ובשפתם של נביאיה, ואילו התורה, שהיא נבואת משה, אינה מופיעה בשום לבוש, כפי שראינו לעיל. מכאן נובעת גם נצחיותה של התורה, שהרי היא באה ממקום שנותר גבוה (תפארת) ואיננו עובר טרנספורמציה וקונקרטיזציה המצמצמים אותו.[12]

12. מעניין להשוות את דברי הרב קוק לדברים הבאים של ר׳ צדוק הכוהן: ׳ואף על פי שהוא מדריגה יותר קטנה, מכל מקום ההשגה יותר גדולה, וברוח הקודש יכולים להשיג הרבה יותר במדריגות יותר גבוהות, כי השגת כל נביא הוא רק כפי מדריגתו, וכל נבואת הנביאים הוא רק בנצח והוד שמשם יניקת הנביאים כנודע, מה שאין כן רוח הקודש הוא המשכה מקודש העליון חכמה עליונה שלמעלה מעלה הרבה מהשגת כל הנביאים׳ (מחשבות חרוץ, אות יז). גם ר׳ צדוק עומד על החיסרון שבנבואה בכך שהיא יחסית ותלויה במעמדו ובמדרגתו של הנביא, אולם בניגוד לראי״ה קוק הוא אינו מעמת את הנבואה מול התורה אלא מול רוח הקודש, וכוונתו בזה דורשת עיון שאין כאן מקומו.

מכאן נובע גם כינוי נוסף לספירות נצח והוד:

וממקום זה יונקים הנביאים נבואתם, כאמרו ׳כה אמר יהו״ה צבאות׳. ודע כי מעלת משה רבינו ע״ה היתה על כל הנביאים כולם, ומשה רבינו לא נשתמש במילת יהו״ה צבאות, לפי שמעלתו היא דביקה ביהו״ה, ואינו צריך להסתכל במראות הצובאות. לפיכך נאמר כי משה רבינו ע״ה נסתכל באספקלריאה מצוחצחת (ויקרא רבה א, יד), שנאמר ׳פה אל פה אדבר בו ומראה ולא בחידות ותמונת יהו״ה יביט׳ (במדבר יב, ו). ושאר הנביאים נסתכלו באספקלריא שאינה מצוחצחת, הדא הוא דכתיב ׳וביד הנביאים אדמה׳ (הושע יב, יא). ואמר, ׳אם יהיה נביאכם יהו״ה במראה אליו אתודע׳ (במדבר יב, ו), הוא סוד מראות הצובאות, ולפיכך מראות הנביאים הן בשם יהו״ה צבאות, ולפיכך מזכירין הנביאים תמיד יהו״ה צבאו״ת, שהוא מקום יניקתם, והוא סוד ׳מראות הצובאות אשר צבאו פתח אהל מועד׳.

(שערי אורה, שער שלישי ורביעי)

כדי להבין את דברי ר׳ יוסף ג׳יקטיליה, נעיין בסוד המראות הצובאות. במסגרת תיאור בניית המשכן מתוארת עשיית הכיור:

וַיַּעַשׂ אֵת הַכִּיּוֹר נְחֹשֶׁת וְאֵת כַּנּוֹ נְחֹשֶׁת בְּמַרְאֹת הַצֹּבְאֹת אֲשֶׁר צָבְאוּ פֶּתַח אֹהֶל מוֹעֵד.

(שמות לח, ח)

כיור הנחושת,[13] כך על פי הפשט, נעשה על ידי המראות הצובאות. רש״י מפרש זאת על פי המדרש:

במראת הצובאת – בנות ישראל היו בידן מראות שרואות בהן כשהן מתקשטות, ואף אותן לא עכבו מלהביא לנדבת המשכן והיה מואס משה בהן מפני שעשויים ליצר הרע. אמר לו הקב״ה: קבל, כי אלו חביבין עלי מן הכל, שעל ידיהם העמידו הנשים צבאות רבות במצרים. כשהיו בעליהם יגעים בעבודת פרך היו הולכות ומוליכות להם מאכל

13. גם הכיור וכנו הם כינוי לספירות נצח והוד (פרדס רימונים שער כג, פרק יא).

ומשתה ומאכילות אותם, ונוטלות המראות וכל אחת רואה עצמה עם בעלה במראה ומשדלתו בדברים לומר אני נאה ממך, ומתוך כך מביאות לבעליהן לידי תאוה ונזקקות להם ומתעברות ויולדות שם, שנאמר 'תחת התפוח עוררתיך' (שיר השירים ח, ה). וזהו שנאמר 'במראות הצובאות', ונעשה הכיור מהם שהוא לשום שלום בין איש לאשתו להשקות ממים שבתוכו למי שקינא לה בעלה ונסתרה.

(רש"י, על אתר)

המראות הצובאות, על פי חז"ל, הן המראות שנשות ישראל השתמשו בהן במצרים כדי לפתות ליחסי אישות את בעליהן הרצוצים מעמל עבודת הפרך, על מנת להפרות ולהרבות את ישראל. על הזיקה שבין הביטוי 'צובאות' לבין פיתוי ניתן ללמוד מהמקום השני בתנ"ך שבו מופיעה מילה זו:

וְעֵלִי זָקֵן מְאֹד וְשָׁמַע אֵת כָּל אֲשֶׁר יַעֲשׂוּן בָּנָיו לְכָל יִשְׂרָאֵל וְאֵת אֲשֶׁר יִשְׁכְּבוּן אֶת הַנָּשִׁים הַצֹּבְאוֹת פֶּתַח אֹהֶל מוֹעֵד.

(שמואל א' ב, כב)

הביטוי 'נשים צובאות' משמעותו ככל הנראה נשים מפתות. ייתכן שהזיקה למילה 'צבא' (שכאמור היא הכינוי המרכזי לנצח והוד) נובעת מכך שבפיתוי יש גם תנועה של כיבוש והשתלטות על האובייקט שאותו מנסים לפתות.[14]

עוד לפני הזיקה שבין המראות לנבואה, עולה כאן הקשר לנצח והוד כספירות המקיפות את היסוד: כפי שתואר לעיל, ספירות אלו הן התחנה האחרונה, השהִייה, לפני הזיווג שהוא חיבור של ספירת יסוד עם ספירת מלכות. הפיתוי והיצר (השייכים לנצח והוד) הם המבוא אל המימוש של הזיווג ביסוד. כאמור, שמן של נצח והוד הוא צבאו־ת, והקִרבה ל'צובאות' מתבקשת. אותן מראות יכולות לייעץ, אם נשתמש בלשון שהובאה לעיל, לנשים להשתמש בכוח הפיתוי והכיבוש לשם פריצות, זנות וסטייה – או לשם חיבור קדוש בין איש ואישה. כפי שרש"י מעיר, מן המראות הללו

14. ייתכן שהדברים קשורים גם למילה 'צבי' בארמית, שמשמעותה רצון – הצובאות הן המעוררות את הרצון.

עשו את הכיור שממימיו השתמשו להשקיית אישה סוטה – שוב, אותו פיתוי ויצר יכולים לשמש לפירוד בין אישה לאיש, או לחיבורם מחדש.[15]

הנצח וההוד הם ה'נתב' שיכול לנתב את העוצמה והתשוקה אל היסוד לשם התקשרות טמאה ח"ו, או לשם התקשרות טהורה וקדושה. מדוע מתעקש הקב"ה שמן המראות הללו יעשו את הכיור?

> ויש מפרשים כי הנשים היו רוצים לראות סדר העבודה והתפילה בבית המקדש ואסור לילך בין אנשים, לכך היו עושין הכיור פתח אהל מועד במראות הצובאות כדי להסתכל מה שנעשה בפנים.
>
> (ילקוט דוד,[16] פקודי)

פירוש מקורי זה, שהנשים ביקשו שעבודת המשכן תשתקף בכיור כדי שתוכלנה לצפות בה, יכול אולי לפתוח כיוון מחשבתי נוסף. עשיית הכיור הנועד למים, שבהם עצמם יש יסוד של מראה בהיותם שקופים ומשקפים, מהמראות שהן עצמן משקפות, היא יצירת כלי שתוכו כברו – הכלי ומה שבתוכו חד הם. הכיור הוא השער של הכוהנים אל הקודש, והטהרה שיש במימיו מאפשרת לפתוח את הקודש עבור הכוהנים. מכאן נובעת סדרה של כינויים נוספים לספירות אלו: על פי המקובלים העמודים יכין ובעז שבנה שלמה במקדש הם כנגד נצח והוד. כמו הכיור, גם עמודים אלו הם השער אל הקודש פנימה. כשם שנצח והוד הן השער של הקדושה אל העולם הממשי, כך גם בתנועה ההפוכה, מלמטה למעלה – העולה בקודש, אל ההשראה, ראשית דרכו היא בנצח והוד.[17]

לאור זאת אפשר לפרש שעשיית הכיור ממראות הופכת אותו ל'נתב

15. על הדואליות של נצח והוד לטוב ולמוטב ניתן גם ללמוד מכינוי נוסף המובא ברמ"ק – 'אשכולות': 'אשכלות הם נצח והוד שהם אשכלות לצדיק שבו הוא נמשך, סוד היין המשומר בענביו והוא הדורך אותו בגת על ידי היחוד הם נצח והוד, והם נקראים כן בהיותם מלאים תירוש ויין להמשיך לצדיק בסוד היחוד. וכנגד אלו הקדושים, יש שנים מבחוץ והם נקראים "אשכלות מרורות למו" (דברים לב, לב) והם לשון "שכולה וגלמודה" (ישעיהו מט, כא), שהם נמשכים מארץ משכלת, "והארץ כבגד תבלה" (שם נא, ו), לילית הרשעה' (פרדס רימונים שער כג, פרק א).
16. ר' דוד בן ר' נפתלי הירץ פוזנר.
17. לדרך זו שייכים גם כינויים נוספים לנצח והוד: 'מזוזות', 'שפתיים' (פרדס רימונים שער כג, פרקים יג; יז).

אלחוטי׳ שמשקף לכל המתבוננים מרחוק את עבודת הקודש; הכיור הוא מדיום הגילוי. ושוב תכונתן של הנשים הצובאות באה לידי ביטוי באופן חיובי – הן מבקשות להתקרב, לראות, לגלות, לחשוף. הן משתמשות בכוח המראות שלהן, כפי שעשו מול בעליהן, אך כעת מול השכינה. כביכול במראות הצובאות הן מפתות את השכינה להיחשף בפניהן, להשתקף ולהתגלות, וממילא גם להתחבר. מכאן גם הזיקה לנבואה, שכידוע שורה פעמים רבות על מקור מים חיים.[18]

והנה כל הנביאים לא נכנסו בתוכה אלא הגיעו עד בית השער, והיא היתה הפרוכת שעדיה הגיעו הנביאים ואחריה רואין מה שרואין והיו שומעין קול יהו״ה צבאות יתברך במראה הנבואה, ולפיכך אין הדברים מתבררין להן לפי שהוא מחיצה עומדת לפניהן. וזה סוד ׳מראות הצובאות אשר צבאו פתח אוהל מועד׳, ועל זה נאמר ׳שמעו נא דברי אם יהיה נביאכם ידו״ד במראה אליו אתוודע בחלום אדבר בו׳. אבל משה רבינו עליו השלום נכנס בתוכה והשיג תוך אספקלריא מצוחצחת שהרי נכנס לפנים מאספקלריא שאינה מצוחצחת.

(שערי צדק, שער הראשון)

ר׳ יוסף ג׳יקטיליה מתאר בספרו ׳שערי צדק׳ את המראות הצובאות כמסכים שמאפשרים בו־זמנית גם גילוי וגם הסתרה; כמו חלונות עכורים, הם מאפשרים לראות אך בד בבד גם מייצרים מחיצה. זהו סוד נבואת כל הנביאים, לעומת נבואת משה המתגלה מבעד לחלון שקוף לגמרי שיש בו רק גילוי, ללא הסתרה.

אם כן, הזיקה שבין הנבואה לבין הנשים הצובאות שהביאו את המראות היא באותה תנועה המבקשת לייצר חיבור וזיווג. כשהייתה בחולין הייתה המראה כלי פיתוי להתקשרות בין אישה לבעלה, וכשהיא נתרמה לקודש היא הפכה להיות ׳כלי פיתוי׳ לחיבור בין כנסת ישראל לבין קוב״ה – על ידי הנבואה.

הנביאים, כמו ההנהגה האלוהית כולה, מביאים את הבשורה כי הארץ היא הדום לרגלי ה׳, וכי רגליים אלו מתהלכות בקרבנו בנצח ובהוד; אולם בכך הם גם חוטאים בנפילתה הדרמטית של הטיפה הדקה והמופשטת אל

18. יחזקאל מתנבא על נהר כבר; דניאל מתנבא על אובל (נהר) אולי, וכד׳.

עביות וגסות החומר. התהילה והמחיר שלובים זה בזה ובונים את סולם הספירות, שהוא במהותו 'סולם מוצב ארצה וראשו מגיע השמימה'.

ספירות נצח והוד, אם כן, הן מקור ההשראה והיניקה, וככאלו הן מתקשרות אל הכיור, אל המים שהם מקור השפע ואל המראות הצובאות:

> נמצאת למד כי שלש מעלות הם, תורה נביאים וכתובים, כנגד מקור ונחל ובריכה. משה רבינו ע"ה נאחז במקור שהוא סוד מים זכים, אין בהם צד עכירות, ולפיכך נבואתו מצוחצחת. הנביאים נאחזו בעיקרי הנחל למטה, ולפיכך נבואתם מעורבת בדמיונות, כמו שהנחל מעורב ממיני עפר. ושאר דברים הכתובים, נאחזים בבריכה שהם מים מקובצים ואינן מצוחצחים כל כך.
>
> (שערי אורה, שער שלישי ורביעי)

התנ"ך על שלושת ממדיו – תורה, נביאים, כתובים, מבטא שלוש רמות של צלילות בהתגלות האלוהית: תורה – תפארת – נבואת משה ואספקלריה מאירה; נביאים – נצח והוד – שאר הנביאים באספקלריה שאיננה מאירה (המראות הצובאות); כתובים – מלכות – רוח הקודש השורה על מחברי הכתובים. אלו שלוש רמות של גילוי אלוהי, שכרוכות בנבואה ושהן חלק ממנה ומבשורתה. ר' יוסף ג'יקטיליה מדמה את שלוש המדרגות הללו לשלושה שלבים בזרימתם של מים: במקור נביעתם המים זכים וצלולים – זו נבואת משה וספירת תפארת. לאחר מכן מגיעים המים לעיקרי הנחל הזורמים ממקור הנביעה, ושם הם כבר אינם צלולים לגמרי – זו נבואת כל הנביאים, היונקת מספירות נצח והוד. ולבסוף המים מתנקזים אל הבריכה (שהיא כינוי לספירת מלכות), ושם הם כבר עכורים יותר – זו רוח הקודש המאפיינת את מחברי הכתובים בתנ"ך.

ז. דרועא ימינא בירכא שמאלא ('שושבינים')

ההתחדשות המתרחשת בנצח והוד אינה מתבטאת רק בהלבשה ובהתפרטות של אבותיהן – החסד והגבורה. כפי שנראה כעת, ספירות אלו גם מחדשות דבר בזיקה שבין קו ימין וקו שמאל.

> פָּתַח וְאָמַר, 'בָּאתִי לְגַנִּי' וְכוּ' (שיר השירים ה, א), וּבְחִבּוּרָא קַדְמָאָה (בדף רמא ע"א) 'אָרִיתִי מוֹרִי עִם בְּשָׂמִי', דְּרוֹעָא יְמִינָא בִּירְכָא שְׂמָאלָא.

׳אָכַלְתִּי יַעְרִי עִם דִּבְשִׁי׳, יַעֲקֹב בְּרָחֵל. ׳שָׁתִיתִי יֵינִי עִם חֲלָבִי׳, דְּרוֹעָא שְׂמָאלָא בְּיַרְכָא יְמִינָא. דְּרוֹעָא יְמִינָא בְּיַרְכָא שְׂמָאלָא, אִינּוּן חֶסֶד עִם הוֹד. יַעֲקֹב בְּרָחֵל, עַמּוּדָא דְּאֶמְצָעִיתָא בְּמַלְכוּת. דְּרוֹעָא שְׂמָאלָא בְּיַרְכָא יְמִינָא, גְּבוּרָה בְּנֶצַח.

(זוהר, ח״ג רמד ע״א)

[תרגום: וּבַחִבּוּר הַקַּדְמוֹן, ׳אָרִיתִי מוֹרִי עִם בְּשָׂמִי׳ – זְרוֹעַ יָמִין בְּיֶרֶךְ שְׂמֹאל. ׳אָכַלְתִּי יַעְרִי עִם דִּבְשִׁי׳ – יַעֲקֹב בְּרָחֵל. ׳שָׁתִיתִי יֵינִי עִם חֲלָבִי׳ – זְרוֹעַ שְׂמֹאל בְּיֶרֶךְ יָמִין. זְרוֹעַ יָמִין בְּיֶרֶךְ שְׂמֹאל, הֵם חֶסֶד עִם הוֹד. יַעֲקֹב בְּרָחֵל – הָעַמּוּד הָאֶמְצָעִי בְּמַלְכוּת. זְרוֹעַ שְׂמֹאל בְּיֶרֶךְ יָמִין – גְּבוּרָה בְּנֶצַח].

הזוהר הקדוש מתאר חיבור של תפארת (עמוד האמצעי) עם המלכות, אך בקו ימין וקו שמאל הוא מתאר זיקה בהצלבה: ספירת חסד, שהיא זרוע ימין, מתחברת דווקא לספירת הוד שהיא ירך שמאל, וכן להפך – זרוע שמאל של הגבורה מתחברת לירך ימין של נצח. ר׳ משה קורדוברו מבאר זאת כך:

והטעם שאמר בזוהר בלשון כינוי האברים ירכין ודרועין ולא המדות בשמם. מפני שהוקשה לו כי מאחר שהוא פירש הספירות מהופכות שלא כסדר הוא דבר בלתי אפשר. כי דרך יניקת הנצח הוא מן הימין, וכן הוא תחת החסד קו החסד. ודרך יניקת ההוד מן השמאל, וכן היא תחת הגבורה קו הדין. והיאך אפשר שישנו את תפקידם, כי דבר זה בלתי אפשר. ולפרש לנו ענין זה במליצה נמרצת נקט בלשונו ירכין ודרועין. לומר לך כי כמו שהירכים והזרועות מדובקים יחד ומחוברים עם הגוף ועל ידי הגוף הוא מייחד הזרוע ימין עם הירך השמאלי, וכן הזרוע השמאלי עם הירך הימיני, והגוף האמצעי הוא המייחדם והמזווגם יחד. כך העניין למעלה על ידי הת״ת [=התפארת] שהוא המסתעף בו׳ קצוות [=חג״ת נה״י] והקצוות אבריו. כדרך שהאברים ענפים לגוף, כן הקצוות אברים וענפים לת״ת. ולכן על ידו אפשר לספירות האלה להיותן נמזגות במזיגה הזאת והיא באפשרית ואינו מן הנמנע.

(פרדס רימונים שער א, פרק ג)

רמ"ק מסביר שספירת תפארת היא גוף הספירות, וחמש הספירות הנמצאות לימינה (חסד ונצח), לשמאלה (גבורה והוד) ומתחתיה (יסוד) הן אורגניזם אחד, המקיים בתוכו זיקות רבות. על כן לא מדובר על קו ימין מובהק (חכמה, חסד, נצח), קו שמאל מובהק (בינה, גבורה, הוד) וקו אמצע מובהק (כתר־דעת, תפארת, יסוד, מלכות),[19] אלא על גוף אורגני המקיים זיקות שונות בין ימין לשמאל.

המשל שבו משתמש הזוהר, מדייק רמ"ק, לקוח מגוף האדם – חסד וגבורה הן הזרועות של הגוף, ונצח והוד הן הירכיים (או הרגליים). הגוף כאורגניזם שלם מקיים זיקה לא רק בין רגל לרגל ובין יד ליד, ואף לא רק בין רגל ימין ליד ימין ובין רגל שמאל ליד שמאל, אלא אף בהצלבה: רגל שמאל ליד ימין ורגל ימין ליד שמאל.[20] החיבור בין צד ימין לשמאל ובין מעלה למטה נעשה באמצעות התפארת שהיא הגוף עצמו, ממש כמו בגוף האדם.

מה פשרה של זיקה אלכסונית זו? כדי להסביר זאת רמ"ק מקדים ומפרש את עצם החיבור שמתאר הזוהר בין הספירות העליונות לתחתונות:

> הכוונה לבאר לנו דקדוק לשונו היפה באמרו דרועא ימינא בירכא שמאלא וכו' [...] רוצה לומר שיהיה משכן החסד בהוד ויהיה העיקר החסד. וכן הגבורה שיהיה משכנה ומושבה בנצח ויהיה העיקר הגבורה ולא להפך. וכן הת"ת [=תפארת] במלכות למטה. שאם נאמר שיהיה העיקר למעלה התחתונות בעליונות לא יתיישב טעם אמאי שני מדות הכי. שאם כן נמצאת הכלה ושושביניה עולה לבית החתן ושושביניו. ואם כן אין ראוי לכלה לשנות מנהגי החתן כלל, מאחר שהיא מתאכסנת בביתו. אלא הכי הנכון הוא. חסד בהוד, גבורה בנצח, ת"ת במלכות. והם ג' עליונות בג' תחתונות. נמצא החתן מתאכסן עם שושביניו בבית הכלה עם שושביניה. ואחר שהוא בבית הכלה ראוי שיתנהג ברצון הכלה. ויש בידה לשנות המנהג כרצונה כאשר יהיה יותר טוב בעיניה. ועם הענין הזה יש תשובה לשאלת אמאי שני מדות הכי וכו', כמו שנבאר בע"ה.
>
> (שם)

19. תיתכן גם חלוקה אחרת, אך דומה, המטה את היסוד לימין ואת המלכות לשמאל.
20. הצעה זו מתכתבת להפליא עם העובדה הביולוגית הידועה לנו היום שצידו הימני של המוח אחראי על תפקוד צידו השמאלי של הגוף, ולהפך.

הזוהר הקדוש, על פי רמ"ק, יוצר התקשרות וזיווג בין השלישיה העליונה – חסד, גבורה, תפארת – לשלישייה התחתונה – נצח הוד ומלכות (ספירת יסוד אינה מוזכרת כיוון שהיא חלק מתפארת). בליבה של התקשרות זו נמצאים החתן והכלה – התפארת והמלכות,[21] אולם אליהם מתלווים, כמקובל, שושבינים: החסד והגבורה הם שושביני החתן – תפארת, והנצח וההוד הם שושביני הכלה – מלכות.[22] החתן והכלה מביאים עימהם את שושביניהם להתייחדות.

כדי להבין את דברי הרמ"ק ראשית עלינו לשים לב לכינוי החדש שניתן לספירות נצח והוד. יש כאן חידוש, שהרי עד כה סברנו שספירות אלו שייכות עדיין למרחב 'המשפיע' הזכרי, ורק מן היסוד ההשפעה יורדת אל המלכות שהיא המקבלת. כיצד, אם כן, יהיו הנצח וההוד שושביני הכלה – המלכות?

תפקיד השושבינים הוא להכין ולהכשיר את החתן והכלה, ולהוליך אותם זה אל זו. השושבינים מקשטים את החתן והכלה, מפזרים פרחים על הדרך המקשרת ביניהם, ומלווים אותם בדרכם אל המפגש. תפקיד זה מתקשר לכל מה שראינו עד כה על ספירות נצח והוד, שכן זוהי גרסה אחרת של עקרון ה'יועצות'. כפי שראינו, הייעוץ תכליתו היא לאפשר לרעיון, לאידאה, לזרע, להופיע במציאות – במלכות. יכולתן של הנצח וההוד לעשות זאת

21. אומנם ניתן למצוא גם תמונה אחרת, על פיה השלישייה העליונה היא חסד, גבורה ותפארת המכריעה ביניהן, והתחתונה היא נצח, הוד ויסוד המכריע ביניהן. כגון: 'ועל דרך זה דע כי שלש הספירות שהם נצח והוד וטוב מתאחדות תמיד, נצח והוד זה לעומת זה, וטוב הוא הכתוב השלישי שהוא מכריע ביניהם. ולפי סוד זה תמצא כי טוב הוא שורש תחתון של וא"ו שהוא קו האמצעי והוא שלישי. כיצד, ו' הוא סוד שש ספירות, שלש למעלה ושלש למטה. שלש למעלה בדרך זה, הגדולה לצד ימין, והגבורה לצד שמאל, והתפארת שלישי מכריע ביניהם. ושלש למטה, מן הוא"ו ולמטה, בדרך זה, הנצח לצד ימין, וההוד לצד שמאל, טוב שלישי מכריע ביניהם. ולפיכך תמצא ענין "טוב" שהוא שוכן על גבי אדנ"י שהיא הספירה האחרונה מעשרת הספירות' (שערי אורה, שער שני).

חלוקה זו של ר' יוסף ג'יקטיליה תופסת באופן קלאסי את הנצח וההוד כממשיכות של אותה המגמה: חסד ונצח מימין, גבורה והוד משמאל, והמכריעות ביניהן תפארת למעלה ויסוד למטה. אולם נראה שרמ"ק מבקש לייצר על פי הזוהר הקדוש דינמיקה המתרחשת בנצח והוד שאינה דומה לזו המתרחשת מעליה בחג"ת.

22. יש לציין שבמקום אחר הזוהר הקדוש מפצל בין ספירות נצח והוד, ומתאר את משה, המזוהה עם ספירת נצח, כשושבין החתן, ואת אהרן, המזוהה עם ספירת הוד, כשושבין הכלה. נרחיב על כך בנספח על האושפיזין שבסוף הספר.

נובעת מכך שהן נמצאות בחיקה של המלכות – הכלה. הן מכירות אותה, מקשטות אותה ומכינות אותה לקראת המפגש, ולכן הן גם יודעות לכוון את החתן ולייעץ לו כיצד להגיע אליה. כפי שנראה להלן, תפקידם של משה ואהרן, המזוהים עם ספירות נצח והוד, הוא לחבר בין הקב"ה לכנסת ישראל. הם מכירים היטב את העם על חולשותיו ויתרונותיו, ולכן הם יודעים כיצד לפעול אצל הקב"ה כדי שהחיבור יתאפשר.

נקודת מבט זו מחדשת לנו שספירות נצח והוד אינן רק התולדות של חסד וגבורה, שלב ההוצאה לפועל שלהן, אלא הן שייכות כבר למרחב החיבור שבין התפארת למלכות. הן יצאו, במובן מסוים, מחזקת המשפיע, והן עסוקות ומכוונות לא אל ההשפעה אלא אל דרכי ההתקשרות בין המשפיע למושפע. מהבחינה הזו הן אולי אפילו ממוקמות רעיונית ומנטלית קרוב יותר למושפע מאשר למשפיע.[23]

על רקע ההבנה הזו על מקומן של ספירות נצח והוד נוכל להמשיך ולעיין בדברי רמ"ק. רמ"ק מאריך בתיאור אופיו של המפגש המיוחל בין החתן ושושביניו והכלה ושושביניה, ומדבריו עולות שתי הפתעות.

הראשונה היא ההצלבה שעליה שאלנו לעיל: לחתן ולכלה יש שושבינים מימין ומשמאל, ולכאורה מצופה כי שושבין ימינו של החתן (חסד) ייפגש עם שושבין ימינה של הכלה (נצח), וכן משמאל (גבורה והוד). אך למרבה ההפתעה המפגש הוא מוצלב, והוא מחבר בין הניגודים – החסד נפגש עם ההוד והגבורה עם הנצח.

ההפתעה השנייה היא שהמפגש מתקיים 'למטה', כלומר ספירת חסד מתארחת 'בביתה' של ספירת הוד, וכן לגבי הגבורה והנצח. לכאורה מצופה היה שהכלה ושושביניה יתארחו בבית החתן ושושביניו, אך למרבה ההפתעה על פי הזוהר הקדוש החתן ושושביניו מתארחים אצל הכלה ושושביניה.

שתי עובדות מפתיעות אלו, כך סובר הרמ"ק, משלימות זו את זו. רמ"ק מסביר שלו היו מתארחים הכלה ושושביניה בבית החתן ושושביניו הם היו בטלים לגמרי כלפיו, ובמידה רבה לאירוח זה לא הייתה כמעט משמעות. לעומת זאת, התארחותו של החתן ושושביניו בבית הכלה ושושביניה מאפשרת את הדומיננטיות של הכלה ושושביניה ואת השפעתם.

ספירות חסד, גבורה ותפארת, הן אידאות, עקרונות, שבצירוף החכמה

23. אומנם רמ"ק מתאר את החסד והגבורה כשושביני החתן, אולם בסופו של דבר כינוי השושבינים דבק בעיקר בנצח ובהוד, כלומר במשה ואהרן.

והבינה שמעליהן מבקשות להביא לעולם שתי הנהגות, שתי מהויות – מהות החסד ומהות הדין. תפקידן של נצח והוד, כפי שראינו, הוא להוציא מידות אלו מן הכוח אל הפועל. ההוצאה מן הכוח אל הפועל דורשת בירור, מינון, דיוק וליטוש של אותן הנהגות, שאינן יכולות להופיע כפי שהן במציאות – בכלה, במלכות. זוהי הבחנה קריטית, וכפי שראינו ממנה נובע אולי הפער המרכזי שבין חסד וגבורה לנצח והוד.

ניתן להמשיל את הפער הזה להבדל שבין מנהיג המעצב את המדיניות לבין יועציו האמורים לדאוג שמדיניות זו תצא מן הכוח אל הפועל. במחוזותיהם של המנהיגים שולטים האידאה, הרעיון, העיקרון; במחוזותיהם של היועצים, לעומת זאת, שולטת הפרגמטיות המבקשת להוציא את הרעיון מן הכוח אל הפועל עם ההתאמות הנדרשות.

ההתארחות של חסד וגבורה אצל נצח והוד מבטאת את ההכרעה שהשיקולים המנחים כעת הם השיקולים הפרגמטיים, השואפים לממש את הרעיון במציאות; זהו הקו המנחה. זהו הרגע שבו החסד והגבורה (שהן עצמן כבר השתלשלות של חכמה ובינה) ׳מבינות׳ שהן במגרשן של הנצח וההוד, במקום שבו הפנים הן כבר אל המלכות, אל העולם, אל הארץ שהאמת מושלכת אליה כדי שתוכל לשכון בה, גם במחיר של ויתור מסוים על האידאה.[24]

נראה שלאור זאת אפשר להבין גם את משמעות ה׳הצלבה׳ – החיבור של חסד בהוד וגבורה בנצח. דרך משל, כאשר עמים משכינים ביניהם שלום, המשא ומתן האמיתי אינו מתנהל בין המנהיגים עצמם. מנהיג העם מייצג את האידאה במלואה; מתוקף תפקידו הוא נושא את החזון המלא ואת כל האינטרסים המנחים את עמו וצאן מרעיתו. לכן הוא איננו יכול באמת להתפשר, ואיננו מסוגל להמתיק את דיניו. לשם כך צריך ׳פקידים׳, מוציאים לפועל, שאומנם יונקים מן המהות והחזון אולם עיקר עניינם הוא בתרגומה לעולם המעשה. מאחורי הפקידים ניצבת האידאה, אך לא בשיא עוצמתה. הפקידים קשורים לעולם המעשה, האור שהם נושאים בקרבם

24. אומנם עמדנו על כך שכבר ספירת תפארת מבטאת סוג של ׳ותשלך אמת ארצה׳ בכך שהיא עצמה מפשרת בין החסד לבין הגבורה, מתוך רצון להשכין את שתיהן בעולם. אולם תנועה זו של התפארת נעשית עוד בעולם האידאות, טרם ההשפעה במציאות, ואילו התנועה המתוארת כאן בנצח והוד מתחוללת במעבר הפרגמטי מהאידאה למציאות. כאן גם התפארת עצמה עוברת עוד טרנספורמציה בדרכה אל המציאות הממשית, הגשמית.

חלש יותר, הם פרגמטיים וממילא גם יש בטבעם יותר יכולת ומוטיבציה להתפשר, ואולי חשוב מכול – בשל התכונות האלו הם פחות מאיימים על המנהיג של המדינה המנוגדת, שאיתו הם נפגשים בחשאיות. כאלה הם שושביני הכלה – נצח והוד.

המפגש בין חסד להוד ובין גבורה לנצח איננו מפגש 'שווה כוחות'. זהו מפגש בין הנהגה המגלמת את המהות עצמה[25] לבין הנהגה שעניינה להוציא אל הפועל את המהות הנגדית לה. מפגש זה, שאינו שווה כוחות, הוא דווקא מפגש פרודוקטיבי יותר מן המפגש של חסד וגבורה בינן לבין עצמן. המפגש בין חסד לגבורה נעשה באמצע – בספירת תפארת, אך הן כשלעצמן אינן יכולות להיפגש זו עם זו ולהתארח זו אצל זו, כיוון שהן משקפות אידאות מנוגדות. לעומת זאת, ספירת נצח, שעניינה להוציא את ספירת חסד שמעליה מן הכוח אל הפועל, יודעת שעל מנת לעשות כן היא חייבת להיפגש עם הגבורה, ומתוך אינטראקציה זו להביא אל המציאות חסד שמתחשב בגבורה. כך גם ספירת הוד, המבקשת להוציא מן הכוח אל הפועל את ספירת גבורה שמעליה, חייבת להיפגש עם החסד המתנגדת לאידאה שאותה ההוד מייצגת, ועל כן היא מארחת דווקא אותה בביתה.

במילים אחרות, המפגש בין חסד לגבורה נעשה פעם אחת במשכנה של ספירת נצח, שם תנועת החסד היא המארחת אך היא מתחשבת ומתחככת בגבורה, ופעם אחת במשכנה של ההוד, שם תנועת הגבורה היא המארחת אך היא מתחשבת ומתחככת בחסד. מפגש כזה יכול להתרחש רק במדרגת הנצח וההוד, כלומר בקומה המבקשת לממש ולהוציא מן הכוח אל הפועל את האידאות, ולא במדרגה האידאית של החסד והגבורה עצמן, שבה מתאפשר רק מפגש תאורטי וממילא לא בהכרח ממשי באמצעות אידאה שלישית כמו תפארת.

נמחיש זאת בעזרת דוגמה נוספת. כשהוגה המייצג עולם של דין נפגש עם הוגה המייצג עולם של חסד, המפגש הוא קוטבי ועל כן לעיתים קרובות נעדר פרודוקטיביות. לכל היותר ניתן לערוך פאנל שבו כל אחד מהם מביע את עמדתו, ואולי מנסה לגבש פשרה באמצע. אולם כשהוגה המייצג עולם של דין פוגש איש של חסד המסתובב ומיטיב בעולם, יכול המפגש להניב תוצאה נאה של חסד מבוקר. התנועה של איש החסד נמשכת אולם פגישתה בדין ממתנת אותה, בולמת אותה ומכוונת אותה ליעדים הנכונים. מפגש

25. כלומר את חלקה של המהות, שהרי רק התפארת מגלמת את המהות השלמה.

מוצלב זה שבין ימין ושמאל, למעלה ולמטה, מאפשר איזון פרודוקטיבי שנעדר מן המפגש הראשוני שבין חסד וגבורה.

מעתה נאמר כי ההנהגה האלוהית המבוטאת בנצח והוד, המכוונת להביא לידי מעשה את החסד והגבורה האלוהיים, לא רק 'מוציאה לפועל' את ההנהגה אלא גם מחוללת בה מפנה. מדובר בתנועה מתמדת של וא"ו קצוות (שש הספירות – מן החסד ועד היסוד), המביאה בסופו של דבר את ההנהגה האלוהית לכדי מימוש בספירת מלכות.

הנצח וההוד אולי אינן מחדשות דבר, כפי שציינו בפתיחת דברינו על ספירות אלו, אולם הן מחוללות חידוש ביחס ליכולתה של ההנהגה האלוהית להמתיק את הדין או לבלום את החסד. יכולת זו נקנית דווקא במפגש שספירות אלו, המוציאות אל הפועל, מקיימות עם הספירות המחוללות אותן ומעניקות להן את ההשראה.

בדבריו הראשונים מעירנו רמ"ק על כך שדברי הזוהר הקדוש על הזיקה של יד ימין לרגל שמאל ולהפך נשענים על ההבנה הפשוטה שמדובר בגוף אחד. כאמור, בגוף האדם הזיקה שבין יד ימין לרגל שמאל או בין המוח הימני לצד שמאל של הגוף ולהפך, היא ברורה ומתבקשת כשמבינים שמדובר באורגניזם אחד. במובן זה, רגע לפני היציאה של הגוף אל הפועל, אל הנקביות, מייצרות הנצח וההוד מעין סנכרון וסינרגיה בין כל הכוחות הפועלים באדם.

ספירות נצח והוד, אם כן, מלמדות אותנו את יסוד הפרגמטיות. את היכולת להיות קשוב, לארח ולהכיל את העמדה המנוגדת; לשבור את הדיכוטומיות של ימין ושמאל, חסד ודין, ולייצר דינמיקה מפתיעה המאפשרת לכל אחד מן הקטבים להתארח במשכנו של השני ולייצר תפיסה, השקפה והנהגה פרגמטית שיכולה להתממש במציאות; לחבר שמיים וארץ – רעיון, אידאה ועיקרון לעולם מעשי וממשי.

כאמור, תפקידן של הנצח וההוד מגיע רגע לפני המימוש שיבוא לידי ביטוי בחיבור שבין יסוד למלכות. הן נושאות בקרבן את השהִייה וההבשלה שטרם ההשפעה, ומכאן תפקידן הקריטי בייחוד קוב"ה ושכינתיה. אכן, ראויות הן להיקרא שושבינים המלווים את הרגע הקריטי של החיבור וההשפעה.

בדברים אלו סיימנו את שבע ספירות הבניין – הספירות מחסד ועד מלכות. שבע הספירות התחתונות מביאות את ההנהגה האלוהית לכדי מימוש, אך לשלב הבניין קודמים תמיד תכנון והגות, ואף קודם לכן – רצון.

אלו מתרחשים בשלב הקודם לשבע ספירות אלו – בשלוש הספירות העליונות שאל עולמן הנעלם והאינסופי ניכנס מכאן ואילך.

אל הנפש והחיים – נצח והוד

סעיפים א-ג: צבא – הכוח להפוך רעיון ורגש למעשה

בסעיפים אלו עמדנו על הצורך בספירות נצח והוד כדי להביא את המגמות של חסד וגבורה אל המציאות הממשית. הדימוי של רגליים וצינורות מבטא את התפקיד הזה, והכינוי ׳צבאו־ת׳ ממחיש את רעיון ההוצאה מן הכוח אל הפועל. ספירות אלו מבקשות לתרגם את הרצון להשפיע חסד או להביא גבורה ודין לכדי פעולה ממשית, ולא להשאיר אותן רק כתחושה או מגמה.

- כל ארגון צריך ׳צבא׳ שתכליתו להוציא מדיניות מהכוח אל הפועל, כוח היודע לתרגם את ההנהגה לתוכנית עבודה מעשית. לכל אדם יש ׳ארגון׳ שהוא עומד בראשו: אם הוא מנהל או מנכ״ל, מורה או מדריך, או פשוט הורה. ולבסוף, האדם על שלל כוחותיו, רצונותיו ושאיפותיו הוא גם הארגון של עצמו, שאותו הוא מבקש להנהיג. התובנות שראינו מזמינות אותנו, כ׳ראשי ארגון׳, לבדוק אם ל׳ארגון׳ שלנו יש ׳צבא׳. האם יש בארגוננו מי שאמון על ההוצאה של המדיניות מן הכוח אל הפועל? האם יש מי שיודע לתרגם את המדיניות שלנו לתוכנית עבודה מעשית, לעשות את החשבון הנדרש כדי להביא לידי ביטוי ומימוש את בקשתנו להשפיע חסד או דין? ואם הארגון שלנו הוא אנו עצמנו בלבד – האם יש בנו את המיומנות לעשות זאת?
- במידה שלא, ננסה לפעול ליצירת ׳נצח והוד׳ ב׳ארגוננו׳. אם זה במציאת האדם המתאים או הסדירויות העוסקות בכך, ואם זה בבקשת עצה או ביצירת מנגנון שמאפשר לתרגם את החסד והגבורה לנצח והוד. זו הזדמנות לבדוק אם אנו יודעים לעשות זאת, ומה נדרש מאיתנו כדי שנהיה מסוגלים לכך.

סעיף ד: פיתוח מוסר כליות, אינטואיציה, ויחסנו אל המצוות

בסעיף זה פגשנו את נצח והוד ככליות יועצות, כמוסר כליות וכאינטואיציה. עמדנו על כך שנצח והוד הן ׳התחנה האחרונה׳ בהשתלשלותם של מחשבה ורגש אל המעשה והמציאות. ככאלה, הן משמשות מחד גיסא כמנגנון

׳מייעץ׳, המדייק את ההשפעה ומתווך בינה לבין המציאות כך שתופיע באופן נכון ומדויק, ומאידך גיסא כמנגנון בולם ומרסן, המאפשר למי שיש בקרבו אינטואיציה בריאה ומוסר כליות פעיל להימנע מטעות שנולדה בעולם המחשבה או הרגש. דווקא בגלל שהאינטואיציה אינה מוגדרת ואינה מדוברת היא פחות חשופה להשפעה מסיתה ומבלבלת; וכאמור, אם היא לא הושפעה מן החוץ היא יכולה לשמש כמנגנון של הגנה, דיוק והכוונה.

- זו הזמנה עבורנו לנסות ולפתח את ׳מוסר הכליות׳ שלנו, ולבחון באמצעותו את המעשה בטרם נוציא אותו אל הפועל. כיוון שמוסר כליות הוא פנימי וראשוני, והוא לא בהכרח נובע מגיבוש של מחשבה או רגש, נבחן אותו בכלים אחרים ונשאל את עצמנו שאלות אחרות: האם נישן טוב בלילה אם נעשה את אותו המעשה? אם אצטרך לספר אותו לילדיי או לנכדיי, האם ארגיש איתו בנוח? אם אעמוד כעת לפני כיסא הכבוד ואציג את המעשה – ללא הסברים וללא נימוקים – האם אוכל לעמוד מאחוריו? ככל שנשאל את עצמנו סוג שאלות שכאלו, יתפתח מוסר הכליות שלנו ככוח דומיננטי ופעיל גם ללא הפעלה יזומה שלנו.
- זה גם המקום לבחון את האינטואיציה שלנו בקבלת החלטות גדולות או קטנות: להיפרד או להתחתן, לקבל את העבודה או להתפטר, לקנות את הרכב או לא, ועוד. אינטואיציה היא עצה שאיננה נובעת משיקול שכלי או רגשי; כיצד אם כן מפתחים אותה? ראשית, ננסה לקבל את אי הידיעה ואת אי הבהירות באשר לשיפוט של המעשה שאותו אנו מבקשים לעשות, או הרגש שאנו חשים כלפיו. לא ניבהל מאי הידיעה ולא ננסה בכוח לדעת את מה שלא ברור. נתאזר בסבלנות ונמתין. הסבלנות היא התכונה הנדרשת ביותר על מנת לאפשר לאינטואיציה לפעול. נקשיב פנימה. נהיה מוכנים להיעתר לנביעה פנימית שתכוון אותנו גם אם היא לא תהיה מנומקת ומוסברת. ניתן יותר מקום לכלים השייכים למרחבי האינטואיציה ולא למרחבי הדעת – דמיון, השקטה, מוזיקה. נשתדל להשקיט את הקולות הבאים מבחוץ – פחדים, אגו, כבוד, נימוס, נורמטיביות. נקשיב גם לגוף – מה אנו חשים? נוחות, אי נוחות, לחץ, צמרמורות, רוגע, שלווה, ועוד. נראה בתחושות אלו אותות שהאינטואיציה שולחת עבורנו ביחס להחלטה שאנו מבקשים לקבל.
- נציין שעבודה עם האינטואיציה – עם נצח והוד – איננה תחליף לבירור שכלי (בחב״ד) או רגשי (בחג״ת), אך היא חשובה כאשר היא

באה על גביהם ובעקבותיהם – כדי לדייק יותר את ההכרעה, ולעיתים כדי לחשוף כשל בעבודה שנעשתה בהם, כאמור לעיל. דבר זה נחוץ בעיקר ביחס למקרים שבהם השכל והרגש לא מביאים לבהירות המובילה לקבלת החלטה.

- הערה נוספת בשולי הדברים: לעיתים אדם או ארגון זקוק ל'יועץ כליות' חיצוני – חבר או איש רוח שניתן לסמוך עליו שישמש עבורנו או עבור הארגון שאותו אנו מייצגים כמבטא של האינטואיציה.

לבסוף, ראינו את הזיהוי של נצח והוד עם הראייה של המצוות כעצות. תובנה זו מולידה התייחסות ייחודית אל המצוות, תודעה שניתן להעלותה לפני קיום מצווה – מעין 'לשם ייחוד'.

- זו הזמנה לחשוב על המצווה שאנו עומדים לקיים כ'עצה' שהקב"ה נעזר בה כדי להשפיע עלינו משפעו. החסד שהוא מבקש להשפיע, או לחלופין הדין, הינם מופשטים, אבסטרקטיים וחסרי נקודות אחיזה במציאות הריאלית. המצוות הן עצות שנטל הקב"ה על מנת להפוך את החסד והגבול לממשיים, לניתנים לאחיזה על ידינו. נחוש כי דרך המצוות הקב"ה מדבר איתנו חסד וגבורה, אהבה וגבול. ננסה לחוש את המקור שאותו המצווה מבקשת לממש.
- באותו אופן נוכל להתייחס גם לקיום המצוות מצידנו. אנו מבקשים לאהוב את ה' ולירא מפניו. המצוות הן עצות עבורנו כיצד לגשר על הפער בין המחשבה והרגש לבין הממשות, כיצד להפוך את האהבה שלנו אל ה' ואת יראתנו מפניו לממשות קיומית. נחוש כיצד מצווה זו שאנו עומדים בפניה מממשת את אהבתנו כלפיו או את יראתנו, בהתאם לאופייה.

סעיף ה: סוד השהייה לפני ההוצאה לפועל

בסעיף זה פגשנו תנועה ייחודית לספירות נצח והוד – תנועת ההשתהות. בדרכו אל המציאות הגלויה השפע מגיע לספירות אלו, שוהה בהן, מתבשל, מתעבה ומגיע אל נקודת הרתיחה הנכונה הראויה ליציאה החוצה. במשל הזרע, ההתעבות וההתבשלות בספירות נצח והוד הן המעניקות לו את פוריותו ואת מוכנותו להשפיע.

ההכרה שהשפע בטרם יציאתו צריך לשהות עד לנקודת הבשלות

הראויה היא תובנה יסודית בחיים. סעיף זה מזמין אותנו לתרגל את תנועת ההשתהות טרם השפעה, כאשר השפעה משמעותה דיבור, תגובה, התייחסות, מעשה – או כל פעולה שיש בה חיבור וזיווג אל אובייקט שמחוצה לנו.

- נבחן את יכולת ההשתהות שלנו בסיטואציות שבהן התנועה שלנו החוצה היא ביוזמתנו, ללא טריגר שמושך אותנו אל התגובה. כשאנו יוזמים תנועה של השפעה מהפנים אל החוץ – למשל לפני דיבור, לפני תפילה (כמו חסידים ראשונים שהיו שוהים שעה לפני התפילה), או לפני פעולה פיזית – ננסה לשהות כחצי דקה או דקה. אין צורך לנסות לחשוב מחדש מה לומר ומה לעשות; הדיבור כבר נתון, המעשה כבר מתוכנן – צריך רק לשהות בו בטרם יצא מהכוח אל הפועל, לתת לו להבשיל עוד רגע (ישנו תיאור של ציירי זן השוהים טרם מגע המכחול בבד, לעיתים שעות, ואז בהרף עין הציור מצטייר לו).
- האתגר הגדול יותר הוא לשהות כשיש טריגר והתגובה ממהרת לצאת. הטריגר יכול להיות חיובי, כמו למשל כשאומרים לנו 'אני אוהב/ת אותך', או שלילי, כגון כשמתעוררים בנו כעס, מחאה או רצון 'להשיב מהלומה' לזולת, אפילו מדוברת או כתובה. ננסה להשהות את התגובה; ניתן לרגש, לדיבור, למחשבה לשהות בקרבנו. מטבע הדברים ככל שיגדלו השהִייה וההתמסרות אליה כך התגובה תתעדן ותהיה מדויקת ומותאמת יותר, תגובה שלוקחת בחשבון את הנמען המקבל אותה.
- ההשתהות באינטראקציה שבין בני אדם מאפשרת עומק ובשלות. כששני חברים נפגשים לוקח זמן עד שמגיעים לעומקי העומקים; כך גם בחיבור שבין איש לאישה – הן בנוגע לבנייה תהליכית של קשר הן בנוגע לזיווג עצמו; כך גם בשיעור, הרצאה או מונולוג. האם אנו קופצים ישר למים העמוקים, או שאנו משתהים בחוץ עד לרגע המתאים שנבנה בתהליך השהִייה? גם בעמידה של אדם מול הקב"ה נדרשת היכולת להמתין ולשהות טרם ההגעה לנקודת מגע עמוקה ופנימית.

סעיף ו: היפתחות להשראה ביצירה וסוד הפיתוי מעורר הרצון

בסעיף זה פגשנו את ספירות נצח והוד כמקור השראת הנביאים. ראינו כיצד הנבואה היא 'עצה' של התורה ההופכת רעיון מופשט להדרכת חיים המותאמת למקום וזמן, תוך שהיא מתלבשת בלבוש מיוחד של הנביא הנושא אותה.

בימינו אין נבואה בעוונותינו, אולם השראה בוודאי יש. ר׳ נחמן מברסלב אומר כי מקור היצירה של המנגן ושל שליח הציבור הוא בנצח והוד – המקום שממנו יונקים הנביאים (ליקוטי מוהר״ן קמא, ג). ההשראה שאנו זוכים לה בשעת יצירה, תורנית או אחרת, יכולה להיות ׳אחד חלקי שישים מנבואה׳. ואכן, ניתן לחוש לעיתים ביצירה אם היא יונקת מ׳אתר דנביאים ינקי׳. אם היא מחוברת למקור גבוה או לא.

- זוהי הזמנה עבורנו לחוות את ׳אחד חלקי שישים בנבואה׳ ביצירתנו: באומנות, בתורה ובעולם המעשה. להיפתח אל מקור השפע, ולחוש כיצד היוצר הופך להיות ׳נצח והוד׳ – צינור ויועץ של שפע אלוהי היורד אל העולם דרכו. תודעה זו מעצימה את תפקידו החשוב של היוצר בתיווך השפע אל המציאות, תיווך המתלבש בלבוש שלו, בשפתו, בתובנותיו, באישיותו – ועם זאת כל אלו אינם אלא לבוש לשפע אלוהי. אתגר גדול הוא להתמלא בתודעה זו בעת היצירה ובעת הצגתה; להפיח בה רוח נבואית המסתובבת בעולם ומתלבשת בלבושים שונים, רוח נבואה ורוח הקודש.

בחלקו השני של סעיף זה פגשנו את המראות הצובאות – הפיתוי כמבוא ושער אל הזיווג, הן בירידת השפע מלמעלה למטה הן ברצון שלנו לטפס אל הקודש מלמטה למעלה (כדרכו של ספר זה). תפקידן של נצח והוד הוא לעורר את הרצון והחשק, לפתות אל הזיווג, כמובן – זיווג דקדושה.

- זוהי הזמנה לתור אחר המרכיבים המעוררים את הרצון לחיבור. הכוונה לכל חיבור טוב וכשר, חיבור אל הקודש, אל הקב״ה, אל התורה, חיבור אל חבר/חברה, אל בן הזוג, אל עשייה טובה ומשמעותית שאנו מבקשים ליטול בה חלק. חיבורים אלו הם בחינת זיווג יסוד במלכות, אולם כפי שראינו השער אל הזיווג הוא הפיתוי, התעוררות הרצון והחשק, המופיעים בנצח והוד. כאן עלינו ללמוד מה מפתה אותנו, מה מעורר אותנו אל הרצון. נשים לב מה אנו צריכים לעשות כדי שיתעורר החשק שלנו אל החיבור.
- ניקח כדוגמה את התפילה. התפילה היא אקט של חיבור וייחוד, אך אדם יכול לבוא אל התפילה ללא חשק ורצון, ואז החיבור שמתקיים בתפילה הוא נמוך ובאיכות ירודה. השהִייה לפני התפילה, והניסיון לעורר את

הרצון והחשק – לפתות, הם בחינת נצח והוד. אדם מוזמן לחשוב מה מעורר אותו אל התפילה: זה יכול להיות ניגון טוב, מדיטציה קצרה, הליכה, מתיחת הגוף, קריאת טקסט כלשהו, ועוד. העיקר הוא לגלות את מה שמעורר אותנו, שמפתה אותנו, ועל ידי כך להגיע אל החיבור והזיווג במלוא החשק והרצון.

- זוהי הזדמנות לזהות את המקומות שבהם ה'חיבורים' שלנו אינם איכותיים דיים או נעדרי חשק ורצון, ולחזק את הנצח וההוד הקודמים לחיבורים האלו, לעורר את הרצון באותם המקומות.

סעיף ז: פרגמטיות המאפשרת לקטבים לשכון יחדיו

בסעיף זה, האחרון לפרק על ספירות נצח והוד, הודגשה המגמה הפרגמטית של נצח והוד. הגדרתן כשושביני הכלה מנכיחה ביתר שאת את תפקידן הממשי ביצירת החיבור. כפי שראינו, הגדרה זו מפקיעה אותן מעט מתפקיד המוציאות אל הפועל של חסד וגבורה, ומייחסת להן שאיפה אחרת. במידה מסוימת, בכך 'נפגמת' קצת הנאמנות שלהן לספירות שמעליהן, וכך מתאפשרות דינמיות ואינטראקציות חדשות בין ימין ושמאל: לפתע יכולה ספירת חסד להתארח אצל ספירת הוד ולקבל מצד שמאל, וספירת גבורה יכולה להתארח אצל ספירת נצח ולקבל מצד ימין. קשה להפריז בחשיבותה של תנועה זו, שרגע לפני היציאה מן הכוח אל הפועל מנכיחה את העובדה שעל אף הדיכוטומיה שבין ימין ושמאל מדובר בגוף אחד – אורגניזם אחד.

על פי דברים אלו הדיכוטומיה שבין ימין לשמאל מיטשטשת בנצח והוד (כאמור, התפארת המפשרת בין ימין ושמאל איננה מטשטשת את הדיכוטומיה אלא מציעה לה אלטרנטיבה). טשטוש זה מאפשר 'התארחות' וסינרגיה בין ימין לשמאל. תנועה זו חשובה כשהיא באה לאחר העיצוב המובהק של ההבחנות שנעשה קודם לכן, בחסד ובגבורה.

- סעיף זה מזמין אותנו לתת מקום לצד הפרגמטי שלנו. פעמים רבות אנו פועלים מתוך אידאות, אמונות, אידאולוגיות, במיוחד במרחבים הכלל ישראליים – ימין ושמאל; דתיים וחילוניים. הפרגמטיות נתפסת בדרך כלל כחולשה או כוויתור, אך לצד זאת יש בה גם את האפשרות להפוך אידאה למציאות – אפשרות שגם לה יש מחיר.
- כחלק מהפרגמטיות נאפשר לאידאולוגיות קוטביות לנו להתארח אצלנו,

ולחלופין נתארח אצלן. נהיה מוכנים לטשטש ימין ושמאל, חסד וגבורה, כדי לאפשר מפגש.

- עלינו לדעת ולהאמין שגם הקטבים שייכים לגוף אחד, בוודאי בהקשר הכלל ישראלי. גוף שלם הוא גוף שיש בו ימין ושמאל, למעלה ולמטה, משפיע ומקבל. כדי לממש את היותנו גוף אחד עלינו להיפתח ולהתארח אצל העמדה הקוטבית לנו.

מבוא לשלוש הספירות העליונות

הקומה הבאה באילן הספירות, הנבדלת במהותה משבע הספירות התחתונות, היא קומת שלוש הספירות העליונות (המכונות לעיתים ג׳ ראשונות, ובראשי תיבות ג״ר).

שלוש ספירות אלו הן כתר, חכמה ובינה, על פי המבנה הבא:

כתר[1]

חכמה בינה

כפי שראינו פעמים רבות, על דרך ׳מבשרי אחזה אלוה׳ ניתן להקביל את עשר הספירות למבנה גופו של האדם. בהקבלה זו שלוש הספירות העליונות ממוקמות על פי הסוד בראש:

> [...] ונראה לבאר דאיתא בספרי קודש דאדם הוא דוגמת עשר ספירות. הראש נגד ג׳ ראשונות [=כתר, חכמה בינה], והזרועות נגד זרועות עולם [=חסד וגבורה], תרין שוקין נגד נצח והוד והם תרי פלגי גופא, וברית המעור מכריע בינתים [=יסוד] ובת זוגו [=מלכות] והלב מחבר כל הגוף והוא באמצע [=תפארת].
>
> (מאור ושמש, וארא ׳וידבר׳)

1. להלן אייחד דיון נפרד לשאלה אם שלוש הספירות העליונות הן כתר, חכמה ובינה או חכמה, בינה ודעת.

מיקומן של ג׳ ראשונות בראש מעיד על אופיין השכלי, הניכר גם משמן – חכמה, בינה, דעת, או הכתר הנמצא מעל הראש. על ההתרחשות השכלית בשלוש ספירות אלו עומד ר׳ שניאור זלמן מלאדי:

וביאור הענין כי הנה השכל שבנפש המשכלת שהוא המשכיל כל דבר נקרא בשם חכמה כח מה, וכשמוציא כחו אל הפועל, שמתבונן בשכלו להבין דבר לאשורו ולעמקו מתוך איזה דבר חכמה המושכל בשכלו, נקרא בינה. והן הם אב ואם המולידות אהבת ה׳ ויראתו ופחדו.
(תניא, ליקוטי אמרים ג)

בדברים אלו, שאותם כבר ראינו לעיל בהקשר אחר, מתווה האדמו״ר הזקן את המהלך הפנימי שאדם עובר בדרכו להשגה כלשהי. הקרקע שעליה בוחר בעל התניא להניח את המודל המתואר היא ההתקדמות בעבודת ה׳, אולם המודל נכון ורלוונטי לכל השגה באשר היא. תחילתו של התהליך היא רציונלית-לוגית, המשכו אמוציונלי-רגשי, וסופו מעשה. תהליך זה מתועד בסדר הספירות מלמעלה למטה: מספירות המחשבה – חכמה, בינה ודעת,[2] אל ספירות המידות והרגש – חסד, גבורה ותפארת, ומשם אל ספירות המעשה – נצח, הוד, יסוד ומלכות.[3]
האדמו״ר הזקן אף משכלל את המודל:

והנה זה לעומת זה עשה אלהים, כי כמו שנפש האלהית כלולה מעשר ספירות קדושות ומתלבשת בשלשה לבושים קדושים, כך הנפש דסטרא אחרא מקליפות נוגה המלובשת בדם האדם כלולה מעשר כתרין דמסאבותא, שהן שבע מדות רעות הבאות מארבע יסודות רעים הנ״ל, ושכל המולידן הנחלק לשלש שהן חכמה בינה ודעת, מקור המדות. כי המדות הן לפי ערך השכל, כי הקטן חושק ואוהב דברים קטנים פחותי הערך לפי ששכלו קטן וקצר להשיג דברים יקרים יותר מהם.
(שם, ו)

2. כך על פי האדמו״ר הזקן, מייסד חסידות חב״ד – חכמה בינה דעת.
3. יש לציין שתפיסת ההכרה (אפיסטמולוגיה בלעז) המתוארת כאן, העוברת מן המחשבה אל הרגש והמעשה, איננה הכרחית; זוהי נחלתם של חלק מהוגי הדעות (ובראשם הרמב״ם).

לכל מידה, פעולה ומעשה קודמת מחשבה תחילה. אין לך מידה, רגש ומעשה שאינם יונקים את חיותם משכל כלשהו, מחכמה כלשהי, ובשפתנו – מהיגיון לוגי, מחשבה או אידאולוגיה. גם לסטרא אחרא, לצד השלילי שבמציאות, יש אידאולוגיה ורציונל; על כן גם לו יש שלוש ספירות עליונות, שהן מקור המידות.[4]

על פי האדמו"ר הזקן, עולם הרגשות והמידות מיוסד על אדני השכל וההיגיון. רגש, ובייחוד רגש עילאי, אינו יכול לצמוח יש מאין; התחושות והמעשים הם ענפים ועלים לגזע המוח הזורע את זרעיו, ונביטתם היא בדמות רגשות ומעשים.

שלוש הספירות העליונות, אם כן, מעצבות את כל תנועות הנפש וכל המעשים שנעשים בעולם, הן אלו של האדם הן אלו של ההנהגה האלוהית. התורה מדברת בלשון בני אדם, ובלשון זו אנו פוגשים באלוהים האוהב וכועס, מתעצב אל ליבו ומתנחם על עבדיו, גומל חסדים ומבקש לכלות בכעסו. אולם כל אלו מיוסדים על אדני המחשבה האלוהית, שכפי שנראה צפונותיה הן נעלמות לאין ערוך מן המידות והמעשים האלוהיים, שבאופן יחסי הם גלויים.

4. אומנם בהמשך דבריו שם, רש"ז מפר את האיזון המבני של 'זה לעומת זה' בין הסטרא אחרא לבין סטרא דקדושה:

עד להערה זו מנחה את בעל התניא העיקרון הקבלי של 'זה לעומת זה עשה אלוהים', רוצה לומר: כנגד עשר הספירות המרכיבות ובונות את צד הקדושה ישנן עשר ספירות המעצבות את עולם הטומאה. כל אחד מעולמות אלו מורכב משכל, מידות ומעשה; מאידאולוגיה ורציונל המוליכים אל מרחב אמוציונלי, ולאחריו – אל המעשה. בשפת הגוף נאמר כי לכל אחד מהם יש מוח, לב ורגליים.

כשם שעולם הקדושה עשוי בדמות אדם, כך גם עולם הטומאה; אך איזון זה מופר בקביעה שמקום משכנה של הנפש האלוהית, המבטאת את צד הקדושה, הוא במוח, ואילו של הנפש הבהמית המבטאת את צד הטומאה הוא בלב. בכך קובע האדמו"ר הזקן שהאוריינטציה של עולם הקדושה היא שכלית־רציונלית, ואילו האוריינטציה של עולם הטומאה היא רגשית־אמוציונלית.

דבר זה עולה בקנה אחד עם תפיסתו של האדמו"ר הזקן שככל שמטפסים מעולם המעשה אל עולם המחשבה כך מתרחקים מהחומריות אל הרוח. לכן עולם הטומאה, שמקום משכנו בלב, קרוב יותר לעולם החומר וביתר קלות הוא מושפע ממנו, אף שהוא עצמו מכיל גם שכל, מידות ומעשה. במילים אחרות, ניתן לומר כי על פי האדמו"ר הזקן גם לסטרא אחרא יש רציונל ואידאולוגיה כביכול, אך גם אלו יסודן במבע אמוציונלי המיתרגם למושגים ולאידאלים. במילים פשוטות, כשאנו פוגשים אידאולוגיה שמבקשת להצדיק מעשים שליליים, אין זאת אלא אידאולוגיה שצומחת במרחב אמוציונלי ומושפעת ממנו, ואולי אף מהווה אצטלה בלבד עבורו.

׳אָמַרְתִּי אֶחְכָּמָה וְהִיא רְחוֹקָה מִמֶּנִּי׳ (קהלת ז, כג), אמר החכם באדם, שהרי את מעשיו הגלויים של הקב"ה כולנו רואים, ואף את מידותיו אנו למדים – הן מתוך הנהגתו הן מתוך העיון בתורתו; אולם את חוכמתו ובינתו של אלוהים, המעצבת ומצמיחה את מידותיו ומעשיו, מי ידע ומי יבין.

מהו הרצון האלוהי הפועל בעולם? לאן הוא מכוון את העולם? מה הם הקווים המנחים את ההיסטוריה ואת המתרחש בה? כיצד המאורעות המתרגשים ובאים על ישראל במהלך הדורות משתלבים בתוכנית אלוהית החותרת אל הגאולה האחרונה והשלמה?

כל השאלות הללו מבקשות לבחון את הנהגתו של אלוהים לא רק באמות מידה של שכר ועונש, כעס ונחת רוח, כי אם גם בבחינת ׳סוף מעשה במחשבה תחילה׳. במסה ׳למהלך האידיאות בישראל׳ סוקר הרב קוק את תולדות האומה הישראלית, השזורים בגלות וגאולה, חורבן ותקומה, על פי אמות מידה המתעלות אל מעבר למישור של שכר ועונש. חורבן הבית אינו רק דין שעשה הקב"ה עם ישראל על חטאיהם, ובנייתו איננה רק חסד אלוהי שפועל בעולם; אירועים אלו הם מימוש של מהלך כולל המבקש לתקן ולבנות נדבך על גבי נדבך את היסודות והעקרונות (המכונים ׳אידאות׳) שמעצבים את האומה הישראלית.

העונש, מנקודת מבט זו, הוא חלק ממעשה מתוכנן היטב של תיקון המשקף מחשבה מראשית עד אחרית, ולא חלילה קפריזה אלוהית של חרון אף בעקבות חוסר ציות או חוסר נאמנות. המגמה כאן היא להתעלות מעל ההנהגה האלוהית המעשית ואפילו המידות האלוהיות אל המחשבה האלוהית ואולי אף הרצון האלוהי,[5] בניסיון לראות כיצד מחשבה ורצון אלו יוצרים את ההנהגה הנגלית לעינינו. לכן העיסוק בשלוש הספירות העליונות מבקש לברר ולהאיר את מה שניצב מאחורי ההנהגה האלוהית המעשית.

השהִייה במרחב של שבע הספירות התחתונות משאירה אותנו בעולם הרגשות והמעשה. שהִייה ארוכה מדי במרחב זה עלולה להשכיח מן האדם את הרעיון, החזון, ובעיקר הרצון והתכלית הניצבים בתשתית הקיום וההתנהלות שלו. כשארגון מתנהל זמן רב ללא עיסוק בחזון הוא נשחק ועלול לאבד את המצפן – ׳בְּאֵין חָזוֹן יִפָּרַע עָם׳ (משלי כט, יח). העיסוק בשלוש הספירות העליונות מביא אותנו אל שורשי המציאות, אל שורשי ההוויה, עד למקור

5. ההבחנה בין המחשבה לרצון תתברר בדיון בספירת כתר.

הנעלם המהווה את המפץ הגדול להתהוות המחשבה, הרגשות והמעשים של האלוהות, ההוויה והאדם. נצא לדרך!

ספירת
חכמה

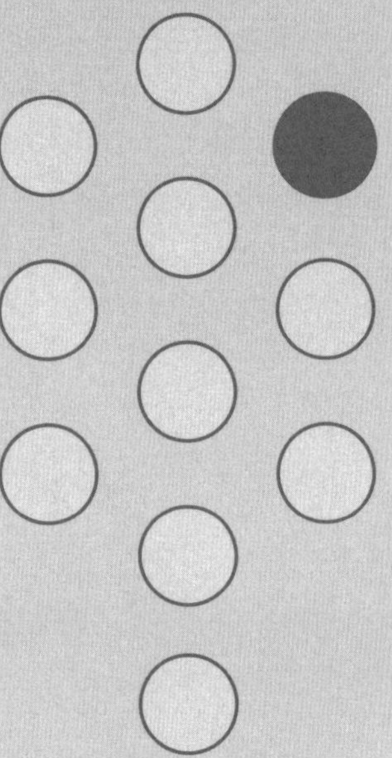

'החכמה והבינה'

כאמור, שלוש הספירות העליונות משתלשלות על פי הסדר הבא:

כתר

חכמה בינה

ניכנס עתה בשערי ספירת חכמה, ולאחריה בשערי בת זוגתה – ספירת בינה. לאחר מכן נעלה במעלה אל ספירת כתר, לא לפני שניתן את הדעת לספירת דעת ולשאלת השתייכותה ומיקומה בעשר הספירות.

א. חכמה מאין תמצא ('יש')

ראשונים ואחרונים עסקו בביטוי המלווה את תיאור בריאת העולם – 'יש מאין'. במשך תקופות לא מעטות בתולדות המחשבה היהודית היה עיקרון זה לסלע מחלוקת יסודי בין תפיסת ה'חידוש', בלשון ימי הביניים, לבין תפיסת ה'קדמות' הפילוסופית.

הרמב"ן מבקש לסמוך רעיון תאולוגי זה על הביטוי המקראי 'ברא':

> ועתה שמע פירוש המקרא על פשוטו נכון וברור. הקב"ה ברא כל הנבראים מאפיסה מוחלטת. ואין אצלנו בלשון הקדש בהוצאת היש מאין אלא לשון 'ברא'. ואין כל הנעשה תחת השמש, או למעלה, הווה מן האין התחלה ראשונה. אבל הוציא מן האפס הגמור המוחלט יסוד דק מאד, אין בו ממש, אבל הוא כח ממציא.
>
> (רמב"ן, בראשית א, א)

בריאת יש מאין היא יסוד האמונה ושורשה. על הכרת יסוד זו הרמב"ן אינו מוכן להתפשר:

> כי צורך גדול הוא להתחיל התורה ב'בראשית ברא אלהים', כי הוא שורש האמונה, ושאינו מאמין בזה וחושב שהעולם קדמון, הוא כופר בעיקר ואין לו תורה כלל.

(שם)

וכן אנו מוצאים בדברי הרמב"ם באיגרת ששלח לרבי חסדאי הלוי:

> ואנו אומרים שלא היה שם לא גולם ולא צורה אבל הכל התחיל וברא השם יתברך יש מאין. ואף על פי שמצאתי בדברי הגדה דברים אחרים כדברי רבי אליעזר הגדול על השמים והארץ,[1] מכל מקום הסברא שנועדו בה כל ישראל זו היא שהכל היה אין והתחיל ועשאו יש, והרבה מדרשות ושאלות בבראשית רבה מוכיחות על ככה.

(רמב"ם, איגרות, איגרת לרבי חסדאי הלוי)

אם נבקש לחדד את ההבדל בין תפיסת הקדמות הפילוסופית, שלפיה העולם לא נברא אלא משתלשל מסיבה למסובב עד אין תכלית, לבין תפיסת אמונת האמת בדבר בריאה יש מאין, יש להניח את האצבע על גורם הסיבתיות. העיקרון שלפיו כל דבר מסובב מסיבה הקודמת לו וגורמת לו הוא חוק לוגי המכונן את המציאות שבקרבה אנו חיים. זהו עיקרון פילוסופי שהנחה הוגים רבים, כולל הוגים מודרניים, בכל מהלך לוגי שניסו לפתח. מנקודת מבט זו, בהתבוננות על העולם מתחיל מסע רדוקציוני שיוליך אותנו צעד אחר צעד אחורנית, כשמאחורי כל תופעה אמורה להתייצב התופעה שכוננה אותה. מסע זה, על פי הפילוסופים, הוא אינסופי, ומכאן נגזר מושג הקדמות. מושג זה מכיל בקרבו שתי טענות: האחת היא הנחת הסיבתיות כתכונה מרכזית ומכוננת – אין לך מהלך, תנועה או יצירה שאינם פועלים על פי חוק

1. 'תניא, רבי אליעזר הגדול אומר: "אלה תולדות השמים והארץ בהבראם ביום עשות ה' אלהים ארץ ושמים", תולדות שמים משמים נבראו, תולדות הארץ מארץ נבראו' (בבלי, יומא נד ע"ב).

הסיבתיות. השנייה, הנובעת מן הראשונה ומתחייבת ממנה, היא שהעולם הוא קדמון ומשתלשל מאין־סוף סיבות ומסובבים.

הטענה כי העולם נברא יש מאין מתעמתת עם שתי הנחות אלו. ראשית, היא קובעת כי העולם איננו קדמון, וכי הייתה נקודת ראשית שממנה המציאות פרצה וזרמה. שנית, היא מבקשת להותיר רגע אחד, תנועה אחת, מחוץ למעגל הסיבתיות.

המעבר מן האין אל היש איננו סיבתי. לא ניתן לתפוס כיצד ברגע אחד[2] הכול אין, וברגע הבא – יש. זהו מעבר החורג מן הסיבתיות ועל כן הוא גם מסוגל להתקיים כנקודת ראשית, ללא הצורך הפילוסופי להמשיך הלאה אחורנית.[3] על פי הקבלה המעבר מספירת כתר אל ספירת החכמה הוא מעבר מן האין אל היש.

> וכן מוכח מתוך הכתוב ׳והחכמה מאין תמצא׳ (איוב כח, יב), גילה בפירוש כי החכמה נאצלת ונמצאת מאין שהוא הכתר.[4]
>
> (פרדס רימונים שער ה, פרק א)

ספירת החכמה היא ראשית היש, השלב הראשון בהוויה שניתן לומר עליו אמירות פוזיטיביות, חיוביות. זוהי הבריאה הראשיתית שעליה נאמר ׳מָה רַבּוּ מַעֲשֶׂיךָ ה׳ כֻּלָּם בְּחָכְמָה עָשִׂיתָ׳ (תהילים קד, כד) – בחכמה דייקא.

> כולם בחכמה עשית. פירוש שכל מיני גשמיות השי״ת תלה יסודם בחכמה, ומתפשט לל״ב נתיבות.
>
> (שפת אמת, שלח תר״נ)

2. כשאנו אומרים ׳רגע׳ איננו מתכוונים לזמן, שהרי אף הזמן עצמו שייך למציאות היש, כפי שנראה להלן.
3. בדיון בספירת כתר – היא ספירת האין – נתייחס לפשר הקפיצה מן האין אל היש ולהשלכותיה, וכן לעובדה שדווקא נקודת הראשית של העולם איננה מתקיימת על פי החוק שממנה והלאה מתקיים ללא הרף – חוק הסיבתיות.
4. על פי הזוהר הקדוש ח״ב קכא ע״א. וכן: ׳כמו שכתוב ״והחכמה מאין תמצא״ והוא ראשית יש מאין׳ (פירוש הגר״א לספרא דצניעותא, ב).

על פי ר' יהודה אריה לייב אלתר מגור כל מיני הגשמיות תלויים בחכמה, מפני שהיא התגלמות המעבר מן האין אל היש שבו מצויה כל המציאות הממשית והחומרית.

וזהו 'יש' שישראל לבדם דבקים בו שייכנסו לחיי העולם הבא, ואז יהיו יונקים מכל מיני שפע וטובה וברכה שאין להם שיעור וקיצבה, מזאת הספירה הנקראת י"ש. ולפי שהבטיח י"י יתברך את יעקב במקום זה על מתן שכר שאין לו שיעור, בסוד 'ופרצת ימה וקדמה' (בראשית כח, יד), ולפיכך אמר 'אכן יש יהו"ה במקום הזה' (שם פסוק טז). ועל זה נאמר 'להנחיל אוהבי יש ואוצרותיהם אמלא' (משלי ח, כא), ואומר 'ואתם חזקו ואל ירפו ידיכם כי יש שכר לפעולתכם' (דברי הימים ב' טו, ז), כי 'יש' הוא השכר להשפיע הברכה והטובה ולהכניס אתכם לעולם הבא בשביל מעלותיכם הטובות.

(שערי אורה, שער תשיעי)

כינויה המרכזי של ספירת החכמה הוא 'יש', כינוי המבטא את השפע האלוהי המבקש להתממש במציאות ולהשפיע. ר' יוסף ג'יקטיליה מזכיר את המדרש על הפסוק 'לְהַנְחִיל אֹהֲבַי יֵשׁ וְאֹצְרֹתֵיהֶם אֲמַלֵּא', המתאר 310 עולמות ('יש' בגימטרייה) השמורים לצדיקים. כל מפגש עם שפע ללא גבול מפגיש אותנו עם ספירת חכמה, ספירת היש: כשמתגלה ליעקב ההבטחה 'וּפָרַצְתָּ יָמָּה וָקֵדְמָה', ללא גבול – מייד הוא מבין כי 'אָכֵן יֵשׁ ה' בַּמָּקוֹם הַזֶּה'; זוהי גם משמעותה של לשון הפסוק 'יֵשׁ שָׂכָר לִפְעֻלַּתְכֶם', וכך יש להבין את בקשתם של ישראל לברר 'הֲיֵשׁ ה' בְּקִרְבֵּנוּ אִם אָיִן' (שמות יז, ז).[5]

המעבר מן האין אל היש משנה את מהותה של ההוויה מן הקצה אל הקצה. כדוגמה לכך נעיין במושג מרכזי אחד שהתחדש במעבר זה – הזמן. ישנו דיון פרשני רחב על השאלה מתי נברא האור במהלך היום הראשון לבריאה. אם נאמר שהאור נברא בראשיתו של היום, לכאורה יוצא שהיום הראשון של הבריאה היה בתחילתו יום ובסופו לילה, ודבר זה סותר את הנחת חז"ל שכל יום מימי הבריאה החל בלילה והמשיך ביום – 'וַיְהִי עֶרֶב

5. כאן ראינו רק מספר דוגמאות מצומצם, אך הקניית ההקשבה למילה 'יש' במקרא כמבטאת גילוי של ספירת חכמה פותחת ערוץ פרשנות מרתק לפסוקים רבים שמילה זו מופיעה בהם.

וַיְהִי בֹקֶר׳. אחד הפתרונות שמציע הרמב״ן הוא שבמעבר של העולם ממצב אין למצב יש החל שעון הזמן לתקתק, ולאחר זמן של לילה ברא הקב״ה את האור. את העיקרון התולה את קיומו של הזמן בהתהוות היש מנסח הרמב״ן כך: ׳משיהיה יש יתפש בו זמן׳.[6]

נניח לדיון בדבר בריאת האור, ולענייננו נשים לב שהרמב״ן משייך את מושג הזמן לעולם היש ולא לעולם האין. בשפת הספירות נאמר כי הזמן התהווה בחכמה, ולא בכתר.[7]

העולם שבו אנו חיים לכוד בתוך הזמן. בתורות חסידיות רבות השחרור מכבלי המציאות עובר דרך היכולת להתעלות מעל ממד הזמן ולפגוש את הנצח, הקשור לספירת אין – כתר, כפי שנראה באריכות בדיוננו על ספירה זו. לעת עתה אעיר כי הזמן הוא הממד המרכזי שמבטא את הגבולות, שכן היווצרותו איננה רק עניין פורמלי – יש בה מעבר מהותי ממציאות נעדרת ממדים למציאות שיכולים להיתפס בה ממדים:

> בראשית ברא אלהים. במדרש תנחומא (בראשית א) זהו שאמר הכתוב ׳ה׳ בחכמה יסד ארץ׳ (משלי ג, יט) [...] הענין נודע כי החכמה נקראת ראשית כי בחכמה הביט וצפה אל אחרית דבר היא המלוכה אשר ימליכוהו בני ישראל, ובחכמה הגביל הקב״ה את מדתו בחינת אין סוף ויצא לכח בגבול ומדה ושיעור.

(עבודת ישראל, בראשית)

ר׳ ישראל הופשטיין, המגיד מקוז׳ניץ, מבאר כי המעבר מן הכתר אל החכמה נושא בקרבו את ההכרעה האלוהית להגביל את אור אין־סוף.

חשוב לציין שההגבלות והצמצומים אינם נעשים בספירת חכמה אלא בספירת בינה, כפי שנראה להלן. אולם היכולת לדבר על גבול וצמצום, האפשרות להגדרה, ניתנת ברגע המעבר מן האין אל היש. בעולם של אין אי אפשר לצמצם ולהגביל וגם אין את מה; רק בעולם של יש ניתן לפעול פעולה של גבול והגדרה. ניתן, אם כן, להרחיב את דברי הרמב״ן ולומר:

6. רמב״ן, בראשית א, ד.
7. מושג הזמן משמש אצל ר׳ סעדיה גאון כאחת הראיות לבריאה יש מאין, ראו: אמונות ודעות, א ׳שכל הנמצאים מחודשים׳. גם הרמב״ם מזכיר ראיה זו, אך הוא מסתייג ממנה. ראו: מורה הנבוכים א, עג.

משיהיה יש ייתפס בו מקום, תיתפס בו צורה – וממילא גם ייתפס בו הכיליון. מציאות היש היא בת חלוף, היא מתבלה ומשתנה, מה שאין כן מציאות האין – האין־סוף האלוהי שהוא קיים לנצח נצחים והתמורות אינן חלות בו, כפי שנראה בדיוננו בספירת כתר.

המעבר מן האין ליש מאפשר לאדם אינטראקציה שונה עם האלוהות:

> וכידוע דכל השמות והכינוים לה' יתברך וכן כל מעשה התורה ומצוות הוא רק על ידי סוד הצמצום, היינו שכביכול צמצם אורו האין סוף ובלתי תכלית להיות נעלם ונסתר רק דרך קוים דקים והשגות קצרות ככף איש עד שיוכל שכל אנושי להשיג שיש אלקות, ודבר זה נקרא ישות שהרי אומרים שיש אלוה המנהיג הכל וכיוצא בו בתוארים שעל כן אי אפשר לשכל אנושי שהוא תחת הישות להכיר ה' יתברך אלא על ידי תוארים והשגות ישות, מה שאין כן עצמות האין סוף אין ואפילו אין יכולים לקרותו, וכידוע דאין נקרא הכתר שכבר הוא מכלל מנין המדות של ה' יתברך המתפשטות בסוד הצמצום לבוא לידי גילוי והשגת אדם אלא שמידה זו היא שורש להם לכך נקרא בשם אין, כי התחלת התגלות ההשגה למוח נקרא יש מאין שהוא השגת החכמה שבמוח שכבר הוא ישות.
>
> (ליקוטי מאמרים, ענין שמשון)

ר' צדוק הכוהן מלובלין מדייק שכל תוארי ה', שמותיו, אותיותיו והנהגותיו מתאפשרים ברגע המעבר מן האין אל היש – מן הכתר אל החכמה. 'התחלת התגלות ההשגה למוח', כלומר הנכונות של האין־סוף להצטמצם אל החכמה, היא הכרעה אלוהית לאפשר גישה, מגע ויותר מזה – השגה, של האלוהות דרך החכמה.

דבר זה בא לידי ביטוי גם בזיהוי של ספירת החכמה עם האות יו"ד – האות הראשונה של שם הוי"ה.[8] החכמה היא זו הפותחת את סדר השמות של האלוהות,[9] ומבשרת על האפשרות לקרוא בשם ה'. כאמור, יש

8. כפי שראינו בדיוננו בספירת תפארת, שם הוי"ה הוא הלב של כל הספירות כולן, וכנזה כל אות בו מסמלת ספירה או ספירות: קוצו של יו"ד – כתר; יו"ד – חכמה; ה"א – בינה; וא"ו – שש הספירות חג"ת נה"י; ה"א – מלכות.
9. על קוצו של יו"ד המסמן את הכתר אדון במקומו.

בכך צמצום, אולם צמצום זה הוא המאפשר את החשיפה והגילוי, וממילא גם את המפגש עם הקב"ה דרך שמותיו ותאריו.

אומנם יש להעיר כי גם מעבר זה אל החכמה עדיין מותיר את האלוהות נעלמת, כפי שמדייק ר' יוסף ג'יקטיליה:

> דע כי הספירה הזאת [=חכמה] נקראת בתורה יש, וצריך אתה לדעת הטעם, כי הספירה הראשונה שהיא הכתר, לפי שנעלמה מעיני כל חי ואין מי שיוכל להתבונן בה, נקראת אי"ן, כמו שאנו עתידין לבאר בעזרת השם, ואם בא אדם לשאול בה דבר, תשובת שאלתו היא אין, כלומר אין מי שיוכל להתבונן בסוד עומקה ומעלתה, ולפיכך אינה מסויימת באות ידועה אלא ברמיזה, בקוצה של יו"ד. אבל תחילת התפשטות המחשבה וראשית התגלות הסדר, הוא הספירה השניה הנקראת חכמה, ובמקום זה אפשר לשאול, אף על פי שאינה נגלית, איננה נסתרת מכל וכל כמו הראשונה, ובספירה השניה שהיא החכמה היא סוד התחלת השאלה. ולפי שהראשונה מרוב התעלמותה נקראת אין, השניה לפי שיש בה קצת שאלה לפי התפשטות אצילות הספירות מן הכתר, לפיכך נקראת יש.

(שערי אורה, שער תשיעי)

על ספירת הכתר, ספירת האין, לא ניתן אפילו לשאול. ספירת חכמה היא 'תחילת המחשבה וראשית התגלות הסדר': היא איננה נסתרת מכול וכול כמו הראשונה, אולם גם היא עדיין איננה נגלית. על כן אפשר אומנם לשאול בה – אך לא מקבלים תשובה.

ניתן לנסח זאת כך: ספירת כתר, כפי שנראה להלן, מבקשת להסתיר. היא בחינת אלוהות המשדרת לאדם 'במופלא ממך אל תדרוש ובמכוסה ממך אל תחקור'.[10] ספירת חכמה, לעומת זאת, בהיותה תנועה של התממשות, מבקשת לגלות ולהתגלות, ולכן היא גם מזמינה את האדם לשאול. אומנם בשלב זה, טרם העיבוד של הבינה, תשובות אין – אך ההזמנה לשאלה ולבירור היא עצמה כבר מעבר דרמטי, בעולם הספירות ובעיקר בחוויה הדתית של האדם מול אלוהים.

10. ביטוי זה מובא בגמרא במסכת חגיגה יג ע"א, כציטוט מספר בן סירא (ג, יט-כ).

ב. 'עמוק עמוק מי ימצאנו' ('עמוק', 'אור מופלא', 'פלא', 'רחוק')

ספירת חכמה, אם כן, נושאת בקרבה כפילות המבטאת בו־זמנית דבר והיפוכו. מחד גיסא, ספירה זו היא המעבירה את האלוהות מן האין אל היש, מן המציאות נעדרת הגבולות אל המציאות שיכולה להתממש בגבולות. מאידך גיסא, בהיותה דבוקה בכתר היא ההופעה הראשונה של היש, טרם הגדרתו. בלשון שהצעתי – היא מזמינה לשאלה, אך לא מספקת תשובה:[11]

> ולפי שהחכמה הראשונה היא סוד התפשטות המחשבה מן הכתר, אין לה שיעור וגבול אצל דבר מכל מה שאחריה, ועליה נאמר 'והחכמה מאין תמצא' (איוב כח, יב), מאין שהיא סוד התפשטות המחשבה מן הכתר, 'אלהים הבין דרכה', **אבל לא מקומה** [...] ועליה נאמר 'מאד עמקו מחשבותיך' [...] ואין מי שיוכל להתבונן בהם זולתי כמי ששואב מים בדלי מבאר עמוק שאין לו סוף, והדולה אינו נכנס בעצמו בבאר לדלות, אלא בדלי שואב מים מן הבאר, כך אין כל בריה יכולה להתבונן בסוד עומק המחשבה אלא על ידי הבינה שהיא בדמיון הדלי, שהיא נכנסת לשאוב מעומק באר המחשבה, והדולה עומד מחוץ, וסימן, 'מים עמוקים עצה בלב איש ואיש תבונה ידלנה' (משלי כ, ה), שאין דרך לדלות מים מעומק המחשבה אלא על ידי תבונה. והמבין זה יתבונן מה שאמרנו למעלה, שלא נכנס אדם לעולם לפנים מן הבינ"ה, ואפילו משה רבינו ע"ה, ואם השיג כלום בשתי הספירות העליונות, חוצה להם עמד ושאב מהן על ידי ספירת בינה.
>
> (שערי אורה, שער תשיעי)

ההגדרה של ספירת חכמה כמדרגה שאפשר להבין את דרכה אך לא את מקומה מבטאת את הדואליות שתיארתי – זו השגה כלשהי, אך מופשטת

11. אפשר להשוות זאת לתפיסת הבריאה של הרמב"ן, שלפיה המעבר מן האין אל היש נעשה בבריאת השמיים והארץ ההיוליים ('החומר ההיולי' הוא מושג מן הפילוסופיה היוונית הקדומה המבטא את החומר בראשיתו, טרם לבש צורה מוגדרת והתפרט לכדי ארבעת היסודות). בשלב זה אין עדיין מציאות פרטיקולרית, מוגדרת ומובחנת, אלא רק חומר ראשיתי שזוקק עיבוד, הגדרה ודיוק. ספירת חכמה היא יש שמתממש במציאות אולם הוא עדיין בצורתו הגולמית, המופשטת, נעדרת הגבול וההגדרה.

ולא מוגדרת.[12] החכמה אחוזה באין, באין־סוף, בכתר, ועל כן היא חייבת לשאת בקרבה את התכונה הבלתי מושגת, המופשטת והנעלמת המאפיינת את הכתר. ככזו, היא עצמה גם כן בלתי מושגת. אך בעוד ספירת כתר נותרת באי השגתה ובהיעלמותה (כפי שנראה בדיוננו בה), ספירת חכמה מזמינה את הבינה לבוא בחיקה, לפעול עליה ולהפוך אותה למושגת ומובנת.

ניתן לסבר את האוזן בעניין זה באמצעות משל על שני אנשי סוד שדבריהם מרומזים, חידתיים ונשגבים. האחד נותר כזה, ומתעקש שדבריו יישארו נעלמים; זו מהותו, והשגתו היא בבחינת העלם. השני, לעומת זאת, יודע שדבריו נעלמים ונשגבים, אך מאפשר לתלמידו היושב לצידו לנסות לתרגם את דבריו ולהפוך אותם למובנים, נגישים ומושגים. אומנם מדובר ב'מַיִם עֲמֻקִּים עֵצָה בְלֶב אִישׁ' אך המשך הפסוק הוא 'וְאִישׁ תְּבוּנָה יִדְלֶנָּה', ובמשל של ר' יוסף ג'יקטיליה – ישנו דלי שאותו משליך האדם אל הבאר כדי לדלות מים.

מכאן נובע גם כינוי נוסף לספירה זו:

> והספירה הזאת נקראת 'עומק', כלומר עומק מחשבה. ואל תטעה שתחשוב כי דבר עומק במקום זה הוא דבר שפל ונמוך, כי הכוונה בלשון עומק הוא מופלא ורחוק להשיגו, כמו שנאמר 'רחוק מה שהיה ועמוק עמוק מי ימצאנו' (קהלת ז, כד). וזהו סוד 'ממעמקים קראתיך י"י' (תהילים קל, א), כלומר מעומק המחשבה שהוא הרצון באין סוף וגבול.
>
> (שם)

ר' יוסף ג'יקטיליה דורש את הפסוק בקהלת 'עָמֹק עָמֹק מִי יִמְצָאֶנּוּ' כמתייחס לשלוש הספירות העליונות: עמוק – כתר, עמוק – חכמה, מי ימצאנו – בינה, שהיא ספירת 'מי' (כפי שנראה להלן), והיא השער והמבוא אל החכמה והכתר. הוא דורש גם את המילה 'רחוק': 'רחוק – הרוחק לעולם הוא בחכמה, ומפני מיעוט ההשגה בו נקרא רחוק'.[13]

הפסוק הקודם לזה שדורש ר' יוסף ג'יקטיליה מתאר את חווייתו

12. החכמה יחד עם הכתר מכונה גם 'אור מופלא' ו'פלא' (פרדס רימונים שער כג, פרקים א; יז).
13. פרדס רימונים שער כג, פרק כ.

של שלמה המבקש לדרוש את ה' בחוכמתו: 'כָּל זֹה נִסִּיתִי בַחָכְמָה אָמַרְתִּי אֶחְכָּמָה וְהִיא רְחוֹקָה מִמֶּנִּי. רָחוֹק מַה שֶּׁהָיָה וְעָמֹק עָמֹק מִי יִמְצָאֶנּוּ' (קהלת ז, כג-כד). שלמה מבקש להעמיק בחוכמת ה', אולם מגיע למסקנה שהיא רחוקה ממנו.

> הנה החכמה היא מקור השכל וההבנה, והיא למעלה מהבינה שהוא הבנת השכל והשגתו, והחכמה היא למעלה מההבנה וההשגה והיא מקור להן. וזהו לשון חכמה כח מה, שהוא מה שאינו מושג ומובן ואינו נתפס בהשגה עדיין, ולכן מתלבש בה אור אין סוף ברוך הוא דלית מחשבה תפיסא ביה כלל.
>
> (תניא, ליקוטי אמרים יח)

גם בדברי האדמו"ר הזקן ב'תניא' וגם בדברי ר' יוסף ג'יקטיליה החכמה קרובה יותר אל הכתר מאשר אל הבינה. לכן גם כשאדם משתמש בבינה כדי להשיג דבר מה בחכמה, על פי ר' יוסף ג'יקטיליה הוא נותר מחוץ למרחב החכמה.

'מבשרי אחזה אלוה' – בחינה זו של חכמה באדם היא המרחב שבין התת-מודע או העל-מודע הנעלם, שאינו ניתן לגילוי לעולם (כפי שנדון בספירת כתר), לבין המקום המובן והגלוי. יש מרחב שנותר מופשט, נעלם, ראשוני ובתולי, כדי שישמש פלטפורמה מתמדת להתממשות של האין-סוף והנעלם שבאדם. זהו תפקידה הכפול והמתווך של החכמה.

ג. השכל והחיות של כל דבר ('עדן', 'שמש – חמה')

מקומה של ספירת חכמה כראשית היש ותחילת השפעת אור אין-סוף על המציאות הממשית, מתבטא במובנים שונים:

> כִּי אִישׁ הַיִּשְׂרְאֵלִי צָרִיךְ תָּמִיד לְהִסְתַּכֵּל בְּהַשֵּׂכֶל שֶׁל כָּל דָּבָר, וּלְקַשֵּׁר עַצְמוֹ אֶל הַחָכְמָה וְהַשֵּׂכֶל שֶׁיֵּשׁ בְּכָל דָּבָר, כְּדֵי שֶׁיָּאִיר לוֹ הַשֵּׂכֶל שֶׁיֵּשׁ בְּכָל דָּבָר לְהִתְקָרֵב לְהַשֵּׁם יִתְבָּרַךְ עַל-יְדֵי אוֹתוֹ הַדָּבָר, כִּי הַשֵּׂכֶל הוּא אוֹר גָּדוֹל וּמֵאִיר לוֹ בְּכָל דְּרָכָיו, כְּמוֹ שֶׁכָּתוּב 'חָכְמַת אָדָם תָּאִיר פָּנָיו' (קהלת ח, א). וְזֶה בְּחִינַת יַעֲקֹב, כִּי יַעֲקֹב זָכָה לַבְּכוֹרָה, שֶׁהוּא רֵאשִׁית, שֶׁהוּא בְּחִינַת חָכְמָה [...] וְזֶה בְּחִינַת שֶׁמֶשׁ, כִּי הַשֵּׂכֶל הוּא מֵאִיר לוֹ בְּכָל דְּרָכָיו כְּמוֹ הַשֶּׁמֶשׁ [...] וְזֶה בְּחִינַת חֵית לְשׁוֹן חִיּוּת, כִּי הַחָכְמָה

וְהַשֵּׂכֶל הוּא הַחִיּוּת שֶׁל כָּל דָּבָר, כְּמוֹ שֶׁכָּתוּב 'הַחָכְמָה תְּחַיֶּה' וְכוּ' (שם ז, יב).

(ליקוטי מוהר"ן קמא, א)

על פי ר' נחמן מברסלב ההתקשרות אל החכמה והשכל שבכל דבר מאפשרת התקרבות אל ה' יתברך על ידי אותו הדבר. ההבנה המתבקשת של הביטוי 'החכמה והשכל של כל דבר' נוגעת במישור הרציונלי: הקב"ה ברא את הכול בחכמה, ונתן לכל דבר את צורתו ומידתו על פי החכמה האלוהית. הניסיון להבין את מהותו של האובייקט שמולו אני ניצב, להכירו ולנסות לעמוד על ערכו, מתחקה בעצם אחר החכמה האלוהית הניצבת מאחורי בריאתו; לכן על ידי כך זוכה האדם להתקרב לה'.

והיאך היא הדרך לאהבתו ויראתו? בשעה שיתבונן האדם במעשיו וברואיו הנפלאים הגדולים ויראה מהן חכמתו שאין לה ערך ולא קץ, מיד הוא אוהב ומשבח ומפאר ומתאוה תאוה גדולה לידע השם הגדול.

(הלכות יסודי התורה ב, ב)

חוכמתו של הבורא שאין לה ערך וקץ, על פי הרמב"ם, היא ההבנה המדעית המלאה של כל דבר בבריאה. הפיזיקה, המתמטיקה, הביולוגיה, הכימיה ושאר המדעים, בין אלו שהרמב"ם הכיר ובין אלו שנתגלו אחריו, הם חוכמתו של הקב"ה הניצבת מאחורי כל דבר. אינסופיות האינפורמציה, עומקה ותבונתה, מספרים כבוד א־ל וחוכמתו – כיוון שהוא בוראם. מסיבה זו מכוון הרמב"ם את האדם לחקור, להתבונן ולהחכים בידיעות הטבע ומה שמעליו – כדי להכיר את חוכמת הבורא.

אולם נראה שר' נחמן מכוון למשהו אחר בדברו על התבוננות בחכמה. הוא קובע שהשכל והחכמה הם החיות שיש בכל דבר, והחיות כשמה כן היא – הכוח המחיה. הרוח החיה שבכל דבר איננה התוכן והאינפורמציה שבו או הכיוון של פעולתו אלא יכולת התנועה המוענקת לו, כמו לכל ברייה ובריה. אף הרע הגמור שבוודאי איננו פועל בכיוון הרצוי והמתוקן נושא בקרבו חיות אלוהית, שהרי לולא כן היה כלה בן רגע.[14] החכמה שעליה מדבר ר' נחמן היא היסוד המופשט והבלתי מוגדר, הראשית, הנקודה האלוהית

14. ראו לדוגמה: רבי מנחם נחום מצ'רנוביל, מאור עיניים, מטות: 'שאין לך דבר מזה

המעניקה לכל דבר את קיומו. הניסיון לראות את השכל האלוהי שבכל דבר, אם כן, איננו עובר דרך התבונה והדעת, שהרי החכמה, כפי שמבין אותה ר׳ נחמן, איננה נמצאת במרחב הדעת.

בטרמינולוגיה של הספירות ניתן לומר שהחכמה שעליה מדבר הרמב״ם היא ספירת בינה (כפי שנראה בדיוננו בספירה זו), בעוד אצל ר׳ נחמן היא ספירת חכמה. ספירת הבינה מתרחשת בעולם הדעת והתודעה, אך ספירת החכמה קיימת בעולם החיות הראשוני.

מכאן גם כינוי נוסף של ספירת החכמה – ׳עדן׳.[15] ר׳ יוסף ג׳יקטיליה מסביר כי עדן הוא המקור שממנו יוצאים ארבעה ראשים, ארבעה נהרות, ומשקים את התבל כולה. ה׳עדן׳ הוא ביטוי לנעלם ולנשגב המחיה את הכול. אין עולם ללא מים המשקים אותו, ואין עולם ללא חיות שהיא החכמה המחיה את בעליה.

ר׳ נחמן מנחה את האדם להתבונן אל מעבר לעולם המובן והמוגדר. הוא קובע כי הבנת תכונתו הפיזיקלית, הכימית, ואפילו מהותו הפילוסופית של חפץ, איננה מפגישה אותנו עם החכמה הנעלמת הנמצאת בקרבו. על האדם לחצות את התכונות וההגדרות, הניתוחים וההבחנות, ולהגיע אל החיות שבדבר שאומנם איננה ניתנת להגדרה, אולם היא מעניקה מפגש חי, בלתי אמצעי ומרומם עם החיות האלוהית.

במובן זה ספירת חכמה, כמו גם כל הספירות, איננה רק עדות לתהליך כרונולוגי היסטורי מן העבר של השתלשלות העולמות והאלוהות מספירת כתר ועד המלכות, אלא גם תנועה תמידית שבה המציאות נושאת בקרבה את החכמה האלוהית שמהווה אותה בכל רגע נתון. המפגש עם החכמה הוא הניסיון התמידי להשיג את החיות האלוהית שבכל דבר; לראות כיצד מאחורי כל ממשות ניצבת חיות אלוהית, רעיון, תנועה, השתוקקות המהווים אותה ומעניקים לה את חיותה.

הדרך להשגה ולמפגש עם החכמה כפי שתופס אותה הרמב״ם היא

העולם שאין בו ניצוץ הקדוש שנאצל מדבורו של הקודשא בריך הוא המחיה אותו הדבר׳.

15. ׳והספירה הזאת נקראת בתורה עדן, כלומר התחלת התפשטות המחשבה והמקור, אשר משם נתגלו כל הספירות מכתר עליון, וזהו המעיין והמקור אשר ממנו נמצאים כל הנמצאים בהתגלות הספירות מכתר עליון. ולשון עדן הוא לשון מקור אשר ממנו נמשך הדבר, והסוד, ״ונהר יוצא מעדן״ (בראשית ב, י), כלומר נהר יוצא מן המקור והמעיין [...]׳ (שערי אורה, שער תשיעי).

מובנת ופשוטה: רכישת ידע בתחומי מדעי הטבע מאפשרת להשיג את חוכמת הבורא המצויה בו.[16] אך כיצד יכול אדם להשיג את החכמה שעליה מדבר ר׳ נחמן? את החיות המופשטת ואת האור בראשית התממשותו הניצב מאחורי כל תופעה? כלי הדעת והשכל אינם רלוונטיים, ואדרבה – נדמה שהם עלולים להפריע ולמקד את תודעתו של האדם בעולם ההגדרות הרמב״מיסטי שממנו מבקש ר׳ נחמן לחמוק (שכאמור משקף להבנתי את ספירת בינה, ולא חכמה). נראה שהבנת המתווה שר׳ נחמן מציע קשורה לשני מושגים נוספים שהוא מכניס לדיון:

> אַךְ מֵחֲמַת שֶׁאוֹר הַשֵּׂכֶל גָּדוֹל מְאֹד, אִי אֶפְשָׁר לִזְכּוֹת אֵלָיו כִּי אִם עַל-יְדֵי בְּחִינַת נוּן, שֶׁהוּא בְּחִינַת מַלְכוּת, כְּמוֹ שֶׁכָּתוּב ׳לִפְנֵי שֶׁמֶשׁ יִנּוֹן שְׁמוֹ׳ (תהילים עב, יז). וּפֵרֵשׁ רַשִׁ״י: ׳לְשׁוֹן מַלְכוּת׳. וְזֶה בְּחִינַת לְבָנָה, כִּי הַלְּבָנָה אֵין לָהּ אוֹר מֵעַצְמָהּ, כִּי אִם מַה שֶּׁמְּקַבֶּלֶת מֵהַשֶּׁמֶשׁ (זוהר ח״א רלח ע״א ורמט ע״ב). וְזֶהוּ בְּחִינַת מַלְכוּת, דְּלֵית לָהּ מִגַּרְמָהּ כְּלוּם, אֶלָּא מַה שֶּׁמְּקַבֶּלֶת מִן הַחַיּוּת, שֶׁהִיא בְּחִינַת חָכְמָה, בְּחִינַת שֶׁמֶשׁ כַּנַּ״ל, וְנַעֲשֶׂה ׳אוֹר הַלְּבָנָה כְּאוֹר הַחַמָּה׳ (ישעיהו ל, כו).
>
> (ליקוטי מוהר״ן קמא, א)

אור השכל גדול מאוד, ובלשוננו – מופשט, נעלם ובלתי ניתן לאחיזה, כמתואר לעיל ביחס לספירת חכמה. החכמה מכונה על פי ר׳ נחמן ׳שמש׳ ו׳חמה׳:[17] אורה גדול, מסנוור ובלתי ניתן לתפיסה,[18] אך אור זה מחיה את המציאות כולה.

כיצד, אם כן, ניתן לראות את השכל שבכל דבר? כיצד ניתן להכיל ולהשיג את אור השמש?

על פי ר׳ נחמן ה׳נון׳, המייצגת את ספירת מלכות,[19] היא השער אל החכמה האלוהית. בחינת מלכות היא הכלי שאיתו יש לגשת אל החכמה.

16. ראו לדוגמה את האיגרת ששלח הרמב״ם אל ר׳ יוסף בר יהודה המופיעה בפתיחתו למורה הנבוכים.
17. אומנם ראינו כי כינוי זה מוענק בדרך כלל לספירת תפארת.
18. נעיר שגם בספרות הכללית נמשלת החכמה פעמים רבות לאור השמש, כגון במשל המערה של אפלטון, ועוד.
19. האות נו״ן בערכה הגימטרי מסמלת את שער החמישים וככזו היא קשורה לבינה, כפי שנראה להלן. אך כאן היא דווקא מסמנת את ספירת מלכות.

דברים אלו הם מפתיעים, כי עד כה ראינו שהשער אל החכמה הוא הבינה,[20] וזהו גם הסדר ההירכי של הספירות מלמטה למעלה, מן הדעת אל הבינה ומן הבינה אל החכמה. אך ר׳ נחמן שב את כל הדרך למטה אל ספירת מלכות; רגע אחד לפני כיבוש הפסגה הוא שב לנקודת הראשית, אל ספירת המלכות דלית לה מגרמה כלום. זו הספירה שבה אדם ניצב בכניסתו אל שער התפילה, הלימוד והעיון מתוך הכנעה, ענווה ותחושה כי אין לו מעצמו כלום, כי הוא פתוח לגמרי וחללו בקרבו כדי להכיל את כל האור והשפע (כפי שראינו בדיוננו בספירת מלכות). ר׳ נחמן קובע שזו גם העמדה שאדם צריך לחוש רגע לפני אחת ההשגות הגבוהות ביותר – השגת החכמה.[21]

לא כך ניגשים אל משוואה מתמטית קשה ומורכבת במיוחד, לא כך מנסים לפצח את סודות המדע והיקום, לא כך בונים חללית כדי להגיע אל הירח – בזאת יודה ר׳ נחמן לרמב״ם, לרס״ג ולאחרים. אולם ר׳ נחמן איננו מבקש לפצח את סודות המדע והיקום, והוא גם איננו תר אחר החכמה האלוהית של בריאת הירח; ר׳ נחמן משתוקק לחיות – ולשם כך יש להחליף את הכלים.

הבקשה לטפס אל החכמה היא הרצון להגיע אל המופשט והבלתי מוגדר, כפי שראינו, ולכך לא תועיל נוסחה מתמטית, ותהא זו הנוסחה המורכבת והמשוכללת ביותר. אל המופשט והבלתי מוגדר מגיעים דרך הקשבה פנימית שאיננה תרה אחר כלים והגדרות; היא מאזינה לדופק הפועם של המציאות גם אם איננה יכולה למדוד אותו בכל כלי מדידה, שהרי הוא עצמו נעדר הגדרות והוא רק הגילוי הראשוני ההיולי של היש.

עמדה זו היא עמדת הלבנה, שכזכור מייצגת את ספירת מלכות. רק הלבנה שאין לה מעצמה כלום, והיא איננה מבקשת לכבוש, להגדיר ולדייק, תוכל לספוג את אור השמש ולשקפו באופן נקי בלי לעבדו; לגעת ביסוד המופשט של המציאות שהוא המחיה את כל ההוויה.

20. ׳והיא ספירה שניה [=חכמה], אינה מתנודדת לצאת חוץ, לעולם הבינה, אלא המחשבה הזאת מתבודדת והיא נאחזת בכתר עליון תמיד, ואם יצטרך המצטרך להפיק בה דבר, עולה אליה על ידי הבינה הנכנסת להפיק ממנה׳ (שערי אורה, שער תשיעי).

21. בהמשך נראה כי גם בגישה לספירת כתר נדרשת עמדה זו, ואף ביתר שאת.

ד. המחשבה האנושית – סוף מעשה במחשבה תחילה ('מוח', 'אבא', 'בכור')

על פי העיקרון המלווה אותנו לאורך כל לימוד הספירות – 'מבשרי אחזה אלוה', נשים לב שספירת חכמה ממוקמת בעולם המחשבה והמוח:

> מוח הוא בחכמה וכסוי המוח שהוא הקרקפתא הוא כתר שהוא על הראש, ולכן השערות רומזים עולמות מתאצלים מהכתר. והמוח שהוא חכמה בכללות נחלק לג' חלקים שהם חכמה בינה דעת, שהם ג' כחות במוח.
>
> (פרדס רימונים שער כג, פרק ז)

בדברים אלו אנו באים אל סוד המחשבה האנושית, תורת ההכרה (אפיסטמולוגיה בלעז) שרבים ניסו ועדיין מנסים לעמוד על טיבה: כיצד נולד רעיון, היכן הוא מתהווה וכיצד הוא קורם עור וגידים. נשוב אל דברי האדמו"ר הזקן, שכבר ראינו לעיל, ונבחן אותם כעת מנקודת מבטה של החכמה:

> וביאור הענין כי הנה השכל שבנפש המשכלת שהוא המשכיל כל דבר נקרא בשם חכמה כח מה, וכשמוציא כחו אל הפועל, שמתבונן בשכלו להבין דבר לאשורו ולעמקו מתוך איזה דבר חכמה המושכל בשכלו, נקרא בינה. והן הם אב ואם המולידות אהבת ה' ויראתו ופחדו.
>
> (תניא, ליקוטי אמרים ג)

על פי האדמו"ר הזקן, ראשיתה של התהוות המחשבה הוא בספירת חכמה.[22] החכמה איננה הכנסת האידאה לתבניות והגדרות אלא מעין חומר גלם של רעיונות, דעות ואידאות, בלתי מעובדים ובלתי ניתנים להגדרה. ספירת חכמה הופכת את האין ליש, אולם יש זה איננו מעובד ועל כן הוא מעין אידאה כללית מרחפת, נוגעת לא נוגעת.[23]

22. ר' שניאור זלמן מלאדי איננו מתייחס בדבריו לספירת כתר. לשיטתו יש למנות במניין הספירות במקום כתר את ספירת דעת, הנמצאת תחת הספירות חכמה ובינה, על כן ספירת הכתר מרחפת ממעל ומחוץ לעולם הספירות. נרחיב את הדיבור על כך בפרק הדן בשאלה אם יש למנות את הכתר או את הדעת במניין הספירות.
23. אחד מכינוייה של ספירת חכמה על פי ר' יוסף ג'יקטיליה הוא 'רצון', שהוא אף

בשלב החכמה האדם איננו יכול להגדיר את הרעיון, השאיפה או האידאה המרחפת בראשו, שכן מדובר רק בתנועה וכיוון. היכולת להגדיר, לנתח ולפרק את אותה תנועה לגורמים מופיעה רק במעבר לספירת בינה, אך בשלב של החכמה מדובר עוד בתנועה מופשטת ובלתי מוגדרת.

שלב זה איננו רק תיאורטי, ולא מדובר רק באבחנה מדעית־פסיכולוגית לגבי אופן פעולת המחשבה של האדם. שלב זה – שלב החכמה – הוא שלב קריטי בהתפתחותה של המחשבה, ולעיתים צריך האדם ליזום באופן מודע את השהִייה בו.

לעיתים מתכנסת חבורה על מנת לגבש רעיון או מדיניות בתחום כלשהו. אופן הפעולה צריך להתייחס למציאות ולמגבלות הקיימות בה; הרעיון איננו יכול להיות מופשט ומרחף, ללא זיקה וללא התחשבות באמצעים העומדים לרשותו. ואף על פי כן, לא פעם בשלב הראשוני מתבקשת החבורה להעלות רעיונות לחלל האוויר ללא כל ניסיון לבחון אם הם עומדים במבחן המציאות. מי שינסה להקשות על הרעיונות המועלים יתבקש לחדול, שכן בשלב 'סיעור המוחות' המטרה היא לאפשר העלאה וחשיפה של רעיונות וכיווני פעולה.[24] שלב החכמה, עוד בטרם נגעה בה הבינה הבוחנת, הבולמת והמבקשת להבין, הוא בעיקר חשיפת אנרגיה, גירוי אינטלקטואלי, יצירת תנועה נפשית ויצירת מאגרי כוח. ממקורות אלו יוכל לינוק כל רעיון שיאומץ על ידי הבינה בניסיון להביאו לידי יצירה ועשייה, אולם אין יצירה ואין עשייה בלי שתהיה לפני כן בריאה – יש מאין![25]

האדמו"ר הזקן מדייק על פי המקובלים באותיותיה של ספירת חכמה – כח מה. כוחה של ספירת החכמה הוא ב'מה' שהיא יודעת להניח.

מופשט יותר מן המחשבה. ספירת הכתר, על פי דרכו, היא מקור הרצון. במושג הרצון ושייכותו לשתי ספירות אלו אעסוק בדיוננו בספירת כתר, אולם לעת עתה אעיר כי השימוש ברצון גם ביחס לספירת חכמה מדגיש את תפקידה הראשוני והלא מעובד במהלך ההכרתי של האדם.

24. בתאוריה הראשונית של סיעור מוחות שהמציא אלכס אוסבורן ב־1939 הוא מזהיר כי השלב הראשון חייב להתאפיין בחשיבה ובהעלאת רעיונות ראשוניים ללא צנזורה או ביקורות.

25. על פי תורת הסוד, השתלשלות העולמות מתרחשת במעבר בין ארבע עולמות: אצילות – בריאה – יצירה – עשייה, על פי הפסוק 'כֹּל הַנִּקְרָא בִשְׁמִי וְלִכְבוֹדִי בְּרָאתִיו יְצַרְתִּיו אַף עֲשִׂיתִיו' (ישעיהו מג, ז). האצילות מזוהה עם ספירת חכמה, הבריאה – עם הבינה, היצירה – עם ו"ק (חג"ת נה"י), והעשייה – עם המלכות, כלומר המימוש של האידאה, הרעיון שנולד והגיע עד למעשה.

היעדר הצורך להשיב על שאלה זו מאפשר לה לפרוס כנפיים למרחבים שהגבול וההגדרה לא היו מאפשרים לה.

מתן מקום לספירת חכמה בהתרחשות ההכרתית של האדם הוא קודם כול היכולת לאפשר למחשבה המופשטת, נעדרת הגבול, הדמיונית – ולעיתים אולי אף ההזויה – להופיע. לאחר מכן נדרשת יכולת לשהות בה, לא לפסול אותה מייד, לא לסרס אותה בהצבה הבלתי אפשרית אל מול המציאות. לתת דרור למחשבה הראשונה שבסופו של דבר, אחרי תהליך הבירור והדיוק, שורשה הוא זה שיאיר ויחיה את התוצר הסופי בעולם המלכות על כל פרטיו.

אולם נדמה כי חשיבותה של החכמה אינה רק ביכולת להתחיל את התהליך ההכרתי בחכמה ולא בבינה:

> והנה ידוע כאשר מתוועדים שני צדיקים יחד ומדברים יחד זה עם זה אז נעשה יחוד והתקשרות העולמות ונפש נתקשר בנפש. וטעם הדבר הוא לאשר עיקר חיות האדם הוא המחשבה בסוד 'החכמה תחיה בעליה'. ומן המחשבה בא אל הלב בינה ליבא ובה הלב מבין, ומן הלב בא על ידי השית עזקין דקנה אל הפה בסוד מלכות פה. ונמצא על ידי ה' מוצאות הפה נתגלה הכל ונתוודע כל המחשבות והחכמות סתומות.
> (אוהב ישראל, תצוה)

ר' אברהם יהושע השל, הרבי מאפטא, מתאר את שיחתם של צדיקים כיוצרת חיבור של נפש בנפש. לכאורה התהליך המתואר כאן הוא טריוויאלי: כאשר שני אנשים מדברים יחד אינפורמציה מוחלפת, מכנה משותף נבנה והתקשרות נעשית. אולם נדמה כי הרבי מאפטא מדבר על משהו פנימי יותר – 'מחשבות וחכמות סתומות'.

לעיתים קרובות אדם המנסה לשתף את רעהו במחשבותיו ותחושותיו חש כי ידידו מבין את המילים, אולי אפילו הרעיון נהיר לו, אולם נקודת השורש, ובלשון הסוד – החיות שממנה מילותיו ורעיונותיו יונקים, נשארת נעלמה מחברו, ואולי לעיתים אף ממנו עצמו. כיצד ניתן להסביר לאחר את החיות המפעמת בקרבך? כיצד ניתן להדביקו באותה החיות? כיצד מתקשר אדם בנפש רעהו באופן כזה שהוא מצליח להעביר לחברו לא רק את מילותיו, את רעיונותיו ואת מחשבותיו, אלא גם את נקודת ההברקה וההארה שממנה הם נולדו?

הרבי מאפטא מתאר כיצד החכמה הנעלמת שנמצאת בראשית מחשבתו

של האדם מצליחה להשתלשל עד לשלב הדיבור. לא בכדי הוא מתאר דווקא שיח בין שני צדיקים: כדי שהחכמה תשתלשל עד לדיבור, עליו להיות דיבור חי, דיבור שמחזיק בתוכו את החכמה והחיות. הדיבור הוא כבר התחנה האחרונה בהשתלשלות הרעיון והמחשבה – ומקומו בספירת מלכות ('מלכות פה'). לעיתים כשהרעיון הראשוני כבר מגיע לקצה ההשתלשלות – אל המלכות, הוא כבר נעדר את הברק, את ההתלהבות, את עומק החיות שהייתה בו בהתהוותו בספירת החכמה. העיבודים, הבירורים, ההגדרות, הצורך להתאים למציאות, הצורך לתרגם את הדבר לשפה נשמעת ומובנת, כל אלו מותירים אותו ללא חיותו הראשונית, והאדם מספרו לחברו מן השפה ולחוץ. התרחשות כזו משמעותה שהחכמה נעדרת מן המלכות, שאור החמה איננו משפיע על הלבנה והלבנה נותרת בחסרונה. במצב כזה האדם המאזין שומע מחברו מילים ורעיונות אבל הם נעדרי חיות, ומכאן שגם ההשפעה של חברו עליו (ולעיתים גם על עצמו) חסרה.

ניתן לומר שעל פי הסוד 'דברי חכמה' יותר משהם מעבירים תוכן לוגי ורציונלי הם דיבור שנושא בקרבו את ראשיתו – 'ראשית חכמה', את מה שניצב בתשתית הדיבור. הנכחת החכמה, אם כן, איננה רק ביכולת לאפשר מקום למחשבה המופשטת להיוולד ולפרוס כנפיים, אלא גם בדאגה לכך שכשמגיעים אל המלכות, אל המימוש, המחשבה עדיין נמצאת ברקע.

ואולי זהו עומק דבריו של ר' נחמן שיש להסתכל בחכמה ובשכל של כל דבר. ר' נחמן מתאר בתורה זו את ההבדל בין יעקב לעשו ביחס לבכורה: עשו בז לבכורה כי הוא רואה רק את המציאות הסופית, ואילו הבכורה היא החיבור אל המקור שממנו באתי, אל השורש. אדם שבז לבכורה מבקש רק את הכאן והעכשיו, ומוותר על השורש שהביא אותו עד לכאן. משמעותה של עמדה זו היא איבוד החיות, החכמה שיש מאחורי כל דבר. לא בכדי עשו עייף ויגע – כי הוא נעדר חיות, נעדר חכמה. יעקב לעומת זאת מבקש את הנקודה הפנימית, וממילא המציאות שהוא חי בקִרבה מלאה להט וחיות.[26]

הנכחת החכמה במלכות, אם כן, היא המאפשרת חיים מלאי חיות ועוצמה, חיים שבהם ההתלהבות הראשונית של היווצרות המחשבה, הרעיון, הבריאה ממשיכה לפעם במציאות גם כשהיא מגיעה לשלב המימוש השגרתי והמעשי שלה. עיקרון דומה מובא בדברים הבאים:

26. על פי חלק מהדעות, עוד אחד מכינוייה של החכמה הוא 'בכור' (ראו: פרדס רימונים שער כג, פרק ב).

כל שיח תדשא (בפיוט הושענא אדון המושיע), יש לומר הרמז בכאן על דרך הידוע שהעיקר הוא להעלות כל דיבור שמוציא מפיו למחשבה וחכמה שהוא אבא, וזה יש לומר שמרומז בכאן ׳כל שיח׳ לשון דיבור ואפילו שיחת דברים וסיפורים, ׳תדשא׳ ראשי תיבות ת׳עלה ד׳יוקנא ש׳ל א׳בא והבן.

(דגל מחנה אפרים, בראשית)

׳העיקר הוא להעלות כל דיבור שמוציא מפיו למחשבה וחכמה, שהוא אבא׳.[27]

העלאת הדיבור לחכמה משמעותה מילוי שלו בחיות פנימית: לטעת בו את החכמה שהיא מקורו, את הרוח החיה שהביאה ללידתו וממשיכה לפעם בו גם כעת, כשהתרחק מהראשית והגיע אל האחרית – המלכות. כך הבינו חלק מהמקובלים ואדמו״רי החסידות את דברי ר׳ שלמה אלקבץ בלכה דודי: ׳סוף מעשה במחשבה תחילה׳. סוף המעשה הוא המלכות, המימוש הסופי של הרעיון, מחשבה תחילה היא החכמה, וסופו צריך להיות נעוץ בתחילתו – המחשבה תחילה צריכה לנכוח במלוא חיותה בסוף המעשה.[28]

עבודה זו היא עצמה חלק מייחוד הייחודים בעולם: להנכיח את

27. בדיוננו בספירת בינה וזיקתה אל החכמה נעמוד על כך שהן נקראות אבא ואימא. חכמה היא האבא או ה׳אב׳: ׳אב יש שפירשו בכתר כי הוא אב הרחמים, וכן ממנו שואב התפארת הרחמים. ויש שפירשו בחכמה כי נקרא כן מטעם כי הוא אב, ומוצא כל ההויות על דרך שפירשנו בשער הקודם בפ״ק, ושם זה מורה על היותו משפיע כמו האב הנותן לבנים. וקרוב לומר שהוא בשתיהם יחד, והאותיות יורו על זה שהם א׳ כתר ב׳ חכמה, והטעם שההויות יושפעו מהחכמה ממקור הנעלם בו שהוא הכתר כנודע׳ (פרדס רימונים שער כג, פרק א).

28. ראו לדוגמה: ׳ונראה לי על פי מה שדיברנו מכבר (פסח אות מג) מספר הקדוש דגל מחנה אפרים (פרשת בשלח) בשם זקינו הקדוש מרן הבעש״ט זצללה״ה זי״ע, ענין סוף מעשה במחשבה תחילה (זמר לכה דודי), שהוא יחוד י׳ ראשונה של הוי׳ עם י׳ אחרונה של אדנות, היינו מלכות סוף כל המדריגות עם חכמה, וזהו ״סוף מעשה״ היינו י׳ של אדנות יתייחד ״במחשבה תחילה״ שהוא י׳ ראשונה של הוי׳ עיין שם. ונוכל לומר הרמז על פי דרכי העבודה, שכאשר האיש הישראלי מחזיק עצמו כאין ואפס, בבחינת מלכות, דלית לה מגרמה כלום (זוהר ח״ב ריח ע״ב), ומתבונן בגדלות השי״ת במחשבתו שהיא בחינת חכמה (תיקוני זוהר יז ע״א), הנה בזה הוא מייחד מלכות עם חכמה, בבחינת סוף מעשה במחשבה תחילה, ועל ידי כן נמשכת ההשפעה מלמעלה, כמובא בכתבי האריז״ל (עיין עץ חיים לב, ב) ושאר ספרים הקדושים (דגל מחנה אפרים, פרשת מקץ) שעל ידי זיווג ויחוד נשפע השפעות וברכות׳ (אמרי מנחם, תזריע).

החיות של המחשבה הראשונה, ההברקה, הרעיון, גם בתוך מציאות שגרתית שממשמשת אותם ביום יום. דבר זה נכון לכל אדם, לכל החלטה, לכל דיבור ומעשה.

ה. ההברקה וכוח המדמה ('מחשבה דקה', 'ריח')

נתבונן מעט יותר באופייה של אותה מחשבה תחילה, החכמה, בממד ההכרתי או הלימודי של האדם. ר' נחמן מברסלב מבחין בין שתי התרחשויות שונות בתהליך הלימודי, הבחנה שיכולה לשפוך אור על זיהויה של ספירת חכמה בתודעתו של האדם:

> כְּתִיב 'אָחוֹר וָקֶדֶם צַרְתָּנִי' (תהילים קלט, ה). כִּי יֵשׁ שֵׂכֶל שֶׁאָדָם מַשִּׂיג אוֹתוֹ עַל יְדֵי הַקְדָּמוֹת רַבּוֹת, וְהַשֵּׂכֶל הַזֶּה מְכֻנֶּה בְּשֵׁם 'אָחוֹר'; וְיֵשׁ שֵׂכֶל שֶׁבָּא לְאָדָם בְּלֹא שׁוּם הַקְדָּמָה אֶלָּא עַל יְדֵי שֶׁפַע אֱלֹקִי, וְזֶה מְכֻנֶּה בְּשֵׁם 'קֶדֶם', בְּשֵׁם פָּנִים. וְהִתְלַהֲבוּת הַלֵּב נוֹלָד מֵחֲמַת תְּנוּעַת הַשֵּׂכֶל, כִּי טֶבַע הַתְּנוּעוֹת שֶׁמּוֹלִיד חֹם, וּלְפִי מְהִירוּת תְּנוּעוֹת הַשֵּׂכֶל כֵּן מוֹלִיד חֹם בַּלֵּב. נִמְצָא עַל יְדֵי שֶׁפַע אֱלֹקִי, שֶׁהַשֵּׂכֶל נִשְׁפָּע לָאָדָם בִּמְהִירוּת, שֶׁאֵין צָרִיךְ לְהִשְׁתַּמֵּשׁ בְּשׁוּם הַקְדָּמָה, עַל יְדֵי זֹאת הַמְּהִירוּת שַׁלְהֶבֶת הַלֵּב עוֹלָה תָּמִיד מֵאֵלֶיהָ.
>
> (ליקוטי מוהר"ן קמא, כא, א)

השגות שכליות נקנות לאדם בשתי דרכים. הראשונה – באופן הדרגתי. לאחר הקדמות, הכנות ועבודה מאומצת מגיעות ההשגה, התובנה וההתחדשות. השנייה באה לאדם ללא הקדמה וללא הכנה – ברגע אחד, כהרף עין, במהירות. את הראשונה מכנה ר' נחמן בשם 'אחור', ואת השנייה בשם 'פנים'.

ניתן לומר שהדרך הראשונה שייכת בספירות לעולם הבינה, והיא מזכירה את החכמה שעליה דיבר הרמב"ם. יש בהשגה זו הרבה יצירתיות וחדשנות, אך בסופו של דבר היא צומחת מתוך חומרים קיימים, מתוך התבוננות במה שיש, שמתוכו מעצבים, יוצרים ומעבדים יצירה חדשה.

השנייה, לעומת זאת, שייכת לעולם החכמה, והיא מזכירה את החכמה שעליה דיבר ר' נחמן לעיל. זו בריאת יש מאין, הברקה והשראה שבאות בחטף, ללא כל הכנה וללא כל הקשר.

האינדיקציה לבחינת ההשגה שהושגה, אם מקורה בבינה או בחכמה,

יכולה להיות האפשרות לשחזר שלב אחר שלב באופן רדוקטיבי את הדרך אליה. אם הדבר אפשרי – מדובר בהשגה מעולם הבינה. אבל אם לא ניתן לשחזר את תהליך התהוות ההשגה (שהרי לא היה כזה), אז זו השגה מעולם החכמה. 'הַחָכְמָה – מֵאַיִן תִּמָּצֵא'?(איוב כח, יב) מקורותיה אינם ברורים, שהרי הם באים בחטף ובהשראה מלמעלה.

האם אדם יכול לפעול על מנת לזכות בהשראה מספירת חכמה? לכאורה הדיבור על אודות הכנה להשראה והברקה הוא סתירה מיניה וביה. ה'חכמה' שעליה מדבר הרמב"ם אכן מצריכה הכנות והקדמות, אך לכאורה אין לאלו מקום בהשגה שהיא בחינת 'פנים'. אולם נראה שדבריו של ר' נחמן לעיל בדבר החכמה נכונים גם כאן: פעמים רבות התנועה המאפשרת השראה היא הרפיה, שמיטה, הקשבה, ויתור – או במילים אחרות, התנועה הפנימית של ספירת המלכות. דווקא פינוי מקום, שחרור אחיזה ולעיתים אפילו ייאוש – מאפשרים מרחב שמזמין השראה. אומנם לא בהכרח ולא תמיד – שהרי זה עניינה של ההשראה, שאי אפשר לצפות את בואה ומקורותיה נעלמים – אולם ישנו מרחב המייצר אפשרות והזמנה להשראה לבוא.

תיאור ייחודי לעמדה הנפשית שמאפשרת מפגש עם החכמה שלמעלה מהבינה מצוי בדברים הבאים:

> האהבה אל המדע הברור צריכה להיות מוגבלת במדה שלא תפריע אותנו מלהיות תמיד שוקקים למה שהוא יותר נשא ונשגב ממדענו הברור, עד אשר לא נוכל להגיע אליהם כי אם על ידי השערות ישרות, והרגשות כמוסות, ולפעמים על ידי הגות לב ודמיונות, כעין הזיה וחלומות בהקיץ, שכמו שהם מזיקים הרבה אם הם באים מתוך עצלות באותם הענינים שהמדע יוכל לרכוש בהם את הכרתו הברורה, כך הם מעטרים אותנו, ומבססים יותר גם את החלקים המוכרים לנו בברור, ומרימים את כל מהותנו, אם הם באים בדברים שהם נשאים כל כך עד שלמדענו אין שום אחיזה בהם. ואנו מתוך חפץ שלם ונפש מלאה תשוקה להזרחה רוחנית, הננו נדחקים לתור גם במה שמופלא ומכוסה **מבינתנו** המבוררת, ואנו באים לדון בדרך השערה, ולהתעדן במעדנים רוחניים למטרות יקרות, על ידי הגות נפש פנימית, ועזרת הדמיון, שגם הוא מתקדש ונעשה חטוב בחטיבה מדעית, כשהוא משתמש בכחו במה שראוי לו.
>
> (אורות הקודש א, עמ' ריח)

הרב קוק מבקש לרסן את 'האהבה אל המדע הברור', כלומר את מרחב ההשגות השכליות הרציונליות הצרופות, עולם ההגדרות, הגבולות והבהירות. ההתמכרות לעולם זה ואימוץ אמות המידה שלו, עד שכל השגה שלא תהיה מוגדרת, בהירה, מוכחת וברורה לא תיחשב להשגה, היא מסוכנת למדי, והיא אוטמת את ההכרה מהאפשרות לפגוש את מה שמעבר להגדרותיו של 'המדע הברור'.

אל מה שלמעלה מן 'המדע הברור' ניתן להגיע על ידי 'השערות ישרות', 'רגשות כמוסות', 'הגות לב', 'דמיונות כעין הזיה וחלומות בהקיץ'. כאשר תכונות אלו מופיעות במרחב של 'המדע הברור' הן מבטאות עצלות, שכן הן מבקשות להחליף את העמל והמאמץ, החקירה וההגדרה הנדרשים במרחב זה. אך במרחב הגבוה יותר תכונות אלו הן נצרכות וקריטיות, ואין דרך אחרת מלבדן לגעת באותן השגות נשגבות.

על האדם לשאוף להשיג את 'המדע הברור', אך לא להסתפק בו אלא לבקש את מה שלמעלה ממנו, את המקום שאליו ידו של 'המדע הברור' וכליו אינה מגעת, ובלשונו של הרב קוק מה שהוא 'מכוסה מבינתנו' – ואולי מעבר ל'בינה' דייקא, רוצה לומר – החכמה.[29]

הסכנה שמפניה מתריע הרב קוק בדברים אלו היא שהביאה את ר' נחמן לוויתור על כל ה'אהבה למדע': החשש שברגע שנקנה את משקפי המדע לעולם לא נעז להסירם, ולהתבונן על המציאות בחיפוש אחר מה שמשקפיים אלו לא יוכלו לעולם להשיג. המדען הופך להיות ספקן כלפי כל מה שהוא מעל ומעבר לכלי המדידה; מפני זה מתריע הרב קוק, ואילו ר' נחמן נסוג לגמרי. הרב קוק מבקש לבחון את המציאות בכלים שבהם סבר הרמב"ם שיש לבחון אותה, אולם בניגוד למקובל בהגות של ימי הביניים הוא מודע לכך שזה איננו הכול. הוא מכיר בהשגה שמעבר, שאיננה נוטלת עימה את כלי השכל והדעת. למעלה מכך – במרחב הזה, שבו הראי"ה קוק ממליץ לנטוש את כלי השכל, הוא שם ליד ההגה במקומו את הדמיון.

כשאברהם אבינו צועד אל הר המוריה, בשלב מסוים הוא מניח את הנערים עם החמור וממשיך לבדו עם יצחק. ישנו רגע שבו על המבקש להעפיל במעלה ההר להשיל את הכלים שהועילו לו עד כה, אך מכאן ואילך הופכים למעמסה.

29. הרמ"ק מציע שההבדל בין חכמה לבינה הוא שהראשונה נקראת 'מחשבה דקה' והשנייה 'מחשבה גסה' (פרדס רימונים שער כג, פרק יג).

[...] בכח ההשערה והדמיון העליון הננו מתרוממים למקור החכמה, ומקום הבינה, שהם נעלים מהחכמה והבינה עצמן. והחכמה מאין תמצא, ואי זה מקום בינה, אלהים הבין דרכה, והוא ידע את מקומה.
(שם)

הראי"ה קוק קובע כי בנטישת השכל והדעת ובאימוץ כוח ההשערה והדמיון ניתן לטפס מעבר לבינה ולחכמה, אל בחינת ה'מאין' ובחינת ה'אי זה' (בהתבסס על הפסוק 'וְהַחָכְמָה מֵאַיִן תִּמָּצֵא, וְאֵי זֶה מְקוֹם בִּינָה'). דווקא בנטישת השכל ובאימוץ הכוח המדמה ניתן להגיע להשגות גבוהות יותר:

בעלי ההשגה הגדולים, כח המדמה שלהם הוא גדול ונשגב מאד, והוא מקושר עם החזיונות היותר כלליים שבמציאות, ולפי גודל הגבורה הרוחנית והטהרה הנפשית שלהם, פועל בהם כח המדמה את פעולתו לצייר ציורים עליונים ונשגבים, שאור האמת העליונה מתגלה על ידם, בגילויים כאלה, שאין שום שכל הגיוני יכול להגיע אליהם. אל תהיה קלה בעיניך התפתחותו של כח המדמה, גבורתו וצחצוחו, שהוא מקושר בקדושתו וטהרתו, כי הוא הכסא שאור החכמה והחיים העליונים שורים עליו.
(שמונה קבצים א, תשכא)

המשותף לר' נחמן ולרב קוק הוא הקביעה כי ישנן השגות שהן למעלה מהמדע הברור וההשגה השכלית־מדעית, אך יש ביניהם שני הבדלים משמעותיים. הראשון הוא שאצל ר' נחמן החכמה עצמה היא כבר למעלה מההשגה השכלית הפשוטה, בעוד אצל הרב קוק גם החכמה וגם הבינה נמצאות במרחב הגבול והדעת, ורק מקור החכמה והבינה הוא למעלה מטעם ודעת. השני הוא שאצל ר' נחמן הדרך לגעת במה שלמעלה מהשכל והדעת היא על ידי התבטלות, בחינת מלכות, בעוד אצל הרב קוק הדרך היא כלי הדמיון, ההרגשות הכמוסות, הגות הלב והדמיונות שהם כעין הזיה וחלומות בהקיץ.

הנה כי כן, המבקש לעורר את בחינת החכמה (או 'מקור החכמה' בשפת הרב קוק), יכול לעשות זאת בדרכו של ר' נחמן מברסלב – על ידי התבטלות, השלכת השכל, הקשבה וציפייה להשראה, או בהחלפת ההובלה

של השכל בדמיון, בהגות הלב וברגשות כמוסים, המעוררים את ההשראה שהיא למעלה מהשכל – כפי שהציע הרב קוק.[30]

ו. 'ראשית חכמה – יראת ה'' ('יראה')

תנועה נוספת הנקשרת אל ספירת החכמה היא מידת היראה:

> ואם כן התבונן בכל מקום שתמצא לשון יראה, רומז בספירה הזאת [=חכמה] שהיא מקום היראה, כלומר שאין כח להתבונן במחשבה בו לפי שאין לו גבול ושיעור.

(שערי אורה, שער תשיעי)

החיבור של היראה לספירת חכמה הוא מפתיע משתי סיבות. האחת – לכאורה ניתן לצפות שבמקום הגבוה ביותר של עולם ספירות היש, בספירת חכמה, נפגוש את האהבה הגבוהה מיראה. הסיבה השנייה היא שספירת חכמה ניצבת בצד ימין של עולם הספירות, וכבר ראינו בדיון בספירות חסד וגבורה שבצד ימין, צד החסד, נמצאת האהבה, ואילו צד שמאל הוא צד היראה והגבורה.

התמודדות עם שאלות אלו נמצא בדברי ר' יוסף ג'יקטיליה, שאומנם הם מעט ארוכים אך יפים ופשוטים לקריאה:

> ואם תאמר והרי העובד מאהבה גדול מהעובד מיראה. דע כי האהבה והיראה הדבקים בעבודה הן ענין אחד, כי היראה יש לה שתי פנים, יש יראה חיצונית, ויש יראה פנימית. יראה חיצונית, בעוד אשר לא השיג האדם גדולת י"י יתברך והוא עובד מיראת העונש והיסורים, והיא יראה חיצונית, והרי הוא כמי שמונע עצמו מלהרוג או לגנוב

30. כינוי נוסף לספירת חכמה הוא 'ריח' (פרדס רימונים שער כג, פרק ח). הריח המופשט והאבסטרקטי מתאים לכלי ההשגה הנדרשים לספירת חכמה, שהם מופשטים וקשורים יותר לעולם האינטואיטיבי מאשר לעולם השכלתני המובהק: 'וַהֲרִיחוֹ בְּיִרְאַת ה' וְלֹא לְמַרְאֵה עֵינָיו יִשְׁפּוֹט וְלֹא לְמִשְׁמַע אָזְנָיו יוֹכִיחַ' (ישעיהו יא, ג).

מיראתו שמא יהרגו אותו. והנה היראה הזאת איננה ודאית, מכל מקום היא כוונה טובה.

אף על פי כן יש יראה פנימית גדולה מזו, והיא היראה הבאה על דרך ההשגה. כיצד, אם זכה אדם להשיג מגדולת הבורא יתברך ועוצם נוראותיו, והטובות והמעלות ומיני שפע והברכות האדוקות בעוצם השגתו ומעלתו, כשמכיר מעלתו יכיר גרעון גופו שהוא רימה ותולעה, אז יפחד האדם ויירא מלמרוד במלך גדול כמוהו, ויאמר, מי הביאני עד הלום להכיר ולהביט מלך גדול ונורא מלך מלכי המלכים הקב"ה, בהיותי בריה שפלה ונקלה ונבזה, מה אני, מה חיי, להיותי ראוי לגודל מעלת מקום זה, ונמצא שהוא ירא שמא לא יהיה הגון להתקבל בהיכל מלך מלכי המלכים הקדוש ברוך הוא, ונמצא בסיבה זו משתדל ומתקן עצמו, ומזרז נשמתו ומייפה אותה, אולי ימצא חן בעיני י"י יתברך ויקבלהו לשמש בהיכל המלך.

והנה בהיות האדם דבק ביראה זו, נמצאת עצמו קשורה למעלתו, שומר גופו ונשמתו שלא יפול בהם מום, ונמצא שיתקן גופו ויטהר נשמתו ויזקק טוחותיו, כדי שימצא חן בעיני אלהים חיים. וזו היא היראה שנאמר באברהם אחר עשר נסיונות שנתנסה בהן וכולן קבלם מאהבה, שנאמר 'עתה ידעתי כי ירא אלהי"ם אתה' (בראשית כב, יב). וזו היא המעלה שאין למעלה הימנה, וגדולה היא מאהבה, וזו היא מידת היראה הדביקה בספירת אות י' שהיא סוד הרצון והמחשבה.

(שם)

ר' יוסף ג'יקטיליה מניח את ההבחנה הידועה בין יראה חיצונית לפנימית, או בלשון אחרת – יראת העונש מול יראת הרוממות. יראת העונש היא נמוכה, והיא ממוקמת בצד שמאל – צד הדינים. זוהי הנהגה של דין המייצרת יראה שיש בה פחד.

אך יראת הרוממות היא 'היראה הבאה על דרך ההשגה', הצומחת לא מהמפגש עם הדין אלא עם הגודל. כשמישהו ניצב בפני אדם גדול, גם אם אותו אדם לא מאיים עליו כלל בעונש או בשכר, עצם המפגש עם גודלו מייצר חוויה של יראה, קטנות, אפסיות – מי אני ומה אני. זוהי יראת הרוממות, כלומר היראה מן המרומם.

המפגש עם ספירת חכמה הוא המפגש הממשי הגבוה ביותר של האדם עם האלוהות. זהו מפגש עם המקום הקודם להתפרטות – מקום שהוא אומנם

לאחר הצמצום הראשון של המעבר מן האין ליש, אך כזה שעדיין ניכר בו טעמה של האלוהות האינסופית, נעדרת ההגדרות והמילים, כפי שראינו לעיל. ספירת חכמה היא ההצצה האנושית אל האין־סוף, והצצה זו מייצרת יראת רוממות, יראה מן הגודל.

ר׳ יוסף ג׳יקטיליה מתאר כיצד היראה צומחת ומתמקמת בין ספירות כתר לחכמה. ואכן, הרוממות נובעת מן הנגיעה של הסופי באינסופי, ואין מקום מדויק יותר לנקודת מפגש זו מאשר בין החכמה לבין הכתר, שהוא מקומה של יראת הרוממות.

בדיוננו על ספירות חסד וגבורה עסקנו באהבה וביראה ובסדרן, והבאנו את דברי האדמו״ר הזקן:

> כי השכל שבנפש המשכלת, כשמתבונן ומעמיק מאד בגדולת ה׳ איך הוא ממלא כל עלמין וסובב כל עלמין וכולא קמיה כלא חשיב, נולדה ונתעוררה מדת יראת הרוממות במוחו ומחשבתו לירא ולהתבושש מגדולתו יתברך שאין לה סוף ותכלית ופחד ה׳ בלבו, ושוב יתלהב לבו באהבה עזה כרשפי אש בחשיקה וחפיצה ותשוקה ונפש שוקקה לגדולת אין סוף ברוך הוא, והיא כלות הנפש כדכתיב ׳נכספה וגם כלתה נפשי׳ וגו׳ וכתיב ׳צמאה נפשי לאלהים׳ וגו׳ וכתיב ׳צמאה לך נפשי׳ וגו׳ [...] ועל כן הדעת הוא קיום המדות וחיותן, והוא כולל חסד וגבורה, פירוש אהבה וענפיה ויראה וענפיה.

(תניא, ליקוטי אמרים ג)

כעת נוכל להשלים את התמונה, שהרי ניכר בעליל שהאדמו״ר הזקן מדבר על היראה הנובעת מספירת חכמה ולא על זו הנובעת מספירת גבורה. יראת הגבורה היא יראת העונש הבאה ממפגש עם עולם הדין, ואילו יראת הרוממות באה ממפגש עם החכמה הפותחת צוהר אל האין־סוף; לכן היא ראשונה וראשיתית, וממנה צומחת מייד האהבה.

יראת העונש איננה מולידה אהבה, ואיננה מניעה את האדם לעשייה, לאקטיביות ולרצון להתקרב ולהידבק. כוחה במניעתו של האדם מלחטוא וליפול, והיא נושאת אופי בולם ועוצר. מה שאין כן יראת הרוממות: מייד לאחר המפגש הראשוני עם הגודל, עם האין־סוף, נולדת השאיפה להתקרב אל הגודל הזה, להיות חלק ממנו ולהידבק בו – זו אהבה שנולדת לאחר היראה. הדבר נכון לא רק ביחס לחכמה האלוהית, כי אם גם לזו האנושית.

כשאדם מונח בשלב ההכרה שבו הרעיון שבו הוא מתבונן הוא מובן, מוגדר, בהיר וברור – אין בו יראה. הוא מבין, הוא במצב של בהירות, והוא חש שהמפגש עם הרעיון מותאם לגודלו ולהשגתו, ויש לו את הכלים הראויים להבינו ולהגדירו. אך כשאדם חש לפתע השראה והברקה, כשהוא ניצב מול רעיון גדול או מחשבה שהוא איננו מצליח להגדירם, להבינם היטב ולהסביר את היווצרותם, אך הוא חש שיש בהם דבר גדול – גדול ממנו, גדול מיכולותיו; כשהוא מרגיש שהאין־סוף נגע בו והניח בקרבו רושם ממנו – הוא חש יראה. הוא לא חש 'איזה גדול אני', 'איזה רעיון יפה יצרתי', אלא מבין שהוא בורך בהשראה, בנגיעה שמימית, שהוא הקטן ניצב מולה בהתבטלות ובהכנעה. זו יראת הרוממות שהאדם יכול לפגוש בה גם לנוכח רגע של השראה שאליו הוא זכה – רגע שבו ספירת חכמה נגעה בו. רגע נשגב זה הוא רגע של הודיה לקב"ה, רגע מלא יראה וענווה – 'רֵאשִׁית חָכְמָה יִרְאַת ה'' (תהילים קיא, י).

אל הנפש והחיים – חכמה

סעיפים א-ג: לחוש בכול 'בריאת יש מאין' מעבר לגבולות ולחוקים

בסעיפים אלו פגשנו את נקודת הראשית של הבריאה במעבר מהאין ליש – מספירת כתר לספירת חכמה. פגשנו את כפל הפנים של ספירת חכמה, שהיא מצד אחד ראשית הממשות המאפשרת גבול, מידה, תיחום והגדרה, ומצד שני היא מחוברת לאין־סוף והיא עדיין רק 'חומר היולי', חיות פועמת, המחיה את הכול ומהווה את הכול. היא היש האולטימטיבי, אך היא גם נותרת לא מוגדרת, מוסברת ומובנת. 'עָמֹק עָמֹק מִי יִמְצָאֶנּוּ'.

ראינו כיצד ר' נחמן מעודד התבוננות על כל אובייקט בהוויה במשקפי 'מלכות' שמטרתן לגלות את החכמה, את החיות המפעמת בכל דבר, ועל ידי כך לגעת בשורש האלוהות הניצב בתשתיתו.

- בריאת יש מאין שאותה מגלמת ספירת חכמה איננה אירוע היסטורי מן העבר, כי אם הוויה מתמדת. זו הזמנה לפתח תודעה הערה לכך שבכל רגע ורגע המציאות מתהווה מאין ליש. הרגע שבו תודעה זו יכולה להיות מוצתת הוא באומרנו בתפילה 'המחדש בכל יום תמיד מעשה בראשית'. אולם גם כשנצא מן התפילה, בעומדנו מול תופעות טבע – זריחה, שקיעה,

עץ, חתול, ענן ועוד – נחוש כי בשנייה זו הקב"ה מוציא את ההוויה מן האין אל היש, שאנו ערים ברגע זה לבריאה חדשה. זו הזדמנות להתרגש, להודות, להתפעם מיכולתו של ה' יתברך לברוא בכל רגע את היש מן האין.

- החכמה, כפי שראינו, היא הרובד הנעלם המחיה את הכול, שהוא גם מימושו של האין ביש, אך באופן שהוא עדיין נעדר גבול. כדי לפגוש בה עלינו להשתחרר מחוויית הגבול האינסטינקטיבית של חיינו: לא לחוש את הזמן הפועם, להשתחרר מן המקום שבו אנו מונחים, ובשלב מתקדם יותר אף מן המודעות שלנו – שהרי המפגש עם החכמה הוא מעין מפגש עם העל־מודע. ישנם תרגילי מדיטציה למיניהם העוזרים לגעת בעל־מודע, בנעלם, במה שהוא תחילת התודעה, בטרם התגבשותו למחשבה מוגדרת או רגש מוגדר. ננסה לפרקים לחוש את הנגיעה שם, בחכמה.
- נלך בדרכו של ר' נחמן וננסה להתבונן בשכל שבכל דבר – בחכמה. נעשה זאת דרך ויתור על הניסיון להבין, להגדיר ולתת שם לתופעה שאנו פוגשים. נתבונן בה כילדים קטנים, בלי דעות קדומות, בלי מחשבות (תודעה זו תתפתח אף יותר בספירת כתר). להיפגש עם הדבר כשלעצמו, לדמיין את הדופק שלו, את הרוח הניצבת בקרבו. לא לתת מילים, לא לנסות לשייך, לקטלג, להגדיר. לפגוש את הדבר בראשוניותו. זה יכול להיות במפגש מול אובייקט, אך גם במפגש עם אדם שאני ניצב מולו, ומבקש להקשיב לא למילותיו אלא לרוח המחיה אותן.

סעיף ד: להעז לחלום בלי גבולות ולשוב אל החלום בכל עת

בסעיפים אלו פגשנו את ספירת חכמה כהשראה נעדרת גבול, הגדרה ותיחום; כזרימת רעיונות באופן חופשי, ללא צורך לתת דין וחשבון לאפשרות מימושם ודיוקם – 'סיעור מוחות' וחופש מחשבה. גם עמדנו על כך שלעיתים ההתלהבות המלווה את הרעיון הראשוני והמחשבה המקורית נשחקת ככל שהם יורדים במורד הספירות ועוברים עיבוד, הגדרה והגשמה. על כן הסוד של 'סוף מעשה במחשבה תחילה' הוא האפשרות לשמר ולשחזר את ההתלהבות, התמימות והראשוניות של החכמה גם בתוככי ה'מלכות' והמימוש, ובכלל הצורך לשמר את ההתלהבות של החזון בתוך שגרת המציאות הממשת אותו.

- הסוד של ספירת חכמה הוא היכולת לחלום, לשאוף, לקוות, לדמיין, לחדש – בלי גבולות. זוהי הזמנה לייחד זמן ומרחב להתרחשות כזו.

בארגון שאותו אנו מובילים, במעגלים הקרובים אלינו כמו משפחה או חבורה, ולבסוף גם בינינו לבין עצמנו. במרחב הזה לא נשאל 'איך' ו'כיצד' ולא נגיד 'אבל'. אם נשמע קול שאומר 'אתה חי בסרט', 'לא יקרה', 'זה ילדותי' – נדע שאלו קולות ה'בינה' שיש להם מקום ונגיע אליהם בבוא העת, אך לא עכשיו, לא במרחב הזה. זה יכול להיות גם בהתרחשות לימודית־אינטלקטואלית: נרשה לעצמנו לחדש, לטייל רעיונית, להציע רעיונות נועזים ופרשנויות מרחיקות לכת. אחר כך נבחן את היתכנותם, אך לעת עתה ניתן לדמיון, ליצירתיות, לשאיפות הכמוסות הגדולות להוביל אותנו. נדמה שטוב יהיה אם נעשה זאת גם עבור עצמנו וגם עבור המעגלים שאנו נמצאים בהם או מובילים אותם, בתדירות גבוהה ובזמנים נתונים.

- לעיתים רבות חזון, רעיון ומחשבה מאבדים את הברק כשהם עוברים לשלב ההתפרטות ומתממשים במציאות. כדי שרעיון יוכל להתממש במציאות הסופית והגבולית אנו צריכים להיות ריאליים, מדויקים ומלאי 'גבורה' של גבול וצמצום; אולם אין זו גזרת גורל שהברק, התשוקה והלהט ייעלמו במורד הספירות. ניתן לחוש פעמים רבות בפער שבין הגיית רעיון בחדרי חדרים, המלווה בהתלהבות והתרגשות, לבין תיאורו בפני אחרים, וודאי שהפער הולך וגדל עם השחיקה שבשגרת המאמץ להוציאו מן הכוח אל הפועל. לחבר את המלכות אל החכמה פירושו להצליח לשמר את התשוקה והלהט גם בשלבים המתקדמים של מימוש הרעיון. להצליח לדבר דיבור 'חם', לחוש את ההתרגשות הראשונית לאורך כל הדרך. לשם כך נכון לעיתים לעצור – הן באופן אישי הן באופן ארגוני – ולהיזכר בחזון, ברעיון, אפילו לשחזר את רגעי ההברקה. לשים לב שאיננו שוקעים בדיבור שאיננו מחובר אל השורש. קשה להתמיד בזה, אך בוודאי נכון להיזכר בחכמה מדי פעם ולנסות להעביר גם אותה. כך גם כשאנו מדברים עם זולתנו – היכולת להביא לתוך המילים את ה'חכמה', את הרעיון, את רגע הלידה, הופכת את הדיבור לעמוק יותר, חי יותר, כזה שחולק מטען פנימי יותר.

סעיף ה: יצירת מרחב מזמין להשראה בהתבטלות או במתן דרור לדמיון

בסעיף זה עמדנו על ההבחנה בין השגה דרך 'בינה' להשגה דרך 'חכמה', השגה של הברקה לעומת השגה של עמל ובירור. ראינו שהשגה דרך הברקה

והשראה יכולה להביא אל האדם שפע שהוא גדול מכלי הקיבול שלו, דווקא בשל העובדה שהדברים לא עברו דרך כלי התובנה וההגדרה המוגבלים. שאלנו אם ניתן 'להזמין' ולקדם השגה דרך הברקה, או שמא כל עניינה שהיא באה בהפתעה, ללא הכנה והקדמות.

ראינו שתי הצעות שנועדו ליצור מרחב להברקה – אומנם היא לא בהכרח תגיע, אך אפשר בהחלט ליצור עבורה אפשרות והזדמנות. ההצעה הראשונה היא בדרכו של ר' נחמן – תנועה של ביטול, השמטה, הרפיה, ויתור ולעיתים אף ייאוש. ההצעה השנייה, בדרכו של הרב קוק, היא שימוש בכלי הדמיון והרגש במקום בכלי השכל והרציונל.

- מונחת כאן הזדמנות עבורנו לייצר מרחב המאפשר השראה, יצירתיות, הברקה. המציאות מזמנת צמתים וסיטואציות שבהם אנו נדרשים לתשובה, לפתרון או לרעיון: בתוככי קונפליקט בלתי פתיר, בניסיון לפענח או לפרש בעיה אינטלקטואלית, בעומדנו בפני מהלך שאנו מבקשים לחולל במציאות האישית או הכללית, בפיתוח של פרויקט, ביצירת חזון, ועוד. האינסטינקט הראשוני הוא להפעיל ולאמץ את כל כלי המחשבה והבירור ולבדוק את כל הפרטים והמרכיבים, אך אנו נרשה לעצמנו לשהות לרגע טרם הקפיצה אל הפרטים (לעיתים ההתרחשות הזו יכולה להגיע אחרי ניסיונות כושלים או הצלחה חלקית ביצירת פתרון או חזון). נרפה מן הצורך לתת תשובה ולהציע רעיון. נוותר לרגע על השימוש בכלי השכל והדעת. נפנים בקרבנו את העובדה שבאמת ובעומק איננו יודעים ואנו זקוקים לעזרה מלמעלה. נרשה לעצמנו, על אף המבוכה שהדבר אולי מעורר בנו, לתת לדמיון להוביל אותנו – דמיון 'ילדותי' בלי גבולות, בלי מגבלת המציאות. פשוט לחלום, לדמיין, להפליג עם המחשבה. ייתכן שגם הרפיה גופנית תעזור. לשחרר את הגוף. לשמוע ניגון. לשחרר את ממד הזמן, כפי שראינו לעיל, ולהמתין בסבלנות לאפשרות של השראה. אם תבוא – טוב, ואם לא – נמשיך, ונדע שכרגע טרם הגיע זמנה.

סעיף ו: יראת הרוממות

בסעיף זה, האחרון לפרק על החכמה, פגשנו את היראה הגבוהה שמלווה ספירה זו: 'רֵאשִׁית חָכְמָה יִרְאַת ה''. עמדנו על כך שיראה זו איננה יראה של עונש ושל פחד, אלא יראה מפני הגודל הבלתי נתפס שמוליד המפגש עם החכמה. זהו מפגש עם מה שהוא מעל ומעבר למציאות הגבולית, הצצה אל

האין־סוף, וככזה הוא מייצר תחושה של רוממות כלפי מה שפגשנו. זוהי יראה המולידה אחריה אהבה ורצון לדבקות, השתוקקות להתקרב ואולי אפילו להיבלע בגודל הזה.

- גם כאן נדמה שהשימוש בדמיון יכול להיות לעזר. נדמיין את עצמנו עומדים אל מול הגודל, אל מול הים האינסופי של החכמה האלוהית. נפנים את קטנותנו וסופיותנו נוכח הגודל. זוהי חכמה גדולה מִני ים, נעדרת גבולות של זמן, מקום ואדם, ואנחנו טיפה בים המתממשת מתוך החכמה הזו. כשיראת הרוממות נולדת היא מייצרת לא מעט השלכות תודעתיות – על האופן שבו אנו מסתכלים על עצמנו ועל הזולת, על מה שקורה לנו, על האופן שבו אנו עומדים לנוכח ההשגחה האלוהית המובנת ובעיקר הלא מובנת. נבחן את ההשלכות שיראת הרוממות לנוכח החכמה מייצרת בנו, ונתמסר אל התחושות החדשות שנולדו בזכותה.

ספירת
בינה

ספירת בינה

א. 'בחכמה יבנה בית ובתבונה יתכונן' – הבינה מגשימה את החכמה ('בינה', 'תבונה', 'בית א-ל')

במבנה ההירכי של שלוש הספירות העליונות, ספירת בינה היא השלישית (כתר – חכמה – בינה), והיא בת הזוג של ספירת חכמה.

בספירת חכמה, כפי שראינו בפרק הקודם, עברה ההוויה מן האין אל היש. זהו אקט הצמצום הראשון של האין־סוף ברוך הוא, שהציץ מן הנעלם והנשגב אל הוויה ממשית שייתפס בה זמן, כלשון הרמב"ן, וממילא ייתפסו בה כל התכונות וכל הלבושים השייכים לעולמנו. מעבר זה, כאמור, הוא אומנם קוטבי, אך הוא עדיין מותיר את החכמה בבחינת נעלם, ובלשונו של האדמו"ר הזקן – 'מה שאינו מושג ומובן ואינו נתפס בהשגה עדיין'. ראינו שהחכמה היא סוג של אנרגיה וכוח, אולם כוח זה הוא עדיין נעדר גבולות, הגדרות ותיחומים, וממילא גם נעדר הבנה.

קביעה זו מלמדת אותנו דבר מה על מהות התבונה וחידתה – כיצד מציאות נקלטת והופכת לידע מצטבר המונח בראשו של האדם ומוכן בכל רגע לשליפה; כיצד אינטואיציה מתחוללת, וכיצד היא הופכת להבחנות מוגדרות. דיו רב נשפך בניסיון לפרק את תהליך החשיבה, ומודלים שונים הונחו. רק לשם המחשה נשתמש במודל מן המאה השבע־עשרה, שתיאר את תהליך אגירת המידע בשני שלבים.[1]

השלב הראשון הוא שלב האחסון. בשלב זה נכנסים רשמים מן העולם החיצון אל תודעתו של האדם ללא סדר, ללא הגדרות וללא גבולות. השלב השני הוא שלב המיון: בשלב זה נוטל האדם את ה'מושאים' המונחים במוחו וממיינם, מקטלגם, מגדירם ויוצר צירופים ביניהם. צורת החשיבה היא

1. להרחבה ראו לדוגמה: א' וינריב, מדיקרט עד יום: פילוסופיה במאות ה־17 וה־18, ב, 'מודלים מוחשיים של שכל האדם', עמ' 52-56.

קטגוריאלית – האדם חושב בקטגוריות ובהגדרות, ובמידה רבה ההבנה היא בעצם היכולת להגדיר. ההגדרה היא הצבת גדר, קביעת תחום: עד כאן גבולו של אובייקט אחד ומכאן ואילך מתחיל אובייקט אחר, ואילו אם האחד דומה לאחר נניח את שניהם תחת אותה הגדרה. פעולות ההבחנה, ההגדרה והצירוף הן השלב שבו הרושם שנקלט מקבל ממשות וניתן לשימוש, או בשפה אחרת: הוא הופך לתובנה. כישרון התבונה הוא היכולת לעבד רשמים, להגדירם ולהגבילם.

כך ניתן להסביר את מקומה של ספירת בינה: היא נוטלת את החכמה חסרת הגבולות וחסרת ההגדרה ומעבדת אותה על ידי הגבלתה, מיונה והגדרתה. ׳בְּחָכְמָה יִבָּנֶה בָּיִת וּבִתְבוּנָה יִתְכּוֹנָן׳ (משלי כד, ג): בניית הבית היא הכוח המניע, המוטיבציה והרעיון – זו החכמה. כינונו – זו הבינה המאפשרת לרעיון לקרום עור וגידים, ללבוש לבושים ולהתפרט לפרוטות. מכאן גם השם העיקרי של ספירה זו – בינה (וגם תבונה – ראו פרדס רימונים שער כג, פרק כב). החכמה היא חומר הגלם והבינה היא ההתבוננות בו.[2]

הזכרנו את שיטת הרמב״ן ביחס לבריאה, שלפיה שני פסוקי התורה הראשונים מתארים כיצד בראשיתו של תהליך הבריאה ברא הקב״ה מעין ׳חומר ראשוני׳ (היולי) שנשא אופי רוחני יותר מאשר פיזי. חומר זה נברא יש מאין, ומרגע זה ואילך כל פעולות הבריאה למן היום הראשון ועד היום השישי נעשו יש מיש. המאפיין העיקרי שמלווה את ששת ימי המעשה הוא פעולת ההבדלה וההבחנה הבאות לידי ביטוי בין השאר בקריאת שמות: ׳וַיַּבְדֵּל אֱלֹהִים בֵּין הָאוֹר וּבֵין הַחֹשֶׁךְ, וַיִּקְרָא אֱלֹהִים לָאוֹר יוֹם וְלַחֹשֶׁךְ קָרָא לָיְלָה׳; ׳וַיַּבְדֵּל בֵּין הַמַּיִם אֲשֶׁר מִתַּחַת לָרָקִיעַ וּבֵין הַמַּיִם אֲשֶׁר מֵעַל לָרָקִיעַ׳; ׳יִקָּווּ הַמַּיִם מִתַּחַת הַשָּׁמַיִם אֶל מָקוֹם אֶחָד וְתֵרָאֶה הַיַּבָּשָׁה [...] וַיִּקְרָא אֱלֹהִים לַיַּבָּשָׁה אֶרֶץ וּלְמִקְוֵה הַמַּיִם קָרָא יַמִּים׳ (בראשית א, ד–ט). פעולת ההבדלה והקריאה בשם הינה מעשה ידי התבונה, המאפשרת לאותו יש ראשוני ללבוש צורה ולהתפרט למעשים שונים ונבדלים זה מזה – ספירת בינה.[3]

2. הבינה נקראת בזוהר הקדוש גם ׳בית א-ל׳ (זוהר ח״א קעג ע״ב). היא מהווה בית קיבול לחכמה, לגילוי האלוהות במציאות המצומצמת. בהופעתה הראשונה בחכמה האלוהות היא נעדרת בית, מופשטת, אבסטרקטית, והבינה היא שמעניקה לה בית.

3. האזור האנליטי של מוח האדם, האחראי על החלוקה והשיום (נתינת שם), הוא גם האזור האחראי על השפה (צד שמאל). כלומר גם בממד הביולוגי קיימת זיקה בין השפה לבין השיום והקטגוריזציה.

ב. חכמה ובינה – אמונה וקבלה אל מול הבנת דבר מתוך דבר ('מדע', 'ראייה')

הבינה, אם כן, פועלת על החכמה ומעבדת אותה. היא הופכת את היש הראשוני, הבלתי מעובד ובלתי מוגבל, ליש מוגדר, מובדל ומבורר, וממילא גם לכזה שמהווה מטבע עובר לסוחר, שאותו ניתן להעביר, ללמד ולפתח. אולם כפי שראינו גם בשאר הזוגות באילן הספירות, צד שמאל לא רק פועל על צד ימין הנשפע אליו, אלא גם משמש בעצמו עמדה מקבילה הניצבת מולו. נבחן את שתי העמדות הללו – החכמה והבינה – בכמה ממדים.

> שארז"ל הקבלה הוא האמונה, הוא חכמה, והמבין דבר מתוך דבר הוא הנקרא בינה.

(פרי הארץ, בשלח)

ר' מנחם מנדל מוויטבסק, תלמיד המגיד ממזריטש, מבחין בין שתי עמדות נפשיות. העמדה הראשונה היא הקבלה והאמונה, המאופיינות בהיעדר הבנה שכלית ובנכונות לקבל ללא תנאי. האמונה התמימה, המוכנות לקבל ולהאמין גם בלי הבנה, היא האפשרות לטפס אל אותו מקום שבו ניתן להיפגש עם האור האלוהי ולחוות אותו במלוא עוזו – זהו מקום החכמה. המפגש עם ספירת חכמה הוא מפגש עם עוצמה רוחנית של גילוי אלוהי, הבא בדמותה של אמונה תמימה ונשגבה הנשענת על ויתור על עולם הדעת והתבונה.[4]

העמדה השנייה שעליה מדבר בעל 'פרי הארץ' היא 'הבנת דבר מתוך דבר'. אדם רוכש את ידיעתו על ידי התבוננות בידיעה מוקדמת, ניתוח, בירור והולדת הדבר הבא. עמדה זו מאופיינת בשני דברים: האחד הוא השימוש בכלי התבונה, השכל וההתבוננות, והשני הוא העובדה שההשגה אינה נולדת יש מאין, באופן המשקף את הקבלה הבלתי אמצעית, אלא יש מיש – דבר מתוך דבר.

ההבחנה בין אמונה לבין הבנת דבר מתוך דבר – שהיא ההבחנה בין חכמה ובינה על פי ר' מנחם מנדל מוויטבסק – איננה מקובלת על כולם. בעולמם של רוב הוגי ימי הביניים האמונה נשענת על הבנת דבר מתוך

4. עוצמתה של עמדה זו תקבל משנה תוקף בדיון בספירת כתר.

דבר, ועל הבנה זו הם עמלו רבות בכתביהם. הערה אחת שכתב הרב קאפח בתרגומו לספרו של רב סעדיה גאון 'אמונות ודעות' מחדדת הבחנה זו:

> דבר גדול השמיענו רבינו כאן בהסבירו מלת 'אעתקאד' אשר רוב הראשונים מתרגמים אותה 'אמונה' שהוא תרגום בלתי נכון בהחלט, ואף רי"ת [=רבי יוסף תיבון] תרגם כאן 'אמונה', ולעיל בתרגמו שם הספר תרגם 'דעות' ואשר לדעתי הוא התרגום התואם ביותר. וכאן הגדיר רבינו היטב מונח זה שהוא דעה והשקפה שהאדם מגיע אליה כתוצאה של מחקר, ולא סתם 'אמונה' שהוא דבר הבא בקבלה ובמסורת, או אף מתוך עורון לב וסתם שבוש. ולפיכך תרגמתי 'אעתקאד' בדרך כלל 'דעה'.
>
> (אמונות ודעות לרס"ג, הקדמה, הערה 95 לרב קאפח)

הרב קאפח מבקש להחליף את המילה 'אמונה' ב'דעה', מתוך הנחה שאמונה מייצגת דבר הבא בקבלה ובמסורת, או גרוע מכך – מתוך עיוורון לב או שיבוש. המעלה הגבוהה של האמונה, על פי הבנתו של הרב קאפח את רס"ג, היא ההשקפה הבאה לאדם כתוצאה של מחקר – הבנת דבר מתוך דבר. לפי דעה זו, פסגת ההכרה היא הידיעה, ובשפת הספירות – ספירת בינה.

בניגוד לפרשנות זו של רס"ג, בעל 'פרי הארץ' איננו מוכן להחליף את האמונה בדעה. הדעה והבינה הן הבנת דבר מתוך דבר, ויש להן מקום חשוב בבניין האמונה של האדם. אולם מעליהן ניצבת האמונה שהיא אכן 'סתם אמונה', וכל כולה מבוססת על דבר הבא בקבלה ובמסורת. אולי נעז לומר שאף יש בה עיוורון, אולם כשעוצמים עיניים אפשר להגיע למקומות שלעולם לא נגיע אליהם בעיניים פקוחות – אל ספירת חכמה.

מכאן נובע עוד כינוי משמעותי לספירת בינה:

> מדע היא הבינה, ונקרא כן בבחינתה שהיא מקור הדעת, וזהו אמרם ז"ל אם אין בינה אין דעת.
>
> (פרדס רימונים שער כג, פרק יג)

המדע הוא מקור הדעת, וזו ספירת בינה. מקור יכולתו של האדם לדעת ולהבין מצוי בבינה. האדם כיצור תבוני המסוגל לנתח, להגדיר וללמוד יונק את יכולתו זו מספירת בינה.

אומנם רמ״ק מזכיר את הביטוי ׳מדע׳ במובן אחר מהמקובל בימינו, אולם דווקא המשמעות בת ימינו מעניקה אור נוסף לספירת בינה: תכונתה העיקרית של ספירה זו היא הדיוק, ההבחנה וההגדרה, ובכך היא מהווה תשתית גם למדע במובן המקובל היום.[5]

ג. ׳שאו מרום עיניכם וראו מי ברא אלה׳ (׳מי׳, ׳אחרית׳, ׳שמינית׳)

על פי תורת הסוד המילה ׳מי׳ הינה כינוי לספירת בינה:

> וְיֵשׁ אוֹמְרִים דְּנָטַל קוּדְשָׁא בְּרִיךְ הוּא ׳מִי׳ וְשָׁדֵי בְּ׳אֵלֶּה׳ וְאִתְעֲבִיד ׳אֱלֹהִים׳. וְנָטַל קוּדְשָׁא בְּרִיךְ הוּא ׳מַה׳ וְשָׁדֵי בְּ׳אֵבֶר׳ וְאִתְעֲבִיד ׳אַבְרָהָם׳. וּמִלַּת מִי רוֹמֵז לַחֲמִשִּׁים שַׁעֲרֵי בִּינָה וְאִית בָּהּ יו״ד אוֹת קַדְמָאָה דִּשְׁמָא קַדִּישָׁא.
>
> (זוהר ח״א ד ע״א)

> [תרגום: וְיֵשׁ אוֹמְרִים שֶׁנָּטַל הַקָּדוֹשׁ בָּרוּךְ הוּא ׳מִי׳ וְזָרַק בְּ׳אֵלֶּה׳ וְנַעֲשָׂה ׳אֱלֹהִים׳. וְנָטַל הַקָּדוֹשׁ בָּרוּךְ הוּא ׳מָה׳ וְזָרַק בְּ׳אֵבֶר׳ וְנַעֲשָׂה ׳אַבְרָהָם׳. וּמִלַּת מִי רוֹמֶזֶת לַחֲמִשִּׁים שַׁעֲרֵי בִּינָה, וְיֵשׁ בָּהּ יו״ד, הָאוֹת הָרִאשׁוֹנָה שֶׁל הַשֵּׁם הַקָּדוֹשׁ].

הערך הגימטרי של ׳מי׳ הוא חמישים, ומספר זה מתקשר לספירת בינה בשני אופנים. הראשון הוא על סמך המדרש התלמודי החוזר על עצמו בווריאציות שונות גם בזוהר הקדוש:

> רב ושמואל: חד אמר חמשים שערי בינה נבראו בעולם וכולן ניתנו למשה חסר אחד, שנאמר ׳ותחסרהו מעט מאלהים׳. ׳בקש קהלת למצוא

5. ייתכן שהכינוי ׳ראייה׳ לספירת בינה, המובא על ידי רמ״ק בשם הזוהר הקדוש, קשור אף הוא לנקודה זו: ׳פירש הרשב״י ע״ה בזוהר כי הראייה היא תלויה בבינה, וסימן הלב רואה׳ (פרדס רימונים שער כג, פרק כ).

דברי חפץ׳ – בקש קהלת להיות כמשה. יצתה בת קול ואמרה לו ׳וכתוב יושר דברי אמת׳, ׳ולא קם נביא עוד בישראל כמשה׳.

(ראש השנה כא ע״ב)

חמישים שערי בינה, על פי דרשה זו, הם מכלול ההבנות וההשגות שאפשר להשיג בעולם הזה. אולם גם במובן אחר ניתן לראות בבינה את המספר חמישים. תחת ספירת בינה ישנן שבע ספירות תחתונות, והעולה במעלה הספירות מלמטה למעלה מגיע אל הבינה שהיא השמינית.[6] המספר שמונה דומה במיקומו המספרי למספר חמישים, ובמידה רבה המספר חמישים הוא פיתוח של שמונה. ניתן לראות זאת בספירת חמישים השנים עד שנת היובל בתורה: כל יחידה מהשבע הראשונות מורכבת בעצמה משבע (שנות שמיטה), הרי לנו שבע שביעיות שהם ארבעים ותשע, ולאחריהן מגיע השמונה, כלומר החמישים.[7] כך גם יש להבין את שבעת השבועות של ספירת העומר ויום החמישים הבא לאחריהם.[8]

אך מעבר לערך הגימטרי של המילה ׳מי׳, המתקשר לבינה ולמיקומה באילן הספירות, גם פִשרה של המילה הזאת מתקשר לבינה. פשר זה קשור גם לתפקידה של הבינה כלפי מעלה – אל החכמה, וגם לתפקידה כלפי מטה – אל שבע הספירות התחתונות.

ראינו עד כה שמצד אחד ניתן לראות את הבינה כספירה הפורטת ומלבישה את החכמה – ההברקה הראשונה, הרעיון המופשט, החומר ההיולי – ונותנת לה מילים, הגדרות והבחנות. מצד שני, הבינה גם ניצבת אל מול חברתה כאלטרנטיבה. היא מייצגת עמדה של התבוננות שכלית, ניתוח רציונלי של האמונה, בעוד החכמה מייצגת תמימות וקבלה. אל מול שני מודלים אלו נבחן מודל נוסף:

6. ואכן, אחד מכינוייה של הבינה הוא ׳שמינית׳ (יחד עם ספירת הוד, וראו את ההסבר בפרדס רימונים שער כג, פרק כא).

7. השבע והשמונה קשורים זה בזה קשר עמוק. לעיתים הבינה מתוארת כשביעית כשסופרים מיסוד עד אליה ולעיתים כשמינית – כשסופרים ממלכות.

8. מכאן גם תיקון המידות בספירת העומר. כל אחת משבע הספירות התחתונות מורכבת בעצמה משבע ספירות כאלו: החסד שבחסד, הגבורה שבחסד, ועד המלכות שבמלכות. בסיומו של תיקון שבע הספירות כפול שבע אנו מגיעים אל הספירה שמעליהן ביום החמישים – יום מתן תורה, היא ספירת בינה ושער החמישים.

'עמוק עמוק' הן ב' ספירות עליונות, הכתר והמחשבה שהיא דביקה בו, לפי שאין סוף וקץ וגבול ושיעור לעולם הרחמים, ואם ישיג המשיג בהם דבר – לא ימצאנו אלא על ידי הספירה הנקראת 'מי', שהיא הבינה, וזהו 'עמוק עמוק מי ימצאנו'.

(שערי אורה, שער תשיעי)

ר' יוסף ג'יקטיליה מחליף את סימן השאלה בפסוק 'עָמֹק עָמֹק מִי יִמְצָאֶנּוּ' (קהלת ז, כד) בסימן קריאה. כפי שראינו, 'עמוק עמוק' הוא רמז לספירות כתר וחכמה, שהן עמוקות מני ים ובלתי ניתנות להשגה, אולם שעריהן אינם נעולים כיוון ש'מי' ימצאנו – השער אל החכמה עובר דרך הבינה. כבר ראינו כיצד ר' יוסף ג'יקטיליה משתמש במשל הדלי והבאר כדי לתאר את היחס שבין הבינה, שהיא הדלי, לחכמה ולכתר שהן הבאר העמוק (שערי אורה, שער תשיעי). הבאר הזו, שיש בה מים חיים, היא מעין 'בור בלי תחתית' – שהרי החכמה היא המבוא אל הכתר שהוא אינסופי. הקופץ לתוך הבאר כדי לשתות את מימיה יטבע וייעלם. אולם ישנה אפשרות לדלות מים מן הבאר:[9] כלי הדעת שניתנו בעולם, שערי הבינה, מאפשרים להציץ אל מה שהוא מעבר.[10] שאלת ה'מי' מבטאת את המוטיבציה לחקור, לשאול, להתבונן ולהבין.

כמעט מהרגע שתינוק יודע לדבר הוא לא מפסיק לשאול שאלות: מי, למה, היכן. שאילת שאלות היא ביטוי לתנועה פנימית יסודית הנטועה באדם: הרצון להבין – בינה. אם ספירת חכמה היא ביטוי ליכולתו של האדם להיפתח להברקה, להשראה, למה שהוא מעבר ליכולתו והבנתו, הרי ספירת בינה היא ביטוי לתשוקתו של האדם להבין, לדעת, להנהיר את המציאות כך שתהיה נגישה ומבוררת. השאלה 'מי' מסמלת בקשה פנימית זו.

9. אולי ניתן לפרש כך את דברי ר' עקיבא לחבריו טרם כניסתם לפרדס: 'תנו רבנן, ארבעה נכנסו בפרדס, ואלו הן: בן עזאי ובן זומא, אחר ורבי עקיבא. אמר להם רבי עקיבא: כשאתם מגיעין אצל אבני שיש טהור אל תאמרו מים מים, משום שנאמר "דובר שקרים לא יכון לנגד עיני"' (חגיגה יד ע"ב). הקריאה 'מים מים' היא קריאת הצמא המשתוקק למים חיים. החשיפה לאור אין־סוף בפרדס עלולה לייצר את האשליה שאם רק נקפוץ אליו נוכל להרוות את צימאוננו מן המים הללו. אך זו אשליה, שקר. על המים הללו, שהם אבני שיש טהור, ניתן רק להתבונן ממרחק ולדלות מהם מעט מעט.

10. מכאן גם כינויה 'אחרית', על פי הפסוק 'מַגִּיד מֵרֵאשִׁית אַחֲרִית' (ישעיהו מו, י). הראשית היא כינוי לחכמה בהיותה ההברקה הראשונה, אך ניתן לגעת בראשית רק דרך האחרית (פרדס רימונים שער כג, פרק א).

תשוקה זו, בתוספת הכלים שניתנו לאדם, מאפשרים לדלות מים מבאר החכמה ולשתותם. אומנם מדובר בדלי מצומצם המכיל רק טיפה מים החכמה, אך עדיין מימיו מגיעים משם. כשאדם מבין דבר בשכלו, מגדירו ומבררו, הוא מצליח לדלות מעט מים מן החכמה האינסופית.

ראינו, אם כן, שתי דרכים שונות להגעה אל החכמה ולדליית מימיה. אצל ר׳ נחמן ההתבטלות המדלגת על הבינה מאפשרת לגעת במה שהוא למעלה מהבנה והגדרה, באופן אינטואיטיבי. ואילו אצל ר׳ יוסף ג׳יקטיליה הבינה היא הכלי שאיתו ניתן לדלות את מי החכמה:

> ועל ידי הספירה הזאת יתבונן האדם עיקר העיקרים ויסוד כל היסודות, שאלמלא היא אין דרך ליכנס לידיעת קדמותו יתברך, והרי היא כדמיון המליץ הנאמן, כאמרו ׳אנכי עומד בין יהו״ה וביניכם׳ (דברים ה, ה) [...] שאלמלא הבינה לא נכנס אדם לדעת קדמונו של עולם.
>
> (שערי אורה, שער שמיני)

אין לאדם כלים אחרים לגעת במה שהוא מעבר. ממש כשם שמשה הוא המתווך בין הקב״ה לעם ישראל במעמד הר סיני, ואין דרך לעם ישראל לדעת את ה׳ אם לא דרך משה, כך גם ספירת בינה היא המתווכת בין האדם לבין המגע עם האין־סוף – קדמונו של עולם, הכתר והחכמה. הדרך היחידה לגעת במה שהוא מעבר היא להכניסו לתוך כלים, על אף המחיר. לפי ר׳ יוסף ג׳יקטיליה, הדרך אל החכמה חייבת לעבור דרך בינה, והתשוקה של האדם לדעת, להבין ולהשיג מאפשרת לו לדלות מן האין־סוף אל הסופי.

לא מדובר בהכרח במחלוקת קוטבית, אך נדמה כי היא משקפת דגשים שונים שיכולים גם להתחלק בין אנשים ששורשי נשמותיהם שונים זה מזה. ישנם כאלו שמגע עם דבר ללא הבנתו, הגדרתו והנהרתו הוא חסר משמעות עבורם; אם זה לא מובן זה לא קיים. אלו אנשים שספירת בינה היא המשקפיים היחידים שהם מניחים על עיניהם בכל מפעלם.[11] גם ברצותם לגעת במה שהוא מעבר, שיש בו ניחוח של אין־סוף, כלי התבונה הם היחידים שאיתם הם יכולים להשיג משהו מהאין־סוף, ולו גם במחיר צמצומו והגבלתו.

לעומתם יש את אלו שלצד השאיפה להבין, להגדיר ולדייק משאירים

11. כפי שראינו בדיון בספירת חכמה, נראה שזו הייתה העמדה הרווחת בימי הביניים גם ביחס לאמונה (ואולי גם ר׳ יוסף ג׳יקטיליה הושפע ממנה).

ערוץ פתוח להשגה וקליטה שאיננן עוברות דרך הבינה, כאלה שהן מדלגות עליה ישירות אל החכמה, אל ההשגה המופשטת שמכוח היותה נטועה במה שהוא מעבר להבנה היא גם נותרת כזו. אלו יאמרו שהדילוג על הבינה הוא היחיד שמאפשר לגעת גם במה שהוא מעבר לכלי הקליטה הרגילים, ולעולם לא יוותרו על האפשרות לפגוש את האלוהות החבויה בעולם בלי לאבד לגמרי את אינסופיותה.

בדיוננו בספירת חכמה ראינו את דרשת הפתיחה של ר׳ נחמן לספר ליקוטי מוהר״ן, שבה הוא דורש מהאיש הישראלי להסתכל בשכל של כל דבר. כפי שראינו בפרשנות לדרשה זו, מדובר בתנועה המבקשת לדלג על הבינה ולקפוץ מן המלכות, שבלשונו של ר׳ מנחם מנדל מוויטבסק היא האמונה התמימה, הפשוטה, הקבלה (כפי שגם ראינו בדיוננו בספירת מלכות), ישר אל חיקה של החכמה האינסופית.

חשוב לציין כי הסוג הראשון של האנשים – אנשי ה׳בינה׳ – אומנם צמצמו את אור אין־סוף הנמצא בחכמה לכדי הגדרות, כלים ותובנות, אך הוא הופך למטבע עובר לסוחר, הניתן להבנה ולדיבור. הסוג השני של האנשים – אנשי ה׳מלכות׳, פגשו את החכמה ללא צמצומה (כמעט), אך היא נותרה עבורם בגדר של ׳מקיף׳, אינטואיציה, מפגש שהוא מעבר לשכל, להגדרות ולמילים. לכן פעמים רבות מפגש זה נותר סובייקטיבי אולי אפילו עבורם עצמם. מדובר ברגע של הברקה שמשעה שחלף לא ניתן לשחזר או לגייס אותו:

> ׳כִּי אֲנִי יָדַעְתִּי כִּי גָדוֹל ה׳ וַאֲדֹנֵינוּ מִכָּל אֱלֹקִים׳ (תהילים קלה, ה). דָּוִד הַמֶּלֶךְ, עָלָיו הַשָּׁלוֹם, אָמַר ׳כִּי אֲנִי יָדַעְתִּי׳. אֲנִי יָדַעְתִּי דַּיְקָא, כִּי גְּדֻלַּת הַבּוֹרֵא יִתְבָּרַךְ אִי אֶפְשָׁר לוֹמַר לַחֲבֵרוֹ, וַאֲפִלּוּ לְעַצְמוֹ אִי אֶפְשָׁר לְסַפֵּר מִיּוֹם לְיוֹם, לְפִי מָה שֶׁמַּזְרִיחַ לוֹ וּמִתְנוֹצֵץ לוֹ בְּאוֹתוֹ הַיּוֹם אֵינוֹ יָכוֹל לְסַפֵּר לְעַצְמוֹ לְיוֹם שֵׁנִי הַזְּרִיחָה וְהַהִתְנוֹצְצוּת שֶׁל גְּדֻלָּתוֹ יִתְבָּרַךְ שֶׁהָיָה לוֹ אֶתְמוֹל.

(שיחות מוהר״ן, אות א)

הזרחה והתנוצצות של גדולת הבורא, בלשונו של ר׳ נחמן מברסלב, היא השגה של חכמה שאיננה עוברת דרך הבינה ועל כן איננה ניתנת ל׳שימוש׳ רגע אחרי התרחשותה; עם זאת, יש בהשגה זו מן הנשגבות שאובדת כשהיא נכנסת לכלי הבינה.

ד. 'אם הבנים שמחה' ('גן', 'ים', 'רחם', 'אם הבנים', 'מקור חיים', 'שורש האילן')

> וזהו ענין 'מי ברא אלה'. 'מי' הוא בחינת בינה, 'ברא אלה' הן ו"ק דז"א [=וא"ו קצוות דזעיר אנפין. כלומר שש הספירות חסד, גבורה, תפארת, נצח, הוד, יסוד] כל א' כלול משש' כו'.

(תורה אור, יתרו)

האדמו"ר הזקן בדבריו אלו נשען על הזוהר הקדוש בהקדמתו, המפצל את שם אלוהים לשתי מילים – 'מי' ו'אלה'. הזוהר דורש את הפסוק מישעיהו: 'שְׂאוּ מָרוֹם עֵינֵיכֶם וּרְאוּ מִי בָרָא אֵלֶּה, הַמּוֹצִיא בְמִסְפָּר צְבָאָם לְכֻלָּם בְּשֵׁם יִקְרָא, מֵרֹב אוֹנִים וְאַמִּיץ כֹּחַ אִישׁ לֹא נֶעְדָּר' (מ, כו). האדמו"ר הזקן מבאר כי 'מי' זו בינה, ו'אלה' הם ו' קצוות דז"א, רוצה לומר שש הספירות הסובבות סביב תפארת ביחד עימה (חג"ת נה"י). כיוון שכל אחת מספירות אלו כלולה בעצמה משש האחרות, הרי לנו שלושים ושש – בגימטרייה 'אלה'. הבינה, אם כן, היא המולידה את שש הספירות שתחתיה (המלכות, כספירה מקבלת, עומדת בפני עצמה).

דימוי אחר שיכול לבאר את תפקידה של הבינה במקומה בין ספירות כתר וחכמה לבין הספירות התחתונות מובא בדברי ר' משה קורדוברו:

> וענין ענג נודע שהוא: עדן נהר גן, דהיינו עדן כתר, נהר חכמה, גן בינה שבה נטיעות כל האצילות.[12]

(פירוש לספר יצירה ב)

רמ"ק מבאר את הפסוק 'וְנָהָר יֹצֵא מֵעֵדֶן לְהַשְׁקוֹת אֶת הַגָּן וּמִשָּׁם יִפָּרֵד וְהָיָה לְאַרְבָּעָה רָאשִׁים' (בראשית ב, י). עדן מרמז לספירת כתר, שהיא הנצח הקדום; נהר – לספירת חכמה המשקה את המציאות כולה, כפי שכבר ראינו; והגן מרמז לספירת בינה 'שבה נטיעות כל האצילות' (=הספירות המשפיעות העליונות כתר וחכמה). ראשי התיבות של שלושת הכינויים האלו הם 'ענג'.[13]

הבינה בדימוי זה איננה רק דלי הדולה את מימי החכמה, כפי שראינו

12. בהמשך רמ"ק מציע אפשרות חלוקה שונה מעט, אולם כאן אתעכב על חלוקה זו.
13. כינוי נוסף של בינה הוא 'ים' (פרדס רימונים שער כג, פרק י). זהו סידור אחר של

לעיל, אלא היא עצמה קרקע, גן הקולט את מימי החכמה וזרעי הכתר, ומצמיח בקרבו את הספירות התחתונות.

אל כינוי ה'גן' שניתן לבינה נצרף כינוי נוסף:

> [...] ובבינה סוד הצורה, ובה ציור כל הדברים העתידים להתגלות. היא רמוזה באות ה' משמו ית' ב"ה, ואות זו בעלת ג' מרחקים, כי בבינה כלל מחשבת החכמה התפרט לפרטים רבים סוד רחם דידה, הבונה הולד כלול מרמ"ח איברים. לכן בה פנימיות הבנין העתיד להתגלות ממש למטה בסוד שבע ספירות התחתונות הנקראות שבע ספירות הבנין.
>
> (מבוא לחכמת הקבלה חלק א שער ג, פרק ה)

הבינה משולה לרחם, הנושא את תכונת הקבלה מחד גיסא, ואת תכונת העיבוד והיצירה מאידך גיסא.[14] בהתאם לכך נקראות הספירות הבאות תחתיה ספירות הבניין, משום שהם בנים לבינה. כך מובא בשם האריז"ל:

> והענין בקיצור כי הנה הבינה היא אם הבנים ושומרת אותם 'כנשר יעיר קנו וגו' יפרוש כנפיו יקחהו' כדרך העוף הפורש כנפיו ומכסה בניו שלא יקחום עופות אחרים.
>
> (עץ חיים מב, יג)

אם הבנים היא הבינה המולידה ומצמיחה את בניה, השומרת ופורסת את כנפיה עליהם. כשם שצמחי הגן צומחים בקרקעיתו אך נותרים נטועים בו, כך הנשר שומר על גוזליו. בהמשך נברר לעומק את מערכת היחסים של חכמה ובינה כאבא ואימא, אולם לעת עתה נתרכז בהמשלת הבינה עצמה לאם כל הספירות הבאות תחתיה.

כשהברקה הראשונית, ההשראה, ניטעת בבינה שהיא הגן והרחם, מתחיל תהליך של פירוק והרכבה, הבדלה וצירוף. מכאן נולדים רעיונות,

אותיות 'מי', וכפי שראינו גם 'מי' הוא כינוי לבינה. הים הוא גם המקום שאליו זורם הנהר (חכמה), והוא גם מקור המים לכל המציאות.

14. האות ה"א הראשונה בשם הוי"ה (זו שלאחר היו"ד) היא סמלה של ספירת בינה. צורתה של אות זו סגורה משלושה צדדים ופתוחה מצידה הרביעי, כלומר יש בה חלל ופתח; מכאן הדימוי לרחם הקולט, מכיל, מעבד, מוציא ומוליד.

תובנות, הגדרות, תפיסות ועוד. תהליך העיבוד הוא ההתרחשות המפרה ביותר שיש בעולמנו, המקום שבו מתרחשת התנועה העיקרית של הבריאה והאדם זוכה להיות שותף עם הבורא בבריאת העולם.

כשחוה מביאה לעולם את הילד הראשון עלי אדמות היא מעניקה לו את השם קין, ואומרת 'קָנִיתִי אִישׁ אֶת ה'' (בראשית ד, א); 'קניתי' פירושו 'עשיתי' (כמו 'קֹנֵה שָׁמַיִם וָאָרֶץ'), 'את ה'' משמעו – 'עם ה'' (כמו 'אֵת יַעֲקֹב אִישׁ וּבֵיתוֹ בָּאוּ'). חוה מצהירה כי זכתה להיות שותפה בבריאה.

הבינה היא המקום היצירתי שבו מתרחש הפריון. תהליכי החשיבה, ההגדרות, המשוואות, הבנת החוקים ועיצוב המדיניות – כולם שייכים למרחב הבינה, וכל מה שנולד מהם הוא פרי בטנה.

וְעִקַּר הַהוֹלָדָה וְהַהִתְגַּלּוּת שֶׁל כָּל דָּבָר הוּא עַל־יְדֵי בְּחִינַת בִּינָה שֶׁנִּקְרֵאת אֵם הַבָּנִים, כִּי אָז כְּשֶׁבָּא הַדָּבָר לִבְחִינַת הִתְבּוֹנְנוּת שָׁם נִגְמָר הַדָּבָר בְּמַחֲשַׁבְתּוֹ וַאֲזַי יוֹצֵא הַדָּבָר וְנוֹלָד וְנִתְגַּלֶּה בָּעוֹלָם. וַאֲפִלּוּ אַחַר כָּךְ כְּשֶׁנּוֹלָד וְנִתְגַּלֶּה הַדָּבָר עֲדַיִן כָּרוּךְ הִתְבּוֹנְנוּת הַשֵּׂכֶל אַחֲרָיו, כִּי כֵן הַדֶּרֶךְ בְּכָל הַדְּבָרִים שֶׁשֵּׂכֶל הָאָדָם מִתְבּוֹנֵן בְּהַדָּבָר גַּם אַחַר שֶׁיָּצָא לַפֹּעַל לְגַדְּלוֹ וּלְהַשְׁלִימוֹ בִּשְׁלֵמוּת. וְהוּא מַמָּשׁ כְּמוֹ הָאֵם שֶׁמִּתְחִלָּה מִתְגַּדֵּל הַוָּלָד אֶצְלָהּ כָּל יְמֵי הַהֵרָיוֹן, וְאַחַר כָּךְ כְּשֶׁמַּגִּיעַ הַזְּמַן הַלֵּדָה וְהִיא מוֹלֶדֶת הַוָּלָד עֲדַיִן גַּם אַחַר כָּךְ הִיא כְּרוּכָה אַחַר הַוָּלָד לַהֲנִיקוֹ וּלְגַדְּלוֹ וּלְהַשְׁלִימוֹ. כְּמוֹ כֵן הוּא בְּכָל הַדְּבָרִים שֶׁבָּעוֹלָם שֶׁבִּתְחִלָּה הַדָּבָר מִתְעַלֵּם בְּהִתְבּוֹנְנוּת הַשֵּׂכֶל בִּבְחִינוֹת עִבּוּר עַד שֶׁנִּגְמָר וְיוֹצֵא וּמִתְגַּלֶּה בִּבְחִינַת לֵדָה כַּנַּ"ל, וְאַחַר כָּךְ עֲדַיִן הַהִתְבּוֹנְנוּת כָּרוּךְ אַחֲרָיו עַד שֶׁיַּשְׁלִים הַדָּבָר בִּשְׁלֵמוּת. וְעַל־כֵּן נִקְרֵאת בְּחִינַת בִּינָה אֵם הַבָּנִים כַּיָּדוּעַ.

(ליקוטי הלכות, שילוח הקן ד)

תהליך הלידה, מדייק ר' נתן, איננו מסתיים עם צאת העובר מרחם אימו, או במשלו של רמ"ק – עם צמיחתם של הצמחים מעל פני האדמה. היניקה, הגידול, הסיכוך בכנפיים, מלווים את גדילתו וצמיחתו של הנולד לאורך זמן.

כך גם בתהליך ההכרתי. עיבודו של הרעיון איננו מסתיים עם הוצאתו מן השפה ולחוץ; אומנם השלב הראשון הוא התבוננות פנימית, אולם גם לאחר שהדברים יוצאים אל הפועל הבינה ממשיכה ללוותם, לבחון אותם ואולי אף לשנותם בהתאם לתבונה המתבקשת. בבינה מתרחש תהליך

העיבור, היניקה והגידול. בעולמה מתהווים כל העולמות, כל היצורים וכל הספירות.[15]

הכוח המעבד הוא גם הכוח המוליד. סגולתה של החכמה היא בהיותה מכוננת את ה'יש', אולם הישארות בנעלמותה של החכמה תביא לעקרות. מימוש התשוקה להפיכת האידאה לעולם של מעשים ופרטים המצמיחים ציצים ופרחים מותנה ביכולת ההגדרה, העיבוד והתיחום של הרעיון. יש עוצמה כבירה בהטלת הזרע הנעשית ברינה ובאהבה, אך אז הוא נקלט בקרבה של אם הבנים המחתכת ומפלחת אותו להבחנות, הגדרות וקטגוריות. משעת עיבוד זו נסללת המסילה ליצירה שתלך ותירקם ברחמה של הבינה, עד שזו תוציא מקרבה את הספירות התחתונות המכילות בתוכן את כל המציאות המעשית.

מכאן נובעים גם הכינויים 'מקור חיים' ו'מַעְיַן גנים' לספירת בינה.[16] ראינו שספירת תפארת נקראת 'עץ חיים', והיא משפיעה אל המציאות דרך ספירת מלכות הנקראת 'ארץ החיים'.

כעת מונח בפנינו התהליך השלם: מקור חיים – עץ חיים – ארץ החיים, תהליך ההשתלשלות מהבינה דרך התפארת אל המלכות, שתכליתו מתן חיים לעולם.

היכולת להגדיר היא גם האפשרות להפוך את הרעיון וההברקה למטבע עובר לסוחר. השראה פנימית לא מוגדרת שמקומה בעולם החכמה היא אור גדול, אך אי אפשר לחלוק אותו עם אחרים. לשם העברת רעיון ובנייה שלו קומה על גבי קומה נדרשים תהליכיות, התבוננות והגדרה, וזה כאמור תפקידה של הבינה.

ה. אם הדינים (המתקת הדינים בשורשם)

מלאכת העיבוד, החיתוך, התיחום וההגדרה של ספירת בינה הופכת רעיון לבר מימוש, מוציאה אותו מן הכוח אל הפועל ומולידה אותו. ניתן להמשילה לוועדה בכירה שבפניה מופיע יזם עם רעיונות כבירים בעלי מעוף וחזון, ותפקידה הוא לבחון אותם – אם הם יכולים לעמוד במבחן המציאות,

15. מכאן גם כינויה 'שורש האילן' – האילן הוא אילן הספירות, ושורשו הוא בבינה (פרדס רימונים שער כג, פרק א).

16. פרדס רימונים שער כג, פרק יג.

במסגרת המשאבים ובקישור לסיטואציה הרלוונטית. מדובר בפעולה שיש בה נוקבות, לעיתים אולי אף ממד אכזרי. היזם עשוי להטיח באנשי הוועדה: 'אני מדבר איתכם על חלום ואתם שואלים אותי כמה זה יעלה?'. בשפה הקבלית, כאן ראשיתה של פעולת הדין בעולם.

ועוד כי הרשב"י ע"ה פירש הפך זה באמרו כי דינין מתערין מסטרא דבינה, כמו שנבאר בשער הנזכר, מורה כי עילת הגבורה היא הבינה ומשם דינים.

(פרדס רימונים שער ה, פרק ג)

רמ"ק מביא את דברי הזוהר הקדוש 'בינה דינין מתערין מינה'.[17] ספירת בינה ממוקמת באילן הספירות בצד שמאל, צד הדין. למעלה מזה – הבינה נמצאת בראש ההנהגה השמאלית, כשתחתיה ממוקמת הגבורה ולאחריה במדרגה הבאה ההוד; בלשונו של רמ"ק – 'כי עילת הגבורה היא הבינה ומשם דינים'. התנועה הראשונה בתוך עולם היש, תנועה שיש בה צמצום, הגבלה ובלימה, נעשית בבינה (תנועת הצמצום הראשונה קדמה ל'יש', והיא זו שהולידה אותו), ומשם היא משתלשלת גם למישורים האחרים של המציאות. הבינה, אם כן, היא אם הבנים אך גם אם הדינים.

מדוע אם הבנים, שהיא מקום הרחם והרחמים והיא המבקשת להשפיע ולהוליד, היא גם אם הדינים? כיוון שלא ניתן להוליד, להצמיח ולבנות ללא דין. השאיפה של אדם להוציא את חוכמתו מן הכוח אל הפועל ולהפוך אותה מתלמוד שאין בו מעשה לתלמוד שיש בו מעשה, עוברת דרך סוד הצמצום ופעולת הדין. האימא קוצבת, וקצבה זו היא המעניקה חיים וממשות על ידי החסד שאותו היא מבקשת להרעיף על ילדיה. כך בשלב העיבור, כך בשלב הלידה וכך גם בשעת ההנקה והחינוך. זהו הרעיון הניצב מאחורי ההדרכה החינוכית 'חוֹשֵׂךְ שִׁבְטוֹ שׂוֹנֵא בְנוֹ' (משלי יג, כד): השבט הוא הדין, המבקש לעצב מערכת חיים שיש בה גבולות והגדרות, ואפילו סנקציות על פריצתם. לא ניתן להעניק שפע אמיתי לילדינו ללא ה'שבט' הקוצב. תנועת הצמצום של הבינה, אם כן, היא ביסודה תנועה של חסד, תנועה של אימא המבקשת להוליד וליצור.

17. זוהר ח"ג י ע"ב.

סוד אחדות זו שבין אם הבנים לאם הדינים יוכל להסביר מאפיינים נוספים הקשורים לעולם הבינה.

וְאֵין דִּין נִמְתָּק אֶלָּא בְּשָׁרְשׁוֹ, וְשֹׁרֶשׁ הַדִּינִים בַּבִּינָה, כְּמוֹ שֶׁכָּתוּב: 'בִּינָה דִּינִין מִתְעָרִין מִנַּהּ' (זוהר ח"ג י ע"ב), 'אֲנִי בִּינָה לִי גְבוּרָה' (משלי ח, יד).

(ליקוטי מוהר"ן קמא, מא)

המתקת הדינים היא אחד מיסודותיה החשובים והמעשיים של תורת הסוד. הדינים כולם, מלמד ר' נחמן, נמתקים בבינה שהיא שורשם. כאמור, הבינה היא המקום שבו מתהווה לראשונה הדין – הגבול, הצמצום וההגבלה. משם הוא הולך ומתפרט בספירות השמאליות – בגבורה, בהוד ואף בספירת מלכות, שאומנם ממוקמת באמצע אך יש בה יסוד דיני ועל פי הסוד נטייתה שמאלה. המושג 'המתקת הדין' משמעותו הפגת טעם מרירותו. הדין נוקב, כועס, אכזרי ומר, אך הוא איננו מוכרח להישאר כך. ניתן לפעול עליו באופן כזה שגם אם הוא לא ייעלם הוא לפחות יומתק ויתרכך. דין מומתק איננו פוגע ומאיים כמו דין שאינו מומתק, וכפי שנראה להלן הדין אף עובר טרנספורמציה כשהוא מונח בהקשרו המדויק.

על פי הסוד המתקת הדין נעשית על ידי העלאתו לשורשו, וכאמור שורש זה הוא הבינה. היכולת להביא את הדין אל שורשו, מקורו ומקום היווצרותו, היא זו הממתיקה אותו ומכהה את חדותו. נבחן כעת הסברים שונים לרעיון המתקת הדינים על ידי העלאתם לשורשם – אל הבינה.

1. מריבוי לאחדות

או יאמר 'והנה שבע שבלים עולות בקנה אחד' וגו'. יש בכאן סוד המתקת הדינין בשורשן כי ידוע שורש כל הדינים הוא מבינה, כי מינה דינין מתערין, וכשמעלין הדינים לשורשן שהוא עולם הבינה שם נמתקו כל הדינים. ויש להסביר הדבר, כי ידוע שהדינים הם בסוד ל"ט מלאכות ונגד זה יש ל"ט קללות. והיינו כי כל מלאכה הוא צמצום, כי קודם שעושה המלאכה מחשבתו מתפשטת בכמה ענינים, וכשעושה כל דבר מלאכה אזי מצמצם מחשבתו כולו בתוך אותו הדבר. וזהו דרך משל, והסוד הוא שמזה נמשך דינים כשנופל לבחינת צמצום,

כי כל צמצום הוא דין כידוע. וכשמעלים הדינים לעולם הבינה היינו לעולם המחשבה, ושם אין פירוד כלל כי שם נכללו ונתאחדו כל הז׳ ספירות ואין בהם פירוד כלל להיות חסד וגבורה וכו׳, רק הכל נכללו ונתאחדו כאחד, מחמת שיצאו מן הצמצום שהוא עולם הפירוד ובאו לעולם הבינה שהוא עולם המחשבה והמחשבה הוא אין סוף, ולכך שם נמתקו כל הדינים.

(דגל מחנה אפרים, מקץ)

ר׳ אפרים מסדילקוב, נכד הבעש״ט, מתאר את התפשטות הדינים מהבינה ומטה כמעבר מל״ט אבות מלאכה לל״ט קללות.[18] אבות המלאכה מבטאים את המעבר מעולם המחשבה לעולם המעשה, והם קשורים לסילוק מגן עדן שבו לא היה מעשה. ׳אָדָם לְעָמָל יוּלָּד׳ (איוב ה, ז), ועיקר עיסוקו הוא במלאכותיו; זוהי קללת אדם הראשון. ואכן יש קללה בצידה של המלאכה, שהרי היא משקיעה את האדם בעולם חומרי שיש בו פרטים והבחנות, גבולות וצמצומים; עולם שהמציאות בו עכורה, והיא מותירה את האדם בעולם של פירוד שנדמה שכל פרט בו איננו קשור לזולתו. גם בשפה ההלכתית של השבת, התורה אומרת ׳לֹא תַעֲשֶׂה כָל מְלָאכָה׳ (שמות כ, ט) – זוהי החכמה, והבינה היא הניסיון החז״לי לפרוט עיקרון זה לאבות ותולדות, הגדרות ודיוקים ודקדוקי דקדוקים, ניסיון המוליד את ל״ט אבות המלאכה. במרחב הזה יש צמצום והגבלה, ולכן השלב הבא בהתהוות הוא הדין הכרוך בו. המלקות, הקללות, העונשים, הוויתורים שהאדם נדרש להם והמחירים שהוא משלם עליהם – כל אלו הם מימושו הנוקב והכואב של הדין הראשוני.

העלאת הדינים לשורשם, לשיטת בעל ׳דגל מחנה אפרים׳, היא השיבה אל שורשם של הפרטים טרם התהוותם והתפרטותם. הבינה היא מקור ההתפרטות, על כן בבינה שבים הדברים אל עולם המחשבה שבו הכול קיים באחדות. הבינה היא השער אל ספירת חכמה, שבה אין התפרטות, והשיבה אל הבינה היא שיבה אל הרגע שבו היא עדיין לא פעלה את פועלה – שכפי שראינו כל עניינו הוא לתחום, להגדיר ולהצמיח עולם

18. על פי הזוהר הקדוש, כשגורשו האדם ואשתו מגן עדן לאחר החטא הנחש והאדמה לקו בל״ט קללות (זוהר חדש, רות א) שהן כנגד ל״ט מלקות.

של ריבוי. השורש, כך סובר ר׳ אפרים, הוא המקום שבו פעולת הצמצום והריבוי עדיין לא נעשתה.

על פי ר׳ אפרים המוקד של הדינים והמתקתם הוא בניגוד שבין הריבוי לאחדות. אם נשוב לממד של מלאכות שבת שבו משתמש ר׳ אפרים כדי להנהיר את הרעיון, נוכל לומר כי כשאדם לומד את פרטי הפרטים של המלאכות ואת ההבחנות הדקות ביניהן, הוא חש בריבוי ובפירוד. אך כשהוא עולה אל שורשם של הדברים, אל הרעיונות והאידאות הראשוניים, אל עיקר הרעיון של איסור המלאכה בשבת ושל השביתה – אז הדינים והפרטים מקבלים את משמעותם באידאות וברעיונות, ואזי הם נמתקים בשורשם.

הרב קוק כתב רבות על הצורך האקוטי להעלות את הפרטים בחזרה אל הכללים ולהמתיקם. הוא אף משתמש בשפת הספירות, ומתאר עלייה זו כחזרה אל ספירת בינה:

> צריך האדם להתעשר בפרטים תחלה, כדי שיוכל לתן לרוחו חופש והרווחה לסקירות כלליות, שזהו כל עונג רוח האדם, השואף להרחבת הנהר של הבינה העליונה. אחר שבא למדרגה הוגנת של רכישת פרטים, אז הולך הרוח ויוצר לו ערכים כלליים, שהם הולכים ומתנשאים מעל כל הפרטים. וכשהם משתלמים בצביונם, **מרחפים הערכים של הבינה העליונה על הפרטים הרבים, כיונה זו שמרחפת על קנה, להוציא מן הכח אל הפועל את החיים והאור הגנוז בכל פרט ופרט, על ידי תבונה חודרת, השואבת מהבינה העליונה, ומענקת עושר לפרטים הרבים**, בהמון שינויי גווניהם. אז מגיע תור הגדלות לאדם, שתובע ממנו שלא תהיינה פעולותיו מצוות אנשים מלומדה, אלא שכל פעולה וכל הרגל, כל עבודה וכל מצווה, כל רגש וכל רעיון, כל תורה וכל תפילה, תהיה מוארה באור הגנוז, באור הכללי, הגנוז בנשמה העליונה, לפני הופעת פעולתם.
>
> (אורות הקודש א, עמ׳ נג)

החיבור המחודש של הפרטים אל הערכים הכלליים שבבינה מעניק להם אור חדש, ומאפשר להם להוציא מהכוח אל הפועל את הערך הגנוז בהם. ערך זה נעלם מהעין כשהפרטים מנותקים מן הבינה, אך החיבור המחודש אליה ממלא את הפרטים והדינים באור חדש.

2. לשוב אל המניע הראשוני של הדין

ונודע אשר כל עיקר המתקת הדינים הוא בשורשן שהוא בבחינת הבינה שממנה דינין מתערין, ובעצמה היא רחמים פשוטים, וכאשר נמתק הדין שמה אז נתבסמו כל העולמות ברחמים, וכאמה כבתה מלאה רחמים וחסדים. וזה פירוש 'השיבה שופטינו כבראשונה', שיהיה נעשה בחינת שופט הצדק שהוא בית דין שלמטה דינא דמלכותא, 'כבראשונה' כימים הראשונים בחינת הבינה שנקראת ימים הראשונים, בסוד הכתוב 'כי שאל נא לימים הראשונים' (דברים ד, לב) כנודע.

(באר מים חיים, ויגש מד)

ר' חיים מטשרנוביץ', מגדולי תלמידי ר' יחיאל מיכל מזלוטשוב, מציע פשר אחר לרעיון העלאת הדינים לשורשם. כדי להבין פשר זה עלינו לחזור לחיבור שבין אם הבנים לאם הדינים.

אם הבנים מבקשת להיטיב לילדיה, כמי שיצרה אותם; לעומת זאת, אם הדינים היא השורש והמניע של כל הדינים. ההבחנה בין השורש לבין הדין איננה הבחנה בין חסד לדין או בין חכמה לבינה, אלא הבחנה בין **המניע** של הדין לבין הדין עצמו. הגבורה, ההוד ובעיקר המלכות, הנמצאות תחת הבינה בקו הדינים, הן המוציאות את הדין לפועל; אך המניע שלו הוא בבינה. לדוגמה, כשהנביא ישעיהו (י, ה) אומר 'אַשּׁוּר שֵׁבֶט אַפִּי' הוא איננו מתכוון שאשור מודע לכך שהוא שבט אלוהים וכלי בידו לחנך את עם ישראל. אשור הוא דין גמור וכוונתו להזיק, אך שורשו של גזר הדין הוא במניע, ושם ניצב אלוהים המבקש להיטיב, לתקן ולרומם את ישראל כדי להשיבם לארצם באופן מלא ואמיתי.[19]

הבינה, כפי שראינו, מחוברת אל העולם הממשי. אולם היא מחוברת גם אל הכתר והחכמה שהן ביטוי לרחמים הגמורים (כפי שנראה להלן בדיוננו בספירת כתר), לעמדת ההשפעה הראשונית שבה אין שום דין:

ומן השם הזה מתחלת מידת הדין להימשך בספירות, אבל אינה מידת הדין גמורה, שהוא נאחז בעולם הרחמים, ולפיכך נכתב במכתב

19. אינני טוען, חס ושלום, שספירות גבורה או הוד הן נעדרות תודעה שליחותית כאשור, אך ההבחנה בין המניע לבין הדין עצמו מתבררת דרך השוואה זו.

הרחמים ונקרא בקריאת הדין, נכתב יהו״ה ונקרא אלהי״ם. וזהו סוד קשר מידת הדין במידת הרחמים, למעמיקים בסתרי המרכבה.

(שערי אורה, שער שמיני)

המתקת הדין, אם כן, איננה ביטולו אלא היכולת לחבר בין המניע לבין הדין, ולהפוך את המניע לנוכח בגזר הדין באופן אקטיבי. ילד שמקבל עונש מאביו סובל את ייסורי הדין, אולם כאשר אביו מסביר לו כיצד עונש זה מועיל, וכשהוא משכנע את הבן כי כל כוונתו בעונש זה היא להיטיב לו – הרי הייסורים מומתקים. הם אינם מתבטלים, אולם המרירות הקשה כל כך פגה מהם.

דרך משל, כשסוהר בבית האסורים מעניש את האסיר, או כשמורה מעניש את תלמידו, תחושת הקושי והדין נוכחות במלוא עוצמתן. אולי אפילו כשהעונש ניתן על ידי אבא קשה להפיג את טעם המרירות. אולם כשידה של אימא היא המענישה הרי על פני הדין מתפשט נועם אימהי של חסד ורחמים. זוהי הבינה שהיא אם הבנים! ר׳ יוסף ג׳יקטיליה ממחיש זאת דרך המנהג הנהוג לעיתים בקריאת הנביאים לקרוא את שם אלוהים במקום שבו כתוב שם הוי״ה. החקיקה של שם הוי״ה בכתב מספרת על מקור החסד שבשם זה, אך הקריאה בשם אלוהים היא החסד המתלבש בדין – זו הבינה.

בדיוננו בספירת חכמה נגעתי בהבדל שבין יראת העונש הממוקמת בספירת גבורה, לבין יראת הרוממות הממוקמת בחכמה. במידה רבה, היכולת להתרומם מיראת העונש ליראת הרוממות היא על ידי העלאת הדין לשורשו (אם כי ביחס ליראה ההעלאה היא אל החכמה, ולא אל הבינה). כשילד מפחד מעונשו של אביו הוא חווה דין קשה; פחד זה שייך לעולם הדינים. אולם אם הילד יודע שהעונש נובע מהגודל שהאב מייצג עבורו ומכך שהוא מבקש לרוממו אליו, אז היראה מתעלה אל שורשה והדין מומתק.

ועל דרך הסוד, ׳ושפטו את העם משפט צדק׳, ואז ׳צדק צדק תרדוף׳. דע כי יש צדק תחתון וצדק עליון, צדק תחתון היא מדת מלכות, ׳דינא׳ דמלכותא ׳דינא׳, אותיות אדנ״י. צדק עליון בינה, דמינה מתערין דינא. וצדק תחתון הוא סוד הארץ כנודע, וצדק עליון הוא סוד עולם הבא. וארץ ישראל ועולם הבא נִתנו על ידי יסורין שהם מכח הדין. וכשסנהדרין ידונו משפט צדק מכח התורה, כמו שכתבתי לעיל שהסנהדרין דנין דין תורה, והתורה נִתנה גם כן על ידי יסורין,

אז 'למען תחיה וירשת את הארץ', ירושת הארץ צדק תחתון, תחיה, חיות הנצחיי עולם הבא, צדק עליון.

(שני לוחות הברית, שופטים)

ר' ישעיה הלוי הורביץ, השל"ה הקדוש, מתייחס לזיקה שבין מלכות, שהיא צדק תחתון, לבינה, שהיא צדק עליון (בהמשך הפרק אעמוד באריכות על הזיקה שבין מלכות לבינה). המלכות, אומר השל"ה, היא סמל לארץ, הבינה היא סמל לעולם הבא, ושתיהן שייכות לעולם הדין. ארץ ישראל והעולם הבא נקנים בייסורים, שהם תוצאת הדין: לא ניתן להגיע אל העולם הבא ללא עמידה במשפט וזיכוך וטיהור של הנפש, תהליך שלעיתים מלווה בייסורים; ולא ניתן לזכות בארץ ישראל ללא גלות ארוכה, מזככת ומטהרת, שמביאה את עם ישראל למדרגה הראויה לרשת את ארצו. לכך מוסיף השל"ה שאף התורה עצמה נקנית בייסורים, ועל כן כך היא גם דרכה של התורה.

כשסנהדרין שופטים אדם על פי משפט התורה, קובע השל"ה, נוצרת זיקה בין התורה, ארץ ישראל והעולם הבא: 'וְשָׁפְטוּ אֶת הָעָם מִשְׁפַּט צֶדֶק' – זו התורה, ועל ידי זה 'צֶדֶק צֶדֶק תִּרְדֹּף' – צדק תחתון שהוא בחינת ארץ ישראל, וצדק עליון שהוא בחינת עולם הבא. מדוע שפיטת העם על ידי הסנהדרין במשפט צדק נושאת את סגולת החיבור הזו בין התורה, ארץ ישראל והעולם הבא?

נראה שמשפט זה הוא הפעולה של המתקת הדינים בשורשם. כשבית דין של מטה שופט את בני האדם בבחינת 'דינא דמלכותא' – משפט שאיננו דין תורה, הוא שואב את כוחו ממידת הדין שירדה לעולם, וכוח זה עלול להיות מנותק מן המקור והמניע האלוהי. הדין הראשון שבא לעולם נועד להוליד ולהצמיח, להפוך את החכמה האלוהית למקור בר יניקה – זו הבינה שהיא אם הדינים ואם הבנים. אך כשבית דין של מטה שופט משפט הוא מבקש להעניש, ולעיתים אף לנקום; זהו דין גמור שאף אם בשורשו הוא אכן יונק מן הרצון להיטיב ולתקן, הרי הענף מנותק מן השורש והדין מתגלה במלוא עוזו ועוצמתו. לעומת זאת, כשאותו בית דין שופט על פי דין תורה, נעשה חיבור בין צדק תחתון, שהוא בחינת סנהדרין, בחינת מלכות, לצדק עליון שהוא בחינת בינה. דין התורה אוגד בקרבו את סודם של הצדק והמשפט האלוהי, שכל חפצם להיטיב ולהצמיח. כשדין זה נעשה עולמות הצדק מתחברים אל שורשם, ואז גם כל הדברים הנקנים בייסורים

מתגלים ונחשפים: גם הייסורים שבדרך אל התורה, ארץ ישראל והעולם הבא מתבררים כצדק עליון שמטרתו להיטיב.

ר׳ חיים מטשרונביץ׳ מלמדנו כי ׳השיבה שופטינו כבראשונה׳ היא בקשה למשפטה של הבינה, שהיא השופטת הראשונה בקיומה של ההוויה. אנו מבקשים את משפטה של הבינה מפני שבראשוניות שלה נוכחת עדיין היטב המודעות לשורש ולמקור שכל עניינו להיטיב ולהוליד. משפטה של הבינה הוא משפט אולם הוא מלא חסדים, והם מתפשטים על פני הדין כולו וממתיקים אותו, במתיקות של רחמי אם. כשצדק תחתון מתאחד בצדק עליון, אז הנשפט בפני הסנהדרין או בפני אביו ואימו חש כי מפעם בהם הצדק העליון של הבינה המבקשת להיטיב ולתקן עולם. כשלתוך אולם בית המשפט נכנסת העמדה הרוחנית של אם הבנים הרי הדינים מתמזגים בשורשם, גזר הדין נמתק וחסד ורחמים מציפים את העולם; ואזי – ׳אם הבנים שמחה׳.

ו. בינה ומלכות (ה"א עליונה וה"א תחתונה)

שם הוי"ה, כפי שראינו, הינו מפתח לכל עשר הספירות: קוצו של יו"ד מייצג את ספירת כתר, יו"ד – חכמה, ה"א (הראשונה והעליונה) – בינה, וא"ו – חג"ת נה"י (הערך הגימטרי של וא"ו הוא שש, כנגד שש הספירות שבלב האילן), ה"א (השנייה והתחתונה) – מלכות.

מחלוקה זו עולה שבינה ומלכות דומות, קשורות ובעלות מכנה משותף – שכן הן מסומנות באותה אות. תיאור כולל של היחס בין שתי ספירות אלו מצוי בדברים הבאים:

והנה ספירת המלכות היא בית קיבול לכל הברכות הבאות מספירת הבינה, ולפיכך זו דוגמת זו. ושתיהן, בינה ומלכות, הן סוד שתי ההי"ן אשר בשם יהו"ה יתברך: ה"א ראשונה, בינה, ה"א אחרונה, מלכות. והנה המלכות מקבל סוד שפע הברכות הנמשכות מן הבינה, כמו שפירשנו, ולפיכך זו שמיטה וזו יובל; זו שכינה עילאה וזו שכינה תתאה; זו אם עילאה וזו אם תתאה; זו בית שער לספירות עליונות וזו בית שער לספירות התחתונות; על ידי ה׳ ראשונה מקבלות ברכות שאר כל הספירות ועל ידי ה׳ אחרונה מקבלים ברכות וקיום כל הנמצאים הנבראים; זו נקראת תהילה וזו נקראת תפילה; זו נקראת כיפור וזו

נקראת כיפורים; זו נקראת שמינית וזו נקראת שמינית, מלמעלה למטה מלכות שמינית, מלמטה למעלה בינה שמינית, לפי ששתי הספירות העליונות כלולות בבינ"ה, כמו שפירשנו, וזהו סוד 'ביום השמיני עצרת תהיה לכם' (במדבר כט, לה), וכבר ביארנו למעלה.
(שערי אורה, שער שמיני)

ר' יוסף ג'יקטיליה מציב מערכת מושגים שלמה המקבילה בין הבינה למלכות:

בינה	מלכות
ה"א ראשונה	ה"א אחרונה
אם עילאה	אם תתאה
שכינה עילאה	שכינה תתאה
מקור הברכה לשאר הספירות	מקור הברכה לנבראים
בית שער לספירות עליונות	בית שער לספירות תחתונות
צדק עליון	צדק תחתון
יובל	שמיטה
תהילה	תפילה
כיפור	כיפורים
שמינית מלמטה	שמינית מלמעלה

בדברים הבאים אנסה לפענח את הזיקה שבין שתי ספירות אלו דרך המושגים וההבחנות שהניח בפנינו ר' יוסף ג'יקטיליה.

1. 'שכינה עילאה' ו'שכינה תתאה' ('אימא עליונה' ו'באר שבע' – בינה, 'אימא תחתונה' ו'בת שבע' – מלכות)

בסיס הזיקה בין בינה למלכות הוא הבחינה הנקבית שלהן – אימא עליונה ואימא תחתונה.[20] על כן העקרונות והמאפיינים שהוגדרו ביחס לספירת

20. כאמור, הדבר גם בא לידי ביטוי בסימון שלהן בשם הוי"ה. כפי שראינו, שם הוי"ה מתחלק לשניים: י־ה; ו־ה. היו"ד והו־וא"ו הן הספירות הזכריות (גם צורתן – קו קצר

מלכות תקפים גם ביחס לבינה. העיקרון הראשון ואולי המרכזי ביחס לספירות אלו, הנקראות שתיהן שכינה, הוא המאפיין הנקבי של האלוהות: קבלה ונוכחות, וגם מקור יניקה.

כפי שהוסבר לעיל, הבינה ערוכה ומוכנה לקבל את השפע היורד מן הכתר והחכמה. היא הרחם הקולט לחיקו את ההברקה, ההשראה, הרעיון הגדול, ופניה בכל עת אל מי שמעליה (או לצידה, כפי שנראה להלן ביחס לזיקה שבין חכמה לבינה) כדי לקבל ממנו את השפע. כך גם המלכות, שכפי שראינו במהותה היא כלי קיבול לכל הספירות שמעליה, ערוכה להעניק כלים לאור האלוהי המבקש להופיע במציאות הממשית.

נוסף על כך, תכליתה של קבלה זו היא להשפיע את השפע הלאה אל המציאות. הרצון להשפיע איננו מספיק; יש להוריד, לממש ולתרגם אותו לממשות. גם בכך ישנו מכנה משותף לבינה ולמלכות: שתיהן מבקשות להוליד מהשפע מציאות ממשית.

לבסוף, יכולת ההשפעה של אורות גדולים במציאות מחייבת נוכחות מתמדת במרחב שבו השפע אמור להשפיע, רוצה לומר בעולמות התחתונים. 'שכינה' משמעותה נוכחות, ולכך יש מחיר – 'הַשֹּׁכֵן אִתָּם בְּתוֹךְ טֻמְאֹתָם' (ויקרא טז, טז). האוריינטציה של שתי ספירות אלו היא של נוכחות בתחתונים. התנועה הפנימית של שתיהן היא השכנת השפע במציאות, ולכן שתיהן 'נפרדות' במידת מה מבני זוגן, ומוכנות לוותר על הישיבה במגדל השן של האצילות – כל אחת במדרגתה – ולהתחכך בעולם הממשי (להלן נראה כי תיאור זה פחות מתאים ליחס שבין חכמה לבינה, אך לעת עתה נסתפק בו). התנועות הללו מתרחשות פעמיים: פעם בשלב המחשבה, האידאות והרעיונות, ופעם בשלב הדיבור והמעשה.

עם זאת, ההקבלה בין ספירות אלו גם מדגישה את ההבדל ביניהן. הנכונות להתבונן ברעיון, במחשבה, בהברקה ולנסות לפרוט אותם לפרטים, להגדיר אותם ולדייקם, היא תנועה נוקבת של מעבר מהמופשט אל הממשי. תהליך זה, המתרחש בבינה, מונע מהרצון לממש ולהשפיע אך הוא עדיין מתרחש כולו בתוך האלוהות, או אם עוסקים במימושן של הספירות באדם – בתוככי האדם. המחשבות, הרגשות והתחושות נולדים במפגש

וקו ארוך – זכרית), ושתי אותיות הה"א – בנות זוגן, הן הספירות הנקביות (וכך גם צורתן – צורת הה"א שיש לה בית קיבול, רחם – מתאימה להבחנה זו).

שבין הבינה לחכמה מחד גיסא, ובין הבינה למה שהיא מולידה אחריה מאידך גיסא; אך עדיין הדברים מתרחשים בפנימיות של האלוהות או האדם.

לעומת זאת, המעבר מתשע הספירות אל המלכות נושא אומנם את אותה התנועה של הבינה, אך הפעם היא מתממשת במציאות הנבדלת מן האלוהות, כביכול, או מן האדם. זוהי הנוקבא האולטימטיבית – המלכות, המאפשרת את ההוצאה מן הכוח אל הפועל במציאות הממשית, כפי שהרחבתי רבות. אותה התנועה של בינה מתרחשת במלכות, אך הפעם היא מאפשרת לא רק את לידתן של המחשבות המוגדרות, הרגשות המבוררים, החשק, התשוקה והתכנון, אלא גם את התממשותם של כל אלו במרחב האובייקטיבי של המציאות – זו השכינה התחתונה.[21]

סיכום נאה של דברים אלו מצוי בדברי ר׳ יוסף ג׳יקטיליה:

> זה הכלל, ׳באר שבע׳ הוא סוד הבינה להריק ברכה לשבע ספירות של מטה. ׳בת שבע׳ היא המלכות בהיותה מתמלאת ברכה משבע ספירות אשר עליה, ואז היא משפעת ברכות על כל הנמצאים למעלה ולמטה. נמצאת למד כי אלו שתי הספירות, שהם בינה ומלכות, הם סיבת התגלות כתר עליון וסיבת השפע וברכה והקיום לכל הנמצאים. ספירת בינה מושכת השפע העליון מן המקור לשבע ספירות שתחתיה, עד שמתמלאת מידת המלכות מכל מיני שפע וברכה. וספירת המלכות מושכת מכל מיני ברכה ושפע ואצילות מן הספירות שעליה, ואז היא מפרנסת את כל הנמצאים למעלה ולמטה, לפי שספירת מלכות היא סוד הפרנס הגדול המפרנס את כל הנבראים, כמו שביארנו בשער הראשון. אם כן אלו שתי הספירות, שהם בינה ומלכות, הן מכוונות זו אצל זו.
>
> (שערי אורה, שער שמיני)

ראוי לציין הבדל משמעותי בין הבינה למלכות בהקשר זה. הבינה פועלת באופן אקטיבי על החכמה; אומנם היא מקבלת ממנה, אך משעה שקיבלה היא מעבדת, מגדירה, יוצרת ומולידה. הדבר בא לידי ביטוי, כפי שראינו, בהיותה אם הדינים המפעילה דין וגבול על השפע כדי להוציאו מן הכוח

21. כפי שכבר ראינו, מתנועה זו גם נובע הדין והמשפט שיש בשתי ספירות אלו – צדק עליון וצדק תחתון.

אל הפועל. הבינה הופכת את השפע המופשט, האבסטרקטי והבלתי מוגדר למפורט, מובדל ומובחן.

המלכות, לעומתה, עניינה לקבל את השפע ולהביאו כמות שהוא לעולם. בשלב זה השפע כבר מפורט, מוגדר ומגוון, ומשימתה של המלכות היא להשכינו ולהנכיחו במציאות. המלכות, כפי שראינו, לית לה מגרמה כלום; היא רק מקבלת ומנכיחה.

אם כן, הקבלה וההוצאה מהכוח אל הפועל משותפת לשתיהן, אך בבינה שם המשחק הוא עיבוד והולדה, ובמלכות – הנכחה והשכנה. ניתן לדמות זאת לשני סוגים של הנחיית קבוצות. הנחיה מסוג אחד עסוקה בלקבל את מה שהמשתתפים אומרים ולעזור להם על ידי הצבת שאלות, תביעה להגדרה והבנת ההשלכות של הנאמר, כדי להוציא אותו מן הכוח אל הפועל ולהפוך את האמירה המופשטת לקונקרטית, למטבע עובר לסוחר. סוג שני של הנחיה מבקש בעיקר לעשות שיקוף והנכחה של הנאמר: הוא משתדל לתת לדברים שנאמרו מקום, מרחב ונוכחות, בלי לנסות לעבד, לנתח, להגדיר ולהוליד אותם; לתת להם להופיע בקבוצה ולהדהד אותם כפי שנאמרו.

2. יובל ושביעית ('גאולה', 'שופר גדול', 'חירות', 'רחובות הנהר', 'אמונה עילאה', 'אני')

הזוהר הקדוש מתייחס להופעתן של שתי אותיות ה"א מיוחדות בתורה:

> אָמַר רַבִּי יַעֲקֹב לְרַבִּי אַבָּא: הַאי ה' דְּ'הִבָּרְאָם' זְעִירָא, וְה' דְּ'הֲלַיְיָ' רַבְרְבָא, מַה בֵּין הַאי לְהַאי? אָמַר לֵיהּ דָּא (שכינתא) שְׁמִיטָה, וְדָא יוֹבְלָא.
> (זוהר ח"א צג ע"א)
>
> [תרגום: אָמַר רַבִּי יַעֲקֹב לְרַבִּי אַבָּא: זֹאת הַהֵ"א שֶׁל הַמִּלָּה דְּ'הִבָּרְאָם' קְטַנָּה, וְהֵ"א שֶׁל 'הֲלַה' [תִּגְמְלוּ זֹאת] גְּדוֹלָה. מָה בֵּין זֹאת לְזֹאת? אָמַר לוֹ: זֹאת (שכינה) שְׁמִטָּה וְזֹאת יוֹבֵל].

ומבאר הרב אשלג בפירוש הסולם שהה"א הקטנה של השמיטה היא ספירת מלכות, והה"א הגדולה של היובל היא ספירת בינה.[22]

שתי אותיות הה"א המדוברות חורגות בגודלן מן המקובל. האחת קטנה

22. פירוש הסולם לזוהר, לך לך שפד.

(הה"א של המילה 'בהבראם' בבראשית ב, ד), והיא מייצגת את הה"א השנייה של שם הוי"ה, כלומר את ספירת מלכות; והאחת גדולה (הה"א של המילה 'הֲלַה' תִּגְמְלוּ זֹאת' בדברים לב, ו), והיא מייצגת את הה"א הראשונה של שם הוי"ה, כלומר את ספירת בינה. הגדולה היא כנגד יובל, והקטנה כנגד שמיטה (ושכינה).

הזיקה של ספירות אלו לשמיטה וליובל היא מתבקשת קודם כול ממיקומן באילן הספירות. המלכות היא השביעית אם סופרים מלמעלה למטה, מספירת חסד. והבינה היא השמינית אם סופרים מלמטה למעלה, מן המלכות, והשמונה כפי שראינו לעיל דומה לחמישים.[23]

למעשה, ישנם שלושה מעגלים של ספירה אל השביעית: ששת ימי השבוע המסתיימים ביום השביעי – שבת; שש שנים המסתיימות בשנה השביעית – שנת השמיטה; ושבע מחזורי שמיטה המסתיימים בשנת החמישים – שנת היובל. החוט השוזר את שתי השביעיות (שבת ושמיטה) והשמינית (יובל) הוא הקדשת המציאות לה':

> שֵׁשֶׁת יָמִים תֵּעָשֶׂה מְלָאכָה וּבַיּוֹם הַשְּׁבִיעִי יִהְיֶה לָכֶם קֹדֶשׁ שַׁבַּת שַׁבָּתוֹן לַה' כָּל הָעֹשֶׂה בוֹ מְלָאכָה יוּמָת.
>
> (שמות לה, ב)

> שֵׁשׁ שָׁנִים תִּזְרַע שָׂדֶךָ וְשֵׁשׁ שָׁנִים תִּזְמֹר כַּרְמֶךָ וְאָסַפְתָּ אֶת תְּבוּאָתָהּ. וּבַשָּׁנָה הַשְּׁבִיעִת שַׁבַּת שַׁבָּתוֹן יִהְיֶה לָאָרֶץ שַׁבָּת לַה' שָׂדְךָ לֹא תִזְרָע וְכַרְמְךָ לֹא תִזְמֹר.
>
> (ויקרא כה, ג-ד)

> וְקִדַּשְׁתֶּם אֵת שְׁנַת הַחֲמִשִּׁים שָׁנָה [...] יוֹבֵל הִוא שְׁנַת הַחֲמִשִּׁים שָׁנָה תִּהְיֶה לָכֶם [...] כִּי יוֹבֵל הִוא קֹדֶשׁ תִּהְיֶה לָכֶם.
>
> (שם פסוק י)[24]

23. עם זאת, ראוי לציין שר' יוסף ג'יקטיליה רואה גם בבינה את המספר שבע ולא שמונה, כיוון שלשיטתו יש לספור מלמטה למעלה החל מספירת יסוד. אולם עדיין גם הוא רואה בחמישים ביטוי של שבע, ראו שערי אורה, שער שמיני.

24. לשלושת הזמנים הללו ישנו גם היבט סוציאלי מובהק: מנוחת העבד בשבת, הפקרת היבול לעניים בשמיטה, שחרור העבדים והשבת הקרקעות לבעליהן ביובל. נראה

שלושה זמנים אלו מעצימים את נוכחות ה' בעולם. כל ימי השבוע האדם עסוק בעשייה, פועל ויוצר, ואילו בשבת הוא מרפה ומצהיר – יש בעל לבירה, 'כִּי שֵׁשֶׁת יָמִים עָשָׂה ה' אֶת הַשָּׁמַיִם וְאֶת הָאָרֶץ'. כך גם ביחס לעבודה בשדה במשך שש שנים ועצירתה בשביעית – זו הצהרה שהארץ שייכת לבורא עולם. הקדשת היום השביעי והשנה השביעית הופכת את כל העשייה של האדם בששת הימים ובשש השנים לעשייה ברשותו של האומר ועושה, מי שהכול שייך לו.

במידה רבה, תנועה זו מתרחשת גם ביובל. שחרור העבדים בהנמקה של 'כִּי לִי בְנֵי יִשְׂרָאֵל עֲבָדִים עֲבָדַי הֵם אֲשֶׁר הוֹצֵאתִי אוֹתָם מֵאֶרֶץ מִצְרָיִם אֲנִי ה' אֱלֹהֵיכֶם' (ויקרא כה, נה), והחזרת הקרקעות בהנמקה של 'כִּי לִי הָאָרֶץ כִּי גֵרִים וְתוֹשָׁבִים אַתֶּם עִמָּדִי' (שם פסוק כג), מנכיחים את העובדה שה' הוא האדון והארץ ובני האדם שייכים לו, ממש כמו בשבת ובשמיטה.

ספירות השכינה העליונה והתחתונה מנכיחות בעולם את האלוהות, ובכך הן מעצבות אותו ומעניקות לו וקטור ברור. העולם שבקרבו אנו חיים נקרא כך כי נוכחות ה' בו היא בהעלם. אך בחלק אחד מתוך שבע יחידות זמן המסך מוסר, והנוכחות האלוהית – השכינה – נחשפת ומעצבת את התודעה והמעשה.

עם זאת, נראה שגם כאן ניתן להצביע על השוני שבין מלכות לבינה: זהו השוני שבין שבת ושמיטה השייכות למלכות, לבין היובל השייך לבינה.

השבת והשמיטה דומות באופיין. כפי שביארנו בדיוננו בספירת מלכות, השבת מתאימה לתנועת המלכות בהיותה הרפיה, מעבר מ־doing זכרי ל־being נקבי. האדם העסוק בעשייה ובפעולה חודל, שומט ומרפה, והופך את עצמו לכלי לקבלת פני שכינה, קבלת שבת. זו עמדת התבטלות, הרפיה ויצירת מקום ומרחב להשראה. תנועת המלכות היא התנועה של קבלת השבת והעצירה ממלאכה בשנה השביעית. במובן זה השבת והשמיטה הן דומות, ומאופיינות בעיקר באי־עשייה.

גם ספירת בינה מכינה עצמה לקבלת שפע מהכתר והחכמה, וגם עליה מוטל לפנות מקום (רחם) לקליטה של הזרע, של השפע. גם שנת היובל היא שנה של התקדשות המייצרת אפשרות להשראת שכינה.[25] אך כאן מגיעים

שאפשר לקשור אף את ההיבט הסוציאלי לספירות בינה ומלכות, אך הזיקה המובהקת יותר היא בהקשר הדתי־קדושתי של זמנים אלו, ובו נתמקד.

25. ישנה זיקה מובהקת בין שנת היובל – שנת החמישים, ליום החמישים – יום מתן

ההבדלים הבולטים בין היובל לבין השבת והשמיטה. הבדלים אלו באים לידי ביטוי בפער שבין השבע (שבת ושמיטה) לשמונה (חמישים – יובל), וממילא גם בין עוצמת ההשפעה על המציאות של נוכחות השכינה בשבת ובשמיטה לעומת היובל, וכן באופי של פעולת האדם או הימנעותו מפעולה בזמנים אלו.

בעוד בשבת ובשמיטה עיקר התנועה הנפשית (והמעשית) של האדם הוא באי־עשייה, בהרפיה ובהשמטה, הרי ביובל האדם והחברה נדרשים לאקטיביות ופעלתנות: העברת שופר בעשור לחודש, שחרור עבדים והשבת הקרקעות. אומנם סופן של פעולות אלו הוא בשחרור – העבדים והקרקעות משתחררים משעבודם, והאדם המשעבד משתחרר מהתלות בהם; אך אל השחרור הזה מגיעים דרך פעולה ועשייה, ולא דרך הרפיה. כפי שראינו, בשונה מהמלכות הבינה פועלת, מבררת ומדייקת; כך גם לא ניתן להגיע אל היעד בשנת החמישים ללא פעולה אקטיבית של האדם.[26]

הבחנה זו באה לידי ביטוי גם בהבדל שבין המספר שבע המתקשר לשבת ושמיטה לבין המספר שמונה (חמישים) המתקשר ליובל. רבים עסקו בהבחנה שבין שני המספרים.[27] השבע הינו ביטוי לשלמות הטבע – יש שבעה ימים בשבוע, והשבת חותמת את הבריאה הטבעית. השמונה הוא הפריצה אל מה שמעבר לטבע – ברית המילה הנעשית ביום השמיני היא ביטוי לתיקון של המציאות הטבעית על ידי האדם, כפי שלימד המהר״ל בעקבות דברי ר׳ עקיבא לטורנוסרופוס הרשע על כך שהמילה מלמדת כי מעשי האדם נאים יותר ממעשי אלוהים.[28]

לא בכדי ימי החמישים וימי השמונה בתורה ובחז״ל מתארים גילוי שכינה. היום השמיני למילואים הוא היום שבו נראה כבוד ה׳ על המשכן,

תורה (על פי החישוב של חז״ל). בעיקר בשם ׳יובל׳ ובדומיננטיות של היובל – כלומר השופר – במעמד הר סיני, כמבשר את ההתגלות האלוהית על ההר.

26. הדבר בא לידי ביטוי בהבחנה ההלכתית ביחס לשמירת שבת, שמיטה ויובל בהיעדר מקדש וארץ ישראל. את השבת אדם שומר בכל מקום, בכל זמן ובכל מצב. הוא איננו צריך לעשות דבר בשביל להחיל על עצמו את השבת, אלא רק להרפות. השמיטה היא במעמד ביניים שכן היא נשמרת בארץ ישראל גם בהיעדר מקדש, אך לא בחוץ לארץ. היובל דורש מספר תנאים רב יותר כדי שאפשר יהיה לקיימו.

27. ראו לדוגמה: ר׳ צדוק הכוהן, רסיסי לילה, נו; מהר״ל, תפארת ישראל פרק ב, וכן בחידושי אגדות גיטין נז ע״א.

28. מדרש תנחומא, תזריע ה. ראו לדוגמה תפארת ישראל פרק ב.

היום החמישים מפסח הוא מתן תורה (על פי חז"ל), ושנת החמישים, היובל, היא ההמלכה של הקב"ה, שמכוחה משחררים את העבדים ומשיבים את הקרקעות.

מסיבה זו ניתן לזהות גם הבדל בעוצמת ההשפעה של גילוי השכינה על המציאות בשלושה מופעים אלו. השבת משביתה את האדם ממלאכתו: בכך יש השפעה על המציאות, כמובן, שהרי האדם מפסיד שביעית ממלאכתו; אולם עינינו רואות שבהיבט הכלכלי החיים של אדם שומר שבת לעומת מי שאינו שומר שבת אינם כה שונים. השמיטה כבר טורפת את הקלפים באופן משמעותי יותר: שביתתו של החקלאי מעבודתו במשך שנה שלמה פעם בשבע שנים מכריחה אותו לבנות חיים כלכליים הלוקחים את הנתון המשמעותי הזה בחשבון. אך מעבר לכל אלו, שנת היובל טורפת את הקלפים באופן מוחלט – שחרור העבדים והחזרת הקרקעות מאפסים את המצב הכלכלי שנבנה במשך חמישים שנה, ומתחילים אותו מחדש.

הדברים מתקשרים זה לזה. השבת ואולי אף השמיטה נשארים במרחב הטבעי של המציאות: הגיוני לדרוש מהאדם לנוח פעם בשבעה ימים, וגם עמים ודתות אחרים עושים זאת ללא ציווי אלוהי. גם שנת שבתון יכולה עוד להיתפס כמשהו טבעי. אך שחרור העבדים והשבת הקרקעות מבטלים את המציאות הטבעית וחושפים את מה שמעל הטבע – 'כִּי עֲבָדַי הֵם', 'כִּי לִי כָּל הָאָרֶץ'. הבינה, אם כן, היא ביטוי למציאות העל־טבעית, להופעה האלוהית הפורצת את הטבע וחושפת אותו לגילוי שהוא 'מעין עולם הבא'. ואילו המלכות היא ביטוי לשכינה השוכנת במציאות הטבעית, דבר הבא לידי ביטוי בשנת השמיטה, שכמו השבת מלמדת שהקב"ה שוכן בקרב עם ישראל בתוך טומאתם, כמו גם בכל המציאות הטבעית. המלכות מאפשרת לאדם להתנהל בתוך חיי הטבע ולקדשם – ניתן למשל לחיות בחברה חילונית ולהסתדר עם שמירת שבת. אך הבינה מכריחה את האדם להתרומם מעל הטבע אל מדרגת העל־טבעי – כך נראית שנת היובל, ולכן היא יכולה להתרחש רק כאשר התקיימו כל התנאים שמאפשרים לעם ישראל להתרומם מעל למדרגתו הטבעית.

מכאן נובע גם מושג הגאולה המופיע בשנת היובל: 'וּבְכֹל אֶרֶץ אֲחֻזַּתְכֶם גְּאֻלָּה תִּתְּנוּ לָאָרֶץ' (ויקרא כה, כד):

אם כן נמצאת ספירת מלכות כל תשוקתה ותאוותה וחפצה בספירת הבינה, ושתיהן מכוונות זו כנגד זו, ובשנת היובל מתאחדות בייחוד

שלם, ונמצאת גאולה באה בספירת המלכות אשר היא סוד הארץ, וזהו שאמר הכתוב ׳ובכל ארץ אחוזתכם גאולה תתנו לארץ׳.

(שערי אורה, שער שמיני)

הגאולה היא התגלות גלויה של הקב״ה למעלה מהמציאות הטבעית, רגע שבו ההיסטוריה משתנה והעולם נחשף להשגחה האלוהית ההופכת מנסתרת לגלויה. המלכות היא השכינה המתגלה במציאות באופן נסתר שאיננו משנה את סדרי הטבע, אך הבינה היא השכינה המתגלה במציאות באופן גלוי; בשנת החמישים מתאחדת הנוכחות הקבועה הנסתרת בעולם – ספירת מלכות, עם הנוכחות החד־פעמית הגלויה – הבינה.[29]

השכינה העליונה בבינה אינה מתחשבת בחוקי הטבע (כשם שהאדם אינו מתחשב בעבדים ובקרקעות כשהוא משיב אותם בשנת היובל על מנת לגלות את מלכות ה׳ בעולם). ממילא מדובר בבחינה שהיא עולם הבא – אחד מכינוייה של ספירת בינה. המלכות מבקשת להנכיח את האלוהות בעולם הזה, על חוקיו וטבעיו, אך הבינה מנכיחה את הקב״ה במציאות בבחינת עולם הבא, שהוא למעלה מן הטבע.[30]

הבינה, בהיותה מחוברת לעולם נעדר גבולות – הכתר והחכמה, מקיימת מורכבות. מחד גיסא, היא מכוונת אל השכנת השכינה בעולם – מימוש הרעיונות הגדולים על ידי תרגום השפע לממשות עם כלים. ומאידך גיסא, היא עדיין קשורה בטבורה לעולם שמעבר לגבול, עולם שאין בו חוקים אלא חופש גמור, חירות גמורה.

ודע כי יש זמן שעתיד להיות שהצדיקים יתעלו עד שיתאחזו בספירת הבינה שהיא סוד העולם הבא, ואז יצאו לחירות ויהיו נגאלין מכל מיני משחית ומכל מיני פורעניות, בסוד ׳הגואל משחת חייכי׳ (תהילים קג, ד). וכנגד המידה הזאת וההבטחה הזאת, שאנו מזומנים להיכנס לחיי העולם הבא, נצטוינו בתורה כמה מצוות עשה ולא תעשה שמתן

29. מכאן גם כינוי נוסף הדבק בבינה – ׳שופר גדול׳.

30. עמדה זו מסבירה גם את הכינוי הנוסף לבינה – ׳אמונה עילאה׳, לעומת מלכות שהיא ׳אמונה תתאה׳ (פרדס רימונים שער כג, פרק א). לחלופין היא נקראת גם ׳אני׳, וגם כאן בשותפות עם בת זוגה המלכות, כפי שראינו בדיוננו בספירה זו. יש אני תתאה ואני עילאה, אני כביטוי לנוכחותה של השכינה במציאות (פרדס רימונים שם).

> שכרן אינו זולתי בספירת בינה הנקראת עולם הבא. ונקראת יובל לפי שבה יוצאין משעבוד לגאולה, ומאבל ליום טוב, ומאפילה לאור גדול.
> (שערי אורה, שער שמיני)

על פי הזוהר הקדוש הבינה היא עולם החירות.[31] תודעה של שכינה בספירת מלכות היא תודעה של נוכחות אלוהית, אך כזו שמשועבדת לחוקי המציאות והטבע. תודעת השכינה בבינה היא תודעה המשוחררת מחוקי הטבע, וככזו היא מאפשרת לאדם לחיות בחירות גמורה (הבאה לידי ביטוי גם ביכולת שלו לשחרר את כל השעבודים, ולהיות בעצמו משוחרר מאדנותו ומבעלותו).[32] החירות שאיננה כפופה לחוקים היא הגאולה האמיתית, היא בחינת חיי עולם הבא והיא היכולת של האדם לחיות בהנהגה ובהשגחה אלוהית־ניסית.

> ובזה הדרך הנני מוסר בידך רמזים שאם תזכה תתבונן עיקריהם, סוד הבינה הנקראת יובל, לפי שבה יצאו הכל לחירות. הטעם, כי כל הזוכה להידבק בה לעולם לא יראה דאגה ולא שום חסרון, לפי שהיא דביקה בספירות העליונות בבתי גואי, שאין שם דאגה ולא מחסור כל דבר, והנדבק ביובל הרי הוא נגאל, לפי שאין סביב היובל שום דבר שיוכל להזיק, לא שר ולא מלאך ולא דבר בעולם, אלא עולם הרחמים לבדו, לפי שעד ספירת הגדולה והגבורה הן המערערין והמעכבין להביא טובה לעולם. והנה בהיות ספירת היובל עולם הרחמים, נקראת נחלה בלא מצרים, והיא נחלת יעקב אבינו ע"ה, לא כנחלת אברהם שהיו לה מצרים, ולא כנחלת יצחק שהיו לה מצרים. ולפיכך כל הזוכה להידבק בספירת היובל גאולה תהיה לו, לפי שאין שום דבר מעכב מונע ומקטרג.
> (שערי אורה, שער שמיני)

אומנם יש לסייג ולומר כי בחינת החירות מתממשת ברמה מסוימת גם בספירת מלכות – בשבת, בהיות האדם שובת ממלאכה (שבכל זאת יש בה יסוד כלשהו המנוגד לטבע). על כן בשבת עצמה מתממש באופן חלקי רעיון

31. ראו: זוהר ח"ב קפו ע"א; תיקוני זוהר חדש, ספרא קדמאה.
32. מכאן גם כינוי נוסף הדבק בבינה – 'רחובות הנהר': 'נקרא רחובות הנהר, שהוא מקום שאין לו מצרים, ואין שום משטין ומעכב ומונע להטיב' (שערי אורה, שער שמיני).

החירות: ׳אֲבָל בְּשַׁבָּת הוּא חֵרוּת, וּכְשֶׁיֵּשׁ חֵרוּת וְאֵין שִׁעְבּוּד וְגָלוּת, אֲזַי הַדַּעַת שָׁלֵם כַּנַּ״ל׳ (ליקוטי מוהר״ן תנינא, יז).

העובדה שהנכחת השכינה בתוך המציאות בספירת מלכות, ומעל ומעבר למציאות הטבעית בספירת בינה, מעניקה לאדם חירות, היא אחת ממתנות הא־ל הגדולות שניתנו לאדם. היכולת של האדם להתעלות מעל המציאות הגבולית ולחוש כי חייו אינם משועבדים לטבע, לגורל, לחוקיות; ההבנה שיש נוכחות אלוהית הטורפת את כל המערכות האלו, וממילא מאפשרת לאדם לפעול גם בניגוד אליהן – זוהי חוויית החירות העילאית.[33]

3. תהילה ותפילה (׳תהילה׳)

והנה סוד התפילה הוא ענין התחנונים ובקשת רחמים לרחם עלינו, ולסלוח חטאתינו, ולהושיענו מצרינו, ולהשלים די מחסורנו [...] אבל סוד התהילה הוא אחר שקיבל י״י יתברך תפילותינו [...] והשלים די מחסורנו [...] אז חובה מוטלת עלינו להלל ולשבח לפניו על רוב הטובות שגמלנו. ועתה ראה ההפרש שבין תהילה לתפילה, הרי לך כי התפילה דביקה בספירת המלכות, והתהילה דביקה בספירת הבינה שהיא סוד הגאולה והחירות וכל מיני הישועות. ולפיכך הכל ראויין לתפילה, ואין הכל ראויין לתהילה, כי התפילה כל אחד כפי צערו מתפלל על צרתו, אבל התהילה מיוחדת להודות ולהלל לשם על גודל טובותיו שעשה, ומי הוא שיעריך שבחו, לפיכך נאמר ׳לישרים נאוה תהלה׳ (תהילים לג, א).

(שערי אורה, שער שמיני)

התפילה היא ספירת מלכות, והתהילה – ספירת בינה. ר׳ יוסף ג׳יקטיליה מחדד את ההבחנה ביניהן.

התפילה משקפת את המציאות הבלתי שלמה: אדם מתפלל על חסרונו, שהוא חסרונה של השכינה; התפילה היא ביטוי לאי־שלמותה של השכינה,

33. יש להעיר כאן הערה הדורשת אריכות מרובה, שישנה זיקה בין תכונת הבינה כאם הבנים – היוצרת, יולדת ומפתחת, לבין תכונת החירות המאפיינת אותה. ישנה זיקה בין יצירה לחירות, ומערכת היחסים שביניהן דורשת התבוננות מעמיקה והבנה של המתח בין דרישת החירות לשם היצירה לבין הגבולות המאפיינים את ספירת בינה – אם הדינים, כדי שתוכל ליצור. עסקתי בכך גם בדיוננו לעיל בספירות חסד וגבורה.

לכך שהירידה שלה אל המציאות פגמה בה וחיסרה אותה. התהילה, לעומת זאת, מבטאת את השלמות של הנוכחות האלוהית במציאות, או ליתר דיוק את ההודיה על השלמתה.

האדם נדרש בכל עת גם להלל וגם להתפלל, ולמעשה תפילת עמידה מורכבת משתיהן. כשהאדם מתפלל הוא עסוק בחסרונה של המציאות – במה שצריך לתקן ובמה שיש לקוות. כשאדם מהלל הוא עסוק במה שיש, ואולי אף למעלה מזה – הוא יכול לרגע לראות לנגד את עיניו את השלמות שמעבר למציאות, ולהלל את ה׳ גם עליה.

ההבדל בין תהילה לתפילה הוא ההבדל בין האידאה למציאות. אדם שחי באידיאל עליון איננו מתפלל כי אם מהלל, ׳אֵם הַבָּנִים שְׂמֵחָה – הַלְלוּ יָהּ׳. השוכן בקרב הארץ, בתוך טומאתה וצרותיה, הוא שצריך להתפלל. ניתן לומר שאדם ששקוע כל ימיו רק בתפילה עלול לאבד את התקווה, את התמונה המלאה, את היכולת להתבונן בעין טובה ואופטימית ולדלג מעל החסרונות של המציאות. התפילה עסוקה בדרך כלל באדם, בצרכיו האישיים או הכלליים, ואילו התהילה עסוקה בקב״ה, בשבחו ובגדולתו. הבינה מפגישה את האדם עם האלוהות בשלמותה, והמלכות מפגישה את האדם עם האלוהות שנמצאת בתוך המציאות שהוא נתון בה על חסרונותיה.[34]

4. תשובה עילאה ותשובה תתאה (׳תשובה עילאה׳)

זיהוי נוסף של ספירת בינה הוא תשובה עילאה – התשובה העליונה, אל מול ספירת המלכות שהיא התשובה התחתונה. כך מובא בזוהר הקדוש:

> אִית בַּר נָשׁ לְבָתַר דְּיֵיתוּב מֵחַטָאָיו וּמִתְכַּפֵּר לֵיהּ, אִיהוּ אָזִיל בְּדֶרֶךְ מִצְוָה וּמִתְעַסֵּק בְּכָל כֹּחוֹ בִּדְחִילוּ וּרְחִימוּ דְקוּדְשָׁא בְּרִיךְ הוּא – דָּא זָכֵי לִתְשׁוּבָה תַּתָּאָה, דְּאִתְקְרֵי ה׳. וְדָא אִיהוּ תְּשׁוּבָה תַּתָּאָה.
> וְאִית בַּר נָשׁ לְבָתַר דְּמִתְחָרֵט מֵחוֹבוֹי וַיַּעֲבִיד תְּשׁוּבָה, וְיִתְעַסֵּק בְּאוֹרַיְיתָא בִּדְחִילוּ וּרְחִימוּ דְקוּדְשָׁא בְּרִיךְ הוּא, וְלָא עַל מְנָת לְקַבֵּל פְּרָס – דָּא

34. ר׳ יוסף ג׳יקטיליה כותב גם כי הלל שלם הוא בחינת בינה והלל שאינו שלם הוא בחינת מלכות, והדברים מתקשרים לאותה התנועה. הלל שלם הוא בחינת תהילה, והלל שאינו שלם הוא בחינת תפילה, שעוד מכירה בחסרונות שצריכים להתמלא. ההלל עצמו מורכב גם מתפילה וגם מתהילה (אומנם בהלל השלם מוסיפים דווקא את החלקים המתארים קושי וזעקה, ואכמ״ל).

זָכֵי לְאָת ו', וְאִיהוּ בֶּן יָ"ה, וְעַל שְׁמֵיהּ אִתְקְרֵי בִּינָה, וְדָא גָּרִים דְּתָשׁוּב ו' לְגַבֵּי ה'.

(זוהר ח"ג קכב ע"א)

[תרגום: יֵשׁ אָדָם שֶׁלְּאַחַר שֶׁיָּשׁוּב מֵחֲטָאָיו וּמִתְכַּפֵּר לוֹ, הוּא הוֹלֵךְ בְּדֶרֶךְ מִצְוָה וּמִתְעַסֵּק בְּכָל כֹּחוֹ בְּיִרְאָה וְאַהֲבַת הַקָּדוֹשׁ בָּרוּךְ הוּא – זֶה זוֹכֶה לִתְשׁוּבָה תַּחְתּוֹנָה שֶׁנִּקְרֵאת ה', וְזוֹ הִיא תְּשׁוּבָה תַּחְתּוֹנָה. וְיֵשׁ אָדָם שֶׁלְּאַחַר שֶׁהִתְחָרֵט עַל חֲטָאָיו וְעָשָׂה תְּשׁוּבָה, וְיִתְעַסֵּק בַּתּוֹרָה בְּיִרְאָה וְאַהֲבַת הַקָּדוֹשׁ בָּרוּךְ הוּא, וְלֹא עַל מְנָת לְקַבֵּל פְּרָס – זֶה זוֹכֶה לָאוֹת ו', וְהוּא בֶּן יָ"ה, וְעַל שְׁמוֹ נִקְרֵאת בִּינָה, וְזֶה גּוֹרֵם שֶׁתָּשׁוּב ו' לְה'].

הזוהר הקדוש מתאר שתי דרכי תשובה. האחת, הדרך התחתונה, מיוחסת לה"א התחתונה – מלכות. הדרך השנייה מכונה י"ה, שהיא הבינה הכוללת עימה גם את החכמה.

התשובה התחתונה איננה נושאת בקרבה את היכולת לחבר את כל עולם הספירות, ולכן האות וא"ו (שש הספירות שמעל המלכות) איננה שבה אל הה"א (המלכות). את התשובה הזו מתאר הזוה"ק כתשובה של מעשים – שיבה מחטאים, הליכה בדרך מצווה. התשובה העליונה, לעומת זאת, היא תשובה של עיסוק בתורה שלא על מנת לקבל פרס. בתשובה זו יש חרטה על עצם היותו של האדם בעל חוב כלפי בוראו.

הרב קוק מפרש את ההבחנה של הזוה"ק, ומצייר ציור מלא של שתי דרכי התשובה – התחתונה והעליונה:

יש תשובה מכוונת נגד חטא מיוחד או חטאים רבים. והאדם שם חטאו נוכח פניו ומתחרט עליו ומצטער על אשר נוקש בפח החטא, ונפשו מטפסת ועולה, עד שהוא משתחרר מהעבדות החטאית, ומרגיש בקרבו את החרות הקדושה [...]

וישנה עוד הרגשת תשובה סתמית כללית. אין חטא או חטאים של עבר עולים על לבו, אבל בכלל הוא מרגיש בקרבו שהוא מדוכא מאד, שהוא מלא עוון, שאין אור ד' מאיר עליו [...] יודע הוא כי אין אלוה בקרבו, וזאת היא לו הצרה היותר גדולה [...] מתוך מרירות נפשית זו באה התשובה כרטיה של רופא אמן [...] מרגיש הוא ובכל יום ויום שעובר עליו, בהסכמת תשובה עילאה וכללית זו, הרגשתו נעשית יותר

בטוחה, יותר מחוורת, יותר מוארה באור השכל, ויותר מתבארת על פי יסודי תורה.

(אורות התשובה ג)

הרב קוק מבחין בין תשובה על חטא או על חטאים מסוימים לתשובה על עצם הריחוק, שהחטאים הם רק פועל יוצא שלו. הראשונה היא תשובה תתאה, והשנייה עילאה.

התשובה התחתונה מתרחשת בספירת מלכות אך לא למעלה ממנה. היא עוסקת בעיקר בתיקון עולם המעשה, ולכן אינה מחוללת בהכרח שינוי נפשי פנימי עמוק, כזה שבא מעומק ההבנה של קרבת ה׳ וריחוקו. האדם עדיין חווה מציאות נפרדת; הוא הרגיל ואימן את עצמו לתקן את המעשים, אך התיקון לא בא בהכרח מהכרה והבנה גבוהות. תשובה כזו גם דורשת עבודה מתמדת ומאמץ סיזיפי, שכן היא לא מבוססת בהכרח על שינוי מהותי, והמלחמה נותרת בעינה. האדם החל לטפס במעלה הספירות, אך לעת עתה הוא נמצא רק במלכות, לא מעבר לה.

התשובה העליונה היא תשובה שבאה מן הבינה. האדם שב לשורשו, לעומק ההבנה של קרבת ה׳, אהבתו ויראתו. הוא חזר אל המקור, ובזה הוא טרוד: הוא מוטרד מן הריחוק מה׳ ועסוק בהבנת דרך ה׳ ומצוותיו, ומתוך כך גם מיתקנים רגשותיו ומעשיו. תשובה זו מאחדת את כל עולם הספירות: מהדעת והתודעה, דרך הרגש ועד המעשה. לעומת זאת, תשובה תתאה עוסקת רק בעולם המעשה; היא אומנם מתקנת את המעשים, וגם זה הרבה, אך היא איננה מרוממת את כל קומת האדם והעולם.

ז. כי בי־ה ה׳ צור עולמים (י־ה׳)

כזכור, ספירת חכמה מיוצגת על ידי האות הראשונה של שם הוי״ה – יו״ד (ספירת כתר היא קוצו של היו״ד), וספירת בינה מיוצגת על ידי האות השנייה – ה״א. לעובדה זו ישנן כמה משמעויות:

ועתה צריכים אנו להודיעך מה טעם שתי אותיות הראשונות של שם נקראו בפני עצמן, ושתי אותיות אחרונות של שם אינן נקראות בפני עצמן. כבר ידעת מה שפירשנו בשתי ה״הין של שם, ה׳ ראשונה שהיא הבינה, מייחדת שבע ספירות תחתונות. ה׳ אחרונה שהיא מלכות, היא

מתייחדת עם תשע ספירות עליונות על ידי יסוד. סוף דבר, עיקר כל עשר הספירות הוא שלש ספירות עליונות אשר מהן נשפעות כל שבע התחתונות, ואם ח"ו ייפסקו המשכות השלש, אז נמצאת חורבן הבית, ושריפת ההיכל, וגלות הבנים בין האומות. ולפיכך חצי השם הראשון שהוא י"ה, אפשר לו להיקראות בפני עצמו. וחצי שם האחרון שהוא ו"ה, אי אפשר לו להיקראות בפני עצמו, לפי שהוא קציצה בנטיעות, כי אין העליונות תלויות בתחתונות.

(שערי אורה, שער תשיעי)

שתי האותיות הראשונות של שם הוי"ה, י־ה, הן גם שם בפני עצמו המופיע בפסוקים רבים בתנ"ך. לעומת זאת, את שתי האותיות האחרונות – ו־ה – לא מצאנו כשם בפני עצמו.

ר' יוסף ג'יקטיליה מסביר כי שלוש הספירות העליונות המבוטאות בשם י־ה (כאמור, הכתר הוא קוצו של יו"ד) אינן תלויות בשבע התחתונות. אומנם הן זקוקות להן כדי לצאת מן הכוח אל הפועל, אך גם ללא יציאה זו ההשראה במקומה עומדת. מה שאין כן שבע ספירות תחתונות, שבהיעדר שלוש העליונות אין להן קיום עצמאי. לאותיות ו־ה יש קיום רק אם יש לפניהן י־ה. מציאות של חיים נעדרת השראה, אידיאל, מחשבה או רעיון, היא על פי ר' יוסף ג'יקטיליה קיצוץ בנטיעות – רוצה לומר מציאות שאיננה מחוברת לשורשה, ולכן היא מתייבשת, מתבלה ומאבדת את חייה.

על פי דברים אלו עדיפה מציאות של השראה, רעיון, מחשבה ואידיאל ללא מימוש – אם כי ודאי שגם זו מציאות חלקית – על פני עולם ממשי נעדר השראה ורוח. הראשונה אומנם לא מביאה את האידאה לידי מימוש, אך האידאה בכל זאת קיימת ונצחית; ואילו מציאות נעדרת השראה חיה על זמן שאול, עד שתתייבש ותאבד את לשד חייה.

הדברים נכונים בממד הלאומי והפרטי. בגלות עם ישראל חי עם אידאה, רעיון ואמונה, אך בהקשר הלאומי הרחב הם נותרו נעדרי מימוש. השיבה לארצנו מאפשרת את הירידה משלוש ספירות עליונות לשבע תחתונות, אך אם מרוב מימוש ועיסוק במציאות נאבד את הזיקה אל האידאה, הרעיון, החזון והאמונה – סופה של המציאות לגווע, להתייבש ולהביא חס ושלום לחורבן. כך גם לגבי אדם פרטי: אדם שחי חיים נעדרי מימוש אך מלאי השראה אומנם איננו שלם, אך הוא בכל זאת יכול לחיות.

אולם אדם שחי חיים ממשיים נעדרי חזון, אידאה ורעיון – סופו לאבד את לשד חייו וטעמם.

על פי הפרשנות הקבלית, פסוקים שבהם נפגוש את שם י־ה כשלעצמו עוסקים באידאה, באלוהות הנשגבת, ולא בזו המופיעה במציאות הממשית. לדוגמה 'וַיֹּאמֶר כִּי יָד עַל כֵּס יָהּ מִלְחָמָה לַה' בַּעֲמָלֵק מִדֹּר דֹּר' (שמות יז, טז) – המלחמה בעמלק נעשית ממקומו של י־ה. עמלק יכול לפגוע בשבע הספירות התחתונות, להטיל ספק במציאות הממשית, אך האידאה לא נפגעת ממנו; מכאן שמלחמת ה' בעמלק מתרחשת ממקום החכמה והבינה.

דוגמה נוספת היא הפסוק 'מִן הַמֵּצַר קָרָאתִי יָּהּ עָנָנִי בַמֶּרְחָב יָהּ' (תהילים קיח, ה). כפי שראינו לעיל, הפנייה אל י־ה היא בקשה למשוך חסד ורחמים מן המקום שבו הדינים מומתקים; מן המקום שבו הדין של הבינה אחוז ברחמים של הכתר והחכמה, משם האדם הנמצא במצר מבקש גאולה. מכאן גם הבנת הפסוק 'אִם עֲוֹנוֹת תִּשְׁמָר יָהּ אֲדֹנָי מִי יַעֲמֹד' (תהילים קל, ג) – מקום החכמה והבינה הוא מקום הרחמים הגמורים, ושם נמחים כל העוונות. אם במקום אימהי ומלא רחמים זה יישמרו העוונות איש לא יוכל לעמוד בפני ה', שהרי זו תקוותנו – הרחמים האימהיים שהם מעל הדין הממשי. מכאן גם השימוש בשם זה בשירת הים הבאה לשבח ולהלל את הנהגתו הניסית של הקב"ה – 'עָזִּי וְזִמְרָת יָהּ וַיְהִי לִי לִישׁוּעָה' (שמות טו, ב). כפי שראינו, הנהגת הבינה היא הנהגה ניסית שלמעלה מהטבע, ואך מתבקש להשתמש בשם י־ה כדי לתארה. על זו הדרך מתפרשים עוד פסוקים רבים במקרא.

ח. אבא ואימא – תרין ריעין דלא מתפרשין

ודע כי זו היא החכמה שאינה נפרדת מן הבינה עולמית, לפי ששתיהן אדוקות בספירת הכתר שהיא עולם הרחמים, המקום שאין שם לא עצב ולא רוגז ולא פירוד, אלא הוד והדר עוז וחדוה, ולפי ששתי אלו הספירות מתאחדות לעולם, חכמה ובינה, לפיכך שם י"ה אינו משתנה לעולם.

(שערי אורה, שער תשיעי)

כפי שראינו, ספירות חכמה ובינה ממוקמות אחת לצד השנייה, ומקיימות ביניהן יחסי גומלין.

חכמה ובינה מכונות בזוהר הקדוש אבא ואימא,[35] תיאור ההולם את היותן המקור לכל המידות שיבואו אחריהן. אולם צריך לומר יותר מזה: היכולת של אבא ואימא להוליד מותנית בקיום מערכת היחסים שביניהם. מערכת זו בעולם המעשה ובעולם הסוד מכונה בשם ׳זיווג׳.

כבר עמדנו על זיווג אחד בעולם הספירות – הזיווג שבין ספירת יסוד לספירת מלכות, ובעצם בין הבחינה האלוהית המשפיעה (תפארת – ו׳ קצוות) לבחינה המקבלת (מלכות). ראינו כי בזיווג זה מותנית ההשפעה האלוהית על העולם. תפקידו של האדם הוא לפעול במציאות במעשים התורמים ומקדמים את הזיווג בין קוב״ה ושכינתיה, כדי לחזק את הקשר והזיקה שבין המשפיע למקבל.

הזיווג בין קוב״ה ושכינתיה – המלכות והתפארת (דרך היסוד), איננו ברור מאליו כלל ועיקר; הוא מותנה בראש וראשונה במעשיו של האדם. בכך הוא נבדל מהזיווג שאנו פוגשים כעת – הזיווג שבין החכמה והבינה, אבא ואימא.[36]

את הזיווג הראשון מכנים חכמי הסוד ׳זיווג תחתון׳, ואת זה שבין חכמה ובינה ׳זיווג עליון׳. ייחודו של הזיווג העליון על פני הזיווג התחתון מתואר בזוהר הקדוש כך: ׳לְעֵילָּא לְעֵילָּא יַתִּיר אִית זִוּוּגָא אַחֲרָא דְּשָׁארֵי בַּחֲבִיבוּתָא וְלָא מִתְפָּרַשׁ לְעָלְמִין׳[37] (זוהר ח״ב נ ע״ב). זהו הזיווג של חכמה ובינה שהם ׳תרין ריעין דלא מתפרשין׳ (שני רעים שלא נפרדים, על פי זוהר ח״ג ד ע״א).

בעוד הזיווג התחתון בין תפארת למלכות מתחדש ונפסק בהתאם לסיטואציה, הזיווג העליון שבין חכמה ובינה הוא תמידי.[38] זיווג מתמיד זה הוא התנאי לקיומן של שאר הספירות, הנולדות רק מייחוד החכמה והבינה. אבא ואימא, אם כן, אינם המקור רק מבחינה כרונולוגית, כי אם גם בכך שבכל רגע הן מקנות את הקיום לשאר הספירות.

הזיווג התדיר של חכמה ובינה נושא משמעות עצומה בעולם הספירות ובעולם הממשי.

ראשית, ביחס להשפעת הרע על הטוב. אחיזתו של הרע מתאפשרת

35. ראו לדוגמה: זוהר ח״א יא ע״א.
36. החיבור שבין מלכות לתפארת (הכוללת את שש הספירות), מתואר בשפה הקבלית כחיבור בין זעיר אנפין (כינוי לשש הספירות) לבין נוקבא. החיבור שבין חכמה ובינה מתואר כחיבור שבין אבא ואימא.
37. תרגום: למעלה למעלה יותר, יש זיווג אחר ששורה בחביבות ולא נפרד לעולמים.
38. נציין שישנה מחלוקת בקרב המקובלים אם עיקרון זה בטל לאחר החורבן או לא.

במקום שבו יש פירוד: כל תנועה נפשית, מידה, הכרה וידיעה, כשהן מחוברות לתמונה הכוללת, תופענה באופן מדויק, מאוזן ומכוון לתכלית הראויה. אך כשהן מובדלות ועומדות כשלעצמן הן עלולות לאבד את הפרופורציות ולהופיע באופן מועט ממידתן או מרובה ממנה, והעיקר – הן מאבדות את המצפן, ומעתה כל רוח סערה וכל פיתוי יכולים לרתום אותן לטובתם ולהסיטן ממסלולן. במקום שבו ייתכן הפירוד יתאפשר גם לרע להיאחז ולהוביל.

בעולם הריגול נהוג לומר שככל שחברה היא מלוכדת ומאוחדת יותר כך קשה להחדיר לתוכה סוכן, ועוד יותר קשה לגייס סוכן מתוכה. בחברה כזו כל אחד מן הפרטים מחובר בהשקפתו, ברגשותיו ובכל נימי נפשו אל החבורה, אל הרעיון הגדול, וממילא קשה להשתלט על תודעתו ולהסיטו לכיוונים אחרים. כך גם בעולם הזוגי: כשבני זוג נמצאים באחדות גמורה שום פיתוי איננו יכול לחדור ביניהם. אולם כשהזוגיות בקונפליקט, ככל שחס ושלום הפירוד גדול יותר, כך הזמינות לפיתויים מבחוץ גדלה.

הרע איננו יכול לחדור אל עולם הקדושה כשהוא מאוחד ומכוון. יותר מזה: בעולם של אחדות גם מה שנדמה כרע איננו כזה באמת. כשאדם מתבונן על המציאות באופן נפרד, כשהוא ניצב מול סיטואציה ומתבונן בה באופן מקומי, הוא יכול לפענח אותה לטוב או לרע. ואכן, לעיתים באופן מקומי היא נדמית כרעה וכשלילית. אך ככל שמתרחבת נקודת המבט ועימה הפרספקטיבה, כך גם מה שהיה נדמה לפני כן כרע מתברר כבעל תפקיד במהלך הכולל, והשליליות שלו מתמתקת.

כשיוסף נזרק לבור על ידי אחיו, ואחר כך לכלא על ידי פוטיפר, הוא בוודאי שאל את עצמו ׳למה הרע הזה מגיע לי?׳. אך כשפגש את האחים הבאים לשבור אוכל, הוא קיבל מבט פרספקטיבי שאִפשר לו לומר: ׳וְאַתֶּם חֲשַׁבְתֶּם עָלַי רָעָה אֱלֹהִים חֲשָׁבָהּ לְטֹבָה לְמַעַן עֲשֹׂה כַּיּוֹם הַזֶּה לְהַחֲיֹת עַם רָב׳ (בראשית נ, כ). ראייה אחדותית ושלמה של המציאות מאפשרת לראות כיצד באמת אין רע, והכול הוא חלק מתוכנית שתכליתה להיטיב. זו המציאות של עולם הספירות העליונות, שהוא עולם של תרין ריעין דלא מתפרשין (שני רעים שלא נפרדים), ועל כן אין בו רע. אך בעולם הספירות התחתונות, שם מתאפשר הפירוד, יש מקום גם לרע; על כן גם נזקקים שם לעבודת תיקון והעלאה (ושם גם מקומו של עץ הדעת טוב ורע).[39]

39. כידוע, על פי הסוד בספירת העומר אנו עסוקים בתיקון המידות – כלומר הספירות,

שנית, ביחס למתח שבין חסד ודין. במידה רבה, האחדות והזיווג המתמידים שבין חכמה ובינה מבטלים את הדיכוטומיה שבין חסד ודין. משל לזוג הורים, שבנטייתם הטבעית האחד נוטה לחסד והשני לדין.[40] כאשר כל אחד מהם ניצב לבדו מול הילד, הילד חש שהוא פוגש סתירה קוטבית: מול ההורה הנוטה לחסד הוא חש שהשמיים הם הגבול, וכל מה שרק ירצה ויבקש – יקבל; ומול ההורה הנוטה לדין הילד חש לא אהוב, לא רצוי, והמציאות סוגרת עליו מכל הכיוונים. אך בשיחה משותפת שלו עם שני ההורים, כשכל הורה נותן לשני את מקומו, מאפשר לו להביא לידי ביטוי את נטייתו אך גם מאזן אותה, חש הילד תחושה הרמונית שבה החסד והדין כבר אינם צרים זה לזה אלא משלימים ומדייקים זה את זה. זהו הניגון של שלוש הספירות העליונות, ובעיקר של אבא ואימא עילאין – החכמה והבינה.

החיבור שבין ימין ושמאל בחסד וגבורה ובנצח והוד אינו טריוויאלי ואינו הכרחי. המפגש עם החסד הוא מפגש אוטונומי, וכן המפגש עם הדין. בחכמה ובבינה המצב הוא שונה כיוון שהזיווג ביניהם לא ניתן להפרדה: אי אפשר להתייצב מול החכמה ללא הבינה ומול הבינה ללא החכמה, ולכן המפגש איננו דיכוטומי – מי שזוכה לבינה זוכה גם לחכמה, ומי שזוכה לחכמה זוכה גם לבינה. היראה העליונה נושאת בקרבה את האהבה העליונה, והאהבה העליונה מלווה ביראה עליונה. אלו הן אהבות ויראות שאינן סותרות זו את זו ואינן מכלות זו את זו, כפי שראינו לעיל. כשאבא ואימא אחוזים זה בזה בזיווג כה שלם מבחינה רוחנית לא ניתן לנתק את הזיקה של אחד מהם מבן זוגו; זהו החיבור השלם. הכפילות שבשבע התחתונות אינה קיימת בחכמה ובבינה לא מפני שאין בהן חסד ודין, כי אם מפני שהחסד והדין שלובים זה בזה בזיווג שלם, והדואליות מתחלפת בהרמוניה מופלאה שבה המידות המנוגדות משמשות יחדיו.

ראינו כבר מספר פעמים את דברי האדמו"ר הזקן, אך כעת נשוב אליהם כשהתמונה שלמה לנגד עינינו:

אך התיקון נעשה רק בשבע הספירות התחתונות (שכל אחת מהן בעצמה עשויה משבע, ועל כן יש ארבעים ותשע מידות לתקן). שלוש הספירות העליונות, המאוחדות זו בזו, לא נפגעו כתוצאה מגלות מצרים – זו הלאומית־היסטורית וזו האישית־קיומית של כל אדם בכל שנה, ועל כן אין צורך לתקנן.

40. בעולם הספירות דווקא הבחינה הזכרית מטה לחסד והנשית לדין, ואילו בחיינו פעמים רבות דווקא האבא מייצג את עמדת הדין והאם את עמדת החסד. הדברים דורשים בירור מעמיק.

> כי השכל שבנפש המשכלת כשמתבונן ומעמיק מאד בגדולת ה׳ איך הוא ממלא כל עלמין וסובב כל עלמין וכולא קמיה כלא חשיב, נולדה ונתעוררה מדת יראת הרוממות במוחו ומחשבתו לירא ולהתבושש מגדולתו יתברך שאין לה סוף ותכלית ופחד ה׳ בלבו, ושוב יתלהב לבו באהבה עזה כרשפי אש בחשיקה וחפיצה ותשוקה ונפש שוקקה לגדולת אין סוף ברוך הוא, והיא כלות הנפש כדכתיב ׳נכספה וגם כלתה נפשי׳ וגו׳, וכתיב ׳צמאה נפשי לאלהים׳ וגו׳, וכתיב ׳צמאה לך נפשי׳ וגו׳.
>
> (תניא, ליקוטי אמרים ג)

עמידה מול ספירות חסד וגבורה מולידה את יראת העונש – הקשורה לצד הגבורה, אך התייצבות זו אינה עולה בקנה אחד עם האהבה שבחסד. כדי לפנות ליבו לאהבה, שהיא מלאה חסד, צריך האדם להדחיק את יראת העונש לשולי תודעתו.

לא כן בעמידה מול הספירות חכמה ובינה. כאן נולדת יראת הרוממות, כותב האדמו״ר הזקן, וכפי שהסברתי בדיוננו בספירת החכמה יראה זו מולידה מייד לאחריה אהבה עזה והשתוקקות אל אותו דבר גדול שאך לפני רגע קט האדם היה ירא מפניו. בעמידה מול גדולתו של אלוהים, עמידה המבקשת להציץ לא רק על הנהגתו אלא אף על עצמותו, האהבה והיראה הן שני צדדים של אותו מטבע; כיליון הנפש הוא הביטוי המובהק לאהבה וליראה העליונות והנשגבות ביותר שאליהן יכול האדם להגיע בעמידתו ובשאיפתו אל ה׳ יתברך.

הבנה זו משמעותית לתפיסת הזוגיות. ניתן לומר שבכל זוגיות מצויה בחינה של אבא ואימא – חכמה ובינה, ובחינה של זעיר אנפין ונוקבא (תפארת, כלומר שש הספירות, ומלכות). כל זוגיות חווה ריחוק וקירוב, חיבור ונסירה. אך לצד זאת יש בזוגיות מקום גבוה יותר, פנימי יותר, שאיננו מושפע מטלטלות הקירוב והריחוק, הרצוא ושוב. נשוב לדברי ר׳ יוסף ג׳יקטיליה שראינו לעיל, ונוסיף עליהם: היעדר היכולת של ו־ה (המבטאות את החיבור התחתון שבין זעיר אנפין לנוקבא), להתקיים ללא י־ה (המבטאות את אבא ואימא, חכמה ובינה), משמעותו שזוגיות שיש בה רק את ממד החיבור והנסירה, כזו שנפרדת ומתאחדת בכל עת, ואין בה את הממד הגבוה יותר שבו יש חוויה פנימית של חיבור מתמיד שאיננו נפרד לעולם – זוגיות כזו לא תוכל להתקיים. היכולת להיות בקונפליקט ולצלוח אותו בשלום ללא פירוק תלויה בהישענות על מקור פנימי יותר

שבו היחד איננו ניתן לערעור, והחוויה היא של חיבור תמידי – תרין ריעין דלא מתפרשין.

אחת הבעיות של העולם המודרני ואף של העולם הפוסט־מודרני היא העובדה שהוא נשען רק על החיבור התחתון. בחיבור זה יש דינמיות, תסיסה וסערה, והוא ניזון כל העת מן הדלק של הפירוד והחיבור, של הקונפליקט והאיחוד המחודש. זו חוויה מלאת עוצמה, אולם היא מייסרת במידה כזו שבסופו של דבר, במוקדם או במאוחר, הברית תתפרק והקשר יתרופף. כמה פעמים אפשר לחוש שאתה מאבד הכול, שמהקונפליקט הזה כבר לא תהיה דרך חזרה? הדבר נכון ביחס לעמידתם של בני זוג זה מול זה, וכן לעמידתו של אדם מול מקום העבודה שלו, מול התורה או מול הקב"ה. אם בכל אלו לא תהיה לצד הדינמיקה המתמדת של רצוא ושוב, קירוב וריחוק, פירוד וחזרה, גם ברית י־ה של תרין ריעין דלא מתפרשין, של קשר ודאי וביטחון גמור שנהיה יחד לנצח – סופה של הדינמיקה הסוערת לשחוק את הקשר ולערערו עד היסוד. לעומת זאת, כאשר הדינמיקה של החיבור התחתון מתקיימת לצד ברית החכמה והבינה – הקונפליקט שבה מתמתק, מתבשם בניחוח של סערה גדולה שבסופה ממתין חוף מבטחים, כזה שיקלוט לחיקו את ימי הסערה כגורם מעמיק ומחבר ולא מפלג ומרחיק.[41]

לא ניתן לסיים סעיף זה ללא התייחסות לתהליכים שעובר מוסד הזוגיות והנישואין בדורנו.

ייתכן שהעלייה הדרסטית במספר מקרי הגירושין בעולם המערבי בכלל ובישראל בפרט היא ביטוי של הוויתור על הזוגיות של 'חכמה ובינה'. הממד של התחייבות נצחית בברית הזוגיות, שבו ניצבים שני בני זוג עם תודעה עמוקה שהברית שהם מכוננים היא ברית עולם, נחלש אל מול הבקשה להישאר לא מחויב ולאפשר את הבחירה התמידית אם להישאר יחד או להיפרד – בחינת הזוגיות של 'זעיר אנפין ונוקבא'. אם נרצה להעמיק בדרשנות זו נוכל לומר שהעובדה שהחכמה והבינה, המבטאות את הממד

41. הדברים נכונים ומשמעותיים גם בהתייחס לקונפליקטים שהחברה היהודית־ישראלית מצויה בהם. קונפליקט וויכוח אידאולוגי, ערכי או פוליטי יכול להיות נוקב וקשה, אך כל עוד בתשתיתו מונחת ההכרה של 'תרין ריעין דלא מתפרשין', של הברית המתמדת, כל עוד ישנו ביטחון אחד בשני שמאפשר לקונפליקט גם להיות נוקב ואפילו מפלג, הרי סופו בחוף מבטחים. אך בהיעדר ברית י־ה כל קונפליקט, ולו הקטן ביותר, מבתר, מפלג ומערער את הקיום המשותף.

של ׳ברית עולם׳, מכונות אבא ואימא, קשורה לכך שהממד הנצחי של הזוגיות מתחבר עם הרצון להורות ולהמשכיות. הרצון של בני הזוג להישאר ׳בן ובת׳ (זעיר אנפין ונוקבא) ולא להפוך ל׳אבא ואימא׳ (כלומר לא להביא ילדים לעולם), שגם הוא רווח בזוגיות של ימינו, הוא ביטוי לאותה תנועה הנמנעת מלהפוך את הזוגיות לברית עולם, וממילא מזמינה ייסורים תמידיים ושבירירות המעיבה על הייחוד.[42]

במובן זה, סוד הנסירה שבו עסקנו בפרקים הראשונים מתבטא כעת באופן השלם שלו: פנינו נשואות אל החיבור שאחר הנסירה, שיש בו ממד של בחירות, של פנים בפנים. אולם בתשתיתו של חיבור זה עדיין מונח החיבור הראשוני שטרם הנסירה, שאומנם היה אחור באחור, גב אל גב, אך ביטא חיבור הכרחי ובלתי ניתן לפירוד. כשהחיבור הזה מונח בתשתית הבחירה היא מתעלה ומתקדשת ומתמתקת, וממילא הופכת מכוח מחריב המאיים על הזוגיות בכל עת לכוח מחדש ומפרה.

ט. קול חתן וקול כלה

הבדל נוסף בין החיבור העליון (י־ה) לחיבור התחתון (ו־ה) עולה מן הציור של אילן הספירות. החיבור שבין אבא (חכמה) לאימא (בינה) הוא חיבור בין שתי ספירות הממוקמות אחת לצד השנייה, ואילו החיבור בין זעיר אנפין (חג״ת נה״י) לנוקבא (מלכות) הוא חיבור בין ספירות הממוקמות אחת מעל השנייה. הזוגיות של זיווג תחתון היא זוגיות היררכית שבה הזכר נמצא מעל הנקבה, ותפקידי הנותן והמקבל ברורים לחלוטין ומשתמרים באופן מובהק. לעומת זאת, הזוגיות הגבוהה של הזיווג העליון בין אבא ואימא היא זוגיות שוויונית. שוויוניות בתורת הסוד אין פירושה שהזכר והנקבה הם אותו הדבר, כפי שלעיתים דורש הפמיניזם המודרני; הכוונה היא להיעדר הירכיה, לתפקידים שונים שכל אחד מהם גם משפיע וגם מקבל מן השני.

הפסקה הבאה היא ארוכה מעט, אולם אביא אותה במלואה כיוון שיש בה חידוש נועז ומרחיק לכת:

42. פעמים רבות זוגות שאינם מחויבים לתורה ומצוות וחיים ביחד, מקבלים הכרעה להתחתן ולכרוך את חייהם בברית, כשהם מבקשים להביא ילדים לעולם.

והנה ידוע דכעת בגלות המלכות מקבלת האור על ידי ז״א [=זעיר אנפין – חג״ת נה״י], שהוא מקבל בעצמו מאימא [=בינה], וכמו שכתוב ׳בעטרה שעטרה לו אמו׳, והוא משפיע אחר כך למלכות. אבל לעתיד נאמר ׳אשת חיל עטרת בעלה׳ (משלי יב, ד), שתהיה המלכות עטרת בעלה, זאת אומרת שתתעלה יותר למעלה הימנו, כי נעוץ סופן בתחלתן כו׳. וזהו הטעם למה שאמרו רבותינו ז״ל עתידים צדיקים שיאמרו לפניהם קדוש. ולכן עתה בזמן הזה נאמר משמח חתן וכלה, שהכלה היא המלכות מקבלת האור על ידי החתן ז״א [=זעיר אנפין – חג״ת נה״י]. ולעתיד אחרי שכבר תתעלה אז נאמר משמח חתן עם הכלה, שעל ידי הכלה הוא משמח את החתן מפני שאשת חיל היא עטרת בעלה כנ״ל. וזהו שכתוב ׳מהרה ישמע כו׳ קול כלה׳ כו׳. כי עתה בגלות נאמר ׳נאלמתי דומיה׳, שהיא בחינת שתיקה וכאלם לא יפתח פיו כו׳, ולכך החתן הוא אומר הרי את מקודשת לי והכלה שותקת. אבל לעתיד כשתתעלה מעלה מעלה אז תהיה גם כן משפעת ונקרא קול כלה. וכמו כן יובן ענין שמונה עשרה צלותא בחשאי הוא רק בזמן הזה שהנוקבא היא בחינת מקבל ולא משפיע. אבל לעתיד כשתתעלה להיות בבחינת משפיע כמו הדכר עצמו אז יהיה שמונה עשרה בקול רם ויהיה קול כלה ודי לחכימא.

(תורה אור, ויגש מד-מה)

האדמו״ר הזקן, ר׳ שניאור זלמן מלאדי, מתאר את מושג עליית המלכות (השכינה) כמוביל לא רק למצב שוויוני אלא אף למצב שבו האישה היא למעלה מן האיש. מן הפסוק ׳אֵשֶׁת חַיִל עֲטֶרֶת בַּעְלָהּ׳ אנו למדים שהאישה הופכת להיות הכתר שמעל ראשו של בעלה. כעת בגלות המלכות יונקת מזעיר אנפין שמעליה, על כן ההיררכיה ברורה: הדומיננטיות של האיש המשפיע ביחס לאישה המקבלת באה לידי ביטוי בכל מרחבי החיים, ובכללם גם באופן סימבולי בטקס החופה שבו האיש אומר ׳הרי את מקודשת לי׳ והאישה מסכימה בשתיקה. אך לעתיד לבוא מציאות זו תשתנה, ועליית השכינה תקרין על כל מרחבי החיים של תפיסת הזוגיות. ר׳ שניאור זלמן לא משלים את ההשלכות הנובעות מן השינוי שעליו הוא מדבר, אך די ברור שזו כוונתו – הדבר יקרין גם על טקס החופה. מציאות זו אף נרמזת בדברי הנביא: ׳קוֹל שָׂשׂוֹן וְקוֹל שִׂמְחָה, קוֹל חָתָן וְקוֹל כַּלָּה׳ (ירמיהו לג, יא) – קולה של הכלה יישמע אף הוא. האדמו״ר הזקן איננו מפרט כיצד הדברים יתרחשו:

אם באמירה מקבילה של 'הרי אתה מקודש לי', בהסכמה מפורשת, או בכל דרך אחרת שבה קול הכלה יישמע.[43]

אומנם האדמו"ר הזקן עוסק בעליית המלכות מעל ספירת תפארת עד הכתר, אך מדבריו אנו למדים על עקרון ההירככיה העולה מהזיווג התחתון. לענייננו נאמר כי הזיווג העליון, המתאר את אבא ואימא אחד לצד השני, מן הסתם משקף אף הוא סוג אחר של זוגיות, כזו שאיננה הירככית.

מסתבר שזו גם הסיבה שזוגיות זו היא תרין ריעין דלא מתפרשין. כשהחיבור איננו הירככי אלא משלים ההרמוניה היא עמוקה, גבוהה ונצחית יותר. זוגיות המושתתת על משפיע ומקבל מכניסה את מערכת היחסים למרחב של תן וקח, ובתוך מרחב זה ישנם מצבים שבהם האחד מבקש לקחת והשני איננו יכול לתת, או שהאחד רוצה לתת והשני איננו מוכן לקבל. זוהי מערכת היחסים של הזיווג התחתון, אך במערכת היחסים של הזיווג העליון תחושת ההשלמה ההדדית, המבטאת באופן עמוק את הרעיון של 'זֹאת הַפַּעַם עֶצֶם מֵעֲצָמַי וּבָשָׂר מִבְּשָׂרִי' (בראשית ב, כג), מאפשרת זוגיות יציבה ומתמשכת.

נסיים בדברי האר"י ז"ל, העוסקים בעתיד לבוא:

'ביום ההוא יהיה ה' אחד ושמו אחד' [...] או יאמר, כי הנה עתה בגלות נקראים זעיר אנפין ונוקבא [=כלומר חג"ת נה"י ומלכות – הזיווג התחתון] דודים, ואבא ואימא [=חכמה ובינה] רעים, כי אבא ואימא לא מתפרשין לעלמין, וזעיר אנפין ונוקבא לזמנין מתפרשין. אבל לעתיד יהיה ה' אחד – זעיר אנפין, ושמו, שהוא נוקבא, יהיה גם כן אחד, פנים בפנים, כמו אבא ואימא. נמצא שהשם לא יהיה יהו"ה, שהוא מורה הו' על בחי' ו"ק [וא"ו קצוות], אלא השם יקרא י"ה. כי כשם שחכמה ובינה

43. התנועה הפמיניסטית, שיש בה הרבה צדדים, משקפת בגרעינה נקודת אמת המתעוררת בעולם ואולי מבשרת על עליית השכינה וגאולתה. תנועה זו אף באה לידי ביטוי במגמות ההולכות ומתרחבות של בקשת נשים ליטול חלק פעיל יותר בטקס החופה – מסירת טבעת מקבילה, אמירת דברים, שותפות בברכת שהחיינו ועוד. דברי האדמו"ר הזקן הם הלכה ולא למעשה, הם מדברים על 'לעתיד לבוא'; אך אולי מגמות אלו דווקא מבשרות את ניצני הגאולה. מובן שדחיקת הקץ והקדמת המאוחר יכולה לעיתים להיות הרסנית ולפגוע בעצמה במגמות חשובות אלו, ופריצת גבולות ההלכה מחירה הגדול בצידה. אולם אין ספק שתובנות אלו יכולות להפרות את השיח בנושא ולהעמיקו.

נקראות י״ה, כך יקראו זעיר אנפין ונוקבא. כי זעיר אנפין יהיה תמיד בן עשר ספירות שלם, והנוקבא תהיה במדרגתה הראשונה.

(כתבי האריז״ל, ספר הליקוטים, זכריה יד)

ר׳ יצחק לוריא מעניק פרשנות רחבה לפסוק ׳בַּיּוֹם הַהוּא יִהְיֶה ה׳ אֶחָד וּשְׁמוֹ אֶחָד׳ (זכריה יד, ט). לשיטתו, הפער בין הזיווג העליון לתחתון, על כל מאפייניו, עתיד להתבטל. החיבור הגבוה, עם כל ההיבטים של חכמה ובינה, יתקיים גם בחיבור שבין זעיר אנפין ונוקבא.

כפי שראינו, הפער שבין י־ה לו־ה שבשם הוי״ה משקף את הפער שבין הזיווג העליון לתחתון. אך משעה שהפער יתבטל לא יהיה יותר ו־ה, שהרי גם החיבור שבין זעיר אנפין לנוקבא יהיה כחיבור שבין חכמה ובינה; על כן שמו של ה׳ יהיה רק י־ה, שם שיבטא את הזיווג האולטימטיבי היחיד – זיווג של תרין ריעין דלא מתפרשין, בשוויוניות ובחיבור גמור ושלם. זהו עולם בלי פירוד, בלי קונפליקטים, מלחמות ומריבות. עולם שבו ה׳ ושמו אחד, וגם הם לא נפרדים.

עד שנגיע לעולם אוטופי זה אל לנו לשכוח כי אומנם אנו חיים בעיקר במציאות של חיבור ו־ה, אולם יש בתוכנו, בעולם ובהוויה את החיבור הגבוה והשלם של חכמה ובינה. חיבור זה הוא עבורנו השראה, ובהיותנו מחוברים אליו שום פירוד, קונפליקט ומריבה בשום מרחב של חיים לא יטילו ספק על האחדות הכוללת שאליה העולם חותר.

אל הנפש והחיים – בינה

סעיפים א-ג: מן המופשט אל המוגדר בחיים ובאמונה

בסעיפים אלו פגשנו את התנועה העיקרית של ספירת בינה: עיבוד הרעיונות, חלוקתם לקטגוריות, וכן שִׂיּוּם, הבדלה והבחנה ההופכות מחשבה לתוכנית פעולה ועבודה, והשראה לרעיונות מוגדרים ומבוררים הניתנים לשיתוף והעברה.

ראינו את הבינה הניצבת מול החכמה, ואת שתיהן כמציבות שתי עמדות נפשיות ואמוניות – האחת השראתית, אינטואיטיבית ולא מוגדרת, והשנייה תבונתית, מבוררת ומוסברת.

ראינו כי אל החכמה ניתן לבוא דרך ה׳מלכות׳ – כלומר דרך עמדה של התבטלות הפוגשת את רישומיו של האין־סוף בעולם ללא כלים והגדרות,

ונותרת השראתית ומופשטת (תנועה זו תתעצם נוכח הכתר). אך אפשר גם לבוא אל החכמה דרך ה'בינה' המצמצמת את הרעיון לכדי הגדרה שאומנם חלקית היא, אך יש בה מן הרושם של החכמה.

ראינו כי ניתן לאפיין שני סוגי אנשים השונים בגישתם אל ההשראה האלוהית. יש כאלו החיים עם השראה ללא עיבוד; הם פוגשים את האור בטהרתו, אולם הוא נותר מופשט ובלתי מעובד עבורם ולכן גם איננו מתאים לפעולה ממשית במציאות. אלו האנשים הנוגעים באין־סוף דרך ספירת חכמה: הם נותרים ללא מילים והגדרות, אך מתענגים וניזונים מן האור המקיף הזה.

לעומתם יש את אלו המבקשים להפוך את ההשראה למובנת ומוגדרת. הם אינם חיים בנוחות עם השראה הנותרת ללא מילים, ללא הגדרות וללא הבנה, ולכן הם משתמשים בכלי התבונה כדי לדלות מים מבאר האין־סוף. מצד אחד, זוהי פעולה שיש לה מחיר כיוון שהיא מצמצמת את האור ומעבדת אותו; מצד שני, באמצעותה האור הופך למטבע עובר לסוחר שניתן לעבוד איתו במציאות.

- ספירת בינה מזמינה אותנו לתרגל את יכולת העיבוד, הניתוח, האבחון והדיוק. לכל אחד מאיתנו יש תחומים, סיטואציות, מחשבות וקשרים בין־אישיים שהיחס שלו כלפיהם לא מספיק מבורר. לעיתים הערפול הזה טוב עבורנו, ומוטב להשאיר את הדברים עמומים. אך לעיתים דווקא נכון להגדיר (בתחילה עבור עצמנו, ואחר כך גם כלפי חוץ).
- ננסה לשאול שאלות מבררות, להגדיר ולדייק. ניתן גם להיעזר באדם אחר, שיש לנו אמון ביכולתו לעשות זאת עבורנו וביחד איתנו. נציג בפניו את הרעיון המופשט, את ההברקה, את המעשה הבלתי מבורר, את מערכת היחסים, ונבקש ממנו לשאול אותנו שאלות מדייקות, מגדירות, מבררות – בבחינת 'מי ימצאנו'. ניתן להשתמש במטבעות לשון המכוונות אל הבינה: 'רגע, אני רוצה להבין', 'אני מבין ממה שאמרת...', 'מה ששמעתי והבנתי הוא...'.
- איתור המקומות נעדרי הבינה יכול להיעשות גם על ידי בחינה של הבנות, השקפות ודעות שאיננו יכולים להעביר הלאה. פעמים רבות חוסר היכולת להעביר הלאה קשור להיעדר עיבוד מספק. זו הזדמנות לגלות את המקומות הללו ולהפעיל עליהם את הבינה.
- זו גם הזדמנות להתבונן על האמונה בקב"ה ובעיקרי היהדות. האם

היא עוברת בנתיב מלכות-חכמה, כלומר אמונה פשוטה ותמימה, או שהיא עוברת בנתיב בינה-חכמה, המבוסס על הבנה, חקר ובירור. לאחר שנזהה את התנועה העיקרית שלנו באמונתנו, ננסה להיפתח אל התנועה השנייה – לחוש אותה, להרגיש איך זה להאמין כך.

סעיף ד: אימהיות – סיכוך, הצמחה והענקה

בסעיף זה פגשנו את תכונתה האימהית של הבינה – את היותה גן, רחם ומקור חיים. החכמה (והכתר) זורמים אל הבינה, והיא מקבלת את הזרע והשפע, מעבדת ומנתחת אותם, ומאפשרת להם לקרום עור וגידים ולייצר תולדות. הבינה גם מלווה את התולדות הללו בשלבי הגידול והצמיחה שלהם, כאימא הסוככת על בניה. תכונת אם הבנים של הבינה היא במידה רבה פרי של הסעיפים הקודמים: יכולת העיבוד, השהִייה וההתפרטות היא זו שהופכת רעיון לנושא פירות ומולידה. זהו תפקידה העיקרי של הבינה.

- נדמה כי יש כאן הזמנה עבורנו לבחון את הצד האימהי בעולמנו: את הצד הקולט, המעבד והמצמיח, המלווה בהנקה ובגידול, בהענקת צל וסוכה. ראשית ננסה לבחון דמויות ותהליכים בחיינו שאותם אנו מלווים, עוטפים ומצמיחים. נשים לב לאיכויות המאפשרות לנו להיות כאלה עבורם. ננסה להגדיל איכויות אלו ולמתוח אותן גם למקומות חדשים שבהם היינו רוצים להגדיל את יכולת ההצמחה שלנו. נחפש גם דמויות ותהליכים שבהם אנו חשים שמישהו או משהו מלווה אותנו ומצמיח אותנו, מתפקד עבורנו קצת כמו אימא. נתבונן ונלמד מהם הדברים שהוא מעניק לנו, וכיצד הוא מצליח לעשות זאת עבורנו.

סעיף ה: העלאת הדינים לשורשם – המתקת הדינים בחיינו

בסעיף זה פגשנו את הבינה כמקור הדינים. ראינו כי אין סתירה בין היותה אם הבנים הרחמנייה להיותה אם הדינים, שכן היכולת להוליד ולגדל נשענת על היכולת לקצוב ולהעניק באופן מדויק ונכון, יכולת המולידה דינים. עמדנו על הפלא של העלאת הדינים לשורשם, שבו עולות כל קומות הדין שבגבורה, בהוד ובמלכות אל שורשן בבינה. העלאת הדין לשורשו משמעותה כפולה: ראשית – היכולת לראות כיצד הפרטים ודקדוקי העניות שייכים לשורש אחד, ושנית – החיבור בין הדין עצמו לבין המניע המקורי שלו, שעניינו

להיטיב. הנכחת אם הבנים בתוך אם הדינים ממתיקה את הדין ומאפשרת לשאת אותו ולקבלו באהבה ובהבנה.

המתקת הדינים והעלאתם לשורשם היא עבודה רוחנית שאיננה פשוטה כלל ועיקר. עבודה זו היא הזמנה עבורנו: גם כשאנו אלה שמפעילים את הדינים על זולתנו וגם כשהדינים פועלים עלינו – על ידי אחרים או על ידי ה' יתברך (או על ידי שניהם, ואין בכך סתירה).

- ההנכחה של כוונת ההצמחה, הגידול והשמירה בפעולת הדין היא ראשיתה של ההמתקה. ננסה לחוש את המגמה העליונה בדינים העוברים עלינו, או באלו שאנו מפעילים על אחרים. זו גם הזדמנות לבחון, בעיקר בדינים שאנו מפעילים על זולתנו, עד כמה הם באים מן הבינה אם הבנים המבקשת לתקן, לדייק ולהצמיח, ועד כמה הם באים משקר, גאווה או סתם כעס.
- בעמידה מול ה' ננסה במיוחד לחוש את המגע האימהי המלווה את הדין ולהמתיקו.
- ננסה גם לבחון את הדין בפרספקטיבה רחבה יותר, שלאורה התמונה אולי מתבהרת ומתבררת.

סעיף ו: בין בינה למלכות

בסעיף זה, פגשנו את הזיקה שבין בינה למלכות – שתי הספירות הנקביות האולטימטיביות, שתי אותיות הה"א בשם הוי"ה – זיקה שיש בה דמיון, אך גם הבדלים גדולים.

ראינו כיצד שתי ספירות אלו מבקשות לקבל את השפע ולהוציא אותו אל הפועל. אולם בעוד ספירת בינה מעבדת את השפע ופועלת עליו כדי שיוולד אל המציאות, המלכות מקבלת שפע מעובד וכל תפקידה להביאו לעולם כמו שהוא, בלי לפעול עליו.

בסעיף הקודם פגשנו את התכונה האימהית שבמציאות, התכונה המבקשת להצמיח ולהוליד. ההשוואה בין בינה למלכות מפגישה אותנו עם שני סוגים של אימהות, או אולי עם שני סוגים של 'מוציאים אל הפועל'.

- זו הזמנה עבורנו לבחון את המקומות שבהם אנו מבקשים להוציא מן הכוח אל הפועל את זולתנו – ילדינו, בני או בנות הזוג שלנו, תלמידים

ועובדים – וכמובן גם אותנו עצמנו. הבינה והמלכות מפגישות אותנו עם שתי צורות של הוצאה מן הכוח אל הפועל: האחת אקטיבית, מעבדת, דנה, מגדירה ומדייקת; ואילו השנייה רק משקפת ומנכיחה. יש פעמים שעלינו לנקוט באימהות הראשונה, ולעיתים נדרשת האימהות השנייה – נבחן את מערכות היחסים שלנו ונבדוק שאנו מדייקים בכך. לעיתים מגיע אלינו אדם עם תובנה, רצון או רעיון, וכל שעלינו לעשות הוא להנכיח אותו, לתת לו מקום, להעצימו, להדהדו ולשקפו. בפעמים אחרות הוא צריך שנעבד ונדייק אותו, שנשאל אותו שאלות. נבחן גם היכן אנו ממוקמים כעת ביחס לרעיון, רצון או מחשבה שאנו פוגשים – בשלב הבינה או בשלב המלכות, ולאור זה נדייק את תגובתנו ואת תפקידנו. כמובן המושג 'אימהות' כאן איננו קביעה מגדרית; כל אחד ואחת מאיתנו יכולים למצוא את עצמם בעמדה זו ביחס לזולת – כבינה או כמלכות.

- תנועה זו היא גם תנועה עצמית: מתי הרעיון, היצירה או המחשבה שלי ראויים לצאת לפועל כמות שהם, ללא עיבוד, ומתי נדרשת עבודה של התבוננות.

ראינו גם שספירות בינה ומלכות מנכיחות את השכינה בהוויה באופנים הבאים לידי ביטוי בשבת ובשמיטה שאותן מסמלת ספירת מלכות, וביובל שאותו מסמלת ספירת בינה. שלושת המועדים האלו הם רגעים של חשיפת השכינה החבויה במציאות. אולם בעוד בשבת ובשמיטה הדבר נעשה ב'שב ואל תעשה', ודווקא ההימנעות היא המאפשרת את חשיפתה של השכינה במציאות, הרי ביובל החשיפה נעשית בפעולה אקטיבית שעניינה הנכחת מלכות ה'. הבחנה זו באה לידי ביטוי גם בכך שהמלכות – המתבטאת בשבת ובשמיטה – נמצאת בתוך המציאות הטבעית, ומאפשרת את הנכחת השכינה בתוך חוקי הטבע ותוך התחשבות בהם – פחות או יותר; בעוד הביטוי של הבינה ביובל טורף את הקלפים של המציאות הטבעית ומגלה את השכינה שאיננה משועבדת לטבע ולחוקיו – גילוי שבו מצויים הגאולה, העולם הבא והחירות האולטימטיבית.

- על פי דברים אלו, חוויית האמונה וההשגחה יכולה ללבוש שני לבושים. במלכות – אמונה בהשגחה הנתונה בתוך חוקי המציאות והטבע. כשאנו מתבוננים על המציאות, מייחלים לגאולה ופועלים עבורה, אנו מאמצים את חוקי הטבע, את האפשרויות והמגבלות, את התרחישים, הסיכונים

והסיכויים, ולאור זאת אנו פועלים, מתפללים ומייחלים. בבינה – אמונה בהשגחה שמעבר לטבע, הטורפת את הקלפים כולם ומנכיחה את מלכות ה' שמעבר לחוקים. אמונה כזו מעצבת דפוס פעולה ותפילה שאינו מתחשב בחוקים ובמגבלות. שוב נאמר: אין כאן נכון או לא נכון; הכול תלוי במדרגה, בסיטואציה ובהקשר. ננסה לאתר את הזמנים שבהם אמונתנו בנוכחות ה' צריכה לפעול במסגרת החוקיות – הן במובן הפרטי הן במובן הלאומי, ואת הזמנים שבהם היא צריכה לפעול שלא במסגרת הטבע.

ראינו שספירת מלכות מייצגת את השכינה בחסרונה – הבאה לידי ביטוי בתפילה המבקשת ומנכיחה את החיסרון המבקש להתמלא; ואילו ספירת בינה מייצגת את השכינה במילואה, הבאה לידי ביטוי בתהילה המנכיחה את השלמות האלוהית ומשבחת אותה.

- ההבחנה בין תפילה לתהילה, התבוננות על החיסרון בשכינה אל מול התבוננות במלאות שלה – היא במידה רבה גם תוצאה של תזמון. יש זמנים ומועדים שבהם נכון להדגיש את החיסרון (תיקון חצות, תשעה באב ותעניות בכלל), ויש כאלו שבהם נכון להדגיש את התהילה (סוכות, חנוכה, ועוד). יש גם מצבים לאומיים ואישיים המזמינים את חוויית החיסרון, ואחרים המזמינים את חוויית המלאות. אפשר לומר שזו גם נטיית נפש: יש העסוקים במילויו של החיסרון, ויש הנוטים להנכיח את המלאות. שתי התנועות האלו חשובות ומשמעותיות; נבחן את עצמנו אם יש בנו איזון ביחס לשתיהן. היכן נטיית הלב שלנו? ההשתקעות בתפילה על החיסרון עלולה להביא לייאוש, תסכול ומרירות. ההתמקדות בתהילה על המלאות עלולה להביא להימנעות מפעולה למען תיקונה של המציאות, לשחיקת הרגישות עד כדי התעלמות ואדישות לסבל, לרע ולכאב שיש בעולם. זו הזמנה עבורנו לבחון היטב אם אנו עסוקים רוב היום בתפילה או בתהילה, בחוויית צער השכינה וחסרונה – או באמונה ובתקווה למלאות שלה (כוונתי לא רק לשעת התפילה, כי אם למצב התודעתי המלווה אותנו בכל עת). לאור ההבחנה הזו ננסה לאזן בין שתי התנועות האלו.

ראינו שספירת מלכות היא ביטוי לתשובה תתאה – התשובה התחתונה העסוקה בתיקון המעשה בלבד, בעוד בינה היא ביטוי לתשובה עילאה המחברת את כל קומת האדם לשיבה אל ה' – המחשבה, הרגש והמעשה.

- שתי דרכי תשובה אלו – הפרטית והכללית – תתאה ועילאה, מתוארות רבות בספרות התשובה. לא אפתח כאן את הסוגיה באופן רחב, אך אציין רק שכיוון שמדובר בשתי תנועות הנובעות משתי ספירות, הרי לכל אחת מהן יש מקום. נלמד למצוא את המקומות, הזמנים והמעשים שעבורם נכונה כעת תשובה תתאה העוסקת בתיקון המעשה – בבחינת 'אחרי המעשים נמשכים הלבבות', ואת אלו שעבורם נכונה תשובה עילאה העוסקת בהתקרבות לה' עצמה, ועל ידה מביאה לתיקון המעשים. נדע שמחד גיסא אל לנו להמתין רק לתיקון העילאי שיביא לאחריו את התיקון הפרטי, אך מאידך גיסא גם אל לנו להסתפק בתיקון הפרטי, ולסמוך על כך שרק הוא יביא את הלב למקומו הנכון.

סעיף ז: בין חיים של חזון לחיים של מעשה

בסעיף זה, פגשנו את שם י־ה. עמדנו על כך שחלק זה משם הוי"ה עומד בפני עצמו, כיוון שהוא מבטא את ההשראה והחזון (ספירות כתר – חכמה – בינה גלומות בו), בעוד לחצי השני של השם, המבטא את המימוש והמעשה (שבע ספירות תחתונות), אין קיום עצמאי. אנו למדים מזה שחיים עם השראה ללא מימוש יכולים לעמוד בפני עצמם, גם אם הם חסרים, אך חיים של מעשה ללא השראה וחזון – סופם להתייבש ולהיגדע ועל כן אין להם קיום נפרד.

- עיקרון זה אומנם כבר הובע באופנים שונים בעיסוק שלנו בספירת יסוד ובספירת חכמה, אולם כאן הוא מתבהר ומתחדד. זוהי הזמנה עבורנו לבחון עד כמה חיינו מרוכזים בי־ה, ועד כמה בו־ה. במילים פשוטות: באיזו מידה נוכחים החזון, הרעיון והתכלית בהוויית חיינו. נמצא את המקומות שבהם נוכח רק ו־ה, כלומר רק שבע הספירות התחתונות הנוגעות לחיי המעשה. נדע כי מקומות אלו מועדים לפורענות, וסופם לגווע ולכלות את משאבי האנרגיה שלנו. המאמץ שלנו במרחבים אלו הוא סיזיפי, ואם לא נדע לחבר מחדש את המקומות האלו אל הי־ה שלהם סופם לכלות את כוחנו (בספירת כתר נראה כיצד הנכחת י־ה במרחבי החיים מביאה אותנו לא רק אל החזון, אלא גם אל הרצון). הדברים נכונים גם לגבי ארגון שנדרש מדי פעם לשוב אל החזון ולהשפיעו אל כל עובדי הארגון, אך גם לגבי שגרת חייו של אדם פרטי. גם בחירה במקום עבודה, במקום לימודים או בזוגיות יכולה להישחק במרחבי שבע

התחתונות ולהפוך לנטל. כדאי לזהות את המקומות הללו ולהיזכר בחזון, בחשק, ברצון ובבחירה, כדי להעניק להם חיות מחודשת.

סעיף ח: הברית התמידית כבסיס לכל מערכת יחסים

בסעיף זה עמדנו על ההבדל בין זיווג עליון – חכמה ובינה, אבא ואימא, לזיווג תחתון – תפארת ומלכות, זעיר אנפין ונוקבא. בזיווג העליון אבא ואימא הם בבחינת תרין ריעין דלא מתפרשין – הם מצויים בחיבור מתמיד ללא הפסקה; לעומת זאת, הזיווג התחתון הוא לפרקים ואיננו תמידי. להבחנה זו השלכות רבות: ראשית – אי יכולתו של הרע לחלחל ולחדור למקום שבו יש הרמוניה ואחדות גמורה. שנית – היכולת להתבונן על המציאות באופן הרמוני, ולא לחוות את הקוטביות שלה. אך בעיקר מבטאת הבחנה זו את המרכיב של ברית עולם, של הברית הבלתי מותנית, הקבועה והבטוחה שיש במערכת הזוגית. על גבי הברית הזו מקבלת הזוגיות השנייה – שיש בה רצוא ושוב, קרבה וריחוק ובחיריות מתמדת – את מקומה הראוי, ואז היא אינה מחריבה ומאיימת על הקשר בכל פעם מחדש. עמדנו על כך שבעולמנו זוגיות 'אבא ואימא' איננה טריוויאלית, ולעיתים קרובות היא חסרה בקשרים בני זמננו – בזוגיות, בעמידה מול הקב"ה, במקום העבודה, ועוד.

- העבודה שאליה אנו נשלחים בסעיף זה היא מן החשובות בדורנו, ועל כן נאריך בה מעט. כיצד מחזקים, חושפים ומגלים את מרכיב ה'זיווג אבא ואימא' שבקרבנו? אנו חיים בעולם שבו החלפת עבודה כל כמה חודשים היא נורמה, אחוז הגירושין גדל באופן מתמיד, ומחשבות על הגירה אינן בהכרח פסולות. כיצד ניתן לפתח באטמוספרה כזו חוויית 'זיווג אבא ואימא' של תרין ריעין דלא מתפרשין?
- איננו יכולים, וגם אין זה נכון, לשוב לעולם של פעם שבו 'זיווג אבא ואימא' היה המרכיב העיקרי ואולי אף היחיד, עולם שבו יסודות הבחירה, הדינמיות והתסיסה היו חלשים. אולם צעד ראשון הוא ההבנה כי הנחת תשתית של 'זיווג אבא ואימא' לא בהכרח מבטלת את יסוד החופש, הבחירה, הדינמיות, התסיסה והסערה.
- ההכרעה הבסיסית לייצר בריתות שתכליתן הוא להתקיים לנצח – ביני לבין הקב"ה, ביני לבין בן או בת הזוג שלי, ביני לבין מדינתי ועמי וכן במעגלים נוספים – מייצרת קרקע בטוחה להתהלך, לרוץ ולרקוד עליה, ואף ליפול בה. תנועות של ריחוק וקרבה או עלייה וירידה, ואף

של קונפליקט וחוויית פירוד – אינן עילה לפרק את הברית. הן לא מספרות בהכרח, ואף לא בדרך כלל, על בעיה בנאמנות היסודית לברית, אלא הן ביטוי לקצב הפועם של הלב המבקש לחיות בגוף חי. ניעתר לתנועות האלו, ניתן להן מקום, אך ללא תחושת איום המבקשת לבטל את ההתקשרות. כשנעשה זאת הקונפליקט והפירוד יקבלו את מקומם הראוי, ואולי לעיתים אף יעלה מהם ניחוח של בושם וגעגוע, ולא של פירוד ופחד.

- כדאי לבחון מערכות יחסים שיסוד ה'זיווג אבא ואימא' חלש בהן, ולחשוב כיצד ניתן לחזקו. ראוי לציין שלא כל מערכת יחסים צריכה להביא לידי ביטוי את 'זיווג אבא ואימא' באופן האולטימטיבי; ישנן מערכות יחסים שהן זמניות במהותן, אולם גם אז רצוי וכדאי להתייחס ל'זמני' כ'קבוע' ולהעניק לו ממד של ביטחון גמור.
- ישנם מרחבים שבהם יסוד ה'לא מתפרשין' חזק יותר, למשל המשפחה הגרעינית – אבא, אימא וילדים (נראה כי הסוד של איסורי עריות קשור לעובדה זו – במערכת יחסים שאיננה ניתנת להתרה יחסי האישות אסורים. במילים אחרות – יחסי אישות ונישואין הם רלוונטיים בעיקר במקומות שבהם היסוד הבחירי גדול מהיסוד ההכרחי, ואכמ"ל). נחוש כיצד היסוד הזה מעניק בסיס איתן לחיינו, נותן עוגן ובריאות נפשית. זוהי תחושה שברמה זו או אחרת ניתן להביא גם למרחבי בחירה שבהם אנו מעדיפים להיות מחויבים – כמו במשפחה.
- 'חבוקה ודבוקה בך': באופן דומה לנקודה הקודמת אפשר להתבונן גם על הקשר שלנו עם הקב"ה, שמאז שנפח באפינו את רוחו – לעולם הוא ישכון בתוכנו, גם כפרטים וגם כחלק מעם ישראל – 'וַאֲנִי תָמִיד עִמָּךְ' (תהילים עג, כג). גם אם מערכת היחסים שלנו מורכבת, והיא עוברת תהפוכות, עליות וירידות – תמיד נהיה יחד. 'אי אפשר לאדם להיפרד מדבקות האלוהית, ואי אפשר לכנסת ישראל להיפרד מצור ישעה אור ה' אלוהי ישראל' (הרב קוק, אורות ישראל יג).
- השייכות לעם ישראל יכולה להיחוות בעינינו כמשא מכביד, וכמשקולת המאיטה את ההתקדמות האישית ומכניסה אותנו בעל כורחנו לסיפור הגדול. הרעיון של 'תרין ריעין דלא מתפרשין' בהקשר הלאומי מזכיר לנו ש'כֻּלָּנוּ בְּנֵי אִישׁ אֶחָד נָחְנוּ' (בראשית מב, יא). זו חוויה שהתעצמה במלחמת חרבות ברזל, בהתגייסות הקולקטיבית של כל קצוות העם מכל קצוות תבל, ממש כמו בן משפחה שלא משנה מהי מערכת היחסים שלו

עם קרובו, כמה הם רחוקים וכועסים – ברגע של מצוקה הוא יהיה שם בשבילו. זהו העומק של 'תרין ריעין דלא מתפרשין', שכנראה מאפשר גם לריב ולהתרחק. תובנה זו מזמינה אותנו לנסות להתרגל לחשוב על עם ישראל כמשפחה, לשמוח בשמחתו ולכאוב בכאבו. ניתן לחשוב על אנשים ספציפיים או מגזר מסוים שקשה לנו איתו ולמקד את המבט הפנימי בקשר העמוק שיש לנו, שהוא חזק יותר מהקושי. אפשר ומומלץ ללכת הלאה – לחפש דרכים לממש שייכות זו במחשבות, בתפילות ובמעשים – להיות תרין ריעין דלא מתפרשין.

סעיף ט: שוויון והיררכיה במערכות יחסים

בסעיף זה, האחרון לפרק על ספירת בינה, עסקנו בהבחנה נוספת בין 'זיווג אבא ואימא' לזיווג זעיר אנפין ונוקבא. ראינו כי מיקומן של חכמה ובינה הוא זו לצד זו, בעוד שתפארת ומלכות ממוקמות אחת מעל השנייה. עמדנו על כך שמערכת היחסים הגבוהה יותר היא שוויונית, לא במובן של זהות אלא של היעדר היררכיה. נדמה כי יסודות ה'פמיניזם דקדושה' מונחים כאן. השאיפה לעליית השכינה, שבה מערכת היחסים בין הזכר לנקבה בעולם ובאדם היא לא היררכית, ניכרת בעולם ומשקפת את התקדמותו אל תיקונו בממדים רבים.

כאמור, נדרשת כאן זהירות רבה, וזאת בשני אופנים. ראשית, יש לדייק את משמעותה של שוויוניות זו, לוודא שאיננה מטשטשת את ההבדלים ואת הייעודים השונים של הבחינה הזכרית והנקבית. שנית, צריך שלא לדחוק את הקץ; לתת מקום למגמות חיוביות של שינוי אך להיזהר מפירוק מסגרות לא מרוסן. ההיעתרות למנגנוני ההלכה המרסנים ומאיטים את קצב השינוי, ועל ידי כך מדייקים אותו ומסננים תופעות שליליות של התנועה שביסודו – היא הכרחית ומבורכת.

מעבר לכך: חזונו העתידי של האריז"ל מדבר על שינוי מטפיזי ולא רק סוציולוגי, מצב שבו שם ה' יהיה רק י־ה, כלומר רק זיווג עליון. עד אז קיום שם ה' באופן מלא הוא דווקא על ידי הנכחה של שתי מערכות יחסים אלו בכל מובניהן – התמידיות והדינמיות, כפי שראינו בסעיף הקודם, אך גם ההיררכיה והשוויון. המשקל המאוזן של שתי מערכות אלו, הבא לידי ביטוי במעמדה של האישה בבית ובחברה בדורנו, דורש התהלכות ברגש ובעדינות.

לדוגמה, ניתן להציע שהעובדה שבעולמנו ההיררכיה הפטריארכלית הצטמצמה, קולה של הנקביות נשמע והוא מרענן את המציאות במשב נשי – היא התרחשות חיובית המהדהדת את הזיווג העליון. עם זאת, שמירה

על הבחנה 'הירכית' בהקשרים של בית כנסת, תפילה, קידושין וכלל מצוות עשה שהזמן גרמן, שבהם האיש עדיין משפיע ומוביל, מהדהדת את הכרחיות קיומו של זיווג תחתון. הריקוד שבין שני אלו הוא ההתהלכות הרגישה והעדינה של חברה הפתוחה להשתנות מחד גיסא, אך מסורה אל המסורת וההלכה מאידך גיסא.

- מעבר להתבוננות במרחבים הכלליים שאותה תיארתי, אנו יכולים גם לזהות את המתח שבין שוויוניות להיררכיה בקרב מערכות היחסים האינדיבידואליות שלנו – הן הזוגיות הן אחרות. אפילו במערכת יחסים של עובד ומעביד, הורה וילד, רב ותלמיד, מפקד וחייל – שהן לכאורה היררכיות לחלוטין, ניתן לבחון אם יש מקום ל'זיווג עליון' בהיבט השוויוני.

ספירות
דעת או כתר

א. דעת או כתר - חיצוניות ופנימיות הספירות

כדי להשלים את שלוש הספירות העליונות הנישאות על גבי שבע התחתונות, ניתן לפנות לאחת משתי ספירות: הראשונה היא ספירת דעת, הממוקמת באילן הספירות מתחת לחכמה ובינה במרכז, ומשלימה את השלישייה חכמה – בינה – דעת (חב"ד). השנייה היא ספירת כתר, הממוקמת מעל לחכמה ובינה במרכז, ומשלימה את השלישייה כתר – חכמה – בינה (כח"ב).

לשיטת ר' יוסף ג'יקטיליה, וככל הנראה גם לשיטת רוב מקובלי ימי הביניים, אין זו שאלה כלל – הספירה המשלימה את שלוש הספירות היא כתר. יתרה מזו – לשיטת ר' יוסף ג'יקטיליה 'דעת' הוא כינוי לספירת תפארת:

> והספירה הזאת [=ספירת תפארת] נקראת בתורה דעת.
> (שערי אורה, שער חמישי)

בהמשך דבריו הוא מתאר כיצד ספירת תפארת, בכינויה דעת, מבריחה את הספירות מן הקצה אל הקצה – מן המלכות ועד הכתר:

> דע שאילו היה הדעת עולה עד גבול הגדולה והגבורה ולא יותר, היה לנו לומר שהוא מכריע ביניהם לבד, ולא היה שלישי לחכמה ובינה. אבל מאחר שהדעת שהוא קו האמצעי והוא"ו עולים מלמטה עד סוף המעלות עד אין סוף, הרי הדעת שלישי ומכריע בין כל הספירות עליונות ותחתונות. כיצד? הרי קו האמצעי שהוא דעת עולה עד אין סוף שהוא הכתר, ואם כן נמצא שהוא אמצעי בין חכמה ובינה הקרובים לכתר; וכשהקו האמצעי בין גדולה וגבורה, הרי הוא אמצעי ביניהם. וכן קו האמצעי שהוא הדעת מכריע בין נצח והוד, לפי שהוא

האמצעי. שהוא הדעת העולה בין נצח והוד, והולך ועובר בין גדולה וגבורה, והולך ועובר בין חכמה ובינה, עד שמגיע לכתר ומתאחז בו. והוא סוד ו׳ בסוד שם יהו״ה יתברך, שהוא אמצעי בין כל השמות והכינויין מלמעלה ולמטה לכל הצדדין וכולם נאחזים בו [...] הוא אמצעי בין אהי״ה ובין אדנ״י מלמעלה למטה, והוא אמצעי בין אל ובין אלהים מן הצדדין. זהו העניין במילת דעת שהוא קו האמצעי שהוא סוד יהו״ה יתברך.

(שם)

ספירת תפארת, כפי שראינו, היא לב אילן הספירות המחבר ימין ושמאל, מעלה ומטה. השם דעת הנלווה לה על פי ר׳ יוסף ג׳יקטיליה מבטא את היותה הספירה השלישית בכל הזוגות הקוטביים מימין ומשמאל: חכמה ובינה, חסד וגבורה, נצח והוד. השם דעת מגלה את תכונתה המאחדת של תפארת בין הימין והשמאל בכל הקומות. למעלה מזה – הדעת־תפארת מחברת גם עליונים ותחתונים – את שלוש הספירות העליונות עם שבע התחתונות (מהכתר המכונה ׳אהי־ה׳ ועד המלכות המכונה ׳אדנ־י׳).[1]

ההתייחסות לספירת דעת כספירה בפני עצמה שאיננה תפארת מתחילה אצל ר׳ משה קורדוברו, ובעיקר אצל תלמידו האריז״ל. הדברים מובאים כפירוש למשנה בספר יצירה:

עשר ספירות בלימה, עשר ולא תשע, עשר ולא אחת עשרה, הבן בחכמה וחכם בבינה, בחון בהם וחקור מהם והעמד דבר על בוריו והשב יוצר על מכונו.

(ספר יצירה א, ג)

׳עשר ולא תשע, עשר ולא אחת עשרה׳, מדייק ספר יצירה, וכך מפרשו רמ״ק:

1. תכונת החיבור המגולמת בכינוי ׳דעת׳ לספירת תפארת מתאימה להוראתה של המילה בתנ״ך, במובן של זיווג: ׳וְהָאָדָם יָדַע אֶת חַוָּה אִשְׁתּוֹ׳ (בראשית ד, א).

עוד כיוון לומר שאין הדעת ספירה בפני עצמה אלא הוא ענף הכתר, אם הכתר עמהם הרי הוא הוא הענף, ואם הכתר מסתלק הדעת משלים לעשר.

(רמ״ק, פירוש לספר יצירה א, ג)

על פי רמ״ק, המשנה בספר יצירה קובעת שלעולם לא נמנה גם את ספירת כתר וגם את ספירת דעת. הטעם לכך הוא שדעת הינה ענף לספירת כתר, על כן אין למנותן יחדיו.[2]

בעוד ר׳ יוסף ג׳יקטיליה רואה בדעת כינוי לתפארת הממצעת בין כל ספירות האמצע, רמ״ק רואה בה ענף של כתר. כשהדעת נמנית אין למנות את הכתר, ואז היא ממצעת בין חכמה ובינה בלבד; וכשהכתר נמנה הדעת איננה נמנית כלל. זהו כלל ברזל המתבטא בדברי המשנה בספר יצירה ׳עשר ולא תשע, עשר ולא אחת עשרה׳: תמיד תימנה רק אחת משתי הספירות – כתר או דעת, השורש או הענף. לעיתים מונים את הענף ולעיתים את השורש שממנו הוא יוצא.

ר׳ חיים ויטל מביא בשם רבו האר״י ז״ל את הפרמטר שעל פיו נקבע מתי יש למנות את הכתר ומתי את הדעת:

ולכן הדעת משלים לי״ס [=לי׳ ספירות] במקום הכתר, וזהו בבחינת חיצוניות, אך בבחינת הפנימיות הכתר הוא מכלל הי״ס דז״א [=הי׳ ספירות דזעיר אנפין], לכן אל תתמה אם אנו מונין לפעמים הדעת במנין י״ס ולפעמים הכתר, כי זה בחיצוניות וזה בפנימיות.

(עץ חיים כג, ח)

ר׳ אליהו הגאון מווילנה מפרש את הדברים כך:

ומתחיל מכתר. ובחצוניות בד׳ אותיות הוי״ה – מתחיל מחכמה. הענין כמו שכתב האר״י ז״ל שבחיצוניות הספירות – אין הכתר ממנינם רק שרשם, והדעת משלימם. ובפנימיות – אין נמנה הדעת כי הוא

2. יש לציין שאין זה הכרחי לפרש כך את המשנה בספר יצירה.

פנימיות ז"ס תתאין [=שבע ספירות תחתונות] רק הכתר ממנינם עיין שם, שלכן כאן מתחיל מכתר וכאן מחכמה.
(פירוש הגר"א לספר יצירה א, א)

על פי דברים אלו, הדעת היא ההנהגה הגלויה והחיצונית של הכתר. מנקודת המבט של פנימיות הספירות – הכתר נמנית, ומנקודת מבט של חיצוניות הספירות – נמנית הדעת.[3]

פירוש לדברי הגר"א מובא בספר 'כללי התחלת החכמה':[4]

[כד] והנה לפעמים נמנה עוד במנין הספירות דבר הנקרא שמה דרך משל דעת, והיינו שלא נחשב הכתר במנין העשר, רק נמנה במקומו הנקרא בשם אחר שנקרא דעת. וכתב בספר משנת חסידים בתחלתו, וכן כתב גם הגר"א ז"ל (בפירוש ספר יצירה א, א, ג), שבבחינת הפנימית הנ"ל, נחשב כתר ולא דעת, ובבחינה החיצוניות נחשב דעת ולא כתר (ולכן תנן בספר יצירה עשר ולא תשע, עשר ולא אחד עשר).

[כה] וביאור הדברים הנ"ל הוא, שהנהגת הכתר, שהוא רחמים גדולים מאד, לפי הנראה והגלוי – איננה נראה עכשיו. רק עתידה להיות לעולם הבא, בזמן התכלית, שהוא לאחר ששת אלפים שנה. ולכן מורה על זה שם אהי"ה, לשון עתיד, אני עתיד להיות [...] אך בבחינת ההסתר הגדול גם הנהגת הכתר מנהגת עכשיו, שההנהגות של עכשיו הם הכנות להעתיד, ועיקר כוונת השם יתברך להטיב, וכמו שכתוב כל מה דעביד רחמנא לטב עביד. ולכן נאמר שרק בבחינת הפנימית, שהוא ההסתר הגדול, נחשב כתר גם כן, אבל בבחינת הנהגות הגלויות,

3. באופן מפתיע, ניתן למצוא בקרב אדמו"רי חב"ד תפיסה הפוכה, לדוגמה: 'הנה ידוע בענין מספר י"ס [=י' ספירות] שהכתר פנימיותו אין נמנה בי"ס, **ולכן כשמונים עשר ספירות בבחינת פנימיות אין הכתר נמנה אלא הדעת נמנה במקומו**, כי שרש הדעת למעלה מחו"ב [=מחכמה ובינה], שלכן יכול לזווג חו"ב להביא העלם המושכל לידי גילוי בהשגה, וכן לקשר השכל עם המדות כו'. וחיצוניות הכתר נמנה בי"ס, ולכן כשמונים י"ס בחיצוניות אזי הכתר נמנה ואז אין הדעת נמנה' (ספר דרך מצוותיך, מצות מחצית השקל). לכאורה, לפי ר' מנחם מנדל שניאורסון, האדמו"ר השלישי של חב"ד המכונה 'הצמח צדק', דווקא בפנימיות הספירות אין הכתר נמנה אלא הדעת, ולהפך בחיצוניות הספירות. ייתכן שהדבר קשור לבחירה החב"דית למנות את ספירת חב"ד ולא ספירת כתר במניין עשר הספירות, וצריך עיון.

4. לר' אריה ליב ליפקין, שנדפס לראשונה בשנת תרנ"ג.

שהוא בחינת החיצוניות, לא נחשב כתר, ורק יש ממנה מקצת מעט גם בבחינת ההתגלות מבחינת הכתר מעט, שלכן לא נקרא כתר רק שם אחר, ונקרא דעת, והוא במדרגה מועטת, שנחשב בערך רק כמו הנהגה ממוצעת בין החכמה והבינה. שהחכמה הוא בלא דין כלל, ובבינה דינים מתעוררין ממנה כנ"ל, ודעת הוא הנהגה ממוצעת ביניהם, ולכן נחשב דעת בסדר עמידתם תחת חכמה ובינה באמצע, שהוא בדרך משל הנהגה הממוצעת כנ"ל.

(כללי התחלת החכמה א, כד-כה)

ספירת כתר, כפי שנראה בדיוננו בה, היא נעלמת ובלתי ניתנת להשגה. היא מבטאת את הנהגת ה' הנסתרת, הבלתי מובנת ובלתי ניתנת לתפיסה. העיסוק בעשר הספירות נותן שמות, משמעות ותוכן להנהגות האלוהיות השונות, לכן יש בו ביטוי לאופן שבו אנו מתבוננים על העולם. כשנקודת המבט שלנו על העולם היא פנימית, כזו שמוכנה לקבל נוכחות של הנהגה בלתי מובנת ובלתי מושגת, אז ספירת כתר היא רלוונטית והיא חלק מתמונת העולם של האדם – תמונה המכילה בקרבה הנהגה נסתרת ולא מובנת. אך כאשר אדם בוחר להתבונן על העולם בעיניים 'חיצוניות', מנקודת מבט הקובעת שמה שמובן, מוגדר ומושג – קיים, ומה שלא – לא, אז הכתר לא יכול להימנות, שהרי הוא עצמו איננו נראה ומושג. לכן אז נמנית במקומו הדעת, שהיא ההופעה הגלויה של ספירת כתר, כפי שנראה להלן.

כשמתחולל המעבר הזה מן הכתר אל הדעת גם מיקומה ותפקידה של ספירה זו משתנה ואף מצטמצם: היא הופכת להיות הספירה הממצעת שבין חכמה ובינה, וממוקמת תחתיהן. כדי להבין את משמעותו של השינוי לפי האריז"ל, ניעזר בדברי ר' יוסף ג'יקטיליה שראינו זה עתה, אף שלשיטתו הדעת היא כינוי לספירת תפארת ולא ענף של הכתר.

תפקידה העיקרי של דעת (בהיותה כינוי לספירת תפארת) הוא החיבור בין הספירות – העליונות והתחתונות, הימין והשמאל. נשוב וניזכר כי עולם הספירות מעביר את ההנהגה האלוהית מאחדות לריבוי: ריבוי שיש בו ניגודים; שבתשתיתו מונחת תנועת הפירוד, ההבדלה והחילוק; ריבוי המייצר ימין ושמאל, למעלה ולמטה, זכר ונקבה, משפיע ומקבל, ועוד. כפי שראינו, תנועה זו היא אקוטית כדי ליצור עולם מגוון ועצמאי, עולם שיש בו דינמיקה ותנועה. אולם עלינו לזכור שעם זאת מן האחדות באנו ואל האחדות נשוב.

הספירה המסמלת יותר מכל את האחדות שטרם הריבוי היא ספירת כתר, שבה אין ריבוי, אין כמות ואין פיצול ופירוד – רק אחדות מוחלטת. המעבר מספירה זו, שהיא ספירת האַין, אל ספירת היש, יוצר עולם (כפי שראינו בדיוננו בספירת חכמה), אולם בו־זמנית הוא יוצר גם את הריבוי והפירוד.[5]

המתבונן בעולם הספירות ובעולם בכלל מנקודת מבט פנימית רואה את האַין־הכתר הניצב בתשתית כל דבר, פוגש את האחדות שטרם הריבוי. אך התבוננות באחדות דרך הכתר מבטלת במידת מה את הקיום הממשי, את עולם הלבושים. מנקודת מבט זו דין וחסד הם אותו הדבר, אין היררכיה ואין ימין ושמאל – הכול אחד. זוהי נקודת מבט פנימית מפני שהיא מתעלמת מהעולם החיצוני, מעולם הלבושים, ההבחנות וההבדלים.

אך מי שמאמץ את נקודת המבט החיצונית של המציאות הגלויה פוגש את ההבחנות ואת הקוטביות שבין דין לחסד. מנקודת מבט זו האחדות נראית רחוקה ובלתי מושגת, הכתר נעלם ובלתי ניכר. הריבוי נוכח ושולט בכיפה, והכתר המבטא את האחדות נעלם.

כאן מגיע תפקידה של ספירת דעת. כענף של ספירת כתר, הדעת מביאה את האחדות הנוכחת בכתר אל עולם היש, שבו יש הבחנות, לבושים והבדלות.

הדעת היא החיבור המגיע לאחר ההבדלה וההבחנה. החיבור בין ימין ושמאל בספירת דעת לא נעשה על ידי ביטולן וחזרה לנקודת השורש שבה אין ביניהן הבחנה – אם כי הוא בוודאי נשען על נקודה זו – אלא על ידי הבנת המשותף בין ימין ושמאל ברובד הגלוי; מציאת מכנה משותף לשני הניצים, כשכל אחד מהם מוותר על מעט מעצמו אך מקבל משהו שהוא יכול לחיות עימו. הדעת היא האחדות הצומחת מתוך פשרה, וזו נצרכת בממד החיצוניות מפני שבממד זה הסתירה ניכרת וההבדלה שוררת. בעולם הלבושים ישנה הבחנה בולטת בין דבר לדבר, ולכן הדרך היחידה לאחד בו קטבים היא על ידי הדעת. הדעת יונקת יכולת זו מהידיעה הקמאית והקדומה של הכתר שהכול בא ויצא משורש אחד, ועל כן הוא גם יכול

5. כפי שראינו, שלוש הספירות העליונות כתר חכמה ובינה שרויות באור האחדות, וגם כשיש בתוכן פיצול – בין החכמה לבינה – הרי פיצול זה הוא למראית עין בלבד, ובתשתיתו ניצבת האחדות של 'תרין ריעין דלא מתפרשין'.

לשוב אל האחד; אך הפעם הדבר נעשה בשום שכל, בבירור ובדיוק של הלבושים והשינויים.

ספירת כתר היא האחדות הקדומה שלמעלה מכל פירוד ופיצול – מעל חכמה ובינה, חסד וגבורה. אך ככזאת היא בלתי מושגת, ונדרש מבט פנימי וגבוה כדי לראות כיצד כל הספירות יוצאות ממנה. ספירת דעת היא ענף של כתר בכך שהיא מבטאת את הדרישה לאחדות לאחר הפיצול, מתחת לחכמה ובינה. יכולתה לחולל אחדות לאחר הפיצול נשענת על כך שהיא נציגתו של הכתר בעולם ההבחנות. במציאות החיצונית, שבה הלבוש וההבחנות תופסים מקום, מתחלפת ספירת כתר בספירת דעת – אך מסתתרת מאחוריה.[6]

ב. חב"ד – חיבור השכל אל הרגש והמעשה

חסידות חב"ד קרויה על שם שלוש הספירות חכמה – בינה – דעת. די בעובדה זו כדי לקבוע שלשיטת אדמו"רי חב"ד עיקר מניין הספירות הוא עם דעת ולא כתר. אלו הם דברי האדמו"ר הזקן, מייסד חסידות חב"ד:

> והנה כל בחינה ומדרגה משלש אלו נפש רוח ונשמה כלולה מעשר בחינות כנגד עשר ספירות עליונות שנשתלשלו מהן, הנחלקות לשתים שהן שלש אמות ושבע כפולות, פירוש חכמה בינה ודעת ושבעת ימי הבנין חסד גבורה תפארת כו׳. וכך בנפש האדם שנחלקת לשתים, שכל ומדות. השכל כולל חכמה בינה ודעת, והמדות הן אהבת ה׳ ופחדו ויראתו ולפארו כו׳. וחב"ד נקראו אִמות ומקור למדות, כי המדות הן תולדות חב"ד.
>
> (תניא, ליקוטי אמרים ג)

על פי ר׳ שניאור זלמן מלאדי (רש"ז) נפש האדם מורכבת משכל ומידות. השכל הוא שלוש הספירות העליונות – חכמה, בינה ודעת; המידות, כגון אהבה ויראה, הן שבע הספירות התחתונות. ספירות חב"ד נקראות 'אִמות' כי הן המקור למידות והמידות הן תולדותיהן. כפי שכבר ראינו, האדמו"ר הזקן מנתח את תהליך ההכרה של האדם, העובר מן השכל אל המידות. ההתבוננות

6. על היכולת לגלות את נקודת האחדות האינסופית ככל שמטפסים במעלה ההכרה כתב הרב קוק, ראו אורות הקודש ב, עמ׳ שצג.

השכלית מעוררת רגש – תחושה ומעשה. הסדר הנכון הוא מלמעלה למטה, מן השכל אל המידות – מן ההבנה, התפיסה, האידאה והרעיון, אל הרגש והמעשה. מתוך כך הוא עומד על תפקידה המוגדר של ספירת דעת:

> והדעת הוא מלשון והאדם ידע את חוה והוא לשון התקשרות והתחברות, שמקשר דעתו בקשר אמיץ וחזק מאוד ויתקע מחשבתו בחוזק בגדולת אין סוף ברוך הוא ואינו מסיח דעתו. כי אף מי שהוא חכם ונבון בגדולת אין סוף ברוך הוא, הנה אם לא יקשר דעתו ויתקע מחשבתו בחוזק ובהתמדה לא יוליד בנפשו יראה ואהבה אמיתית כי אם דמיונות שוא. ועל כן הדעת הוא קיום המדות וחיותן, והוא כולל חסד וגבורה פירוש אהבה וענפיה ויראה וענפיה.

(שם)

התהליך המתרחש בחכמה ובבינה מחולל את ההשגה (כשמקורו מן הכתר הנעלם). תהליך העיבוד השכלי מסתיים בבינה הפועלת על החכמה, כפי שראינו בדיוננו בספירות אלו. בנקודה זו, על פי רש"ז, נכנסת הדעת לתמונה.

השגה שכלית איננה הופכת בהכרח לחוויה ממשית המקרינה על חיי האדם להלכה ולמעשה – הן על עולמו הרגשי הן על עולמו המעשי. כפי שאומר הפתגם הידוע, מומחה לאתיקה הוא לא בהכרח אישיות מוסרית, כשם שפרופסור למתמטיקה איננו צריך להיות משולש. תפקידה של הדעת הוא להפוך את ההשגה השכלית מאפיזודה חד־פעמית או הכרה פילוסופית תאורטית למקור תמידי של השפעה על מידותיו של האדם ומעשיו. הדעת מחברת בין עולם השכל לעולם המידות, הרגש והמעשה. על פי רש"ז, מיקומה באילן הספירות תחת החכמה והבינה ומעל ספירות חסד וגבורה הוא קריטי כדי ליצור חיבור בין הכרותיו השכליות של האדם לעולמו הממשי.

הדעת, על פי האדמו"ר הזקן, היא התרכזות והתמדה בהשגה השכלית. השגה שכלית – יפה ועמוקה ככל שתהיה – שאין בה את הריכוז וההתמדה, שהן תכונותיה של הדעת, היא 'דמיונות שווא', וגם הרגשות הנולדות ממנה הם אפיזודיים ולא עמוקים, וכענן יעופו.

בעולם המדיה שבקרבו אנו חיים, עולמם של המכשירים הדיגיטליים והרשתות החברתיות, המסרים הם קצרים ומהירים. זהו עולם שבו יכולת הריכוז נפגמת עקב ריבוי הגירויים, וזמן הקשב שאליו אנו מורגלים הוא קצר ביותר. יכולת ההתמדה שלנו נפגמת עקב המעבר המהיר מדבר לדבר.

במרחב כזה יש צורך אקוטי בספירת דעת. אדם יכול להקשיב לשיעור קצר ביוטיוב, למסר של רגע, ובמקרה הטוב אף לשמוע שיעור של שעה; הוא עשוי אפילו להתלהב מאוד, להתרגש, לחוש שבדברים ששמע יש פוטנציאל לחולל שינוי בחייו – אך ברגע הבא הוא כבר לא שם, כי הגירוי הבא סוחף אותו להתרחשות אחרת. האדמו"ר הזקן קובע שזו חכמה ובינה ללא דעת; גם אם אותו אדם שמע דברי אמת, הם ייוותרו בגדר דמיונות שווא אם לא תתרחש התרכזות המאפשרת לאדם 'לתקוע את מחשבתו' באותה ההשגה, או בלשון אחרת, להיות עימה בזיווג – 'וְהָאָדָם יָדַע אֶת חַוָּה אִשְׁתּוֹ' (בראשית ד, א). הריכוז הוא הטוטליות הנדרשת כדי להקדיש להשגה את כל המחשבה, את כל האנרגיה, את כל הקשב.[7] כשאדם מביא אל תהליך ההשגה את מלוא הריכוז, ללא הסחת הדעת, ולאחר מכן הוא מתמיד בריכוז במחשבה זו, שב אליה בכל עת והופך אותה לאינפורמציה רלוונטית וחיה בכל רגע – אזי היא מולידה עולם של מידות ומעשה.

תפקידה הקריטי של ספירת דעת על פי האדמו"ר הזקן יכול להסביר מדוע החסידות שהוא מייסד נשענת על מניין הספירות המותיר את הכתר מחוץ לספירות, ומונה את ספירת הדעת במקומה. הדעת היא הכלי המרכזי כדי להפוך השראה לדרך חיים, רעיון להנהגה. ללא הדעת החיבור האמיתי שבין החזון, הרעיון וההשראה לחיים לא היה מתרחש.

ספירת הדעת, אם כן, היא ספירת החיבורים, וזאת בשני מובנים.

המובן הראשון הוא היותה נושאת בקרבה את תכונת האחדות וההרמוניה. הדעת היא שלוחתה של הכתר, המאפשרת לחתור לאחדות הניגודים גם בעולם הממשי מלא הקוטביות. זוהי תודעה אופטימית היודעת שכל הסתירות, הפילוגים והחילוקים שאנו חווים בעולם מקורם באחדות – 'אַחַת דִּבֶּר אֱלֹהִים שְׁתַּיִם זוּ שָׁמָעְתִּי' (תהילים סב, יב); לכן במאמץ ובהשתדלות ניתן לפשר, לעשות שלום ולגשר בין ניגודים.

המובן השני הוא היותה נושאת בקרבה את היכולת לחבר את עולם השכל וההשגה אל עולם המידות והמעשה, להפוך השראה ומחשבה לדרך

7. הדימוי של האדמו"ר הזקן הוא זיווג, מתוך הנחה שבהתרחשות מלאת העוצמה של הזיווג האדם נמצא בכל ישותו, ואין נים אחד בגוף, ברגש ובמחשבה שאיננו נתון לה. לצערנו, בעולם שבו גם הזיווג מחולל והופך להיות 'מטבע עובר לסוחר', המשל הזה עצמו זוקק תיקון של 'דעת'. הריכוז המוחלט וההתמדה הם ההגדרה היסודית של ידיעה בכלל, וידיעת איש ואישה בפרט. אדרבה – ידיעת איש ואישה היא המקור שממנו נלמד מושג הידיעה המתאר התמדה והתרכזות מוחלטת.

חיים מתמידה המחוללת בכל עת מידה, רגש ומעשה. זוהי תודעה של ריכוז והתמדה ברעיון ובמחשבה: יכולת להתמסר אליהם, להעניק להם את מלוא תשומת הלב, לבוא עימם בזיווג, ואחר כך להתמיד בהתקשרות זו עד שהם יחוללו לאט לאט דרך חיים.

כך גם ניתן לפענח את החידוש המופלא בפסוק 'וְהָאָדָם יָדַע אֶת חַוָּה אִשְׁתּוֹ'. ידיעה במובן של חיבור בין שני יצורים נבדלים ושונים מאוד זה מזה היא פלא ונס; בן רגע הם הופכים לאחד. אם איש ואישה יכולים להפוך לאחד – כל הניגודים יכולים להתאחד. כמובן, יכולתם זו להתאחד (בידיעה) נשענת על העובדה שמקורם באחד (בכתר) – 'זֹאת הַפַּעַם עֶצֶם מֵעֲצָמַי וּבָשָׂר מִבְּשָׂרִי' (בראשית ב, כג). היכולת הניסית להתחבר נשענת על מציאות שבה הכול היה מאוחד.

אך ידיעת האדם את אשתו היא גם ידיעה במובן של היכולת להתמסר באופן מוחלט, להתמיד, להיות נתון בתכלית הריכוז, עם כל הכוחות, כל האנרגיות, מקצה הגוף ועד הרוח – בדבר אחד. זוהי הידיעה האולטימטיבית, גם בין איש ואישה וגם בין אדם לכל מושא הכרתי.

ג. ויתור על הדעת

בחסידות ברסלב אפשר למצוא עמדה הפוכה בתכלית מזו של חסידות חב"ד לגבי המקום הניתן לספירת דעת באילן הספירות. נעסוק בעמדה זו בהרחבה בדיוננו בספירת כתר, אך לעת עתה נבחן רק את היחס לספירת דעת:

> כִּי עִקַּר חֵטְא אָדָם הָרִאשׁוֹן הָיָה שֶׁהִסְתַּכֵּל בְּמָה דְּלָא הֲוֵו לֵהּ רְשׁוּ [...] הָיָה צָרִיךְ לִבְלִי לְהַחֲמִיץ מֹחוֹ בְּהַשָּׂגָתוֹ וְלִבְלִי לִרְדֹּף כְּלָל לְהַשִּׂיג וְלַחֲקֹר בְּמָה שֶׁאֵין לוֹ רְשׁוּת, רַק לְהַאֲמִין בְּהַשֵּׁם יִתְבָּרַךְ לְקַיֵּם הַמִּצְוָה שֶׁמְּצֻוֶּה עָלָיו לִבְלִי לֶאֱכֹל מֵעֵץ הַדַּעַת. וְהוּא עָבַר עַל זֶה וְהִרְהֵר אַחַר הַשֵּׁם יִתְבָּרַךְ וְאַחַר מִצְוֹתָיו וְאָכַל מֵעֵץ הַדַּעַת וְהִסְתַּכֵּל בְּמָה דְּלֵית לֵהּ רְשׁוּ לְאִסְתַּכְּלָא וְעַל יְדֵי זֶה נִגְזַר עָלָיו מִיתָה לְדוֹרוֹת, כִּי עַל יְדֵי שֶׁאָכַל מֵעֵץ הַדַּעַת טוֹב וָרָע וְרָצָה לֵידַע שֹׁרֶשׁ הַטּוֹב וְהָרָע קֹדֶם שֶׁתִּקֵּן אֶת הַכֹּחַ הַמְּסַדֵּר [...] דְּהַיְנוּ שֶׁעָשָׂה פֵּרוּד בֵּין בְּחִינַת הַדַּעַת וּבֵין בְּחִינַת הַכֶּתֶר שֶׁהִפְרִיד הָרְדִיפָה מֵהַמְעַכֵּב. וְעַל יְדֵי זֶה נָפַל לְגַמְרֵי וְנִשְׁבַּר וְנִתְבַּטֵּל הַדַּעַת וְהַהַשָּׂגָה לְגַמְרֵי עַד שֶׁאִי אֶפְשָׁר לְהָבִין שׁוּם הַשָּׂגָה שְׁלֵמָה.
>
> (ליקוטי הלכות, אורח חיים, נפילת אפים ד)

ר׳ נתן מנמירוב, תלמידו של ר׳ נחמן מברסלב, מתאר על פי תורת רבו שתי תנועות נפש הקיימות באדם – כוח הרדיפה וכוח המעכב. כוח הרדיפה הוא עצם התנועה אל הלא נודע, אל הבלתי מושג, הידיעה שאינך יודע והחוויה התמידית שיש עוד מעבר למה שהשגתי. כוח המעכב הוא השהִייה, חוויית ההשגה, ההגעה ליעד. הראשון הוא מפגש עם האין, והשני עם היש.

ר׳ נתן מזהה את ספירת הכתר עם כוח הרדיפה, ואת ספירת הדעת עם כוח המעכב. הכתר הוא השאיפה אל הלא נודע, והדעת היא ההשגה. הדרך הראויה לפעול עם שני כוחות אלו היא ההכרה מתי ואחרי מה צריך לרדוף, ומה צריך לעכב; מה צריך להיות מושג ומה צריך להישאר בלתי נודע. כשההבחנה הזו נשמרת יש חיבור וזיקה בין הלא נודע לנודע, ואין הם צרים זה לזה; מה שצריך להישאר לא נודע נשאר, ומה שצריך להיוודע – נודע.

חטאו של אדם הראשון, על פי ר׳ נתן, הוא הניסיון להשיג בדעת את מה שעדיין צריך להיות בבחינת כתר; להפוך למושג את מה שאמור להיוותר לא נודע, לפחות בשלב זה. דבר זה הוא בלתי אפשרי, והוא יוצר דיסוננס וניגוד בין הכוח הרודף למעכב. לפתע הם נהיים צרים זה לזה: הדעת מבקשת להשיג את הכתר והכתר מסרב לספק לה השגה זו, ומכאן נולד פירוד ביניהם. על פי ר׳ נתן, מציאות זו שוברת ופוגמת את הדעת: גם מה שעקרונית היה בתחומה של הדעת הופך עבורה כעת לבלתי מושג. כשהשגת הדעת מתערערת (כיוון שהיא מבקשת להשיג את מה שאיננה יכולה), גם מה שהיה מושג לפני כן מתערער. אדם הפוגש את הספק במלוא עוצמתו בתחום אחד בחיים עלול לצבוע גם את מה שאין בו ספק בצבע הספק. הפילוסופיה המודרנית ביקשה להטיל ספק בשאלות הגדולות, אך לשם כך היא לא הותירה דבר שלא הטילה בו את ספקה. במציאות כזו, מלמד ר׳ נתן, הדעת מאבדת את תפקידה ומקומה.

אם בעולמה של חסידות חב״ד הדעת היא ספירת המפתח להשגת הקדושה ולהחלתה בחיים, הרי בחסידות ברסלב ספירת הדעת בתפקידה הרציונלי[8] איבדה את תפקידה מאז האכילה מעץ הדעת. לכן לא רק שהיא איננה נמנית אלא היא גם נדחקת לשולי האמונה, ואדרבה – הדילוג עליה הוא המביא אל האמונה וההשגה הגבוהה יותר – המפגש עם הכתר.

8. חשוב לציין שמושג הדעת בתורת ר׳ נחמן מברסלב איננו מושג רציונלי כלל, כפי שראינו לעיל גם ביחס לחכמה. הוא משקף בעיקרו תודעת אמונה שהיא למעלה מתפיסת החוקיות של המציאות. נדמה כי כשר׳ נחמן מדבר על דעת הוא איננו מתכוון לספירת הדעת בתפקידה הקבלי בעץ הספירות.

אל הנפש והחיים – דעת או כתר

אחדות חיצונית ופנימית, ויכולת התמדה וריכוז

בפרק קצר זה עסקנו בשאלה אם יש למנות את ספירת כתר או את ספירת דעת במניין עשר הספירות. ראינו שתי בחינות בספירת דעת. הבחינה הראשונה מגמתה אחדותית (הן לשיטת חכמי ימי הביניים ש'דעת' היא ספירת תפארת ותפקידה להבריח את כל הספירות מן הקצה אל הקצה, הן לשיטת האריז"ל שהדעת היא ענף של כתר). עמדנו על כך שעל פי האריז"ל ישנן שתי רמות של אחדות: העליונה המבטלת את המציאות כולה והופכת את הכול לאחד – זו ספירת כתר. והתחתונה המקיימת את היש על נפרדותו אך מצליחה, מכוח האחדות העליונה, לאחד אותו במכנה משותף וביצירת קשר וזיקה בין הנפרדים – זו ספירת דעת.

- נראה שיש כאן הזמנה לשתי נקודות מבט של אחדות – פנימית (כתר) וחיצונית (דעת). הראשונה מבטלת את כל ההבדלים וההבחנות והופכת אותם לחסרי משמעות, מתעלמת מן הלבושים ורואה פנימה אל האחדות הכוללת. השנייה, לעומתה, נעתרת לקיומם של ההבדלים וההבחנות, אולם מכוח האחדות העליונה והאמונה שכל ההבחנות מתבטלות בשורשן, היא מצליחה למצוא מכנה משותף מאחד המפגיש את שתי הבחינות בלי לבטלן – אלא רק לצמצמן. הפשרה נובעת מהאחדות הכוללת: האחדות היא פנים המציאות, והפשרה היא חיצוניותה (במידה רבה הדברים נכונים גם ביחס למה שראינו על תפארת, שמחד גיסא היא מבטאת את האחדות הגמורה בשם הוי"ה ומאידך גיסא היא גם מקור הפשרה והאחדות. הדברים נובעים זה מזה: שתי בחינותיה של תפארת הן בעצם מה שהאריז"ל מתאר בכתר ובדעת). ננסה להתבונן לעיתים על המציאות במשקפיים האחדותיים הגבוהים, ומתוך מבט זה גם ננסה לעשות פשרה ושלום.

הבחינה השנייה של ספירת דעת עולה מדברי האדמו"ר הזקן ולפיהם היא מחברת בין ההשגות, התובנות והרעיונות לבין הרגשות והחיים. תפקידה של הדעת הוא גם להפוך תובנה ומסקנה רעיונית להרגשה ולהנהגה, ובעיקר

לרכז ולשמר את המיקוד של התודעה בחידוש ובהשגה כדי שלא ייעלמו כענן חולף.

- דברים אלו הם הזמנה משמעותית בעולם שבו אנו חיים, שבו הריכוז, ההתמדה והרציפות נחלשו כל כך. יש כאן תנועה חשובה ויסודית המעמיקה את הוויית החיים לאין שיעור. כשאנו פוגשים השגה בלימוד, במפגש, בהתבוננות – נשתדל לשהות בה ולדבוק בה. ראשית – ננסה לתרגמה לחוויה, לרגש ולמעשה, כדי שלא תישאר רק בחכמה ובבינה. שנית – נשוב אליה היום, מחר, מוחרתיים, בעוד שבוע. נבחר את ההשגות שאנו מאמינים שצריכות להיות דרך חיים עבורנו וננסה לדבוק בהן, לדעת אותן. נאפשר להן להשפיע על כל קומתנו – גם על הרגש והמעשה, ונישאר עימהן כדי שלא תחלופנה לטובת השגות חדשות. נִשהה בהבנה ובהשגה, ונאפשר להן לעצב דפוס חדש בחיינו.

ספירת
כתר

'כתר - העליונה שבספירות'

הספירה האחרונה, העליונה מכל הספירות, היא ספירת כתר. עצם העיסוק בה מעורר התרגשות ומלווה בדחילו – יראה ורטט – נוכח נשגבותה, ורחימו – אהבה והשתוקקות – מהבקשה לגעת במה שמעבר ובמה שלא דבק בו מעולם טעמם של צמצום, לבוש וגשמיות. אף שנקדיש לספירה זו דיון משמעותי, קוצר היריעה ובעיקר קוצר דעתנו מאפשרים לגעת רק באפס קצהו של הסוד הניצב מאחוריה, ואני תפילה שבעזרת ה' לא תצא תקלה תחת ידי.

תחילה נביא מספר טעמים לשמה העיקרי של ספירה זו:

> כתר – טעמים רבים פירשו בשם זה. יש שפירשו מלשון המתנה, כמו 'כתר לי זעיר' (איוב לו, ב. ועיין תקונא ע קל ע"א). והכונה אל תחשוב במקום הזה כלל, אמנם המתן עד שיתפשט ואז תוכל להבין, כן פירשו הגאונים. ויש שפירשו כתר כמשמעו, והטעם כמו שהכתר ראש לכל לבושי הגוף כן מדה זו ראש לכל האצילות. ויש שפירשו כתר מלשון מכתיר שהוא לשון סבוב, שמסבב לכל האצילות בתוכו כדפירשו בשער סדר עמידתן.
>
> (פרדס רימונים שער כג, פרק יא)

ר' משה קורדוברו מציין שלושה טעמים לשמה של ספירת כתר:

הראשון – לשון המתנה.

השני – לשון כתר ממש שהוא הראש לכל מלבושי הגוף.

השלישי – לשון מסבב ומקיף.

ככל שנעמיק בספירה זו כך נגלה את העומק בשלושת טעמים אלו ובטעמים נוספים שנביא.

א. האם הכתר הוא האין־סוף? (כתר, אין, קוצו של יו"ד)

את השער השלישי בספר פרדס רימונים מקדיש ר' משה קורדוברו לשאלה מרכזית בעולם הסוד. כך הוא כותב בהקדמה לשער:

> הנרצה בשער הזה הוא לשאת ולתת בענין המבוכה נפלה בין המקובלים לדעת אם אין־סוף הוא הכתר עצמו או זולתו.

(פרדס רימונים, הקדמה לשער שלישי)

בראש השער הוא מביא את הדעה שהוא מבקש לשלול:

> רבים מהמתקבלים בבני עמנו נבוכו במבוכה רבה ונפלו בשוחת הטעות וחשבו כי הכתר עליון הוא האין־סוף והוא במנין העשר. ויש מהם אמרו כי מאחר שיש לנו עשר מדרגות מה צורך אל אצילות יותר, אלא שענין המאציל עם הנאצלים הם עשר.

(שם, שער שלישי)

רמ"ק עומד על ההבחנה הבסיסית בתורת הסוד בין המאציל לנאצלים. המאציל הוא האין־סוף האלוהי המשפיע על ההוויה כולה, וממנו היא יונקת את חיותה וקיומה. בכלל הנאצלים, לעומת זאת, נמצאות הספירות שהן כבר גילויים של האין־סוף – ביטויים, יישומים וכלים שלתוכם ניצק האין־סוף בהצטמצמו.

הקביעה כי האין־סוף מזוהה עם הכתר מניחה כי עשר הספירות כוללות גם את המאציל וגם את הנאצלים. את ההנחה הזו רמ"ק מבקש לדחות מצד הסברה ומצד המקורות. נראה לדוגמה את הסברה הראשונה שמובאת בדבריו:

> והנה הסברא הזאת דחויה מכמה טעמים, איבעית אימא קרא איבעית אימא סברא. הסברא היא כי מאחר שהמאציל נבדל מנאצליו בכמה עניינים. ראשונה שהנאצלים הם נופלים תחת הזמן והוא אינו נופל תחת הזמן. ואין רצוני לומר זמן כפי הנראה מפשוטן של דברינו, אלא הכוונה שכבר היה זמן שלא היו נאצלות כמו קודם האצילות. וזה אחד מהדברים הנמנעים באין־סוף שלא היתה מציאות שלא ימצא,

> אלא הוא מחויב המציאות והוא המציא הזמן ולא שהוא בעל זמן ח"ו.
>
> (שם)

ישנן כמה הבחנות איכותיות בין המאציל (אין־סוף) לבין הנאצלים (הספירות) שלא מאפשרות למנות את שניהם באותו מניין. ההבחנה המובאת בפסקה זו נוגעת לשייכותם של הנאצלים למרחב הזמן. על משמעותה של שייכות זו נעמוד בהמשך, אך לעת עתה נציין שקריטריון השייכות לזמן, המבדיל בין מאציל לנאצל, הוא משמעותי מספיק כדי שלא לאפשר לכלול את המאציל והנאצל בחדא מחתא (כלומר במניין עשר הספירות).

השאלה אם ספירת כתר מזוהה עם האין־סוף או שהיא רק שער ומבוא אליו משליכה גם על היכולת להבין ולגעת בה ובמושגיה השונים. רמ"ק קובע כי אף שספירת כתר איננה אין־סוף, היא בוודאי נושאת בקרבה את הזיקה והנגיעה אל מקום ההאצלה, ולא רק אל מקום הנאצלים.[1] אף אם היא עצמה איננה האין־סוף, בבחינתה הגבוהה ספירת כתר בוודאי נושקת ונוגעת בעולם האין־סוף ובעולם האין, ועל כן העיסוק בה נוגע בעיסוק בהם. כך כותב ר' יוסף ג'יקטיליה:

> והספירה הזאת נקראת בתורה בלשון אין. צריך אתה לדעת כי לפי רוב התעלמות ספירת הכתר והיותה נסתרת מכל הנבראים, ואין מי שיוכל להתבונן בה זולתי לשמע אוזן, כמו שכתבנו למעלה, לפיכך נקראת בלשון אין, 'הי"ש ה' בקרבנו אם אין' (שמות יז, ז), שהם סוד שתי הספירות העליונות המתאחדות באות יו"ד של שם יתברך. וצריך אתה לדעת גם כן סוד מה שרמז 'והחכמה מאין תמצא' (איוב כח, יב).
>
> (שערי אורה, שער עשירי)

כפי שראינו, המעבר מן הכתר אל החכמה הוא המעבר מן האין ליש, ועל כן ספירה זו נקראת אין. מסיבה זו אין לספירת כתר ייצוג של אות בשם הוי"ה:

1. גם שמה של הספירה – כתר – מלמד על המתח המצוי בה. מצד אחד הכתר נמצא על הראש, וככזה הוא חלק מלבושיו של האדם. מצד שני, הכתר מקיף את האדם וניצב עליו ואיננו חלק ממנו, בשונה משאר הספירות המזוהות עם חלקים בגוף האדם – מוח, לב, רגליים וכדומה. כך גם ביחס למהותה של הספירה: מצד אחד היא חלק מן העשר, ומצד שני היא נוגעת במאציל וקשורה אליו.

אם כן התבונן כי אין לכתר אות מסוימת בשם המיוחד, אלא קוצו של יו"ד לבד, כדמיון רמז לדבר שאין בנו כח להשיגו.

(שערי אורה, שער עשירי)

האות הראשונה של שם הוי"ה, היו"ד, מייצגת את ספירת חכמה, וקוצו של יו"ד מייצג את הכתר – נקודה מופשטת ובלתי ניתנת להשגה. מכאן חמקמקותה של ספירה זו והקושי לגעת בה.

ב. מן האין אל היש – צמצום כדי לאפשר השגה

לאור זיקתה של ספירת כתר לאין־סוף, הניסיון להגדירה הינו פרדוקס מיניה וביה.[2] כל מה שייאמר על האין־סוף הוא בעצם צמצומו והגבלתו. התנועה היסודית והקדומה ביותר של העולם, כפי שראינו, היא הצמצום. המעבר מן האין־סוף אל הסופי, ואפילו רק הניסיון להתבונן על האין־סוף – מחייב צמצום. כל תנועה כלפי הקב"ה, הנשגב והאציל, היא תנועה התובעת – ושמא נאמר אונסת – את האין־סוף להצטמצם אל תודעתנו, מילותינו והכרתנו.

והעניין ידוע שתחילת הבריאה מאין סוף הפשוט בלי גבול בהבראו להיותו מוגבל בלתי אפשר כי אם על ידי הצמצום [...] והנה כללות הצמצום המה האותיות, ומבשרי אחזה אלוה, כאשר יתבונן האדם בתחילת מחשבתו המשוטטת ואינה נחה כלל והחיות רצוא ושוב פושט צורה ולובש צורה הכל המה צורת אותיות. כי בלתי אפשרות השגת מחשבה מבלי אותיות, כי בלי אותיות המחשבה פשוטה ואינה מושגת כלל מגודל פשטותה, ואינה נקראת מחשבה כי אם אחרי צמצום הפשיטות, פושט צורה ולובש צורת אותיות אחרים.

(פרי הארץ, ויגש)

2. אעיר שהפרדוקס הינו אחד המוטיבים המכוננים בדרשותיו ובסיפוריו של ר' נחמן מברסלב, ונדמה כי הדבר נוגע לניסיונו הבלתי פוסק לגעת באין־סוף, כפי שנראה בפרק זה (ראו לדוגמה את סיפורו 'מעשה ממלך עניו', שכולו עוסק בשאלה זו). מסיבה זו במהלך דיוננו בפרק זה אביא ציטוטים רבים מדרשותיו של ר' נחמן, הנוגעים לספירת כתר.

האם ישנה מחשבה ללא מילים? האם המילה היא השלב השני שבו אנו מבקשים לצקת את המחשבה לכלים הניתנים להסברה, או שמא לעולם לא תיתכן מחשבה גולמית שאיננה תחומה באותיות ובמילים? בהמשך דיוננו בספירה זו ניגע בשאלה זו.

ר׳ מנחם מנדל מוויטבסק בספרו ׳פרי הארץ׳ מחלק בין מחשבה מושגת למחשבה שאינה מושגת. ההשגה אפשרית רק כשהמחשבה מתלבשת בלבושי אותיות ומילים, ולבוש זה הוא צמצומה. האין־סוף מקביל למחשבה הראשונה שאין בה צמצום ואין לה לבושים, וממילא גם אין בה השגה. היעדר השגה הוא תכונה יסודית למחשבה הראשונה ולאין־סוף.

המקבילה במישור האלוהי להשגה האנושית שעליה מדבר רמ״מ מוויטבסק היא ההתגלות. ההתגלות, כך קובעים בעלי הסוד, מתרחשת כתוצאה מצמצום, והיא לבושה כבר באותיות ומילים:

> אך עצמות אלהותו ית״ש אי אפשר להשיג כי הוא אין סוף ב״ה, וצמצם שכינתו בתוכנו שעל ידי הצמצום נוכל להשיג מציאותו שהוא אין סוף.
>
> (מאור ושמש, בהעלותך)

הקב״ה יצק, כביכול, את אינסופיותו לתוך כלים הניתנים להשגה כדי לשכון בתוכנו וכדי לאפשר לנו להשיגו. על כך ניתן להוסיף הסבר אחר, המצוי רבות בהגותו של ר׳ נחמן מברסלב:

> וּלְבָאֵר הָעִנְיָן קְצָת, צְרִיכִין לַחֲזֹר וּלְבָאֵר עִנְיַן הַתּוֹרָה הַזֹּאת. וּכְלַל הַתּוֹרָה הִיא כִּי מְבֹאָר בְּ׳עֵץ־חַיִּים׳ בִּתְחִלָּתוֹ, שֶׁכְּשֶׁהַשֵּׁם יִתְבָּרַךְ רָצָה לִבְרֹא אֶת הָעוֹלָם הָיָה אוֹר הַקָּדוֹשׁ־בָּרוּךְ־הוּא אֵין סוֹף, וְלֹא הָיָה מָקוֹם לִבְרִיאַת הָעוֹלָמוֹת, וְהֻצְרַךְ כִּבְיָכוֹל לְצַמְצֵם אוֹר הָאֵין סוֹף לִצְדָדִין, וְנַעֲשָׂה חָלָל הַפָּנוּי, וּבְתוֹךְ הֶחָלָל הַפָּנוּי הַזֶּה בָּרָא כָּל הָעוֹלָמוֹת. וְכָל הָעוֹלָמוֹת נִבְרְאוּ עַל־יְדֵי חָכְמָה, כְּמוֹ שֶׁכָּתוּב: ׳כֻּלָּם בְּחָכְמָה עָשִׂיתָ׳ (תהילים קד, כד). וְעִקַּר תַּכְלִית בְּרִיאַת הָעוֹלָמוֹת הָיָה בִּשְׁבִיל הַמַּלְכוּת, הַיְנוּ כְּדֵי לְגַלּוֹת מַלְכוּתוֹ, שֶׁזֶּה אִי אֶפְשָׁר כִּי אִם עַל־יְדֵי הָעוֹלָמוֹת, כִּי אֵין מֶלֶךְ בְּלֹא עָם, וּבִשְׁבִיל זֶה הָיָה הַצִּמְצוּם שֶׁל הֶחָלָל הַפָּנוּי, כְּדֵי שֶׁיִּהְיֶה מָקוֹם לִבְרִיאַת הָעוֹלָמוֹת, כְּדֵי שֶׁיִּתְגַּלֶּה מַלְכוּתוֹ יִתְבָּרַךְ. כָּל זֶה מְבֹאָר בַּזֹּהַר וּבַכְּתָבִים.
>
> (ליקוטי מוהר״ן קמא, מט, ד)

הצמצום, על פי דברים אלו, מאפשר לא רק את ההשגה אלא אף את הקיום. הסיבה לכך היא שאחד מיסודותיו של הקיום הוא ההבחנה: כשאדם מבקש להצדיק את קיומו הוא שואף לברר את ייחודו, את נבדלותו מן האחר. בהיעדר אלו אין הצדקה לקיומו, ואין לו דרך להגדרה עצמית. באין־סוף ההבחנה נעדרת – שם הכול אחד, ואילו הריבוי הוא פועל יוצא של פירוד: כשאין פירוד אין ריבוי, וכשאין ריבוי אין קיום פרטי. העולם, המציאות, בני האדם וכל המעשים כולם קיימים כיצורים נבדלים ונפרדים – ואלו אפשריים רק בהוויה מובחנת.

כדי לאפשר מובחנות זו, שהיא הכרחית לקיום העולם כפי שאנו מכירים אותו, האין־סוף נדרש להצטמצם. חייב להיווצר חלל שבו המובחנות היא אפשרית: חלל שיש בו מקום להפרדה בין דבר לדבר, ומתאפשרים בו מושגים של מקום, מרחק וזמן המעצבים את המובחנות שבין הדברים. זהו המעבר מן האין־סוף אל הסופי, המוגבל והמוגדר, מעבר שאותו תיארתי גם בדיוננו בספירת חכמה – מן האין אל היש.

ג. היעדר זמן ('קדם', 'עתיק יומין', 'עתיקא קדישא', 'סבא דסבין')

בדבריו שהבאנו לעיל מתווה רמ"ק את ההבדל בין המאציל לנאצלים על ידי מושג הזמן. כבר ראינו בדיוננו בספירת חכמה, שהמעבר מן האין אל היש מבטא גם את המעבר ממציאות על־זמנית למציאות זמנית: 'משיהיה יש יתפס בו זמן', קבע הרמב"ן בפירושו לפרק א' בספר בראשית.

נביא את דברי ר' נחמן בעניין זה:

הַשֵּׁם יִתְבָּרַךְ הוּא לְמַעְלָה מֵהַזְּמַן, כַּמּוּבָא. וְזֶה הָעִנְיָן הוּא בֶּאֱמֶת דָּבָר נִפְלָא וְנֶעְלָם מְאֹד, וְאִי אֶפְשָׁר לְהָבִין זֹאת בְּשֵׂכֶל אֱנוֹשִׁי. אַךְ דַּע, שֶׁעִקַּר הַזְּמַן הוּא רַק מֵחֲמַת שֶׁאֵין מְבִינִים, דְּהַיְנוּ מֵחֲמַת שֶׁשִּׂכְלֵנוּ קָטָן, כִּי כָל מַה שֶּׁהַשֵּׂכֶל גָּדוֹל בְּיוֹתֵר, הַזְּמַן נִקְטָן וְנִתְבַּטֵּל בְּיוֹתֵר. כִּי בַּחֲלוֹם, שֶׁאָז הַשֵּׂכֶל נִסְתַּלֵּק, וְאֵין לוֹ רַק כֹּחַ הַמְדַמֶּה, אֲזַי בְּרֶבַע שָׁעָה יְכוֹלִים לַעֲבֹר כָּל הַשִּׁבְעִים שָׁנָה, כַּאֲשֶׁר נִדְמֶה בַּחֲלוֹם, שֶׁעוֹבֵר וְהוֹלֵךְ כַּמָּה וְכַמָּה זְמַנִּים בְּשָׁעָה מֻעֶטֶת מְאֹד, וְאַחַר־כָּךְ כְּשֶׁנִּתְעוֹרְרִים מֵהַשֵּׁנָה, אֲזַי רוֹאִים, שֶׁכָּל אֵלּוּ הַזְּמַנִּים וְהַשִּׁבְעִים שָׁנָה שֶׁעָבְרוּ בַּחֲלוֹם, הוּא זְמַן מְעַט מְאֹד בֶּאֱמֶת. וְזֶה מֵחֲמַת שֶׁאַחַר־כָּךְ בְּהָקִיץ אָז חוֹזֵר הַשֵּׂכֶל אֵלָיו, וְאֵצֶל הַשֵּׂכֶל כָּל

> אִלּוּ הַשִּׁבְעִים שָׁנָה שֶׁעָבְרוּ בַּחֲלוֹם הֵם רַק רֶבַע שָׁעָה אֶצְלוֹ, רַק שִׁבְעִים שָׁנָה מַמָּשׁ, הֵם שִׁבְעִים שָׁנָה גַּם אֵצֶל הַשֵּׂכֶל שֶׁלָּנוּ.
>
> (ליקוטי מוהר"ן תנינא, סא)

אצל ר' נחמן הזמן הוא מעין סמל לכל המציאות בעלת המידות. המקום והזמן הם שני הממדים המרכזיים שבהם נמדדת המציאות, ועל פיהם ניתן להגדיר מובחנות בין דברים. הזמן והמקום הם נקודות האחיזה של האדם במציאות, ולכן במצבים של חוסר הבחנה ואובדן אחיזה גם תחושת הזמן והמקום אובדת. ניקח לדוגמה אדם הצולל באוקיינוס צלול לחלוטין שקרקעיתו ופני מימיו אינם נראים, או אסיר שלא ראה אור יום ולא דיבר עם אדם במשך שנים; היעדר נקודות האחיזה יטשטשו אצל הראשון את תחושת המקום ואצל השני את תחושת הזמן, עד שמושגים אלו יהפכו לחסרי משמעות עבורם.

באין־סוף אין נקודות אחיזה מובדלות, ולכן לא שייכים בו זמן ומקום. מכאן נובע כינוי נוסף לספירה זו:

> והספירה הזאת נקראת קדם. והנני מבאר, דע כי קודם בריאתו של עולם אין בשום בריה כח לדרוש ולחקור, לפי שהפרגוד ננעל לפניו, וכאילו לא חס על כבוד קונו. וכבר אמרו בפרק אין דורשין (חגיגה יא ע"ב), 'למן היום אשר ברא אלהים אדם על הארץ' (דברים ד, לב), יכול ישאל אדם קודם שנברא העולם, תלמוד לומר 'למן היום אשר ברא אלהים אדם על הארץ' אתה ראוי לשאול, אבל קודם לכן לא. ולפי שספירת הכת"ר הנקראת אהי"ה קדמה לכל, ובה היו כל הספירות נכללות ונסתרות קודם שנברא העולם, וכשעלה במחשבה לברוא העולם נתגלו הספירות מסת"ר הכת"ר, לפיכך נקראת 'קדם', שהיא קודמת לכל, לפי שהיא הספירה אשר ממנה נתגלו סתרי הספירות.
>
> (שערי אורה, שער עשירי)

'קדם', במובן של קדימות בזמן, הוא אחד מהכינויים של ספירת כתר. יש הבדל בין 'בראשית' ל'מִקדם': הראשית היא ההתחלה, הנקודה הראשונה על ציר הזמן, אולם היא איננה שונה באופן מהותי מן הנקודות הבאות אחריה. ההבדל ביניהן הוא 'יחסי' בלבד – המיקום על הציר; כשם שהנקודה התשיעית באה לפני העשירית והשנייה לפני השלישית, כך באה הראשונה לפני השנייה. לא כן הביטוי 'מִקדם', שמובנו המילולי הוא 'לפני' – קודם

לכן. לפני מהו? לפני כל מה שאפשר להעלות על הדעת. בעוד ׳בראשית׳ או ׳ראשון׳ מתארים מיקום מדויק הניתן לאחיזה, ה׳קדם׳ מעצם הגדרתו הוא ׳הרגע שלפני׳, כלומר ההוויה שקדמה לציר הזמן. ניתן לומר שה׳קדם׳ הוא תנועה אינסופית אל הרגע שלפני הרגע – תנועה אינסופית אל האין־סוף.

הבחנה זו היא המקור לפרשנות של חז״ל לביטוי ׳מִקדם׳ המופיע בתורה אצל לוט – ׳וַיִּסַּע לוֹט מִקֶּדֶם – וַיִּפָּרְדוּ אִישׁ מֵעַל אָחִיו׳ (בראשית יג, יא), וכן בדור הפלגה שהמהלך שלו מתחיל בנסיעה ׳מקדם׳.[3] חז״ל תיארו את שתי ההליכות הללו כהתרחקות מ׳קדמונו של עולם׳, התרחקות שסופה פירוד. המעבר מעולם האחדות אל עולם הפירוד נעשה במעבר מן הקדם, שהוא ׳על־זמני׳, אל העולם שבו יש זמן ומקום; ממציאות שלא ניתן לומר עליה דבר, שאין בה כל קיום ממשי של יש – אל היש.

החיבור בין ׳המחשבה הפשוטה הראשונה׳ שאין בה השגה שעליה מדבר ר׳ מנחם מנדל מוויטבסק, לבין ה׳קדם׳ נעדר הזמן שעליו מדבר ר׳ יוסף ג׳יקטיליה, עולה מדברי המקובל ר׳ שלמה אלקבץ בפיוטו המפורסם ׳לכה דודי׳: ׳מראש מקדם נסוכה – סוף מעשה במחשבה תחילה׳. ואכן, הקדם הוא גם ראשית המחשבה, ובלשוננו – מה שקדם למחשבה. מכאן נובע כינוי נוסף לספירת כתר:

> הרשב״י קורא לכתר כן לפעמים בזהר [...] כשקורא לכתר **עתיקא דעתיקין** מורה העלם ביותר. וכשמכנהו בשם עתיקא מורה העלם, ולא כל כך.
>
> (פרדס רימונים שער כג, פרק טז)

> וזהו הרמז במאמר הכתוב ׳ואברהם זקן בא בימים וה׳ ברך את אברהם בכל׳ (בראשית כד, א), ׳ואברהם זקן׳ היינו שזכה למדריגת זקנה, **עתיקא קדישא**,[4] שהוא בחינת כתר מדת אין, ׳בא בימים׳.
>
> (אמרי מנחם, חיי שרה)

3. בראשית רבה לח, ז; מא, ז.
4. אצל חלק מן המקובלים ׳עתיקא קדישא׳ הוא כינוי הכולל את שלוש הספירות העליונות: כתר, חכמה ובינה (זהו שילוב של עתיק יומין – הכתר, עם אריך אנפין – חכמה ובינה). כינוי נוסף לכתר הוא ׳סבא דסביך׳ (פרדס רימונים שער כג, פרק טו).

משמעותו של הכינוי 'עתיק' כאן אינו ישן וקדום מבחינה כרונולוגית; מדובר על קדימות שמשמעותה טרום הזמן, הבחינה האולטימטיבית של 'לפני שהיה'.

במעשה משבעה קבצנים, הסיפור האחרון מבין המעשיות משנים קדמוניות של ר' נחמן מברסלב, מסופר על קבצן עיוור הניחן בסגולות מיוחדות:

> וְאַתֶּם סְבוּרִים שֶׁאֲנִי עִוֵּר? אֵין אֲנִי עִוֵּר כְּלָל. רַק שֶׁכָּל זְמַן הָעוֹלָם כֻּלּוֹ אֵינוֹ עוֹלֶה אֶצְלִי כְּהֶרֶף עַיִן (וְעַל כֵּן הוּא נִדְמֶה כְּעִוֵּר, כִּי אֵין לוֹ שׁוּם הִסְתַּכְּלוּת כְּלָל עַל הָעוֹלָם, מֵאַחַר שֶׁכָּל זְמַן הָעוֹלָם אֵינוֹ עוֹלֶה אֶצְלוֹ כְּהֶרֶף עַיִן. וְעַל כֵּן אֵין שַׁיָּךְ אֶצְלוֹ הִסְתַּכְּלוּת וּרְאִיָּה בְּזֶה הָעוֹלָם כְּלָל). וַאֲנִי זָקֵן מְאֹד, וַעֲדַיִן אֲנִי יַנִּיק לְגַמְרֵי (הַיְנוּ יוּנְג) וְלֹא הִתְחַלְתִּי עֲדַיִן לִחְיוֹת כְּלָל. וְאַף עַל פִּי כֵן אֲנִי זָקֵן מְאֹד [...].
>
> (מעשה משבעה קבצנים, ר' נחמן מברסלב)

העיוורון הסגולי שמאפיין קבצן זה הוא היעדר הסתכלות על העולם. הוא איננו אחוז ביש, והדבר בא לידי ביטוי בהיותו משוחרר מ'פגעי הזמן'; הוא כלל איננו נתון במרחב הזמן, ולכן העולם כולו נדמה בעיניו כהרף עין.[5] בשפת הספירות נאמר כי הוא מתבונן בעולם דרך משקפי האין – כתר, ולא דרך משקפי היש – חכמה.

הזמן מתקשר לזיכרון, ובסיפור מתוארת תחרות זיכרון שבה כל אחד מן המשתתפים מנסה להיזכר בזיכרון קדום וראשוני יותר בתהליך היצירה והבריאה ('אֲנִי זוֹכֵר גַּם כְּשֶׁחָתְכוּ אֶת הַתַּפּוּחַ מִן הֶעָנָף', 'אֲנִי זוֹכֵר גַּם כְּשֶׁהִתְחִיל בִּנְיַן הַפְּרִי', 'אֲנִי זוֹכֵר גַּם כְּשֶׁהוֹלִיכוּ הַגַּרְעִין לִנְטֹעַ הַפְּרִי', 'אֲנִי זוֹכֵר גַּם הַחֲכָמִים, שֶׁהֵם הָיוּ חוֹשְׁבִים וּמַמְצִיאִים אֶת הַגַּרְעִין'; 'אֲנִי זוֹכֵר גַּם אֶת הַטַּעַם שֶׁל הַפְּרִי קֹדֶם שֶׁנִּכְנַס הַטַּעַם בְּתוֹךְ הַפְּרִי', וכו'). אך הקבצן העיוור מציע זיכרון קדום השונה איכותית מכל זיכרונותיהם של שאר המשתתפים:

5. בדיוננו בספירת חכמה לעיל עסקנו במושג הזמן כמאפיין המרכזי של המעבר מעולם האין ליש.

וְעָנִיתִי וְאָמַרְתִּי לָהֶם: אֲנִי זוֹכֵר כָּל אֵלּוּ הַמַּעֲשִׂיּוֹת, וַאֲנִי זוֹכֵר ׳לָאו כְּלוּם׳!

ה׳לאו כלום׳, הוא הקפיצה מן היש אל האין. זיכרון ה׳לאו כלום׳ הוא פרדוקסלי, אך זהו המאפיין העיקרי של ספירת כתר: אין – לאו כלום.

מאפיין נוסף של אותו קבצן עיוור, כפי שמתארו ר׳ נחמן, הוא הפרדוקס של היותו זקן ויניק בו־זמנית. הוא הצעיר מכולם, אך זיכרונו הקדום ביותר מלמד על זקנותו:

וְהוֹצִיא תְּחִלָּה אֶת הַתִּינוֹק הַנַּ״ל, כִּי בֶּאֱמֶת הוּא זָקֵן יוֹתֵר מִכֻּלָּם.

ההגדרה המקובלת של הזקנה היא הוותק של האדם בעולם הזה, אולם ר׳ נחמן מזהיר מפני זקנה כזו כיוון שיש בה התיישנות (ואולי נדרוש ש׳התיישנות׳ משמעותה שקיעה ב׳יש׳). מחירה של ההתיישנות הוא איבוד היכולת להיזכר ב׳לאו כלום׳, באין. נקודת המבט האולטימטיבית על העולם של מי ששוהה כבר שנים בעולם היש היא היש עצמו, עם חוקיו ומגבלותיו.

מי שמצליח לחזור לנקודת הראשית, לחוות את העולם כמתהווה בכל עת מאין ליש בלי להתייחס אליו כמובן מאליו – הוא הצעיר ביותר, היניק ביותר, שאיננו מתיישן בעולם הזה; הוא חש בכל רגע כאילו זה עתה נולד יחד עם העולם.[6] אך בה בעת אדם כזה הוא גם הזקן ביותר, שכן הוא מצליח לגעת בנקודה הקדומה ביותר של המציאות, נקודת האין – הכתר.

מנקודת מבטו של הכתר הכול ראשוני, מתהווה ומתחיל מחדש בכל עת. כפי שנראה להלן, לנקודת מבט כזו על המציאות יש השלכות רבות על התודעה ועל תפיסת החיים.

ד. הרצון – רעוא דרעוין (׳רצון׳, ׳ככה׳, ׳עתר׳, ׳עת רצון׳)

הזוהר הקדוש מתאר את זמן מנחה של שבת כ׳רעוא דרעוין׳ – הזמן שבו עתיקא קדישא מגלה את רצונו.

6. כך אפשר להבין את עצתו של ר׳ נחמן: ׳גַּם אֵין טוֹב לִהְיוֹת זָקֵן; הֵן חָסִיד זָקֵן, הֵן צַדִּיק זָקֵן׳ (שיחות הר״ן נא).

תָּא חֲזִי, בְּכָל שִׁיתָּא יוֹמֵי דְּשַׁבְּתָא, כַּד מָטָא שַׁעֲתָא דִּצְלוֹתָא דְּמִנְחָה, דִּינָא תַּקִּיפָא שַׁלְטָא וְכָל דִּינִין מִתְעָרִין. אֲבָל בְּיוֹמָא דְּשַׁבְּתָא, כַּד מָטָא עִדָּן דִּצְלוֹתָא דְּמִנְחָה, רַעֲוָא דְּרַעֲוִין אִשְׁתְּכַח, וְעַתִּיקָא קַדִּישָׁא גַּלְיָא רָצוֹן דִּילֵיהּ, וְכָל דִּינִין מִתְכַּפְיָין, וּמִשְׁתְּכַח רְעוּתָא וְחֵדוּ בְּכֹלָּא.
(זוהר ח"ב פח ע"ב)

[תרגום: בֹּא וּרְאֵה, בְּכָל שֵׁשֶׁת יְמֵי הַשַּׁבָּת, כְּשֶׁמַּגִּיעָה שְׁעַת תְּפִלַּת הַמִּנְחָה, הַדִּין הַקָּשֶׁה שׁוֹלֵט וְכָל הַדִּינִים מִתְעוֹרְרִים. אֲבָל בְּיוֹם הַשַּׁבָּת, כְּשֶׁמַּגִּיעַ זְמַן תְּפִלַּת הַמִּנְחָה, נִמְצָא רְצוֹן הָרְצוֹנוֹת, וְהָעַתִּיק הַקָּדוֹשׁ מְגַלֶּה רְצוֹנוֹ, וְכָל הַדִּינִים נִכְפִּים, וְנִמְצָא רָצוֹן וְשִׂמְחָה בַּכֹּל].

מפרשי הזוהר מבארים כי רעוא דרעוין – רצון הרצונות – הוא ספירת כתר.[7] לאור זאת הרצון מזוהה בדרך כלל בחסידות עם ספירת כתר.[8]

לזיהויה של ספירת כתר עם הרצון ישנן משמעויות מרחיקות לכת. נבחן אותן.

1. רעוא דרעוין – בחירה חופשית ('רעוא דרעוין', 'ככה')

וידוע דאור מקיף הוא מדריגת הכתר, פירוש שורש הנעלם של מקור הולדת המחשבות איך הם נולדים מאמיתות רצון השם יתברך.
(צדקת הצדיק רכ)

7. לדוגמה: 'ברעוא – לסלקא לה עד כתר שהוא רעוא דרעוין' (ביאור הגר"א לתיקוני זוהר, תיקון יא).
8. אומנם יש מן המקובלים, ובהם ר' יוסף ג'יקטיליה, שזיהו את הרצון עם ספירת חכמה, אולם גם אז זיקתה לכתר היא מובהקת: 'וספירה זו [=חכמה] נקראת למקובלים רצון, כלומר, אחר המשכת החפץ באצילות הספירות והתגלותם מכתר עליון, זהו המקום שאין כח להתבונן בו כלל, לפי שאין כל נברא למעלה ולמטה יכול לדעת כיצד דרך התפשטות החפץ באצילות הספירות [...] ולפיכך נקרא רצון באין גבול. וכמו שאין אנו משיגים דרך הספירה הראשונה [=כתר], לפי שאין קץ וסוף לה, כך הרצון הדבק בה [=חכמה] אין לו גבול (שערי אורה, שער תשיעי).

ייתכן שאפשר לדייק ולהבחין בין הרצון לרצון הרצונות – רעוא דרעוין, אך בעומק אין הבדל בין רצון לרצון הרצונות, כי באומרנו רצון הרצונות אנו מבקשים לומר כי הרצון המונח בכתר הוא המקור לכל הרצונות הקיימים במציאות, כפי שנראה להלן.

הרצון הוא מקור הולדת המחשבות, והוא נעלם, מופשט ולכאורה נעדר ממשות. 'אני רוצה' איננו 'אני מבין' ואיננו 'אני מרגיש'. ההבנה וההרגשה מבקשים בדרך כלל להסביר או לפרט את הרצון, אבל הרצון עצמו הוא ביטוי לעצם ההשתוקקות והשאיפה וכל ניסיון להסביר, לנמק ולהצדיק אותו לא יצליח לבטא את עוצמתו.

פעמים רבות בחיינו אנו רוצים משהו ללא הבנה מדוע, או לחלופין איננו רוצים למרות שאנו מבינים שעלינו לרצות. כל מחנך טוב יודע (בדרך כלל) כיצד לפעול על מחשבתו של תלמידו ועל רגשותיו, אך כיצד להוליד בקרבו רצון – זאת לא יָדַע. נעלמות זו נובעת מראשוניותו של הרצון, שלרוב איננו תוצאה של סיבתיות אלא המקור לכל סיבה.[9] הרצון האנושי נעלם, וכמוהו ועוד יותר הרצון האלוהי, שהוא מקור ושורש לרצון האנושי הפרטי:

> אי אפשר להבין את פליאת הרצון של האדם, בכל פאר חופשו, רק[10] בתור ניצוץ אחד מהשלהבת הגדולה של הרצון הגדול שבכל ההויה כולה, הופעת רצון רבון כל העולמים, ברוך הוא. בהתקדשותו של הרצון הרי הענף דומה לשרשו הגדול, יונק ממנו ומתחבר אליו ומתמלא מאורו שפעת חייו, מתמלא אותו המילוי הנצחי והשלם שלו. ובהעתק הרצון הפרטי, בהשתקעותו בהקטנות והפרטיות של השביה החלקית שהוא אסור בה, הרי הוא מנתק את רצונו ממקור החיים שלו, ומביא בזה אפסיות, חלישות כח, וחשכה על מהותו היותר פנימית של עצמיותו, שהוא רצונו, שהוא כבודו.
>
> (אורות הקודש ג, עמ' לט)

הרב קוק מתפעל ומתפלא מחופשיותו של הרצון. אפשר לרצות הכול – גם מה שמעבר למושג הנראה לעין, למובן בשכל ולמוסבר ולמנומק. הרצון הוא חופשי ומשוחרר מכל סיבתיות, אלא אם כן נסיבות החיים, רוחות הזמן או דברים אחרים מעיקים עליו ולא מאפשרים לו להתרומם.

כמה זרמים דטרמיניסטיים ביקשו לשלול את חופש הרצון וחופש הבחירה באדם, בטענה שהרצון עצמו הוא פועל יוצא של כל הסיבות

9. במידה רבה ניתן לכנותו 'מאציל' ולא 'נאצל', וכאן באנו למחלוקת המקובלים לגבי מקומה של ספירת הכתר.
10. הכוונה במילה 'רק' היא 'אלא רק'.

שקדמו לו, ועל כן האדם כפוי לרצות או לא לרצות.[11] הרב קוק מתבונן ברצון ורואה בו את פאר חופשו של האדם. זו גם הסיבה שאפשר לכפות על האדם לעשות, אולי גם לחשוב – אך לא ניתן לכפות עליו לרצות.[12]

חופשיות זו, מסביר הרב קוק, נובעת מכך שהרצון האנושי הוא ניצוץ של הרצון האלוהי השלם והחופשי. ׳מבשרי אחזה אלוה׳, וכשם שאצל האדם הרצון קודם למחשבה, להרגשה ולמעשה, כך גם הרצון האלוהי המזוהה עם הכתר קודם למחשבה – חכמה בינה, להרגשה – חג״ת נה״י, ולמעשה – מלכות.

הרצון האלוהי, וכן האנושי שהוא ניצוץ ממנו – איננו מוגבל. הוא שייך למרחב האַין טרם התגשמותו ביש המגביל ומצמצם אותו. הוא אינסופי, חופשי ונעלם. נעלמותו של הרצון היא המעניקה לו את חופשיותו, בהיותו בלתי כבול לכל היש ולכל הסיבות.

חופשיותו של הכתר־הרצון באה לידי ביטוי בכינוי נוסף שהוצמד לו, בעיקר בקרב הבעש״ט ותלמידיו – ׳ככה׳:

> ובזה ביאר ׳אם ככה את עשה לי׳ וגו׳ (במדבר יא, טו), שיש לכוין שם בקדושת כתר ככה ראשי תיבות כתר כל הכתרים, והוא סגולה נפלאה להעלות הנשמות ממעמקים וכו׳ ודפח״ח [=ודברי פי חכם חן].
> (תולדות יעקב יוסף, וזאת הברכה טז)[13]

׳ככה׳ בראשי תיבות הוא כתר כל הכתרים. בעברית המודרנית המילה ככה משקפת מחווה שמשמעותה ׳כך הוא הדבר ואל תשאל יותר׳, כי אין סיבה – פשוט ככה. זו תנועתה הייחודית של ספירת כתר – ככה! הרצון החופשי נעדר נימוק ועל כן אי אפשר להבין, להסביר ולנמק אותו. הדברים הם פשוט כאלה – ׳אַשְׁרֵי הָעָם שֶׁכָּכָה לּוֹ׳ (תהילים קמד, טו).

כשאדם נותן לכוחות זרים לפעול על רצונו – מחשבות מוטעות

11. ראו לדוגמה: ׳אין בנפש שום רצון מוחלט או חופשי; אלא הנפש נקבעת לרצות דבר זה או אחר על ידי סיבה, שגם היא נקבעת על ידי סיבה אחרת, וזו שוב על ידי אחרת, וכך לאינסוף׳ (ברוך שפינוזה, אתיקה, חלק ב, משפט 48).
12. בתלמוד יש לעיתים דין ׳כופין אותו עד שיאמר רוצה אני׳ (בקורבנות, ובמקרים מסוימים גם בגיטין), ובאופן כללי דין ׳כופין על המצוות׳. כיצד ניתן לכפות אדם לומר ׳רוצה אני׳? רבות נכתב על כך.
13. ראו גם: תפארת שלמה, יתרו ד״ה ׳א״י נעבד להון כתרין׳.

(מהחכמה והבינה), הרגשות וחשקים נמוכים, קפריזות, מידות רעות כגון עצלות, עצבות, כעס ותאווה (מחג"ת נה"י), או נסיבות מעשיות (מהמלכות) – רצונו מתנתק ממקורו האלוהי, וככזה הוא מאבד את חופשיותו, את היעדר הגבול שלו, והופך להיות פועל יוצא של נסיבות שעלולות להיות גם שקריות ולא ראויות.

לעומת זאת, לפי הרב קוק, כשהאדם מצליח להתנתק מן הסיבתיות הפועלת בעולם ולגעת בנעלם ובאין, כשהוא מרומם את רצונו מעל כל הגבולות, משיב אותו למקוריותו ומבקש לראות בו ניצוץ מן הרצון האלוהי[14] – הרצון שלו שב לחופשו המוחלט, ובמקרים חריגים הוא אף זוכה לסגולתו של הרצון האלוהי ומאפייניו הייחודיים, כפי שנראה להלן. כך אפשר להבין את דברי המשנה באבות: 'עשה רצונו כרצונך, כדי שיעשה רצונך כרצונו' (משנה אבות ב, ד): כשאדם מצליח להפוך את הרצון האלוהי לרצונו שלו, אז רצונו שלו מקבל את התכונות האלוהיות של רצון ה'.

קיומה של ספירת כתר במרחב חיינו הוא קריאת תיגר כנגד תפיסות דטרמיניסטיות למיניהן:

> כִּי יֵשׁ אֶפִּיקוֹרְסִים שֶׁאוֹמְרִים שֶׁהָעוֹלָם הוּא מְחֻיַּב הַמְּצִיאוּת. וּלְפִי דַּעְתָּם הָרָעָה הַמְשֻׁבֶּשֶׁת נִדְמֶה לָהֶם שֶׁיֵּשׁ עַל זֶה רְאָיוֹת וּמוֹפְתִים, חַס וְשָׁלוֹם, מִמִּנְהַג הָעוֹלָם. אֲבָל בֶּאֱמֶת הֶבֶל יִפְצֶה פִּיהֶם, כִּי בֶּאֱמֶת הָעוֹלָם וּמְלוֹאוֹ הוּא אֶפְשָׁרִי הַמְּצִיאוּת. כִּי רַק הַשֵּׁם יִתְבָּרַךְ לְבַד הוּא מְחֻיַּב הַמְּצִיאוּת, אֲבָל כָּל הָעוֹלָמוֹת עִם כָּל אֲשֶׁר בָּהֶם הֵם אֶפְשָׁרֵי הַמְּצִיאוּת. כִּי הוּא יִתְבָּרַךְ בְּרָאָם יֵשׁ מֵאַיִן, וּבִיכָלְתּוֹ וְכֹחוֹ וְאֶפְשָׁרוּתוֹ יִתְבָּרַךְ הָיָה לְבָרְאָם אוֹ שֶׁלֹּא לְבָרְאָם, עַל כֵּן בְּוַדַּאי כָּל הָעוֹלָם וּמְלוֹאוֹ הוּא אֶפְשָׁרֵי הַמְּצִיאוּת.
>
> (ליקוטי מוהר"ן קמא, נב)

הדבר היחיד שהוא הכרח, על פי ר' נחמן מברסלב, הוא קיומו של ה' יתברך. כל מה שנגלה לנגד עינינו מעבר לזה במציאות, כולל העולם עצמו, הוא 'אפשרי המציאות' בלשונו, או בלשוננו – נובע מרצון חופשי. מוצאה של הבריאה ומוצאו של האדם הם מן הכתר, ולכן הבחירה החופשית מוענקת לאדם משם.

14. לדעת הראי"ה קוק, זו עיקר פעולתה של התפילה – הניסיון לאחד בין הרצון הפרטי לרצון הכללי הפועל בעולם. ראו לדוגמה: אורות הקודש ג, עמ' מז.

הרצון האנושי הוא הכוח המניע של האדם בכל פעולותיו, והוא גם הכוח המעניק חיות לכל מעשיו. פעולה הנעשית ללא רצון היא גם חסרת חיות. כיוון שהרצון האנושי בעומקו הוא ביטוי לרצון האלוהי, ביטוי לנוכחותו של הכתר בכל ההוויה, הרי הרצון האלוהי הוא הכוח המניע המעניק חיות לכל העולמות והפעולות כולם.

כך גם אפשר להבין את הביטוי הזוהרי 'רעוא דרעוין' – רצון הרצונות. הכוונה היא לא רק לרצון שהוא גבוה יותר מכל הרצונות, אלא גם לרצון המהווה את כל הרצונות הקיימים במציאות – 'פּוֹתֵחַ אֶת יָדֶךָ וּמַשְׂבִּיעַ לְכָל חַי רָצוֹן' (תהילים קמה, טז). מכוחו של רצון זה יכול האדם לרצות, וממילא מכוחו ניתן גם לדבר על חופש. הבקשה האנושית התמידית לחופש, שבדורנו התעצמה והפכה למניע עיקרי ולעיתים אף בלעדי, בשורשה הטהור היא הבקשה להשיב את המציאות אל הכתר, אל החופש המוחלט שלפני התהוות המחשבה – האידאולוגיה. החופשיות איננה תכונה זרה לקדושה, אדרבה – היא התכונה הגבוהה ביותר של הקדושה. כמובן מדובר במושג מורכב שיש לבררו; בקשה להשתחרר מכל עול ומחויבות רק כדי לאפשר לכוחות אחרים באדם לנתב את רצונו איננה חופש אלא החלפת אדון אחד באדון אחר – לרוב נמוך בהרבה מקודמו. אך עצם רוממות החופש והבחירה החופשית בגרוננו בדור הזה מספרת על ההשתוקקות הקמאית אל הכתר.

2. הנס מן הכתר

הקביעה כי מעל המציאות הגבולית ניצב הכתר במלוא חופש רצונו תאיר גם את הדברים הבאים:

> אין דבר יכול להשתנות מתולדה לתולדה אחרת, כמו ביצה שנעשה ממנה אפרוח, שצריך מתחלה להתבטל כלל מתולדות ביצה דהיינו מתולדה ראשונה, ואחר כך יכול להיות תולדה אחרת ממנה. כן בכל דבר צריך להיות כן, שצריך לבא למדריגת אין, ואחר כך יכול להיות דבר אחר, וכן בכל הנסים שהם משינוי הטבע צריך מתחילה שיתעלה הדבר בספירת אין, ואחר כך משפיע משם באופן שיהיה נס, כמו שכתב הרמב"ן ז"ל שלכך נתוסף ה' בשרה, שהיה צריך להעלותה לה' ראשונה כדי שתלד שרה.
>
> (מגיד דבריו ליעקב, ליקוטי אמרים נד)

המבט השגרתי על עולם התופעות מחלק בין התהוות יש מיש להתהוות יש מאין: הראשונה היא חלק מן הטבע ומתרחשת במסגרתו, ואילו השנייה היא נס. מזרע מתהווה גבעול, ומגבעול יוצא פרח; מקרח מתהווים מים, בחום רב הם הופכים לאדים, ואלו שוב הופכים למים. איש לא מתרגש בראותו מים הופכים לאדים, אך אם ייווצרו מים מכלום – הדבר יוכתר כנס.

ר׳ דוב בער, המגיד ממזריטש, מבקש לשנות נקודת מבט זו. כל דבר המשנה את צורתו עובר שלב נסתר של שחרור מהצורה הישנה, ולאחריו התהוות הצורה החדשה. מים מפסיקים להתקיים כמים, ורק אחר כך מתהווים לאדים. בין אם נקבל מבחינה מדעית את התיאור של המגיד ובין אם לא, לענייננו הוא מבקש לטעון כי בכל רגע ורגע שבו יש מתהווה ליש חדש – הוא עובר דרך האין. בריאה מחדש מחייבת מעבר באין – בכתר. בוודאי ובוודאי שכך הוא הדבר לגבי הנס עצמו, ובלשון המגיד: ׳בכל הנסים שהם משינוי הטבע צריך מתחילה שיתעלה הדבר בספירת אין, ואחר כך משפיע משם באופן שיהיה נס׳. הטבע הוא מוגבל ומצומצם, ואיננו יכול לפרוץ את גבולות חוקיו; היש איננו חופשי ומשוחרר, הוא כבול בחוקיות שהקב״ה טבע. אלו הן החכמה, הבינה ושאר המידות הבאות בעקבותיהן. על מנת לפרוץ את גבולות הטבע צריך להתעלות לנקודה הקדומה שבה עדיין מופיע הרצון האלוהי במלוא חופשיותו, טרם התלבשותו בגבולות החוק והסדר. משם ניתן לברוא מחדש את המציאות, לפעול בניגוד לחוק ולסדר, לעצב מחדש את ההוויה. תכונת החופש של האין בלשון המגיד, או של הרצון בלשונו הרב קוק, מעניקה לו את היכולת להיות מקור יניקה לאותם אירועים החורגים מגבולות הטבע והמציאות – הניסים. האַיִן האלוהי, המקום המבטא את חופשיותו של הרצון האלוהי, הוא המקור לפעולתו נעדרת החוקים של הקב״ה בעולם. חידושו של המגיד הוא שפעולה זו מתרחשת בכל טרנספורמציה, גם בתוך הטבע וחוקיו.

3. רחמים גמורים מהכתר (׳עתר׳, ׳עת רצון׳)

מכאן גם תובן הקביעה הבאה:

> דע, בשעה שיש צדיק בעולם שהוא ראוי להתבונן בתפילתו ולהתבונן עד עולם הרצון והרחמים, אף על פי שנגזרה גזירה בבית דין של מעלה, כשאותה תפילה של אותו צדיק עולה עד הכתר אזי נפתחים שערי עולם הרחמים, וכשיפתחו כל אותם הדינים שנגזרו מתבטלים,

> לפי שמאורות הרחמים הופיעו, ונתמלאו כל הספירות רחמים ומיני שפע ברכה ואצילות [...] וכל זה איננו מצד גזר דין אלא מצד רצון ורחמים, ואף על פי שאין בני העולם ראויים לכך, מאחר שאותו צדיק גרם להיות שערי רחמים פתוחים, האל מתנהג במידת רחמים שלא מצד הדין.

(שערי אורה, שער עשירי)

כוחו של הצדיק לבטל גזרות בתפילתו נובע מיכולתו למשוך הנהגה מספירת כתר. ר׳ יוסף ג׳יקטיליה מניח את הדגש בדבריו על הרחמים הגמורים שיש בספירת כתר, שמכוחם היא מבטלת את כל הדינים גם כשאין זה צודק על פי מידת הדין.[15]

תכונה זו קשורה גם לתכונה הקודמת שראינו בספירת כתר – החופש המוחלט, טרם התקבעות החוקים והדינים. כשם שמהכתר נמשכים הניסים שאינם נעתרים לגזרה של חוקי הטבע, כך גם נמשכת משם הנהגה אלוהית של רחמים שאיננה נעתרת לגזרה של חוקי הצדק והמשפט. מכאן גם המושג ׳עת רצון׳, כלומר התעוררות הרצון הקמאי טרם כניסתו למרחבי החוקיות. הנהגת הרחמים הגמורים מספירת כתר היא חזרה לשורש ולמקור: שיבה להתעוררות הקמאית של רצון ה׳ לברוא אדם ועולם, להקים לו ממלכת כוהנים וגוי קדוש. כששבים למקום זה החוקיות הופכת למשנית, והרצון הוא המתווה את ההנהגה.

בהמשך דבריו עומד ר׳ יוסף ג׳יקטיליה על כך שישנן דרכים שונות לעורר את הנהגת הרצון־הכתר על מנת לעורר רחמים גמורים המבטלים את כל הדינים. דרך המלך היא י״ג מידות הרחמים, שהן המסלול הישיר לעורר את אותה ההנהגה. כשמשה מתוודע לי״ג מידות הרחמים הוא מקבל לידיו מפתח שיעבור מדור לדור: בכל עת שיהיה דין בעולם ויגמרו הטיעונים המקלים, תפילת י״ג מידות תעורר את המקום שהוא גבוה ונעלה מעולם

15. מכאן נובע כינוי נוסף לספירת כתר – ׳עתר׳: ׳עתר – פירוש מלשון ״ויעתר [יצחק לנוכח אשתו]״ וגומר (בראשית כה כא), ונתבאר בזוהר פרשת תולדות (קלז ע״א) כי התפלה הגיעה עד כתר עליון. וענין ויעתר מלשון חתירה כדפירשו רז״ל (שם ובסנהדרין קג ע״א) והכונה חתירת הספירות עד הגיע התפלה עד המזל העליון כי שם תלוי ענין הבנים. כאמרם ז״ל בני חיי ומזוני לאו בזכותא תליא מלתא וכו׳. ואפשר כי כל מקום שנאמר ויעתר הוא הסתלקות התפלה עד הכתר׳ (פרדס רימונים שער כג, פרק טז).

הטיעונים והדינים – 'וְחַנֹּתִי אֶת אֲשֶׁר אָחֹן, וְרִחַמְתִּי אֶת אֲשֶׁר אֲרַחֵם' (שמות לג, יט).

ישנן גם מצוות שתכליתן לעורר את הנהגת הכתר, ובמהותן הן מפעילות את הנהגת הרחמים הגמורים. מכאן גם סגולתן של מצוות אלו – כגון מעשה הקטורת, נשיאת כפיים וכדומה – לבטל גזרות ודינים.

העמדה הנפשית שמלווה תנועה זו היא הנכחה של הרצון הקדום. דיבור בשפת הרצון, בעת רצון, איננו דיבור בשפה של שכל ודעת, טיעונים והסברים. הוא מבקש לעורר את נקודת השורש, הנקודה הראשיתית שבה לא היו עדיין מילים והסברים והגדרות וחוקים ומדיניות, אלא רק עצם ההשתוקקות והתעוררות הרצון; שם, כאמור, יש רק רחמים גמורים.[16]

4. הנעת ההיסטוריה כולה

לסיום נוסיף כי לשיטת הרב קוק הרצון האלוהי הוא גם הכוח המניע והמארגן הניצב מאחורי כל התהליכים העולמיים – ההיסטוריים, הדתיים, המדעיים, התרבותיים, ועוד.

> כשם ששכלנו ורצוננו, ככל דבר שבהויה, הוא ניצוץ מן הכל וממקור הכל הוא נובע, ואנו עולים לדין ממנו על האור העליון בדרך דוגמא ובבואה דבבואה, כן אנו דנים על נקודת הרצון, שהיא מחוברת לשכל, והיא תכונת בקשת התכלית, שהוא גם כן ניצוץ מהכל, ונובע ממקורו. שוללים אנו את כל ההגבלות והמגרעות שישנן בבקשת התכלית שלנו, ואנו באים למצא צד האצילות והרוממות שיש בבקשת התכלית, שהיא נותנת צורה הגונה לכל מהלכי המעשים, ואנו אומרים, שהיא נמצאת ביסוד הכל, המרכז העליון, מלכות אין סוף, בדרך השאלה, ראשית כל הצמצומים כולם, המביאה ליסוד הכל, והיא באמת הכל, כל הראשית, וכל האחרית, כל ההויה, וכל המבוקש מההויה.

(אורות הקודש ב, עמ' תקנט)

16. מצווה מרכזית נוספת שתכליתה לעורר את נקודת הכתר־הרצון היא מצוות שופר, שמהותה היא השמעת קול ללא מילים וללא תוכן, שתכליתו לעורר את נקודת הרצון הקמאית. גם הקטורת וגם השופר הן דוגמאות למצוות ללא מילים, הסברים ותחינות, אלא רק עוררות של נקודת רצון, אהבה והשתוקקות שהיא בבחינת 'עַל כָּל פְּשָׁעִים תְּכַסֶּה אַהֲבָה' (משלי י, יב).

מלכות אין־סוף נמצאת בכול, בכל הוויה. היא התכלית, והיא המכוונת את המציאות כולה ומארגנת אותה לפי הרצון הקמאי. זו התנועה האלוהית החותרת להביא את המציאות להשלמתה ולתיקונה המלא.

> בפנימיות נפשנו מרגישים אנו שיש לחיים מגמה, והמגמה מחוייבת להיות נעלה עדינה וכללית מאוד [...] כל ענפי החיים וההויה כולם הם רק נצוצות קטנים לגלות על ידם ושמתגלה על ידם בכל גוונא אור זוהר העליות של המגמה הרוממה מכל קודש שבלתי אפשרי לבטאה מפני עצמה ואורה אפילו ביטוי מחשבי.

(פנקס הדפים ד, 97)

כמו אצל האדם, כך גם ביחס למציאות ולהיסטוריה: הרצון האלוהי, בלשונו של הרב, המגמה המכוונת את כל המציאות כולה, ניצב מאחורי הכול ובהתבוננות מעמיקה ניתן לגלותו.

ה. בתנועה מתמדת ('אהי־ה')

נשוב לדיאלוג שבין הקב"ה למשה במעמד הסנה:

> וַיֹּאמֶר מֹשֶׁה אֶל הָאֱלֹהִים הִנֵּה אָנֹכִי בָא אֶל בְּנֵי יִשְׂרָאֵל וְאָמַרְתִּי לָהֶם אֱלֹהֵי אֲבוֹתֵיכֶם שְׁלָחַנִי אֲלֵיכֶם וְאָמְרוּ לִי מַה שְּׁמוֹ מָה אֹמַר אֲלֵהֶם. וַיֹּאמֶר אֱלֹהִים אֶל מֹשֶׁה אֶהְיֶה אֲשֶׁר אֶהְיֶה וַיֹּאמֶר כֹּה תֹאמַר לִבְנֵי יִשְׂרָאֵל אֶהְיֶה שְׁלָחַנִי אֲלֵיכֶם.

(שמות ג, יג-יד)

הקב"ה משיב למשה על שאלתו 'ואמרו לי מה שמו' – 'אהי־ה אשר אהי־ה'. במבט ראשון נדמה כי לא ניתנה כאן תשובה, אך חלקו השני של הפסוק – 'כה תאמר לבני ישראל אהי־ה שלחני אליכם' – מלמד שלא מדובר בדחייה. השם שאותו מבקש הקב"ה לחשוף בתשובה לשאלתו של משה הוא שם 'אהי־ה'; ואכן, שם זה נמנה כאחד משמותיו של הקב"ה, והוא השם המזוהה עם ספירת כתר:

> השם העשירי משמות הקודש נקרא אהי״ה, זהו השם העולה בראש הכתר שאין בו ידיעה לזולתו, הוא השם המסתתר בשפריר חביון והממונה על עולם הרחמים.

(שערי אורה, שער עשירי)

כפי שהזכרתי בדיוננו בספירת תפארת ושם הוי״ה, שם אהי־ה לקוח מאותה גזרה: יהו־ה – אהי־ה.[17] החידוש בשם אהי־ה הוא הדיבור בלשון עתיד. זוהי עמדה רוחנית חמקמקה, שהרי את העתיד לא ניתן לתפוס. התשובה לשאלה ׳מה שמו׳ מנקודת המבט של אהי־ה תהיה תמיד השלכה אל העתיד – ׳אהי־ה׳. שם אהי־ה במהותו מפנה מבט אל העתיד:

> וְזֶה בְּחִינַת כֶּתֶר, כִּי כֶּתֶר לְשׁוֹן הַמְתָּנָה, בְּחִינַת תְּשׁוּבָה, כְּמוֹ שֶׁאָמְרוּ חֲכָמֵינוּ, זִכְרוֹנָם לִבְרָכָה (יומא לח ע״ב – לט ע״א): ׳הַבָּא לִטָּהֵר מְסַיְּעִין לוֹ, מָשָׁל לְאֶחָד שֶׁבָּא לִקְנוֹת אֲפַרְסְמוֹן. אוֹמְרִים לוֹ: הַמְתֵּן׳ וְכוּ׳, וְזֶה בְּחִינַת כֶּתֶר, כְּמוֹ שֶׁכָּתוּב ׳כַּתַּר לִי זְעֵיר וַאֲחַוֶּךָּ׳ (איוב לו, ב).

(ליקוטי מוהר״ן קמא, ו, ב)

ר׳ נחמן מזהה בין המילה הארמית ׳כַּתַּר׳, שמשמעותה המתן, לבין ספירת כתר. תשובתו של הקב״ה, אם כן, לשאלת בני ישראל בפי משה ׳ואמרו לי מה שמו׳ היא – המתינו. אתם עוד תדעו. כשזה יגיע – זה יגיע. לכן שם זה נושא משמעות רבה עבור עם הנמצא בגלות ומאבד את תקוותו לגאולה: ׳אהי־ה׳ אומר – עוד אגיע, עוד אשוב, אהיה שם. אינני שייך רק לעברכם כי אם גם לעתידכם.

אך נראה שאין להסתפק בכך, שהרי שם אהי־ה תמיד נשאר עתיד, הוא לעולם אינו מגיע. במילים אחרות, אין גאולה סופית שהרי תמיד יהיה אהי־ה חדש מעבר לאופק, כשמו כן הוא – העתיד. כלומר שם אהי־ה, ספירת כתר, נושא בחובו את עצם ההמתנה, השאיפה, התקווה. לא רק הבטחה אלא גם עמדה יסודית פנימית של פנייה אל העתיד:

17. ראינו שם את דברי החזקוני שלפיהם שם הוי״ה נאמר מנקודת מבטנו – אנו אומרים עליו יהיה (ומסיבות שונות היו״ד השנייה מתחלפת ב־וא״ו), בעוד שם אהי־ה הוא מנקודת מבטו של ה׳ האומר זאת על עצמו.

[...] וקודם נפרש הפסוק 'ואמרו לי מה שמו מה אומר אליהם ויאמר אהיה אשר אהיה כה תאמר לבני ישראל אהיה שלחני אליכם' כו'. דהנה הצדיק העובד את השם יתברך צריך שידע בכל יום ובכל פעם שמשיג איזה השגה שיש עוד השגה מדריגה למעלה [...] ושאין השגה זו שמשיג בתכלית השלימות [...] וזהו הוא המובחר בעבודת השם יתברך היודע תמיד שאינו עדיין בשלימות ומתאוה ומשתוקק לעלות במדריגה למעלה מזו [...] ויש לפרש שזה נקרא אהיה, שמה שמשיג עתה הוא עתה ואהיה נקרא מה שעתיד להיות ומה שעתיד להשיג.

(קדושת לוי, שמות)

שם אהי־ה מגלם את התנועה המתמדת שנדרשת מן האדם. כשאדם כובש פסגה, הוא כבר חסר סבלנות ומבקש בכל ליבו להעפיל אל הבאה אחריה. ההגעה אל הפסגה המבוקשת הופכת את הבלתי מושג למושג, ותחתיו מופיע 'בלתי מושג' חדש.

תנועה אינסופית זו היא ביטוי מובהק לפער המובנה והמתמיד בינינו לבין האין־סוף. כך מבאר ר' לוי יצחק את מהותה של תנועה זו:

משל לאב, המלמד לבנו הקטן לילך. כשהולך הקטן שנים או שלשה פסיעות לקראת אביו, מרחיק אביו את עצמו, כדי שילך יותר, ואחר כשהולך יותר, מרחיק אביו את עצמו עוד, כדי שילך יותר. ועל דרך זה השם יתברך נקרא 'אל מסתתר'.

(שם)

הפער הוא מהותי, והוא לעולם לא ייסגר. בכל פעם שיסגור הבן את הפער אביו יאמר לו אהי־ה, אני עדיין מסתתר מפניך. ר' נחמן מברסלב מתאר את התנועה הזו בדימוי אחר:

וְסֻכָּה הַנַּ"ל, הַיְנוּ רוּחַ הַקֹּדֶשׁ הַנַּ"ל, שֶׁפַּע אֱלֹקִי הַנַּ"ל, הוּא בְּחִינַת מַקִּיפִין, שֶׁהַשֵּׂכֶל הַזֶּה הוּא גָּדוֹל עַד לִמְאֹד, עַד שֶׁאֵין הַמֹּחַ יָכוֹל לְסָבְלוֹ וְאֵין נִכְנָס בַּמֹּחַ, אֶלָּא הוּא מַקִּיף אֶת הָרֹאשׁ. כְּמוֹ שֶׁאָנוּ רוֹאִים כַּמָּה חָכְמוֹת עֲמֻקּוֹת, שֶׁאֵין יְכֹלֶת בַּמֹּחַ הָאֱנוֹשִׁי לְהָבִין עַל בֻּרְיוֹ, כְּמוֹ כַּמָּה וְכַמָּה מְבוּכוֹת שֶׁאָנוּ נְבוֹכִים בָּהֶם, כְּמוֹ הַיְדִיעָה וְהַבְּחִירָה, שֶׁאֵין מֹחַ שֶׁל אֱנוֹשִׁי יָכוֹל לְהָבִין אֶת הַיְדִיעָה הַזֹּאת, וְהַשֵּׂכֶל הַזֶּה הוּא בְּחִינַת מַקִּיף,

שֶׁאֵין נִכְנָס בִּפְנִימִיּוּת הַמֹּחַ כִּי אִם מַקִּיף אוֹתוֹ מִבַּחוּץ, וְהַשֵּׂכֶל הַפְּנִימִי מְקַבֵּל חִיּוּתוֹ מֵהַמַּקִּיף הַזֶּה.

(ליקוטי מוהר"ן קמא, כא, ד)

חכמה עמוקה שאין ביכולת המוח האנושי להבינה על בוריה, היכולה לבוא לידי ביטוי בשאלות בלתי פתירות כגון הידיעה והבחירה, צדיק ורע לו וכדומה, מוגדרת כאן כ'מקיף'. בדימויו הציורי של ר' נחמן חכמה כזו מקיפה את הראש – כמו כתר. לעומת זאת, רעיון מושג ומובן או שאלה המקבלת מענה הם השכל ה'פנימי', הנכנס לפנימיות המוח – אל החכמה והבינה.

במקום אחר ר' נחמן מתאר את המקיף והפנימי כיחסיים ותלויים ברמת ההשגה של כל אדם:

כִּי מַה שֶּׁאָדָם מֵבִין וּמַשִּׂיג בְּשִׂכְלוֹ זֶה בְּחִינַת פְּנִימִי, כִּי זֶה הַשֵּׂכֶל נִכְנָס לְתוֹךְ שִׂכְלוֹ. אֲבָל מַה שֶּׁאֵין יָכוֹל לִכָּנֵס לְתוֹךְ שִׂכְלוֹ, דְּהַיְנוּ מַה שֶּׁאִי אֶפְשָׁר לוֹ לְהָבִין, זֶה בְּחִינַת מַקִּיפִים, כִּי זֶה הַדָּבָר מַקִּיף סְבִיבוֹת שִׂכְלוֹ, וְאִי אֶפְשָׁר לוֹ לְהַכְנִיסוֹ בִּפְנִים בְּתוֹךְ שִׂכְלוֹ, כִּי אִי אֶפְשָׁר לוֹ לְהָבִין זֹאת, מֵחֲמַת שֶׁהוּא בְּחִינַת מַקִּיף אֶצְלוֹ.

(ליקוטי מוהר"ן תנינא ז, ו)

בהמשך דבריו שם מתאר ר' נחמן את היחס בין המקיף לפנימי כדינמי ומשתנה: כשאדם משיג השגה או מקבל מענה לשאלתו ולספקותיו, מה שהיה עבורו לפני רגע מקיף הופך לפנימי; אך בה בעת שאותו מקיף הופך לפנימי הוא מפנה את מקומו למקיף אחר שהיה מעבר לו. עד לאותו רגע האדם אינו מודע למקיף האחר, שכן הוא מוקף בשאלה הקרובה יותר. אך כשזו מקבלת מענה והופכת לפנימי תופסת את מקומה השאלה הגדולה יותר שהקיפה אותה, וכעת היא זו הניצבת סביב ראשו של האדם. כל שאלה שמקבלת מענה, קובע ר' נחמן, חושפת אותנו לשאלה גדולה יותר שלא היינו מודעים לה. לפי ר' נחמן, הכתר הוא המקיף (כשם שגם בדימוי הממשי הוא מקיף את ראש האדם); ההסתתרות המתמדת שתמיד ניצבת מעבר לתובנה ולהבנה, בכל מדרגה ובכל קומה. לאיש פשוט או לצדיק, למי שיודע את כל התורה או לזה שאינו יודע בה אות אחת – תמיד יש מקיף המבטא את ההשגה הבאה שטרם הושגה.

הכתר, המקיף, איננו השגה מסוימת אלא ביטוי לבלתי מושג, למה

שמעבר, לשאיפה ולהשתוקקות אל הלא נודע. ככל שאדם מתקדם כך הוא נחשף לבלתי מושג גבוה יותר. זהו ה'אהי־ה' התמידי, והוא המפתח לתנועה, להתקדמות ולהתפתחות:

> וְאִי אֶפְשָׁר לִזְכּוֹת לַכָּבוֹד הַזֶּה, אֶלָּא עַל יְדֵי תְּשׁוּבָה. וְעִקַּר הַתְּשׁוּבָה כְּשֶׁיִּשְׁמַע בִּזְיוֹנוֹ יִדֹּם וְיִשְׁתֹּק, כִּי לֵית כָּבוֹד בְּלֹא כָּ"ף, וְהַכָּ"ף הוּא כֶּתֶר, בְּחִינַת אֶהְיֶה, בְּחִינַת תְּשׁוּבָה, כִּי אֶהְיֶה דָּא אֲנָא זָמִין לְמֶהֱוֵי. הַיְנוּ קֹדֶם הַתְּשׁוּבָה עֲדַיִן אֵין לוֹ הֲוָיָה, כְּאִילוּ עֲדַיִן לֹא נִתְהַוָּה בָּעוֹלָם, כִּי טוֹב לוֹ שֶׁלֹּא נִבְרָא מִשֶּׁנִּבְרָא. וּכְשֶׁבָּא לְטַהֵר אֶת עַצְמוֹ וְלַעֲשׂוֹת תְּשׁוּבָה אָז הוּא בִּבְחִינַת אֶהְיֶה, הַיְנוּ שֶׁיִּהְיֶה לוֹ הֲוָיָה בָּעוֹלָם, הַיְנוּ אֲנָא זָמִין לְמֶהֱוֵי.
> וְזֶה בְּחִינַת כֶּתֶר, כִּי כֶּתֶר לְשׁוֹן הַמְתָּנָה, בְּחִינַת תְּשׁוּבָה [...] נִמְצָא שֶׁצָּרִיךְ לַעֲשׂוֹת תְּשׁוּבָה עַל הַתְּשׁוּבָה הָרִאשׁוֹנָה [...] וַאֲפִלּוּ אִם יוֹדֵעַ אָדָם בְּעַצְמוֹ שֶׁעָשָׂה תְּשׁוּבָה שְׁלֵמָה, אַף עַל פִּי כֵן צָרִיךְ לַעֲשׂוֹת תְּשׁוּבָה עַל תְּשׁוּבָה הָרִאשׁוֹנָה. כִּי מִתְּחִלָּה כְּשֶׁעָשָׂה תְּשׁוּבָה עָשָׂה לְפִי הַשָּׂגָתוֹ, וְאַחַר כָּךְ בְּוַדַּאי כְּשֶׁעוֹשֶׂה תְּשׁוּבָה בְּוַדַּאי הוּא מַכִּיר וּמַשִּׂיג יוֹתֵר אֶת הַשֵּׁם יִתְבָּרַךְ. נִמְצָא לְפִי הַשָּׂגָתוֹ שֶׁמַּשִּׂיג עַכְשָׁו, בְּוַדַּאי הַשָּׂגָתוֹ הָרִאשׁוֹנָה הוּא בִּבְחִינַת גַּשְׁמִיּוּת.
>
> (ליקוטי מוהר"ן קמא, ו, ב)

הכתר, אהי־ה, הוא עמדה נפשית יסודית של 'דא אנא זמין למהוי' [=הרי אני עתיד להיות].[18] ההמתנה, הנכונות להתהוות, להשתנות, לקבל משהו חדש, היא עמדת היסוד של אהי־ה. על פי ר' נחמן עמדה זו היא גם המפתח לתשובה העמוקה ביותר, המכונה אצלו 'תשובה על התשובה'. התשובה היא השגה, ההגעה, גילוי האור; עמדה זו מסוכנת מאוד לאדם, שכן היא גורמת לו להיעצר במקום שאליו הגיע, להפסיק להתחדש ולשחזר את עצמו ואת הישגיו. זו עמדה הנותנת מקום רק ל'יש', ומאותו הרגע היש מתיישן.

אהי־ה הוא חבל הצלה מקיבעון כי הוא מביא את האדם להתרוקנות מחודשת, להסתקרנות, להמתנה, לרצון להתהוות מחדש – 'דא אנא זמין למהוי'. ארחיב את הדיבור על תנועה זו להלן, בסוף דיוננו על חיבורה של ספירת כתר עם מלכות; לעת עתה אציין שיש בה התרוקנות מן היש ונכונות להתמסר מחדש אל האין, אל מה שעדיין לא נמצא, אל המקיף, הנעלם,

18. על פי הזוהר ח"ג יא ע"א.

השאלה. התשובה על התשובה איננה מסתפקת בתשובה (במובן של חזרה בתשובה) אלא מבקשת להתחדש גם ממנה, וכך הלאה במעגל סגור ובתהליך מתמיד. לולא הכתר היו האדם, העולם והמציאות הולכים ומזדקנים.[19]

בהמשך דבריו שם מעיר ר׳ נחמן שהתנועה של התשובה על התשובה היא גם בחינת עולם הבא. כדי להבין זאת, נתבונן לרגע במושג ׳עולם הבא׳: כיצד ייקרא העולם הבא כשנגיע אליו? האם הוא ייהפך מ׳עולם הבא׳ ל׳עולם הזה׳? במילים אחרות, האם השם ׳עולם הבא׳ הוא יחסי למקום שבו אנו נמצאים כעת, או שזהו שם מהותי? ניתן להציע שגם בהגיענו לעולם הבא הוא ייוותר ׳הבא׳, כי הוא מבטא תמיד את התקווה, את מה שמעבר למציאות.

הנה כי כן, ספירת כתר חושפת אותנו לשני ממדים שמעבר לשני קצות הזמן: הכתר הוא ׳עתיק יומין׳ הקדום, הרגע הראשוני והקמאי ביותר, אך הוא גם אהי־ה, המבטא את העתיד הנצחי שתמיד ייוותר מעבר להווה.

כפי שראינו לעיל, ר׳ נחמן מחבר את שני הקצוות הללו בקבצן הראשון מבין שבעת הקבצנים שבסיפורו. הקבצן העיוור הוא היניק מכולם, ובו זמנית גם הזקן שבהם. הוא כל כך זקן, שהוא בא מנקודת האין שקדמה למציאות היש; אך כיוון שהעתיקות של ׳עתיק׳ אינה כמותית אלא איכותית, הרי הוא נושא גם את התכונה המאפשרת לו לחוש תמיד שכל עתידו לפניו, שעל אף היש הוא נשאר בציפייה לאין, שהוא איננו מזדקן אלא נשאר יניק תמיד – בבחינת ׳אהי־ה׳.

שם אהי־ה של ספירת כתר, אם כן, הוא ביטוי לתנועה המתמדת באדם, לכך שהוא נדרש להישאר רענן, מחפש, צמא, סקרן, מקווה ושואף, מאמין בעתיד, וכפי שנראה להלן – בעיקר לא יודע.

ו. תכלית הידיעה אשר לא נדע (׳מקיף עליון׳, ׳השכלה נגנזת׳)

ראינו שגם בדברי ר׳ לוי יצחק מברדיטשב וגם בדברי ר׳ נחמן מברסלב הכתר הינו ההשגה שטרם הושגה – זו המציצה מעבר לפינה. מטבע הדברים, הגדרת ה׳בלתי מושג׳ היא סובייקטיבית: מה שעבור האחד הוא בלתי מושג

19. ייתכן שזו גם הסיבה שכאשר שם אהי־ה מתגלה הוא מופיע כשם כפול – ׳אהיה אשר אהיה׳, בדומה לתשובה על התשובה של רבי נחמן. יש כאן בקשה לתנועה מתמדת, לאופק שאינו מושג.

יכול להיות מושג עבור האחר, ואף עבור אותו האדם עצמו הוא הופך בשלב כלשהו למושג – הוא יורד מבחינת כתר לבחינת חב"ד, תפארת ואולי אף מלכות. אולם על אף הדינמיקה המתמדת שמתוארת לעיל ישנו גם מקיף אובייקטיבי, אם ניתן לכנותו כך, המבטא את מה שהוא מעבר להשגה אנושית בכלל – שכן הוא שייך לאין ולהוויה שמעבר להשגה:

> וּלְמַעְלָה מִן הַכֹּל הֵם הַמַּקִּיפִים הָעֶלְיוֹנִים שֶׁל חָכָם הַדּוֹר, שֶׁהוּא הָרַבִּי שֶׁבַּדּוֹר, שֶׁעַל־יְדֵי שֶׁזֶּה הָרַבִּי וְהֶחָכָם שֶׁבַּדּוֹר עוֹסֵק לְדַבֵּר עִם תַּלְמִידָיו וּמַכְנִיס בָּהֶם דַּעְתּוֹ, עַל יְדֵי זֶה נִכְנָסִים הַמַּקִּיפִים שֶׁלּוֹ לִפְנִים. וְהַמַּקִּיפִים שֶׁלּוֹ הֵם בְּחִינַת אֲרִיכוּת יָמִים וְשָׁנִים, כִּי הַמַּקִּיפִים שֶׁלּוֹ הֵם בְּחִינַת עוֹלָם הַבָּא, שֶׁהוּא יוֹם שֶׁכֻּלּוֹ אָרֹךְ,[20] כִּי שָׁם הוּא לְמַעְלָה מֵהַזְּמַן. כִּי כָל הַזְּמַן שֶׁל כָּל הָעוֹלָם הַזֶּה כֻּלּוֹ, מַה שֶּׁהָיָה וּמַה שֶּׁיִּהְיֶה, הוּא כֻּלּוֹ אַיִן וָאֶפֶס נֶגֶד יוֹם אֶחָד וַאֲפִלּוּ נֶגֶד רֶגַע אַחַת שֶׁל עוֹלָם הַבָּא, שֶׁהוּא יוֹם שֶׁכֻּלּוֹ אָרֹךְ. וְשָׁם אֵין שׁוּם זְמַן, כִּי הוּא בְּחִינַת לְמַעְלָה מֵהַזְּמַן.
>
> (ליקוטי מוהר"ן תנינא ז, ו)

ישנם מקיפים שמעצם הגדרתם הם למעלה מהמציאות הגבולית, שכפי שראינו לעיל באה לידי ביטוי בשייכות למרחב הזמן. הכתר במהותו הוא מעל הזמן, וככזה הוא לעולם איננו ניתן להשגה שלמה. השגה שלמה היא הפיכת מקיף לפנימי, כלומר טרנספורמציה של הבלתי מושג למושג, של הלא מובן למובן, של האין ל'יש'. אך את הכתר, שהוא למעלה מהזמן, אי אפשר להכניס לזמן. האין נשאר אין, ולא נלכד בגבולות היש.

בעוד מגעו של הצדיק עם הכתר המתואר בדברי ר' לוי יצחק לעיל מביאו לתנועה מתמדת, תנועה מהמקיף אל הפנימי ואל המקיף הבא בלשונו של ר' נחמן, הרי הצדיק המתואר בדברים אלו הוא זה אשר הגיע אל 'המקיף האחרון', הכתר האולטימטיבי ולא היחסי. זהו צדיק שעבר מספירת כתר המבטאת תנועה דינמית הנובעת מן ההכרה שתמיד יש משהו שמעבר להשגתי, וגם כשהוא יושג הוא יפתח את השער אל הבלתי מושג הבא, לספירת כתר המבטאת מקום בלתי מושג אולטימטיבי – 'כָּל זֹה נִסִּיתִי בַחָכְמָה אָמַרְתִּי אֶחְכָּמָה וְהִיא רְחוֹקָה מִמֶּנִּי. רָחוֹק מַה שֶּׁהָיָה וְעָמֹק עָמֹק מִי יִמְצָאֶנּוּ' (קהלת ז, כג-כד).

20. קידושין לט ע"ב; חולין קמב ע"א.

אולם מסתבר שגם אי־השגה אובייקטיבית ומוחלטת זו איננה רק אין והיעדר אלא היא עצמה ממשות, ובלשונו של ר׳ נחמן – סוג של השגה:

> וְזֶה בְּחִינַת תַּכְלִית הַיְדִיעָה, כִּי תַּכְלִית הַיְדִיעָה אֲשֶׁר לֹא נֵדַע. כִּי הַשָּׂגוֹת אֵלּוּ הַמַּקִּיפִים, שֶׁהֵם בְּחִינַת שַׁעֲשׁוּעַ עוֹלָם הַבָּא, זֶה בְּחִינַת: ׳מָה רַב טוּבְךָ אֲשֶׁר צָפַנְתָּ לִּירֵאֶיךָ׳ (תהילים לא, כ), כִּי הֵם הֵם רַב טוּב הַצָּפוּן וְטָמוּן וְסָתוּם מֵעֵין כֹּל. וְזֶהוּ ׳מָה רַב טוּבְךָ׳, מָה דַּיְקָא, כִּי הֵם בְּחִינַת מָה, בְּחִינַת: ׳מֶה חָמִית מֶה פִשְׁפַּשְׁתְּ׳, בְּחִינַת ׳תַּכְלִית הַיְדִיעָה אֲשֶׁר לֹא נֵדַע׳. וְזֶה בְּחִינַת שֶׁפַע הַכֶּתֶר, כִּי כֶּתֶר הוּא בְּחִינַת מַקִּיף, כְּמוֹ שֶׁכָּתוּב: ׳כִּתְּרוּ אֶת בִּנְיָמִין׳ וְכוּ׳ (שופטים כ, מג).
>
> (שם)

ההשגה היא ידיעה, וככל שאדם משיג יותר כך הוא יודע יותר. הידיעה הולכת ומצטברת, הולכת ומתעצמת, וכפי שראינו אצל ר׳ לוי יצחק זוהי תנועה אינסופית והתקדמות אינסופית, מידיעה לידיעה ומהשגה להשגה. אין תחנה אחרונה, שהרי כבר נאמר בספר איוב: ׳הַחֵקֶר אֱלוֹהַּ תִּמְצָא אִם עַד תַּכְלִית שַׁדַּי תִּמְצָא׳ (איוב יא, ז) – לידיעת הקב״ה אין קץ ואין תכלית. אך כאן מגיע ניסוחו של ר׳ נחמן – ׳תכלית הידיעה אשר לא נדע׳.[21]

ההבדל בין לומר ׳אי ידיעה׳ לבין לומר ׳תכלית הידיעה אשר לא נדע׳ רב הוא. אי הידיעה היא שלילה בלבד, בעוד הניסוח של ר׳ נחמן מתאר הגעה אל תכלית הידיעה. יש קץ ויש תכלית, אולם ידיעה זו הינה אי ידיעה. ניסוח כזה הופך את אי הידיעה כשלעצמה לממשות ולסוג של השגה. זו איננה רק הימנעות; היא מבטאת את הטיפוס למדרגה הגבוהה ביותר של הידיעה, שבפסגתה ניצבת אי הידיעה.

הטיפוס במעלות החכמה ממקיף לפנימי, ובעולם הספירות מן המלכות

21. נראה שהורתו של רעיון זה הוא אצל הפילוסוף היווני סוקרטס, שהסתובב בשוקי אתונה ושאל אנשים שאלות שהביאום לידי מצב של מבוכה (אפּוֹרִיָה). בסופו של דבר נידון סוקרטס למיתה, ולקראת סוף חייו אמר: ״[...] אמרתי בליבי שמה שבטוח הוא שאני חכם יותר מן האיש הזה. כי כנראה אף אחד משנינו לא ידען גדול, אלא שלו נדמה שהוא יודע בעוד שאינו יודע, ואילו אני, כשם שאינני יודע, כך אינני חושב שאני יודע״ (מתוך הספר ׳אפולוגיה׳). גלגוליו של רעיון זה מהגות ימי הביניים (רס״ג, רבנו בחיי ואחרים), דרך בעלי הסוד (ר׳ יוסף ג׳יקטיליה, ר׳ משה קורדוברו ור׳ מאיר אבן גבאי) ועד קבלת האריז״ל וכתבי החסידות, הם רבים ביותר.

עד החכמה, הוא טיפוס בעולם היש, עולם ההשגות והידיעות. ככל שאדם מטפס יותר כך הוא יודע יותר. אולם המעבר מן החכמה אל הכתר איננו טיפוס אלא קפיצה, כיוון שזהו מעבר מן היש אל האין, מן המושג אל הבלתי מושג, מן המובן אל הבלתי מובן, ובלשונו של ר׳ נחמן – מן התשובה אל השאלה. ׳מה חמית [=ראית] מה פשפשת׳; המקום הגבוה ביותר של השגת ה׳ הוא – מה?

ישנו מקום שהשגתו איננה במתן תשובה אלא בשאילת שאלה. נראה שר׳ נחמן משיב לפסוק ׳החכמה מאין תמצא׳ את סימן השאלה שתורת הסוד לקחה ממנו. סימן השאלה המלווה את האין מבטא את החוויה המתלווה לעיסוק בו – חוויית אי הידיעה. ככל שחוויה זו מעמיקה, כובשת את תודעתנו וממלאת את הווייתנו ב׳מה׳ אחד גדול, כך היא מעצימה את השגתנו בכתר האלוהי. כך מסביר ר׳ נתן את אחת התורות העמוקות של ר׳ נחמן:

> זֶה הָעִנְיָן עָמֹק עָמֹק מִי יִמְצָאֶנּוּ, כַּמּוּבָן לַמַּשְׂכִּיל. וְכַאֲשֶׁר רָמַז לִי רַבֵּנוּ זִכְרוֹנוֹ לִבְרָכָה בְּעַצְמוֹ גֹּדֶל עַמְקוּת הַסּוֹד הַנּוֹרָא הַזֶּה שֶׁמַּגִּיעַ לְמַעְלָה לְמַעְלָה וְכוּ׳ [...] כִּי הַכֶּתֶר הוּא הַמְיַשֵּׁב וְהַמְסַדֵּר אֶת הַמֹּחִין, דְּהַיְנוּ הַכֹּחַ שֶׁיֵּשׁ בְּהַשֵּׂכֶל שֶׁל אָדָם לְיַשֵּׁב וּלְסַדֵּר אֶת הַמֹּחַ וְהַדַּעַת לְבַל יַהֲרֹס לָצֵאת חוּץ מִן הַגְּבוּל, זֶה הַכֹּחַ הוּא בְּחִינַת כֶּתֶר כַּנַּ״ל. וְזֶה הַכֹּחַ הוּא כְּמוֹ מְחִצָּה הַמַּפְסֶקֶת בֵּין הַמֹּחִין וּבֵין הָאוֹר אֵין סוֹף, כִּי זֶה הַכֹּחַ שֶׁהוּא הַמְיַשֵּׁב וְהַמְסַדֵּר, הוּא מְעַכֵּב אֶת הַמֹּחִין בְּעֵת מְרוּצָתָם וּרְדִיפָתָם לְבַל יֶהֶרְסוּ לַעֲלוֹת אֶל ה׳ לְמַעְלָה מִמְּחִצָּתָם, כִּי הַמֹּחִין רוֹדְפִין לְהַשִּׂיג הָאוֹר אֵין סוֹף [...] וְעַל־יְדֵי־זֶה נַעֲשִׂין הֵיכָלִין לְאוֹר אֵין סוֹף, דְּהַיְנוּ שֶׁנַּעֲשִׂין בְּחִינַת כֵּלִים וְהֵיכָלוֹת בְּרוּחָנִיּוּת עֶלְיוֹן, לְהַשִּׂיג עַל יָדָם בִּבְחִינַת מָטֵי וְלָא מָטֵי אוֹר הָאֵין סוֹף בָּרוּךְ הוּא. כִּי אִם לֹא הָיָה הַמְעַכֵּב הַנַּ״ל כְּלָל, וְלֹא הָיָה מִי שֶׁיְּעַכֵּב אֶת הַמֹּחִין מֵרְדִיפָתָם וּמְרוּצָתָם, הָיוּ מִתְבַּטְּלִין הַמֹּחִין לְגַמְרֵי. כִּי הָיָה הָאָדָם מִתְבַּטֵּל בַּמְּצִיאוּת, כִּי אוֹר הָאֵין סוֹף אִי אֶפְשָׁר לְהַשִּׂיג.
> (ליקוטי מוהר״ן קמא, כד, ח)

הכתר נושא תפקיד כפול ופרדוקסלי: מחד גיסא הוא מעכב, ומאידך גיסא הוא יוצר היכלות שעל ידם משיגים את אור האין־סוף. כיצד מתיישב העיכוב עם ההשגה?

בתחילת התורה שממנה לקוח קטע זה, ר׳ נחמן מזכיר שוב את תפקידו

של הכתר כמייצר המתנה – 'כתר לי זעיר'. האדם מטפס מספירה לספירה ומהשגה להשגה, ומבקש לכבוש את הכתר ולהגיע עד תכלית הידיעה. לפתע, על סף הכתר, הוא ניצב בפני תהום המכריחה אותו לעצור – המתן!

אל הכתר לא ניתן לבוא באותם הכלים שבהם השתמשנו בעולם היש; הכתר מחייב הכרה בחוסר ההבנה. ר' נחמן מתאר תהליך זה על פי תורת הסוד כבעיטות ומכות שהכתר מכה בשכל. מכות אלו מרוקנות את השכל, מפנות מקום ומביאות לחוויה עמוקה ופנימית של אי ידיעה. ישנן דרכים רבות 'לרוקן' את השכל, להגיע לחוויה של אי ידיעה, לתחושה של אינני יודע. לעיתים זה קורה במשא ומתן עם חברותא, לעיתים זה קורה למורה הניצב מול תלמידיו, ולעיתים זה קורה בניסיון הכושל להשיג ובעיקר באכזבה ובצורך לעצור, על אף רצונו של השכל להתקדם. כאשר השכל סופג עלבונות ומכות אלו, כשהוא חווה את ההתנגשות עם מגבלותיו ועם חוסר יכולתו להמשיך, הוא נעשה היכל להשגה אינסופית – השגת אי הידיעה:

וּכְשֶׁעוֹשֶׂה וּמְתַקֵּן אֶת הַמְיַשֵּׁב וְהַמְסַדֵּר, שֶׁהוּא הַכֶּתֶר כָּרָאוּי, וְהַמֹּחִין רוֹדְפִין לְהַשִּׂיג הָאוֹר אֵין סוֹף. וְהַכֶּתֶר מְעַכֵּב אֶת הַשֵּׂכֶל, כְּדֵי לְיַשֵּׁב אֶת הַשֵּׂכֶל. וְעַל־יְדֵי הָרְדִיפָה וְהַמְעַכֵּב, אֲזַי מַכֶּה הַמֹּחִין בְּהַמְיַשֵּׁב וְהַמְסַדֵּר, וְנַעֲשִׂין הֵיכָלִין לְאוֹר אֵין סוֹף. וְאַף־עַל־פִּי־כֵן לָא יְדִיעַ וְלָא אִתְיְדַע, כַּמּוּבָא בַּזֹּהַר פָּרָשַׁת נֹחַ (סה ע"א) [...] וְדַע שֶׁזֶּה תַּכְלִית הַיְדִיעָה, כִּי תַּכְלִית הַיְדִיעָה דְּלֹא יֵדַע.

(שם)

ר' נחמן מתאר השגה שהיא בחינת 'מטי ולא מטי', נוגע־לא־נוגע. לולא העצירה על פי התהום היה האדם נעלם באין־סוף ועולה בסערה השמימה. העצירה רגע לפני, הידיעה שאיננה ידיעה, הנגיעה שאיננה נגיעה – בחינת רצוא ושוב, מציבה את רגלי האדם בעולם הזה אולם מאפשרת לו הצצה ונטילת חלק באין ובאין־סוף של העולם הבא. רמ"ק קרא לבחינה זו 'השכלה הנגנזת':

פירוש השכלה הנגנזת כי אין ההשגה בו עומדת אלא מתגלה וחוזר ומתעלם [...] פירוש ההשגה בו כענין הברק מאיר לפי שעה וחוזר ונגנז ברצוא ושוב.

(פרדס רימונים שער כ, פרק ו)

נגיעה־לא־נגיעה, שהיא בחינת תכלית הידיעה אשר לא נדע, היא עמדה נפשית פוזיטיבית שבה האדם חווה את אי הידיעה עצמה כהשגה, כמגע פעיל עם הנעלם והנשגב. לא מדובר רק בעצירה מול שלט 'אין כניסה' אלא במקום ממשי של חוויה קיומית ומלאת עוצמה של אי ידיעה, הנובעת ממפגש עם שגב ואצילות. זו עמדה שמפתחת יכולת להתייצב באמונה, וכפי שנראה להלן גם עם סימן שאלה גדול, שדווקא הוא משקף את המפגש עם הנשגב והגבוה מעל גבוה – 'עָמֹק עָמֹק מִי יִמְצָאֶנּוּ'.

ז. החייאת המקומות הנמוכים ('איה', 'לבן', 'שיבה', 'סיבת כל הסיבות')

נעלמותו של הכתר באה לידי ביטוי בתנועת נפש נוספת:

> [...] כִּי 'מְלֹא כָל הָאָרֶץ כְּבוֹדוֹ' (ישעיהו ו, ג) וַאֲפִלּוּ בַּעֲבֵרוֹת וּדְבָרִים רָעִים, חַס וְשָׁלוֹם, שֶׁשָּׁם אֵין כְּבוֹדוֹ יִתְבָּרַךְ, בִּבְחִינַת 'וּכְבוֹדִי לְאַחֵר לֹא אֶתֵּן' (שם מב, ח), שֶׁיֵּשׁ גְּבוּל לְהַכָּבוֹד שֶׁלֹּא יִתְפַּשֵּׁט לְשָׁם, וְאַף עַל פִּי שֶׁמְּלֹא כָל הָאָרֶץ כְּבוֹדוֹ, עִם כָּל זֶה יֵשׁ גְּבוּל כְּשֶׁמַּגִּיעַ לַמְּקוֹמוֹת הַנַּ"ל, שֶׁלֹּא יֵצֵא לְשָׁם, בִּבְחִינַת: 'וּכְבוֹדִי לְאַחֵר לֹא אֶתֵּן' כַּנַּ"ל [...].
> אֲבָל דַּע, כִּי אַף־עַל־פִּי־כֵן בְּוַדַּאי גַּם הֵם מְקַבְּלִים חִיּוּת מִמֶּנּוּ יִתְבָּרַךְ, וַאֲפִלּוּ מְקוֹמוֹת הַמְּטֻנָּפִים אוֹ בָּתֵּי עֲבוֹדָה־זָרָה צְרִיכִין גַּם כֵּן לְקַבֵּל חִיּוּת מִמֶּנּוּ יִתְבָּרַךְ. אַךְ דַּע, כִּי הֵם מְקַבְּלִים מִבְּחִינַת מַאֲמָר סָתוּם [...] וְהַכָּבוֹד שֶׁל הַמַּאֲמָר סָתוּם הוּא סָתוּם וְנֶעְלָם בְּתַכְלִית הַהַסְתָּרָה [...] וְדָבָר זֶה אִי אֶפְשָׁר לְהָבִין, וְאָסוּר לְהַרְהֵר בָּזֶה כְּלָל.
>
> (ליקוטי מוהר"ן תנינא, יב)

ר' נחמן עומד על כך שהמציאות הנגלית מלאה בהבחנות הבאות לידי ביטוי בעשרה מאמרות שבהם נברא העולם. 'מאמר בורא' הוא הנוכחות האלוהית הנמצאת באותה המציאות: 'וַיֹּאמֶר אֱלֹהִים יְהִי אוֹר' איננו מאורע היסטורי בלבד, כי אם ביטוי לזיקה מתמדת בין האור לבין אלוהים – המתממשת במאמר, בדיבור.

ר' נחמן נזקק לפרדוקס גלוי: מחד גיסא אנו מכירים במציאות של רע וקליפה, ומאידך גיסא ידועה הקביעה כי 'לית אתר פנוי מיניה' וכי ישנה נוכחות אלוהית בהוויה כולה. את הפרדוקס הזה פותר ר' נחמן

בעזרת ה'מאמר סתום': יש דיבור שאיננו דיבור, מאמר נעלם. האין, הכתר האלוהי, הוא המעניק חיות לעולם כולו ובכלל זה גם למציאות השלילית לכאורה. 'וּכְבוֹדִי לְאַחֵר לֹא אֶתֵּן' הוא ביטוי המתאר את עולם היש שבו ישנה הבחנה בין טוב לרע, שבו הגילוי האלוהי מופיע בדמותו של תוכן מסוים, וכשהמציאות סותרת את התוכן הזה, היא איננה יכולה לקבלו לחיקה. לא כן הכבוד הנעלם, הכתר, שהוא ביטוי לרצון האלוהי הנעדר כל תוכן ולבוש. מופשטותו של הרצון הראשון היא המעניקה לו את היכולת להיכנס גם למציאות 'מטונפת' ולהעניק לה את חיותה הנדרשת.

הכתר הוא סיבת כל הסיבות,[22] וככזה אין מציאות שאיננה יונקת ממנו. ראשוניותו הקדומה לכל התהוות ולכל סיבה מאפשרת לו להיות נעדר הבחנה ונעדר תוכן מסוים – הרי הוא התנועה הראשיתית. מכאן נובע כינוי נוסף לכתר:

> ולכן אמרו שהכתר הראשון לאצילות הוא הזקן והלבן, ולכן נקרא עתיק יומין שהוא כח הלובן.

(פרדס רימונים שער ח, פרק ה)

הלובן הוא ביטוי ל'זקנתו' של הכתר, כפי שראינו לעיל, הבאה לידי ביטוי בשערות השיבה הלבנות (כינוי נוסף לכתר הוא 'שיבה'). אולם הלובן הוא גם הצבע הניטרלי השוכן בכל הצבעים כולם. היעדר הצבע בכתר נובע מהעובדה שהוא לא התממש והתלבש ביש. הוא בחינת דף לבן וריק המאפשר להכול להתלבש עליו, לטוב ולמוטב. תנועה זו היא סיבת כל הסיבות והמקור הנעלם, ולכן היא המחיה את המציאות כולה – גם את הטוב וגם את הרע.

> וְעַל כֵּן כְּשֶׁאָדָם נוֹפֵל, חַס וְשָׁלוֹם, לִבְחִינַת מְקוֹמוֹת אֵלּוּ, דְּהַיְנוּ לִבְחִינַת מְקוֹמוֹת הַמְטֻנָּפִים, וְנוֹפֵל לִסְפֵקוֹת וְהִרְהוּרִים וּבִלְבּוּלִים גְּדוֹלִים, וַאֲזַי מַתְחִיל לְהִסְתַּכֵּל עַל עַצְמוֹ, וְרוֹאֶה שֶׁרָחוֹק מְאֹד מִכְּבוֹדוֹ יִתְבָּרַךְ, וְשׁוֹאֵל וּמְבַקֵּשׁ אַיֵּה מְקוֹם כְּבוֹדוֹ, מֵאַחַר שֶׁרוֹאֶה בְּעַצְמוֹ שֶׁרָחוֹק מִכְּבוֹדוֹ יִתְבָּרַךְ, מֵאַחַר שֶׁנָּפַל לִמְקוֹמוֹת כָּאֵלּוּ, רַחֲמָנָא לִצְלָן, וְזֶה זֶה עִקַּר תִּקּוּנוֹ וַעֲלִיָּתוֹ, בִּבְחִינַת 'יְרִידָה תַּכְלִית הָעֲלִיָּה' הַמּוּבָא בִּסְפָרִים. כִּי אַיֵּה מְקוֹם כְּבוֹדוֹ זֶה בְּחִינַת הַכָּבוֹד עֶלְיוֹן שֶׁל הַמַּאֲמָר הָעֶלְיוֹן, דְּהַיְנוּ הַמַּאֲמָר סָתוּם בְּרֵאשִׁית

22. פרדס רימונים שער כג, פרק טו.

כַּנַּ"ל, שֶׁמִּשָּׁם נִמְשָׁךְ חִיּוּת לַמְּקוֹמוֹת הָאֵלּוּ. נִמְצָא כְּשֶׁמְּבַקֵּשׁ וּמְחַפֵּשׂ אַיֵּה מְקוֹם כְּבוֹדוֹ, בָּזֶה בְּעַצְמוֹ הוּא חוֹזֵר וְעוֹלֶה אֶל הַכָּבוֹד הָעֶלְיוֹן, שֶׁהוּא בְּחִינַת אַיֵּה, שֶׁמְּגַדֵּל הַסְתָּרָתוֹ וְהֶעְלֵמוֹ הוּא מְחַיֶּה מְקוֹמוֹת הַלָּלוּ, וְעַכְשָׁו, עַל יְדֵי שֶׁהוּא נָפַל לְשָׁם, וַאֲזַי מְבַקֵּשׁ אַיֵּה מְקוֹם כְּבוֹדוֹ, וּבָזֶה חוֹזֵר וּמְדַבֵּק עַצְמוֹ לְשָׁם וּמְחַיֶּה אֶת נְפִילָתוֹ וְעוֹלֶה בְּתַכְלִית הָעֲלִיָּה.

(ליקוטי מוהר"ן תנינא, יב)

כפי שכבר ראינו לעיל, המגיד ממזריטש קושר את הרצון והאין אל הנס, הרב קוק קושר אותם לרצון האלוהי הגלום באדם ובהוויה, ואילו ר' נחמן קושר אותם אל התשובה. היכולת ליפול לבאר תחתיות ובכל זאת להתרומם משם אל ה' יתברך טמונה בכך שהא־ל מסתתר גם בעומק השאול. התשובה גבוהה מן התורה, קובע ר' נחמן,[23] ועל כן אל לו לאדם להתייאש גם כשנפל לבור שחת. התורה שייכת לעולם היש, על כן היא אינה יורדת עד שאול תחתיות; תוכנה הוא גלוי וברור, והוא איננו יכול לדור בכפיפה אחת עם רוע והשחתה – אפילו אם רק כדי להעניק חיות למי שנופל לשם. לעומת זאת, הכתר האלוהי הגבוה מהתורה, שהוא האין שמעל ליש הנעלם והחסר כל ממשות של תוכן, הוא השורש הניצב בתשתית רעיון התשובה הקורא לאדם להתרומם ולהידבק בה' יתברך גם כשנפל ל'מקומות המטונפים'.

התשובה של ר' נחמן והנס של המגיד ממזריטש הם שני צדדיו של מטבע הכתר; שהרי התשובה היא נס והנס הוא תשובה, ובשניהם ניצב הרצון האלוהי הפורץ במלוא חופשיותו את 'הסדר הטוב והתקין' של עולם היש, וקורא אל האדם בכל מקום שבו הוא נמצא – שוב אליי, ינק מחיותי הנשגבת. הנח כתר מלכות על ראשך והידבק באין.

נוכחותו של אותו כבוד אלוהי עליון במקומות המטונפים מתורגמת לעמדה הנפשית המתבקשת מן האדם השוהה במקומות אלו. החוויה הגלויה, הראשונית, היא חוויית היעדר אלוהות. אדם שהתגלגל למקום כה רחוק, ריחוק פיזי או רוחני, חווה שאין אלוהים בקרבו או במקומו – 'וּכְבוֹדִי לְאַחֵר לֹא אֶתֵּן'. את חוויית ההיעדר הזו מבקש ר' נחמן להפוך לזעקת כאב – 'אַיֵּה?', היכן אתה ריבונו של עולם?! קריאה זו הופכת בן רגע מסימן שאלה לסימן קריאה, שכן 'איה' הוא אחד משמותיה של ספירת

23. שיחות הר"ן ג.

כתר.[24] הגובה וההעלם של ספירת כתר, והקדימות שלה לעולם היש המבחין בין טוב לרע (עץ הדעת טוב ורע), מאפשרים לה לחדור ולהיות נוכחת גם במקומות שמנקודת המבט של עולם ההבחנות האלוהות לא יכולה לשרות בהם. אפשרות זו נובעת מכך שמנקודת מבט גבוהה יותר, הקודמת (קדם) להבחנה בין טוב ורע, מתברר שהנוכחות האלוהית יכולה לשכון גם במקום מטונף על מנת להחיותו (עץ החיים).

אולם נוכחות זו היא נעלמת, והיא איננה יכולה להפוך לגלויה (מאמר סתום ולא גלוי). לכן החוויה הקיומית של המפגש עם נוכחות זו היא חוויה של זעקת 'איה?!'. חידושו של ר' נחמן, בתרגמו שם זה של ספירת כתר לחוויה קיומית, הוא שהמפגש עם הכתר הוא לא רק מפגש של שאלה תאולוגית, השגה שהיא בחינת אי ידיעה כפי שראינו לעיל, אלא גם חוויה קיומית של שאלת נוכחות: 'איפה אתה?!'. כשם שאי הידיעה הפכה אצל ר' נחמן לממשות, כך גם הזעקה בדבר היעדר הנוכחות האלוהית הופכת לממשות וחושפת את הנוכחות האלוהית שהיא 'גבוה מעל גבוה', זו הנמצאת דווקא במקומות שבהם האדם חווה ריחוק מן האלוהות.

ר' נחמן, בקביעה מקורית, קובע שהתשובה העליונה מצויה בכתר (ולא רק בבינה),[25] וככזו היא תמיד זמינה, לא משנה כמה רחוק ונמוך נמצא האדם. אומנם הריחוק, הטומאה והחטא הם ביטויים של היעדר נוכחות גלויה של אלוהים, ועל כן למי שנפל אליהם ההתקרבות אינה אפשרית. אולם בד בבד הם עצמם קיימים מכוח אלוהות נסתרת – 'כבוד עליון' – המסתתרת בתוכם, הסתתרות מהותית שלעולם לא תהפוך לגלויה ולכן היא מתבטאת בזעקתו של האדם 'איה'; אך זעקה זו עצמה היא מפגש עם הכתר – עם האלוהות הנוכחת במקום הזה.

ח. דיבור ושתיקה

האם ישנה דרך לחתור אל ההשגה שאותה תיארנו כעת, אל החוויה הקיומית של תכלית הידיעה אשר לא נדע?

24. לדוגמה: 'ואיה מקום כבודו היינו שרש ומקור המלכות בכתר, וזהו בחינת איה שאינו מושג כו', וזהו ענין מחשבה הקדומה שעלה במחשבה שיהיה מלך על עם' (האדמו"ר הזקן, ליקוטי תורה, שיר השירים לא, ד).

25. ראו לדוגמה: ליקוטי מוהר"ן קמא, ו.

> ואחר שמסרנו בידך אלו הכללים יש לנו להודיעך על דבר שהוא חתימת הספר. כבר הודענוך בכמה מקומות כי הכתר העליון אין כל בריה יכולה להתבונן בו אלא על ידי שמיעת האוזן [...] אם כן התבונן כי אין לכתר אות מסוימת בשם המיוחד אלא קוצו של יו״ד לבד, כדמיון רמז לדבר שאין בנו כוח להשיגו.
>
> (שערי אורה, שער עשירי)

על פי ר׳ יוסף ג׳יקטיליה לא ניתן להתבונן בספירת הכתר. התבוננות והשגה מחייבות תיחום, הגדרה והבנה, ואלו שייכים לעולם היש – למציאות גבולית של הגדרות. לא ניתן להשתמש בכלי היש כדי להבין את האין. קוצו של יו״ד המייצג את ספירת כתר הוא דבר שאין בו ממש, נקודה גיאומטרית חסרת ממדים הניתנת להגדרה רק כששוללים ממנה הכול. עם זאת, ניתן ׳לשמוע את שמעה׳ של ספירה זו ולהאזין לה.

ניתן לפרש את ה׳לשמוע׳ המתואר כאן רק כעצם הידיעה על קיומה של ספירת כתר, ללא הבנה והתבוננות. אך ייתכן שהכוונה היא שהשמיעה היא כלי קליטה שונה מהידיעה.

> העיקר הוא, שנוסף לאור המראה האידיאלי הנראה והצפוי, יש החיות העולמית האלהית, ממקור החיים, שהיא פנימית, בלתי נראית, הנקשבת והנשמעת, המעלה על אור המראה הנראה ביחוד עליון.
>
> (קול הנבואה, עמ׳ קכט)

הרב דוד כהן, הרב הנזיר, מחלק בין האור הנראה השייך לעולם היש לבין החיות הנקשבת ונשמעת, השייכת במידה רבה לעולם האין. במקומות אחרים הוא מכנה את התכונה השנייה בשם ׳ההיגיון השמעי׳. השמיעה על פי הרב הנזיר איננה קליטה אינפורמטיבית העוברת דרך עולם של הגדרות ומושגים אלא הקשבה פנימית הנקלטת בכלים אחרים, כאלו שאינם מעולם היש. ההיגיון השמעי מאפשר חדירה לשורשי ההוויה ופגישה פנימית עם החיות עצמה, הבאה ממקור עליון – האַין־הכתר. תנועה נפשית זו, שלהלן ניתן עליה את הדעת באופן רחב יותר, מוותרת על הכלים הרגילים להשגה ולקליטה. אולי ניתן לדמותה למדיום ההתגלות שעליו מרמז הקב״ה לאליהו הנביא במעמד בחורב:

> וַיֹּאמֶר צֵא וְעָמַדְתָּ בָהָר לִפְנֵי ה׳, וְהִנֵּה ה׳ עֹבֵר וְרוּחַ גְּדוֹלָה וְחָזָק מְפָרֵק הָרִים וּמְשַׁבֵּר סְלָעִים לִפְנֵי ה׳, לֹא בָרוּחַ ה׳, וְאַחַר הָרוּחַ רַעַשׁ, לֹא בָרַעַשׁ ה׳. וְאַחַר הָרַעַשׁ אֵשׁ, לֹא בָאֵשׁ ה׳, וְאַחַר הָאֵשׁ קוֹל דְּמָמָה דַקָּה.
>
> (מלכים א׳ יט, יא-יב)

המעמד של אליהו בחורב מקביל למעמד הר סיני, אך בעוד במעמד הר סיני היה קול שופר חזק מאוד, ההתגלות לאליהו היא בקול דממה דקה.

אליהו נפגש עם המדרגה הגבוהה ביותר של האלוהות, מדרגת האין, והיא שואבת אותו לקרבה ומנתקת אותו מן היש באופן פלאי וניסי. אליהו הוא נביא הניסים מפני שהוא נוגע תמיד באין, נגיעה שאל מיצויה המלא הוא יגיע בעלייתו בסערה השמימה.

הדממה הדקה המאפיינת את האין האלוהי – הכתר, היא נעלמת ולא ניתנת לקליטה בכלי ההבנה הרגילים. הקליטה בהיגיון השמעי דומה במהותה לעמדה אחרת המלווה את המפגש עם ספירת כתר:

> ובחינת ביטול זה זהו ענין כתר שהוא לשון שתיקה, ׳כתר לי זעיר׳ (איוב לו, ב), דפירושו המתן לי מעט ודום שהוא ענין שתיקה. והוא ענין סייג לחכמה שתיקה. סייג הוא גדר ומקיף שלמעלה מהחכמה, הוא השתיקה והביטול וכענין ׳משתאה לה מחריש׳. וכמו שכתבתי במקום אחר בענין כבד פה וכבד לשון דמשה כו׳, וזה שאמרו רז״ל בירושלמי כתיב ׳שבת לה׳ אלקיך׳ – שבות כה׳, מה הוא שבת ממאמר אף אתה שבות ממאמר, אמר רבי חנינא בדוחק התירו שאילת שלום בשבת.
>
> (ליקוטי תורה, בהר מג, א)

האדמו״ר הזקן קובע שבמקום שבו נגמרת ההבנה, במקום שלמעלה מההיגיון (או בלשון הנזיר במקום שבו יש היגיון אחר מהרגיל – היגיון שמעי), שם גם נגמרות המילים, והשתיקה היא האפשרות היחידה.

בכמה דרשות חסידיות רעיון השתיקה המביאה אל הכתר נשען על אגדת משה ור׳ עקיבא הידועה מן התלמוד:

> אמר רב יהודה אמר רב: בשעה שעלה משה למרום מצאו להקב״ה שיושב וקושר כתרים לאותיות. אמר לפניו: רבונו של עולם, מי מעכב על ידך? אמר לו: אדם אחד יש שעתיד להיות בסוף כמה דורות ועקיבא

בן יוסף שמו, שעתיד לדרוש על כל קוץ וקוץ תילין תילין של הלכות. אמר לפניו: רבונו של עולם הראהו לי. אמר לו: חזור לאחורך. הלך וישב בסוף שמונה שורות ולא היה יודע מה הן אומרים, תשש כחו. כיון שהגיע לדבר אחד אמרו לו תלמידיו: רבי מנין לך? אמר להן: הלכה למשה מסיני. נתיישבה דעתו.

חזר ובא לפני הקב״ה, אמר לפניו: רבונו של עולם יש לך אדם כזה ואתה נותן תורה על ידי? אמר לו: שתוק, כך עלה במחשבה לפני. אמר לפניו: רבונו של עולם הראיתני תורתו, הראני שכרו. אמר לו: חזור [לאחורך]. חזר לאחוריו ראה ששוקלין בשרו במקולין. אמר לפניו: רבונו של עולם זו תורה וזו שכרה? אמר לו: שתוק, כך עלה במחשבה לפני.

(מנחות כט ע״ב)

פעמיים מקבל משה רבנו את התשובה ׳שתוק כך עלה במחשבה לפני׳ בתשובה לשאלות על הנהגת ה׳ בעולם: פעם אחת כשהוא שואל מדוע ה׳ בחר בו לתת את התורה ולא בר׳ עקיבא; ופעם שנייה על שאלת צדיק ורע לו – זו תורה וזו שכרה?

ניתן לפענח את הדרישה הזו לשתיקה בשתי דרכים. דרך אחת היא שלילת האפשרות לטפס לאותו מקום שבו ניתן להבין את סודה של ההשגחה האלוהית המתבטאת במציאות לא מובנת, תמוהה ולעיתים אף מקוממת כדוגמת צדיק ורע לו:

וזה שאמר במחשבה לפני היינו עתיקא שלפני המחשבה, דמחשבה רצון ועתיקא רצון הרצונות. אך מה שאמר לו שתוק הענין על פי מה שאמרו בספר יצירה (א) עשר ספירות בלימה בלום פיך מלדבר ולבך מלהרהר, ואם רץ פיך לדבר ולבך להרהר שוב למקום, שלכך נאמר ׳והחיות רצוא ושוב׳ ועל דבר זה נכרת ברית. והיינו שיש מחשבה והוא הרהור בלא התפשטות, ויש הרהור בלב שאמרו על זה (ברכות כ ע״ב) הרהור כדבור דמי, והיינו כשמהרהר בלב כל הענין והתיבות כמו שהיה מדבר רק אינו מוציא בשפתיו וזהו נקרא הרהור. ואמרו בפירוש בלימה בלום פיך מלדבר ושיבלום לבך מלהרהר. ואם רץ פיך וכו׳, שוב למקום שלכך נאמר ׳והחיות רצוא ושוב׳, שהחיות של האדם רצוא ושוב כמראה הבזק, וכשיבלום פיו מלדבר ולבו מלהרהר

> אז יוכל להופיע עליו דעת שפירש"י (תשא) רוח הקודש, ויופיע עליו כרגע מאור עתיקא שהדעת פנימית הכתר. וזה זוכין על ידי שתיקה. (פרי צדיק, בשלח, אות יא)

ר׳ צדוק הכוהן מלובלין מפרש את הביטוי מספר יצירה ׳בלום פיך מלדבר ולבך מלהרהר׳ כשתיקה שאיננה רק שתיקת הפה אלא גם שתיקת הלב – הדרישה היא לא רק להפסיק לדבר אלא גם להפסיק לחשוב. לפי ר׳ צדוק, דווקא הנכונות לוותר על האפשרות להבין, להשתמש בכלי השכל והמחשבה, היא זו שתביא להופעת אותה הארה מעתיקא – הכתר.[26] לפי פירוש זה, האמירה ׳שתוק כך עלה במחשבה לפני׳ אינה שוללת את ההשגה ממשה רבנו, אלא מנחה אותו באיזו דרך ניתן להגיע אליה. במעבר מן החכמה אל הכתר יש לנטוש את הכלים הרגילים שהביאונו עד הלום, בבחינת ׳שְׁבוּ לָכֶם פֹּה עִם הַחֲמוֹר וַאֲנִי וְהַנַּעַר נֵלְכָה עַד כֹּה׳ (בראשית כב, ה) – הטיפוס אל הכתר מחייב את נטישת הבקשה השגרתית לידיעה.

ראינו לעיל, שר׳ נחמן מפענח את שאלת ה׳איה׳, הקשורה לספירת כתר, כעמדה של שאלה ואי ידיעה שהיא עצמה סוג של השגה. עמדה זו מלווה את האדם במקומות אפלים ונמוכים שבהם הוא מצוי, מאפשרת את הנכחתו של הקב"ה בבחינת כתר באותו מקום ומעניקה לאדם את אפשרות התשובה. אולם הדבר נכון גם כלפי שאלות תאולוגיות: האמירה ׳שתוק כך עלה במחשבה לפני׳ מחנכת את האדם להישאר עם שאלה, ולהבין שהשאלה עצמה היא סוג של הנהגה אלוהית המאפיינת את הכתר.

נוסף לכך, בכוחה של שתיקה זו גם להעניק לאדם אפשרות פעולה. אחת הדרשות החסידיות מנתחת את דברי המדרש על עקדת יצחק:

> אמר רבי ירמיה: אמר לו: רבונו של עולם, גלוי היה לפניך שהיה לי מה להשיבך כשאמרת לי לקרב את יצחק, אילו השבתי אותך לא היה

26. ישנן פרקטיקות רבות, גם בעולם החסידות אך בעיקר בתורת המזרח, שתכליתן להביא להפוגה מן המחשבה. זוהי שתיקה שאיננה רק שתיקת הפה אלא גם שתיקת המחשבה. במדיטציות שונות הפסקת המחשבה נתפסת כהגעה אל הטרנסצנדנטי שבאדם, כלומר נגיעה ברובד שמעבר לתודעה, לידיעה ולהכרה. השגה זו, המתוארת פעמים רבות כ׳הארה׳, היא גם מפגש עם הכוליות של ההוויה, עם האחד שבה. במידה רבה תיאורים אלו מזכירים את התיאורים של ספירת כתר, ושל ההשגה בבחינת מטי לא מטי המאפיינת את הנגיעה בה.

לך מה להשיבני. שהייתי אומר לך אתמול אמרת לי 'כי ביצחק יקרא לך זרע' (בראשית כא, יב) ועכשיו אתה אומר לי לשחטו? ולא השבתי אותך אלא עשיתי עצמי כאלם וכחרש, 'ואני כחרש לא אשמע וכאלם לא יפתח פיו' (תהילים לח, יד). כשיהיו בניו של יצחק נידונים לפניך ביום זה, ואפילו יש להם כמה קטיגורים מקטרגים אותם, כשם שדממתי ולא השיבותיך כך אתה לא תשים להם.

(פסיקתא רבתי מ)

לאברהם היו טענות ושאלות קשות על הצו האלוהי לעקוד את יצחק, אך אברהם עשה עצמו כאילם וכחירש – הוא שתק. בתמורה מבקש אברהם מהקב"ה שיגמול לבניו בכך שכאשר ישמע את המקטרגים על ישראל יעשה עצמו כחירש וכאילם, ולא יעניש את ישראל.

ר' אברהם דנציגר, אדמו"ר מחסידות אלכסנדר, מבאר מדרש זה על פי הסוד:

> ונראה מזה שזה היה מעיקר הנסיון, מה שהיה לו להקשות ולא הקשה והלך באמונה פשוטה לעקוד את בנו יחידו בלי להבין מאומה [...] להיות שעל ידי שתיקתו זכה לבחינת שתוק כך עלה במחשבה לפני (מנחות כט ע"ב), היינו שתיקה היא במחשבה, ומחשבה הוא בכתר (קהלת יעקב ערך מחשבה), ונתעורר על ידי זה בחינת כתרו ישועה, דלית שמאלא בהאי עתיקא (זוהר ח"ג קכט ע"א) ואין שום מקטרג יכול להגיע לשם, כדאיתא שספירת הכתר הוא חסד גדול ורחמים עד אין קץ שהוא לפי התכלית לו ית', שהתכלית הוא להיטיב לכל גם למי שאין לו זכות, על דרך שאמרו (ברכות ז ע"א) 'וחנותי את אשר אחון' (שמות לג, יט) אף על פי שאינו הגון, ובעבור זה הסכים הקב"ה לדעתו של אברהם אבינו ע"ה, ועקידת יצחק לזרעו היום יזכור, אמן כן יהי רצון.
>
> (אמרי מנחם, וירא)

שתיקתו של אברהם מרוממת אותו אל ספירת כתר, והיות שספירת כתר היא ספירת הרצון והרחמים הגמורים עמדה זו מעניקה לאברהם את האפשרות למשוך את הנהגת ה' משם, ולהביא רחמים גמורים שאין בהם דין ואין בהם היגיון מובן.

השתיקה, אם כן, איננה שתיקה פסיבית, השלמה והכנעה, אלא עמדה אקטיבית של קבלת אי הידיעה. זו עמדה רוחנית שיש בה נגיעה באין־סוף שבפניו אין הסברים, מילים, הגדרות ותכנים. מנקודת מבט זו השתיקה נוכח אי ההבנה של הנהגת ה׳ במקרים כמו צדיק ורע לו, השואה או שאלות תאולוגיות קשות, יכולה להביא את האדם למדרגה הגבוהה ביותר של האמונה, מדרגה הנוגעת בהנהגה האלוהית שאיננה יכולה להתבאר בכלים של שכל והיגיון אנושיים. זוהי השגה שאיננה דומה להשגות הרגילות, ולכן היא איננה קניין קבוע אלא נגיעה ואי נגיעה, הגעה ואי הגעה. זו מהותה של השגת הכתר.

ט. כתר מלוכה ומלכות הכתר (׳הוא׳, ׳פלא׳)

העמדה הנפשית שמלווה את השתיקה ומאפשרת את הנגיעה בכתר – באין, היא סגירת מעגל עם ראשיתו של מסענו בעולם הספירות, שהחל בספירת מלכות. זוהי סגירת מעגל שניתן לכנותה בשפת הסוד ייחוד הספירות מהמלכות עד הכתר.

נראה כי לא בכדי בחרו בעלי הסוד הקדמונים לכנות את הספירה התחתונה בשם מלכות ואת העליונה בשם כתר. הזיקה בין מלכות לכתר מובנת לכל ילד: הכתר מונח על ראש המלך והוא היוצר את המלכות – כך ממליכים מלכים. המלכות היא התשתית, ועליה מונח הכתר.

מתוך התבוננות זו נוכל לקשור את תנועות הנפש הנדרשות כדי להגיע אל הכתר מספירת מלכות, כפי שהכרנו אותה בראשיתו של המסע. השתיקה שבה עסקנו לעיל נוגעת בו־זמנית הן לספירת מלכות הן לספירת כתר, כפי שאפשר לראות בדרשה של ר׳ נחמן שכבר הובאה לעיל:

> כִּי צָרִיךְ כָּל אָדָם לְמַעֵט בִּכְבוֹד עַצְמוֹ וּלְהַרְבּוֹת בִּכְבוֹד הַמָּקוֹם. כִּי מִי שֶׁרוֹדֵף אַחַר הַכָּבוֹד אֵינוֹ זוֹכֶה לִכְבוֹד אֱלֹקִים, אֶלָּא לְכָבוֹד שֶׁל מְלָכִים [...] אֲבָל מִי שֶׁבּוֹרֵחַ מִן הַכָּבוֹד, שֶׁמְּמַעֵט בִּכְבוֹד עַצְמוֹ וּמַרְבֶּה בִּכְבוֹד הַמָּקוֹם, אֲזַי הוּא זוֹכֶה לִכְבוֹד אֱלֹהִים.
>
> (ליקוטי מוהר״ן קמא, ו, א)

אין שני מלכים מושלים בכתר אחד, קובע ר׳ נחמן, ועל כן כשאדם מלא בכבוד מלכים הוא נעדר כבוד אלוהים, וכשהוא מוותר על כבוד המלכים אזי הוא זוכה לכבוד אלוהים.

וְאִי אֶפְשָׁר לִזְכּוֹת לַכָּבוֹד הַזֶּה אֶלָּא עַל־יְדֵי תְּשׁוּבָה. וְעִקַּר הַתְּשׁוּבָה כְּשֶׁיִּשְׁמַע בִּזְיוֹנוֹ, יִדֹּם וְיִשְׁתֹּק, כִּי לֵית כָּבוֹד בְּלֹא כָ"ף, וְהַכָּ"ף הוּא כֶּתֶר, בְּחִינַת אֶהְיֶה, בְּחִינַת תְּשׁוּבָה [...] וְתִקּוּן לָזֶה, שֶׁיַּהֲפֹךְ דָּם לְדֹם, שֶׁיִּהְיֶה מִן הַשּׁוֹמְעִים חֶרְפָּתָם וְאֵינָם מְשִׁיבִים, וְלֹא יְדַקְדֵּק עַל בִּזְיוֹן כְּבוֹדוֹ. וּכְשֶׁמְּקַיֵּם דֹּם לַה', אָז הַקָּדוֹשׁ בָּרוּךְ הוּא מַפִּיל לוֹ חֲלָלִים חֲלָלִים, כְּמוֹ שֶׁכָּתוּב: 'דּוֹם לַה' וְהִתְחוֹלֵל לוֹ' (תהילים לז, ז), וְהוּא יַפִּיל לְךָ חֲלָלִים (כְּמוֹ שֶׁדָּרְשׁוּ רַבּוֹתֵינוּ זִכְרוֹנָם לִבְרָכָה, גִּטִּין ז ע"א), הַיְנוּ 'וְלִבִּי חָלַל בְּקִרְבִּי' (תהילים קט, כב), הַיְנוּ עַל־יְדֵי־זֶה נִתְמַעֵט הַדָּם שֶׁבֶּחָלָל הַשְּׂמָאלִי, וְזֶה בְּחִינַת זְבִיחַת הַיֵּצֶר הָרָע, וְעַל־יְדֵי־זֶה זוֹכֶה לִכְבוֹד אֱלֹקִי, כְּמוֹ שֶׁכָּתוּב 'זֹבֵחַ תּוֹדָה יְכַבְּדָנְנִי' (שם נ, כג), וְדָרְשׁוּ חֲכָמֵינוּ זִכְרוֹנָם לִבְרָכָה (סנהדרין מג ע"ב) עַל זְבִיחַת הַיֵּצֶר הָרָע.

(שם, ב)

הדרך לוותר על כבוד מלכים היא על ידי בחינת 'שומע בזיונו ושותק'. השתיקה, כפי שראינו, היא בראש וראשונה ביטוי לוויתור: האדם מוותר על כבודו, על האגו שלו, וויתור זה מפנה מקום לכבוד אחר שיחול עליו. אחת המילים השגורות ביותר על לשוננו היא המילה 'אני', ואין זה מקרה. כל פעולה, תנועה או מחשבה מתחילה בהנחת היסוד של הקיום העצמי.[27] ר' נחמן קובע שככל שגוברת תודעת ה'אני', ככל שנוכחותנו האגוצנטרית מתעצמת, כך נדחקת השכינה אל למעלה מאיתנו.

כבר ראינו בדיון על ספירת מלכות כי 'אני' הוא אחד מכינוייה, בעוד 'אתה' הוא כינויה של ספירת תפארת. עתה נשלים את התמונה עם 'הוא' – כינויה של ספירת כתר.

כשה'אני' מלא בכבוד מלכים אנושי וגשמי אזי אין 'אתה', וכשאין 'אתה' גם אין 'הוא'. בשפה אחרת נאמר כי היכולת להיפגש עם האחר הניצב מולך, ואפילו יהא זה בשר ודם, מחייבת סוג של ויתור על ה'אני'. האגו מוכרח לשתוק כדי שיוכל להיווצר מפגש מלא הבא לידי ביטוי ב'אתה', שעניינו עמידה בלתי אמצעית מול האחר. כשמתרחש מפגש כזה, וה'אני'

27. הזכרתי לעיל שכאשר הפילוסוף הצרפתי דקארט ביקש לערער לראשונה על כל הקיום, הוא ביקש נתיב הצלה, עוגן שממנו יוכל להתחיל להוכיח מחדש את קיומה של המציאות כולה. העוגן שהוא מצא כבסיס וכתשתית הוא הקיום העצמי – ה'קוגיטו' בלשון הפילוסופית, הידוע יותר במשפט המפתח שלו: 'אני חושב משמע אני קיים'.

שלך מתמלא ב'אתה' של האחר, אזי אפשר לזכות להצצה גם ב'הוא' הנמצא מעבר לנוכחות הגלויה. זוהי המהות שאיננה ניתנת למפגש ישיר, שאינה נוכחת ועל כן היא איננה 'אתה' אלא 'הוא'; אבל 'הוא' זה ממלא את ההוויה התודעתית בחוויה קיומית של מפגש.

והרי היא בסוד 'אני ראשון ואני אחרון'. כתר מלכות. כי למעלה היא הכתר שהוא נקרא אין. נעלם מהשגה. ולמטה היא מלכות שנקרא אני. והוא אותיות אני מאדנ־י. כי הד' הוא על שם שמקומה הוא בהד' ספירות האחרונים תנהי"מ [=תפארת נצח הוד יסוד מלכות] מהחזה ולמטה. ואני הוא הוראת הגילוי. 'אני אני הוא'. כי על ידי זה היא מתגלה שהיא המלכות מלך על כל הארץ.

(לשם שבו ואחלמה, ספר הדע"ה, ח"ב, דרוש מיעוט הירח)

חכמי הסוד כבר עמדו על חילופי האותיות שבין 'אני' ל'אָיִן', ובעקבותיהם גם מייסדי החסידות. כדי להגיע אל האין צריך להפוך את האני לאין; 'אם אין אני לי מי לי' מתפרש לא כשאלה אלא כאידיאל – כשאין לי 'אני' אזי אני זוכה לבחינת 'מי' שהיא ספירת בינה, והיא השער אל החכמה ואל הכתר. הדרך לטפס מן המלכות אל הכתר היא על ידי ויתור על ה'אני', המאפשר את ההתבטלות כלפי מה שלמעלה ממני. כך גם מפרש ר' נחמן את המשנה הידועה באבות:

הוא היה אומר, עשה רצונו כרצונך, כדי שיעשה רצונך כרצונו. בטל רצונך מפני רצונו, כדי שיבטל רצון אחרים מפני רצונך.

(אבות ב, ד)

הרצון האלוהי, כפי שראינו לעיל, הוא הכתר הפועל בהוויה, וביטול ה'אני' הוא ביטול הרצון האנושי האגוצנטרי בפני רצון גבוה יותר. ביטול הרצון יביא את האדם אל הרצון הגבוה, שהוא הכתר האלוהי.[28]

הנכונות לוותר על ה'אני' היא גם עמדה של מסירות נפש. ואכן, חכמי

28. ליקוטי מוהר"ן קמא, קעט. וריאציה אחרת לאותה התנועה מופיעה אצל הרב קוק בכתיבה שלו על הרצון. המהלך הוא דומה אולם העמדה הנפשית שונה למכביר, ואין כאן המקום להאריך.

הסוד עמדו על כך שמסירות נפש היא אחד התנאים להשגה הגבוהה של בחינת הכתר. הנכונות למסור את הנפש בפועל ממש למען אידיאל מסוים איננה תופעה טבעית אלא להפך: אינסטינקט ההישרדות הוא מרכיב יסודי במהות האנושית, והאדם נולד עם אינסטינקט הגנתי המבקש לשמר את חייו. הרצון לחיות, הפחד מן המוות, החתירה להגנה עצמית ולשמירה על חיי – הם חלק מן הטבע האנושי האוניברסלי; במובן זה, כפי שטוענת התאוריה הדרווינסטית, מותר האדם מן הבהמה – אין.

טבע זה עולה גם מדברי חז"ל המתארים את מהלך חייו של האדם מהיותו ברחם אימו ועד מותו, מהקושי של האדם להיוולד ולהיכנס לעולם הזה,[29] ועד הקושי שלו לצאת ממנו לעת זקנתו. סירובה של הנשמה לרדת לעולם הוא ביטוי של הקושי לעבור מן האין אל היש, אך שהות של שמונים שנה בעולם היש מביאה את האדם לשכוח את האין שממנו בא, ואחריה קשה עליו הפרידה מן היש.

לפיכך בכל פעולה של מסירות נפש יש התרסה נגד האינסטינקט הטבעי, ובמידה רבה התעלמות מעולם היש. ניתן לפענח את העמדה הנפשית הזו כמבטאת פרספקטיבה החורגת מן המציאות הזמנית שבקרבה אנו חיים ומתרוממת אל האין המקיף את חיינו, אין שממנו באנו ואליו אנו הולכים. מסירות הנפש בעצם משתיקה את האינסטינקט הטבעי הזועק 'תנו לחיות', והשתקה זו אף היא מביאה את האדם אל האין. זו בחינה נוספת של ספירת מלכות שיש בה מסירות נפש, המאפשרת להניח על ראשנו את הכתר הנעלם. בזאת נבדל האדם מן הבהמה ומן הטבע שבקרבו הוא שוכן, וזוהי בשורת התורה והיהדות – אותה לא ניתן לראות בעיני בשר פשוטות.

במידה רבה, היציאה מגדר הטבע מתרחשת גם במרחב אחר של החיים – נזירות.[30] הנזיר אף הוא יוצא מגדר הטבע, ומקבל על עצמו הנהגה שייתכן שהיא נוגעת באין־סוף. זהו המקור לכינוי נוסף של ספירת כתר – 'פלא':

פלא הוא מלשון 'היפלא מה' דבר' (בראשית יח יד), שפירושו בתרגום אונקלוס היתכסי. ועיקרו בכתר לרמוז אל רוב העלם.

(פרדס רימונים שער כג, פרק יז)

29. מדרש תנחומא, פקודי ג.

30. נזר בלשון המקראית משמעותו כתר.

ייתכן לפרש כך את תיאור פעולת הנזיר: ׳אִישׁ אוֹ אִשָּׁה כִּי יַפְלִא לִנְדֹּר נֶדֶר נָזִיר לְהַזִּיר לַה״ (במדבר ו, ב). הנזירות היא הפלאה – יציאה מגדר הטבע, והיא בחינה של פעולת פלא, המפגישה את הנזיר עם מה שלמעלה מהיש.

כפי שראינו לעיל ביחס לספירת מלכות, כאן מונח שורש האמונה ושורש הכפירה, שהרי כאן ייקבע באיזו מלכות יומלכו האדם והעולם: אם במלכות בשר ודם, מעולם היש, הגבולות והמחלוקות, או שמא בכתר מלכות אלוהי הבא מעולם האין, שבו יש אחדות ואין מחלוקת.

כפי שראינו, המלכות בצורתה האופטימלית ׳לית לה מגרמה כלום׳. היא מתקיימת מתוך התבטלות גמורה וויתור שלם שבו אין היא חפצה אלא לקבל מן האחר, ומהותה היא שתיקה מלאת הקשבה המאפשרת קבלה מלאה. ראינו גם שהוויתור מתבטא בכמה מישורים. המישור האחד הוא המישור הנפשי תודעתי – הוויתור על ה׳אני׳, על האגו ועל הרצון. מישור אחר שבו מתקיימת השתיקה קשור להשתקת החכמה, שהשתיקה היא סוג של גדר ובלם להתפשטותה והתרחבותה.[31]

כל המרבה דברים מביא חטא פירוש חסרון, שאפילו כשמדבר דברים עם בני אדם בחכמת התורה מכל מקום השתיקה יפה מאוד יותר. שיכול בשתיקה לחשוב בגדלותו ית׳ ולקשר עצמו בו ית׳ יותר משיקשר עצמו בדיבור.

(צוואת הריב״ש, הנהגות ישרות קטז)

הדיבור, אפילו יהא זה דיבור בדברי תורה, הוא סוג של חטא; יש בו בחינה של צמצום, כפי שכבר ראינו לא אחת. השתיקה מאפשרת לאדם לקשר את עצמו בו יתברך יותר מאשר בדיבור. כל דברי התורה וכל ההשגות מעולם הדעה, הבינה והחכמה, אינן יכולות לטפס מעבר ליש.

הנכונות לוותר על עולם החכמה, הבינה והדעת לטובת מפגש אחר, כזה שאינו עובר דרך התובנה וההתחכמות אלא דרך ההתבטלות הגמורה והאין הגמור – היא המאפשרת להכיל את הכתר האלוהי:

31. ר׳ נחמן מברסלב מפענח את המשנה באבות א, יז ׳שמעון בנו אומר: כל ימי גדלתי בין החכמים ולא מצאתי לגוף טוב אלא שתיקה׳, כמתארת אף היא ויתור על החכמה (ליקוטי מוהר״ן קמא, סד).

> כִּי הַמַּלְכוּת, שֶׁהוּא בְּחִינַת אוֹתִיּוֹת הַדִּבּוּרִים, כָּל אוֹת וָאוֹת מְלֻבָּשׁ בָּהּ רְצוֹן הַשֵּׁם יִתְבָּרַךְ. שֶׁרְצוֹן הַשֵּׁם יִתְבָּרַךְ הָיָה, שֶׁזֹּאת הָאוֹת יִהְיֶה לָהּ תְּמוּנָה כָּזוֹ, וְאוֹת אַחֶרֶת יִהְיֶה לָהּ תְּמוּנָה אַחֶרֶת. נִמְצָא שֶׁרְצוֹנוֹת, הַיְנוּ תְּמוּנוֹת אוֹתִיּוֹת, הֵם הִתְגַּלּוּת מַלְכוּתוֹ יִתְבָּרַךְ שְׁמוֹ, וְכָל אֵלּוּ הָרְצוֹנוֹת, הַיְנוּ הַתְּמוּנוֹת, נִמְשָׁכִין מֵרְצוֹן אֵין סוֹף שֶׁאֵין בּוֹ תְּמוּנָה. וְכָל הַדְּבָרִים וְהַיֵּשׁוּת שֶׁבָּעוֹלָם הֵם מֵהָאוֹתִיּוֹת, הַיְנוּ מִמַּלְכוּת, כִּי יֵשׁוּת הוּא מֵחֲמַת הַמַּלְכוּת, שֶׁרָצָה הַקָּדוֹשׁ בָּרוּךְ הוּא שֶׁיִּתְגַּלֶּה מַלְכוּתוֹ בָּעוֹלָם וְעַל יְדֵי זֶה בָּרָא אֶת הָעוֹלָם מֵאַיִן לְיֵשׁ, וְכָל הָרְצוֹנוֹת, הַיְנוּ הַתְּמוּנוֹת, וְכָל הַיֵּשׁוּת, הַיְנוּ בְּחִינַת מַלְכוּת, מְקַבְּלִים חִיּוּתָם מֵרְצוֹן אֵין סוֹף, כְּמוֹ שֶׁאָמְרוּ (מגילה לא ע"א): 'בְּכָל מָקוֹם שֶׁאַתָּה מוֹצֵא גְּדֻלָּתוֹ שֶׁל הַקָּדוֹשׁ בָּרוּךְ הוּא', הַיְנוּ מַלְכוּתוֹ, הַיְנוּ רְצוֹנוֹת, 'שָׁם אַתָּה מוֹצֵא עַנְוְתָנוּתוֹ', הַיְנוּ רְצוֹן אֵין סוֹף.
> (ליקוטי מוהר"ן קמא, ד, ט)

האותיות המרכיבות את המילים והדיבור שייכות לעולם היש, ואילו רצון אין־סוף שייך לעולם האין, לעולם שבו אין כל תמונה.[32]

ר' נחמן נזקק בתורה זו ליחס שבין המלכות לבין הכתר, בין המקום הנמוך ביותר בעולם היש לבין המקום הגבוה ביותר בעולם האין. החיבור בין המקומות האלו הוא החיבור בין ה'אני' לבין ה'אין', בין הענווה הגמורה לגדולה הגמורה. המלכות היא סמל לגדלות והכתר סמל לענווה, ובמקום שאתה מוצא ענוותנותו שם אתה מוצא גדולתו, ולהפך.

כך גם אצל האדם. נכונותנו להיכשל, להיות מושפלים ומבוזים, לוותר על כבוד מלכים – היא המוכנות להתבטל, להקשיב, לוותר על הכול, להיות בחינת 'כל', בחינת מלכות דלית לה מגרמה כלום; בשל כך אנו יכולים לזכות לכבוד אלוהים – לכתר האלוהי.

י. אחרית דבר ('אור פנימי')

במידה רבה, רק כעת ניתן להסביר באופן מלא את ההכרעה להתבונן באילן הספירות מן המלכות אל הכתר.

בחרתי להתבונן על המסע של האדם מן ה'יש' אל ה'אין', מן ה'אני' אל ה'הוא', מהידיעה וההכרה אל הלא נודע, מן הדיבור אל השתיקה; כל אלו הם

32. המבקש להרחיב בענין זה יעיין בסיפורו של ר' נחמן 'מעשה ממלך עניו'.

מופעים שונים של המסע מן המלכות אל הכתר. חידושה העמוק של תורת הסוד הוא שלא מדובר בסתירה או בדיאלקטיקה בין שתי תנועות הפוכות; המלכות עצמה – היש, הדיבור, הידיעה, ההכרה – מסוגלת להתרוקן ולהכשיר עצמה אל הכתר – אל האין. בפסגת המסע האנושי־הכרתי מונחת ה'נגיעה־אי־נגיעה' באין־סוף, ונגיעה זו מאירה באור יקרות גם את היש, את ההכרה ואת התודעה. אדם שהאין־סוף־הכתר נגיש עבורו להצצה מדי פעם הוא אדם שחי גם את המציאות הגלויה עם סוד, מסתורין, אמונה בנס, סימני שאלה המסמלים בעצמם קשר ומבע, יכולת להתעלות מעל הגבולות והצמצום אל עבר מסירות נפש, יכולת הכלה של הלא מובן – ועוד תכונות רבות הנובעות מן הכתר.

ככל שתודעה זו נוכחת יותר באדם כך הוא יותר חופשי, בעל מעוף, יצירתי ומסוגל ליצור יש מאין.

אולם מעלה זו נקנית דרך המסע הארוך דרך עולם הספירות, מסע המפגיש אותנו עם האופנים השונים של היש, של ההכרה והתודעה, של ההשגות שניתן להשיג ברבדים השונים של הנפש – מחשבה, רגשות ומעשים. במידה רבה זהו סוד הפנימיות כולו, ובמובן זה ספירת כתר מייצגת את הרעיון של הפנימיות הנעלמת בהוויה כולה, כפי שכותב עליה ר' משה קורדוברו:

> וכן אמר שנקרא הכתר אור פנימי ואור מבהיק מטעם שהוא פנימי וגנוז מאור הספירות, ומבהיק מטעם כי הוא מבהיק ומאיר לכל הספירות, ואור מתעלם מטעם כי הוא נעלם תכלית התעלם.

(פרדס רימונים שער כג, פרק א)

שלמותו של המסע מה'אני' עד ל'הוא', המסבירה גם את הבחירה בסדר מלמטה למעלה, עולה מתוך דברי ר' יוסף ג'יקטיליה שבהם הוא מזכיר את שתי התנועות – התנועה מלמעלה למטה הנוגעת לבקשת השפע, והתנועה מלמטה למעלה הנוגעת לאדם המבקש לעלות אל ה'. בדברים אלו נסיים:

> נמצאת למד כשאדם צריך להפיק חפצו מלפני ה' יתברך ראוי לו להתבונן בעשרת הספירות ולהמשיך החפץ והרצון מלמעלה למטה, עד סוף הרצון שהוא שם אדנ"י, ונמצאו הספירות מתברכות על ידו, ונמצא הוא מתברך על ידי הספירות. וזהו סוד שכתוב 'אשר המתברך

בארץ יתברך באלהי אמן׳ (ישעיהו סה, טז). וסוד אמן הוא סוד המשכת הברכות משם אהי״ה לשם יהו״ה, ומשם יהו״ה לשם אדנ״י, נמצאת למד כי כל מתפלל שהוא מכוין על דרך זו שאמרנו, שהוא מייחד הספירות ומקרב אותן זו לזו [...].

ולפי שאדם צריך להתכוין בתפילתו ולעלות מספירה לספירה ומחפץ לחפץ עד שיגיע בלבו למקור החפץ העליון הנקרא ׳אין סוף׳, אמר דוד ׳שיר המעלות ממעמקים קראתיך יהו״ה׳ (תהילים קל, א). ופירוש ׳ממעמקים קראתיך יהו״ה׳, כלומר מאת המקור העליון הנקרא ׳אין סוף׳ שהוא עמוק, שהוא סוד קוצו של י׳ יהו״ה, וזהו פירוש ׳ממעמקים קראתיך יהו״ה׳. **והיאך הוא מתכוין, על דרך המעלות ממטה למעלה להיכנס בה׳ אחרונה של שם, לעלות ממידה למידה ומספירה לספירה, עד שתעלה מחשבתו בקוצו של י׳, בכתר הנקרא ׳אין סוף׳**, זהו סוד ׳ממעמקים׳, ולפיכך אמר, ׳שיר המעלות ממעמקים קראתיך יהו״ה׳.

(שערי אורה, שער שלישי ורביעי)

אל הנפש והחיים – כתר

סעיפים א-ב: חתירה למגע עם מה שמעבר למילים ולמחשבות

בסעיפים אלו למדנו על זיקתו של הכתר אל האין־סוף (זהות או קִרבה), וממילא על היותו מעבר לעולם הצמצום, המילים ואולי אף המחשבות, המורכבות אף הן ממילים. גם הייצוג של הכתר בשם הויה לא מופיע כאות אלא כתג – קוצו של יו״ד שתפקידו רק להפנות את תשומת ליבנו אל מה שמעבר, מה שלא ניתן להיכתב. ספירת כתר היא מעבר לפרטים הנבדלים והמובחנים זה מזה, היא שייכת למרחב שבו הכול אחד.

מקום זה – בחינת אין – מצוי גם בתודעתנו. טכניקות מדיטטיביות למיניהן חותרות למפגש עם נקודת האין שבקרבנו הקודמת למחשבות, למילים ולרעיונות. ההזמנה העולה מסעיפים אלו היא ניסיון לגעת במה שמעבר למילים, למחשבות ולרעיונות.

- האפשרות להיפתח למקום זה דורשת זמן ביום או בשבוע שבו ננקה את המתחולל בתוכנו וניפתח אל מרחב הכתר. הטכניקות המתוארות כאן לקוחות ממרחב ההשקטות למיניהן, וניתן לקרוא עליהן בספרות יהודית וכללית כאחד.

- כדאי לפנות זמן ומקום שקטים ואינטימיים שבהם לא תהיה לנו הסחת דעת. לשבת בתנוחה נוחה – כזו המאפשרת ישיבה ללא תנועות מיותרות. לעצום עיניים ולהתחיל בנשימות עמוקות יותר – רצוי שהשאיפות יהיו דרך האף, והנשיפות מהפה. תוך כדי הנשימות לשים לב למחשבות העולות וצפות: כשעולה מחשבה לשים לב אליה, 'להקשיב' לה ולאחר מכן להיפרד ממנה לשלום ולבקש ממנה ללכת הלאה. כך לעשות גם למחשבה הבאה העולה בעקבותיה. לאט לאט קצב המחשבות הצפות יחל להאט, ואולי הוא אף ייעצר לחלוטין. בזמן שיתחיל להתרווח בין מחשבה למחשבה, ובוודאי בחלל שיווצר כשהמחשבה תיפסק, ניתן יהיה לחוש בחלל – מעין מרחב לא מוגדר שיש בו שקט. כדאי לשהות שם, ולחוש 'טעימה' מהארת הכתר.
- לעיתים שהייה במצב זה תביא לנמנום קל. אין לראות בנמנום יציאה וסיום אלא ההפך – הנמנום יכול להיות העמקה של השהִייה במצב מעבר בין האין־סוף לסוף, בין המודע לעל־מודע. הגמרא (תענית יב ע"ב) מגדירה את הנמנום כך: 'נים ולא נים, תיר ולא תיר, דקרו ליה ועני, ולא ידע אהדורי סברא וכי מדכרי ליה מדכר' – ישן ולא ישן, ער ולא ער, כשקוראים לו הוא עונה, לא יודע לחזור על סברה שלמד אך כשמזכירים לו – הוא נזכר. מרחב לא מוגדר זה הוא אפשרות והזדמנות לחוות הצצה של האין־סוף לקרבנו, ויש אף טכניקות המבקשות לקבל ברגעי נמנום אלו השראה ייחודית שאיננה מ'החכמה' או 'הדעת'.
- אופן אחר של היפתחות אל מרחב הכתר יכול להתרחש דרך תנועה הפוכה מזו שאנו עושים בדרך כלל. כשאדם, תלמיד או ילד בוהים, אנו נוטים לנסות להשיב את תשומת ליבם ולהביאם להתרכז מחדש. התנועה אל הכתר היא תנועה הפוכה. בהייה היא מצב שבו העיניים לא ממוקדות, הן מסרבות לנעול את הפוקוס. כתוצאה מכך הדברים הנראים לעין מיטשטשים ונמרחים לכדי דבר אחד, לא ברור ולא מובחן (ניזכר בתיאורה של התורה את המציאות טרם תהליך הבריאה – 'תֹהוּ וָבֹהוּ').

נשתמש בבהייה ככלי משחרר מן החב"ד: נוציא את העיניים מהפוקוס, וניתן להן להביט בצורה לא ממוקדת. נחוש כיצד הדברים מאבדים את הגבולות הברורים שלהם ומתחילים להיטשטש. במקום קווים נראה כעת כתמים, ובתוך זמן קצר גם הצבעים יתערבבו ויתאחדו לגוון אחד. אומנם אנחנו מגדירים בהייה על דרך השלילה – ראייה לא טובה ולא ממוקדת,

אך אפשר שהדברים גם הפוכים; אולי הראייה הברורה והממוקדת מאוד מפספסת משהו שדווקא הבהייה רואה?

סעיף ג: לעצום עיניים ולהשתחרר מכבלי הזמן

בסעיף זה פגשנו את ספירת כתר כקודמת לזמן, ומכאן גם שמה – 'קדם'. המציאות הקודמת לזמן היא זו המפגישה אותנו עם הנקודה העתיקה ביותר במציאות (עתיקא קדישא), אך בו בזמן גם עם הנקודה הראשונית ביותר שאין בה קמצוץ של התיישנות (גם במובן של יש) – זקן ויניק. ר' נחמן מלמדנו שכדי לגעת ברגע שלפני הזמן נדרש סוג של עיוורון – עצימת עיניים נוכח כל היש. במקום אחר הוא כותב: 'כִּי זֶה אָנוּ רוֹאִים בְּחוּשׁ, כְּשֶׁאָדָם רוֹצֶה לְהִסְתַּכֵּל עַל דָּבָר שֶׁהוּא רָחוֹק מִמֶּנּוּ, אֲזַי סוֹתֵם אֶת עֵינָיו, וּמְצַמְצֵם וּמְכַוֵּן הָרְאוּת, כְּדֵי לְכַוֵּן הָרְאוּת אֶל הַדָּבָר הָרָחוֹק שֶׁרוֹצֶה לִרְאוֹת [...] כְּמוֹ כֵן כְּשֶׁרוֹצִים לְהִסְתַּכֵּל עַל הַתַּכְלִית, שֶׁהוּא כֻּלּוֹ טוֹב, כֻּלּוֹ אֶחָד, צָרִיךְ לִסְתֹּם אֶת עֵינָיו וּלְכַוֵּן הַהִסְתַּכְּלוּת אֶל הַתַּכְלִית. כִּי אוֹר הַתַּכְלִית הַזֶּה הִיא רְחוֹקָה מֵהָאָדָם, וְאִי אֶפְשָׁר לִרְאוֹתוֹ כִּי אִם בִּסְתִימוּ דְּעֵינִין. שֶׁצָּרִיךְ לִסְתֹּם אֶת הָעֵינַיִם לְגַמְרֵי' (ליקוטי מוהר"ן קמא, סה, ג).

- נתחיל בדרכו של ר' נחמן לתת מקום לעצימת עיניים בחיינו. נדמה שבעולמנו היום מדובר באתגר גדול: העיניים פקוחות לרווחה ואוחזות ב'יש' – מצלמות, מתעדות, מרפרפות, מרצדות. היום יותר מתמיד העיניים פתוחות מדי. אנחנו לא רוצים לישון, להרפות; גובר והולך הרצון להיות בשליטה, הצורך לדעת. כמובן גם המסכים הנאבקים על תשומת ליבנו והרטט בכיס המודיע על דבר מה חדש גורמים לנו להחזיק את אשמורות העיניים עוד טיפה, לעיתים בכוח. ננסה למצוא זמן ביום ולחפש את הרגעים שבהם ניתן לעצום את העיניים, גם באופן פיזי וגם כמטפורה – לשחרר רגע את הצורך לראות. עצימת העיניים מעצימה מאוד, ומשרה על האדם משהו מהארת הכתר, מהעל-מודע.
- צעירים רבים (וגם מבוגרים) מדווחים על כך שהם הולכים לישון עם הפלאפון ביד; כשהם נרדמים הוא פשוט נופל מידם. במילים אחרות, אין להם רגע של 'עצימת עיניים', רק מעבר מעיניים פקוחות אל המסך – לשינה. מצב הביניים של עצימת העיניים נגזל מהם בשל ההיצמדות למכשיר עד רגע ההירדמות. מעבר לכל החסרונות שיש

במכשיר עצמו ובהתמכרות אליו, מתפספסת כאן הזדמנות לרגע של 'עצימת עיניים'. אם נחבר זאת עם הסעיף הקודם של ה'נמנום', נראה שיש כאן הזדמנות לרגע של כתר; לא כדאי לוותר עליו. כמובן אפשר למצוא זמנים נוספים של עצימת עיניים במהלך היום – בתפילה, בנסיעה באוטובוס, ועוד. נתמסר אל עצימת העיניים, לאו דווקא בשביל לישון כי אם בשביל לצפות אל המֵעבר.

- היעדר הזמן בספירת כתר מזמין אותנו לעבודה נוספת (נגענו בזה גם בספירת חכמה, אך כאן הדברים מקבלים משמעות ביתר שאת). באפשרות לשהות בהתרחשות ללא תחושת זמן יש מן הנגיעה בכתר. ניתן לחוות זאת במפגש עם חברים או עם בן או בת הזוג, במשחק עם הילד שלנו, ברגע של תפילה, לימוד, צפייה בנוף או שמיעת מוזיקה. ננסה לשחרר את הזמן. לשכוח את המשימה הבאה שלנו. לשהות ברגע הזה כאילו הוא נצח. זו מיומנות שככל שנתרגל אותה וככל שהיא תהיה זמינה עבורנו כך היא תאפשר לנו להעמיק עד אין־סוף את ההתרחשויות שבקרבן אנו נמצאים.
- על היכולת להיות זקן ונער שר' נחמן מגלה לנו כחלק מהאיכות של ספירת כתר, נעמוד בהמשך.

סעיף ד: הרצון – זיהויו, חופשו, הבעתו והתגברותו על הכול

בסעיף זה זיהינו את ספירת כתר עם הרצון הקודם למחשבה, זיהוי המשליך על הרבה מתכונותיה. עמדנו על חופשיותה של ספירת כתר, המשוחררת מכל הסיבתיות שהעולם נתון בתוכה. ספירה זו היא החופש הגמור, המקור לכל החופש שבעולם. לכן היא גם מקור הניסים בעולם, החופשיים מכל חוק וסדר, וכן מקור הרחמים הגמורים. ראינו כי הכתר הוא גם המקור ליכולת לעורר את הרצון בשעת דין – גם במובן הקמאי של התעוררות הרצון הניצב בבסיס הקשר, וגם במובן של החופש המוחלט למחול ולהתפייס בניגוד לחוקים ולסדר. פגשנו גם את הרצון כתוכנית האב המניעה את האדם וההיסטוריה בכללותה, ההתארגנות של המציאות כולה לאור הרצון האלוהי המנווט אותה.

התובנות בסעיף זה מזמינות אותנו להנכיח את הרצון השרוי בקרבנו ובעולם, לפעול מכוחו, לחוש את חופשיותו.

- בירור הרצון: ישנה טכניקה ידועה בשם Five Whys (בתרגום – חמש 'למה'), שעניינה לתחקר כל תופעה עד שורשה. היא מדריכה אותנו

לשאול חמש פעמים את השאלה ׳למה׳. לדוגמה: אני רוצה להתחתן איתו/ה, אני רוצה להתפטר מהעבודה הזו, אני רוצה להתנדב כאן. נשאל את עצמנו על ההיגדים הללו – למה? ועל התשובה שנקבל נשאל שוב – למה? כך חמש פעמים. הנחת היסוד של טכניקה זו היא שעל ידי כך נגיע לשורש הדבר. על דרך מה שראינו ביחס לזיהויה של הכתר עם ׳ככה׳ אולי נוסיף ונאמר כי כשנגיע לשאלה שהתשובה עליה תהיה ׳ככה׳, כלומר כשלא נוכל באופן רדוקציוני לענות עוד על שאלת ה׳למה׳ – נדע שהגענו אל הרצון החופשי שאיננו מונע מסיבתיות.

- נציין שבירור הרצון הוא תהליך מורכב, בין השאר כיוון שהוא מושפע מדעות כוזבות, תפיסות מוטעות, חולשות, יצרים ותאוות. חלק מבירור הרצון הוא היכולת להפריד בין כל אלו לבין מה שאני רוצה באמת, בעומק. לשם כך נדרשים כנות, אומץ ונוקבות, וכמו תמיד ניתן גם להיעזר באדם שיש לנו אמון בו שינחה אותנו בתהליך זה – שהרי לעיתים ׳אין חבוש מתיר עצמו מבית האסורים׳.
- חופשיות הרצון: ננסה לשחרר את הרצון מכבליו. פעמים רבות איננו מעיזים לרצות, בשל הידיעה המוקדמת כי לא ניתן לממש את הרצון. נשאל את עצמנו בחופש גמור, ללא מגבלות – מה אנחנו רוצים? אילו כל המשאבים היו בידינו, אם קוסם או מלאך היו מגשימים את כל משאלותינו – מה היינו רוצים עבור עצמנו, ילדינו, משפחתנו, קהילתנו ועמנו? נתבונן גם בטווח הקרוב – מה אני רוצה מעצמי היום? מחר? השנה? נרשה לעצמנו לדמיין את הרצון המבוקש באופן מלא, לציירו, למללו ואפילו לכותבו. נגלה בעצמנו מה אנו רוצים באמת.
- מכאן הגענו לתפילה. התפילה היא, כמו שכותב הרב קוק, הזמן לגילוי הרצון והנכחתו – גם הרצון הפרטי וגם הכללי. הסידור מניח בפנינו הן את הרצון הפרטי הן את הרצון הכללי והלאומי, אך נוסיף עליו גם משלנו. נצייר בפני ה׳ יתברך בתפילה את מה שאנחנו רוצים, בלי מגבלה. ה׳ הוא חופשי וכול יכול, ולא לחינם ניטע גם בנו רצון שיכול לרצות כל דבר, מעבר לכל מגבלה. גם אנו תאֵבי חופש וחירות, וככאלה אנו מעיזים לרצות; וכשלא הונחו כבלים מוקדמים על הרצון אנחנו נרצה בלי גבול ובחופש מוחלט. נביע את הרצון בתפילה במלוא עוזו, ללא מגבלות המציאות, הזמן והמקום (נציין שבספרו של הרב קוק אורות הקודש א, מוקדש פרק שלם לעילוי הרצון בכלל, ובתפילה בפרט).
- האמונה בניסים קשורה אף היא לחוויה זו. לא לוותר על האמונה בנס,

לדעת שכשם שהקב"ה מחדש את עולמו בכל רגע כך גם הנס אפשרי. אפשר להעז לבקש נס, להאמין באפשרות הזו.

- ההיעתרות לספירת כתר היא האמונה באפשרות של הרחמים הגמורים, שאינם עוברים דרך הצדק כי אם דרך הרצון. כשמתעוררת בנו התחושה ש'אני צודק', כדאי לשים לב מה עומד מול אותו צדק. ייתכן שבמקביל לצדק ישנה לחישה המבקשת רחמים, אך קולו הרועם של הצדק משתיק אותה – בין אם זו דרישת צדק שלי מעצמי, ובין אם זו דרישה מאחרים. בעבודה של הקשבה עדינה נצליח לשמוע את הלחישה לרחמים, שהיא המאפשרת סליחה והתפייסות. נרשה לעצמנו לבקש רחמים גם אל מול הקב"ה, כאשר איננו יודעים להצדיק את עצמנו. זוהי עבודתן של י"ג מידות, אך אפשר לעשות זאת גם בתפילה או בכל מצב אחר; לבקש רחמים, להאמין ברחמים הגמורים.
- לבסוף, יש כאן הזדמנות להצטייד בנקודת מבט של 'רצון' על המציאות כולה. ההכרה הגבוהה כי מאחורי המציאות כולה ניצב רצון ה' מאפשרת לחוש את נוכחותו גם במרחבי דין וכאב.

סעיף ה: לשחרר את הישן ולהיפתח אל החדש, להטיל ספק כדי לגלות

בסעיף זה הכתר התפרש כתנועה סקרנית ומתחדשת, שאף נולדת מחדש ומהווה את עצמה שוב ושוב. שם ה' המתגלה בספירת זו הוא 'אהי־ה', שם המביא עימו בשורת עתיד. זוהי בשורה שעדיין לא נוכחת כאן במלוא עוצמתה אך יש לה את ניחוח המקיף העוטף אותנו מלמעלה, חופף עלינו ומעניק לנו חיוניות, תקווה וכוח להמתין לבאות, ובעיקר דינמיות מתמדת שאינה קופאת על שמריה ומבקשת בכל רגע התחדשות – תשובה על התשובה.

התנועה המתוארת בסעיף זה היא האפשרות להינצל מן הקיבעון, התקיעות, ההירדמות. כל אלו יכולים לנבוע מתוך תחושה שאינני יכול להשתנות או לשנות (בלשונו של ר' נחמן בתורה ו העוסקת בתשובה על התשובה – הסכנה הרובצת ב'שוב'), או מתוך תחושה ש'הנה הגעתי' – ואין צורך להשתנות או לשנות (הסכנה הרובצת 'ברצוא'). ספירת 'אהי־ה', ובלשונו של ר' נחמן 'דא אנא זמין למהווי', מבקשת לייצר בנו תחושה מתמדת של רצון להשתנות, להתחדש, לגלות, להסתקרן; בלשונו של ר' נחמן – 'תשובה על התשובה'. כיצד משמרים תנועה זו?

- ראשית, אם נשתמש בדברי ר׳ נחמן עצמו, עלינו לדעת כי כשמשהו נשבר, מתערער או מאוים בנו – זו הזדמנות ואולי אפילו סימן ואות שעלינו לעשות ׳תשובה׳ ולשחרר את אותו הדבר. ר׳ נחמן אף מרחיק לכת יותר וקובע כי ביזיונות וערעורים עלינו ועל השקפתנו הם סימן שיש להתרוקן ולהתמלא מחדש.
- לעיל הזכרנו את ה׳בהייה׳ כשער אל הכתר; כעת ניתן מקום ל׳תהייה׳ (תוהו ובוהו שקדמו לבריאה). לתהות זה לשאול מדי פעם ׳האומנם?׳, ׳האם זה בהכרח כך?׳. זוהי הזמנה עבורנו לחפש הנחות מוצא או אמונות יסוד שכדאי לחדש אותן ולרענן את היחס כלפיהן. לשמור על היכולת להטיל ספק בהשקפתנו, בעמדתנו, במה שהשגנו. לומר ׳אולי׳ או ׳אולי לא׳ (ראוי להזכיר שבעולם פוסט מודרני ספקני ניתן להתמסר ולהתמכר לעמדה זו, אך התמכרות כזו משמעותה ויתור על החכמה והבינה, החסד והגבורה והישארות בתוהו של הכתר. עמדה זו בוודאי אינה ראויה ואינה רצויה, ובמידה רבה היא משיבה את העולם לתוהו. ספירת הכתר אמורה לרענן את המציאות הקבועה ולהניע אותה, אך לא לבטלה).
- נראה שזה המקום להתמסר אל חוויית הילדותיות. אדם מבוגר הוא מיושב, הוא אוחז בדעות ובהשקפות, יודע לתת תשובה לרוב השאלות, וכמעט שום דבר לא מותיר אותו בשאלה. ילד, לעומת זאת, מרשה לעצמו להסתקרן, לשחק, לשאול שאלות כל הזמן ולשנות את דעתו ללא בושה. נרשה לעצמנו קצת לחוש ילדים, ׳יניק׳: נעז לשאול שאלות, נעז לשחרר קונספציות, לחשוב אחרת. מסופר על ר׳ נחמן שאמר אמירה כלשהי ותלמידיו אמרו לו: ׳אבל רבנו, אתמול אמרת הפוך׳ – והוא השיב: ׳אתמול היה אתמול והיום היום׳.

סעיף ו: תכלית הידיעה שלא נדע – המפגש עם ה׳לא נודע׳

בסעיף זה פגשנו את המושג ׳תכלית הידיעה שלא נדע׳. ספירת כתר מפגישה אותנו לא רק עם התנועה אל ההשגה הבאה אלא גם עם מרחבים שבהם באופן מובנה ישנה אי ידיעה, שתיוותר לעולם כזו. מרחבים אלו יכולים להופיע בדמותן של שאלות תאולוגיות שאין עליהן תשובות (צדיק ורע לו, גזרה ובחירה) או של חוויות חיים אישיות או לאומיות בעלות אופי דומה. ההכרה בכך שבמדרגה הגבוהה ביותר של ההוויה, בספירת כתר, יש אי ידיעה, מעצבת תפיסה של אמונה ושל חוויית חיים. האם האדם האמוני חותר אל הוודאות, או דווקא אל ההכרה הגבוהה של אי הידיעה?

- המושג 'תכלית הידיעה שלא נדע' מפגיש אותנו עם הצמתים הנוקבים ביותר של האמונה. עיצוב אמונה שיש בקרבה את תנועת אי הידיעה, והקבלה של תנועה זו לא רק כהיעדר ידיעה אלא גם כמפגש עמוק עם השגה גבוהה יותר – הם נושא לספר שלם. נרשה לעצמנו להעלות לתודעה הגלויה שלנו את השאלות הנוקבות ביותר, המותירות אותנו עם סימן שאלה גדול. ננסה לשנות את המשוואה, ולהפוך את אי הידיעה מחוסר אונים לחוויית מפגש עם האין־סוף. נבין שהמקום שבו אנו פוגשים את אי הידיעה המובהקת הוא המקום שבו אנו פוגשים את האין־סוף המציץ מבעד לחרכים. נתמסר אל המפגש, ונחוש את נוכחות האין־סוף בקרבנו. זו איננה נוכחות נינוחה ושלווה; זו נוכחות נוקבת ומטלטלת – 'ביטוש' (בעיטה). ראשיתה בתחושה הקשה של התנגשות בקיר, במבוי סתום. זה כואב, זה מתסכל, זה מערער, אך כפי שר' נחמן מתאר זה גם מייצר היכל – כלומר מקום שבו אפשר לקבל את ההבנה שהחוויה הזו מנכיחה וממששת את הפער האינסופי בינינו לבין האין־סוף, שזוהי הדרך לפגוש את האין־סוף (ישנן הזדמנויות בודדות במהלך השנה שבהן אנו נתבעים להתמסר לעמדה זו – 'עד דלא ידע' בפורים, ועוד).

סעיף ז: זעקת ה'איה' כמפגש – אפילו בהסתרה שבתוך ההסתרה

ספירת כתר מתגלה בסעיף זה כאלוהות הקמאית שיכולה לשכון גם במקומות מטונפים, במקומות של חטא, ריחוק וחושך. נוכחות זו איננה רק ביאור תאולוגי לקביעה ש'לית אתר פנוי מיניה'; היא גם זו שמאפשרת לאדם להיגאל ממקום 'מטונף' זה בפוגשו אותה. המפגש עימה, מחדש ר' נחמן, נעשה דרך זעקת 'איה'. אין שם אפשרות לדבר (מאמר סתום), להבין או לחוש נוכחות. אך כמו ביחס לאי הידיעה, גם כאן ר' נחמן קובע שזעקת ה'איה' וחוויית אי הנוכחות הן עצמן המפגש עם האלוהות הנעלמת של ספירת כתר. מן המפגש הזה מתחיל מהלך של תשובה ותיקון. 'אָכֵן אַתָּה אֵל מִסְתַּתֵּר!' (ישעיהו מה, טו).

- דברים אלו יכולים להוות מזור, ולעיתים אף חבל הצלה, מחוויות של קושי, נפילה, אכזבה, פספוס או איבוד דרך. פעמים רבות מתעוררת בנו תחושה של הסתר פנים, כביכול ה' לא איתנו. אלו רגעי המרחק והניכור בינינו לבין ה' יתברך, לפעמים אפילו רגעי הייאוש. ר' נחמן

מבקש להפוך את הקערה על פיה, ולהתמיר את תחושות הייאוש לזעקת געגוע: איפה אתה? אייכה? לפעמים הצעקה עושה את דרכה ומכה גלים וזוכה למענה, אך הפעם כדאי להתמקד בצעקה עצמה ולחוש כיצד עצם העובדה שאינני מתייאש ושוכח אלא צועק, מבקש ומחפש, היא בעצמה מציאה והתגלות שמעבר לכל התגלות. לזכור שיש מקום כזה הנקרא 'איה', והוא עצמו מקום כבודו.

- זו גם הזדמנות עבורנו לשמוע צעקת 'איה' הנשמעת בסביבתנו, העלולה להתפרש על ידינו ככפירה והתרסה, ולנסות לזהות בה את הנוכחות האלוהית שהאדם הזועק אותה חושף ומגלה. באופן כללי, זו הזדמנות ללמוד לחוש את ההסתתרות של ה' יתברך כנוכחות: 'וּבֶאֱמֶת גַּם בְּתוֹךְ הַהַסְתָּרָה שֶׁבְּתוֹךְ הַהַסְתָּרָה, גַּם שָׁם מְלֻבָּשׁ הַשֵּׁם יִתְבָּרַךְ' (ליקוטי מוהר"ן קמא, נו, ג).
- הכרה מורכבת זו יכולה לשנות את המבט על מקומות המעוררים בנו זלזול או דחייה. נתחיל במושג 'מאמר סתום' – כשאנו שומעים מאמר שאיננו מובן הנדמה כחסר פשר אנו נוטים לדחותו, לזלזל בו. תובנה זו מלמדת כי 'מאמר סתום' יכול להיות גילוי של משהו שהמאמר הגלוי איננו יכול לו, שיש בו נשגבות שהדרך היחידה לבטא אותה היא ב'מאמר סתום' שאיננו מובן ומדויק. כך גם ביחס ל'מקומות מטונפים'. ניזכר איך כל דבר בעולם, אפילו דברים שאיננו רוצים בהם כלל – מקבל חיות וקיום מה' ואם כך כנראה באופן כלשהו, נעלם ובלתי מובן, הוא מכבד את ה' יתברך – גם אם הוא נראה הפוך לגמרי. אדרבה – נחפש את המקומות שבהם יש טינוף, ונשהה את הבקשה האוטומטית לבטל אותם מן העולם. גם בלי להבין ובלי להתקרב – בעצם ההיזכרות שלנו ש'מלוא כל הארץ כבודו' ניחשף להארת הכתר המקיפה את הכול.

סעיף ח: השתיקה

בסעיף זה פגשנו את השתיקה לא כהיעדר אלא כביטוי למפגש עם אי הידיעה העליונה. בחנו כמה תנועות נפש שהשתיקה יוצרת, וראינו שיש בה נסיגה ונכונות לוותר על ההשגה, וכן ויתור על כלי הקליטה הרגילים לטובת קליטה בממד אחר.

ראינו שהרב הנזיר מכנה תנועה זו בשם 'ההיגיון השמעי', כלומר פתיחה של מדיום אחר לצורך קבלה של אור שאינו יכול להתקבל בכלי הדעת הרגילים.

- דברים אלו מזמינים אותנו להתנסות בשתיקה. שתיקה נוכח שאלה, נוכח אי הבנה. נרשה לעצמנו לוותר לעיתים – על ההשגה, ההבנה, התשובה. נתמסר אל השתיקה כמשקפת את הוויתור על הידיעה. נחוש כיצד היא פותחת מרחב אחר של קבלה והקשבה. השתיקה היא גם ביטוי של קבלה: אל מול מאורעות קשים העוברים עלינו כיחידים וכעם אנו מוזמנים לעצום עיניים, לפרוס כפיים ולאפשר לעצמנו לקבל את המציאות המתרגשת עלינו (כמובן כל זה אמור ביחס לדברים שאין לנו את היכולת לפעול כדי לשנותם, והקבלה שלהם היא בעיקר עבודה פנימית ביחס למה שכבר קרה).

סעיפים ט-י: הוויתור וההתבטלות כתשתית לנגיעה בנעלם (מהמלכות לכתר)

בסעיפים אלו סגרנו מעגל עם ראשית המסע בספירת מלכות. נזכרנו בתכונתה היסודית של המלכות – ההתבטלות, וראינו כיצד דווקא היא מאפשרת להניח על ראשה את הכתר הנעלם והאינסופי.

כפי שראינו לעיל, תכונת המלכות נוגעת ליכולת להתבטל, לשתוק, לוותר, לסגת, להתרוקן, למסור את הנפש. כל אלו פותחים פתח וצוהר אל האין־סוף.

- נראה כי ההזמנה העולה כאן, המסכמת גם את המסע כולו, היא ההכרה בכך שעולם הכתר פותח בפנינו את האפשרות לגעת במה שהוא מעבר, אך התנועה המובילה אל נגיעה זו עוברת דווקא דרך הנכונות למסור את הנפש, לוותר על הרצון, לשתוק. תנועות אלו מתפרשות בחיינו בדרך כלל כוויתור וכניעה, אולם המלכות מלמדת אותנו כי דווקא באמצעותן אפשר לגעת במה שמעבר. נרשה לעצמנו בחיינו להיפתח יותר אל התנועות הללו, מתוך הבנה שאין זה חוסר אונים אלא פתיחת צוהר אל האין־סוף, שמתוך פתח זה יציץ עלינו הכתר, ונזכה לרגע קט להניחו על המלכות שלנו: לזכות על ידי כך לרגע של אחדות בין אני, אתה והוא, רגע של ייחוד קוב״ה ושכינתיה.

אחרית דבר

תם ולא נשלם מסענו במעלה עשר הספירות, מן המלכות אל הכתר. תם – עם הגעתנו אל הספירה העשירית מלמטה למעלה, ספירת כתר; אך לא נשלם – בשל הגילוי שעניינה של ספירת כתר, ספירת אהי־ה, הוא תנועה מתמדת, התרוקנות והתמלאות, רצוא ושוב, עלייה וירידה.

בספר זה נעשה ניסיון להביא את הלמידה וההתבוננות בעשר הספירות אל מרחבי החיים והנפש.

כעת, בסוף המסע, נשאל את עצמנו: במה אנו שונים?

ראינו כי מפת עשר הספירות מבקשת לבאר ולהאיר את העולם, האנושות, ההיסטוריה והאדם הפרטי – את חייו על כל המעגלים שבהם, את רוחו ונפשו.

כיצד התבוננות זו משפיעה ומשנה את מבטנו על החיים, על העולם, על עצמנו?

האם השתכללה יכולתנו להתמודד עם אתגרי החיים והקיום? כיצד נוכל לגלות יותר את עצמנו? להיטיב לזולתנו?

אילו כלים רכשנו לעבוד את ה'?

המעבר מספירה לספירה בדרך זו מזמין עבודה ועמל, תיקון נפשי ותיקון מעשי. אולם לצד המסע המתנהל עקב בצד אגודל, ההתבוננות הכוללת על התמונה המלאה מעניקה לנו תחושה של אחדות, שלמות והרמוניה. הכרה בכך שאם נשתדל לדאוג שכל דבר יהיה במקומו ויקבל את המשקל הראוי

לו, התזמורת תנגן את הניגון האלוהי בשלמותו. זו משימת חיינו – ביחס לעצמנו, ביחס לעולם, ובסופו של דבר גם ביחס לאלוהות.

אדנ־י שפתי תפתח, ופי יגיד תהילתך – ברוך אתה י־ה־ו־ה – ברוך הוא וברוך שמו.

נספח 1

שבת קודש – נספח לספירות יסוד ומלכות

שבת קודש קשורה במישרין לשתי הספירות הללו – יסוד ומלכות, ועל כן ראוי להתבונן בה לאורן. מומלץ ללמוד נספח זה לאחר לימוד פרקי יסוד ומלכות בספר.

> וכנגד המידה הזאת נתן ה׳ יתברך לישראל סוד השבת, ויש לי להודיעך כיצד. דע כי שלושת הספירות העליונות, שהם כתר חכמה ובינה, מתאחדות למעלה, ובהיות הספירות נקשרות אלו באלו מתאחדת בינה עם שש ספירות שתחתיה עד ספירה זו הנקראת ׳אל חי׳ [=יסוד] ונקראת ׳שבת׳. ועל עיקר זה היתה בריאת העולם ששת ימים וביום השביעי שבת. והנה השבת הוא כנגד ספירת יסוד שהיא ספירת ׳אל חי׳, ולפיכך נקרא יום השבת מקור הברכות והקדושות, כאמרו: ׳ויברך אלהים את יום השביעי ויקדש אותו כי בו שבת׳ (בראשית ב, ב). נמצא יום השבת מקור כל הברכות והמשכת הקדושה למטה.
>
> (שערי אורה, שער שני)

השבת, על פי דברים אלו, בהיותה היום השביעי, מייצגת את הספירה השביעית מלמעלה – ספירת יסוד. אופן הספירה על פי ר׳ יוסף ג׳יקטיליה הוא כדלהלן: שלוש הספירות העליונות – כתר חכמה ובינה – מתאחדות

בבינה, והבינה הכוללת אותן בתוכה נמנית כאחת; אחר כך נמנות החמש שתחתיה – חסד, גבורה, תפארת, נצח, הוד; וכך השביעית היא – יסוד.

עם זאת, אנו מוצאים גם זיהוי אחר לשבת בסדר הספירות:

אמר הוא כי בבחינת ראשית בחינת המלכות במחשבה בסוד סוף מעשה במחשבה תחלה, ולזאת אז נקרא המאמר עצמו גם כן בחינת ראשיתה. ובחינת המלכות הנקודה המחיה הכל נקראת שבת, כי השבת הוא שלימות כל הנבראים כמו שכתוב 'ויכל אלוהים' כו', ופירוש ויכל הוא ההשלמה.
(שפת אמת, ליקוטים, בראשית)

השבת, שהיא היום השביעי, היא ספירת מלכות על פי סדר הספירה הבא: שלוש הספירות העליונות אינן נמנות כלל, והספירה מתחילה משבע הספירות התחתונות – חסד, גבורה, תפארת, נצח, הוד, יסוד, והספירה השביעית – מלכות.

זיקתה של השבת ליסוד מחד גיסא ולמלכות מאידך גיסא מגלה כפל פנים במהותה.

א. 'ינוחו בה' – 'ינוחו בו': השבת מקבלת ומשפיעה

זיקתה של השבת ליסוד ולמלכות גם יחד מלמדת שיש בה בחינה זכרית (יסוד) ובחינה נקבית (מלכות). בליל שבת ישראל מקבלים את השבת כחתן היוצא לקראת כלתו, כלשון הפזמון בפיוטו של רבי שלמה אלקבץ – לכה דודי. הכלה, כפי שראינו, היא אחד מכינוייה של ספירת מלכות, והיא בחינת הנקבה – השכינה, המקבלת מן הזכר – קוב"ה:

כי בליל שבת השכינה נקראת כלה, כמו שכתוב 'לכה דודי לקראת כלה', ומשם מתחיל העליה לספירת מלכות עד תפלת מוסף בחינת כתר, ולזה אומרים בקדושת מוסף 'ממקומו הוא יפן ברחמים' והבן.
(תפארת שלמה, מועדים, רמזי פורים)

על פי ר' שלמה מראדומסק השבת היא השכינה – המלכות, המתחילה לעלות מכניסת השבת עד הגיעה לכתר. במידה זו, המתגלה בליל שבת, השבת הינה

ביטוי לשכינה המסתתרת ונעלמת בתוך המציאות החולית, ונחשפת ביום השביעי כשהיא מתגלמת בדמות השבת. הקדושה החבויה במציאות נחשפת, ומעטירה על כולה הוד והדר. ימי המעשה המלאים בעשייה של חול חצצו בין השכינה לבין מקורה, וביום השביעי נחשפת השכינה ומבקשת מן הדוד ללכת לקראתה, להיפגש עימה ולהשפיע עליה את שפעו, שפע שממנו יינק כל העולם: 'כי היא מקור הברכה'.

אך בשבת בבוקר מתגלה מידה אחרת של השבת, הבאה לידי ביטוי בחתימה של ברכת קדושת היום שבתפילה: בליל שבת – 'וינוחו בה כל ישראל מקדשי שמך', ובשבת בבקר – 'וינוחו בו כל ישראל מקדשי שמך'. השבת משתנה מבחינת 'נוקבא' לבחינת 'דוכרא' – שינוי בזהות ובתפקיד.

> וכמו שאמרנו שבתפלת ערבית אומרים וינוחו בה לשון נוקבא המקבל השפעת הברכה מכל עבודת ששת ימי המעשה שעברו. ובשמונה עשרה של שחרית אומרים וינוחו בו, והיינו שקדושת השבת הוא משפיע אז שפע ברכה על כל ששת ימי המעשה הבאים וזהו ברכתו מכל הימים.
>
> (פרי צדיק, ויצא ג)

את המעבר מן הבחינה הנקבית אל הבחינה הזכרית מפרש ר' צדוק הכוהן מלובלין כמעבר מעמדה מקבלת לעמדה משפיעה. בליל שבת מקבלת השבת השפעה מכל עבודת ששת ימי המעשה שעברו, ובשחרית היא משפיעה שפע ברכה על כל ששת ימי המעשה הבאים. פניה של השבת בליל שבת הם אל השבוע שעבר, וביום השבת אל השבוע שיבוא; ברגע הזה הפכה השבת מבחינת מלכות – המקבלת, לבחינת יסוד – המשפיעה.

הבחנה זו משקפת גם את זיקתו של האדם אל השבת. מצד אחד, הדרך שבה הוא מכלכל את ימי המעשה, בונה את הכלים ומעצב את אורחותיו, משפיעה על האופן שבו תתקדש שבתו הבאה מייד לאחריהם. מצד שני, הדרך שבה שבתו מתקדשת ומתעלה תקרין ותשפיע על ימי השבוע שיבואו בעקבותיה.

הדבר בא לידי ביטוי גם ביחס שבין השבת לבין ימי המעשה בבריאת העולם. מחד גיסא, בערב שבת אנו אומרים בתפילתנו: 'אתה קידשת את יום השביעי לשמך, תכלית מעשה שמיים וארץ'. נקודת מבט זו מתייחסת לשבת כתוצאה וכיעד – השבת היא התכלית של ששת ימי בראשית.

וַיְכֻלּוּ הַשָּׁמַיִם וְהָאָרֶץ וְכָל צְבָאָם: וַיְכַל אֱלֹהִים בַּיּוֹם הַשְּׁבִיעִי מְלַאכְתּוֹ
אֲשֶׁר עָשָׂה וַיִּשְׁבֹּת בַּיּוֹם הַשְּׁבִיעִי מִכָּל מְלַאכְתּוֹ אֲשֶׁר עָשָׂה.
(בראשית ב, א-ב)

השבת מתאפיינת בהשלמת ימי הבריאה. ניתן לפרש כי חלקה הראשון של האמירה 'שֵׁשֶׁת יָמִים תַּעֲבֹד וְעָשִׂיתָ כָּל מְלַאכְתֶּךָ, וְיוֹם הַשְּׁבִיעִי שַׁבָּת לַה' אֱלֹהֶיךָ' (שמות כ, ט-י) אינו רק תיאור או היתר לעבוד בששת ימי המעשה, אלא גם צו – עליך לעבוד שישה ימים כדי לקיים 'כִּי שֵׁשֶׁת יָמִים עָשָׂה ה' אֶת הַשָּׁמַיִם וְאֶת הָאָרֶץ, אֶת הַיָּם וְאֶת כָּל אֲשֶׁר בָּם וַיָּנַח בַּיּוֹם הַשְּׁבִיעִי' (שם פסוק יא). השבת היא כלי קיבול, המלכות המקבלת לחיקה את כל המעשה ואת כל התנועה של ימי השבוע. השבת עומדת וממתינה לאופן שבו יגיע אליה האדם מתוך ששת ימי מלאכתו.

מצד שני, 'לקראת שבת לכו ונלכה כי היא מקור הברכה'. השבת איננה רק תוצאת ימי המעשה, אלא גם מקור ברכתם.

אומנם ניתן להציע, בשונה מדרכו של ר' צדוק, שהעובדה שהשבת מקבלת ומשפיעה כאחד לא מתבטאת רק בחלוקה בין השבוע שהיה והשבוע שיהיה; כוחה של השבת להשפיע ולהקרין אינו רק מכאן ולהבא, אלא גם מכאן ולמפרע. משמעותם של ימי המעשה משתנה מנקודת מבטה של השבת: יכולתו של האדם לעצור ממלאכתו ולהכיר בכך שיש משהו גבוה ונעלה מן העבודה, מעניקה תוכן אחר גם לעבודה שכבר נעשתה. היא מלמדת למפרע גם על האדם וגם את האדם, כי עשייתו בימים שעברו לא נעשתה מתוך תפיסה אתאיסטית־קומוניסטית שלפיה העבודה היא חזות הכול, אלא מתוך תפיסה מאמינה הרואה לנגד עיניה בכל עת את המקור לברכה המצויה במעשה ידינו.

בכך השבת הופכת ממושפעת למשפיעה, ממקבלת לנותנת, מכלי שלתוכו יוצקים תוכן לתוכן שניצק לתוך כלים. זוהי בחינת 'דוכרא' ובחינת 'נוקבא', כפי שהיא משתקפת מנקודת מבטה של השבת.

ב. קבלת שבת – 'וקראת לשבת עונג'

ההבחנה בין שבת של מלכות לשבת של יסוד נוגעת גם לחווייתו של האדם בשבת: הוא עצמו נע בין תנועת המלכות בליל שבת לתנועת היסוד ביום השבת.

התנועה הפנימית בליל שבת היא תנועה של קבלה – קבלת שבת. קבלת השבת איננה רק אקט פורמלי של הצהרה – 'הכנסתי את השבת', שהרי במועדים ובחגים אין אקט כזה. קבלה נאמרת בדרך כלל על מתנה; האדם מקבל את השבת, והשבת היא מתנה הניתנת לו:

> לדעת כי אני ה' מקדשכם. אמר לו הקדוש ברוך הוא למשה: מתנה טובה יש לי בבית גנזי ושבת שמה, ואני מבקש ליתנה לישראל – לך והודיעם.
>
> (שבת י ע"ב)

משמעותה של הגדרת השבת כמתנה נוגעת הן לנותן הן למקבל. מצד הנותן ההתייחסות לשבת כמתנה משנה באחת את אופייה מחוק וצו הנועד לבחון את נאמנותם של ישראל (כפי שעולה מפרשת המן – 'לְמַעַן אֲנַסֶּנּוּ הֲיֵלֵךְ בְּתוֹרָתִי אִם לֹא', שמות טז, ד), לחסד אלוהי הניתן לישראל כדי לענג אותם.

גם נקודת המבט של המקבל משתנה: המקבל חסד מחברו הרי הוא נכלם בפניו; עמדת הקבלה היא עמדה של 'עני בפתח' המבקש מתנת חינם. ההתייחסות לשבת כמתנה מניחה אותנו בליל שבת כעניים הניצבים לפני הקב"ה ומתחננים בפניו שיעניק לנו את המתנה שכבר איננו יכולים בלעדיה – מתנת השבת.

כפי שראינו, תחושת העניות המלווה את ספירת מלכות היא סוג של מוכנות לקבלה אמיתית. התלות המוחלטת בזולתך, העיניים הנשואות אל השפע שיבוא – מלכות דלית לה מגרמה כלום. מי שהוא עני, מי שתאב לחסד, נעשה כלי לקבל. ידיו, נפשו וליבו פתוחים לרווחה כדי לאצור בקרבם את כל השפע וכל החסד שיופיע עליהם.

ימי המעשה חולפים, ומיום ליום האדם נשחק בהמולת העשייה ועלול לאבד את הארת המשמעות והפשר. עולם כמנהגו נוהג ואין חדש תחת השמש, דור בא ודור הולך והארץ לעולם עומדת. ימות השבוע יוצרים תחושה של עניות, חוסר משמעות, ולעיתים אף ייאוש. האדם מצפה למתנה, לחסד חינם שייצוק תוכן אחר ומשמעות אחרת לכול. זוהי עמדה של מלכות, וזה האופן שבו נפגש האדם עם השבת. השבת כגואלת, כמצילה, מעניקה שפע וחיות לאדם חסר האונים, העני והאביון, הנכון לקראתה ומצפה לפעולתה.

התנועה הנפשית השנייה הצומחת מתוך הגדרת השבת כמתנה נוגעת למרחב שלם של 'קבלות' בעולם הרוחני היהודי: קבלת תורה, קבלת עול מלכות שמיים, קבלת עול מצוות, וכדומה. כל אלו נוגעים לא רק לעניות ולחוסר אלא גם לרצון ולמוכנות לקבל – נעשה ונשמע. נכונות לקבל משקפת פתיחות, סובלנות, הקשבה, סקרנות, ובמקרים רבים גם את הנכונות למסירות נפש. לקבל את האחר פירושו להשלים עימו, להכיר במחיר שיש בקבלתו ולהיות נכון לשאתו.

קבלת השבת אינה רק תוצאה של ייאוש וחוסר אונים; זו גם הכרעה של מסירות נפש וטוטליות. האדם מוכן להתמסר לשבת, לוותר עבורה ולנטוש הכול למענה. זוהי תנועת העומק של ההליכה לקראתה: 'לכה דודי לקראת כלה פני שבת נקבלה'! שמירת שבת כרוכה לעיתים במסירות נפש, בוויתור, וזוהי כפי שראינו תנועת המלכות.

אולם גם האדם עצמו, כמו השבת, לא רק מקבל ומושפע מן השבת – הוא גם משפיע ומחולל:

> אִם תָּשִׁיב מִשַּׁבָּת רַגְלֶךָ עֲשׂוֹת חֲפָצֶיךָ בְּיוֹם קָדְשִׁי וְקָרָאתָ לַשַּׁבָּת עֹנֶג לִקְדוֹשׁ ה' מְכֻבָּד.
>
> (ישעיהו נח, יג)

הרמב"ם מחלק בין מצוות כבוד השבת למצוות עונג שבת. במצוות הכבוד האדם מכבד את השבת, ובה נקודת המוצא של הרמב"ם היא קבלת השבת:

> איזהו כבוד? זה שאמרו חכמים שמצוה על אדם לרחוץ פניו ידיו ורגליו בחמין בערב שבת מפני כבוד השבת, ומתעטף בציצית, ויושב בכובד ראש, מיחל להקבלת פני השבת כמו שהוא יוצא לקראת המלך. וחכמים הראשונים היו מקבצין תלמידיהן בערב שבת ומתעטפים ואומרים בואו ונצא לקראת שבת המלך.
>
> (משנה תורה, הלכות שבת ל, ב)

היראה, הכבוד והעניות הן התחושות הבסיסיות הניצבות בתשתית מצוות הכבוד. זו עמדת המקבל כפי שראינו אותה לעיל. לעומת זאת, במצוות עונג האדם נדרש להתענג בשבת, ולשם כך ישנן פעולות ומעשים המביאים לידי עונג:

> איזה הוא עונג? זה שאמרו חכמים שצריך לתקן תבשיל שמן ביותר ומשקה מבושם לשבת, הכל לפי ממונו של אדם. וכל המרבה בהוצאת שבת ובתיקון מאכלים רבים וטובים הרי זה משובח [...] מי שהיה ענוג ועשיר והרי כל ימיו כשבת צריך לשנות מאכל שבת ממאכל החול [...] חייב אדם לאכול שלש סעודות בשבת, אחת ערבית ואחת שחרית ואחת במנחה. וצריך להזהר בשלש סעודות אלו שלא יפחות מהן כלל [...] אכילת בשר ושתיית יין בשבת עונג הוא לה.
>
> (שם, הלכות ז–י)

בסיום דבריו קובע הרמב"ם 'ועונג הוא לה' – לא 'לו' אלא לה, רוצה לומר לשבת, וכך גם בפסוק המשמש מקור להלכות אלו: 'וְקָרָאתָ לַשַּׁבָּת עֹנֶג'. האדם המתענג בשבת לא רק נהנה כי אם גם מעניק לה משמעות, לא רק יונק מן השבת אלא גם יוצק לתוכה תוכן. ההתענגות, ריבוי הסעודות ושתיית היין, המנוחה מיגיע הכפיים, הופכים את השבת ל'שבת עונג'. הדברים מבוארים היטב בדברי ר' אלימלך מליז'נסק:

> וזהו גם כן פירוש 'ודבר דבר אז תתענג על ה'' שמצוה הקדוש ברוך הוא להצַּדִיק שידבר דיבורו הטוב, ועל ידי דיבורו יעשה דבר שלם היא השכינה בשלימות כנ"ל, אז תתענג השכינה על ה' על ידי שהצדיק מפריש ומפריד הקליפות מקדושה, על ידי זה תתענג השכינה עם ה', הוא יחוד קודשא ברוך הוא ושכינתיה.
>
> (נעם אלימלך, ליקוטי שושנה)

ר' אלימלך מתמודד עם הקושי הלשוני בכך שאף שנושא הפסוק המובא בדבריו הוא האדם, בכל זאת לא כתוב 'אז יתענג' אלא 'אז תתענג'. מכך הוא מגיע למסקנה שאכן לא מדובר באדם אלא בשבת ובשכינה. העונג שהאדם קורא לשבת איננו עצם אכילת הבשר ושתיית היין; אלו הם מעין 'קישוטי הכלה', והאדם המתענג מביא בעינוגו לייחוד קוב"ה ושכינתיה. לא בכדי מדבר ר' אלימלך על הצדיק, שכפי שראינו הוא בחינת יסוד. האדם המתענג כבר אינו בבחינת מלכות, בבחינת מקבל, אלא בבחינת יסוד, בחינת משפיע, ובעיקר בחינת מחבר. השבת היא המלכות והשומרה ומענגה הוא בחינת יסוד, המאפשר בעינוגו את החיבור שבין קוב"ה ושכינתיה. האדם משפיע והשבת מקבלת.

את העונג, באופן כללי, מחבר הבעל שם טוב אל ספירת יסוד:

ומדת יסוד הוא כשיש לו תענוג בעבודת השם יתברך יותר מכל התענוגים, כי מבשרי אחזה שאבר המשגל הוא מבחר התענוגים, שהוא אחדות שנתחבר דכר ונוקבא, ומן הגשמי יבין תענוג הרוחני כשמדבק את עצמו באחדותו יתברך שמו שהוא שורש כל התענוגים וכו'.

(בעל שם טוב על התורה, בראשית, אות נח)

ספירת יסוד, המתקשרת לאיבר ההולדה ולזיווג, נוגעת ישירות בעונג. על פי הבעש"ט שורשו של העונג, כמו של כל מידה, הוא במקום גבוה מאוד, גם אם הוא משתלשל למדרגות הנמוכות של המציאות. עונג שבת הוא חלק מתנועת היסוד שמעניקה עונג בתהליך הזיווג. פעולה של התאחדות מייצרת עונג: הדבר נכון גם ברבדים הגשמיים של המציאות, ובוודאי לא פחות מכך ברבדים הרוחניים שלה. השבת מכילה בתוכה גם עונג גשמי וגם עונג רוחני, היא מרחב לזיווג ולאיחוד הממלא את האדם בעונג.

אם כן, גם האדם עצמו נע ביחסו אל השבת מבחינת מלכות לבחינת יסוד, מן העמדה המקבלת את השבת לעמדה היוצרת אותה ומשפיעה עליה.

ג. זכור ושמור בדיבור אחד נאמרו

הבחנה זו באה לידי ביטוי ברעיון נוסף. חז"ל עמדו על הפער שבין תיאור השבת בעשרת הדיברות בספר שמות לזה שבספר דברים, הבא לידי ביטוי בין השאר בנוסח הצו 'זָכוֹר אֶת יוֹם הַשַּׁבָּת לְקַדְּשׁוֹ' בשמות מול הנוסח 'שָׁמוֹר אֶת יוֹם הַשַּׁבָּת לְקַדְּשׁוֹ' בדברים. הגמרא מיישבת את הסתירה בכך ש'זכור ושמור בדיבור אחד נאמרו'.

החלוקה הבסיסית והמקובלת שבין זכור ושמור נוגעת למעשים והמצוות הנאסרים והנדרשים בשבת: 'שמור' מתייחס לכל איסורי השבת – ל"ט אבות מלאכה, שבותים, גזרות ואיסורים; ואילו 'זכור' מתייחס למעשים אקטיביים שאותם נדרש האדם לעשות בשבת כדי לזכור, כגון קידוש:

מצות עשה מן התורה לקדש את יום השבת בדברים שנאמר 'זכור את יום השבת לקדשו' (שמות כ, ז). כלומר זכרהו זכירת שבח וקידוש.

וצריך לזכרהו בכניסתו וביציאתו. בכניסתו בקידוש היום וביציאתו בהבדלה.

(משנה תורה, הלכות שבת כט, א)

זכור ושמור הן שתי עמדות נפשיות ורוחניות כלפי השבת. ה'שמור' תובע מן האדם לסור מכל ימי המעשה ומכל חפצם – 'וְכִבַּדְתּוֹ מֵעֲשׂוֹת דְּרָכֶיךָ מִמְּצוֹא חֶפְצְךָ וְדַבֵּר דָּבָר' (ישעיהו נח, יג). איסורי המלאכה אינם ממלאים את השבת בתוכן, אלא מרוקנים אותה מכל תוכן אחר. האדם נדרש לא לעשות מלאכה, לא ליצור, לא לבנות ולא לצאת:

רְאוּ כִּי ה' נָתַן לָכֶם הַשַּׁבָּת עַל כֵּן הוּא נֹתֵן לָכֶם בַּיּוֹם הַשִּׁשִּׁי לֶחֶם יוֹמָיִם,
שְׁבוּ אִישׁ תַּחְתָּיו אַל יֵצֵא אִישׁ מִמְּקֹמוֹ בַּיּוֹם הַשְּׁבִיעִי.

(שמות טז, כט)

האיסורים הם הימנעות שתכליתה להשתיק את המיית ימי המעשה. ההמולה שהאדם שקוע בתוכה ופועל בקרבה אינה מאפשרת הקשבה אמיתית לקולו הצלול של הקודש, המסתתר במציאות וקורא בקול עמום. השבת היא ה'מקרא קודש' הראשון, ובלשונו של ר' נחמן מברסלב מקרא קודש הוא קריאתו של הקודש. קריאה זו, או לפחות היכולת להקשיב לה, מתאפשרת רק בשבת, שבה נאמר 'כָּל מְלָאכָה לֹא תֵעָשׂוּ'. השבתת המלאכה, הפסקת העבודה והישיבה ללא מעש מאפשרים להקשיב, לקבל ולהכיל.

'שמור', אם כן, מביא את האדם לפסיביות של הקשבה וקבלה, לריקנות ועניות שהיא בחינת מלכות, המותירה את האדם, שמא נאמר, כמעט משועמם ומבקש גאולה משביתתו זו; ואז השבת באה ומעניקה, נותנת ומשפיעה.

'זכור', לעומת זאת, אינו ה'סור מרע' אלא ה'עשה טוב', יציקת תוכן חיובי לאותה שביתה – קידוש, זכירה, לימוד, סעודות ועוד. הזכירה, בניגוד לשמירה, אינה מבטלת משמעות אלא יוצרת אותה ויוצקת אותה אל הריק והחלל שנוצר מכוח ה'שמור'. זוהי השפעה, בחינת יסוד, שבה הזכירה היא גורם של יציקת משמעות:

זָכוֹר אֶת יוֹם הַשַּׁבָּת, בְּרָזָא דִּבְרִית, דְּאִיהוּ יְסוֹד, דְּאָחִיד בֵּיהּ יוֹסֵף.

(זוהר חדש, כי תשא, מאמר עשרת הדיברות)

ולפי ששתי אלה המידות שהם אל חי ואדנ"י בהתאחדם זו בזו, אזי כל העולם כולו בשלימות, נתן י"י יתברך לישראל יום השבת כנגד שתי מידות הללו, זכור ליום, כנגד אל חי, ושמור ללילה, כנגד אדנ"י. ולפיכך נאמר בעשרת הדיברות זכור ושמור. ודע והאמן קבלה אמתית כי מעיין כל הברכות הבאות למידת אדנ"י לברך את ישראל הוא המקום הזה הנקרא זכרון, והסוד 'בכל המקום אשר אזכיר את שמי אבוא אליך וברכתיך' (שמות כ, כד). וכתיב 'זכר צדיק לברכה' (משלי י, ז). והסוד הגנוז, 'י"י זכרנו יברך' (תהילים קטו, יב).

(שערי אורה, שער שני)

זכור ושמור, אם כן, הן שתי בחינות של יסוד ומלכות, זכר ונקבה, שהן שתי עמדות נפשיות מול השבת. ה'שמור' מרוקן את תודעתו של האדם מימי החול ומותיר חלל פנוי, בחינת מלכות, וכשזו מוכנה בא ה'זכור' ויוצק לתוך המלכות את השפע ואת המשמעות – 'וְקָרָאתָ לַשַּׁבָּת עֹנֶג', בחינת יסוד.

ואמר כי ליל שבת מכוונת על שם יחוד יסוד ומלכות (והוא בחינת זכור ושמור בדיבור אחד נאמרו הנאמר בקבלת שבת בלילה, כי זכור הוא יסוד והוא 'אח' של אחד בסוד ספירה התשיעית, והד' הוא המלכות, הרי בדיבור אחד נאמרו כנודע).

(באר מים חיים, כי תשא לא)

במידה רבה, שתי תנועות אלו ביחס לשבת הינן חיקוי ושחזור של שבת בראשית וזיקתו של הקב"ה אליה:

וַיְכֻלּוּ הַשָּׁמַיִם וְהָאָרֶץ וְכָל צְבָאָם. וַיְכַל אֱלֹהִים בַּיּוֹם הַשְּׁבִיעִי מְלַאכְתּוֹ אֲשֶׁר עָשָׂה, וַיִּשְׁבֹּת בַּיּוֹם הַשְּׁבִיעִי מִכָּל מְלַאכְתּוֹ אֲשֶׁר עָשָׂה. וַיְבָרֶךְ אֱלֹהִים אֶת יוֹם הַשְּׁבִיעִי וַיְקַדֵּשׁ אֹתוֹ, כִּי בוֹ שָׁבַת מִכָּל מְלַאכְתּוֹ אֲשֶׁר בָּרָא אֱלֹהִים לַעֲשׂוֹת.

(בראשית ב, א-ג)

ראשית, השבת היא המועד שבו סיים אלוהים את מלאכתו. זיקתו לשבת מנקודת מבט זו הינה פסיבית: זהו הזמן שבו אלוהים שבת ולא עשה דבר. אי העשייה היא עניינו של הפסוק 'ויכל אלוהים... וישבות' – השבת שהיא

בחינת ׳שמור׳, שבה נשמר הקב״ה מלעשות מלאכה. עניינה של השבת הוא חידלון ועצירה מהמיית העשייה של ששת ימי בראשית.

שנית, השבת היא המועד שאותו אלוהים מברך ומקדש. זיקתו לשבת מנקודת מבט זו היא זיקה אקטיבית של ברכה והקדשה – בחינת ׳זכור׳. עניינה של השבת הוא הברכה והקדושה – התוכן שיוצק הקב״ה לתוך החלל שאותו הותיר עם עצירתו ממלאכה.

בפיוטו ׳לכה דודי׳ מצטט ר׳ שלמה אלקבץ את דברי הגמרא ׳זכור ושמור בדיבור אחד׳, אך מחליף את הסדר ומקדים את השמור לזכור, שלא על פי הסדר המקראי.

׳שמור את יום השבת לקדשו׳ וגו׳. ובדברות הראשונות נאמר ׳זכור את יום השבת׳ וגו׳. ויש להבין מה שאנו אומרים בפזמון לכה דודי שמור וזכור בדיבור אחד וכו׳, ולמה שינה הפייטן לכתוב שמור קודם זכור. הענין דאיתא לעולם יכנס אדם שני פתחים ואחר כך יתפלל, והרבה פירושים נאמרו על זה. ועיקר הפירושים של שני הפתחים הוא יראה ואהבה שהם שני שערים ופתחים, שעל ידי זה יוכל להתפלל ותעלה תפלתו למעלה, כי צלותא בלא דחילו ורחימו לא פרחת לעילא [=תפילה ללא יראה ואהבה לא עולה למעלה]. והיראה היא מדת מלכות שמים והוא השער לה׳ צדיקים יבואו בו והיא הפתח ושער הראשון, ואחריו הוא השער האהבה. ואיתא בזוהר הקדוש תרי שבתות, שבת דמעלי שבתא ושבת דיומא שבתא. ושמור הוא מדת מלכות שבת דמעלי שבתא וזכור הוא יומא שבתא. ולפי זה שפיר יסד הפיוט שמור וזכור בדיבור אחד, ברישא שמור והדר זכור, כי יראת שמים הוא שער הראשון אשר צדיקים יבואו בו.

(מאור ושמש, ואתחנן, ד״ה שמור)

רבי קלונימוס קלמן הלוי עפשטיין מקראקא מסביר את היפוך הסדר של ר׳ שלמה אלקבץ בקובעו כי ישנם שני שערים שדרכם האדם פונה אל אביו שבשמיים: הראשון הוא היראה והשני הוא האהבה, ו׳רֵאשִׁית חָכְמָה יִרְאַת ה׳׳ (תהילים קיא, י) – על כן הפתח הראשון הוא היראה. ׳שמור׳ הוא שער היראה בהיותו מכיל את הלאווים ואת האיסורים, בעוד ׳זכור׳ הוא שער האהבה. לכן הקדים ר׳ שלמה אלקבץ את ה׳שמור׳ ל׳זכור׳, את המלכות ליסוד.

תפקידה של היראה בראשית המהלך הוא בעיקר לנקות את הדרך,

לסקל את אבניה ולגזום את קוציה, על מנת לסלול אותה עבור האהבה הדוהרת בשעטה אל אלוהים. ה'שמור' יוצר את בחינת המלכות, וה'זכור' פועל את פעולתו בבחינת יסוד. לכן זמנה של הראשונה הוא בליל שבת, ושל השנייה ביום השבת, כפי שראינו.

ד. 'למען ינוח' מול 'זכר למעשה בראשית'

הבחנה נוספת בין בחינת מלכות לבחינת יסוד בשבת נוגעת להבדל בין טעמה של השבת בעשרת הדיברות בספר שמות לעומת זה שבדברים:

שֵׁשֶׁת יָמִים תַּעֲבֹד וְעָשִׂיתָ כָּל מְלַאכְתֶּךָ. וְיוֹם הַשְּׁבִיעִי שַׁבָּת לַה' אֱלֹהֶיךָ לֹא תַעֲשֶׂה כָל מְלָאכָה אַתָּה וּבִנְךָ וּבִתֶּךָ עַבְדְּךָ וַאֲמָתְךָ וּבְהֶמְתֶּךָ וְגֵרְךָ אֲשֶׁר בִּשְׁעָרֶיךָ. **כִּי שֵׁשֶׁת יָמִים עָשָׂה ה' אֶת הַשָּׁמַיִם וְאֶת הָאָרֶץ** אֶת הַיָּם וְאֶת כָּל אֲשֶׁר בָּם וַיָּנַח בַּיּוֹם הַשְּׁבִיעִי עַל כֵּן בֵּרַךְ ה' אֶת יוֹם הַשַּׁבָּת וַיְקַדְּשֵׁהוּ.
(שמות כ, ט-יא)

שֵׁשֶׁת יָמִים תַּעֲבֹד וְעָשִׂיתָ כָּל מְלַאכְתֶּךָ. וְיוֹם הַשְּׁבִיעִי שַׁבָּת לַה' אֱלֹהֶיךָ לֹא תַעֲשֶׂה כָל מְלָאכָה אַתָּה וּבִנְךָ וּבִתֶּךָ וְעַבְדְּךָ וַאֲמָתֶךָ וְשׁוֹרְךָ וַחֲמֹרְךָ וְכָל בְּהֶמְתֶּךָ וְגֵרְךָ אֲשֶׁר בִּשְׁעָרֶיךָ **לְמַעַן יָנוּחַ עַבְדְּךָ וַאֲמָתְךָ כָּמוֹךָ.**
(דברים ה, יג-יד)

לא ניכנס במסגרת זו לפרשנות המקראית לגבי ההבדל בין הטעמים, אלא נניח את העיקרון המקובל שלפיו ההבחנה היא בין טעם דתי – 'כי ששת ימים עשה ה' את השמים ואת הארץ' – לטעם חברתי־סוציאלי – 'למען ינוח עבדך ואמתך כמוך'.

הטעם הסוציאלי הוא אנושי, והוא נוגע לעולם, למציאות, לטבע. הענקת יום מנוחה לפועלים, לעבדים ולבהמות מכוונת את האדם אל ההכרה כי בצלם אלוהים עשה ה' את האדם, על כן הוא תובע מאיתנו להנכיח את היותנו נאמנים לו גם בזיקתנו אל כל ברייה וברייה. רעיון מוסרי זה מתממש בעשיית חסד וברגישות לזולת, ומלמדנו כי עיני ה' לכול ונוכחותו בכול. עמדה נפשית זו קשורה לנוכחותו של הקב"ה בטבע – בהוויה כולה, בחינת מלכות.

לעומת זאת, הטעם העוסק בזיכרון הוא טעם דתי. הזיכרון והמחויבות

לזיכרון אינם קשורים לתודעה מוסרית, אלא דווקא לתודעה דתית־לאומית־היסטורית. עיקרון זה בא לידי ביטוי גם בתיאור אחר של השבת המופיע בתורה:

> וְשָׁמְרוּ בְנֵי יִשְׂרָאֵל אֶת הַשַּׁבָּת לַעֲשׂוֹת אֶת הַשַּׁבָּת לְדֹרֹתָם בְּרִית עוֹלָם.
> בֵּינִי וּבֵין בְּנֵי יִשְׂרָאֵל אוֹת הִוא לְעֹלָם כִּי שֵׁשֶׁת יָמִים עָשָׂה ה׳ אֶת הַשָּׁמַיִם
> וְאֶת הָאָרֶץ וּבַיּוֹם הַשְּׁבִיעִי שָׁבַת וַיִּנָּפַשׁ.

(שמות לא, טז–יז)

הזיכרון הכרוך בשבת מלמד על הזיקה שבינינו לבין הקב״ה, המושתתת על הברית והאות. האות והברית, כפי שראינו, הינם מהסמלים המובהקים של ספירת יסוד שחקוקה בה ברית קודש – ברית המילה. הברית, המבטאת את הזיקה שבין ישראל לקב״ה הנשענת על הזיכרון, הינה ביטוי לבחינת ספירת יסוד שבשבת.

אנו רואים ששני הטעמים של השבת מקבילים לשתי הבחינות של השבת. השבת כמאירה פנים לכל ברייה, אף לשורך ולחמורך, היא הנוכחות האלוהית השורה בכול – בחינת מלכות; והשבת המעצימה את הברית והאות שבין הקב״ה לישראל, הקשורה לזיכרון, היא הזיווג שבין קוב״ה לכנסת ישראל דרך השבת – בחינת יסוד. בהתאחדן מתממשת הקריאה על החיבור המשולש בין הקב״ה, השבת וכנסת ישראל – ׳לכה דודי לקראת כלה פני שבת נקבלה׳.

נספח 2

שבעת האושפיזין

א. מבוא

כפי שראינו, שבע הספירות התחתונות הן שבע ספירות הבניין, והן ביטויים שונים של הנהגת ה׳ בעולם. מכאן נובעת ההקבלה בין ספירות אלו לבין דמויות המופת של עם ישראל. הקב״ה מנהיג את עולמו דרך אבותינו, דרך דמויות שהן ׳מרכבה לשכינה׳; הנהגותיו השונות של הקב״ה מתבלטות בדמויות אלו, וכל אחת מהן מביאה לעולם אחת מאותן הנהגות אלוהיות באופייה, בהתנהלותה ובהנהגותיה. יחדיו מרכיבים אבותיו של עם ישראל את המרכבה השלמה, והם בניין שלם של הנהגת ה׳ את עמו.

חכמי הסוד לימדונו מיהם השבעה המרכיבים את מרכבת השכינה, ואיזו ספירה משבע הספירות התחתונות כל אחד מהם מייצג. השבעה הללו נקבעו כשבעת האורחים המבקרים בסוכתנו בכל אחד מימי הסוכות – שבעת האושפיזין.

אברהם – חסד　　　　יצחק – גבורה

יעקב – תפארת

משה – נצח　　　　אהרן – הוד

יוסף – יסוד[1]

דוד – מלכות

1. על המחלוקת ביחס למיקומו של יוסף נעמוד להלן, כשנגיע לספירת יסוד.

בטרם נבחן את הדברים לגופם, כדאי לשים לב שמהעיקרון שלפיו האבות הם גילום של שבע הספירות נגזרות מספר השלכות.

ראשית, כלומדי תנ"ך עלינו להתבונן באבות האומה כמרכבה לשכינה, כגילויים של הנהגות אלוהיות שונות. עלינו להתייחס למעשיהם ולהתנהגותם כחלק מהופעה אלוהית המבטאת סוג מסוים של הנהגה.

שנית, רעיון זה מגלה כי צריך להתבונן על ההיסטוריה העולמית והישראלית במבט שלם והרמוני, מראשיתה ועד אחריתה. ההיסטוריה היהודית היא קומה שלמה ההולכת ונבנית מדור לדור: בכל דור דמויות שונות משלימות נדבך נוסף, הבונה קמעה קמעה את הופעת האלוהות בעולם באופן המלא שלה. תקופתו של דוד איננה אפיזודה היסטורית על גבי ציר הזמן, אלא חלק מהתוכנית וההשגחה האלוהית להביא להופעתה השלמה של האלוהות.

שלישית, רעיון זה רוקם קשרים רוחניים ולוגיים בין גדולי האומה השונים, וממילא בין התקופות השונות. אם ספירת מלכות מקיימת ייחוד מלא עם ספירת יסוד, הרי עלינו לבחון כיצד יוסף ודוד, וממילא תקופתו של יוסף ותקופתו של דוד, מקיימות את אותו היחס. אם ספירת גבורה היא סוג מסוים של הנגדה לספירת חסד, עלינו לראות כיצד יצחק מבטא סוג מסוים של הנגדה לאברהם, וכיצד יעקב, שהוא ביטוי לספירת תפארת, הוא החיבור הגמור שביניהם.

לימוד שלושת הפרקים שלהלן יכול להעשיר את לימוד פרקי שבע הספירות התחתונות ולשמש חזרה עליהן, אך בעיקר הוא מאפשר להלביש את שבעת האושפיזין בלבוש הספירות. מומלץ לשוב אל פרקים אלו בימי חג הסוכות, ולהיפתח אל השפע שמביא לנו כל אחד מן האושפיזין בשבעת ימי החג.

חסד, גבורה ותפארת – אברהם, יצחק ויעקב 'חסד לאברהם', 'פחד יצחק', 'אמת ליעקב'

א. על סף המוות

חז"ל ברוח קודשם משלימים את התמונה המלאה על מעשיהם של אבותינו. מקומות שבהם התורה שתקה – הושלמו והועשרו על ידי חז"ל.

דוגמה לכך נמצאת במדרש המתאר את הקונפליקט החריף של אברהם עם המלך נמרוד, שעבד עבודה זרה. כך מתואר שיאו של העימות:

> באותה שעה הניח אותו רשע נמרוד ידו על זקנו והיה מתמה בלבו, ואמר לו אברהם: אל תתמה בלבך כי לא אדון העולם אתה, בנו של כוש אתה, ואם אדון העולם אתה למה לא הצלת את אביך מן המיתה. אלא כשם שלא הצלת את אביך מן המיתה, כך אתה לא תוכל להנצל מן המיתה. מיד קרא נמרוד לתרח אביו ואמר לו: מה תהא משפטו של אברהם בנך זה ששרף אלהות שלי? אין משפטו אלא שרפה. מיד לקח נמרוד את אברהם וחבשו בבית האסורים, והוציאו להשליכו לכבשן האש. מיד כפתוהו ועקדוהו לאברהם, והניחוהו על גבי האבן והקיפו לו עצים מד׳ רוחותיו חמש אמות לכל צד, וגבהן של עצים חמש אמות. ועד אותו שעה לא הכיר תרח את בוראו. מיד באו שכניו ובני עירו וטפחו לו על ראשו ואמרו לו: בושת בושה גדולה וכלמה, אותו בן שהיית אומר עליו שהוא יורש עולם הזה ועולם הבא שרפו נמרוד. מיד נתגלגלו רחמיו של הקדוש ברוך הוא וירד בעצמו והצילו, שנאמר ׳אני ה׳ אשר הוצאתיך מאור כשדים׳ (בראשית טו, ז).
>
> (תנא דבי אליהו זוטא כה)

אברהם המושלך לכבשן האש איננו נוטש את אמונתו, ונדמה כי הוא הולך אל מותו בהשלמה מלאה ואולי אף בנפש חפצה. לא ניתן להתעלם מלשון המדרש: ׳כפתוהו ועקדוהו... והניחוהו על גבי האבן והקיפו לו עצים׳. דברים אלו מייד מעלים לנגד את עינינו את אותו היום על הר המוריה, שם עמד אברהם עם יצחק בנו:

> אמר ר׳ יצחק: בשעה שבקש אברהם לעקוד יצחק בנו, אמר לו: אבא, בחור אני וחוששני שמא יזדעזע גופי מפחדה של סכין ואצערך, ושמא תפסל השחיטה ולא תעלה לך לקרבן, אלא כפתני יפה יפה.
>
> (בראשית רבה נו, ח)

יצחק מבקש מאביו שיקשור אותו היטב, למען תצא השחיטה כשרה. הכפיתה, העקדה והעצים מופיעים גם כאן, כמו אצל אברהם, והפעם הבן הנעקד יצחק הוא המוכן למסור את נפשו למען ה׳ יתברך ללא שום סיוג.

התפוח לא נופל רחוק מהעץ, ומעשה אבות סימן לבנים. האב והבן מוכנים למסור את נפשם בפועל למען קיום צו ה׳ ולמען ההליכה בדרכיו. על ההבדלים ביניהם בסוג מסירות הנפש נעמוד בהמשך, אולם לעת עתה די לנו בעובדה כי שניהם ניצבים בפני המוות וצועדים נכחו ללא הרהור וללא עיכוב. נכונותם המשותפת של אברהם ויצחק למות יכולה להסביר את דברי המדרש הבאים:

> רבי שמואל בר רב יצחק אמר: אברהם לא ניצל מכבשן האש אלא בזכות של יעקב [...] הדא הוא דכתיב ׳לכן כה אמר ה׳ אל בית יעקב אשר פדה את אברהם׳ (ישעיהו כט, כב), יעקב פדה את אברהם.
>
> (בראשית רבה סג, ב)

על פי המדרש זכותו של יעקב הצילה את אברהם מכבשן האש. על כך מקשה ר׳ יהודה אריה לייב אלתר מגור:

> במדרש ׳בית יעקב אשר פדה את אברהם׳ כו׳. וכי לא היה אברהם אבינו עליו השלום כדאי להנצל בזכות עצמו? ויתכן לומר כי אברהם אבינו עליו השלום באהבת הבורא יתברך היה משתוקק להשרף על דבר כבוד שמו, והיה לו מזה יותר תענוג מהיותו ניצל. ואין זה חידוש, כאשר חכמים הגידו יפה שעה אחת בתשובה ומעשים טובים בעולם הזה מכל חיי עולם הבא, ויפה כו׳ מכל חיי עולם הזה. רק החומר מעכב. אבל אברהם שנאמר עליו ׳אברהם אוהבי׳, בלי ספק היה משתוקק לזה יותר מכל ימי היותו על האדמה. רק כדי שיבוא ממנו יעקב, בעבור זה עצמו היה רצון אברהם אבינו עליו השלום גם כן להנצל, וזה ׳לבית יעקב אשר פדה׳ כו׳.
>
> (שפת אמת, תולדות תרמ״א)

השאלה, על פי ה׳שפת אמת׳, איננה אם כדאי אברהם להינצל אלא אם רצה אברהם להינצל. אין כאן שאלה של זכויות אלא של רצונות – האבות הן מרכבה לשכינה וביטוי להנהגה האלוהית, ועל כן השאלה הנכונה היא מהו הרצון האלוהי המתגלם ברצונו של האב.

אברהם, על פי ה׳שפת אמת׳, ׳היה משתוקק להשרף על דבר כבוד שמו׳. לא מדובר בהכרעה בדיעבד, באופציה הפחות גרועה, כפי שנדמה – אלא

בבחירה במוות ואף בהשתוקקות אליו. אברהם 'בלי ספק היה משתוקק לזה יותר מכל ימי היותו על האדמה'. אהבת הבורא והתשוקה אליו האפילה על כל רצון ותשוקה אחרת שיכולים להיות בעולם הזה. באהבה זו ביקש אברהם להישרף למען שמו יתברך, 'והיה לו מזה יותר תענוג מהיותו ניצל'.

במידה מסוימת, הצלתו של אברהם מכבשן האש הייתה עבורו אכזבה. עם האש שכבתה, כך נדמה, כבתה גם השלהבת שבלבו. המים הצוננים ששפך הקב"ה על האש ששאפה לשרוף את אברהם שטפו גם את להבת האהבה שבערה בנפשו. לרגע נדמה כי אברהם שב מן הכבשן לביתו אבל וחפוי ראש, ללא כוח, ללא עוצמה, ללא אהבה; כאדם שמנחתו נדחתה, שביקש להתקרב ולהידבק – והורחק.

אך תיאור זה איננו שלם, היות שעל פי ה'שפת אמת' לצד הרצון להידבק באין־סוף פיעם באברהם כוח נוסף, כוח שבא לו מן העתיד – מנכדו יעקב: 'רק כדי שיבוא ממנו יעקב, בעבור זה עצמו היה רצון אברהם אבינו עליו השלום גם כן להנצל'. המחשבה על תפקידו של אברהם כאבי האומה לא אפשרה לו להיסחף באופן מוחלט אל האהבה הכובשת והשוטפת עד כלות. ממילא, כך מסביר ה'שפת אמת', כוח זה הוא שהעניק לאברהם את הרצון להמשיך לחיות, וזהו הקול שבגינו ניצל אברהם.

הצלתו של אברהם תלויה ברצונו, והסיטואציה החיצונית היא רק שיקוף של המהלך הפנימי שבקרבו. כשאברהם מבקש למסור את נפשו על קידוש ה' המציאות מזמנת את נמרוד ואת כבשן האש, וכשאברהם מבקש להישאר בחיים למען נכדו – האש מתקררת ואברהם ניצל.

ב. אברהם ויצחק – אהבה ויראה, חסד וגבורה

מדוע על פי המדרש מדלגת תודעתו של אברהם על פני יצחק בנו, ונתלית ביעקב נכדו?

במדרש 'לבית יעקב אשר פדה את אברהם', לא ניצול מכבשן האש רק בזכותו של יעקב. וצריך ביאור כי הלא כדאי אברהם לעצמו. אכן הענין הוא כעין מה שאמרו חז"ל רצה הקב"ה לברוא העולם במדת הדין וראה שאינו מתקיים ושיתף עמו מדת הרחמים. וכמו כן הוא במדות. כי באמת אברהם ויצחק שהיו להם המדות מיוחדות ומצד אהבה אמיתית בכל לב ונפש ומאד. היה צריך למסור נפשו ממש

באהבתו את ה׳ ברוך הוא וברוך שמו. וכן יצחק מצד יראה אמיתית שלו היה מוכן ממש להיות נעקד לעולה. אך התורה שהיא מדתו של יעקב זה הוא השתתפות מדת הרחמים. כדכתיב ׳אשר יעשה אותם האדם וחי בהם׳, דרשו חז״ל ולא שימות בהם. פירוש שקודם התורה מי שהיה עובד ה׳ היה רק במסירת נפש בפועל ממש, ולכן לא היה קיום רק כשנתן הקב״ה לנו התורה ומצוות, הם דרכים שיכולין להיות עובד ה׳ בחיים בעולם הזה, וזה הרבותא שכתוב בתורה אשר יוכל האדם לעשות אותם וחי בהם. ולכן אין לתמוה מדורות הראשונים שהיו מכעיסין ובאין, עד שבאו האבות והמשיכו התורה לעולם הזה. (שפת אמת, תולדות תרמ״ח)

בדרשה זו מכניס ה׳שפת אמת׳ גם את יצחק לתמונה. יצחק כאביו ׳היה מוכן ממש להיות נעקד לעולה׳, אך ה׳שפת אמת׳ מחדד שהדבר היה משני כיוונים הפוכים – אברהם מצד אהבתו, ויצחק מצד יראתו. גם אהבה טוטלית וגם יראה טוטלית, קובע ה׳שפת אמת׳, מביאות בסופו של דבר את הכוסף אל ה׳ יתברך אל כלות הנפש. יראת הרוממות והאהבה העליונה מביאות שתיהן את התשוקה אל האין־סוף הבאה לידי ביטוי בכלות הנפש, ׳כלות׳ תרתי משמע – שאיפה וכיליון.

הדברים מתחדדים בהתבוננות בסיטואציות שבהן מסרו אברהם ויצחק את נפשם. אברהם אבינו מושלך אל כבשן האש כתוצאה מאקטיביות יתר שבה הוא נוקט: הוא משבר את הפסלים, הוא נאבק באביו, ובסופו של דבר הוא מתייצב מול נמרוד ומעמידו בקלונו קבל עם ועדה. זו עמדה של אוהב שבאהבתו מוכן לחצות עולם, להילחם מלחמת חורמה, להתייצב מול מלך אכזר ואדיר כנמרוד, ולנאום נאומים למען שמו יתברך.

לא כן דרכו של יצחק אבינו. יצחק מבקש מאביו לקשור אותו: הוא מבקש לדכא כל אינסטינקט טבעי שקיים בקרבו, לקשור את נפשו, רצונו, מאווייו, את כל כוחותיו; הכול צריך להיקשר ולהיבלם. זו יראה שיש בה ביטול מוחלט, פסיביות מוחלטת בהתגלמותה.

האהבה של אברהם היא תנועה של התפשטות והיראה של יצחק היא תנועה של התכנסות; אך שתיהן בקוטביותן מביאות בסופו של דבר לאיבוד עצמי מבחינה אישיותית־תודעתית, וממילא גם מבחינה פיזית. אם נתבונן בקורותיהם של אברהם ויצחק בסיפורי התורה, נדמה כי נוכל לחוש בשתי

התנועות הללו. אברהם נדרש לאקטיביות רבה: נטישת ארצו ומולדתו, לקיחת הנפשות אשר עשה בחרן, התהלכות בארץ לאורכה ולרוחבה וקריאה בשם ה׳, ירידה למצרים וחזרה, קניית מערת המכפלה, והשיא – האקטיביות הנדרשת ממנו במעשה העקדה, ׳חֶסֶד לְאַבְרָהָם׳ (מיכה ז, כ).

יצחק לעומתו מתואר כדמות נמנעת יותר. הוא איננו מתהלך בארץ, והוא נדרש להישאר בה ולא לרדת למצרים. הוא חופר את הבארות שאביו חפר, וקורא להן בשמות שקרא להן אביו. אשתו מובאת לו על ידי עבד אביו, ואף במעשה העקדה הוא נדרש בעיקר להיעתר לתנועה שאברהם מוביל ולא להתנגד לה – ׳פַּחַד יִצְחָק׳ (בראשית לא, מב). כך מסכם את הדברים ר׳ יוסף ג׳יקטיליה:

> אברהם הודיע מידת החסד, כיצד, בא אברהם תחילה והודיע לבריות רוב חסד ורחמיו על כל מעשיו, היאך הוא בראם ומפרנסם והכל מצד חסדו, ומצד הזה ראויין כל בני אדם לעבדו ולהתחנן לפניו ולקבל עול מלכותו, וכל זה חובה עלינו לעשות. אחר כך בא יצחק והוסיף להודיע מידת הפחד, שאם לא יעבדו אותו יענישהו כעבד המורד באדוניו, והטיל אימה ופחד על הברואים, והכניסם תחת כנפי השכינה כשהודיע אותם פחד עונש המורדים בבורא יתברך, וזהו סוד ׳פחד יצחק׳, כי יצחק ירש מידת הפחד, ולפיכך הזהיר את בני האדם והוכיחן שיישמרו מבית דין הגדול שהוא דן את הרשעים במידת הפחד הנקראת עונשי גיהנום, ואומר ׳פחדו בציון חטאים׳ וגו׳ (ישעיהו לג, יד). אם כן נמצא אברהם מוכיח את הבריות מצד החסד ובמידת החסד, ונמצא יצחק מוכיח הבריות מצד הפחד, כל אחד הוכיח במידתו, זה במידת החסד והגמול, וזה במידת הפחד והעונש, זה במצוות עשה, וזה במצוות לא תעשה.
>
> (שערי אורה, שער שביעי)

ג. רצה הקב״ה לברוא את העולם במידת הדין

על פי ה׳שפת אמת׳, אברהם ויצחק מייצגים את השלב שבו ׳רצה הקב״ה לברוא את העולם במידת הדין׳, אולם בריאה כזו אינה יכולה להתקיים על כן שיתף את מידת הרחמים. המדרש מבאר את הרצון הזה דרך משל:

ה' אלהים – למלך שהיו לו כוסות ריקים, אמר המלך: אם אני נותן לתוכן חמין הם מתבקעין, צונן הם מקריסין. ומה עשה המלך, ערב חמין בצונן ונתן בהם ועמדו. כך אמר הקב"ה: אם בורא אני את העולם במדת הרחמים הוי חטייה סגיאין, במדת הדין היאך העולם יכול לעמוד, אלא הרי אני בורא אותו במדת הדין ובמדת הרחמים והלואי יעמוד.

(בראשית רבה יב, טו)

המדרש מתאר שתי מידות קיצוניות: חום רותח מצד אחד, וקור מקפיא מן הצד השני. האחד מייצג את מידת הדין והשני את מידת הרחמים, אולם בשפת הספירות היינו קוראים לאחד חסד ולשני דין או גבורה.

נראה שכוונת המדרש ב'רצה הקב"ה לברוא את העולם במידת הדין' היא למידה הקוטבית מימין או משמאל. עירוב מידת הרחמים משמעותו יצירת קו אמצע, ובספירות – תפארת, שהוא הממצע בין החסד והגבורה (ואכן בשפה הקבלית נקרא קו האמצע – רחמים).

העולם איננו יכול לעמוד באמת טוטלית וקוטבית; לא בחסד גמור ולא בגבורה גמורה. במציאות של חסד גמור היה העולם נשטף בהנהגה גמורה של שפע ללא גבול, ללא הבחנה, ללא התאמה למקבל. במציאות של גבורה גמורה היה העולם נאנק תחת עולו של הדין שאין בו קרבה, אין בו רחמים, ואין בו הכרה בחולשתו של האדם ובחומר שממנו הוא עשוי.

אברהם ויצחק מייצגים את האהבה והיראה המוחלטות, ובכך הם מבטאים את 'עולם הדין', העולם של הקוטביות מימין ומשמאל – חסד וגבורה, אהבה ויראה. אברהם נושא בעולם את התנועה האלוהית של החסד הגמור שאין בו גבול, ויצחק לעומתו נושא את התנועה האלוהית של הגבורה הגמורה שאין בה שום חסד. הביטוי של ספירות אלו בתנועה הנפשית של עבודת השם הוא ברצון למסור את הנפש בפועל ממש, מתוך החסד הגמור או מתוך הגבורה הגמורה. בדיוננו בספירת תפארת ראינו את משמעותה של עשיית הפשרה בין ימין לשמאל; נביא כאן שוב את המדרש המתאר זאת במלוא החריפות:

אמר רבי סימון: בשעה שבא הקב"ה לבראות את אדם הראשון נעשו מלאכי השרת כיתים כיתים וחבורות חבורות, מהם אומרים אל יברא ומהם אומרים יברא, הדא הוא דכתיב 'חסד ואמת נפגשו צדק ושלום

נשקו׳ (תהילים פה, יא). חסד אומר יברא שהוא גומל חסדים, ואמת אומר אל יברא שכולו שקרים, צדק אומר יברא שהוא עושה צדקות, שלום אומר אל יברא דכוליה קטטה. מה עשה הקב״ה, נטל אמת והשליכו לארץ, הדא הוא דכתיב ׳ותשלך אמת ארצה׳ (דניאל ח, יב). אמרו מלאכי השרת לפני הקב״ה: רבון העולמים מה אתה מבזה תכסיס אלטיכסייה שלך, תעלה אמת מן הארץ, הדא הוא דכתיב ׳אמת מארץ תצמח׳ (תהילים פה, יב).

(בראשית רבה ח, ה)

בריאת האדם והעולם היא ביטוי להשלכת האמת ארצה. ידע הקב״ה שכדי לברוא עולם ואדם, ובעיקר כדי לקיימם, הוא חייב לוותר על האמת, להתפשר עליה, להשליך אותה לארץ.

ראינו שיש צד שמידת הרחמים (כמידת האמצע) אינה אמת, שהרי רק הדין הוא אמת. אהבה ויראה שיש בהן סייגים הן כבר לא אמת: מי שקופץ לכבשן האש למען שמו יתברך, וחש בליבו אפילו רצון קטן להינצל ולחיות – כבר איננו באהבה גמורה. מי שמבקש מאביו שיקשור אותו היטב למזבח כדי שתצא השחיטה כשרה ולא ייוותר בו כל רצון עצמי להתנגד, ובכל זאת בסתר ליבו הוא מקווה שהשחיטה לא תצא אל הפועל כלל – כבר איננו ביראה גמורה.

אברהם חש כי השלכתו לכבשן האש היא ביטוי לחוסר היכולת להידבק באידיאל האלוהי בד בבד עם היוותרות בעולם הזה, וכך גם יצחק. אפילו שמץ של רצון להישאר בעולם מהווה השלמה עם הוויתור ועם החיסרון. על אברהם ויצחק נכפתה בסופו של דבר הפשרה, ועם פשרה זו הושלכה האמת ברעש גדול ארצה. האם זה גורלו של יעקב – הפשרה? האם אין ליעקב בחינה עצמית משלו?

[...] וכשבא יעקב אבינו ע״ה לא היתה לו מידה שלישית להחזיק בה, אבל החזיק בשתי המידות של אברהם ושל יצחק, במידת החסד ובמידת הפחד, והודיע לכל באי העולם גודל אמיתתם, וגם הוא החזיק בשתיהם באמת ובלב שלם ולא נטה ימין ושמאל. ולפיכך נקרא אברהם חס״ד לפי מידתו, ונקרא יצחק פח״ד לפי מידתו, ויעקב אמ״ת לפי מידתו.

(שערי אורה, שער שביעי)

על פי ר׳ יוסף ג׳יקטיליה דרכו של יעקב איננה דרך שלישית, אלא היכולת להחזיק את שתי הדרכים בלב שלם – וזו האמת, מידתו של יעקב. אולם נראה שלאחר עיוננו בספירת תפארת, ספירתו של יעקב, ניתן להצביע על דרך שלישית המוצעת כאן.

ד. ׳תתן אמת ליעקב׳

בדיוננו בספירת תפארת ראינו כי קו האמצע של ספירה זו, המפשר בין שני הקטבים חסד ודין, איננו רק פשרה – מים פושרים שאינם חמים ואינם קרים, כמו במשל שמביא המדרש – אלא מהות עצמית הקובעת ברכה לעצמה. כאן באנו לדמותו של יעקב אבינו.

ספירת תפארת, כפי שראינו בדיוננו עליה, היא התורה – האמת, והיא ספירתו של יעקב – ׳תתן אמת ליעקב׳. ממילא עולות בפנינו שתי דרכים בעבודת ה׳, שתיהן ׳דרך אבות׳: מן הצד האחד אברהם ויצחק, ומן הצד השני דרכה של תורה – היא דרכו של יעקב.

כפי שראינו, התורה היא סמל ומופת להשלמה האלוהית עם המציאות החומרית. כמעט שאין לך מצווה שאיננה נוגעת בעולם החומר, המשמש כלי עבודה. השכר המובטח בתורה הוא שכר חומרי, והשאיפה בתורה היא שאיפה לחיים – ׳וחי בהם׳, ׳ובחרת בחיים׳, ׳למען תחיה׳! זה האידיאל וזו השאיפה. התורה מתמזגת עם נטייתם החומרית של האדם והעולם, עם האינסטינקטים הבסיסיים שלהם, ורותמת את כל אלו לעבודתו יתברך – מתוך החיים, מתוך המציאות ומתוך העולם, כשכל אלו הם המצע שאין לערער עליו.[2]

לעומת זאת ניצבת עבודתם של אברהם ויצחק, עבודה שיש בה רצון לוותר על העולם, על המציאות, וממילא גם על החיים. מדובר באי השלמה עם עכירותו של החומר ובשאיפה להתנתק ממנו. זוהי עבודת ה׳ הקודמת לעולם של התורה והמצוות, שמנקודת מבטה עמדה רוחנית המתייחסת למציאות החומרית היא פשרה שהיא איננה מוכנה להשלים עימה. עמדה

2. תפיסתה של ההלכה היא שפיקוח נפש דוחה את כל העבירות שבתורה. פירוש הדבר הוא שהחיים הם ערך עליון, ולמעט שלושה דברים שעשייתם מותירה את החיים ללא כל ערך ולכן מוטב להיהרג ולא לעבור עליהם, הרי כל המצוות האחרות מבקשות לקיים את החיים, ולא לחתור תחתם. תפיסה זו היא תפיסת היסוד של התורה, והיא מנוגדת לתנועה של אברהם ויצחק כפי שהציגם ה׳שפת אמת׳.

כזו תשיב את העולם לתוהו – ׳ולכן לא היה קיום רק כשנתן הקב״ה לנו התורה ומצוות, הם דרכים שיכולין להיות עובד ה׳ בחיים בעולם הזה׳.

היחס שבין שתי העבודות הוא היחס שבין הרצון לברוא את העולם במידת הדין לבין שיתוף מידת הרחמים. אברהם ויצחק ידעו זאת, ועל כן גם הם עצמם הסכימו לחיות בשביל יעקב, כפי שכתב ה׳שפת אמת׳. לחיות בשביל יעקב פירושו לחיות בשביל קיום העולם, בשביל התורה המייצגת את הנכונות האלוהית לקיים עולם. אברהם ויצחק ניצלו ׳בזכות יעקב׳, כלומר בזכות התורה. אברהם ויצחק שאפו להידבק באין־סוף ולעלות בסערה השמימה כמעשה אליהו, אולם הם ידעו כי בכך יחטאו למגמה האלוהית לקיים את העולם במידת הרחמים, ועל כן הם עצמם נסוגו אחור.

יעקב מייצג את ספירת תפארת, שהיא גם ספירתה של התורה, והיא מידת הרחמים. אומנם אין כאן את האמת הטוטלית של מידת הדין, של האהבה והיראה, אולם כפי שראינו למרבה הפלא דווקא ספירה זו נקראת ׳אמת׳, כשם שהתורה נקראת ׳תורת אמת׳.

נדמה כי הדברים עולים מתוך אישיותו של יעקב בסיפורי התורה. כשנשאל יעקב על ידי פרעה לגילו הוא משיב תשובה מורכבת שיש בה שני דגשים: האחד – ׳מעט ורעים׳, והשני – לא כימי אבותיי (בראשית מז, ט). חיי האבות כולם אינם קלים, אולם נדמה שחייו של יעקב קשים שבעתיים. את מאבקו הוא מתחיל עוד ברחם אימו, עם עשו, ואת הבכורה הוא קונה מאחיו אך בכל זאת הוא נאלץ לקבל את הברכה במרמה – מעשה המאלצו לגלות לארץ נוכרייה, שם הוא נתקל בארמי רמאי המאלצו לעובדו עשרים שנה. עם שובו ארצה הוא נקלע לסיטואציה קשה ביותר עם בתו ואנשי שכם. לא עובר זמן רב ובנו אהובו נלקח ממנו בטרם עת, ולבסוף מגיע רעב המאלצו לגלות בשנית לארץ זרה, ולמצוא ברגעיו האחרונים מעט קורת רוח בפגישה המחודשת עם בנו אהובו.

חייו של יעקב מבטאים יותר מאלו של אבותיו את מחירו של העולם הזה. הוא ראוי לברכת אברהם, אולם הדרך אל האמת הזו היא דרך חתחתים שעוברת דרך מאבק, מרמה וגלות. הוא ראוי לרחל ורחל מגיעה לו על פי דין, אך שוב הדרך אל אמת זו עוברת דרך ארבע־עשרה שנות עבדות. כך גם לגבי שכרו של יעקב אצל לבן, וכך גם ביחס ליוסף. יעקב מצליח להשיג, אולם הוא עובר דרך ייסורי העולם הזה. זוהי אמת הצומחת מן הארץ: ברגע הראשון נדמה שהיא מוותרת על האמת ונכנעת לפגעי הזמן, היצרים

והמציאות; אולם בסבלנות ובנחישות מביא יעקב ללידתה של האמת מתוך דרך החתחתים, ומגלה אותה מתוך המציאות המורכבת.

ה. מיטתו שלמה

דווקא יכולתו של יעקב להצמיח את האמת מן הארץ הופכת את מידתו לאמת, ולאמת כזו שבזכותה כל היוצא ממנו – קדוש יאמר לו. מיטתו של יעקב שלמה, ובעוד אבותיו אברהם ויצחק העמידו בנים שנדחו מן הקודש – ישמעאל ועשו – כל שנים עשר הבנים של יעקב הם ממשיכי דרכו הקדושה. ניתן להציע כמה הסברים לכך:

> הנה אברהם אבינו עליו השלום היה בסוד חסד עליון שהוא זך ומצוחצח ומלובן, אך בהתפשטותו למטה בעולמות התחתונים כביכול שוה לרעים ולטובים. ויש בו גם כן כביכול בחינת פסולת כמו סיגי כסף, ונמצא בו גם כן בחינת מוץ ותבן וקליפות כביכול. וכן מדתו של יצחק אבינו עליו השלום מדת הפחד והגבורה יש בו גם כן כביכול בחינת סיגים וזוהם הזהב וקליפות מוץ ותבן. אך מדתו של יעקב אבינו עליו השלום הוא מדת האמת. הנה דבר שהוא אמת הוא כולו אמת ואין בו שום מוץ ותבן ושום איזה תערובות מדבר אחר מחמת שהוא אמת. לכך מאברהם ויצחק יצאו ישמעאל ועשו שהם בחינת קליפות מוץ ותבן, כדי להתברר ולהתלבן שישארו אורות זכים ומצוחצחים. נשמת יעקב היתה זכה ומצוחצחה מאחר שכבר נתברר ונפרש הסיגים ומוץ ותבן ומדתו מדת האמת. ולכך לא יצא ממנו שום פסולת חלילה, רק י"ב שבטי י"ה, והיתה מטתו שלימה. וזה היה עיקר עבודתו של יעקב אבינו עליו השלום להנהיג ולהמשיך מדתו האמת לכל העולמות, גם לנטוע ולהנהיג מדתו בעולם הזה להיות בבחינת 'אמת מארץ תצמח'.
> (אוהב ישראל, ויצא)

ר' אברהם יהושע העשיל מאפטא, מגדולי תלמידי ר' אלימלך מליז'נסק, עומד על כך שהמתח בין דרכם של אברהם ויצחק לדרכו של יעקב אינו מתח בין אמת ללא אמת, כי אם מתח בין אמת שמימית לאמת ארצית. דרכו של יעקב, דרך התורה, מאמצת את האמת הארצית ועל כן היא יכולה להיות תוכנית עבודה ומתווה לרבים. ממנה יצאו שנים עשר שבטי ישראל, ואמת זו

תלך ותתנשא השמימה, עד לאחדותה הגמורה עם האמת השמימית לעתיד לבוא, אז העולם הזה והעולם הבא יהיו לאחד. דרכם של אברהם ויצחק, דרך מסירות הנפש הטוטלית, מסרבת לקבל את האמת הארצית ועל כן דרך של יחידים היא. זו דרך שבהופעתה העליונה היא זכה ושלמה, אולם כשאמת שמימית כזו יורדת ארצה, היא עלולה לחדול להיות אמת:

והנה ידוע מידת אברהם הוא מידת התפשטות מעילא לתתא בכל מקום עד בלא די, ומידת יצחק הוא צמצום בכל מקום, ומידת יעקב הוא המכריע בין שני הקצוות הנ"ל. ומי שרוצה לידע את בוראו ולהכירו ולעבדו בלב שלם ובנפש חפיצה, ואם הוא רוצה להכירו כמידת אברהם שהוא מידת התפשטות בלי גבול אין זה הדרך הנכון, כי מחמת רוב התפשטות יכול ח"ו לחקור במקום האסור כמו שאיתא (חגיגה יג ע"א) במופלא ממך אל תדרוש וכו׳. וכן להיפוך, אם אינו רוצה כלל לחקור ולדרוש גדולת הבורא ברוך הוא והיא בחינת יצחק זה גם כן לא טוב, כמו שכתוב ׳דע את אלהי אביך׳ ואחר כך ׳עבדהו׳. רק העיקר התכלית הוא בחינת יעקב היינו שהוא הדרך הממוצע.
(דגל מחנה אפרים, לך לך)

דבריו של ר׳ אפרים מסדילקוב, נכד הבעש"ט, חריפים ביותר. דרכם של אברהם ויצחק עלולה להביא למקומות בעייתיים בעבודת ה׳: האהבה לה׳ כמידתו של אברהם, אהבה שאין בה ריסון, עלולה להביא לבקשתו גם באופנים ובמקומות שלא ראוי לבקש אותו בהם; והיראה והכיבוש העצמי המאפיינים את יצחק עלולים להביא את האדם להימנע מדרישת ה׳. לכן הדרך שמייצגים אברהם ויצחק איננה דרך מומלצת לרבים; היא טובה ונעלה ליחידי סגולה אך לרבים היא מסוכנת ביותר, כפי שהוכח מבניהם שנטשו את דרך ה׳ – ישמעאל ועשו. דרכו של יעקב, דרכה של תורה, היא הדרך המיועדת לרבים.

בשפת המדרש, דרך זו של אברהם ויצחק היא מידת הדין שהעולם אינו יכול להתקיים בה.

נמצא יעקב אבינו שאחז בידו שתי מידות הנקראות ימין ושמאל, ואחז בידו מידת החסד ומידת העונש, ואחז בידו מצוות עשה ומצוות לא תעשה, נמצאת למד שאחז בידו מידת הוי"ה שהוא אמת, בסוד ׳ויהו"ה

אלהי"ם אמת', חותם המשפט, דכתיב 'משפטי י"י אמת' (תהילים יט, ח), והתורה שהיא אמת, דכתיב 'תורת אמת היתה בפיהו' (מלאכי ב, ו). שיעקב עומד במקום כל האבות והחזיק במידת שלשתן, ואף על פי כן אינו דומה מי שהוציא והוליך את המידה תחילה, למי שהחזיק בה אחרונה. ועם כל זה נמצא יעקב קושר כל המידות והוא קו האמצעי, וכמו ששם יהו"ה יתברך עומד באמצע, כך יעקב אבינו עומד באמצע. ולפי שזכה יעקב להיות שם יהו"ה נקרא עליו, זכה לצאת ממנו י"ב שבטים צדיקים כנגד י"ב צירופים של שם יהו"ה יתברך. וכמו שנקרא שם יהו"ה 'אמת', כך נקראו בני יעקב 'זרע אמת', כלומר זרע שיצאו משם אמת, ממי שנחצבו, והוא יעקב אבינו ע"ה, ועל זה נאמר 'ואנכי נטעתיך שורק כולו זרע אמת' (ירמיהו ב, כא).

(שערי אורה, שער שביעי)

מידת האמת של יעקב, של התורה, היא גם המידה הכוללת את כל הצדדים של המציאות; ככזו היא מבטאת את השלמות האלוהית באופן מלא יותר, ועל כן שם הוי"ה מצוי בבחינת יעקב. הדבר בא לידי ביטוי בשמו ישראל – הנושא את שם ה' בקרבו.

ו. זו תורה וזו שכרה!

התשוקה למות למען ה' יתברך איננה אפיזודה חולפת שיש לה רק ערך היסטורי, נחלת אבותינו, אברהם ויצחק. העולם אומנם פועל על פי ספירתו של יעקב – ספירת התפארת, אולם הוא ניזון מספירותיהם של אברהם ויצחק – החסד והגבורה. לעיתים ישנם רגעים שבהם ספירות אלו, בטרם איחודן בקרבה של ספירת תפארת, הופיעו בעולם בדמותם של אנשים ומעשים:

בשעה שהוציאו את רבי עקיבא להריגה זמן קריאת שמע היה, והיו סורקים את בשרו במסרקות של ברזל והיה מקבל עליו עול מלכות שמים. אמרו לו תלמידיו: רבינו עד כאן? אמר להם: כל ימי הייתי מצטער על פסוק זה, 'בכל נפשך', אפילו נוטל את נשמתך, אמרתי מתי יבא לידי ואקיימנו, ועכשיו שבא לידי לא אקיימנו? היה מאריך באחד עד שיצתה נשמתו באחד. יצתה בת קול ואמרה: אשריך רבי

עקיבא שיצאה נשמתך באחד. אמרו מלאכי השרת לפני הקדוש ברוך הוא: זו תורה וזו שכרה? ׳ממתים ידך ה׳ ממתים׳ וגו׳ (תהילים יז, יד). אמר להם: ׳חלקם בחיים׳ (שם). יצתה בת קול ואמרה: אשריך רבי עקיבא שאתה מזומן לחיי העולם הבא.

(ברכות סא ע״ב)

בשעה שהובל ר׳ עקיבא אל ההריגה, מספרת הגמרא, זמן קריאת שמע היה. לכאורה יש לשאול – ואם לא היה זמן קריאת שמע, האם ר׳ עקיבא לא היה זועק ׳שמע ישראל׳? האם יהודים שהועלו למוקד וזעקו ׳שמע ישראל׳ עשו כן מפני שבאותו זמן זמן קריאת שמע היה?

שאלה זו הטרידה גם את מנוחתם של תלמידי רבי עקיבא. ׳עד כאן?׳ הם שואלים. האם בשעה גורלית זו, בשעה כל כך גדולה, צריך להמשיך בבחינת ׳תמידין כסדרם׳, וכיוון שהגיעה שעת קריאת שמע, צריך לקיים מצווה זו כאילו לא קרה כלום?

על כך משיבם ר׳ עקיבא: מעולם לא הייתה יכולה להיות קריאת שמע שלמה כל כך כמו זו הנאמרת כעת. ר׳ עקיבא מעיר את תשומת ליבנו לכך שבכל יום כשאנו קוראים את שמע יוצאות מפינו מילים שאין להן כיסוי: ׳בכל נפשך – אפילו נוטל את נפשך׳. בשגרת חיינו איננו נתבעים למסור את נפשנו בפועל למען ה׳ יתברך. אך ר׳ עקיבא סבר כי אהבתו לה׳ יתברך איננה שלמה עד שישליך עצמו לכבשן האש כדוגמת אברהם אבינו, או ימסור עצמו לשחיטה כיצחק אבינו. ר׳ עקיבא ידע כי ברגע זה ניתנת לו ההזדמנות לחזור אל ׳מידת הדין׳ שאיננה יכולה להתקיים בעולם, והיא היא המספקת לו את ההשראה ברגע זה, כשהוא הולך בשמחה גמורה למסור את נפשו.[3]

אפילו מלאכי השרת, כך מסתבר, לא הבינו זאת בזעקתם ׳זו תורה וזו שכרה?׳. על איזה שכר אתם מדברים? משיבם הקב״ה. על ממון? על רכוש? על בריאות? על שלווה? וכי אלו שכר? האם כל אלו משתווים לחיי העולם הבא שלהם זכה ר׳ עקיבא?

3. ייתכן שעל פי מודל זה יש להבין גם את המופעים בגמרא שבהם נדמה כי מסירות נפש למען ה׳ יתברך גוברת על הערך של ׳וחי בהם׳, ולא רק עבור שלושה דברים שהם בגדר ייהרג ובל יעבור. ייתכן שהם ביטוי להנהגת ׳אברהם ויצחק׳ שבוקעת ועולה מידי פעם בחז״ל, במציאות ואצל יחידים.

אם כן, בחינתם של אברהם ויצחק איננה אפיזודית. כשאדם נדרש לפרקים לטפס מעל תודעת יעקב והתורה אל מדרגה גבוהה יותר, מדרגה טוטלית וחסרת פשרות – אם כי המציאות מזמנת אותו לכך בעל כורחו, ואם ברגעי השראה המזמינים אותו להתעלות מעל המציאות הרגילה – הוא יונק מבחינתם של אברהם ויצחק. אם הוא נוטה אל החסדים יהיה זה בצבעיו של אברהם, ואם הוא נוטה לגבורות יהיה זה בצבעיו של יצחק. אין זו דרך לחיים, לציבור, לשגרה – לשם כך זכינו לבחינת תפארת, בחינת יעקב – כולנו בני יעקב, בני ישראל. אך יש ברגעים אלו נגיעה בבחינת אברהם ויצחק שהיא גבוה מעל גבוה, והיא ביטוי להשראה האלוהית הקמאית ההופכת את ספירתו של יעקב – ספירת תפארת, לעמוקה ולנושאת בקרבה תנועות קוטביות עמוקות. אין זו פשרה; זהו מתח עמוק בין שני קטבים שהחיים מולידים אותם מחדש מן הארץ – 'אמת מארץ תצמח'.

נצח והוד – משה ואהרן
'משה ואהרן בכהניו ושמואל בקוראי שמו'

לאחר שעסקנו בשלושת האבות, אנו עוברים על פי הסדר הקבלי לאושפיזין הבאים: משה ואהרן, המייצגים את ספירות נצח והוד.

שתי הספירות הללו מאופיינות בדואליות, כדוגמת חסד וגבורה. כפי שראינו, שתיהן ממוקמות מימין ומשמאל לעץ הספירות, והן מקיימות ביניהן ברמה יישומית יותר (ככל שיורדים מלמעלה למטה עוברים מעולם המחשבה, דרך עולם המידות אל עולם המעשה) את המתח שבין חסד וגבורה.

א. 'וארא אל אברהם אל יצחק ואל יעקב באל שדי ושמי ה' לא נודעתי להם'

כשהקב"ה מתגלה למשה במעמד הסנה הוא מזדהה כאלוהי אבותיו – אברהם יצחק ויעקב – ובכך נוצרת רציפות היסטורית מתקופת האבות לגאולת ישראל במצרים, וממילא גם בין האבות עצמם לבין משה.

כשמשה מגיע מצרימה, פונה אליו הקב"ה בשנית:

> וַיְדַבֵּר אֱלֹהִים אֶל מֹשֶׁה וַיֹּאמֶר אֵלָיו אֲנִי ה׳. וָאֵרָא אֶל אַבְרָהָם אֶל יִצְחָק וְאֶל יַעֲקֹב בְּאֵל שַׁדָּי וּשְׁמִי ה׳ לֹא נוֹדַעְתִּי לָהֶם.
>
> (שמות ו, ב-ג)

פירושים רבים נכתבו על הביטוי ׳ושמי ה׳ לא נודעתי להם׳. זו הצעתו של הרמב״ן, שאליה הוא מגיע לאחר שהביא מספר פירושים שאינם שלו:

> ועל דרך האמת בא הכתוב כפשוטו ומשמעו, יאמר אני ה׳ נראתי להם באספקלריא של אל שדי, כטעם ׳במראה אליו אתודע׳ (במדבר יב, ו), ואותי אני ה׳ לא נודעתי להם, שלא נסתכלו באספקלריא המאירה שידעו אותי, כטעם ׳אשר ידעו ה׳ פנים אל פנים׳ (דברים לד, י), כי האבות ידעו ה׳ המיוחד אבל לא נודע להם בנבואה, ולכן כשידבר אברהם עם השם יזכיר השם המיוחד עם אלף דלת, או אלף דלת לבדו, והנה הענין, שהאבות היה גלוי השכינה להם והדבור עמהם במדת הדין רפה ונהג עמהם בה, ועם משה יתנהג ויודע במדת הרחמים שהוא בשמו הגדול.
>
> (רמב״ן, שמות ו, ב)

כפי שראינו בדיון שלנו על ספירות תפארת, נצח והוד, יתרונו של משה – ובמידה רבה גם זה של אהרן – הוא בכך שהם ניצבים מול הקב״ה כנציגי האומה. ליתרון זה לא זכו אברהם ויצחק; רק יעקב זכה לטעימה ראשונה מן ההנהגה האלוהית הציבורית. אך התייצבותו של משה מול הקב״ה כנציגה של האומה מקנה לו עמידה מלאה וטוטלית, שאיננה נוגעת לזכויותיו הפרטיות אלא להיותו נציגם של ישראל – זוהי זכותו העיקרית.

הדברים באים לידי ביטוי במדרש נפלא הקשור לימי בין המצרים. בשעה שגלו ישראל מארצם והרשות ניתנה לחרבם השלופה של אויביהם להכות בהם ללא רחם, עמד הקב״ה וביקש מאבות האומה שיבקשו רחמים על צאן מרעיתו. במצעד המנחמים והמבקשים מופיעים שלושת האבות, משה, ולבסוף רחל. בהקשר שלנו אין ענייננו בסופו של המדרש המתאר את דברי רחל, אלא בדברי האבות מול דברי משה. אביא אותם במלואם על אף אורכם, מפאת יופיים:

פתח אברהם לפני הקב"ה ואמר: רבונו של עולם, למאה שנה נתת לי בן וכשעמד על דעתו והיה בחור בן שלשים ושבע שנים אמרת לי העלהו עולה לפני, ונעשיתי עליו כאכזרי ולא ריחמתי עליו אלא אני בעצמי כפתתי אותו. ולא תזכור לי זאת ולא תרחם על בני?!

פתח יצחק ואמר: רבונו של עולם, כשאמר לי אבא 'אלהים יראה לו השה לעולה בני' (בראשית כב, ח) לא עכבתי על דבריך, ונעקדתי ברצון לבי על גבי המזבח ופשטתי את צוארי תחת הסכין. ולא תזכור לי זאת ולא תרחם על בני?!

פתח יעקב ואמר: רבונו של עולם, לא עשרים שנה עמדתי בבית לבן, וכשיצאתי מביתו פגע בי עשו הרשע ובקש להרוג את בני, ומסרתי עצמי למיתה עליהם. ועכשיו נמסרו ביד אויביהם כצאן לטבחה לאחר שגדלתים כאפרוחים של תרנגולים וסבלתי עליהם צער גידול בנים, כי רוב ימי הייתי בצער גדול בעבורם. ועתה לא תזכור לי זאת לרחם על בני?!

פתח משה ואמר: רבונו של עולם, לא רועה נאמן הייתי על ישראל ארבעים שנה ורצתי לפניהם כסוס במדבר, וכשהגיע זמן שיכנסו לארץ גזרת עלי במדבר יפלו עצמותי, ועכשיו שגלו שלחת לי לספוד ולבכות עליהם? זהו המשל שאומרים בני אדם: מטוב אדוני לא טוב לי, ומרעתו רע לי. באותה שעה אמר משה לירמיה: לך לפני שאלך ואביאם ואראה מי מניח ידו עליהם. אמר לו ירמיה: אי אפשר לילך בדרך מפני ההרוגים. אמר לו אף על פי כן. מיד הלך משה וירמיה לפניו עד שהגיעו לנהרות בבל. ראוהו למשה ואמרו זה לזה: בא בן עמרם מקברו לפדותינו מיד צרינו. יצתה בת קול ואמרה: גזירה היא מלפני. מיד אמר להם משה: בני, להחזיר אתכם אי אפשר שכבר נגזרה גזירה, אלא המקום יחזיר אתכם במהרה, והניח אותם. באותה שעה הרימו קולם בבכיה גדולה עד שעלתה בכייתם למרום, הדא הוא דכתיב 'על נהרות בבל שם ישבנו גם בכינו' (תהילים קלז, א).

(איכה רבה פתיחתא כד)

אברהם יצחק ויעקב מתארים מעשים גדולים מלאי עוז וגבורה שעשו במהלך חייהם למען הקב"ה, וממילא הם מבקשים שבזכות מעשיהם יכופר לישראל. הדבר בא לידי ביטוי בסיומת האחידה של דברי שלושתם: 'לא תזכור לי זאת

ולא תרחם על בני?!' – הזיקה בינם לבין ישראל היא זיקה של אבות ובנים, ומשום כך הם מבקשים ש'זכות אבות' תעמוד לבנים.

משה רבנו, לעומתם, לא מתאר את זכויותיו כי אם את האופן שבו הוא רעה את העם ורץ לפניהם 'כסוס' המוביל את רוכבו אל יעדו. הוא גם איננו מבקש מהקב"ה שיזכור את זכותו וירחם; משה, כהרגלו, קם ועושה מעשה. מניין למשה העוז לתבוע מהקב"ה את גאולתם של ישראל? מניין השכנוע שהוא יצליח היכן שהאבות נכשלו?

האבות מתייצבים מול הקב"ה כאנשים יחידים שבניהם בצרה, ואילו משה ניצב בפניו כרועה צאן, ואף למעלה מזה – כרועה צאן שהקב"ה עצמו שלח אותו, ומכוח שליחות זו הוא משמש גם כשליח של העם כלפיו. כוחו של משה איננו כוחו שלו כי אם כוחו של העם, שהוא בעצם כוחו של הקב"ה. משה ניצב מול שם הוי"ה, מול מידת הרחמים, כיוון שהוא איננו בא בשם עצמו.

לאחר חטא העגל מציע הקב"ה למשה הצעה בעלת משמעות מרחיקת לכת: 'וְעַתָּה הַנִּיחָה לִּי וְיִחַר אַפִּי בָהֶם וַאֲכַלֵּם וְאֶעֱשֶׂה אוֹתְךָ לְגוֹי גָּדוֹל' (שמות לב, י). הקב"ה מציע למשה להתחיל מהתחלה. משמעותה של הצעה זו היא שמשה יהפוך לאברהם, שאף עליו נאמר 'וְאֶעֶשְׂךָ לְגוֹי גָּדוֹל' (בראשית יב, ב). הקב"ה ניחם על עמו ומבקש להתחיל מהלך חדש שיתחיל ממשה; אומנם אין בכך הפרה של ההבטחה לאברהם, שכן משה אף הוא מצאצאיו, אולם בכל זאת מדובר במהלך חדש, שבראשו ניצב משה.

משה רבנו לא כשל בניסיון; הוא מסרב להצעה, ובהמשך אף אומר: 'וְעַתָּה אִם תִּשָּׂא חַטָּאתָם, וְאִם אַיִן מְחֵנִי נָא מִסִּפְרְךָ אֲשֶׁר כָּתָבְתָּ' (שמות לב, לב). משה איננו מוכן להתייצב בפני הקב"ה ולו לרגע אחד כעומד בזכות עצמו. כל מהותו של משה היא עמידתו כנציגם של העם, וכאמור – כשליחו של הקב"ה להיות נציגם.

נשוב כעת לשפת הספירות. שם הוי"ה הופיע בעולם בדמותו של יעקב, אולם הוא הופיע במהלך שבו יעקב הופך מיחיד לאב האומה – לישראל, וגם אז יעקב רק הביא את שם הוי"ה לעולם, ואילו התגלותו, הופעתו והשימוש בו באו לידי ביטוי במדרגה הבאה. בספירות חסד וגבורה שם הוי"ה עדיין לא הופיע בעולם – אברהם ויצחק זוכים רק לבחינת א־ל שד־י. אך בספירות נצח והוד שם הוי"ה כבר ניצב במלוא עוזו, ועל כן השימוש בו וההתגלות על ידו הם אפשריים. במובן זה ניתן לראות ביעקב את החוליה המקשרת

בין הנהגת האבות, שבמידה רבה עוצמתם באישיותם ובזכותם כיחידים שמקימים אומה, לבין הנהגת משה ואהרן המופיעים כנציגי הציבור. אומנם גם יעקב היה יחידי, אולם הוא פותח מהלך שבו כל שנים עשר בניו, כציבור, מקימים את האומה הישראלית.

במובן זה אפשר לראות את אברהם, יצחק ויעקב כמייסדים וכמעצבים את אופייה של האומה הישראלית. עבודתם של אברהם ויצחק – החסד והגבורה, יחד עם עבודתו של יעקב – התפארת, מניחים את היסודות של האומה, את הכוחות המניעים שלה ואת ערוצי התקשורת הנפתחים בינה לבין קונה.

תפקידם של משה ואהרן – נצח והוד, הוא להוציא מן הכוח אל הפועל את הכוחות השונים וההנהגות השונות שנוסדו בימי האבות. משה ואהרן אחראים על הפיכתו של שבט עבדים לעם בעל זהות לאומית ותודעה דתית במהלך ארבעים שנות נדודיו במדבר. הם אינם צריכים לכונן עבודה דתית, לעצב אופי של זהות או להיות 'בעלי זכויות'. חסדי אברהם, פחד יצחק ואמיתותו של יעקב הם הערכים, היסודות והעקרונות שאיתם פועלים משה ואהרן באיזונים שונים. הכול מתנקז ומתקבץ אל הנצח וההוד, היוצרים הרכבים שונים שמאפשרים לבנות הנהגת ציבור.

מעבר זה מאופיין בביטוי נוסף – תופעת הנבואה, כפי שאומר הרמב"ן, שאף היא מאפיינת את משה ואהרן והבאים אחריהם, בניגוד לאבות. על כך נעמוד בהמשך.

ב. 'הוא יהיה לך לפה ואתה תהיה לו לאלהים'

עד עתה התייחסנו למשה ואהרן כחטיבה אחת מול שלושת האבות. ננסה כעת לפרוט את הדברים:

מקובל לומר כי משה מזוהה עם ספירת נצח ואהרן עם ספירת הוד, הניצבת משמאלה.

על מערכת היחסים הנרקמת בין משה לאהרן אנו שומעים לראשונה בדברי ה' למשה במעמד הסנה. לאחר שמשה מהסס לקבל את השליחות שהטיל עליו הקב"ה, בין השאר בשל היותו כבד פה וכבד לשון, גוער בו הקב"ה:

וַיִּחַר אַף ה' בְּמֹשֶׁה וַיֹּאמֶר הֲלֹא אַהֲרֹן אָחִיךָ הַלֵּוִי יָדַעְתִּי כִּי דַבֵּר יְדַבֵּר הוּא וְגַם הִנֵּה הוּא יֹצֵא לִקְרָאתֶךָ וְרָאֲךָ וְשָׂמַח בְּלִבּוֹ. וְדִבַּרְתָּ אֵלָיו וְשַׂמְתָּ

אֶת הַדְּבָרִים בְּפִיו וְאָנֹכִי אֶהְיֶה עִם פִּיךָ וְעִם פִּיהוּ וְהוֹרֵיתִי אֶתְכֶם אֵת אֲשֶׁר תַּעֲשׂוּן. וְדִבֶּר הוּא לְךָ אֶל הָעָם וְהָיָה הוּא יִהְיֶה לְּךָ לְפֶה וְאַתָּה תִּהְיֶה לּוֹ לֵאלֹהִים.

(שמות ד, יד-טז)

הפרשנות המקובלת של היחס בין אהרן למשה מסבירה את הביטוי 'ואתה תהיה לו לאלהים' כתיאור של הדרכה, ציווי והנהגה.

המדרש מסביר את כבדות הפה של משה כגמגום שהוא תוצאה של כוויה, אך לאורך התורה כולה ניכר כי משה למד את מלאכת הדיבור, והוא פונה אל העם ומדבר עימו ללא היסוס. על כן תיתכן פרשנות אחרת, שלפיה כבדות הפה איננה גמגום אלא היעדר יכולת מתודית, ואולי אף רוחנית, לתרגם את דברי הקב"ה לעם. גם דברים נשגבים ומרוממים זוקקים תרגום מעשי ומוחשי; את הרעיונות הגדולים יש לקצוב בהגדרות מובנות ותחומות – משפטים, מילים ואותיות. למשה יש כוח בשפע, אך ללא הקצבה והגדרה; לשם כך צריך את אהרן. אהרן יושב בקרב עמו – הוא מכיר את שפתם ואת תובנותיהם, ויודע את הדרך שבה יש לקצוב ולהגדיר את הרעיונות הכבירים שמשה שומע מפי הגבורה. הדבר עולה מדימוי המופיע בזוהר הקדוש ביחס למשה ואהרן ומבואר בחסידות:

מֹשֶׁה שׁוּשְׁבִינָא דְּמַלְכָּא, אַהֲרֹן שׁוּשְׁבִינָא דְּמַטְרוֹנִיתָא. וְעִמְּהוֹן שִׁבְעִין וּתְרֵין סַנְהֶדְרִין, כְּמִנְיַן חֶסֶד, וּמֵהָכָא סַנְהֶדְרֵי גְּדוֹלָה. סַנְהֶדְרֵי קְטַנָּה מִסִּטְרָא דִּשְׂמָאלָא, 'אֶת הַמָּאוֹר הַקָּטֹן לְמֶמְשֶׁלֶת הַלַּיְלָה' (בראשית א, טז).

(זוהר ח"ג רעה ע"ב)

[תרגום: מֹשֶׁה שׁוֹשְׁבִין הַמֶּלֶךְ, אַהֲרֹן שׁוֹשְׁבִין הַמַּלְכָּה. וְעִמָּהֶם שִׁבְעִים וּשְׁנַיִם סַנְהֶדְרִין, כְּמִנְיַן חֶסֶד, וּמִכָּאן סַנְהֶדְרִין גְּדוֹלָה. סַנְהֶדְרִין קְטַנָּה מִצַּד הַשְּׂמֹאל, 'אֶת הַמָּאוֹר הַקָּטֹן לְמֶמְשֶׁלֶת הַלַּיְלָה'].

משה הוא שושבין המלך, ואהרן שושבין המלכה. מחד גיסא, התפקיד של שניהם הוא לחבר בין הקב"ה לכנסת ישראל. ראינו זאת גם ביחס לתפקיד הממשי ההיסטורי של משה ואהרן, שהיו המתווכים בין הקב"ה לעם ישראל בתקופה שבה התגבשה מערכת היחסים הראשונה בין הקב"ה לישראל כעם: יציאת מצרים, מתן תורה, תקופת המדבר עד הכניסה לארץ – ברית סיני וברית ערבות מואב. זוהי מערכת יחסים מורכבת, שמי שאמונים עליה ומלווים

אותה הם משה ואהרן. ראינו זאת גם מצד הספירות – נצח והוד, הנמצאות בתווך בין תפארת לבין מלכות (יחד עם יסוד).

אלא שאף ששניהם אמונים על התיווך והזיווג, הרי משה 'מייצג' את המלך ומלווה אותו אל השידוך, ואהרן את המלכה. כך מסביר את הדברים ר' נפתלי מרופשיץ, תלמיד החוזה מלובלין:

כי הנה משה היה שושבינא דמלכא ואהרן שושבינא דמטרוניתא. דמצינו במשה שהיה מתרעם על ישראל, ואמר להם 'ממרים הייתם עם ה'' כו' (דברים ט, ז), וכמה ענינים כאלו, ואמר להם 'כי עם קשה עורף הוא' (שמות לד, ט), כי הוא היה שושבינא דמלכא, והיה התקרבותו למלך מלכי המלכים הקב"ה, וידע מדת טובו יתברך שמו, כמו שנאמר 'אני אעביר כל טובי על פניך' (שם לג, יט), ועל ידי זה המשיך מדת רחמיו ית"ש לכנסת ישראל, נמצא שקירב את הקב"ה לכנסת ישראל, כדרך שושבין של החתן שמקרב אותו להכלה, על ידי התקרבותו להחתן מוליך אותו להכלה. ואהרן היה מדתו לקרב כנסת ישראל להקב"ה, כדרך שושבין הכלה, שמקשט ומלביש ומייפה את הכלה ומוליכה להחתן, כן עשה אהרן, רודף שלום והשיב רבים מעון, וקישט את כנסת ישראל שתבוא לפניו ית"ש.

(זרע קודש, שמיני)

העובדה שמשה מוכיח את העם ומבקש רחמים עבורו מאת ה' נובעת מכך שהוא קרוב לה', והוא מנסה לקרב את ה' אל העם – מלמעלה למטה. אהרן, לעומתו – בעיקר על פי חז"ל – מתואר כרודף שלום המשיב את הרבים מעוון, ותפקידו הוא להכין את כנסת ישראל למפגש עם הקב"ה ולקרבה אליו. אולי נוסיף שהדבר בא לידי ביטוי גם בחטא העגל – משה על ההר מקבל תורה מאת ה', ואהרן צריך להתמודד עם רגשי העם ומצוקותיו.

ייתכן שיש זמנים שבהם משה גבוה מדי – 'כִּי זֶה מֹשֶׁה הָאִישׁ אֲשֶׁר הֶעֱלָנוּ מֵאֶרֶץ מִצְרַיִם לֹא יָדַעְנוּ מֶה הָיָה לוֹ' (שמות לב, כג), ולעומת זאת אהרן עלול לעיתים להיסחף אחר חולשתו של העם (כמו בחטא העגל); לכן עליהם לקבל זה מזה. כל אחד מביא אל משימת השידוך את העמדה הנדרשת מנקודת מבטו.

דברים דומים אך מחודדים יותר מופיעים אצל ר' צדוק הכוהן:

ומשה ואהרן שהם כנגד נצח והוד נקראו תרין שושבינין, כמו שאמר בזוהר הקדוש משה שושבינא דמלכא אהרן שושבינא דמטרוניתא. וכן במדרש (רבה ותנחומא עקב) שני לוחות כנגד שני שושבינין, כנגד שני תורות, תורה שבכתב ותורה שבעל פה. והיינו דמשה רבינו ע"ה שורש תורה שבכתב, שהוא הוריד התורה מן השמים. ואהרן שורש תורה שבעל פה, כמו שנאמר 'הוא יהיה לך לפה' וכתיב 'כי שפתי כהן וגו' ותורה יבקשו מפיהו'.

(פרי צדיק, במדבר ז)

לדימוי שראינו, שמשה הוא שושבין המלך – קוב"ה, ואהרן שושבין המטרוניתא – כנסת ישראל, מוסיף ר' צדוק דימוי נוסף: משה הוא התורה שבכתב, ואהרן הוא התורה שבעל פה המבארת אותה ומתאימה אותה לארץ.

במידה רבה, היחס שבין שתי הפעולות הוא היחס שבין החסד והגבורה. החסד הוא השפע, הרעיונות הזורמים ללא גבולות וללא הגדרות. תפקידה של הגבורה הוא לתחום, לקצוב ולהגדיר. הגבורה, במידה רבה, היא פיה של ספירת חסד, בכך שהיא משמשת לה כלי ברירה והגדרה. כך גם ביחס שבין נצח והוד: הנצח נושא בקרבו את תנועת ההשפעה, בעוד ההוד נושא בקרבו את תנועת הבלימה והחיתוך. על פי הבחנה זו עולה יפה הקביעה כי משה הוא הנצח ואהרן הוא ההוד, וכך מתקיימת הזיקה שבין ימין ושמאל גם ביחס שביניהם.

מערכת יחסים זו נשמרת גם בזיקה אחרת המתקיימת בין משה לאהרן. בסוף חנוכת הנשיאים בספר במדבר אנו מוצאים את הפסוק הבא:

וּבְבֹא מֹשֶׁה אֶל אֹהֶל מוֹעֵד לְדַבֵּר אִתּוֹ וַיִּשְׁמַע אֶת הַקּוֹל מִדַּבֵּר אֵלָיו מֵעַל הַכַּפֹּרֶת אֲשֶׁר עַל אֲרֹן הָעֵדֻת מִבֵּין שְׁנֵי הַכְּרֻבִים וַיְדַבֵּר אֵלָיו.

(במדבר ז, פט)

הפרשה הבאה נפתחת בצו הבא:

וַיְדַבֵּר ה' אֶל מֹשֶׁה לֵּאמֹר. דַּבֵּר אֶל אַהֲרֹן וְאָמַרְתָּ אֵלָיו בְּהַעֲלֹתְךָ אֶת הַנֵּרֹת אֶל מוּל פְּנֵי הַמְּנוֹרָה יָאִירוּ שִׁבְעַת הַנֵּרוֹת. וַיַּעַשׂ כֵּן אַהֲרֹן אֶל מוּל פְּנֵי הַמְּנוֹרָה הֶעֱלָה נֵרֹתֶיהָ כַּאֲשֶׁר צִוָּה ה' אֶת מֹשֶׁה. וְזֶה מַעֲשֵׂה הַמְּנֹרָה

מִקְשָׁה זָהָב עַד יְרֵכָהּ עַד פִּרְחָהּ מִקְשָׁה הִוא כַּמַּרְאֶה אֲשֶׁר הֶרְאָה ה' אֶת מֹשֶׁה כֵּן עָשָׂה אֶת הַמְּנֹרָה.

(שם ח, א-ד)

חז"ל ביקשו ליצור זיקה בין הציווי לאהרן על המנורה לפרשה שקדמה לה – חנוכת הנשיאים. הם הציעו כי ציווי זה בא כתגובה לקנאה שאחזה באהרן למראה הנשיאים המביאים את מתנותיהם. ניתן אולי לקשור את הדברים לפסוק האחרון של פרשיית הנשיאים, שאיננו נוגע לנשיאים אלא דווקא למשה: בפסוק זה מתואר הקול המדבר מבין שני הכרובים, והזיקה שבין המנורה לבין הכרובים היא מובהקת – הן מצד הצורה הן מצד החומרים.

הכרובים, כפי שמצוין בפסוק זה, הם מקום ההתוועדות – שם מופיע הקב"ה בדמות הקול המדבר. המנורה, ובעיקר הנר המערבי שבה, אף היא סמל לגילוי שכינה: כל זמן שהשכינה שורה הנר המערבי דולק, ממש כשם שכל זמן שישראל עושים רצונו של מקום פני הכרובים פונים איש אל אחיו. הכרובים הם ביטוי לגילוי השכינה שבקודש הקודשים, והמנורה לגילוי השכינה שבקודש.

השכינה המתגלה בקודש הקודשים היא בדמותו של קול, בעוד השכינה המתגלה בקודש היא בדמותו של מראה – אור.

את השכינה המתגלה בקודש הקודשים פוגש משה בבואו אל אוהל מועד, כפי שכתוב בסוף הפרשה של חנוכת הנשיאים. את השכינה המתגלה בקודש פוגש אהרן – בהעלותו את המנורה. על פי הבחנה זו ניתן להגדיר באופן מדויק יותר את התפקידים השונים של משה ואהרן. גם משה וגם אהרן הם 'חוליה מקשרת' בין ישראל לבין הקב"ה, ושניהם מביאים את השכינה להתגלות. משה מביא אותה אל מאחורי הפרגוד, באופן בלתי נתפס, ללא מראה – רק קול. אהרן מביא אותה לידי גילוי נראה – אור המנורה.

בדיוננו בספירת כתר עמדנו על ההבדל שבין שמיעה לראייה. ראינו כי השמיעה, על פי הרב הנזיר, היא ביטוי להשגה מופשטת וקליטה רוחנית שאיננה ניתנת להגדרה, בעוד הראייה מבטאת הבנה, הגדרות וקטלוג. הנבואה שמשה זכה לה היא נבואה של קול מדבר בלתי נתפס ובלתי מושג, המתרחשת מאחורי הפרגוד. אהרן, לעומתו, רואה את האור. ההשגה שאהרן זוכה לה – ואותה הוא משפיע על כל העם – היא השגה נתפסת. למעלה

מזה: אהרן זוכה להשגתו על ידי עבודה – הקרבת התמיד, דישון המזבח, הקטרת הקטורת והטבת הנרות. העבודה היא יצירת כלים המאפשרים לשכינה להיקלט בקרבם בדמותם של אש, אור וריח.

גם הבחנה זו עולה בקנה אחד עם המתח שבין ימין לשמאל. הימין מתאר תמיד את המופשט והבלתי מושג, בעוד השמאל מצמצם ומגביל, ועל ידי כך יוצר כלים שלתוכם השפע נשפע ואז ניתן לתפיסה. כך בחכמה מול הבינה, בחסד מול הגבורה, וממילא גם בנצח אל מול ההוד.

אולם עתה נסייג מעט את דברינו, וזאת בעזרת דבריו של ר׳ לוי יצחק מברדיטשב:

> ברית מלח עולם. הוא נאמר אחר מעשה קרח, כי קרח רצה להיות כולם כהנים ולא לוי, וכהן מורה על חסד ולוי על דין, ורצה להיות הכל חסד, ובאמת צריך שיהיה דין ורחמים בעולם. והנה הרמב״ן הקדוש כתב: המלח הוא כח אש אשר במים נמצא המלח הוא מן כח אש ומים, היינו דין וחסד שניהם הם הנהגת העולמות. וזה שנאמר זה אחר מעשה קרח להראות כי בטל מעשה קרח שרצה להיות כולו חסד, ולא כן הוא כי צריך להיות דין וחסד.
>
> (קדושת הלוי, קרח)

ר׳ לוי יצחק מסביר את שאיפתו של קרח כמבטאת רצון לחסד גמור שאין בו דין. הכהונה שאותה ביקש קרח היא על פי ר׳ לוי יצחק סמל לחסד גמור, בעוד שהלְוייה היא סמל לדין. ואכן, כשמציבים את הכהונה מול הלְוייה ההבחנה הזו בהחלט מתקבלת על הדעת.

תפקידם של הלוויים ביחס למשכן מופיע בתחילת ספר במדבר:

> וְאַתָּה הַפְקֵד אֶת הַלְוִיִּם עַל מִשְׁכַּן הָעֵדֻת וְעַל כָּל כֵּלָיו וְעַל כָּל אֲשֶׁר לוֹ, הֵמָּה יִשְׂאוּ אֶת הַמִּשְׁכָּן וְאֶת כָּל כֵּלָיו וְהֵם יְשָׁרְתֻהוּ וְסָבִיב לַמִּשְׁכָּן יַחֲנוּ. וּבִנְסֹעַ הַמִּשְׁכָּן יוֹרִידוּ אֹתוֹ הַלְוִיִּם וּבַחֲנֹת הַמִּשְׁכָּן יָקִימוּ אֹתוֹ הַלְוִיִּם, וְהַזָּר הַקָּרֵב יוּמָת. וְחָנוּ בְּנֵי יִשְׂרָאֵל אִישׁ עַל מַחֲנֵהוּ וְאִישׁ עַל דִּגְלוֹ לְצִבְאֹתָם. וְהַלְוִיִּם יַחֲנוּ סָבִיב לְמִשְׁכַּן הָעֵדֻת וְלֹא יִהְיֶה קֶצֶף עַל עֲדַת בְּנֵי יִשְׂרָאֵל, וְשָׁמְרוּ הַלְוִיִּם אֶת מִשְׁמֶרֶת מִשְׁכַּן הָעֵדוּת.
>
> (במדבר א, נ-נג)

תפקיד הלוויים הוא כפול: ראשית – הקמת המשכן, פירוקו ונשיאתו בזמן הנסיעה; שנית – שמירה על המשכן מפני הזר המבקש להתקרב. ההתעסקות בחלקיו הפיזיים של המשכן מצד אחד, וההגנה עליו מפני התקרבותם של זרים מצד שני, משווים אופי 'דיני' לתפקידם של הלוויים ביחס למשכן. במידה מסוימת ניתן לומר כי תפקידם של הכוהנים הוא להפיח את הרוח בכלים שבהם מתעסקים הלוויים.

הבחנה זו, המציבה את הכהונה בימין הספירות – בחסד, ואת הלוויה לשמאלה בדין, לכאורה איננה תואמת את העמדתו של משה הלוי בצד ימין ואהרן הכוהן בצד שמאל. אומנם ראינו שעמדה זו נובעת מכך שמשה מייצג את הנבואה, וכשזו ניצבת מול הכהונה והעבודה הרי משה שייך לימין ואהרן לשמאל. לעומת זאת, השוואת הלוויים לכוהנים על פי ר' לוי יצחק היא ביחס לעבודה בלבד – עבודת הלוויים מול עבודת הכוהנים, ומנקודת מבט זו הלוויים נמצאים משמאל והכוהנים מימין.

אולי יש זכר למקומו של משה בימין, כאבי הנביאים, בעבודת הלוויים המתחדשת במקדש: השירה והזמרה מתקשרות לעולם הנבואה, ובנקודה זו הלוויים יתייצבו בשנית לימינם של הכוהנים – כמשה רבם, אבי הנביאים.[4]

ג. נבואה ותפילה

בדיוננו על ספירות נצח והוד כבר עמדתי על כך שספירות אלו מכונות 'רגלי השכינה', והן מקורה של הנבואה. הנבואה איננה צומחת בספירות חסד וגבורה, ואיננה מתכונותיהם של שלושת האבות. 'הַשָּׁמַיִם כִּסְאִי וְהָאָרֶץ הֲדֹם רַגְלָי' (ישעיהו סו, א), אומר הנביא ישעיהו; רגלי השכינה נמצאות בארץ. בלשון אחרת הוא אומר 'וָאֶרְאֶה אֶת אֲדֹנָ־י יֹשֵׁב עַל כִּסֵּא רָם וְנִשָּׂא וְשׁוּלָיו מְלֵאִים אֶת הַהֵיכָל' (שם ו, א) – רגלי השכינה הממלאות את העולם באות בדמותה של הנבואה, שהיא הדרך שבה בחר ה' להופיע בקרב עמו.

גם במובן זה מתייחדים משה ואהרן לעומת אבותינו אברהם יצחק ויעקב, כפי שציין הרמב"ן לעיל. לידתו של העם בימי משה ואהרן מביאה

4. כידוע, השירה מתקשרת לנבואה – 'וְעַתָּה קְחוּ לִי מְנַגֵּן וְהָיָה כְּנַגֵּן הַמְנַגֵּן וַתְּהִי עָלָיו יַד ה'' (מלכים ב' ג, טו). ואם כן, שירת הלוויים מביאה את פן הנבואה לעבודת המקדש. המבקש להעמיק בסוגיה יעיין בדרשה של ר' חיים מטשרנוביץ' המובאת בספר באר מים חיים, קרח טז.

בקרבה גם סוג חדש של התקשרות בין הקב"ה לעולם. התקשרות זו מאפשרת ל'עצמות' האלוהית, המתגלמת בדמותה של ספירת תפארת, ללבוש צורה חדשה, יישומית, כפי שהיא מופיעה בחזונם של הנביאים.

המעבר מחסד, גבורה ותפארת אל נצח והוד הוא צעד חשוב קדימה בהעצמת הנוכחות האלוהית בעולם – רגלי השכינה. הדברים הבאים של ר' יוסף ג'יקטיליה יחדדו את העניין:

'השמים כסאי והארץ הדום רגלי'. נמצא שה' יתברך היה שרוי במיצוע שוה בין העליונים ובין התחתונים. בא אדם הראשון וחטא, נתקלקלו השורות ונשתברו הצינורות ונפסקו הבריכות, ונסתלקה שכינה ונתפרדה החבילה. באו אברהם יצחק ויעקב עליהם השלום, התחילו להמשיכה למטה ותיקנו לה ג' כסאות, והמשיכוה קצת המשכה ועשו גופותיהם כסאות לשכינה, אבל לא נמשכה השכינה בארץ לדירת קבע, אלא לדירת עראי, והיתה יושבת על גביהם. והסוד, 'ויעל אלהים מעל אברהם' (בראשית יז, כב), רוצה לומר מעל אברהם ממש. וביעקב 'ויעל מעליו אלהים' (שם לה, יג), ועל זה אמרו: האבות הם המרכבה. נמצא השכינה בימיהם פורחת באוויר, ולא מצאה מנוח לכף רגלה בארץ כאשר בתחילת הבריאה. בא משה רבינו עליו השלום וכל ישראל עמו ועשו משכן וכלים, ותיקנו קלקול הצינורות, וסידרו את השורות, והתקינו את הבריכות, והמשיכו מים חיים מבית השואבה והחזירו השכינה לשכון בתחתונים, באוהל, אבל לא בקרקע כאשר בתחילת הבריאה, וסוד זה הוא 'ועשו לי מקדש ושכנתי בתוכם' (שמות כה, ח). ונמצאת השכינה כאכסנאי הולך ממקום למקום, ולזה אמר 'ושכנתי בתוכם' ולא אמר ושכנתי למטה, אלא בתוכם, בדמיון אכסנאי. כלומר, בכל מקום שילכו ישראל אלך עמהם ואשכון בתוכם, אבל לא במקום קבוע, וזהו סוד 'ויהי בנסוע הארו"ן' וגו' (במדבר י, לה) ועל דרך זה הסוד נצטער דוד וביקש לקבוע מקום לשכינה למטה במקום קבוע, וזהו סוד 'אשר נשבע לה'' (תהילים קלב, ב).

(שערי אורה, שער ראשון)

בימי האבות השכינה 'ביקרה' בארץ, וכשסיימה את 'משימתה', כביכול, שבה למקומה – 'וַיַּעַל אֱלֹהִים מֵעַל אַבְרָהָם' (בראשית יז, כב), וכן אצל יעקב – 'וַיַּעַל מֵעָלָיו אֱלֹהִים' (שם לה, יג). משה ואהרן ובני ישראל בנו את הכלים

המשכינים את השכינה בארץ, ומאז החלה הנבואה להופיע בישראל כתופעה רציפה המבטאת את נוכחות השכינה בקרבם.

ר' יוסף ג'יקטיליה עומד על כך שהמהלך לא הושלם עד שבא דוד המלך – ספירת מלכות, והכשיר את הקרקע לבניית המקדש – שיביא למשכנה הקבוע של השכינה בקרב הארץ. כך יש להבין את דברי הקב"ה לדוד ברצותו לבנות בית לה':

> כִּי לֹא יָשַׁבְתִּי בְּבַיִת לְמִיּוֹם הַעֲלֹתִי אֶת בְּנֵי יִשְׂרָאֵל מִמִּצְרַיִם וְעַד הַיּוֹם הַזֶּה וָאֶהְיֶה מִתְהַלֵּךְ בְּאֹהֶל וּבְמִשְׁכָּן. בְּכֹל אֲשֶׁר הִתְהַלַּכְתִּי בְּכָל בְּנֵי יִשְׂרָאֵל הֲדָבָר דִּבַּרְתִּי אֶת אַחַד שִׁבְטֵי יִשְׂרָאֵל אֲשֶׁר צִוִּיתִי לִרְעוֹת אֶת עַמִּי אֶת יִשְׂרָאֵל לֵאמֹר לָמָּה לֹא בְנִיתֶם לִי בֵּית אֲרָזִים [...] וּלְמִן הַיּוֹם אֲשֶׁר צִוִּיתִי שֹׁפְטִים עַל עַמִּי יִשְׂרָאֵל וַהֲנִיחֹתִי לְךָ מִכָּל אֹיְבֶיךָ וְהִגִּיד לְךָ ה' כִּי בַיִת יַעֲשֶׂה לְּךָ ה'. כִּי יִמְלְאוּ יָמֶיךָ וְשָׁכַבְתָּ אֶת אֲבֹתֶיךָ וַהֲקִימֹתִי אֶת זַרְעֲךָ אַחֲרֶיךָ אֲשֶׁר יֵצֵא מִמֵּעֶיךָ וַהֲכִינֹתִי אֶת מַמְלַכְתּוֹ. הוּא יִבְנֶה בַּיִת לִשְׁמִי וְכֹנַנְתִּי אֶת כִּסֵּא מַמְלַכְתּוֹ עַד עוֹלָם.

(שמואל ב' ז, ו–יג)

בימי משה ואהרן ירדה השכינה לשכון בקרב ישראל, כפי שנאמר במבוא לבניית המשכן – 'וְעָשׂוּ לִי מִקְדָּשׁ וְשָׁכַנְתִּי בְּתוֹכָם' (שמות כה, ח). אולם משכן זה איננו בית הקבע, כשם שהוא מסמל עבור ישראל את ארעיותם והיעדר הקביעות שלהם. הקב"ה משיב לדוד כי השלב הבא, המעבר ממשכן ארעי למשכן של קבע, צריך להיעשות בהתאם למעבר של ישראל ממצב ארעי למצב של קבע, וזה יקרה רק בימי שלמה בנו. אומנם דוד הוא המכשיר את הקרקע, הן מבחינה רוחנית הן מבחינה פיזית, אולם המעבר יתרחש רק בדור הבא.

הנבואה, אם כן, מסמלת את המעבר של גילוי השכינה מהופעה מקומית אצל האבות לנוכחות קבועה. הדבר כמובן קשור גם לעובדה שעליה עמדנו לעיל – האבות הם אנשים פרטיים, ולכן גם לא כל בניהם המשיכו את דרכם. ממילא השכינה איננה יכולה לשכון אצלם דרך קבע, אלא רק להופיע בכל פעם למי שראוי לכך ולמי שנבחר להמשיך. מבני יעקב ואילך, ובעיקר בימי היציאה ממצרים, ישראל מופיעים כציבור ולא כיחידים; ציבור שבו כולם ראויים וכולם נבחרים, ועל כן אף השכינה שוכנת בקרבם דרך קבע.

משה ואהרן, אם כן, מסמלים את התחדשות הנבואה, אולם שיאה של תקופת הנבואה מגיע כמה שנים מאוחר יותר, בימי שמואל הנביא.

חז״ל דרשו את הפסוק: ׳מֹשֶׁה וְאַהֲרֹן בְּכֹהֲנָיו וּשְׁמוּאֵל בְּקֹרְאֵי שְׁמוֹ׳ (תהילים צט, ו). פסוק זה מלמדנו, על פי חז״ל, כי שמואל שקול היה למשה ואהרן:

> והוא [=שמואל] שקול כנגד משה. למשה אמר הקב״ה ׳לא כן עבדי משה בכל ביתי נאמן הוא׳ (במדבר יב, ז), ולשמואל אמר ׳וידע כל ישראל מדן ועד באר שבע כי נאמן שמואל לנביא לה׳׳ (שמואל א׳ ג, כ). לפיכך אמר הכתוב ׳אם יעמוד משה ושמואל לפני אין נפשי לעם הזה׳ (ירמיהו טו, א). והיה שקול כמשה ואהרן, שנאמר ׳משה ואהרן בכהניו ושמואל בקראי שמו׳.
>
> (תנחומא צו, יג)

נאמנותו של משה כנאמנותו של שמואל, ועמידתם של משה ואהרן בתפילה כעמידתו של שמואל; על אלו וגם על זה נאמר: ׳וְהוּא יַעֲנֵם׳.

במדרש אחר, חז״ל הרחיקו לכת אף יותר:

> דבר אחר, משכו וקחו לכם צאן, הדא הוא דכתיב ׳פלס ומאזני משפט לה׳׳ (משלי טז, יא). וכן מצינו משה ושמואל שוין כאחת שנאמר ׳משה ואהרן בכהניו ושמואל בקוראי שמו׳. בא וראה כמה בין משה לשמואל. משה היה נכנס ובא אצל הקב״ה לשמוע הדבור, ואצל שמואל היה הקב״ה בא, שנאמר ׳ויבא ה׳ ויתיצב׳ (שמואל א׳ ג, י). למה כך, אמר הקב״ה: בדין ובצדקה אני בא עם האדם. משה היה יושב ומי שהיה לו דין בא אצלו ונידון, שנאמר ׳וישב משה לשפוט את העם׳ (שמות יח, יג). אבל שמואל היה טורח בכל מדינה ומדינה ושופט כדי שלא יצטערו לבא אצלו, שנאמר ׳והלך מדי שנה בשנה׳ (שמואל א׳ ז, טז). אמר הקב״ה: משה שהיה יושב במקום אחד לדון את ישראל יבא אצלי לאוהל מועד לשמוע הדבור, אבל שמואל שהלך אצל ישראל בעיירות ודן אותם אני הולך ומדבר עמו. לקיים מה שנאמר ׳פלס ומאזני משפט לה׳׳.
>
> (שמות רבה טז, ד)

מדרש זה אף מרומם את שמואל על פני משה. משה יושב לשפוט את העם וכל דין בא אצלו, ואילו שמואל טורח בכל מדינה ומדינה ושופט, כדי שלא יצטרכו לטרוח ולבוא עד אליו.

נדמה כי התהלכותו של שמואל בכל הארץ איננה רק עניין של 'הטבת תנאים' לנשפטים ולנידונים; הנביא המסתובב בארץ מפזר את רוח הנבואה בקרבה. 'ומנין לשלשה שיושבין בדין ששכינה עמהם, שנאמר "בקרב אלהים ישפט"' (ברכות ו ע"א): לכל מקום שבו שמואל מושיב בית דין לשפוט הוא מביא את נוכחותה של השכינה, קל וחומר כשמדובר בשופט שהוא גם נביא. ממילא גומל הקב"ה עם שמואל ובא אליו, וגם משמעותה של ביאה זו איננה רק גמילות חסד עם הנביא, אלא יש בה אמירה רוחנית בעלת משמעות. הנבואה מחזקת את נוכחותה של השכינה בקרב הארץ: נביא כשמואל המתהלך בקרב הארץ לא רק מביא את רוח הנבואה לכל מקום, אלא גם מייסד את מוסד 'להקות הנביאים' ו'בני הנביאים', העוסקים ברכישת מלאכת הנבואה ובהתנבאות משותפת בחבורות:

> וַיִּשְׁלַח שָׁאוּל מַלְאָכִים לָקַחַת אֶת דָּוִד וַיַּרְא אֶת לַהֲקַת הַנְּבִיאִים נִבְּאִים וּשְׁמוּאֵל עֹמֵד נִצָּב עֲלֵיהֶם וַתְּהִי עַל מַלְאֲכֵי שָׁאוּל רוּחַ אֱלֹהִים וַיִּתְנַבְּאוּ גַּם הֵמָּה.

(שמואל א' יט, כ)

מימי שמואל אנו מוצאים תופעה זו כתופעה שגרתית לאורך שנים רבות, ומייסדה, כאמור, לא היה משה אלא שמואל. בכך כפי הנראה מעלתו גדולה משל משה, ועל אף גדולתו של משה בכוח נבואתו, בכל זאת הנבואה מגיעה לשיא הופעתה דווקא בימי שמואל.

אולי כך יש להבין את ההבדל בין 'מֹשֶׁה וְאַהֲרֹן בְּכֹהֲנָיו' ל'שְׁמוּאֵל בְּקֹרְאֵי שְׁמוֹ' (תהילים צט, ו). משה ואהרן אומנם מסובבים בכוהנים ולוויים – אנשי מעלה וסגולה, אצילי העם, אך הם הנושאים בנטל הנבואה והפנייה אל הקב"ה. שמואל, לעומתם, מוקף ב'קוראי שמו': אלו הם חבורות הנביאים, ותיקים ומתלמדים – כל מי שחפץ לקרוא בשם ה' ונמצא ראוי לכך. חבורה זו, המקיפה את שמואל, היא זו שהופכת אותו לשקול כמשה ואהרן.

אומנם מקומו של שמואל נפקד מקרב שבעת האושפיזין, אולם לא ניתן לדבר על משה ואהרן כ'רגלי השכינה' וכמביאי הנבואה לישראל בספירות נצח והוד בלי להתייחס אליו, כפי שאכן עושים בעלי הסוד.

בעוונותינו, בימינו נעדרת השכינה מישראל, אולם ׳קוראי שמו׳ יש ויש. התפילה והבקשה מונחות אף הן בספירות נצח והוד:

> ומאחר שתשלים י״ג [=ברכות ראשונות של תפילת עמידה] מיד תתחיל בעבודה ואומר רצה שזו היא מדבר בנצח שהתפלה והעבודה הכל הוא בנצח וההודאה בהוד.

(ספר הקנה, ׳ענין יראת המקום׳)

התפילה אף היא מניחה כהנחת יסוד את נוכחותה של השכינה: ׳דִּרְשׁוּ ה׳ בְּהִמָּצְאוֹ קְרָאֻהוּ בִּהְיוֹתוֹ קָרוֹב׳ (ישעיהו נה, ו). רגלי השכינה השוכנות בארץ מאפשרות לנו לפנות אליה מתוך חוויה של נוכחות, וחוויה זו מתאפשרת דרך שעריהן של ספירות נצח והוד. מכאן שבכל נבואה יש סממן של תפילה, ובכל תפילה יש סממן של נבואה.

מן השערים של ספירות נצח והוד, שעריהם של ׳מֹשֶׁה וְאַהֲרֹן בְּכֹהֲנָיו וּשְׁמוּאֵל בְּקֹרְאֵי שְׁמוֹ׳, קוראים כל בני האדם אל ה׳. ואם זכו – ׳וְהוּא יַעֲנֵם׳.

יסוד ומלכות – יוסף ודוד
יוסף – צדיק יסוד עולם

בהקדמה לנספח על שבעת האושפיזין ראינו שיוסף מזוהה עם ספירת יסוד. זיהוי זה יוצר מחלוקת ביחס לסדר האושפיזין בסוכות בין ההולכים בדרך תורת הסוד להולכים בדרך תורת הנגלה.

המחלוקת פורצת ביום הרביעי לחג הסוכות, לאחר שלושת הימים הראשונים של אברהם יצחק ויעקב. על פי הסדר הכרונולוגי היום הרביעי הוא יומו של יוסף, ואחריו באים משה, אהרן ודוד. על פי הסדר הקבלי, לעומת זאת, שלפיו גם מסודר נספח זה, היום הרביעי והחמישי הם ימיהם של משה ואהרן, ורק ביום השישי מגיע יוסף; שהרי ספירת יסוד, ספירתו של יוסף, היא הספירה השישית.

לכאורה חובת ההוכחה מוטלת על הסדר הקבלי, במיוחד על פי העיקרון שראינו עד כה שלפיו האבות וגדולי אומתנו מייצגים התפתחות היסטורית והשתלשלות הדרגתית של ההופעה האלוהית בעולם. יש להסביר

כיצד ייתכן שיוסף, שקדם למשה ואהרן, משקף שלב מאוחר יותר בסדר הספירות המבטא את סדר ההופעה האלוהית בעולם.

א. 'אין קורין אבות אלא לשלושה'

הגמרא בברכות טז ע"ב קובעת כי אברהם, יצחק ויעקב הם האבות ואין בלתם. קביעה זו, כך נדמה, מתבקשת על רקע השוואת תולדותיהם של האבות לתולדותיו של יוסף.

החל מפרשת לך לך עוסק ספר בראשית במשפחתו של אברהם: פרקים רבים עוסקים בדמותו של אברהם, קצת פחות פרקים בדמותו של יצחק, ושוב כמות גדולה של סיפורים עוסקת בדמותו של יעקב. בסופה של פרשת וישלח התורה עוברת לשנים עשר בני יעקב, הראויים כולם להיכלל בהבטחה האלוהית; אולם התמקדותה של התורה מפרשת וישב ועד סופו של ספר בראשית היא ביוסף, והספר גם מסתיים במותו. לכאורה התורה מציבה בפנינו מודל של ארבעה אבות ולא שלושה: אברהם, יצחק, יעקב ויוסף.

גם העובדה שהכתוב מציין את ההשגחה האלוהית שמלווה את יוסף בכל פועלו (אם כי לא בצורת התגלות כמו אצל שלושת האבות) מתארת כביכול רציפות והמשכיות של השראת השכינה העוברת מאברהם ליצחק, מיצחק ליעקב ומיעקב ליוסף. חיזוק לעיקרון זה מצוי בעובדה כי יוסף איננו נכלל בשנים עשר השבטים אלא שני בניו; עובדה זו לכאורה מעלה את יוסף ממעמד של בן – אחד משנים עשר 'בני ישראל', למעמד של אב – שבניו נמנים בשנים עשר השבטים.[5] מכאן מובן הצורך של חז"ל להבהיר, שאומנם מעמדו של יוסף שונה ממעמדם של אחד עשר בני יעקב האחרים, אולם אין לראותו כאב.

הקביעה כי יוסף איננו אחד מהאבות איננה רק טכנית או טרמינולוגית. האבות מייצגים תקופה, כפי שראינו לעיל, והמעבר מיעקב לשנים עשר בניו הוא גם מעבר תקופתי מיחידים לציבור – וממילא גם מעבר השגחתי הבא לידי ביטוי בהופעה של שם הוי"ה, בהיווסדות האומה הישראלית, ובמתן תורה לישראל בהנהגתם של משה ואהרן.

5. על כך יש להוסיף שהשם המופיע בכותרת 'אלה תולדות יעקב' הוא יוסף, כממשיכו העיקרי של יעקב.

השאלה אם יוסף הוא אב או לא היא בעצם השאלה אם יוסף שייך לתקופת האבות ולהנהגה המופיעה בתקופה זו, או לתקופת האומה וממילא גם להנהגה המופיעה בה.

לכאורה, כשאנו בוחנים זאת מנקודת המבט של התורה, אנו נפרדים מיוסף בסופו של ספר בראשית, השייך להנהגת האבות ולהופעה האלוהית הפרטית שבתקופה זו. ספר שמות מציין את המעבר מן המשפחה אל האומה, ולכן מייד בתחילתו אנו פוגשים את משה רבנו המסמל ומייצג יותר מכל אדם את עם ישראל. את האבות הותרנו בספר בראשית, ומעתה הם עבורנו מקור השראה ודור מייסד ומעצב; גאולתם של ישראל ממצרים התרחשה כשזכות האבות מרחפת מעל, אולם מושכות ההנהגה הציבורית ניתנו למשה ואהרן. מן הבחינה הזו גם יוסף נותר בספר בראשית.

אלא שבניגוד לשלושת האבות, את יוסף אנו מוצאים פעם אחת נוספת בספר שמות ביחס לגאולה, ודווקא בשיאה של הגאולה, בעת היציאה ממצרים:

> וַיְהִי בְּשַׁלַּח פַּרְעֹה אֶת הָעָם וְלֹא נָחָם אֱלֹהִים דֶּרֶךְ אֶרֶץ פְּלִשְׁתִּים כִּי קָרוֹב הוּא, כִּי אָמַר אֱלֹהִים פֶּן יִנָּחֵם הָעָם בִּרְאֹתָם מִלְחָמָה וְשָׁבוּ מִצְרָיְמָה. וַיַּסֵּב אֱלֹהִים אֶת הָעָם דֶּרֶךְ הַמִּדְבָּר יַם סוּף, וַחֲמֻשִׁים עָלוּ בְנֵי יִשְׂרָאֵל מֵאֶרֶץ מִצְרָיִם. וַיִּקַּח מֹשֶׁה אֶת עַצְמוֹת יוֹסֵף עִמּוֹ, כִּי הַשְׁבֵּעַ הִשְׁבִּיעַ אֶת בְּנֵי יִשְׂרָאֵל לֵאמֹר פָּקֹד יִפְקֹד אֱלֹהִים אֶתְכֶם וְהַעֲלִיתֶם אֶת עַצְמֹתַי מִזֶּה אִתְּכֶם.
>
> (שמות יג, יז-יט)

רגע אחרי היציאה ממצרים, ושני רגעים לפני שיציאה זו הופכת לבריחה מפני פרעה וצבאו, הכתוב מזכיר לנו את קיום השבועה להעלות את עצמותיו של יוסף ממצרים. אם התורה עוצרת את רצף המאורעות כדי לספר עובדה זו, הנראית לכאורה טכנית – ככל הנראה יש עומק בדבר. כך כותב ר׳ נתן, תלמידו של ר׳ נחמן:

> וְכָל בְּחִינַת פֶּסַח שֶׁהוּא יְצִיאַת מִצְרַיִם גְּאֻלָּה הָרִאשׁוֹנָה עִקָּרָהּ עַל יְדֵי בְּחִינַת יוֹסֵף כַּנַּ"ל, שֶׁהוּא מִזֶּרַע רָחֵל, שֶׁזֶּהוּ בְּחִינַת 'וַיִּקַּח מֹשֶׁה אֶת עַצְמוֹת יוֹסֵף עִמּוֹ'.
>
> (ליקוטי הלכות, ברכת השחר ה, כג)

העלאת עצמות יוסף איננה עובדה טכנית, אלא מעין ׳מתיחה׳ של הנהגת יוסף למשך כל שנות השעבוד עד הגאולה. נדמה כי עיון בבקשתו של יוסף בסופו של ספר בראשית יחדד את הדברים:

> וַיֹּאמֶר יוֹסֵף אֶל אֶחָיו אָנֹכִי מֵת וֵאלֹהִים פָּקֹד יִפְקֹד אֶתְכֶם וְהֶעֱלָה אֶתְכֶם מִן הָאָרֶץ הַזֹּאת אֶל הָאָרֶץ אֲשֶׁר נִשְׁבַּע לְאַבְרָהָם לְיִצְחָק וּלְיַעֲקֹב. וַיַּשְׁבַּע יוֹסֵף אֶת בְּנֵי יִשְׂרָאֵל לֵאמֹר פָּקֹד יִפְקֹד אֱלֹהִים אֶתְכֶם וְהַעֲלִתֶם אֶת עַצְמֹתַי מִזֶּה. וַיָּמָת יוֹסֵף בֶּן מֵאָה וָעֶשֶׂר שָׁנִים וַיַּחַנְטוּ אֹתוֹ וַיִּישֶׂם בָּאָרוֹן בְּמִצְרָיִם.
>
> (בראשית נ, כד-כו)

יוסף פונה לאחיו ומבשר להם כי בבוא העת ייגאלו מגלות מצרים. אז, מבקש יוסף מ׳בני ישראל׳, תעלו את עצמותיי. אי אפשר להתעלם מן המעבר שעושה הכתוב מ׳ויאמר יוסף אל אחיו׳ ל׳וישבע יוסף את בני ישראל׳. אומנם ניתן לכנות את אחי יוסף גם ׳בני ישראל׳ – שהרי אביהם הוא ישראל – אולם נראה ששבועה זו של יוסף חורגת מן הזמן והמקום של סוף ספר בראשית; היא פונה כבר אל בני ישראל, אל האומה המתגבשת, אל ההנהגה של משה ואהרן. הדברים מתחדדים על רקע ההשוואה לבקשתו של יעקב כמה פרקים קודם לכן:

> וַיִּקְרְבוּ יְמֵי יִשְׂרָאֵל לָמוּת וַיִּקְרָא לִבְנוֹ לְיוֹסֵף וַיֹּאמֶר לוֹ אִם נָא מָצָאתִי חֵן בְּעֵינֶיךָ שִׂים נָא יָדְךָ תַּחַת יְרֵכִי וְעָשִׂיתָ עִמָּדִי חֶסֶד וֶאֱמֶת אַל נָא תִקְבְּרֵנִי בְּמִצְרָיִם. וְשָׁכַבְתִּי עִם אֲבֹתַי וּנְשָׂאתַנִי מִמִּצְרַיִם וּקְבַרְתַּנִי בִּקְבֻרָתָם וַיֹּאמַר אָנֹכִי אֶעְשֶׂה כִדְבָרֶךָ. וַיֹּאמֶר הִשָּׁבְעָה לִי וַיִּשָּׁבַע לוֹ וַיִּשְׁתַּחוּ יִשְׂרָאֵל עַל רֹאשׁ הַמִּטָּה.
>
> (שם מז, כט-ל)

יעקב משביע את בנו יוסף שמייד לאחר מותו יעלה את גופתו לארץ ישראל. יעקב איננו מוכן להיקבר במצרים, הוא איננו יכול לשאת את המחשבה שעצמותיו תִטמאנה בטומאת ארץ העמים.

חשוב להדגיש שגם יעקב מודע לעובדה שבניו עתידים להיוותר זמן מה במצרים ורק לאחר מכן ייגאלו, כפי שהוא אומר ממש באותה הלשון של שבועת יוסף:

> וַיֹּאמֶר יִשְׂרָאֵל אֶל יוֹסֵף הִנֵּה אָנֹכִי מֵת וְהָיָה אֱלֹהִים עִמָּכֶם וְהֵשִׁיב אֶתְכֶם אֶל אֶרֶץ אֲבֹתֵיכֶם.

(שם מח, כא)

אלא שיעקב איננו מוכן להמתין יחד עם בני ישראל. הוא כביכול 'מותירם לבדם' בגלות. הוא אומנם מבטיח להם כי סופם לשוב, אולם הוא איננו מתכוון להמתין יחד איתם.

הבחנה זו בין יוסף ליעקב היא עקרונית. יעקב מבקש לשייך את עצמו לתקופה אחת; הוא נפרד מבניו ברגע שגופתו מועלת ארצה ונקברת במערת המכפלה, ובזאת הוא מסיר את נוכחותו האקטיבית מן העתיד להתרחש לבניו. כל מה שיופיע בתחילתו של ספר שמות הוא כבר אחר זמנו של יעקב. מיעקב אבינו אנו אכן נפרדים בסופו של ספר בראשית. יוסף לעומתו איננו נפרד מבני ישראל, אלא מבקש ללוותם לאורך כל תקופת גלותם. יוסף מתכוון ליטול חלק בגאולתם של ישראל בספר שמות, ונותר יחד איתם לא רק באופן הפיזי כי אם גם באופן הרוחני. עצמותיו הנוכחות בקרבם של ישראל הן מקור השראה לא רק בתודעת הזיכרון כי אם גם בתודעה האקטיבית. בכל שעה שיהודי חלף על פני קברו של יוסף במצרים – הוא ידע כי הגאולה קרובה. הוא ידע כי ישנה שבועה שטרם מולאה, והמהלך של יוסף טרם הושלם.

ספר בראשית תם עם מותו של יוסף, אולם קבורתו של יוסף איננה מגיעה להשלמתה למשך זמן רב. במובן זה יוסף שייך לספר שמות לא פחות מלספר בראשית; הוא נוטל חלק בגאולת מצרים, כפי שאומר ר' נתן, לא פחות ממשה ואהרן. למעלה מזה – על קבורת עצמותיו של יוסף אנו קוראים רק בסופו של ספר יהושע:

> וַיַּעֲבֹד יִשְׂרָאֵל אֶת ה' כֹּל יְמֵי יְהוֹשֻׁעַ וְכֹל יְמֵי הַזְּקֵנִים אֲשֶׁר הֶאֱרִיכוּ יָמִים אַחֲרֵי יְהוֹשֻׁעַ וַאֲשֶׁר יָדְעוּ אֵת כָּל מַעֲשֵׂה ה' אֲשֶׁר עָשָׂה לְיִשְׂרָאֵל. וְאֶת עַצְמוֹת יוֹסֵף אֲשֶׁר הֶעֱלוּ בְנֵי יִשְׂרָאֵל מִמִּצְרַיִם קָבְרוּ בִשְׁכֶם בְּחֶלְקַת הַשָּׂדֶה אֲשֶׁר קָנָה יַעֲקֹב מֵאֵת בְּנֵי חֲמוֹר אֲבִי שְׁכֶם בְּמֵאָה קְשִׂיטָה וַיִּהְיוּ לִבְנֵי יוֹסֵף לְנַחֲלָה. וְאֶלְעָזָר בֶּן אַהֲרֹן מֵת וַיִּקְבְּרוּ אֹתוֹ בְּגִבְעַת פִּינְחָס בְּנוֹ אֲשֶׁר נִתַּן לוֹ בְּהַר אֶפְרָיִם.

(יהושע כד, לא-לג)

יוסף, אם כן, נשאר בתמונה לא רק לאחר ספר בראשית – כלומר לאחר תקופת האבות, אלא גם מעבר לחמישה חומשי התורה – כלומר לאחר תקופת משה ואהרן. קבורתו של יוסף מתרחשת, או לפחות נכתבת, במסגרת פסוקי המעבר מדור המדבר הנכנס לארץ, דור התורה, לדור השופטים והמלוכה.

בסופו של ספר יהושע מתאר הכתוב את מותו של יהושע – המנהיג, את מותו של אלעזר בן אהרן – הכוהן, ואת קבורתו של יוסף הצדיק. זה סופה של תקופת ההתנחלות והכיבוש, תקופה שאותה מסמלים יהושע ואלעזר, כמאמר הכתוב: 'אֵלֶּה שְׁמוֹת הָאֲנָשִׁים אֲשֶׁר יִנְחֲלוּ לָכֶם אֶת הָאָרֶץ אֶלְעָזָר הַכֹּהֵן וִיהוֹשֻׁעַ בִּן נוּן' (במדבר לד, יז). צירוף קבורתו של יוסף לתום תקופת ההתנחלות והכיבוש רומז לנו כי תפקידו של יוסף הושלם רק כעת. עתה עוברת ההנהגה אל השופטים, שהם מעין תקופת הכנה לתקופת המלוכה.

יוסף מלווה את ההיסטוריה של עם ישראל מן האבות, דרך השעבוד, הגאולה ממצרים עם משה ואהרן, ועד הכניסה לארץ, הכיבושים והכשרת הקרקע לדור המלוכה – המגיע לשיאו במלכות בית דוד. יוסף הוא החוליה המקשרת לא רק בין האבות לבין משה ואהרן, אלא גם בין האחרונים לדוד המלך.

ספירת יסוד, הכוללת בקרבה את הנצח וההוד, היא הספירה המקשרת בין תפארת, הכוללת את החסד והגבורה, לבין המלכות שאליה היסוד חותר – כפי שראינו בדיוננו בספירת יסוד. יוסף בשבועתו מבטיח לישראל כי עד שלא יגיעו אל המנוחה ואל הנחלה – המנוחה משעבוד מצרים והנחלה בתום כיבושה של הארץ – אף הוא עצמו לא יגיע אל המנוחה ואל הנחלה בהיאספו אל אבותיו.

לתובנה זו ישנה משמעות ביחס לתפקידו הכפול של יוסף: האחד – לאפשר את הישרדותם של ישראל בגלות בטרם יגיעו אל המנוחה והנחלה; השני – להכשיר ולהכין את הקרקע לקראת הגאולה. יוסף מבטא מחד גיסא את ההכנה אל השלמות, את ניקוזם וגיבושם של כל המאוויים והכיסופים אל הגאולה, ומאידך גיסא את הברית המאפשרת את התמדת הקיום גם בעת הגלות, כשאורו של משיח טרם מאיר:

[...] כִּי רָחֵל בְּחִינַת מָשִׁיחַ בֶּן יוֹסֵף שֶׁיָּצָא מִמֶּנָּה, וְלֵאָה בְּחִינַת מָשִׁיחַ בֶּן דָּוִד שֶׁיָּצָא מִיהוּדָה שֶׁנּוֹלַד מִלֵּאָה. וְכָל בְּחִינַת פֶּסַח שֶׁהוּא יְצִיאַת מִצְרַיִם גְּאֻלָּה הָרִאשׁוֹנָה עִקָּרָהּ עַל יְדֵי בְּחִינַת יוֹסֵף כַּנַּ"ל, שֶׁהוּא מִזֶּרַע

רָחֵל, שֶׁזֶּהוּ בְּחִינַת 'וַיִּקַּח מֹשֶׁה אֶת עַצְמוֹת יוֹסֵף עִמּוֹ', אֲבָל בְּחִינַת הֶאָרַת מָשִׁיחַ בֶּן דָּוִד אִי אֶפְשָׁר לְגַלּוֹת עַתָּה בִּשְׁלֵמוּת כִּי עֲדַיִן לֹא בָּא הַקֵּץ, אַדְּרַבָּא צְרִיכִין לְהַסְתִּיר וּלְהַעְלִים הֶאָרַת לֵאָה שֶׁמִּשָּׁם אֲחִיזַת הַדִּינִים, כִּי הַדִּינִים נֶאֱחָזִים בִּבְחִינַת לֵאָה בְּיוֹתֵר.
(ליקוטי הלכות, ברכת השחר ה, כג)

עניינו של משיח בן יוסף, כפי שמתארו ר' נתן, הוא לאפשר את קיומם של ישראל גם בעת שעדיין לא הגיעה השעה לאורו הגדול של משיח בן דוד. אולם משיח בן יוסף לא רק מאפשר את ההישרדות, אלא גם מהווה את ההכשרה למשיח בן דוד.

שתי בחינות אלו קיימות בספירת יסוד. מחד גיסא זו ספירת הקישור, המאפשרת את הקשר אל העבר גם בימי חשיכה. נוכחותן של עצמות יוסף מזכירה לישראל הן במצרים, הן במדבר הן בכיבושי הארץ כי הם מחוברים למשהו גדול יותר, כי נוכחותו של יוסף היא בעצם נוכחותם של האבות וממילא גם נוכחותה של השכינה. מאידך גיסא מדובר בספירת השפעה, המאפשרת לכל השפע שהולך ומצטבר בהיסטוריה לזרום אל ספירת המלכות ולהופיע במלוא עוזו – 'מֶלֶךְ בְּיָפְיוֹ תֶּחֱזֶינָה עֵינֶיךָ' (ישעיהו לג, יז).

אבותינו כולם נקראו על ידי חז"ל צדיקים, אולם תואר הצדיק שניתן ליוסף מקנה לו מעמד מכונן בעולם הצדיקים:

וידוע כי יוסף הוא הצדיק יסוד עולם, וכל הצדיקים נקראים על שמו.
(אוהב ישראל, נשא)

התפקיד הכפול שתואר לעיל בא לידי ביטוי גם בדמותו של הצדיק. מחד גיסא הצדיק נמצא עם חסידיו ותלמידיו, ונוכחותו מאפשרת להם 'לשרוד' את גלות השכינה ואת השקיעה בעולם החומר. כך ראה את הדברים ר' נחמן מברסלב:

מָה שֶׁהַצַּדִּיק מְדַבֵּר עִם הָעוֹלָם לִפְעָמִים שִׂיחַת חֻלִּין הוּא טוֹבָה גְּדוֹלָה לָהֶם, כִּי דַּיְקָא עַל יְדֵי זֶה הוּא מְקַשֵּׁר אוֹתָם אֶל הַדַּעַת שֶׁהוּא הַתּוֹרָה. כִּי יֵשׁ בְּנֵי אָדָם שֶׁרְחוֹקִים מֵהַתּוֹרָה מְאֹד, עַד שֶׁאִי אֶפְשָׁר לְקָרְבָם עַל יְדֵי דִּבְרֵי תּוֹרָה כִּי אִם עַל יְדֵי שִׂיחַת חֻלִּין דַּיְקָא, שֶׁהַצַּדִּיק מַלְבִּישׁ בָּהֶם אֶת הַתּוֹרָה.
(ליקוטי עצות, צדיק סט)

שיחת החולין של הצדיק עם חסידיו היא בחינה של עצמות יוסף בגלות מצרים. הצדיק, בניגוד לתלמיד חכם הספון בבית המדרש כשהוא פרוש מן העולם, אינננו מבקש להגן על עצמו מפני טומאתו של החומר – ממש כשם שיוסף לא חשש להיטמא בטומאת ארץ העמים, ובניגוד ליעקב אביו היה מוכן להיוותר במצרים. הצדיק יורד מטה מטה, ובירידתו הוא מקשר את המציאות כולה אל ה׳ יתברך ומאפשר לה לשרוד את הריחוק והגלות מן השכינה הנוכחת.

מאידך גיסא, הצדיק יודע לא רק לאפשר לחסידיו להתקיים בעולם החומרי אלא גם לגאול אותם ואת עולמם. בהשפעתו המרובה על חייהם, ביכולתו להשפיע מרוחו ומתורתו על הנמוכים שבנמוכים, הוא מגלה את נוכחות השכינה בעולם הזה ובונה לה את מלכותה.

כך ספירת יסוד, המקושרת אל הדעת ואל התורה שמעליה, יורדת מטה מטה עד המלכות ומתקשרת ומשפיעה. זה כוחה של ספירת החיבור וההשפעה, זה כוחו של יוסף, וזהו כוחו של הצדיק יסוד עולם.

מכאן שתורת הסוד מכוונת גם לכרונולוגיה ההיסטורית. יוסף אכן הופיע על במת ההיסטוריה עוד לפני משה ואהרן, והוא קשור יותר לתקופת האבות – כאב רביעי. עם זאת, הוא נותר על הבמה הרבה אחרי הסתלקותם של משה ואהרן בסוף תקופת המדבר, ומלווה את ישראל עד כינון שלטון טרום מלוכני. בכך יוסף מבריח מן הקצה אל הקצה: מהאבות – חסד גבורה ותפארת, ועד המלכות; זהו תפקידה של ספירת יסוד, ועל כן יוסף ממוקם בה.

ב. דוד המלך – ספירת מלכות

׳כי הנה המלכים נועדו׳ – מיוסף לדוד

החיבור הקבלי שבין יסוד למלכות מתלבש בדמותה של מערכת היחסים המורכבת בין בית יוסף לבית דוד. את ראשיתה של מערכת יחסים זו זיהו חז״ל ברגע המפעים שבו אחי יוסף ניצבים מולו, כשהוא מבקש להותיר את בנימין אצלו. ברגע זה נוטל יהודה את היוזמה וניגש אל יוסף, לנאום שאחריו יוסף נשבר ומתוודה. על הרגע הזה, שבו נפגשים שני הכוחות הללו – יהודה ויוסף – אומר המדרש את הדברים הבאים:

׳כי הנה המלכים נועדו עברו יחדיו׳ (תהילים מח, ה), ׳כי הנה המלכים׳ – זה יהודה ויוסף, ׳עברו יחדיו׳ – זה נתמלא עברה על

> זה וזה נתמלא עברה על זה, 'המה ראו כן תמהו' – 'ויתמהו האנשים איש אל רעהו' (בראשית מג, לג), 'נבהלו נחפזו' – 'ולא יכלו אחיו' וגו' (שם מה, ג), 'רעדה אחזתם שם' – אלו השבטים, אמרו מלכים מדיינים אלו עם אלו אנו מה איכפת לנו, יאי למלך מדיין עם מלך. 'ויגש אליו יהודה', 'אחד באחד יגשו' (איוב מא, ח) – זה יהודה ויוסף, 'ורוח לא יבא ביניהם' – אלו השבטים, אמרו מלכים מדיינים אלו עם אלו אנו מה איכפת לנו.
>
> (בראשית רבה צג, ב)

המדרש מזהה בסיטואציה זו את ראשיתו של המאבק בין יוסף ליהודה על המלכות, הנמשך במאבק שבין אפרים ויהודה – מאבק עקוב מדם שאין ספק שהיה לו חלק בחורבן בית ראשון – וסופו בנבואת אחרית הימים של יחזקאל, שעוד נשוב אליה בהמשך.

כפי שראינו לעיל, תקופתו של דוד היא תקופת המלכות שבשיאה נבנה בית המקדש, תקופת השיא של כנסת ישראל וממילא גם תקופת השיא של גילוי השכינה. בספרי הסוד מדברים רבות על ההקבלה שבין מלכות שמיים ומלכות הארץ. כך מצינו במדרש:

> דבר אחר, 'החדש הזה לכם', הדא הוא דכתיב 'יפרח בימיו צדיק ורוב שלום עד בלי ירח' (תהילים עב, ז). עד שלא הוציא הקב"ה את ישראל ממצרים ברמז הודיע להם שאין המלכות בא להם עד שלשים דור, שנאמר 'החדש הזה לכם ראש חדשים', החדש שלשים יום ומלכות שלכם שלשים דור. הלבנה בראשון של ניסן מתחלת להאיר וכל שהיא הולכת מאירה עד ט"ו ימים ודסקוס שלה מתמלא, ומט"ו עד שלשים אור שלה חסר, בל' אינה נראית, כך ישראל ט"ו דור מן אברהם ועד שלמה. אברהם התחיל להאיר, שנאמר 'מי העיר ממזרח צדק יקראהו לרגלו' (ישעיהו מא, ב), בא יצחק אף הוא האיר, שנאמר 'אור זרוע לצדיק' (תהילים צז, יא), בא יעקב והוסיף אור, שנאמר 'והיה אור ישראל לאש' (ישעיהו י, יז), ואחר כך יהודה, פרץ, חצרון, רם, עמינדב, נחשון, שלמון, בועז, עובד, ישי, דוד, כיון שבא שלמה נתמלא דיסקוס של לבנה, שנאמר 'וישב שלמה על כסא ה' למלך' (דברי הימים א' כט, כג), וכי יוכל אדם לישב בכסאו של הקב"ה, מי שנאמר בו 'כרסיה שביבין די נור' (דניאל ז, ט)? אלא מה הקב"ה שולט מסוף העולם ועד

> סופו ושולט בכל המלכים, שנאמר ׳יודוך ה׳ כל מלכי ארץ׳ (תהילים קלח, ד), כן שלט שלמה מסוף העולם ועד סופו, שנאמר ׳וכל מלכי הארץ מבקשים את פני שלמה וגו׳ והמה מביאים איש מנחתו׳ (דברי הימים ב׳ ט, כג-כד), לכך נאמר ׳וישב שלמה על כסא ה׳ למלך׳.
> (שמות רבה טו, כו)

שלושים דורות היה העולם בחיסרון, והחיסרון הלך והתמלא כמו מילואה של הלבנה עד שהושלם בימי שלמה. כשהמהלך הושלם גם מלכותו של הקב״ה הושלמה: כיסא שלמה הוא כיסא ה׳, ומלכותו של שלמה מסוף העולם ועד סופו היא מלכות ה׳ יתברך על כל מלכי הארץ.

תיאור זה מעורר שאלה שעלינו לשים לב אליה. בכל הדיון על המלכות אנו מתייחסים לבניית בית המקדש ולשיא המלכות בימיו של שלמה; אם כן מדוע ספירת המלכות קרויה על שם דוד? לעניין זה מתייחס ר׳ צדוק הכוהן מלובלין, בדברים שהוא מביא בשם הרבי מפשיסחה:[6]

> ובשם הרב הקדוש מפשיסכא זצללה״ה ששמיני עצרת הוא אושפיזא דשלמה כי דוד ושלמה המה נגד יסוד ומלכות שבמלכות וכן נמנו בזוהר הקדוש לפעמים דוד ושלמה נגד יוסף ודוד. ודוד המלך ע״ה היה תמיד איש מלחמות ולבו כלב הארי להתגבר ולהכניע את כל האומות, והוא מפני שהיה לו תמיד מלחמה בעצמו להיות גבור הכובש את יצרו, כמו שנאמר ׳ולבי חלל בקרבי׳ שהרגו בתענית, מכלל זה שהיה לו תמיד מלחמה עם היצר הרע ובכח הזה נתגבר במלחמה תמיד על האומות העולם שהיו מבחינת ההיפך והכניעם וזהו ענין עסקינו בכל שבעת ימי החג. אבל שלמה המלך ע״ה היה איש מנוחה, כי כבר נקשרה החכמה והקדושה בלבו ולא היה צריך למלחמה, ונאמר עליו ׳כן יתן לידידו שנה׳.
> (פרי צדיק סוכות, לד)

גם שלמה וגם דוד שייכים לספירת מלכות, אולם דוד הוא בחינת היסוד שבמלכות ושלמה הוא המלכות שבמלכות. גם בתוך המלכות עצמה, מסביר ר׳ צדוק, יש חילוקים. לדוד שמור כוח יְסודה של המלכות, ועל שמו קרויה המלכות לעולם – מלכות בית דוד, ולא מלכות בית שלמה.

6. ר׳ שמחה בונים, תלמידו של היהודי הקדוש.

כדי לייסד מלכות צריך לפעול, ובמידה מסוימת פעולה זו מזכירה את ההכשרה שעושה היסוד למלכות; על כן דוד הוא היסוד שבמלכות. פעולה זו היא גם כלפי המלכות החיצונה – מלכות ישראל מול אומות העולם, וגם כלפי המלכות הפנימית, במובן של הגיבור הכובש את יצרו. בשתיהן נזקקת עבודה של כיבוש, וזהו כוחו של דוד שכבש ממלכות רבות ועמל על כיבוש יצריו. שלמה כמעט אינו צריך לפעול: שלמה הוא שלום, הוא שלמות, וכל כולו מקבל – הוא המלכות שבמלכות. שלמה מקבל את המלכות, את השלום ואת המנוחה, וממילא ברשותו נבנה בית המקדש.

לעתיד לבוא, כשתיכון המלכות האחרונה, יופיע משיח בן דוד ולא משיח בן שלמה, מפני שגם אז נזדקק לפעולה ולתיקון, וכוחו של דוד הוא בתיקונה של המלכות. לאחר שתתוקן נוכל לשבת כולנו לסעודתו של שלמה המבטאת כבר את ההשלמה, מלשון שלמות.

ג. יסוד כיסא ה' בעולם

המלכות, כפי שאמרנו, היא תיקון הכיסא – הכיסא דלתתא – שהוא הכיסא והמרכבה לשכינה:

> אין המדינה האושר העליון של האדם. זה ניתן להאמר במדינה רגילה שאינה עולה לערך יותר גדול מחברת אחריות גדולה, שנשארו המוני האידיאות, שהן עטרת החיים של האנושיות, מרחפים ממעל לה, ואינם נוגעים בה. מה שאין כן מדינה שהיא ביסודה אידיאלית, שחקוק בהויתה תוכן האידיאלי היותר עליון שהוא באמת האושר היותר גדול של היחיד. מדינה זו היא באמת היותר עליונה בסולם האושר, ומדינה זו היא מדינתנו, מדינת ישראל, יסוד כסא ה' בעולם, שכל חפצה הוא שיהיה ה' אחד ושמו אחד, שזהו באמת האושר היותר עליון. אמת, שאושר נשגב זה צריך הוא לביאור ארוך כדי להעלות אורו בימי חושך, אבל לא מפני זה יחדל מלהיות האושר היותר גדול.

(אורות ישראל ו, ז)

מדינת ישראל, על פי הרב קוק, שונה במהותה מכל המדינות, ומלכות ישראל שונה מכל המלכויות. המלכות עניינה בדרך כלל לאפשר חיים תקינים וסבירים, ובלשונו של הרב קוק 'חברת אחריות גדולה' – 'הוי מתפלל

בשלומה של מלכות, שאלמלא מוראה של מלכות איש את רעהו חיים בלעו' (משנה, אבות ג, ב).

לא כן מלכות ישראל, שהצדקת קיומה איננו ביכולתה להעניק לנתיניה חיים ושלום. מלכות ישראל נושאת בקרבה אידיאל נעלה יותר: היא אמצעי בלבד לכינון מלכותו של הקב"ה, אמצעי שעל ידו מתכוננת מלכות ה' ומופצת בעולם. מלכות ישראל היא ה'שגרירות' של מלכות ה' בעולם, ועל ידה שמו של הקב"ה הולך ומתפרסם בו. על פי עיקרון זה פגיעה במלכות ישראל היא חילול ה' ופגיעה במלכות ה', ועל כך מיוסדות תפילותינו המבקשות להשיב את כבודה של השכינה המלחכת עפר יחד עם ישראל.

אם כן, בכוננו את מלכות ישראל דוד עושה את אשר לא עשו אברהם יצחק ויעקב שהיו מרכבה לשכינה, ולא אהרן ומשה שכוננו את רוח הנבואה, ואפילו לא יוסף שהביא וליווה את ישראל עד המלכות. כינון ממלכה הפועלת בצו ה' הוא השכנת השכינה בארץ, מיסודה והטמעתה. ייתכן שיהיו לכך מחירים – הנביא יחזקאל עוד יתאר את המצוקה האלוהית, כביכול, מקרבתו של בית המלך לבית ה' – אך דוד המלך הוא אכן הדמות המתאימה לתאר את כל מה שראינו ביחס לספירת מלכות כמבטאת את השראת השכינה בארץ. זוהי תרומתו של דוד למסע הגילוי האלוהי בעולם, מאז אברהם אבינו.

ד. דוד המלך – לית ליה מגרמיה

את דוד מלך ישראל אנו פוגשים בשני לבושים. האחד מובא באריכות בספר שמואל, ובו מופיע דוד המלך כמי שמכונן את מלכות ישראל ומביא לביסוסה. השני מובא בספר תהילים, שבו מופיע דוד נעים זמירות ישראל בהשתוקקות ובתקווה, בעבודה ובתפילה. בדברים הבאים ננסה לראות כיצד שתי תכונות אלו עולות בקנה אחד עם זיהויו של דוד עם ספירת מלכות.

המלכות, כפי שראינו בדיוננו בה, לית לה מגרמה כלום. נדמה כי עמידה על ההבדל בין בחירתו של המלך הראשון, המלך מבית רחל – שאול, לבין בחירתו של המלך דוד, תחדד תכונה זו.

מלכותו של שאול באה לו בהיסח הדעת, ללא הכנה וללא מאמץ, כמאמר רבותינו – הוא חיפש אתונות ומצא מלוכה. גם בחירתו מתוארת כבחירה טריוויאלית ומתבקשת:

> וַיְהִי אִישׁ מִבִּן יָמִין וּשְׁמוֹ קִישׁ בֶּן אֲבִיאֵל בֶּן צְרוֹר בֶּן בְּכוֹרַת בֶּן אֲפִיחַ בֶּן אִישׁ יְמִינִי גִּבּוֹר חָיִל. וְלוֹ הָיָה בֵן וּשְׁמוֹ שָׁאוּל בָּחוּר וָטוֹב וְאֵין אִישׁ מִבְּנֵי יִשְׂרָאֵל טוֹב מִמֶּנּוּ מִשִּׁכְמוֹ וָמַעְלָה גָּבֹהַּ מִכָּל הָעָם.

(שמואל א׳ ט, א-ב)

הכתוב מבקש להדגיש כבר במפגשנו הראשון עם שאול כי מדובר בבחור שאין טוב ממנו, וממילא מקומו הטבעי הוא בראש העם. כך גם בסמוך לבחירתו:

> וַיָּרֻצוּ וַיִּקָּחֻהוּ מִשָּׁם וַיִּתְיַצֵּב בְּתוֹךְ הָעָם וַיִּגְבַּהּ מִכָּל הָעָם מִשִּׁכְמוֹ וָמָעְלָה. וַיֹּאמֶר שְׁמוּאֵל אֶל כָּל הָעָם הַרְּאִיתֶם אֲשֶׁר בָּחַר בּוֹ ה׳ כִּי אֵין כָּמֹהוּ בְּכָל הָעָם, וַיָּרִעוּ כָל הָעָם וַיֹּאמְרוּ יְחִי הַמֶּלֶךְ.

(שם י, כג-כד)

אומנם שאול נחבא אל הכלים, אולם כשהוא ניצב יחד עם העם הרי בחירתו מובנת מאליה, כפי שגם שמואל מבקש להדגיש.

לא כן אצל דוד. כאשר שמואל בא לבית לחם אל ישי ומבקש להמליך את אחד מבניו במצוות ה׳, מתרחש תהליך שונה לגמרי:

> וַיְהִי בְּבוֹאָם וַיַּרְא אֶת אֱלִיאָב וַיֹּאמֶר אַךְ נֶגֶד ה׳ מְשִׁיחוֹ. וַיֹּאמֶר ה׳ אֶל שְׁמוּאֵל אַל תַּבֵּט אֶל מַרְאֵהוּ וְאֶל גְּבֹהַּ קוֹמָתוֹ כִּי מְאַסְתִּיהוּ כִּי לֹא אֲשֶׁר יִרְאֶה הָאָדָם כִּי הָאָדָם יִרְאֶה לַעֵינַיִם וַה׳ יִרְאֶה לַלֵּבָב. וַיִּקְרָא יִשַׁי אֶל אֲבִינָדָב וַיַּעֲבִרֵהוּ לִפְנֵי שְׁמוּאֵל וַיֹּאמֶר גַּם בָּזֶה לֹא בָחַר ה׳. וַיַּעֲבֵר יִשַׁי שַׁמָּה וַיֹּאמֶר גַּם בָּזֶה לֹא בָחַר ה׳. וַיַּעֲבֵר יִשַׁי שִׁבְעַת בָּנָיו לִפְנֵי שְׁמוּאֵל וַיֹּאמֶר שְׁמוּאֵל אֶל יִשַׁי לֹא בָחַר ה׳ בָּאֵלֶּה. וַיֹּאמֶר שְׁמוּאֵל אֶל יִשַׁי הֲתַמּוּ הַנְּעָרִים וַיֹּאמֶר עוֹד שָׁאַר הַקָּטָן וְהִנֵּה רֹעֶה בַּצֹּאן וַיֹּאמֶר שְׁמוּאֵל אֶל יִשַׁי שִׁלְחָה וְקָחֶנּוּ כִּי לֹא נָסֹב עַד בֹּאוֹ פֹה. וַיִּשְׁלַח וַיְבִיאֵהוּ וְהוּא אַדְמוֹנִי עִם יְפֵה עֵינַיִם וְטוֹב רֹאִי וַיֹּאמֶר ה׳ קוּם מְשָׁחֵהוּ כִּי זֶה הוּא.

(שמואל א׳ טז, ו-יב)

כבר בפסילת הבן הראשון מלמד הקב״ה את שמואל כי הפעם מדובר במשהו אחר. שמואל מחפש אדם גבה קומה כשאול, הבולט במראהו ומתאים למלכות, אולם מייד הקב״ה מתקנו: ׳אַל תַּבֵּט אֶל מַרְאֵהוּ וְאֶל גְּבֹהַּ קוֹמָתוֹ׳. מי שיכונן

את מלכות ישראל איננו אדם הראוי להיות מלך מצד גדולתו ותכונותיו בעלות העוצמה, ואף לא מצד גובה קומתו; אולי אפשר אף לומר שהמבוקש הוא ההפך הגמור – הנבחר הוא דווקא מי שראוי למלכות מצד קטנותו. דוד כלל איננו ברשימת המועמדים, ודווקא מי שלא מצופה ממנו, מי שאיננו מעלה בדעתו אפשרות של מלכות, מי שאין לו מעצמו כלום – הוא יבנה את מלכות ישראל.

המלכות שדוד זוכה לה ברגע זה היא ריקה מתוכן, שהרי הוא איננו ראוי לה ואיש איננו מעלה בדעתו להעניק לו אותה, לבד מה' יתברך הרואה ללבב. אך מרגע זה הולכת ומתמלאת מלכותו של דוד ברוח קדושה, בנאמנות, במסירות מוחלטת, באומץ לב, באצילות נפש, ההולכות ונבנות מתוך מאורעותיו: הפלשתים וגָלְיָת, הבריחה מפני שאול וההימנעות מהריגתו, המפגש עם דלת העם שאותם הוא מגבש סביבו, ועוד. כל אלו בונים וממלאים בתוכן את המלכות הריקה, ודווקא מתוך תכונות הענווה והביטול המאפיינות את דוד.

נקודת השוואה זו בין שאול לדוד באה לידי ביטוי במבחנם הגדול, כאשר המלכות עומדת להיות מסולקת מהם. משנוכח שאול שדוד רֵעו מאיים על מלכותו הוא מנסה בכל מחיר לפגוע בו ולשמור על כיסאו. הוא איננו מוכן לוותר על המלכות, אף שנאמר לו שכך יהיה מאת ה'. לא כן אצל דוד, שברגע האמת אנו רואים את גדולתו. כאשר נאלץ דוד לברוח עם פמלייתו מפני אבשלום בנו המבקש למלוך תחתיו, לוקח צדוק הכוהן את ארון ברית ה' עם השיירה היוצאת. משרואה דוד את הארון הוא מבקש מצדוק להשיבו לירושלים בטענה הבאה:

> וַיֹּאמֶר הַמֶּלֶךְ לְצָדוֹק הָשֵׁב אֶת אֲרוֹן הָאֱלֹהִים הָעִיר, אִם אֶמְצָא חֵן בְּעֵינֵי ה' וֶהֱשִׁבַנִי וְהִרְאַנִי אֹתוֹ וְאֶת נָוֵהוּ. וְאִם כֹּה יֹאמַר לֹא חָפַצְתִּי בָּךְ, הִנְנִי יַעֲשֶׂה לִּי כַּאֲשֶׁר טוֹב בְּעֵינָיו.
>
> (שמואל ב' טו, כה-כו)

דברים מעין אלה אנו יכולים למצוא באחד הסיפורים של ר' נחמן מברסלב, המתאר מלך שהוריש את מלכותו לבנו, ובתוך המשתה ציווה לבנו את הצוואה הבאה:

> וּכְשֶׁנַּעֲשׂוּ שְׂמֵחִים מְאֹד עָמַד הַמֶּלֶךְ וְאָמַר לִבְנוֹ: הֱיוֹת שֶׁאֲנִי חוֹזֶה בַּכּוֹכָבִים, וַאֲנִי רוֹאֶה שֶׁאַתָּה עָתִיד לֵירֵד מִן הַמְּלוּכָה, בְּכֵן תִּרְאֶה שֶׁלֹּא

יִהְיֶה לְךָ עַצְבוּת כְּשֶׁתֵּרֵד מִן הַמְּלוּכָה. רַק תִּהְיֶה בְּשִׂמְחָה. וּכְשֶׁתִּהְיֶה בְּשִׂמְחָה גַּם אֲנִי אֶהְיֶה בְּשִׂמְחָה. גַּם כְּשֶׁיִּהְיֶה לְךָ עַצְבוּת, אַף עַל פִּי כֵן אֲנִי אֶהְיֶה בְּשִׂמְחָה עַל שֶׁאֵין אַתָּה מֶלֶךְ. כִּי אֵינְךָ רָאוּי לִמְלוּכָה, מֵאַחַר שֶׁאֵינְךָ יָכוֹל לְהַחֲזִיק עַצְמְךָ בְּשִׂמְחָה כְּשֶׁאַתָּה יוֹרֵד מִן הַמְּלוּכָה. אֲבָל כְּשֶׁתִּהְיֶה בְּשִׂמְחָה אֲזַי אֶהְיֶה בְּשִׂמְחָה יְתֵרָה מְאֹד.

(מעשה בשבעה קבצנים)

המבחן לתודעת השליחות של מנהיג ציבור הוא כאשר הוא נאלץ לוותר על משרתו לטובת 'רעו הטוב ממנו', כפי שנאמר לשאול. מנהיג המוותר על משרתו בשמחה מלמד למפרע כי היה ראוי למלכות; שמצד עצמו אין לו כלום, וכל מלכותו היא מכוח שליחותו. מנהיג המצטער על שאיבד את משרתו מגלה למפרע כי מלכותו לא הייתה מלכות והוא איננו ראוי למלוכה, כפי שאומר המלך לבנו.

ה' יתברך מעניק את המלכות לישראל, אולם הראוי לה הוא זה שאין לו מעצמו כלום והוא כולו כיסא למלכות ה' – שאם לא כן הרי הוא כגולם הקם על יוצרו. דוד המלך ידע מן הרגע הראשון כי מלכותו על ישראל ניתנה לו לא בזכות עצמו אלא מכוח בחירת ה' והאצלת מלכותו עליו; בשל כך הוא ידע להצדיק את הדין גם אם ייאלץ לנטוש את המלוכה. זו המלכות האמיתית שלית לה מגרמה כלום, ובשל כך יש בה הכול.

דוד זוכה למלכות נצח דווקא בשל נכונותו לוותר עליה. הוא לבדו ראוי למלכות ה', שבה נדרש האדם לא להשתכר מן העוצמה ולא להסתנוור מן השררה, ולזכור מכוחו של מי הוא יושב על כיסאו ולמענו של מי הוא יושב שם – זהו דוד מלך ישראל, מלך המשיח.

ה. נעים זמירות ישראל

כאמור, דוד מאופיין גם בהיותו נעים זמירות ישראל. על כך כותב ר' משה יהושע מטעפליק, תלמידו של ר' נתן מנמירוב:

וְזֶה בְּחִינַת סֻכַּת שָׁלֵם, הַיְנוּ לַעֲשׂוֹת שָׁלוֹם וְיִחוּד גָּמוּר בֵּין תּוֹרָה לִתְפִלָּה שֶׁהֵם בְּחִינַת זְעֵיר אַנְפִּין וּמַלְכוּת שֶׁשָּׁם עִקַּר הַיִּחוּד וְהַשָּׁלוֹם וְשָׁם בַּסֻּכָּה נִכְנָסִים כָּל הַשִּׁבְעָה רוֹעִים מֵאַבְרָהָם עַד דָּוִד הַכֹּל בִּשְׁבִיל בְּחִינָה זֹאת, כִּי הַהַתְחָלָה מִתְּפִלָּה וְהַסּוֹף הוּא תְּפִלָּה, כִּי עֲבוֹדַת הָאָבוֹת הִתְחִילָה מִתְּפִלָּה

כִּי עֲדַיִן לֹא הָיוּ שׁוּם תּוֹרָה וְעַל כֵּן אַבְרָהָם תִּקֵּן שַׁחֲרִית וְכוּ', אֲבָל עֲדַיִן לֹא הָיָה בְּתַכְלִית הַשְּׁלֵמוּת מֵחֲמַת שֶׁעֲדַיִן לֹא נִתְּנָה תּוֹרָה לַעֲשׂוֹת מִמֶּנָּה תְּפִלָּה. וּמֹשֶׁה וְאַהֲרֹן הֵם הַתּוֹרָה וְיוֹסֵף הוּא הַמֵּבִיא אֶת הַתּוֹרָה לִבְחִינַת דָּוִד לַעֲשׂוֹת מִמֶּנָּה תְּפִלָּה לְהוֹלִיד מַעֲשִׂים טוֹבִים, כִּי יוֹסֵף הוּא בְּחִינַת הַצַּדִּיק יְסוֹד עוֹלָם בְּחִינַת צַדִּיק ח"י עָלְמִין ח"י בִּרְכָאִין דִּצְלוֹתָא, שֶׁהוּא הַבְּחִינָה הַמְחַבֵּר שְׁנֵיהֶם, מֹשֶׁה וְדָוִד תּוֹרָה וּתְפִלָּה, לַעֲשׂוֹת מֵהַתּוֹרָה תְּפִלָּה. וְעַל כֵּן מֹשֶׁה יוֹסֵף דָּוִד בְּגִימַטְרִיָּא תְּפִלָּה, כִּי דַּיְקָא שְׁלָשְׁתָּם הֵם בְּחִינַת שְׁלֵמוּת הַתְּפִלָּה.

(השתפכות הנפש, מאמרים ו)

בעל 'השתפכות הנפש' מתאר שלושה שלבים בהתפתחות מוסד התפילה: השלב הראשון הוא תקופת האבות, שהיא תקופת התפילה הפרטית והבלתי ממוסדת; השלב השני הוא תקופתם של משה ואהרן, שהיא תקופת התורה; השלב השלישי הוא תקופתו של דוד, שעל ידי יוסף הפך את תורת משה לתפילה. אינה דומה תפילתם של האבות לתפילתו של דוד, כיוון שתפילתו של דוד היא תורה שנעשית ממנה תפילה.

כפי שראינו, חידושם של משה ואהרן ביחס לאבות הוא התורה הכללית, שמשמעותה הענקת דרך לציבור שלם ולאומה המבקשת ללכת בדרך ה'. לא כן דרך האבות שהייתה דרכם של יחידים, שאומנם מייסדים אומה, אולם הם כשלעצמם עדיין ניצבים לפני ה' כאישים פרטיים. משזכו ישראל לנקודת מבט כללית־תורנית לעולם לא תיתכן עוד עמידה פרטית של איש ישראל שהיא מנותקת לחלוטין מן הכלל, ואם יש כזו הרי מעצם הגדרתה היא עמידה חלקית ומסורסת.

מעתה גם התפילה, המבטאת בדרך כלל עמדה אישית־אינדיבידואלית, לובשת לבוש כללי ציבורי. כוחו הגדול של ספר תהילים הוא בכך שהוא מציג עמדה פרטית לכאורה, אולם כל בקשה, כל השתוקקות וכל חוויה המוקרנת בכל אחד מן המזמורים כוחה יפה לכל אדם בכל תקופה ובכל סיטואציה. זוהי תפילה הנושאת בקרבה תורת נצח, ההופכת גם את התפילה לנצחית.

כדי להבין כיצד הופכת תפילת יחיד לתפילת ציבור נצחית אנו נזקקים שוב לכוחה של המלכות. מי שתפילתו מבקשת להגשים את מאווייו האישיים, את נקודת המבט הפרטית שלו ואת הרצון האישי שלו להגשמת צרכיו, הרי תפילתו היא תפילה פרטית שכוחה יפה לאדם ולשעה. אולם

מי שתפילתו, גם כשהיא מבקשת לכאורה מבוקש פרטי, נושאת בקרבה שאיפה להשלמת הגילוי האלוהי בעולם, רצון לתיקון עולם במלכות שד־י, ותקווה לגאולתה של השכינה – הרי זוהי תפילה כללית שכוחה יפה לכל אדם ולכל שעה.- כל אלו מעצבים את מזמורי התהילים.[7]

התורה פועלת מלמעלה למטה: היא ביטוי נצחי לנשגבות האלוהית המופיעה במלוא עוזה מעלינו, והיא נושאת בקרבה את היסוד הכללי־ציבורי – תורת ישראל היא תורת העם, כפי שראינו בפרק על אברהם, יצחק ויעקב. התפילה פועלת מלמטה למעלה: היא ביטוי לנוכחותה המתמדת של השכינה בקרבנו, והיא נושאת בקרבה את היסוד הפרטי שבו ניצב האדם בתפילתו מול אלוהים. דוד המלך, שייסד את מלכות ישראל ואִפשר לשכינה לשכון בארץ, הוא המייסד את עמדת התפילה הציבורית של עם ישראל, הנשענת על איחודה של התורה והתפילה.

הזוהר הקדוש מתאר כיצד דוד השלים את השכינה בזמירותיו:

כְּמָה דְּדָוִד, כָּל יוֹמוֹי אִשְׁתַּדַּל לְמֶעְבַּד שְׁלִימוּ לָהּ, וּלְנַגְנָא זַמָּרֵי לְזַמְּרָא וּלְשַׁבְּחָא לְתַתָּא. וְכַד דָּוִד אִסְתַּלִּיק מֵעַלְמָא שָׁבִיק לָהּ בִּשְׁלִימוּ, וּשְׁלֹמֹה נָטַל לָהּ בְּעוּתְרָא, בִּשְׁלֵימוּתָא, דְּהָא סִיהֲרָא נָפְקָא מִמִּסְכֵּנוּ וְעָאלַת לְעוּתְרָא, דִּבְהַהִיא עוּתְרָא, שָׁלַט עַל כָּל מַלְכֵי אַרְעָא [...]

וְעַל דָּא שְׁלֹמֹה לָא אִצְטְרִיךְ לְנַגְנָא כְּדָוִד, אֶלָּא שִׁירָתָא דְּאִיהוּ רְחִימֵי דְעוּתְרָא, דְּהוּא נְהִירוּ וּרְחִימוּ דְּכָל תּוּשְׁבְּחָן דְּעַלְמָא בֵּיהּ הֲווּ, תּוּשְׁבַּחְתָּא דְּמַטְרוֹנִיתָא כַּד יָתְבָא בְּכֻרְסְיָיא לְקַבְלֵיהּ דְּמַלְכָּא.

(זוהר ח"א רמט ע"ב – רנ ע"א)

[תרגום: כְּמוֹ שֶׁדָּוִד, כָּל יָמָיו הִשְׁתַּדֵּל לַעֲשׂוֹת לָהּ שְׁלֵמוּת וּלְנַגֵּן מִינֵי זֶמֶר לְזַמֵּר וּלְשַׁבֵּחַ לְמַטָּה. וּכְשֶׁדָּוִד הִסְתַּלֵּק מֵהָעוֹלָם הִשְׁאִיר אוֹתָהּ בִּשְׁלֵמוּת, וּשְׁלֹמֹה לָקַח אוֹתָהּ בְּעֹשֶׁר, בִּשְׁלֵמוּת, שֶׁהֲרֵי הַלְּבָנָה יָצְאָה מֵהָעֹנִי וְנִכְנְסָה לָעֹשֶׁר, שֶׁבָּעֹשֶׁר הַזֶּה שָׁלַט עַל כָּל מַלְכֵי הָאָרֶץ [...]

7. כך כותב הרב קוק: 'כשמכוונים לאיזה מבוקש בתפלה, צריך לשים לב, שכוונתנו היא להסיר את הרע והחשך מן העולם ולהגביר את הטוב ואת האור, של החיים האלהיים במילואם, שבהופיעו הוא ממלא לא רק חסרון אחד בלבד, אלא הוא משלים את כל החסרונות וממלא את כל הפגמים כולם, ובגודל נשמתנו הרינו חפצים דוקא בשלמות הגמורה והמוחלטת' (הרב קוק, עולת ראי"ה, הקדמה, הדרכת התפילה וחלקיה).

וְעַל זֶה שְׁלֹמֹה לֹא הִצְטָרֵךְ לְנַגֵּן כְּמוֹ דָּוִד, אֶלָּא שִׁירָה שֶׁהִיא אַהֲבָה שֶׁל עֹשֶׁר, שֶׁהִיא אוֹר וְאַהֲבָה שֶׁכָּל הַתִּשְׁבָּחוֹת שֶׁל הָעוֹלָם הָיוּ בָּהּ, הַשֶּׁבַח שֶׁל הַגְּבִירָה כְּשֶׁיּוֹשֶׁבֶת בְּכִסֵּא כְּנֶגֶד הַמֶּלֶךְ].

שירתו של דוד, אם כן, היא הנכחה מלאה, מגוונת ושלמה של השכינה בארץ. המלכות מעניקה חיות לכל כוחות הנפש: געגוע, אהבה, שמחה, יראה, פחד, ייאוש, ועוד. מי שקשוב לשכינה ומצליח להתבטל לפניה, יכול לבטא את כל הרחשים האלה באופן מלא. דוד הוא היוצר הגדול שכן הוא מצליח להביא אל העולם את כל הקולות והניגונים שהנבואה ורוח הקודש יכולים לייצר – וזאת מפני שהוא התבטל בפניהם באופן מלא. שמא נאמר שמה שהיה משה עבור התורה, היה דוד עבור הנבואה וההשראה.

כששלמה המלך בונה את המקדש ומשכין באופן קבוע את השכינה בקרב הארץ, הוא מתאר באריכות את תפקידו של המקדש, המכוון כולו לאפשרות התפילה:

וּפָנִיתָ אֶל תְּפִלַּת עַבְדְּךָ וְאֶל תְּחִנָּתוֹ ה' אֱלֹהָי לִשְׁמֹעַ אֶל הָרִנָּה וְאֶל הַתְּפִלָּה אֲשֶׁר עַבְדְּךָ מִתְפַּלֵּל לְפָנֶיךָ הַיּוֹם. לִהְיוֹת עֵינֶךָ פְתֻחֹת אֶל הַבַּיִת הַזֶּה לַיְלָה וָיוֹם אֶל הַמָּקוֹם אֲשֶׁר אָמַרְתָּ יִהְיֶה שְׁמִי שָׁם לִשְׁמֹעַ אֶל הַתְּפִלָּה אֲשֶׁר יִתְפַּלֵּל עַבְדְּךָ אֶל הַמָּקוֹם הַזֶּה. וְשָׁמַעְתָּ אֶל תְּחִנַּת עַבְדְּךָ וְעַמְּךָ יִשְׂרָאֵל אֲשֶׁר יִתְפַּלְלוּ אֶל הַמָּקוֹם הַזֶּה וְאַתָּה תִּשְׁמַע אֶל מְקוֹם שִׁבְתְּךָ אֶל הַשָּׁמַיִם וְשָׁמַעְתָּ וְסָלָחְתָּ.

(מלכים א' ח, כח-ל)

כוחה של השכינה השוכנת בישראל הוא בהקשבה המתמדת לתפילתם. התפארת של האבות והנצח וההוד של משה ואהרן כוחם בתורה, והמלכות כוחה בתפילה – תפילתו של דוד המלך.

ו. 'והיו לאחדים בידיך'

את החיבור של התורה והתפילה, שהוא בעצם חיבור של שמיים וארץ, של אתערותא דלעילא ואתערותא דלתתא, עושה ספירת יסוד – יוסף ה'צדיק יסוד עולם'. כפי שראינו, יוסף מצליח למתוח את נוכחותו בישראל מימי האבות, דרך יציאת מצרים ומתן תורה, ועד לתחילת מהלך כינון המלכות

בישראל – הוא זה שראשו בשמיים ורגליו בארץ. היסוד הוא זה שמצליח לחלום חלומות ולפותרם, ומצד שני לכלכל ולהשביר לישראל חומר ומזון. משיח בן יוסף, שאותו מזכיר הרב קוק בקשר לחוזה המדינה בנימין זאב הרצל, הוא מי שמצד אחד מצליח לחלום ולחזות, ומצד שני גם יוצק כלים ואמצעים שיאפשרו לכונן את המלכות.

על הזיקה שבין יסוד ושמירת הברית לבין ספירת מלכות עומד ספר הזוהר בכמה מקומות:

> וְכָל מָאן דְּנָטִיר אוֹת בְּרִית זָכֵי לְמַלְכוּ, כְּגַוְונָא דְיוֹסֵף, וְיִשְׂרָאֵל בְּגִין דְּנָטְרִין בְּרִית זָכוּ לְמַלְכוּתָא, וְאִתְּמַר בְּהוֹן כָּל יִשְׂרָאֵל בְּנֵי מְלָכִים, וּמֹשֶׁה בְּגִין דְּנָטַר אוֹת בְּרִית, אִתְּמַר בֵּיהּ 'וַיְהִי בִישׁוּרוּן מֶלֶךְ' (דברים לג, ה). זַכָּאָה אִיהוּ מָאן דְּנָטַר בְּרִית.
>
> (תיקוני זוהר לא ע"א)
>
> [תרגום: וְכָל מִי שֶׁשּׁוֹמֵר אוֹת הַבְּרִית זוֹכֶה לְמַלְכוּת, כְּמוֹ שֶׁיּוֹסֵף, וְיִשְׂרָאֵל בִּגְלַל שֶׁשּׁוֹמְרִים בְּרִית זוֹכִים לְמַלְכוּת, וְנֶאֱמַר בָּהֶם כָּל יִשְׂרָאֵל בְּנֵי מְלָכִים, וּמֹשֶׁה מִשּׁוּם שֶׁשָּׁמַר אֶת הַבְּרִית, נֶאֱמַר בּוֹ 'וַיְהִי בִישֻׁרוּן מֶלֶךְ'. אַשְׁרֵי הוּא מִי שֶׁשּׁוֹמֵר הַבְּרִית].

הזוכים למלכות – ישראל, יוסף, משה – זכו לכך בשל שמירת הברית, קובע הזוהר הקדוש. תפקידו של המלך על פי הנבואה הוא להיות בבואה וגילוי של מלכות ה׳ – על כן הוא מכונה בנביאים משיח ה׳. המלך הוא המימוש של כל כוח המשילה האלוהי המתממש דרכו, ודווקא בשל כך עליו להיות 'שומר ברית': לממש את מלכותו באופן הראוי והנכון, לחוש את שליחותו, ולרסן את תאוותיו מכל סוג שהן, שכן הן עלולות להפוך את כוח השלטון שניתן בידיו מאת ה׳ לכוח משחית. כך דורש רבי נחמן מברסלב:

> כִּי עִקַּר כְּלֵי זֵינוֹ שֶׁל מָשִׁיחַ הוּא הַתְּפִלָּה [...] וְזֶה הַכְּלִי־זַיִן צָרִיךְ לְקַבֵּל עַל־יְדֵי בְּחִינַת יוֹסֵף, הַיְנוּ שְׁמִירַת הַבְּרִית, כְּמוֹ שֶׁכָּתוּב 'חֲגוֹר חַרְבְּךָ עַל יָרֵךְ' (תהילים מה, ד). וּכְמוֹ שֶׁכָּתוּב 'מִפְּרִי בִטְנְךָ אָשִׁית לְכִסֵּא לָךְ' (שם קלב, יא), זֶה בְּחִינַת מָשִׁיחַ, בְּחִינַת תְּפִלָּה, 'אִם יִשְׁמְרוּ בָנֶיךָ בְּרִיתִי' (שם פסוק יב), הַיְנוּ עַל־יְדֵי בְּחִינַת יוֹסֵף. וְיוֹסֵף שֶׁשָּׁמַר אֶת הַבְּרִית נָטַל אֶת הַבְּכוֹרָה, שֶׁהוּא בְּחִינַת עֲבוֹדַת הַתְּפִלָּה.
>
> (ליקוטי מוהר"ן קמא, ב, א–ב)

את החיבור שבין התפילה לשמירת הברית משעין ר׳ נחמן על הפסוק מתהילים ׳חֲגוֹר חַרְבְּךָ עַל יָרֵךְ׳, המלמד על הזיקה שבין החרב שהיא התפילה לבין הירך שהוא איבר ההולדה; וכן על הפסוק מתהילים ׳מִפְּרִי בִטְנְךָ אָשִׁית לְכִסֵּא לָךְ׳, המתייחס למשיח וממילא גם לתפילה, שמייד אחריו מגיע הפסוק ׳אִם יִשְׁמְרוּ בָנֶיךָ בְּרִיתִי׳ – משמע שהראשון תלוי בשני.

המשיח, מושאה של תפילה זו, מזוהה בעולם הספירות עם ספירת מלכות (וכן התפילה עצמה, כפי שנראה להלן). המשיח הוא המוציא אל הפועל את ההנהגה האלוהית ודרכו היא נוכחת ושוכנת במציאות, כספירת השכינה. כוח התפילה המצוי בפיו של המשיח הוא כוחה של ספירת מלכות השוכנת באדם. מדובר בכלי עוצמתי, שהרי המשיח בשבט פיו ממית או מחיה, ודווקא לכן עליו לינוק כוח זה מהספירה שמעליו – ספירת יסוד, שעניינה ואפיונה הוא שמירת הברית.

התפילה היא ה׳רוח ממללא׳, שבט פיו של המשיח שדיבורו הוא גילוי שכינה, כפי שר׳ נחמן מתאר בכמה מקומות, והוא מחולל מציאות. תפילת המשיח, אם כן, היא ההוצאה מן הכוח אל הפועל של הכוח המזריע שבהוויה. לכן כשם שכדי שהזרע יוכל להפרות הוא זוקק שמירה, דיוק, ויציאה במקום ובזמן הנכון ולמטרה הנכונה – אחרת הרי זה ניאוף, גילוי עריות, או תאוות עריות המכונה ׳אי שמירת הברית׳ – כך גם התפילה המחוללת בדיבור זוקקת את שמירת הברית ביסוד, שתביא לכך שהדיבור יצא מדויק, נכון, מכוון, כזה שנועד לבנות ולא להשחית (כמו השחתת הזרע).

מכאן הזיקה שבין בחינת יוסף, המזוהה עם ספירת יסוד, לבין המשיח (שמא נאמר בן דוד) המזוהה עם ספירת מלכות. ר׳ נחמן מעניק אינטרפרטציה עמוקה לדברי הגמרא על משיח בן יוסף המקדים את משיח בן דוד. רק שמירת הברית, שבה התאפיין יוסף הצדיק שעמד בפיתוי של אשת פוטיפר, יכולה להוליד את המלכות – הדיבור, החרב – שתהיה מדויקת ומכוונת ושתנצל את כוחה הגדול רק לטובה ולברכה. יוסף מכשיר את הקרקע לדוד המלך גם באישיותו ובניסיונותיו, ובמידה רבה משמש עבורו השראה.

כפי שראינו, המפגש הראשון בין בית יוסף לבית יהודה הוא במאבק הגלוי והסמוי שבין יוסף ליהודה בפרשת ויגש. סיומו של מאבק זה מופיע בספר יחזקאל:

וְאַתָּה בֶן אָדָם קַח לְךָ עֵץ אֶחָד וּכְתֹב עָלָיו לִיהוּדָה וְלִבְנֵי יִשְׂרָאֵל חֲבֵרָו, וּלְקַח עֵץ אֶחָד וּכְתוֹב עָלָיו לְיוֹסֵף עֵץ אֶפְרַיִם וְכָל בֵּית יִשְׂרָאֵל חֲבֵרָו.

וְקָרַב אֹתָם אֶחָד אֶל אֶחָד לְךָ לְעֵץ אֶחָד וְהָיוּ לַאֲחָדִים בְּיָדֶךָ. וְכַאֲשֶׁר יֹאמְרוּ אֵלֶיךָ בְּנֵי עַמְּךָ לֵאמֹר הֲלוֹא תַגִּיד לָנוּ מָה אֵלֶּה לָּךְ. דַּבֵּר אֲלֵהֶם כֹּה אָמַר אֲדֹנָי ה׳ הִנֵּה אֲנִי לֹקֵחַ אֶת עֵץ יוֹסֵף אֲשֶׁר בְּיַד אֶפְרַיִם וְשִׁבְטֵי יִשְׂרָאֵל חֲבֵרָו, וְנָתַתִּי אוֹתָם עָלָיו אֶת עֵץ יְהוּדָה וַעֲשִׂיתִם לְעֵץ אֶחָד וְהָיוּ אֶחָד בְּיָדִי. וְהָיוּ הָעֵצִים אֲשֶׁר תִּכְתֹּב עֲלֵיהֶם בְּיָדְךָ לְעֵינֵיהֶם.

(יחזקאל לז, טז-כ)

חיבור בית יוסף ובית יהודה הוא החיבור של שבטי ישראל עם שבטי יהודה, והוא החיבור שבין התורה לתפילה, בין משיח בן יוסף ומשיח בן דוד. זהו כינון מלכות הנצח של ישראל שה׳ שוכן בתוכה. כך ממשיך הנביא יחזקאל את נבואתו:

וְדַבֵּר אֲלֵיהֶם כֹּה אָמַר אֲדֹנָי ה׳ הִנֵּה אֲנִי לֹקֵחַ אֶת בְּנֵי יִשְׂרָאֵל מִבֵּין הַגּוֹיִם אֲשֶׁר הָלְכוּ שָׁם, וְקִבַּצְתִּי אֹתָם מִסָּבִיב וְהֵבֵאתִי אוֹתָם אֶל אַדְמָתָם. וְעָשִׂיתִי אֹתָם לְגוֹי אֶחָד בָּאָרֶץ בְּהָרֵי יִשְׂרָאֵל וּמֶלֶךְ אֶחָד יִהְיֶה לְכֻלָּם לְמֶלֶךְ, וְלֹא יִהְיֶה עוֹד לִשְׁנֵי גוֹיִם וְלֹא יֵחָצוּ עוֹד לִשְׁתֵּי מַמְלָכוֹת עוֹד. וְלֹא יִטַּמְּאוּ עוֹד בְּגִלּוּלֵיהֶם וּבְשִׁקּוּצֵיהֶם וּבְכֹל פִּשְׁעֵיהֶם, וְהוֹשַׁעְתִּי אֹתָם מִכֹּל מוֹשְׁבֹתֵיהֶם אֲשֶׁר חָטְאוּ בָהֶם וְטִהַרְתִּי אוֹתָם, וְהָיוּ לִי לְעָם וַאֲנִי אֶהְיֶה לָהֶם לֵאלֹהִים. וְעַבְדִּי דָוִד מֶלֶךְ עֲלֵיהֶם וְרוֹעֶה אֶחָד יִהְיֶה לְכֻלָּם, וּבְמִשְׁפָּטַי יֵלֵכוּ וְחֻקֹּתַי יִשְׁמְרוּ וְעָשׂוּ אוֹתָם. וְיָשְׁבוּ עַל הָאָרֶץ אֲשֶׁר נָתַתִּי לְעַבְדִּי לְיַעֲקֹב אֲשֶׁר יָשְׁבוּ בָהּ אֲבוֹתֵיכֶם וְיָשְׁבוּ עָלֶיהָ הֵמָּה וּבְנֵיהֶם וּבְנֵי בְנֵיהֶם עַד עוֹלָם, וְדָוִד עַבְדִּי נָשִׂיא לָהֶם לְעוֹלָם. וְכָרַתִּי לָהֶם בְּרִית שָׁלוֹם בְּרִית עוֹלָם יִהְיֶה אוֹתָם, וּנְתַתִּים וְהִרְבֵּיתִי אוֹתָם וְנָתַתִּי אֶת מִקְדָּשִׁי בְּתוֹכָם לְעוֹלָם. וְהָיָה מִשְׁכָּנִי עֲלֵיהֶם וְהָיִיתִי לָהֶם לֵאלֹהִים וְהֵמָּה יִהְיוּ לִי לְעָם. וְיָדְעוּ הַגּוֹיִם כִּי אֲנִי ה׳ מְקַדֵּשׁ אֶת יִשְׂרָאֵל בִּהְיוֹת מִקְדָּשִׁי בְּתוֹכָם לְעוֹלָם.

(יחזקאל לז, כא-כח)

עת זו היא עת של חיבור שבה דוד ויוסף מאוחדים זה בזה, שבה המלכות מחוברת אל היסוד, והיסוד נושא בקרבו את הנצח וההוד. זוהי עת שבה התפארת הנושאת בקרבה את החסד והגבורה מאוחדת בזיווג שלם על ידי היסוד עם המלכות. עת שבה כל אלו גם יחד יונקות בהשראה מתמדת משלוש הספירות העליונות.

זהו השלב שבו ה׳אני׳ וה׳אין׳ מתאחדים זה בזה, כתר מלכות מונח על

ראשו של דוד המלך המשיח שיהיה נשיא להם לעולם, וברית שלום משכינה את השכינה במקדש לעולם: 'וְהָיִיתִי לָהֶם לֵאלֹהִים וְהֵמָּה יִהְיוּ לִי לְעָם', מלכות ה' תיכון בעולם כולו, 'וְיָדְעוּ הַגּוֹיִם כִּי אֲנִי ה' מְקַדֵּשׁ אֶת יִשְׂרָאֵל בִּהְיוֹת מִקְדָּשִׁי בְּתוֹכָם לְעוֹלָם', והשפע משפיע באחדות גמורה מראשית ועד אחרית.

זוהי עת שהעולם כולו חותר אליה בתנועותיו, בתפילותיו, ובדינמיקה שהוא מקיים בין חסדים לגבורות, בין השפעה וקבלה, בין חכמה ותבונה. עת שכל אדם חותר אליה באופן פרטי בניסיונו להכיר את התנועות השונות הקיימות בקרבו בדמותן של עשר הספירות, בשאיפתו לאזן ביניהן ולאחדן בייחודא שלים.

זוהי העת שאליה שבעת האושפיזין, שבעת הרועים מאברהם ועד דוד, מלווים את ישראל ורועים אותם לאורך כל ההיסטוריה שלהם. אותה עת נשגבה של אחדות גמורה שבה נזכה כלנו בקרוב ממש לראות את התגשמות החזון של 'וְהָיָה ה' לְמֶלֶךְ עַל כָּל הָאָרֶץ, בַּיּוֹם הַהוּא יִהְיֶה ה' אֶחָד וּשְׁמוֹ אֶחָד' (זכריה יד, ט).

ספרי מקור

אגרא דכלה, ר׳ צבי אלימלך שפירא מדינוב

אוהב ישראל, ר׳ אברהם יהושע השל מאפטא

אור החיים, ר׳ חיים בן עטר

אור המאיר, ר׳ זאב וולף מז׳יטומיר

אור לשמים, ר׳ מאיר הלוי מאפטא

אור עיניים, ר׳ אליעזר צבי ספרין מקומרנא

אורות, הרב אברהם יצחק הכוהן קוק

אורות הקודש, הרב אברהם יצחק הכוהן קוק

אורות התשובה, הרב אברהם יצחק הכוהן קוק

איגרות הרמב״ם, רמב״ם

איש ההלכה, הרב יוסף דוב סולובייצ׳יק

אמונות ודעות, ר׳ סעדיה גאון

אמרי יוסף, ר׳ יוסף מאיר וייס מספינקא

אמרי מנחם, ר׳ אברהם דנציגר, חסידות אלכסנדר

באר מים חיים, ר׳ חיים מטשרנוביץ׳

בעל שם טוב על התורה

דברי הגות והערכה, הרב יוסף דוב סולובייצ׳יק

דגל מחנה אפרים, ר׳ אפרים מסדילקוב

דובר צדק, ר׳ צדוק הכוהן מלובלין

זוהר

היכל הברכה, ר׳ יצחק אייזיק ספרין

הכוזרי, ר׳ יהודה הלוי

הגיונות אל עמי, הרב משה אביגדור עמיאל

בסוד הספירות

חזקוני על התורה, ר׳ חזקיה בן מנוח
חסד לאברהם, ר׳ אברהם אזולאי
ילקוט דוד, ר׳ דוד בן ר׳ נפתלי הירץ פוזנר
ילקוט שמעוני
ישמח משה, ר׳ משה טייטלבוים
כוכב הגאולה, פרנץ רוזנצוויג
כותנת פסים, ר׳ יעקב יוסף מפולנאה
כללי התחלת החכמה, ר׳ אריה ליב ליפקין
כתר שם טוב
ליקוטי הלכות, ר׳ נתן מנמירוב
ליקוטי מאמרים, ר׳ צדוק הכוהן מלובלין
ליקוטי מוהר״ן, ר׳ נחמן מברסלב
ליקוטי עצות, ר׳ נתן מנמירוב
ליקוטי תורה, ר׳ שניאור זלמן מלאדי (האדמו״ר הזקן)
לשם שבו ואחלמה, ר׳ שלמה אלישיב
מאור ושמש, ר׳ קלונימוס קלמן אפשטיין
מאור עיניים, ר׳ מנחם נחום מצ׳רנוביל
מגיד דבריו ליעקב, ר׳ דוב בר ממזריטש
מדרש רבה
מורה הנבוכים, הרמב״ם
מחשבות חרוץ, ר׳ צדוק הכוהן מלובלין
מי השילוח, ר׳ מרדכי יוסף ליינר מאיזביצא
מעיינות יהודא, ר׳ יהודה ליאון אשכנזי (מניטו)
מקור מים חיים, על הבעל שם טוב
משנה תורה – היד החזקה, רמב״ם
נועם אלימלך, ר׳ אלימלך מליז׳נסק
סיפורי מעשיות, ר׳ נחמן מברסלב
ספר הבהיר
ספר יסוד ושורש העבודה, ר׳ אלכסנדר זיסקינד
ספר יצירה (עם פירושים: הראב״ד; רמ״ק; הגר״א)
ספרא
עבודת ישראל, ר׳ ישראל הופשטיין, המגיד מקוזניץ׳
עץ חיים, האריז״ל

פירוש הסולם לזוהר, הרב יהודה לייב אשלג
פנקס הדפים, הרב יצחק הכוהן קוק
פסיקתא רבתי
פרדס רימונים, ר׳ משה קורדוברו
פרי הארץ, ר׳ מנחם מנדל מוויטבסק
פרקי דרבי אליעזר
צדקת הצדיק, ר׳ צדוק הכוהן מלובלין
צוואת הריב״ש
קדושת לוי, ר׳ לוי יצחק מברדיטשב
קול הנבואה, הרב דוד כהן, הרב הנזיר
קומץ המנחה, ר׳ צדוק הכוהן מלובלין
קל״ח פתחי חכמה – ר׳ משה חיים לוצאטו (רמח״ל)
ר׳ אברהם בן עזרא על התורה
ר׳ משה בן נחמן (רמב״ן) על התורה
רסיסי לילה, ר׳ צדוק הכוהן מלובלין
רעיונות על התפילה, הרב יוסף דוב סולובייצ׳יק
רש״י על התורה
שיעור קומה
שמונה פרקים, רמב״ם
שמונה קבצים, הרב אברהם יצחק הכוהן קוק
שני לוחות הברית (השל״ה), ר׳ ישעיה הלוי הורביץ
שערי אורה, ר׳ יוסף ג׳יקטיליה
שערי חסד, ר׳ יוסף ג׳יקטיליה
שפת אמת, ר׳ אריה לייב אלתר מגור
תולדות אהרן, ר׳ אהרן מז׳יטומיר
תורה אור, ר׳ שניאור זלמן מלאדי (האדמו״ר הזקן)
תיקוני זוהר
תלמוד בבלי
תלמוד ירושלמי
תנא דבי אליהו זוטא
תנחומא
תניא, ר׳ שניאור זלמן מלאדי (האדמו״ר הזקן)
תפארת ישראל, רבי יהודה ליווא בן בצלאל (מהר״ל)

תפארת שלמה, ר׳ שלמה מראדומסק
תקנת השבין, ר׳ צדוק הכוהן מלובלין

מפתח נושאים